苏联、东欧
历史唯物主义观理解史
研究

许恒兵　著

上海人民出版社

目　录

第三部分　东欧历史唯物主义的重新建构及其当代走向

第四部分　苏联、东欧历史唯物主义观的当代审视

第一部分
苏联、东欧历史唯物主义观的
时代语境与理论奠基

第一章 苏联、东欧
历史唯物主义观的时代语境分析

马克思曾指出:"理论在一个国家实现的程度,总是取决于理论满足这个国家的需要的程度。"①这个重要论断不仅从一般意义上澄清了理论的发展以何种形态或样式呈现必定要受到历史现实发展进程的制约,而且为我们深入研究苏联、东欧历史唯物主义观的理论形态提供了基本遵循。总体上来看,苏联、东欧历史唯物主义观源自苏联和东欧各国社会主义建设探索的需要,但由于在社会主义建设道路问题上的严重分歧,两者之间存在诸多差异。基于苏联、东欧历史唯物主义观理论特质的刻画,并将其置于历史唯物主义从创立到发展再到各种转型的历程之中考量,苏联、东欧历史唯物主义观不仅相互之间存在着反思批判的关系,而且由于两者各自凸显了经典历史唯物主义的客体和科学维度与主体和价值维度,而分别隶属于历史唯物主义理解史中的科学主义和人本主义阐释路径。

---

① 《马克思恩格斯文集》(第1卷),人民出版社2009年版,第12页。

第一节　苏联社会主义建设及其理论诉求

　　历史唯物主义的时代品格决定了其必须在应对时代课题的过程中实现自己的发展，唯有如此，其自身才能彰显出理论的生命力和价值。那种以为只要抓住了历史唯物主义的几个基本原理便可以解决一切问题的做法，实为对历史唯物主义理论本质的最大误解。对此，恩格斯在致康·施米特的信中批判当时德国的一些青年学者时指出："我们的历史观首先是进行研究工作的指南，并不是按照黑格尔学派的方式构造体系的杠杆。"[①] 而具体到本书的主题来看，20世纪20年代以后的苏联社会开始全面转入社会主义建设时期，如何运用历史唯物主义基本原理指导社会主义建设实践，并同时实现对历史唯物主义的创新发展的历史任务便凸显了出来。诚如巴鲁林所言，"社会主义革命在我国取得胜利以后，工人阶级的活动内容变成了建设社会主义和共产主义的实践"，在此前提下，社会力量从事活动的需要、要求和利益便随之发生了变化，为此，必须实现历史唯物主义的发展，即使其"更深刻、更准确地反映社会实践的需要"，以及在不断深化其内容的前提下"加强它的意识形态功能"[②]。而要强化历史唯物主义的意识形态功能，必须使得更多的人掌握历史唯物主义的基本原理。由于当时被社会历史置于愚昧无知和囿于偏见的境地的千百万群众（列宁语）的普遍存在，这个课题实际上同时也变成了一个难题。其中，能否将马克思主义哲学理论系统化便成为关

---

　　① 《马克思恩格斯文集》（第10卷），人民出版社2009年版，第587页。
　　② ［苏］巴鲁林:《当代历史唯物主义发展趋势》，社会科学文献出版社1987年版，第14、15页。

键。对此，恰金等人曾经作了很好的概括："根据社会主义革命所提出的任务对历史唯物主义进行系统化，就其内容讲是一个新事物。需要这样组织科学的社会学知识，以使历史唯物主义成为一个体系，该体系不仅能使这些知识在劳动人民的意识中得到巩固，而且还能使之在社会实践活动中得到应用。"[①]这段论述较为准确地概括了苏联理论家建构历史唯物主义理论体系的基本历史语境。

无疑，此种体系化的理论诉求本身体现了苏联学者力图发展历史唯物主义的根本旨趣。诚如恰金所言："我们认为，所有这些可以使人们不仅仅把最早的一批马克思主义学者的教学活动，看成是单纯的普及工作，而且在某种意义上看成是马克思主义社会学理论的发展。"[②]可以说，作为历史唯物主义发展史上的一个重要阶段，苏联学者在历史唯物主义系统化方面的探索为推动历史唯物主义基本理论的教学、传播和发展作出了重要贡献。而且，作为理论发展的重要方面，体系化本身就是其内在的重要促成因素。这不仅是由历史唯物主义的基本原理本身就是一个由众多观点和论断构成的严密的理论体系决定的，同时还通过马克思本人注重理论的系统化旨趣而得到了充分证明。例如，对于辩证法理论，马克思就曾写信给恩格斯，明确指出其愿意"用两三个印张"把黑格尔发现的辩证法中合理的东西阐述一番，以"使一般人都能够理解"[③]。从这个角度来看，苏联学者致力于将历史唯物主义理论体系化的诉求本身就是马克思、恩格斯未竟事业的继续。

---

① [苏]巴鲁林:《当代历史唯物主义发展趋势》，社会科学文献出版社1987年版，第41页。

② [苏]巴鲁林:《当代历史唯物主义发展趋势》，社会科学文献出版社1987年版，第41页。

③ 《马克思恩格斯文集》(第10卷)，人民出版社2009年版，第143页。

苏联学者循着科学的方向阐释历史唯物主义同样源自实践上的迫切需要。随着苏联社会主义社会的建立，苏联结束了革命战争年代那种疾风暴雨式的阶级斗争状态，进入相对稳定的社会主义建设时期。在此历史前提下，有两大任务首先摆在苏联共产党及其理论家的面前：其一是探索社会主义建设的基本规律，这使得苏联学者倾向于将历史唯物主义论证为把握了人类历史发展普遍规律的科学学说；其二是从理论上论证苏联社会主义建设的合法性，并以此作为抵制苏联当时所遭遇的各种遏制势力的有力武器。苏联社会主义发展的时代特点之一在于，它始终处于与西方帝国主义国家的激烈的矛盾和冲突之中；面对社会整体发展势力远远超越于自己的强敌，苏联学者必须将苏联所选择的道路论证为符合人类历史发展规律之必然性的道路。这样便可调动最广泛的力量推动苏联社会主义建设更快地发展，这也构成苏联学者循着科学方向阐释历史唯物主义的重要原因之一。

从苏联历史唯物主义发展的整个进程看，始终适应苏联社会主义建设实践的需要无疑构成了其中的主旋律。从其发端看，"苏维埃国家在打退武装干涉者和白匪军的进攻后，立即着手解决社会主义革命的伟大创造任务。经济和文化的建设问题被提到了首要地位。这就决定了共产党要去关注社会科学及其理论和方法论的基础的历史唯物主义的发展"①，由此，苏联历史唯物主义理论体系建构的探索历程得以开启，这个历程一直延续到20世纪20年代末期。这段时期，苏联学者与唯心主义、实证主义和机械论的社会观展开了激烈的理论斗争，并围绕着历史唯物主义的研究对象、基本理论以及体系化问题展开了广泛而有益的争论，极大地推动了苏联历史唯物主义基本理论体系的探索。对

---

① ［苏］叶夫格拉弗夫：《苏联哲学史》，商务印书馆1998年版，第179页。

此，恰金指出："苏联的第一门哲学教程——历史唯物主义的制定，它的规律、原理、结论和范畴的体系化，这是发展马列主义的社会学理论的第一个必经阶段，回答了社会主义建设实践的需要。"①

进入 20 世纪 30 年代以后，苏联社会主义建设实践对历史唯物主义的发展提出了更高的要求。当时的联共（布）中央强调指出："共产主义的科学研究工作的出发点应该是，必须把那些与党和无产阶级的目前任务、与进入社会主义时期和与在改造整个国民经济基础上四年完成五年计划的任务，与文化革命的任务，以及整个说来，与世界无产阶级现阶段的阶级斗争相联系的具体关键问题提到首位。"②20 世纪 50 年代以后，伴随着对"个人崇拜"的批判以及对斯大林历史唯物主义阐释的反思和批判，特别是苏联共产党对苏联转入"共产主义建设"时期的判断，苏联历史唯物主义研究的侧重点也发生了转变，正如叶夫格拉弗夫所言："我国进入全新的发展阶段——成熟的社会主义阶段——这一事实不仅对经济、社会发展、完善政治体制领域，而且对精神生活领域、意识形态、科学、教育、文学和艺术领域提出了新的伟大任务。"③在这些任务的牵引下，苏联历史唯物主义研究领域提出了一系列关于历史唯物主义研究方面的规划，包括"发展历史唯物主义作为一般社会学理论的问题以及研究社会科学的方法论、社会主义社会的辩证法和现代资本主义的矛盾、社会发展的客观因素和主观因素的关系、社会主义社会社会结构的演变、

① ［苏］恰金等：《苏联二十年代确立历史唯物主义的斗争》，中共中央党校科研办公室 1986 年版，第 209 页。

② ［苏］科洛斯科夫：《苏联马克思列宁主义哲学史纲要（三十年代）》，求实出版社 1985 年版，第 88 页。

③ ［苏］叶夫格拉弗夫主编：《苏联哲学史》，商务印书馆 1998 年版，第 225 页。

完善社会主义社会关系及其长入共产主义问题、社会意识的规律性、个人和集体问题、社会和国家等问题"。①

总之，苏联历史唯物主义探索、确立以及完善和发展的整个历程，是在服务于苏联社会主义建设实践的过程中展开的，它的阐释模式、主要理论取向、基本理论特质等既形塑于苏联社会主义实践模式，同时又促成并引领苏联社会主义实践模式的历史生成和发展。

第二节 "二战"后苏联、东欧社会主义阵营的形成及其影响

第二次世界大战以后，美苏从盟友关系转变为敌对关系，美国为了攫取世界霸权，推行冷战政策以对付苏联和其他社会主义国家，并形成了以美国为首的帝国主义阵营。为了对付帝国主义阵营的压制，苏联同样迫切需要团结各个社会主义国家以结成共同联盟，特别是通过将"二战"后所形成的东欧社会主义国家团结在自己身边，苏联需要在西欧与自己的边界线地带建立一个有效的缓冲地带，以确保自己的边界安全。而从刚刚形成的东欧社会主义国家方面来看，一方面，它们在第二次世界大战时期的民族解放斗争中都或多或少地受到了苏联共产党和红军的帮助，同时，东欧"新生的人民民主国家为了巩固政权，探索建立社会主义道路，也需要团结在苏联老大哥周围"②。双方共同的利益诉求促成了苏联、东欧社会主义阵营的形成，并且，这个过程中整个东欧很快确立起苏联社会主义模式的主导地位。

---

① ［苏］叶夫格拉弗夫主编：《苏联哲学史》，商务印书馆1998年版，第225—226页。

② 苏华编著：《战后国际关系透视》，航空工业出版社2012年版，第4页。

　　苏联、东欧社会主义阵营的形成对苏联、东欧历史唯物主义的发展产生了重要的影响。一方面，社会主义阵营在苏联的主导下奉行强制性逻辑，即既要求在社会主义发展模式上齐一化，也要求在意识形态上高度一致化，这使得苏联历史唯物主义的阐释模式被奉为唯一科学的阐释模式，并要求无条件向其他社会主义国家推行，从而造成了东欧各国的历史唯物主义理解史进程都经历了一个受苏联正统模式影响和制约的阐释时期。就南斯拉夫而言，斯托伊科维奇总结指出：第二次世界大战胜利以后的初期，南斯拉夫的马克思主义哲学阐释中"充满了片面的本体论主义、认识论主义和其他思想，就是说在很大程度上忽视了马克思主义的人本主义的人道主义问题"[1]，而这显然是受苏联马克思主义本体论和认识论影响和制约的结果。这种影响在捷克也非常明显，由于缺乏有素养的哲学家和哲学研究机构，20 世纪 50 年代初期值得注意的出版物实在是凤毛麟角；大多数的讨论几乎不能称为讨论，它们往往仿效苏联的说法，力求符合正统派对哲学论题的解释。按照洛波科维奇的看法，"捷克斯洛伐克的马克思主义哲学史直到五十年代中期可称为这个哲学的苏联化的历史"[2]；在波兰，"斯大林主义的政权还是把马克思主义的简单化形式强加给这个国家"，虽然因波兰特有的文化政策，非马克思主义没有遭致彻底清洗，不仅如此，当时的"政府方面准备容许出版非马克思主义作者的学术著作"[3]，而马克思主义理论研究者

　　① 《哲学译丛》编辑部编译：《南斯拉夫哲学论文集》，生活·读书·新知三联书店1979 年版，第 9 页。

　　② 《马列主义研究资料》编辑部编：《马列主义研究资料》（第20辑），人民出版社1982 年版，第 209 页。

　　③ 《马列主义研究资料》编辑部编：《马列主义研究资料》（第19辑），人民出版社1982 年版，第 226 页。

却未得到这样相对宽松的待遇,"斯大林主义的教条,以及后来产生的新教条和意识形态方面的训令也都无条件地适用于马克思主义者。大约到 1955 年为止,马克思主义哲学战线的统一在波兰占统治地位。无论是后来的修正主义者和新马克思主义者在当时还是斯大林主义者"。[①]

另一方面,它是造成苏联、东欧历史唯物主义在阐释路径上截然对峙的重要动因。从根本上说,在社会主义阵营中强行推行苏联历史唯物主义阐释模式,不仅违背了历史唯物主义的理论本质,而且不利于东欧各国立足于自身的实际展开社会主义理论和实践的探索。因此,当冲突无可避免,东欧各国纷纷开启挣脱苏联社会主义模式的改革之后,它们很容易形成一种全盘否定苏联历史唯物主义理解模式的极端情绪,而力图遵循全新的路径对历史唯物主义进行再建构。正如本书将在后面所呈现的,苏联历史唯物主义主要遵循科学化的阐释路径,与此不同,东欧新马克思主义者则普遍开启了人本化的阐释路径,从而在总体上造成了一个强调历史发展进程的必然性,一个强调主体在历史发展进程中实践的创造性作用"两极"对峙的局面。

第三节　东欧社会主义改革及其理论诉求

第二次世界大战结束以后,东欧各国都建立起了人民民主政权,它们纷纷要求根据自己的议会民主传统和战争中所形成的反法西斯民主统一战线,提出通过人民民主模式探索通向社

---

① 《马列主义研究资料》编辑部编:《马列主义研究资料》(第19辑),人民出版社1982年版,第227页。

会主义的道路，"东欧各国共产党领导人鉴于东欧国家落后的生产力，普遍认为，东欧国家从资本主义向社会主义过渡，将是一个较长的历史过程"。① 对此，苏联起初曾表示赞同，这无疑为东欧各国遵循自己的方式探索发展提供了政治空间。但是，很快局势发生了重大变化。由于斯大林和共产国际依赖政治手段强制推行苏联模式的策略，东欧各国很快建立了以高度的计划经济和中央集权体制为特征的苏联的社会主义模式。在此过程中，苏联无疑起到了引领东欧历史进程的重要作用。但从实际情况来看，苏联的社会主义模式本身也的确存在着许多缺陷，包括高度集权的党政合一的政治领导体制、单一的指令性计划经济管理体制和单一的意识形态管理体制，等等。因此，当苏联体制被原封不动地推行到东欧各国后，势必对它们造成新的束缚。也正因为如此，从20世纪40年代末开始，东欧各国普遍开始反思和批判斯大林的社会主义模式，并在此基础上走上了寻求"自治"的改革历程。新的改革实践无疑需要新的理论支撑，即东欧各国必须首先打破斯大林的理论体系为"普遍真理"的神话，重新回到马克思，并结合改革实践对马克思主义哲学进行创新和发展。从实际进程来看，东欧新马克思主义者无疑遵循了这一致思取向，对此，南斯拉夫实践派的重要代表斯托扬诺维奇指出："20世纪50年代开始，对马克思主义的一种真正的重新认识在南斯拉夫、波兰、匈牙利和捷克斯洛伐克发生了。在'回到真正的马克思'的口号下，一种富有创造性的理论倾向发展起来了。"②

　　东欧新马克思主义者本着这种理性自觉，重新开启了探索

---

　　① 刘祖熙主编：《东欧剧变的根源与教训》，东方出版社1995年版，第2页。

　　② ［南］米哈伊洛·马尔科维奇等：《实践——南斯拉夫哲学和社会科学方法论文集》，黑龙江大学出版社2010年版，第5—6页。

历史唯物主义本真精神的历程。早在形成之初，南斯拉夫"实践派"的理论家就普遍认识到："既然社会主义需要一个相当长的时期，那么这一时代的序曲便是推翻资产阶级政权，马克思主义理论也就不能被解释为某种已经完成了的、固定不变的东西，它必然随着每一重要的实践步骤而获得新的形式。"① 而波兰新马克思主义的主要代表沙夫则更为明确地指出："马克思主义体系就其性质来说是'开放性的'。它是建立在必须根据新的事实和新的发现来经常不断地修改个别结论、不断地创造性地发展它自己的理论的基础上。马克思主义随时准备吸收新的论据、新的发现和新的理论思想成就，并从中进行概括，假如需要的话，就根据这些概括来改变它现有的主张。"②

　　基于这种时代性的理性自觉，东欧新马克思主义者普遍反对"注解"式研究马克思主义经典著作的做法，即"他们的著作不再被看成只能被说明、解释并用新材料证明的终极真理，相反，而是或多或少地被当做进一步研究的有效指南"。③ 在他们看来，对待马克思主义的科学态度应该是继承和发展的辩证统一。正如弗兰尼茨基所言："仅仅停留在最卓越的马克思主义者的见解上，是不够的和在理论上是落后的，甚至那种认为只需要'继续他们的思想'的提法也是不够的，因为历史每前进一步，就提出前所未有的新问题。因此，问题不仅在于继承一定的思想材料（当然这些材料是基础），而且也在于根据一般的马克思主义精神，独立地解决现代的人所面临的一切问题：哲学、社会学、政

---

　　① ［南］米哈伊洛·马尔科维奇等：《实践——南斯拉夫哲学和社会科学方法论文集》，黑龙江大学出版社 2010 年版，第 5—6 页。

　　② ［波］沙夫：《人的哲学》，江苏人民出版社 1988 年版，第 16—17 页。

　　③ ［南］马尔科维奇等：《实践——南斯拉夫哲学和社会科学方法论文集》，黑龙江大学出版社 2010 年版，第 6 页。

治学、经济学等等方面的问题。"[①] 在当时教条主义占据强势的历史条件下，这些论断无疑有着振聋发聩的理论警醒作用，并促使东欧新马克思主义者开始反思和批判斯大林主义理论体系，以求重新奠定能够为东欧各国探索适合自己的社会主义道路提供支撑的理论基础。

---

① ［南］弗兰尼茨基:《马克思主义史》(下)，生活·读书·新知三联书店1963年版，第666页。

第二章 苏联、东欧
历史唯物主义观的理论奠基

无论是苏联还是东欧学者的历史唯物主义探索和理论建构，都建立在他们对经典历史唯物主义理解与阐释的基础之上，但就他们的阐释路径和理论特色而言，则各自受到了第二国际历史唯物主义观和西方人本主义马克思主义者的影响。当然，列宁对历史唯物主义的阐释也在苏联历史唯物主义观中产生了广泛而深远的效应，为此，本书在阐明苏联、东欧历史唯物主义观的理论奠基时，将重点放在把握第二国际理论家、列宁以及西方人本主义马克思主义者在历史唯物主义阐释方面的主要特征，并在后续的展开中分析它们在苏东历史唯物主义观建构中的作用。

第一节 第二国际理论家历史唯物主义阐释的主要倾向及其影响

作为马克思恩格斯的直接继承人，第二国际理论家普遍重视历史唯物主义的理论阐释和建构，并产生了深远的影响。一方面，它构成了以卢卡奇、科尔施和葛兰西等早期西方马克思主义者开启马克思主义阐释新路向的批判对象，另一方面，它成为苏联历史唯物主义阐释模式形成的重要前提。总体上看，第二国际理论家从未构成一个内部团结一致的学术或政治团体，但他们的主要代表人物在历史唯物主义理解上却体现出许多共同特征，包括关于历史唯物主义生成的唯物主义应用论、历史唯物主义阐释中的科学主义和教条主义倾向等。正是这些特征构成了第二国际历史唯物主义阐释的显著标志，并对苏联历史唯物主义产生了深远的影响。在很大的程度上，苏联历史唯物主义阐释模式就是第二国际历史唯物主义阐释模式在新的历史条件下的继续。

一、历史唯物主义是"唯物主义"的推广应用

按照科拉科夫斯基的概括，"第二国际时代（1889—1914年）可以毫不夸张地被称为马克思主义的兴盛时期"。[①] 在短短的25年中，不仅涌现了包括考茨基、梅林、伯恩施坦、拉布里奥拉、普列汉诺夫等在内的一大批马克思主义理论家，而且这些理论家在历史唯物主义理论阐释方面取得了一系列重要成果。总的来看，对历史唯物主义进行体系化阐释和建构，构成了第二国际理论家的普遍关切。这一点充分体现在第二国际理论家对自己的论文或著作的命名上，如梅林的《论历史唯物主义》、拉布里奥拉的《唯物史论文集》、普列汉诺夫的《论一元论历史观的发展》、考茨基的《唯物史观》等。对于第二国际理论家的这种普遍关切，安德森评价指出："他们关心以不同的方式将历史唯物主义作为有关人和自然的全面理论而加以系统化，使之能替代对立的资产阶级学科，并为工人运动提供其战斗者们易于掌握的广泛而一贯的世界观。"[②] 从更广泛的历史语境来看，第二国际理论家致力于对

---

① ［波］科拉科夫斯基:《马克思主义的主要流派》(第二卷)，黑龙江大学出版社2015年版，第1页。

② ［英］佩里·安德森:《西方马克思主义探讨》，人民出版社1981年版，第13页。

历史唯物主义进行体系化阐释和建构，无疑与当时的时代背景和使命任务有着密切的关系。19 世纪末 20 世纪初的西方资本主义进入一个相对稳定发展的时期，无产阶级革命并未如期爆发，在这种历史条件下，第二国际理论家普遍致力于对历史唯物主义进行体系化阐释，使其能够更好地掌握群众，以此为新的革命契机的到来做好准备。科拉科夫斯基曾经指出："虽然马克思主义学说已经很明确地被确定为一种公认的思想学派"，但是，"它并未经过严格的整理"①，从这个角度而言，第二国际理论家的体系化探究无疑推动了历史唯物主义的发展。

第二国际理论家普遍对历史唯物主义的生成路径进行了考察，并或明或暗地采用了"推广运用"论对其展开阐释，即将历史唯物主义普遍视为"唯物主义"在历史领域推广运用的结果。考茨基在其《唯物主义历史观》第一分册中指出："历史唯物主义并没有始终是一个通过经验、通过对事实的单纯观察而得来的孤立的假设，而是与一个巨大的世界观有机地结合为一体了，它是与这个世界观同命运、共存亡的。"②在他看来，这个"巨大的世界观"就是"唯物主义"，其中，"马克思和恩格斯在发展他们的历史观以前，已经在哲学上达到一种唯物主义的观点了"③，而"历史唯物主义是应用到历史上的唯物主义"④。考茨基所说的"唯物主义"实质上就是费尔巴哈的唯物主义，在他看来，马克思

① ［波］科拉科夫斯基：《马克思主义的主要流派》（第二卷），黑龙江大学出版社 2015 年版，第 1 页。

② ［德］卡尔·考茨基：《唯物主义历史观》（第一分册），上海人民出版社 1964 年版，第 21 页。

③ ［德］卡尔·考茨基：《唯物主义历史观》（第一分册），上海人民出版社 1964 年版，第 21 页。

④ ［德］卡尔·考茨基：《唯物主义历史观》（第一分册），上海人民出版社 1964 年版，第 20 页。

超越费尔巴哈的地方只是在于，马克思不再将意识与存在相互对立起来，而是与"社会存在"对立起来。按照这种理解，马克思的历史唯物主义与费尔巴哈的唯物主义实质上并无原则的区别，后者倒是构成了前者的前提，对此，考茨基明确指出："马克思和恩格斯是从一种十分确定的哲学出发，通过他们的历史研究和经济研究，特别是通过对法国革命和英国工人状况的研究，从而达到他们的历史观的。他们把这种哲学称为一种唯物主义的哲学。"①

　　梅林认识到，"历史唯物主义是越过全部已往唯物主义向前跨出的有决定意义的一步；由此而产生马克思和恩格斯对于唯物主义的全部以前的阶段占有批判者的地位"。②在梅林看来，自然唯物主义的根本缺陷在于，它忽视了"人不只在自然中，而且也在社会中生活"，"自然科学唯物主义认为人是具有意识而行动着的自然产物，但它没有考察，人的意识在人类社会中是由什么决定的。因此，当它进入历史领域时，它就转化为自己最相反的对立物，即转化为最极端的唯心主义"。③与此相反，"历史唯物主义则从自然科学的事实出发，认为人不只是动物，而是一种社会动物，他只在社会集团（游牧群、氏族、阶级）的共同生活中才获致意识，在这些社会集团中他才能作为有意识的生物而生活，因此，这些社会集团的物质基础决定着他的思想意识，这些基础的基本发展则是人类向上运动的规律"。④由此看来，梅林所洞悉的历史唯物主义创立的"关节点"在于，马克思恩格斯将

---

　　①　［德］卡尔·考茨基：《唯物主义历史观》（第一分册），上海人民出版社1964年版，第22页。

　　②　［德］梅林：《保卫马克思主义》，人民出版社1982年版，第147页。

　　③　［德］梅林：《保卫马克思主义》，人民出版社1982年版，第18页。

　　④　［德］梅林：《保卫马克思主义》，人民出版社1982年版，第19页。

人"理解为社会的产物",并进而确立了"社会历史"这一研究对象。就这一认识本身来说固然没错,但其对于理解历史唯物主义的革命性变革远远不够,甚至可以说根本没有触及深处。由于没有看到二者之间的原则性的差别,梅林甚至认为"马克思和恩格斯在他们没有通过把唯物主义带进历史领域的办法来扩大和加深费尔巴哈的哲学观点之前,他们一直停留在这种观点之上;我们可以直截了当地说,他们在自然科学领域中也是机械唯物主义者,正像在社会科学领域中他们是历史唯物主义者一样"。[1]如此一来,历史唯物主义似乎就与以费尔巴哈为典型代表的自然唯物主义并无根本差别,在这种解释中,马克思恩格斯同时获得了两个形象,即自然领域中的机械唯物主义者和历史领域中的历史唯物主义者。在梅林看来,"马克思同意费尔巴哈的做法,抛弃了唯心主义的一切奇谈怪论,可是他又与费尔巴哈不同,牢牢地把握住了德国唯心主义所取得的巨大成就。他从正面完成了费尔巴哈只会从反面完成的工作。他把唯心主义的永恒内容放进唯物主义,正如康德曾把唯物主义的永恒内容放进唯心主义一样"。[2]梅林认为马克思继承了黑格尔和费尔巴哈的哲学思想本身固然没有错,但是他用"放进"一词着实反映了他并没有把握到马克思在扬弃前提下的根本性变革。在他看来,当马克思"指出川流不息的辩证过程怎样在历史唯物主义中发生作用时,就把费尔巴哈的唯物主义扩展为历史唯物主义"。[3]这仍然是说,马

---

① 参见[苏]纳尔斯基等:《十九世纪的马克思主义哲学》(下),社会科学文献出版社1984年版,第257页。

② [德]梅林:《德国社会民主党史》(第一卷),生活·读书·新知三联书店1963年版,第315页。

③ [德]梅林:《德国社会民主党史》(第一卷),生活·读书·新知三联书店1963年版,第315页。

克思的历史唯物主义与费尔巴哈的唯物主义并没有原则性差别，而只是应用的范围更大了，而黑格尔的辩证法则是这一"扩展"的外在的工具。

　　普列汉诺夫同样将历史唯物主义的哲学根基导向了费尔巴哈的唯物主义。在批判种种企图用其他哲学来补充马克思主义的做法时，普列汉诺夫明确指出："费尔巴哈是马克思的直接的哲学前辈，而且在很大的程度上奠定了马克思和恩格斯的世界观的哲学基础。"①在他看来，费尔巴哈正确地解决了思维和存在的关系的问题，而"这种对存在和思维的关系的观点被马克思和恩格斯当作唯物主义历史观的基础"②，"马克思和恩格斯的唯物主义是比费尔巴哈的唯物主义更加发展的学说。但是马克思和恩格斯的唯物主义观点是在费尔巴哈哲学的内在逻辑所指示的同一方向上发展起来的"。③伯恩施坦更是明确地将历史唯物主义视为"唯物主义"在历史领域的运用。正如他所说，"关于唯物史观正确与否的问题是关于历史的必然性及其理由的问题"，而"把唯物论应用于历史的解释，不消说就是主张一切历史事物进化的必然性"。④

　　总之，在历史唯物主义生成路径的阐释上，第二国际理论家直接建立起唯物主义传统与历史唯物主义之间的思想连续性，认为历史唯物主义就是唯物主义学说在历史领域的拓展和运用，以

---

①　［俄］普列汉诺夫：《普列汉诺夫哲学著作选集》（第三卷），生活·读书·新知三联书店1962年版，第138页。
②　［俄］普列汉诺夫：《普列汉诺夫哲学著作选集》（第三卷），生活·读书·新知三联书店1962年版，第141页。
③　［俄］普列汉诺夫：《普列汉诺夫哲学著作选集》（第三卷），生活·读书·新知三联书店1962年版，第155页。
④　［德］伯恩施坦：《社会主义的前提和社会民主党的任务》，生活·读书·新知三联书店1958年版，第11页。

致将历史唯物主义的基础导回到了旧唯物主义的地基，抹杀了历史唯物主义对以往一切旧唯物主义的彻底的根本性变革。

二、历史唯物主义阐释中的科学主义倾向

虽然在阐释路径以及秉持的态度上存在着差异，但第二国际理论家却普遍遵循科学主义的方式阐释和构建历史唯物主义，历史唯物主义也由此在很大程度上被理解为科学化的严格决定论的体系。对于第二国际理论家的科学主义倾向，科尔施曾概括指出："'马克思主义者们'也不想大力强调他们理论的'哲学方面'"，"他们对待哲学问题的方式，完全可以用恩格斯有一次在谈到费尔巴哈对黑格尔哲学的态度时使用的生动语言来描述：那就是简单地把它'随便扔在了一边'"。[①] 对于第二国际理论家，安德森曾在整体上评价指出，"在马克思和恩格斯逝世以后，继承他们的一批下一代理论家（第二国际的主要理论家——引按）为数仍然很少。这批人中的大部分人在他们个人的成长过程中很晚才接触到历史唯物主义"。[②] 这导致他们在阐释历史唯物主义的过程中很容易受已经牢固确立的各种"先见"的影响，并导致历史唯物主义阐释中的理论变形。这在考茨基对历史唯物主义的理论阐释上体现得尤其突出。考茨基明确指出："他们是从黑格尔出发的，我是从达尔文出发的。我所研究的首先是达尔文，后来才是马克思，首先是有机体的发展，后来才是经济的发展，首先是物种的生存斗争，后来才是阶级斗争。"[③] 正是在达尔文主义这一"先见"的制约下，考茨基抹杀历史和自然的差别，对历史进行自然主义的阐释，认为"我们的太阳系，特别是我们

---

① ［德］柯尔施：《马克思主义和哲学》，重庆出版社 1989 年版，第 2 页。

② ［英］佩里·安德森：《西方马克思主义探讨》，人民出版社 1981 年版，第 12 页。

③ ［德］卡尔·考茨基：《唯物主义历史观》（第一分册），上海人民出版社 1964 年版，第 17 页。

的地球的不断冷却和波折所产生的无精神和无灵魂的推动力，足以说明我们已知的、直到人类的出现为止的一切发展进步"，而"随着人类的出现，出现了一个决不是无精神的和无灵魂的发展因素——发明的精神"，"但是，即使在人类那里，只要从新的发明中产生出来成为进一步发展动力的那些问题，不是人所预见和愿望的东西，而是一种不依赖于人的愿望和知识而起作用并给人指示方向的势力，那么，永远向更高级，即是说，更繁复、更有能力的形态的发展，也还是在无精神和无灵魂的条件下进行的"，"我们的唯物主义历史观就是以这种认识为依据。这个历史观固然向我们指出社会发展的特殊规律，却也向我们指出这些规律并不与自然发展的规律相矛盾，而毋宁可以说是自然发展规律的自然继续"。[1] 正是基于对历史的这种自然主义的阐释，考茨基将历史唯物主义塑造成了一个科学主义的决定论体系，按照这个体系，社会主义的实现被视为历史必然性自然趋向的结果，认为"现代社会主义运动是工业资本主义的产儿，也就是说，是必然从工业资本主义中生产出来的无产阶级斗争的产儿"。[2] 当阿格尔指认"第二国际的许多马克思主义者忽视了有阶级意识的阶级激进主义的必要性，而笃信（像信仰一种信条似的）社会主义像太阳必然从东方升起来一样是一种注定的必然性"[3] 时，其所指的对象首先就是考茨基。

　　虽然伯恩施坦在对待历史唯物主义的态度上与考茨基相左，

---

　　① ［德］卡尔·考茨基：《唯物主义历史观》（第六分册），上海人民出版社1964年版，第225页。

　　② ［德］卡尔·考茨基：《唯物主义历史观》（第一分册），上海人民出版社1964年版，第9页。

　　③ ［加］本·阿格尔：《西方马克思主义概论》，中国人民大学出版社1991年版，第2页。

并与考茨基展开了激烈的论战，但其对历史唯物主义本身的理解仍然隐含着科学主义的倾向，差别只是在于，伯恩施坦拒斥科学化的马克思主义，并要求对其进行"修正"。伯恩施坦认为，历史唯物主义是马克思主义学说的基础，其核心就在于认为，经济永远是决定性的力量，是历史上伟大运动的关键。也就是说，历史唯物主义就是严格的经济决定论。伯恩施坦表示，他并不完全否认这一论断，但认为这一论断已经不再能有效地说明历史的变动，正如他所说，"马克思和恩格斯遗留下来的唯物主义历史观的公式虽然为研究伟大历史变革的原因提供了指导观点，但是要说明历史演变的内在过程，传统的公式就不足以完成这一任务了，它需要作重大的补充；而历史的演变过程也是要求被认识的，认识它，恰恰对于实践具有巨大的重要性，因为我们作为实践家所必须考虑到的不是几千年或几百年，而是短短的几十年。不言而喻，马克思和恩格斯在原则上也是承认这一点的。但是在运用理论时，他们屡次忽视重要的观点并且由于片面强调某些经济因素而错误地作出了种种社会预断，对于这些预断我们今天已经必须说，它们现有的表述是错误的"。① 就此而言，虽然秉持的是反对的态度，但伯恩施坦对历史唯物主义仍然作了科学主义的理解。实际上，当伯恩施坦将历史唯物主义的哲学基础直接导向旧唯物主义，并且对旧唯物主义作机械决定论的理解时，即认为"依照唯物论，物质的运动是作为机械的过程必然地进行着的。因此，无论什么事象，没有以前为它而存在的必然的作用就不会存在，无论什么现象，没有它的物质的原因就不会发生。所以，物质的运动乃是决定思想的形态和意志的方向的，唯其如此，思想的形态和意志的方向，从而人间的一切现象，也都是物质的必

---

① ［德］伯恩施坦：《伯恩施坦读本》，中央编译出版社 2008 年版，第 415 页。

然的东西"[①]，其对历史唯物主义的严格决定论的科学主义阐释也就不可避免了。

梅林虽然强调了观念在人类历史发展进程中的作用，但其在对历史唯物主义的阐述中仍然表现出一定程度的科学主义倾向。在梅林看来，人对历史的创造离不开正确观念的指导，并且，一个观念愈益正确地反映了历史过程，它的力量就越大。但是承认观念的作用并不是要否认观念的现实来源，"人类精神并不超乎人类社会的历史发展之上，而是在其中；人的精神是从物质生产里成长的，随着物质生产并和物质生产一同成长"。[②] 就这个论断本身而言，它是对历史唯物主义关于社会存在决定社会意识之原理的说明。但"一同"就多少带上了"公式"的色彩，这使得梅林没有从另一个层面上对荷马史诗作出全面的把握，即仅仅将其看作是当时生产水平上产生出来的精神生活的古典证据。而在马克思看来，从开辟新的艺术境界来说，包括荷马史诗在内的古希腊艺术是高不可及的范本，因而不是将其归结为当时的生产力水平就可以充分解释的。而普列汉诺夫同样表现出在历史唯物主义阐释上的科学主义和严格决定论的倾向，他明确指出："辩证唯物主义将目的论从社会科学中彻底清除出去，以社会的人的需要，并以在一定时间内满足这些需要的手段与方法，来解释社会的人的活动；辩证唯物主义第一次赋予社会科学以'严密性'，这种'严密性'，是它的姊妹——自然科学——常常向它夸耀的。可以说，社会科学本身正在变成一种自然科学。"[③] 这种科

---

① ［德］伯恩施坦：《社会主义的前提和社会民主党的任务》，生活·读书·新知三联书店1958年版，第11页。

② ［德］梅林：《德国社会民主党史》（第一卷），生活·读书·新知三联书店1963年版，第27页。

③ ［俄］普列汉诺夫：《普列汉诺夫哲学著作选集》（第三卷），生活·读书·新知三联书店1962年版，第269页。

学主义倾向同时伴随着对历史的严格的决定论阐释，具体表现为其在很多论述中机械地论述经济与社会其他方面之间的决定和被决定的关系。他用"函数关系"表达生产关系和生产力之间的关系，认为任何民族的法律、国家体制与道德都直接为其特有的经济关系所决定。这些经济关系同时也决定着——不过是间接地——思维与想象的一切创造活动：艺术，科学，等等。[①]基于这种直接决定关系的阐明，普列汉诺夫坚持认为："人类社会的经济制度是基础，用这个基础的进化可以解释社会进化的一切其他方面。"[②]

第二国际的主要理论家将历史唯物主义塑造成科学化的普遍性决定论模式，不仅丧失了历史唯物主义具有的辩证法精神，而且在历史唯物主义的运用上表现出了明显的教条主义倾向，即普遍将历史唯物主义的决定论模式直接运用于分析和把握变化了的社会现实。

三、历史唯物主义阐释中的教条主义的倾向

对于第二国际历史唯物主义阐释中的教条主义倾向，葛兰西曾经作出明确的批判。他坚决反对第二国际理论家将马克思主义解释成"经济决定论"，并称这些人是用马克思的著作"教条主义式地去编制一种容不得讨论的僵化理论"的"马克思主义者"。而从深层次上来看，这种教条主义倾向同样与他们对寓于历史唯物主义之中的辩证法精神缺乏研究有着密切的关联，这种缺乏充分地体现为他们割裂了马克思与德国古典哲学特别是黑格尔哲学的关系。对此，安德森评价指出，"第二国际从来没有广泛研

---

① ［俄］普列汉诺夫：《普列汉诺夫哲学著作选集》（第三卷），生活·读书·新知三联书店 1962 年版，第 272 页。

② ［俄］普列汉诺夫：《普列汉诺夫哲学著作选集》（第三卷），生活·读书·新知三联书店 1962 年版，第 510 页。

究过黑格尔：第二国际的主要思想家们照例把他看成是一位遥远的、不如费尔巴哈重要的、而且已经和马克思不再有什么关联的先驱者"。[①]

这种教条主义倾向既体现于他们对西欧资本主义向社会主义转变问题的理解之中，又体现于他们对俄国革命的理解之中。按照历史唯物主义的基本观点，物质生产和再生产是人类历史发展进程中归根结底的决定性力量，这种力量具体又通过物质生产的两个基本维度，即生产力与生产关系之间的矛盾运动来得到体现。马克思发现了生产力与生产关系的矛盾运动原理，认为任何一种特定的社会形态，只有当其内部的生产关系不能再继续容纳生产力的进一步发展时，这种特定的社会形态才能够为新的社会形态所取代。需要强调的是，马克思在将生产力与生产关系的矛盾运动作为推动社会形态转型的根本动力的同时，并没有否定革命主体能动性在这个过程中的作用，这不仅体现为《资本论》中明确提到的工人阶级不可避免地通过革命"夺取政权"[②]，更体现为他对巴黎公社运动的热情歌颂和理性分析。问题只是在于，在马克思看来，主体对抗逻辑或革命逻辑只有置于历史客观逻辑的基础上才能得到准确理解，其内容广泛涉及对抗的方式、条件和契机等。对此，马克思在反思和总结1848年欧洲革命失败的教训时明确指出："在这种普遍繁荣的情况下，即在资产阶级社会的生产力正以在整个资产阶级关系范围内所能达到的速度蓬勃发展的时候，也就谈不到什么真正的革命。只有在现代生产力和资产阶级生产方式这两个要素互相矛盾的时候，这种革命才有可

---

① ［英］佩里·安德森：《西方马克思主义探讨》，人民出版社1981年版，第79—80页。

② ［德］马克思：《资本论》（第1卷），人民出版社2004年版，第561页。

能。"①总体而言，马克思关于社会形态转型的完整理论坚持的是历史必然性和主体能动性的辩证统一。

但是，面对资本主义社会和无产阶级革命形势的变化，第二国际主要理论家将生产力和生产关系理论公式化，着力强调实现社会主义的客观必然性，忽视无产阶级革命的作用。这一点尤其体现于考茨基的认识之中。19 世纪末 20 世纪初，资本主义社会经历了相对平稳的发展，无产阶级革命并没有如马克思和恩格斯所预见的那样如期发生。在这一背景下，如何理解无产阶级革命的历史作用，如何处理无产阶级革命和历史必然性的关系，如何处理无产阶级革命和政治斗争之间的关系，等等这些问题便凸显了出来。对于这些问题，考茨基在极力强调历史发展进程中的客观必然性的前提下，反对否定无产阶级革命，但由于其在理论上将革命的发生视为客观的历史必然性所"逼迫"的结果，并由此认为伴随着历史发展进程的展开，革命自然而然会发生，从而在原则性的意义上取消了革命，体现出了将马克思关于历史过程规律性的思想教条化为绝对公式的倾向。在考茨基看来，革命只有在具备一定条件时才会不可避免地发生，具体到无产阶级革命而言，必须具备的前提包括两个方面，一方面是资本主义生产方式的充分发展，另一方面则是无产阶级的大多数有效地组织起来，并在阶级意识上达到充分的自觉。考茨基认为："这些前提随着资本主义生产方式以及它所产生的劳动和资本之间的阶级斗争的发展而逐渐创造起来；正和资本主义的发展是不可避免和不可遏止的一样，终将对抗这种资本主义发展的无产阶级革命也是不可避免和不可遏止的。"②正是由于将革命视为历史客观进程自然

---

① 《马克思恩格斯文集》(第 2 卷)，人民出版社 2009 年版，第 176 页。
② [奥]卡尔·考茨基:《考茨基文选》，人民出版社 2008 年版，第 198 页。

而然推动的结果，考茨基最终导向了"长入社会主义社会"的结论。固然，考茨基从理论上给予包括伯恩施坦在内的改良主义者以激烈的批判，认为"盼望通过经济的发展，通过把其他阶级逐步吸入自身的工人阶级的成长和壮大，来和平地、不知不觉地消灭阶级"①，是丧失对革命的信心的结果，但他又认为"长入社会主义社会的理论"本身又包含着极其现实的内核，认为"这个理论所依据的事实将为现实的发展所证实，同时证明着我们正在实际走向社会主义"。② 因此，就其真实的思想取向而言，考茨基实际上又是赞同"长入社会主义"的，只不过他在"长入"所要借助的环节的理解上与伯恩施坦不同。对于伯恩施坦等人而言，和平长入社会主义是通过平静的发展和合法的斗争，对于考茨基而言，和平长入社会主义则是通过平静的发展和暴力革命。对此，考茨基明确指出，"长入社会主义不外就是长入那个将动摇国家一切基础的伟大战斗，这个战斗将不可避免地日益激化，并且只能以推翻和剥夺资本家阶级告终"，"长入社会主义，这只是阶级矛盾不断尖锐化和长入伟大阶级决战（我们完全有理由把这些决战称为社会革命）时代的另一种说法"。③ 在这种理解中，主体能动性原则虽然表面上得到了认可，但由于考茨基将其视为客观必然性"逼迫"的结果，所以其实际在逻辑上抹杀了主体能动性的作用，对此，阿格尔的评论无疑是到位的，他指出："决定论的马克思主义者主观上并不反对社会主义革命，相反却认为这种变革将会作为某种自然的经济过程（马克思把它们称之为'内在矛盾'）的功能而发生，这种自然的经济过程一定会迫使工人阶级

---

① ［奥］卡尔·考茨基：《考茨基文选》，人民出版社 2008 年版，第 214 页。
② ［奥］卡尔·考茨基：《考茨基文选》，人民出版社 2008 年版，第 214 页。
③ ［奥］卡尔·考茨基：《考茨基文选》，人民出版社 2008 年版，第 216 页。

起来反抗和废除资本主义。"①归根结底，考茨基将马克思历史唯物主义中的"客观公式"（科尔施语）教条化为理解和把握历史进程的唯一绝对公式。

第二国际理论家历史唯物主义阐释中的教条主义倾向尤其明显地表现于他们对俄国革命的理解上。在《资本论》中，马克思明确指出："一种历史生产形式的矛盾的发展，是这种形式瓦解和新形式形成的惟一的历史道路。"②在资产阶级社会，资本主义生产无限追求剩余价值的动机促使其不断变革生产方式，推动资本生产力不断发展，而伴随着资本生产力的不断发展，其与资本生产关系的矛盾和冲突也日益加剧，并最终导致资本主义私有制的"自我否定"，即"资本主义生产由于自然过程的必然性，造成了对自己的否定"③。《资本论》的这一分析及其所得出的结论显然无法直接用于解释俄国革命，20世纪初的俄国资本主义虽然已经有了一定程度的发展，但其在总体上仍然是一个生产力水平极为落后的农业大国。也因此，当第二国际主要理论家将《资本论》阐释为"经济决定论"的普遍模式，并直接用其解释俄国革命时，普遍得出俄国尚不具备发动社会主义革命之条件的结论，并对俄国十月革命以及引领其走向胜利的列宁主义持否定和批判的态度。例如，考茨基明确认为："俄国的革命不可能立即建立起社会主义制度。俄国的经济条件还没有成熟到这种程度。它首先只能实现民主制度，这种制度是为强大的、不可战胜的、奋勇前进的、正为自己争取巨大让步的无产阶级所支持的。"④普

---

① ［加］本·阿格尔：《西方马克思主义概论》，中国人民大学出版社1991年版，第121页。

② ［德］马克思：《资本论》（第1卷），人民出版社2004年版，第562页。

③ ［德］马克思：《资本论》（第1卷），人民出版社2004年版，第874页。

④ ［奥］卡尔·考茨基：《考茨基文选》，人民出版社2008年版，第208页。

列汉诺夫同样明确声称："以马克思的学说为依据的社会主义政策当然有自己的逻辑。如果一国的资本主义尚未达到阻碍本国生产力发展的那个高级阶段，那么号召城乡工人和最贫穷的农民推翻资本主义就是荒谬的。"[①]这种机械的理解实际上并不符合马克思本来的意思，正如马克思后来明确强调，他在《资本论》中所揭示的"历史必然性"只限于"西欧各国"，并不能无条件地挪用到俄国历史的分析之中。对于这种做法，马克思将其斥责为"一般历史哲学理论"，并认为"这种历史哲学理论的最大长处就在于它是超历史的"。[②]

第二国际主要理论家的历史唯物主义阐释对苏联产生了广泛而深远的影响。这种影响首先体现为，苏联理论家在建构历史唯物主义的过程中，除了依据马克思和恩格斯的少量经典文本之外，他们更多的是在第二国际理论家已经奠定的基础上继续前行。这种学术脉络上的密切联系和传承关系不仅体现为苏联理论家普遍遵循了第二国际理论家所采用的推广运用论这一历史唯物主义阐释模式，而且他们同时延续第二国际理论家所开启的理论传统，即主要循着"自然科学"意义上的科学方向来理解和建构历史唯物主义。第二国际理论家普遍认为，历史唯物主义所实现的理论进步首先体现为它以严密的科学性代替了唯心主义哲学的思辨性，同样，从 20 世纪 20 年代起，苏联理论家也以将历史唯物主义证成为严密的科学为主要理论旨趣。这种旨趣不仅直接体现于苏联理论家直截了当地将历史唯物主义界定为自然科学意义上的"科学"，而且体现于其将历史唯物主义的研究对象和根本任务界定为对人类历史普遍规律的把握。

---

① ［俄］普列汉诺夫：《普列汉诺夫文选》，人民出版社 2008 年版，第 420 页。
② 《马克思恩格斯文集》（第 3 卷），人民出版社 2009 年版，第 467 页。

第二节　列宁对历史唯物主义的创造性阐释及其效应

列宁将马克思主义推进到列宁主义阶段的主要体现之一是实现了对历史唯物主义的创造性阐发。列宁基于对马克思主义历史原则或辩证原则的深刻领会，科学阐明了历史唯物主义何以是彻底的唯物主义，并进而阐明了辩证唯物主义和历史唯物主义之内在一体的关系；在复杂的思想斗争和现实分析中，系统而深入地阐明了历史唯物主义的客体性、主体性以及方法论的基本理论特质；始终坚持理论和实践相结合的原则，以历史唯物主义基本理论分析和把握俄国革命和苏联社会主义建设实际，既充分彰显了历史唯物主义的科学方法论意义，又实现了对历史唯物主义基本理论的创造性发展，并在苏联历史唯物主义理解史中产生了广泛而深远的影响。

一、辩证原则与历史唯物主义之彻底性的深刻阐明

列宁在历史唯物主义阐释方面的突出贡献之一表现在，他基于对马克思主义历史原则或辩证原则的深刻领会，阐明了历史唯物主义何以是彻底的唯物主义这一重大理论问题，并进而科学阐明了辩证唯物主义和历史唯物主义之内在一体的关系。关于马克思所实现的哲学革命，人们普遍认为其实现了对历史的唯物主义阐释，并由此实现了唯物主义的彻底化。但对于马克思到底是如何实现唯物主义的彻底化这一关乎要旨的问题，无论是在列宁之前的第二国际理论家那里，还是在列宁之后的苏联理论家那里，都没有得到合理的解答。无论是第二国际理论家还是苏联理论家，都普遍遵循自然和历史之领域分离的原则，认为马克思首先立足于费尔巴哈的唯物主义基础颠倒黑格尔的唯心主义辩证

法，创立辩证唯物主义，然后运用其理解和把握历史而构成历史唯物主义。比如，第二国际的重要理论家考茨基认为，"历史唯物主义是应用到历史上的唯物主义"[①]，"它可以与任何一种使用辩证唯物主义方法的世界观合得拢，或者至少与它不发生合不拢的矛盾"。[②] 普列汉诺夫明确指出："我们使用'辩证唯物主义'这一术语，它是唯一能够正确说明马克思哲学的术语"，虽然他强调历史唯物主义同时也是辩证唯物主义，但是由于他坚持认为历史唯物主义只是"因为辩证唯物主义涉及到历史，所以恩格斯有时将它叫作历史的。这个形容词不是说明唯物主义的特征，而只表明应用它去解释的那些领域之一"[③]，因而成为"推广论"的代表性人物之一。这种阐释路径更是得到了苏联理论家的普遍坚持，其代表人物斯大林明确指出，"辩证唯物主义是马克思列宁主义党的世界观。……历史唯物主义就是把辩证唯物主义的原理推广去研究社会生活，把辩证唯物主义的原理应用于社会生活现象，应用于研究社会，应用于研究社会历史"。[④] 显然，在这种阐释方式中，历史唯物主义之所以是彻底的唯物主义，就在于它实现了唯物主义对所有领域的全覆盖。

从表面上看，介于第二国际理论家和苏联理论家之间的列宁对于历史唯物主义之何以是彻底的唯物主义的阐释，不仅与他们保持了根本上的一致，而且还起着承上启下的作用。这是由于列宁在《卡尔·马克思》《马克思主义的三个来源和三个组成部分》

---

① ［德］卡尔·考茨基:《唯物主义历史观》(第一分册),上海人民出版社1964年版, 第22页。

② ［德］卡尔·考茨基:《唯物主义历史观》(第一分册),上海人民出版社1964年版, 第29页。

③ ［俄］普列汉诺夫:《普列汉诺夫哲学著作选集》(第2卷),生活·读书·新知三联书店1961年版, 第311页。

④ 《斯大林选集》(下卷),人民出版社1979年版, 第424页。

等重要篇章中确实使用了"推广运用"来阐释历史唯物主义是彻底的唯物主义。他指出,"马克思认识到旧唯物主义的不彻底性、不完备性和片面性,确信必须'使关于社会的科学同唯物主义的基础协调起来,并在这个基础上加以改造'。既然唯物主义总是用存在解释意识而不是相反,那么应用于人类社会时,唯物主义就要求用社会存在解释社会意识"①,并由此"发现唯物主义历史观,或者更确切地说,把唯物主义贯彻和推广运用于社会现象领域"②,"马克思加深和发展了哲学唯物主义,而且把它贯彻到底,把它对自然界的认识推广到对人类社会的认识"。③从这些论述可以看出,列宁在阐明历史唯物主义何以是彻底的唯物主义时,的确采取了将历史唯物主义视为唯物主义在"历史领域"的贯彻和运用一说。正因如此,很多人认为苏联"推广运用论"的历史唯物主义阐释模式源于列宁。

但是,这种勾连却只是停留于话语的表层,它没看到列宁采用"推广运用论"阐释历史唯物主义,只是对历史唯物主义的彻底性所作的形象化说明,而绝非是本质性说明。在一定意义上看,这种形象化说明是合理的,因为,马克思和恩格斯批判费尔巴哈为半截子的唯物主义时指出,"当费尔巴哈是一个唯物主义者的时候,历史在他的视野之外;当他去探讨历史的时候,他不是一个唯物主义者"④,从而也形象地说明了费尔巴哈只是在自然领域实现了唯物主义,而在历史领域仍然属于唯心主义,因而是"半截子"的唯物主义。循着这个线索,我们当然可以说,马克思不仅在自然领域实现了唯物主义,而且也在历史领域实现了唯物

---

① 《列宁专题文集·论马克思主义》,人民出版社 2009 年版,第 12—13 页。
② 《列宁专题文集·论马克思主义》,人民出版社 2009 年版,第 14 页。
③ 《列宁专题文集·论马克思主义》,人民出版社 2009 年版,第 68 页。
④ 《马克思恩格斯文集》(第 1 卷),人民出版社 2009 年版,第 530 页。

主义，因而实现了唯物主义的彻底化。但问题在于，这种说明决不是对历史唯物主义何以是彻底的唯物主义的关乎本质的回答。因为，正如费尔巴哈哲学所显示的，仅仅只是在自然领域实现的唯物主义却因为其自身的内在缺陷而无法通过"移植"而实现对历史的唯物主义阐释。按照恩格斯的指认，这种最根本的缺陷就在于完全丢弃了黑格尔哲学体系中的"新内容"，亦即辩证法。也就是说，只有彻底地贯彻辩证原则或历史原则的唯物主义才能够达到彻底的唯物主义。

而遵循发挥首要作用的辩证原则或历史原则来阐明历史唯物主义，恰恰构成了列宁阐明历史唯物主义是彻底的唯物主义的关键之所在。列宁指出，"旧唯物主义是非历史的、非辩证的（是反辩证法意义上的形而上学的），它没有彻底和全面地贯彻发展的观点"[①]，而马克思则通过彻底改造和贯彻黑格尔的辩证法，而将唯物主义向前推进了，"他用德国古典哲学的成果，特别是用黑格尔体系（它又导致了费尔巴哈的唯物主义）的成果丰富了哲学。这些成果中主要的就是辩证法，即最完备最深刻最无片面性的关于发展的学说"，即作为"一种极其完整严密的科学理论"，它说明，"由于生产力的发展，如何从一种社会生活的结构中发展出另一种更高级的结构，例如从农奴制中生长出资本主义"。[②] 正是基于辩证法对于历史唯物主义实现唯物主义彻底化的重要性，列宁明确强调："马克思和恩格斯在他们的著作中特别强调的是**辩证**唯物主义，而不是辩证**唯物主义**，特别坚持的是**历史**唯物主义，而不是历史**唯物主义**。"[③]列宁通过同一用词的不

---

① 《列宁专题文集·论马克思主义》，人民出版社 2009 年版，第 10 页。
② 《列宁专题文集·论马克思主义》，人民出版社 2009 年版，第 68 页。
③ 《列宁专题文集·论辩证唯物主义和历史唯物主义》，人民出版社2009年版，第115—116 页。

同重读表明，马克思创立历史唯物主义绝非是将之前的旧唯物主义原样地"运用"到历史领域，其中，所发生的并非只是术语方面的变化，即唯物主义用物质去说明意识，而历史唯物主义则坚持用社会存在说明社会意识。正如列宁所指出的，旧唯物主义的要害在于反辩证法，当其被直接运用到历史领域时，并不能实现对急剧变动的历史现实的彻底唯物主义的阐明。对此，马克思曾明确加以批判："那种排除历史过程的、抽象的自然科学的唯物主义的缺点，每当它的代表越出自己的专业范围时，就在他们的抽象的和意识形态的观念中显露出来。"① 例如古典经济学家们，虽然坚持唯物主义的原则区分固定资本和流动资本，但由于缺少历史性的原则，即其"把人们的社会生产关系和受这些关系支配的物所获得的规定性看作物的自然属性"，因而既属于"粗俗的唯物主义"，同时也是"一种粗俗的唯心主义"，"甚至是一种拜物教，它把社会关系作为物的内在规定归之于物，从而使物神秘化"。②

在列宁看来，关乎根本的是，马克思正是通过辩证的或历史性的原则的贯彻和运用，实现了对唯物主义的彻底变革。这种变革绝非只是将旧唯物主义关于物质决定意识的原则具体化为社会存在决定社会意识的原则，而是在强调社会存在之历史性特质的基础上，始终坚持从特定时空联结中的社会存在出发去说明人们的意识。对此，列宁在《什么是"人民之友"以及他们如何攻击社会民主党人》中阐明历史唯物主义的社会形态学说时，作了系统的论述。针对以米海洛夫斯基为代表的主观社会学者抽象地研究人类社会及其对马克思思想的扭曲，列宁不仅精辟地总结

① ［德］马克思：《资本论》(第 1 卷)，人民出版社 2004 年版，第 429 页。
② 《马克思恩格斯全集》(第 31 卷)，人民出版社 1998 年版，第 85 页。

了历史唯物主义所开启的科学阐释历史的路径，即"从社会生活的各种领域中划分出经济领域，从一切社会关系中划分出生产关系，即决定其余一切关系的基本的原始的关系"①，而且突出阐明了这一路径的辩证法意蕴，即"抛弃了所有这些关于一般社会和一般进步的议论，而对一种社会（资本主义社会）和一种进步（资本主义进步）作了科学的分析"。②也就是说，历史唯物主义彻底抛弃了种种关于所谓的"一般社会"的空洞言说，始终立足于特定的社会现实展开具体的分析和研究，并在此基础上力求探究人类社会的一般规律。

正是基于对关乎历史唯物主义之根本的辩证性或历史性原则的深刻洞见，列宁还阐明了辩证唯物主义和历史唯物主义之内在一体的关系。具体言之，列宁从两个方面阐明了两者之间的内在一体性。首先，在"唯物主义"方面，列宁批判经验批判主义者波格丹诺夫所谓的"社会存在和社会意识同一论"，强调意识总是反映存在是唯物主义的一般原理，而历史唯物主义关于社会存在反映社会意识的原理与这个一般原理有着直接的和不可分割的联系。其次，也更为重要的是，正如列宁强调**"辩证唯物主义"**和**"历史唯物主义"**所表明的，同时使用这两个名称，绝非是说辩证唯物主义只是研究自然领域的结果，历史唯物主义只是研究历史领域的结果，两者的"加和"构成了马克思主义哲学整体，相反，两者同是彻底贯彻唯物主义辩证法的唯物主义，因而在根本上是一致的。这就是说，辩证唯物主义与历史唯物主义之内在一体性源自它们共有的前提，因此，列宁强调指出："在这个由

---

①《列宁专题文集·论辩证唯物主义和历史唯物主义》，人民出版社2009年版，第158—159页。

②《列宁专题文集·论辩证唯物主义和历史唯物主义》，人民出版社2009年版，第165页。

一整块钢铸成的马克思主义哲学中,决不可丢掉任何一个基本前提、任何一个重要部分,不然就会离开客观真理,就会落入资产阶级反动谬论的怀抱。"①

二、思想批判与历史唯物主义基本理论特质的深刻阐明

19世纪90年代的俄国思想领域,围绕在当时《俄国财富》杂志周围的政论家和经济学家普遍奉行主观社会学的思想,并以此为前提竭力歪曲甚至攻击马克思的历史唯物主义。在他们看来,社会历史领域的变迁是"以政治为转移,以政权和知识界等等对社会的影响如何为转移","社会现象领域根本不同于自然历史现象领域,因此,研究前者必须采用十分特别的'社会学中的主观方法'"②,该方法的核心就是从抽象的人性出发,对社会及其演进历程进行外在于社会现实的形而上学的研究。列宁批判道,这种主观主义的方法只能限于对历史进行空洞的说教,而无法基于俄国社会现实的切实分析并指出蕴含于其中的发展方向。列宁深刻指出,当这些思想家发现社会现实中的不合理的关系时,便将造成不合理的关系的缘由归结为"由于人们不聪明,不善于很好了解人的本性的要求,不善于找到这些这种合理制度的条件而在历史上发生过的种种违背'心愿'的偏向,'缺陷'"。③列宁尤其深刻揭示了主观社会学的思想根源,即其将思想的社会关系上升至历史进程中的主导性关系,并由此将整个历史进程视为由思想关系决定的过程。列宁针锋相对地指出,马克思的历史唯物主义"为了'阐明'"历史,不要在思想的社会关系中,而要

---

① 《列宁专题文集·论辩证唯物主义和历史唯物主义》,人民出版社2009年版,第112页。

② 《列宁专题文集·论辩证唯物主义和历史唯物主义》,人民出版社2009年版,第157页。

③ 《列宁专题文集·论辩证唯物主义和历史唯物主义》,人民出版社2009年版,第158页。

在物质的社会关系中去寻找基础①。在深刻批判主观社会学思想的基础上，列宁着重阐明了历史唯物主义的客体性特质。在他看来，马克思和恩格斯的基本思想是"把社会关系分成物质的社会关系和思想的社会关系。思想的社会关系不过是物质的社会关系的上层建筑，而物质的社会关系是不以人的意志和意识为转移而形成的，是人维持生存的活动的（结果）形式"。②而人类历史就表现为由特定时空联结中的生产关系所支撑起来的社会经济形态的演进过程，这一过程并非人们的思想操控的过程，而是受到生产关系的制约，归根结底受到生产力水平的制约，而马克思的历史唯物主义对人类历史的研究，就是将整个人类历史的发展进程归结于物质生产的发展水平，即"生产力的发展决定人们在生产人类必需品的产品时彼此所发生的关系，用这种关系才能解释社会生活的一切现象，人的意向、观念和法律"。③正是基于社会经济形态的发展表现为自然过程、"生产力决定生产关系""物质社会关系决定思想关系"等历史唯物主义客体维度的阐明，列宁得以在持续而日益深入的关于俄国社会现实的"精确性"说明的基础上，科学回答俄国历史的发展方向问题。

列宁着力阐明历史唯物主义的客体性维度，强调人的活动的制约性问题，是为了在历史观上与任何对待历史的主观主义彻底划清界限，并由此澄清历史唯物主义作为科学理论的本质。但是，列宁并没有由此走向纯粹的客观主义，以致历史沦为人的活动之外的自行运转的纯客观过程——而这恰恰是当时俄国甚为

---

① 《列宁专题文集·论辩证唯物主义和历史唯物主义》，人民出版社2009年版，第171页。

② 《列宁专题文集·论辩证唯物主义和历史唯物主义》，人民出版社2009年版，第171页。

③ 《列宁专题文集·论马克思主义》，人民出版社2009年版，第54页。

流行的"经济主义"对待历史的普遍态度。列宁明确指出:"历史必然性的思想也丝毫不损害个人在历史上的作用:全部历史正是由那些无疑是活动家的个人的行动构成的。在评价个人的社会活动时发生的真正问题是:在什么条件下可以保证这种活动得到成功?有什么保证能使这种活动不致成为孤立的行动而沉没在相反行动的汪洋大海里?"① 在当时的俄国,这些问题的特殊表现形式就是:"以实现社会主义制度为目标的活动,应当怎样吸引群众参加才能取得重大的成果?"② 列宁的上述思想不仅表明历史唯物主义的主体性特质,即认为历史归根结底是人的尤其是群众的过程展开,因而群众的能动性的自觉发挥构成了历史发展的必不可少的前提,而且以人的活动的条件性和受制约性为中介环节,建构起了历史唯物主义客体性和主体性特质之间的关系,即人的活动的自觉性的建立和充分展开离不开对活动条件的依赖。对此,列宁在《社会民主党纲领草案及其说明》(1896年)、《同经济主义的拥护者商榷》(1901年)、《怎么办》等一系列文章中作了充分的阐明。例如,在《怎么办》一文中,列宁面对经济主义的错误而针锋相对地强调"提高工人群众的阶级性"的重要性,并认为实现这一点的基本条件之一就是"组织全面的政治揭露",认为不进行这样的揭露,就不能培养群众的政治意识和革命积极性。

列宁还深刻阐明了历史唯物主义的方法论本质。对于历史唯物主义,恩格斯曾深刻指出:"我们的历史观首先是进行研究工作的指南,并不是按照黑格尔学派的方法构造体系的杠杆"③,

---

① 《列宁专题文集·论辩证唯物主义和历史唯物主义》,人民出版社2009年版,第179—180页。

② 《列宁专题文集·论辩证唯物主义和历史唯物主义》,人民出版社2009年版,第180页。

③ 《马克思恩格斯文集》(第10卷),人民出版社2009年版,第587页。

"如果不把唯物主义方法当做研究历史的指南，而把它当做现成的公式，按照它来裁减各种历史事实，那它就会转变为自己的对立物"[①]。恩格斯富有警示性意义的论断表明，理解和把握历史唯物主义之关键在于切实领会其方法论意义。而列宁无疑在这个方面为我们提供了典范。在与形形色色的反马克思主义和非马克思主义展开思想斗争以及深入分析俄国社会现实的过程中，列宁对历史唯物主义的方法论特质进行了深刻的阐明，这成为列宁创新和发展历史唯物主义的重要前提。早在《什么是"什么是人民之友"以及他们如何攻击社会民主党人》中，针对米海洛夫斯基对历史唯物主义的严重扭曲，即用其"给人类解释过去"，说明"人类的全部过去"，列宁认为这是强加给历史唯物主义的，并针锋相对地指出，"历史唯物主义也从来没有企求说明一切，而只企求指出'唯一科学的'（用马克思在《资本论》中的话来说）说明历史的方法"。[②]当然，从马克思所完成的工作来看，马克思主要是运用历史唯物主义方法说明了资本主义社会形态，但正是通过这种典型个案的说明，马克思将说明历史的方法提高到科学的高度，即历史唯物主义"也必然适用于其余各种社会形态，虽然这些社会形态还没有经过专门的实际研究和详细分析，正像已为充分事实所证实了的种变说思想适用于整个生物学领域一样，虽然对某些动植物物种来说，它们变化的事实还未能确切探明"。[③]

在阐明历史唯物主义之方法论本质的基础上，列宁进而着重论述了历史唯物主义方法论运用的关键在于辩证地分析具体的

① 《马克思恩格斯文集》（第10卷），人民出版社2009年版，第583页。

② 《列宁专题文集·论辩证唯物主义和历史唯物主义》，人民出版社2009年版，第166页。

③ 《列宁专题文集·论辩证唯物主义和历史唯物主义》，人民出版社2009年版，第166页。

社会现实，并在此基础上建构起彰显社会现实本质的内涵辩证精神的思想认识。还是那个米海洛夫斯基，他拼命地抓住马克思的表达方式，将马克思的历史唯物主义的方法扭曲为黑格尔式的"三段式"。对此，列宁引用恩格斯的话语加以批判，"马克思从未打算用黑格尔的三段式来'证明'任何事物"，"唯物主义者的任务是正确地和准确地描绘现实的历史过程"①。固然，在研究结果上，或者像马克思所指称的"叙述方式"上，会显现出诸如肯定—否定—否定之否定的公式，但这是因为在现实的自然界和历史领域，大量的事实遵循了这个运动轨迹。问题的关键在于，正如列宁所强调的，历史唯物主义是根据历史事实而不是根据三段式来认识和把握历史过程的。这无疑表明，列宁深刻把握了马克思关于其辩证法与黑格尔辩证法"截然相反"的判定。在列宁看来，作为历史唯物主义之"基石"的辩证法的关键可以归结为"对现存事物及其必然的发展的肯定的理解"②。这恰如马克思所说，"只要这个头脑还仅仅是思辨地、理论地活动着"，"就是在理论方法上，主体，即社会，也必须始终作为前提浮现在表象面前"。③ 列宁的论述表明，历史唯物主义始终根据社会现实的自我展开来建构理论，而绝非是外在于现实来建构一套思辨的概念体系，然后将套用到社会现实之中。

三、深入现实与历史唯物主义基本理论的创新和发展

列宁对历史唯物主义基本理论特质的深刻领会，为其创新和发展历史唯物主义基本理论奠定了坚实的思想基础。无论是在

---

① 《列宁专题文集·论辩证唯物主义和历史唯物主义》，人民出版社2009年版，第184页。

② 《列宁专题文集·论辩证唯物主义和历史唯物主义》，人民出版社2009年版，第187页。

③ 《马克思恩格斯文集》（第8卷），人民出版社2009年版，第25—26页。

俄国革命还是在苏联社会主义建设时期，列宁都始终坚持理论和实践相结合的原则，以历史唯物主义的基本理论分析和把握俄国革命和苏联社会主义建设的实际，并从中引出革命和建设的方向、道路以及具体的策略和规划，从而不仅充分彰显了历史唯物主义引领时代发展的强劲的理论生命力，而且还在此过程中实现了对历史唯物主义基本理论的创新性发展。

针对米海洛夫斯基将马克思所创立的历史唯物主义扭曲为一般的历史哲学，认为历史唯物主义已经为各个民族和国家如何走向社会主义作出了先行的完满筹划，马克思曾经明确强调"一切民族"如何实现社会主义并无统一的模式，确定一个民族到底如何实现社会主义，必须以这个民族的特殊情况为根本依据。马克思由此再度深刻阐明了历史唯物主义始终根据具体的社会现实来探究其运行机理的方法论特质。深谙历史唯物主义理论品质的列宁对此有着深刻的洞见，他强调指出："我们决不把马克思的理论看作某种一成不变的和神圣不可侵犯的东西……因为它所提供的只是总的指导原理，而这些原理的应用具体地说，在英国不同于法国，在法国不同于德国，在德国又不同于俄国。"[1]

对于俄国革命而言，第二国际理论家执着于马克思和恩格斯在特定形势分析基础上所得出的结论，而拒绝从对俄国革命的特殊现实的深入分析中得出具体结论，以致无法科学判断和提出俄国革命的发展方向问题。对此，列宁批判道："在以普列汉诺夫为首的右翼社会民主党人中间，却时常出现一种相反的推论方法，即他们力图在关于我国革命基本性质的一般真理的单纯逻辑发展中去寻找具体问题的答案，这是把马克思主义庸俗化，并且完全是对辩证唯物主义的嘲弄。"[2]而列宁则始终坚持立足于对俄

---

[1] 《列宁专题文集·论马克思主义》，人民出版社2009年版，第96页。
[2] 《列宁专题文集·论资本主义》，人民出版社2009年版，第2—3页。

国社会现实的科学分析以探究俄国革命的方向。他充分运用马克思的生产集中说审视资本主义社会的新变化，准确判定资本主义从自由竞争时代向垄断时代的转变，深入揭示垄断资本主义时代经济和政治发展不平衡的"绝对规律"，并以此为依据得出"社会主义可能首先在少数甚至单独一个资本主义国家内获得胜利"的结论。列宁深刻指出："资本主义的发展在各个国家是极不平衡的。而且在商品生产下也只能是这样。由此得出一个必然的结论：社会主义不能在所有国家内同时获得胜利。它将首先在一个或者几个国家内获得胜利，而其余的国家在一段时间内将仍然是资产阶级的或资本阶级以前的国家。"①以此认识为基础，列宁具体而详尽地分析了俄国何以能够进行社会主义的革命的各种客体的和主体的契机，包括俄国在世界范围内的垄断趋向影响下所衍生的一般帝国主义矛盾及其在整个帝国主义体系链条上的特殊性，俄国普遍弥漫的"下层"不愿继续旧生活的情绪以及"上层"也不能照旧存在下去的客观现实，认为这些契机的融合促成了俄国当时社会主义革命发生的历史必然性。列宁以此创新和发展了马克思关于社会主义革命的理论，充分彰显了历史唯物主义的运用必须始终基于特定时空中的社会现实之上的特质。

俄国十月革命胜利以后，经过三年艰苦的捍卫苏维埃政权的斗争，苏联开始将工作的重心转向社会主义建设的探索。对于在一个东方的农业大国如何建设和发展社会主义，马克思并没有提供任何具体的理论阐述，对于苏联和列宁而言，这无疑是一个全新的课题。在破解这个时代难题中，列宁秉持历史唯物主义始终要求面向具体的社会现实引出具体结论的本真精神，批判以考茨基为典型代表的教条主义者固守于教科书式的马克思主义规

---

① 《列宁专题文集·论社会主义》，人民出版社 2009 年版，第 8 页。

定"世界历史发展的一切形式的想法",认为"有这种想法的人简直就是傻瓜"。① 在列宁看来,就当时的俄国现实而言,的确不具备直接向社会主义转变的条件,但这绝不意味着俄国就不能开启向社会主义转变的历史征程,对此,列宁反问道:"我们为什么不能首先在我国为这种文明创造前提,如驱逐地主,驱逐俄国资本家,然后开始走向社会主义呢?"② 而在如何转变的问题上,列宁着重强调了必须在实践探索中总结经验,"我们并不苛求马克思或马克思主义者知道走向社会主义的道路上的一切具体情况。这是痴想。我们只知道这条道路的方向,我们只知道引导走这条道路的是什么样的阶级力量;至于在实践中具体如何走,那只能在千百万人开始行动以后由千百万人的经验来表明"。③

在这些原则的基础上,列宁深刻总结反思"战时共产主义"政策——其核心就是要求直接过渡到社会主义——的深刻教训,科学分析俄国复杂的经济关系,并牢牢抓住俄国能够转向社会主义的两个关键条件,即社会化大生产和无产阶级专政的原则,提出了"新经济政策"的构想。该构想的首要的创新点就是认为俄国从资本主义转变为社会主义需要经过一个过渡时期,列宁将之命名为"国家资本主义",并以战略进攻和战略退却、强攻和围攻的辩证关系深刻说明了经历这个过渡时期的历史必然性和必要性,即"不是直接进行社会主义建设,而是要在许多经济领域退向国家资本主义;不是实行强攻,而是进行极其艰苦、困难和不愉快的长期围攻,伴以一连串的退却。要动手解决经济问题,也就是说,保证经济转到社会主义的基础之上,就必须这样做"④,

---

① 《列宁专题文集·论社会主义》,人民出版社 2009 年版,第 360 页。
② 《列宁专题文集·论社会主义》,人民出版社 2009 年版,第 359 页。
③ 《列宁全集》(第 32 卷),人民出版社 1985 年版,第 111 页。
④ 《列宁专题文集·论社会主义》,人民出版社 2009 年版,第 280—281 页。

从而丰富了马克思在《哥达纲领批判》中所系统阐发的从资本主义向共产主义过渡的历史阶段理论。不仅如此,在这种阶段划分的总体框架内,列宁还就社会主义社会建成的历史条件展开了详尽的论述,特别是就过渡阶段如何运用资本主义的先进文明创造这些条件,以及如何在无产阶级专政的条件下发展资本主义商品经济问题提出了初步的设想。

总而言之,列宁紧贴俄国革命和建设实际理解、创新和发展历史唯物主义的现实历程,为我们在当代新的实践条件下进一步推动马克思主义理论发展提供了经典范例。同时,从苏联历史唯物主义的理解史进程来看,列宁的历史唯物主义思想也成为苏联学者建构历史唯物主义理论体系的直接理论来源。换句话说,不断地"回到列宁"构成了苏联历史唯物主义理解史的重要组成部分。诚如巴鲁林所言:"苏联历史唯物主义发展史的最深刻的本质,就是根据新的社会需要从理论上掌握和发展马克思、恩格斯和列宁的思想,总的来说,这个历史是马克思列宁主义哲学的列宁主义阶段的一个组成部分。"①

第三节　西方人本主义马克思主义的演进及其一般特征

无论是从学术视野、主题关注还是学术交往来看,东欧新马克思主义者在重构历史唯物主义的进程中都深受西方人本主义马克思主义的影响。因此,为了更加深入地了解东欧历史唯物主义建构的主要特质,我们有必要从整体上对西方人本主义马克思

---

① ［苏］巴鲁林:《当代历史唯物主义发展趋势》,社会科学文献出版社1987年版,第23页。

主义作一梳理，尤其是对他们在马克思主义阐释方面的主要特质作一刻画，以此为阐释东欧新马克思主义者在历史唯物主义建构中所实现的理论路向的转移奠定基础。

西方人本主义马克思主义是在与第二国际理论家所确立的正统阐释方式相对峙的基础之上形成和发展的，并在复杂的社会历史语境——西方资本主义社会和无产阶级革命形势的新变化、第二次世界大战所暴露出来的人性危机等——中不断转移自身的形式和拓展自身的主题。一方面，资本主义的稳定发展及其内部逐渐衍生出来的"制造同意"的机制，在一定程度上消解了无产阶级的革命意志，无产阶级并未发动颠覆资产阶级社会的革命斗争；另一方面，社会主义革命首先在东方落后国家取得了胜利。面对这种形势变化，第二国际主要理论家对马克思主义的实证主义阐释只是停留在对现实实情的确证上，他们没有为在西方世界实现社会主义转变提供有效的策略，同时，俄国的革命经验又无法直接用到西欧社会，这促使西方人本主义马克思主义者开始寻找新的路径，并对历史唯物主义展开了新的思考和建构。在此过程中，与现代西方哲学中的人本主义哲学流派的不断互动也是促成西方人本主义马克思主义形成与发展的重要推动因素。

从一般意义上来看，对西方人本主义马克思主义进行追根溯源，其最早源于第二国际内部的理论冲突和斗争。例如，当卢卡奇指认第二国际理论家卢森堡是"马克思主义者"，并给予其在反对第二国际机械主义和机会主义中所作出的努力及其所取得的成效以高度评价时，就表明了他们在思想脉络上的一定范围和程度上的连续性。这种更为明显的连续性体现于第二国际理论家拉布里奥拉和葛兰西的思想传承关系中。作为第二国际理论家的重要代表，拉布里奥拉的独特之处在于建构起哲学与现实的内在关系，并在这种关系中强调哲学对现实的批判功能。他深刻指出："社会由于建立在对抗的基础之上，在本身内部就产生矛盾，然后通过向新的形式过渡来克服矛盾"，正是在这种过渡中，即从"主观思想的批判"到对"自我批判"的理解过程中，"体现了马克思和恩格斯作为唯物主义者从黑格尔唯心主义哲学中汲取的历史辩证法"。[①] 拉布里奥拉对内在于历史进程中的主体批判维度的凸显，为葛兰西基于历史主义"内在论"视角完成对克罗齐"霸权"思想的改造，创立以人本主义为理论基调的文化霸权理论奠定了基础。

　　西方人本主义马克思主义发端于 20 世纪 20 年代。其早期代表人物主要有卢卡奇、葛兰西和科尔施，他们通过完成《历史与阶级意识》《狱中札记》《马克思主义和哲学》等一系列重要文本，开启了与第二国际所谓"正统马克思主义"完全不同的学术道路。对于这种学术道路的重大转向，张一兵等如此评价："自 20 世纪 20 年代产生以来，西方马克思主义以重新解释马克思和批判发达资本主义作为自己的双重旨趣，走出了一条不同于所谓'正统马克思主义'的道路，为西方左派理论思潮提供了重要的学术资源，并深刻影响了 20 世纪 30 年代之后的西方学术思想的发展。"[②] 第一次世界大战以后，面对新的形势，第二国际的决定论的马克思主义无法给出有效的阐释，并引发了西方人本主义马克思主义者的重大逻辑反拨，这不仅体现于他们将理论的主题逐渐从对经济的科学分析转向对政治和意识形态的批判，从而出现了像安德森所说的令人困惑的"倒转了马克思本身的发展轨道"[③] 的现象，而且他们还在激烈批判决定论的基础上强调阶级

---

① ［意］拉布里奥拉：《关于历史唯物主义》，人民出版社 1984 年版，第 99 页。

② 张一兵等：《西方马克思主义哲学的历史逻辑》，南京大学出版社 2003 年版，第 1 页。

③ ［英］佩里·安德森：《西方马克思主义探讨》，人民出版社 1981 年版，第 68 页。

意识在历史演进过程中的作用。卢卡奇关于"无产阶级的正确观点和正确决心具有决定性的作用"[①]的论断，科尔施强调必须重新提出"无产阶级革命对意识形态的关系的主要问题"[②]，葛兰西对"灵魂深处闹革命"以及夺回文化"领导权"的强调，等等，都无不充分体现了这一点。在这种人本逻辑转向中，马克思主义的科学逻辑维度渐渐遭到消解，就连直接以阶级斗争问题为讨论中心的葛兰西，"也没有论述资本主义经济本身"[③]。

20世纪30年代以后，伴随着马克思《1844年经济学哲学手稿》以完整的形式公开问世、垄断资本主义的日益成熟、无产阶级革命热情下降以及第二次世界大战所带来的冲击，西方马克思主义者对马克思主义的阐释不仅日益转向意识、心理、文化、政治领域，而且明确声称要基于青年马克思的人本逻辑为马克思主义"重新奠基"。法兰克福学派认为，"必须用摒弃了马克思《资本论》中决定论倾向的批判理论去反对操纵意识的行为。而且，通过揭露和改变资产阶级的虚假意识，还能使工人阶级的阶级意识得到恢复"[④]。对于这一变化，安德森评价指出："西方马克思主义作为一个整体，当它从方法问题进而涉及实质问题时，就几乎倾全力于研究上层建筑了。"[⑤]以萨特和梅洛-庞蒂为代表的存在主义马克思主义极力彰显个人实践和自由在历史变革中的作用。可以说，从20世纪20年代到60年代的西方马克思主义发展历程中，基于人本逻辑阐释马克思主义的路向占据了绝对的主导地

---

① ［匈］卢卡奇：《历史与阶级意识》，商务印书馆1992年版，第403页。

② ［德］卡尔·科尔施：《马克思主义和哲学》，重庆出版社1989年版，第33页。

③ ［英］佩里·安德森：《西方马克思主义探讨》，人民出版社1981年版，第96页。

④ ［加］本·阿格尔：《西方马克思主义概论》，中国人民大学出版社1991年版，第188页。

⑤ ［英］佩里·安德森：《西方马克思主义探讨》，人民出版社1981年版，第96页。

位。但是，完全丢弃了科学逻辑的人本主义马克思主义最终丧失了对资本主义社会的精确诊断能力以及由此为无产阶级革命提供确定性的理论指导的功能，其结果便是，马克思所矢志追求的人的解放问题被完全归入纯粹的思想领域。

20世纪六七十年代以后，伴随着以阿尔都塞为代表的科学主义的马克思主义的式微，以及社会现实的新变迁和后现代潮流的深刻影响，西方思想家涌现出全面否定科学逻辑或决定论的后马克思主义潮流，并再次引出基于单一人本逻辑的激进批判理论。作为"西方马克思主义在后现代语境中急剧向右转的一个理论变种"，后马克思主义全面奉行对马克思主义的解构策略，即解构马克思主义的总体性概念、经济决定论、阶级还原论和激进革命概念，因而虽然其在总体上继续推进全球解放的革命规划，但在理论上已经与马克思主义相去甚远。从这个角度来看，虽然后马克思主义在全面拒斥科学逻辑的基础上倡导基于人本逻辑的激进批判理论，但无疑已经与开启于卢卡奇等人的西方人本主义马克思主义有了质的区别。这充分体现于后马克思主义者全面消解了马克思主义对人类的终极关怀维度，而将伦理的诉求移植于对当下的各种临时局面的开放式想象。例如，后马克思主义者米歇尔·莫维尼明确声称"有必要将马克思主义这种非决定论、'反体系的'因素呈现出来，并做进一步的发展，这最起码可以增强马克思主义的批判力量以便使它能够应对那些往往被排除在阶级斗争的'传统'范围之外的当代问题"①，并认为"事实上马克思即便是在其最'科学的意义上'，也'总是已经'（绝对的）合乎伦理的"。② 但是，马克思主义的伦理诉求既非基于必然性规

---

① 张永清等编：《后马克思主义读本》，人民出版社2011年版，第38页。

② 张永清等编：《后马克思主义读本》，人民出版社2011年版，第39—40页。

律的基础之上，也不是目的论的，"马克思的方法不但表明了对他者性和差异重要的'可变性'的这种双方面的认识，同时还表明了将差异本身的过程问题化的责任。如此观之，他的唯物主义就其'科学性'而言才是伦理的。它指向社会关系的偶然性、暂时性，也指向在历史当中将其具体化的方式"。①

　　相比于由第二国际理论家开创并在苏联得到传承的马克思主义哲学阐释模式，西方马克思主义在形成和拓展的过程中经历了"形式"上的转移，并紧密结合资本主义社会的最新变化拓展了哲学研究的主题。在形式转移和主题拓展中，西方人本主义马克思主义在其演进过程中表现出一系列新的理论特征，现就其中与本书研究紧密相关的三个方面的特征作一概述。首先，在理论逻辑上普遍从客观历史逻辑转向主体对抗逻辑，极力强调主体批判和自我超越在推动历史发展进程中的作用。马克思的历史唯物主义强调对历史的客观进程进行分析，具体到资产阶级社会来看，就是深入资本运动的客观逻辑中展开分析和批判，揭示资本运动的机制和规律。但是，正如安德森所指出的，西方人本主义马克思主义者"故意闭口不谈那些历史唯物主义经典传统最核心的问题：如详尽研究资本主义生产方式的经济运动规律，认真分析资产阶级国家的政治机器以及推翻这种国家机器所必需的阶级斗争策略"②，特别是在第二次世界大战后的二十多年中，"西方马克思主义在有创见地论述经济理论或政治理论方面、在创作这两个领域的重要著作方面所表现的学术成果，实际上是一片空白"。③他们普遍转向青年马克思在《1844年经济学哲学手

---

　　①　张永清等编：《后马克思主义读本》，人民出版社2011年版，第56页。

　　②　［英］佩里·安德森：《西方马克思主义探讨》，人民出版社1981年版，第60—61页。

　　③　［英］佩里·安德森：《西方马克思主义探讨》，人民出版社1981年版，第62页。

稿》中的人本批判逻辑，在主体与客体的对峙中凸显主体批判和自我超越在历史发展进程中的作用。在早期西方马克思主义者那里，这个主体往往还以阶级的形式出现，如卢卡奇坚持无产阶级在推动历史转变中的作用，认为其受自己的阶级地位的决定必定能"在自己身上找到同一的主体—客体，行为的主体，创世的'我们'"[①]，无产阶级的自我认识就是对历史总体的认识，也只有这种认识才能实现对资本主义社会的超越，"行动功能的正确与否最终要由无产阶级阶级意识的发展来决定"。[②] 但是，伴随着西方人本主义马克思主义日益发展，阶级主体也逐渐向个体化的自我转变，对于此种转变，张一兵等概括道："20世纪30年代之后，由于种种历史因素，工人阶级的革命性日渐衰退，使西方马克思主义放弃阶级斗争的热情而转向个体性立场，强调进行生存抗争的个人是阶级斗争理论的出发点。"[③] 个体化的人具有自我超越性，也正是在这种自我超越中，个体化的人逐渐变成"总体的人"。

其次，在关注领域上普遍由经济基础领域转向上层建筑领域，尤其将文化作为关注的焦点。安德森用"主题的创新"概括这一转变，他指出："西方马克思主义典型的研究对象，并不是国家和法律。它注意的焦点是文化。"早在卢卡奇、葛兰西和科尔施开创西方马克思主义之时，这种主题创新已经表现出来，并尤其体现于卢卡奇对文学的研究、葛兰西对文化在西方政治权力运作中的作用以及对夺取文化领导权的重要性的强调。此后的阿多尔诺、本雅明、戈德曼、列斐伏尔、萨特、马尔库塞等人无不在

---

① ［匈］卢卡奇：《历史与阶级意识》，商务印书馆1999年版，第232页。

② ［匈］卢卡奇：《历史与阶级意识》，商务印书馆1999年版，第297页。

③ 张一兵等：《西方马克思主义哲学的历史逻辑》，南京大学出版社2003年版，第123页。

文化艺术领域倾注了大量的精力。当然，西方马克思主义者所展开的并非纯粹文化学的研究，他们往往将文化、权力以及个人的生存境遇联系起来，力图在文化批判中寻找人的解放的出路。例如，马尔库塞力图揭示资本主义社会的知识和文化生产到底是如何将人纳入权力体制之中的，在他看来，"作为一个技术世界，发达工业社会是一个政治的世界，是实现一项特殊历史谋划的最后阶段，即在这一阶段上，对自然的实验、改造和组织都仅仅作为统治的材料"，"随着这项'谋划'的展现，它就形成为话语和行为、精神文化和物质文化的整个范围。在技术的媒介作用中，文化、政治和经济都并入了一种无所不在的制度，这一制度吞没或拒斥所有历史替代性选择"①。面对资本主义经由技术文化所建构的牢笼，马尔库塞提出了著名的"大拒绝"的口号，并将文化革命视为摆脱资本主义牢笼的根本途径。

　　最后，在分析方式上普遍从宏观分析转向微观分析，更加注重对个人的日常生活和心理情感进行研究。马克思的历史唯物主义注重用生产力与生产关系、经济基础与上层建筑的矛盾原理对历史展开宏观分析。在这种分析中，马克思主要向我们揭示了资产阶级社会产生的历史根源、它在内在矛盾和冲突中的展开以及因这种自身矛盾和冲突而必然造成的"自我否定"的历史结局。正是通过这种宏观分析，马克思为无产阶级革命奠定了坚实的理论基础。但是，西方人本主义马克思主义在主体关注上日益从阶级转向个体，与这种转向相一致，他们逐渐放弃了马克思的宏观分析的方式，力图深入社会生活的细微之处，对个体化的人的日常生活、心理和情感展开细致研究。这种微观分析在弗洛姆、马尔库塞、列斐伏尔的主要著作中都得到了充分的展开。例

----

① ［美］马尔库塞：《单向度的人》，上海译文出版社 2008 年版，第 7 页。

如，弗洛姆明确声称，其在《逃避自由》一书中就现代人如何逃避自己和逃避其自由加以分析，即"讨论为实现人的自我和潜能所涉及的伦理规范及价值问题"[①]。作为法国有着鲜明特色的思想家，列斐伏尔敏锐地发现当代资本主义社会的权力运作已经侵入个人的日常生活领域，并将日常生活革命视为实现个人解放的根本路径，等等。

东欧新马克思主义者虽然在历史唯物主义建构上有着自身特殊的历史语境，并因特殊的时代课题而表现出自身的理论特色，但无论从他们与西方人本主义马克思主义者展开的广泛学术交流来看，还是从他们在历史唯物主义阐释上的基本理路以及关注主题等方面来看，他们无疑受到了西方人本主义马克思主义的深刻影响。大概在 20 世纪 70 年代中期之前，东欧新马克思主义者通过组织和参与国际性的学术会议，与西方人本主义马克思主义者进行了广泛而深入的学术交流。特别显著的是，南斯拉夫实践派哲学家在 20 世纪六七十年代创办了《实践》杂志和科尔丘拉夏令学园，在长达 10 年的时间中，他们举办了 10 次国际讨论会，围绕着国家、政党、官僚制、分工、商品生产、技术理性、文化、当代世界的异化、社会主义的民主与自治等一系列重大的现实问题进行了深入探讨，百余名东欧新马克思主义者、西方马克思主义理论家和其他东西方马克思主义研究者参加了讨论。[②] 20 世纪 70 年代中期以后，由于各种复杂的原因，东欧新马克思主义者的主要代表通过移居国外等各种被迫的或自我选择的途径，而加强了与西方左翼学者的学术交流。

张一兵等指出："东欧的新马克思主义与西方马克思主义有

---

① ［美］艾·弗洛姆：《自我的追寻》，上海译文出版社 2013 年版，前言，第 1 页。

② 衣俊卿：《全面开启国外马克思主义研究的一个新领域》，载《当代国外马克思主义评论（8）》，人民出版社 2010 年版。

着很大的差别，这种差别是由东欧独特的历史道路所决定的。"①
但就其根本的理论建构路径来看，则无疑与西方人本主义马克思主义者保持了高度的一致性，"作为社会主义阵营内部对斯大林主义的最早的思想反叛者和激进的反教条主义批判家，东欧的'新马克思主义'理论家们在重新理解和解释马克思主义哲学时，在理论逻辑上延续了早期青年卢卡奇所开辟的西方马克思主义理论传统，并直接受到了现象学、存在主义等西方思潮的影响，成为西方马克思主义在东欧最重要的思想回声"。②正如本书将在第三部分所要阐述的，这种延续性普遍体现于东欧新马克思主义者对历史唯物主义的理论建构中，他们普遍延续了西方人本主义马克思主义者所建构的主体对抗逻辑，并以此对历史唯物主义进行重构，凸显主体对抗和主体批判在东欧社会主义改革进程中的重要作用，在关注的主题上，东欧理论家同样受到西方人本主义马克思主义者的启发，他们将后者所开辟的很多议题纳入东欧社会主义改革的历史语境加以思考，并力图走出一条不同于苏联模式的社会主义发展道路。

第四节　苏联、东欧历史唯物主义观的理解史定位

马克思恩格斯通过合著《德意志意识形态》创立历史唯物主义之后，将其运用于政治经济学批判和未来社会构想，同时基于对无产阶级革命经验教训的深刻总结，不断推动历史唯物主义理

---

① 张一兵等:《西方马克思主义哲学的历史逻辑》，南京大学出版社2003年版，第179页。

② 张一兵等:《西方马克思主义哲学的历史逻辑》，南京大学出版社2003年版，第180页。

论走向深化。在这个思想演进的过程中,《资本论》及其手稿标志着历史唯物主义的真正成熟。唐正东以马克思对生产关系概念的理解为核心强调指出:"《57—58 年手稿》中的马克思已经彻底掌握了历史唯物主义意义上的生产关系概念的全部内容","历史唯物主义的哲学理论在此时已经彻底成熟了"[①]。此后,马克思恩格斯适应无产阶级革命新的实践要求,并立足于资本主义社会现实基础,深入研究古代社会和未来共产主义社会的发生机制、内在结构等,同时将东方社会历史道路问题纳入理论视域,从而在时空两个维度上拓展深化了历史唯物主义。可以说,在马克思恩格斯的思想演进历程中,历史唯物主义自创立起从未停止发展的步伐。马克思恩格斯之后,历史唯物主义大体上沿着两条理论路向继续发展,第一条路向开启于第二国际理论家,侧重于强调历史发展进程的必然性,凸显的是历史唯物主义的科学逻辑维度;第二条路向开启于以卢卡奇、葛兰西、科尔施为代表的早期西方马克思主义者,侧重于强调历史发展进程中的主体能动性,凸显的是历史唯物主义的主体逻辑维度。总体而言,苏联和东欧学者的马克思主义阐述路径分别属于这两条路向,即苏联历史唯物主义延续了第二国际的理论传统,其经过 20 世纪 20 年代的争论和探索、三四十年代的基本定型和 50 年代中期以后的修正和完善而构建起系统的科学化的历史唯物主义理论体系;而东欧历史唯物主义则延续了早期西方马克思主义者开启的理论传统,其在与以弗洛姆、马尔库塞等为代表的西方人本主义马克思主义者的思想互动中,构建起了人本主义的历史唯物主义理论体系。因此,将苏联、东欧历史唯物主义置于整个历史唯物主义理解史进程中来定位,大体上可以从三个方面展开分析。

---

① 唐正东:《从斯密到马克思》,江苏人民出版社 2009 年版,第 385 页。

首先，与马克思恩格斯创立的历史唯物主义相比较，苏联、东欧历史唯物主义紧紧抓住历史唯物主义整体逻辑中的一个维度予以发挥，因而虽然两者都不乏真理性的一面，但无疑都在逻辑整体上背离了历史唯物主义的真精神。马克思在其早期思想探索之集大成的著作《1844年经济学哲学手稿》中同时确立起了两种逻辑，诚如孙伯鍨所言：“《手稿》中确实存在着两种截然相反的逻辑：以抽象的人的本质为出发点的思辨逻辑，和以现实的经济事实为出发点的科学逻辑。”① 但是，在随后所完成的《关于费尔巴哈的提纲》和《德意志意识形态》等著作中，马克思恩格斯逐渐地转向了科学逻辑，即明确提出要沿着“实证科学”方向提供关于历史的真正的知识，并循着从直接生活的物质生产出发阐述历史的方法论路径形成了较为确定的关于历史的模式化说明。经过二十多年的探究，马克思以《资本论》的完成实现了科学逻辑的完美呈现。其中，马克思依据自然科学研究中的“典型原则”，主要以当时在英国发展的最充分的资本主义社会现实为现实前提，坚持从抽象上升到具体的科学方法，实现了对资本主义社会现实运动过程的模式化说明，正如马克思所总结的，“材料的生命一旦在观念上反映出来，呈现在我们面前的就好像是一个先验的结构了”。② 但与此同时，马克思并没有完全丢弃人本逻辑，而是以此为基础对资本主义社会展开了激烈的价值批判。正是在人本批判的过程中，马克思得出资本主义制度乃是相比于以往的制度而言的“最大的奴役制”。对此，凯·尼尔森总结指出：“任何没有发现马克思道德承诺的《资本论》解读方式都是盲目的。”③ 就此而言，完整准确地理解马克思思想的

---

① 孙伯鍨：《探索者道路的探索》，南京大学出版社2002年版，第177页。
② 《马克思恩格斯文集》（第5卷），人民出版社2009年版，第22页。
③ ［加］凯·尼尔森：《马克思主义与道德观念》，人民出版社2014年版，第166页。

内在逻辑，不是在人本逻辑和科学逻辑之间二选一的问题，关键在于把握两种逻辑在马克思思想体系之中的关系。但是，无论是苏联理论家还是东欧理论家，都没有将这个问题推向深入，他们往往抓住其中的一种逻辑维度，并以此为基础阐释马克思历史唯物主义的理论整体。马尔库什曾经说道："在马克思主义思想史中，存在着一种持续的分裂——生产范式（亦即历史唯物主义——引按）一方面分裂为关于劳动的'科学'模型，另一方面分裂为关于实践的'哲学'观点。"① 苏联历史唯物主义与东欧历史唯物主义的对峙由此成为"分裂式"理解马克思历史唯物主义的典型案例。这种分裂及其后果集中体现为，前者执着于凸显历史唯物主义之科学的客观性逻辑，从而在很大程度上甚至彻底消解了历史唯物主义内涵的实践能动性在历史转变中的根本性作用；而后者则执着于凸显历史唯物主义之实践能动性逻辑，从而在很大程度上甚至彻底消解了科学的客观性逻辑在历史唯物主义中固有的作用；两者虽然都不失片面的真理性，但皆因疏离历史唯物主义双重逻辑之整体而造成了对历史唯物主义的片面化理解。

其次，在历史唯物主义理解史中的科学化阐释路向的理论线索中，苏联历史唯物主义向前承接着第二国际的历史唯物主义阐释路向，向后则影响着中国化马克思主义哲学的建构历程，并与以阿尔都塞为典型代表的科学主义的马克思主义者的历史唯物主义阐释有很多相似的地方。因此，对于历史唯物主义的科学化阐释路向，苏联理论家实际上起着巩固、强化并拓展的作用，并以较为典型的方式呈现了此种阐释路向的诸多理论取向和理论

① ［匈］乔治·马尔库什：《语言与生产——范式批判》，黑龙江大学出版社2011年版，第113页。

特质。这种典型性尤其体现为苏联理论家构筑起的一个历史唯物主义的科学模型，它以自然与历史的二分以及与此二分相适应的辩证唯物主义与历史唯物主义的二分为基础，以自然为对象阐明了世界的物质统一性及其与意识的关系、整个世界的辩证运动规律，以及认识论和认识过程的辩证法基本原理，建构起辩证唯物主义的理论体系，然后将其"投射"到历史领域，建构了遵循从物质生产到社会上层建筑基本路径的决定论的理论体系。进一步来看，苏联理论家由于以典型的形式呈现了历史唯物主义的科学化建构，其必定也在更深层次上暴露出仅仅执着于科学逻辑理解历史唯物主义的缺陷，即消解了人的能动性在人类历史发展进程中的作用，从而违背了马克思反复强调的其哲学乃是指向于改变世界的真实意图。如果说任何一个对象的本质只有在历史演进过程中充分暴露之后才能使人们看得更加清楚，那么，一种理论范式的优点和缺点同样只有在理解史进程中以典型方式表现出来以后才能使后来者更加透彻、全面地理解和把握。

最后，在历史唯物主义理解史中的人本化阐释路向中，东欧新马克思主义者在总体上继承了卢卡奇所开启的西方人本主义马克思主义理论传统，绝大多数东欧新马克思主义者都直接或间接地受卢卡奇、布洛赫、列斐伏尔、马尔库塞、弗洛姆、哥德曼等人带有人道主义特征的马克思主义理解的影响，其中，布达佩斯学派的主要成员就是由卢卡奇的学生组成的[①]，并通过创办国际性的杂志如《实践》以及举办一系列国际性的学术会议，而与西方人本主义马克思主义者展开了持续的互动和交流。这种传承和交流关系促使东欧新马克思主义者在思想建构上表现出人本

---

① 衣俊卿：《全面开启国外马克思主义研究的一个新领域》，载《当代国外马克思主义评论（8）》，人民出版社 2010 年版。

主义的一般维度，特别是在一系列重大理论主题的关注上表现出与西方马克思主义的一致性。但与此同时，东欧理论家在历史唯物主义的人本主义阐释上还彰显出许多富有特质性的东西，这不仅体现为东欧理论家的理论建构普遍建基于对马克思哲学思想的深刻理解的基础上，而且由于自身的现实遭遇、实践诉求等方面的特殊性，他们对历史唯物主义的阐释表现出许多富有特色的内容。这不仅有助于我们把握人本主义理论的一般传统，而且有助于我们把握东欧新马克思主义者在思考马克思思想整体以及当今时代所面临理论和实践问题上的特殊思想。此外，东欧新马克思主义者普遍将自己的人本主义建立于对苏联历史唯物主义批判的基础之上，因而呈现出了人本逻辑与科学逻辑交锋和斗争的完整过程。因此，对这种批判展开分析，有助于我们在充分把握人本逻辑和科学逻辑各自特质的基础上，复归基于这两种逻辑完整理解历史唯物主义的路径。

第二部分
苏联历史唯物主义理解史探究

第三章　苏联历史唯物主义
体系的探索、形成和完善

　　纵观苏联七十多年的历史进程，不断探索、建构和完善历史唯物主义理论体系贯穿于始终。总体而言，苏联理论家建构历史唯物主义理论体系的过程大致经历了三个阶段，即 20 世纪 20 年代的探索阶段，30 年代的完成阶段以及 50 年代后的修正和完善阶段。苏联理论家普遍遵循辩证唯物主义在社会领域"推广"与"运用"的阐释路径，逐步建构起了作为马克思主义哲学之组成部分的历史唯物主义理论体系。

第一节　20 世纪 20 年代苏联历史唯物主义理论体系的初步探索

　　十月革命的胜利，充分验证了马克思主义哲学的真理性。从 20 世纪 20 年代开始，面对社会主义改造和建设任务的凸显，如何更好地发挥马克思主义哲学的指导作用，成为摆在苏联理论家面前的一项重要任务。

一、20 世纪 20 年代历史唯物主义理论体系的初步探索

20 世纪 20 年代以后，苏联开始由革命时期转入全面的社会主义建设时期，在此历史条件下，如何将直接以社会为研究对象的历史唯物主义系统化，以求使其掌握更多的群众，更好地发挥其指导社会实践的功能，成为苏联理论家面临的迫切问题。对此，苏联理论家恰金等人在《苏联二十年代确立历史唯物主义的斗争》中作了很好的概括："根据社会主义革命所提出的任务对历史唯物主义进行系统化，就其内容讲是一个新事物。需要这样组织科学的社会学知识，以使历史唯物主义成为一个体系，该体系不仅能使这些知识在劳动人民的意识中得到巩固，而且还能使之在社会实践活动中得到应用。这种系统化理当符合历史唯物主义这门马克思主义一般社会学理论发展的内在逻辑。从事历史唯物主义研究的人应当具有内部完整的、经过详细而精确论证的知识体系，该体系的特点在于理论结论具有极为明显的确凿性。"[①] 这段论述概括了 20 世纪 20 年代苏联理论家建构历史唯物主义理论体系的努力。当时出版的布哈林的《历史唯物主义理论》(1921)、阿多拉茨基的《马克思主义基本问题教学大纲》(1922)、萨拉比扬诺夫的《历史唯物主义》(1922)、戈列夫的《历史唯物主义概论》(1925)、库拉佐夫的《历史唯物主义》(1929)、芬格尔特和萨尔文特的《辩证唯物主义和历史唯物主义》(1929)等教科书都是此种努力的代表性成果。

总体上看，苏联理论家对历史唯物主义理论体系的建构是循着其作为马克思主义哲学之构成部分的方向来展开的，而这从根本上决定于苏联理论家对历史唯物主义生成路径的普遍理解，

---

① [苏]巴鲁林：《当代历史唯物主义发展趋势》，社会科学文献出版社1987年版，第41页。

即历史唯物主义是辩证唯物主义在社会领域的推广和应用。第二国际理论家对历史唯物主义生成路径的理解以及列宁的相关论断是导致这种普遍性认识的重要根源。就20年代而言，此种"推广运用说"已然为很多理论家所认同。从这个时期所出版的一系列教科书来看，有很多以"辩证唯物主义"命名，也有很多以"历史唯物主义"命名，从而体现出将马克思主义哲学二分的趋势。而就历史唯物主义理论体系建构本身来看，"推广运用"的倾向也在理论本身的阐述中得到了明显的体现。但从总体上看，20年代还没有形成"辩证唯物主义"和"历史唯物主义"的明确界分。苏联理论家巴鲁林将这个时期称为历史唯物主义体系建构的"混合阶段"则贴切地概括了这个特点，即"在这一时期，通过广泛的、系统化的形式，阐明了历史唯物主义理论，阐明了最重要的规律和范畴，但是还没有十分严格区分历史唯物主义和辩证唯物主义，区分科学共产主义、具体社会学研究等的各种问题"。[1]

此种在学科和问题域上区分不严格的现象造成了历史唯物主义系统化在选题上的不够严格。也就是说，在这个时期，历史唯物主义和辩证唯物主义、科学社会主义以及对一些具体社会问题的社会学研究经常混合在一起。例如，布哈林的《历史唯物主义理论》专门设了"辩证唯物主义"一章；萨拉比扬诺夫的《历史唯物主义》在探讨物质基础和上层建筑、国家、法、个性和其他一些问题的同时，还研究了辩证法、质量和度的问题以及辩证法和自然科学等问题。此种问题选择上的模糊体现了初始阶段历史唯物主义系统化的复杂性，毕竟这是一项全新的理论探索工

---

[1] ［苏］巴鲁林：《当代历史唯物主义发展趋势》，社会科学文献出版社1987年版，第24—25页。

作。实事求是地评价这个时期的历史唯物主义系统化工作，虽然其中存在着种种缺陷，但其代表了苏联历史唯物主义理解史进程中的一个重要阶段，并为以后苏联理论家建构历史唯物主义理论体系奠定了基础。

二、布哈林与历史唯物主义理论体系建构的初步尝试

在布哈林产生广泛影响的重要著作《历史唯物主义理论》中，其对历史唯物主义理论体系展开了探索性建构。正如他在这本著作的序言中所交代的，"之所以选择历史唯物主义的题材，是因为马克思主义理论的这个'基础的基础'还缺乏系统的阐述"。[①] 实事求是地看，布哈林的这一工作对于推动历史唯物主义基本理论的传播具有重要意义，并在很大程度上影响了此后苏联历史唯物主义理论体系的建构。

从结构上看，《历史唯物主义理论》由"导论"和八章构成。在导论部分，布哈林对历史唯物主义的研究对象进行了先行说明。在他看来，历史学和社会学是社会科学的两门重要科学，两者之间在研究对象上存在着差异，历史学探索和阐述特殊历史阶段的规律，而社会学阐明的则是人类历史发展最一般的规律。两门学科的关系在于，社会学为历史学提供方法论指导。导论之后的八章内容主要涉及历史规律、自由和必然的关系、辩证法、社会观、社会与自然界之间的关系、历史发展动力论、阶级斗争理论等方面的内容。这些理论焦点的设置无疑抓住了历史唯物主义的许多重要内容，但从《历史唯物主义理论》聚焦于历史唯物主义理论体系的这一关切来看，该书因没有建构起各个章节之间的内在联系而在理论建构上打了折扣。不仅如此，作为历史唯物

[①] ［苏］布哈林:《历史唯物主义理论》，东方出版社1988年版，中文版序言，第1页。

主义理论体系初步建构的成果，该书虽然在主要内容上阐述的是历史唯物主义的相关内容，但同时也增加了"辩证唯物主义"的部分，并将其归属于历史唯物主义。这体现了 20 世纪 20 年代苏联理论家普遍用"历史唯物主义"概括马克思主义哲学所有内容的倾向。对此，叶夫格拉弗夫如此评价："马克思主义哲学随着向和平时期社会主义建设的过渡而逐步分化出来，成为单独的学科，但起初它仍是作为总称为'历史唯物主义'的一个大部分出现的。马克思主义哲学在苏联第一次成为高等学校中专门学习的对象是从 20 年代初开始的。1922—1924 年间出版了最早一批辩证唯物主义和历史唯物主义教科书。"①这段论述表明，布哈林已经具有将马克思主义哲学划分为两个部分的倾向，但其在总体上还处于巴鲁林所概括的"混合阶段"。

进一步来看，布哈林已经开始运用推广论阐释历史唯物主义的产生。②而就《历史唯物主义理论》对历史唯物主义基本理论的阐释来看，其抓住了很多关于历史唯物主义本质的实质性内容，但在具体展开中却暴露出较多缺陷。布哈林将历史唯物主义界定为"关于社会及其发展规律的一般学说"③，实为对历史唯物主义的科学化解读。同时，布哈林将特殊规律从历史唯物主义的研究对象中分离出去，并将其归属于"历史学"，则无疑缩小了历史唯物主义的研究领域，更抹杀了对历史普遍规律的把握实际上是建立在认识和把握特殊规律的基础之上这一实情。更为突出的是，由于抹杀偶然性的地位和作用，即认为"社会科学中也应

---

① ［苏］叶夫格拉弗夫主编：《苏联哲学史》，商务印书馆 1998 年版，第 14—15 页。

② 这方面的内容将在第五章第一节"推广论在苏联的形成与演变"中论及，这里不再赘述。

③ ［苏］布哈林：《历史唯物主义理论》，东方出版社 1988 年版，第 7 页。

当摒除'偶然性'这个概念"①，其对历史唯物主义的阐释表现出强烈的机械主义和自然主义的色彩，布哈林因此并没有将历史唯物主义与近代的自然唯物主义有效区分开来。这种机械主义倾向还表现于布哈林单方面强调生产力在历史发展中的决定性作用，没有给予生产关系的作用以应有重视。巴鲁林指认，在当时十分众多的作品中，主要注意力都放在生产力上面，而且几乎所有的社会现象都与生产力发生关系，从而明显低估了生产关系，这无疑包括了布哈林。虽然布哈林通过"平衡论"力图在各种要素之间建立辩证联系，但正如列宁所评价的，布哈林从来没有完全理解辩证法，因而这种辩证联系的建构整体上表现为失败的建构。

布哈林《历史唯物主义理论》的一大亮点在于对历史目的论进行了较为彻底的批判。在他看来，将整个人类历史视为由外在于人的目的所牵引的过程是荒谬的。他明确指出，"现象的规律性并非目的论的规律性"②，并对历史目的论的产生根源进行了分析。在他看来，"目的论的观点以宗教为立足点。就其来源而言，这就是把世俗的奴役关系———一方从属和另一方统治———生搬硬套地运用到整个世界"③，就其本质而言，它实际上包含着对人之外的神秘主体或力量的预设。虽然历史目的论"摒弃了粗鄙的神秘力量的思想"，但"只要人们说到'内在固有的'目的，他们往往同时就暗示有某种极其微妙而不可捉摸的'内在力量'提出这一目的"。④布哈林认为，科学研究在于把握自然和社会现象中的因果规律性，一旦通过科学研究找到事物产生变化的原因，各种所谓历史目的论的神秘解释就无所逃遁。他还指出，真正的科

① ［苏］布哈林：《历史唯物主义理论》，东方出版社 1988 年版，第 42 页。

② ［苏］布哈林：《历史唯物主义理论》，东方出版社 1988 年版，第 13 页。

③ ［苏］布哈林：《历史唯物主义理论》，东方出版社 1988 年版，第 14 页。

④ ［苏］布哈林：《历史唯物主义理论》，东方出版社 1988 年版，第 16 页。

学研究"摒弃任何神性，摒弃对超自然力量的任何寄托，摒弃过去时代的一切陈词滥调，并为人类真正掌握自然力和本身的社会力量开辟道路"。①

布哈林在历史唯物主义理解上的理论缺陷体现了初步探索该理论的体系的艰难，但其所作出的努力仍然是卓有成效的。卢卡奇指出："布哈林的新著（即《历史唯物主义理论》——引按）是符合长期以来对一部关于历史唯物主义的系统的马克思主义解说的需要的"，"布哈林在把马克思主义的一切有意义的问题归纳到一种完整的、系统的解说中去，这方面是成功的，这部解说多少是马克思主义的；其次，阐述一般清晰易懂，所以，作为一部教材，这本书可喜地达到了它的目的"。② 而如果说革命后初期的苏联急需确立马克思主义的指导地位，那么，布哈林无疑作出了巨大贡献。诚如科恩所言："《历史唯物主义理论》，实际上是布哈林——同苏联二十年代其他'探索的马克思主义者'一样——指明马克思主义不仅是党和国家的意识形态，而且是反对当代西方思想成就并与之竞争的思想体系。"③

三、阿多拉茨基对历史唯物主义的初步阐释

阿多拉茨基一生致力于马克思主义经典作家重要著作的出版工作，宣传马克思列宁主义思想。在马克思主义哲学史上，阿多拉茨基作出了重要的贡献，被列宁称为"一个坚定的布尔什维克，是一个有很好修养的马克思主义者、理论家和宣传家"④。阿

---

① ［苏］布哈林：《历史唯物主义理论》，东方出版社 1988 年版，第 23 页。

② 中国社会科学院马列主义毛泽东思想研究所编：《论布哈林和布哈林思想》，贵州人民出版社 1982 年版，第 216 页。

③ 中国社会科学院马列主义毛泽东思想研究所编：《论布哈林和布哈林思想》，贵州人民出版社 1982 年版，第 175—186 页。

④ 参见［苏］阿多拉茨基：《阿多拉茨基选集》，生活·读书·新知三联书店 1964 年版，序言第 1 页。

多拉茨基对历史唯物主义的理解同样构成了苏联历史唯物主义理解史中的重要一环，对以后的苏联理论家展开历史唯物主义理论体系建构产生了诸多影响。

阿多拉茨基坚持按照历史唯物主义的基本观点即"不是意识决定生活，而是生活决定意识"阐释历史唯物主义的产生。在他看来，"马克思的理论在研究决定人的思想发展的原因时，同时也就是说明了自己的产生"①，马克思之所以能够创立历史唯物主义，离不开发达的资本主义社会关系的产生。值得提及的是，阿多拉茨基对历史唯物主义的具体问题具体分析的方法论原则有着深刻的认识，在他看来，"马克思的理论是研究现实的方法。这并不是一种一下子就可以完全了解的和到处适用的公式。只有掌握了马克思的方法，在分析整个复杂的实际情形时善于作出充分考虑到一切具体情况的正确判断的人，才算充分理解了马克思，才是真正的共产主义者"。②与布哈林的理解一致，阿多拉茨基同样遵循了"推广论"来阐释历史唯物主义，将马克思主义哲学划分成"辩证唯物主义方法"和"历史理论"两个部分，认为"马克思的功绩在于把辩证唯物主义的方法运用于研究人类社会及其历史"③。

在此前提下，阿多拉茨基对历史唯物主义的科学性进行了论证，并着重阐释了社会存在与社会意识、生产力和生产关系、个人与社会以及自由和必然之间的相互关系原理。在他看来，"历

---

① ［苏］阿多拉茨基：《阿多拉茨基选集》，生活·读书·新知三联书店1964年版，第4页。

② ［苏］阿多拉茨基：《阿多拉茨基选集》，生活·读书·新知三联书店1964年版，第5页。

③ ［苏］阿多拉茨基：《阿多拉茨基选集》，生活·读书·新知三联书店1964年版，第27页。

史唯物主义首先是将人类社会作为客观现实的一种现象来观察的，这种现象不依赖主观意识而存在"①，"不是意识决定社会关系的制度"②，而是"社会存在在关于它的正确意识出现之前就已经存在了"③。阿多拉茨基进而对生产力与生产关系的原理作了较为系统的阐释。在他看来，生产力是人类历史发展中最重要的因素。在生产力发展至一定水平时，形成一定的社会关系，同时，社会关系本身又随着生产力的变化而变化。他指出："社会关系随着物质生产力的发展而变化，人在发展自己的生产力即在生活的时候，发展了彼此之间的一定关系，而这些关系的性质必然会随同这些生产力的改造和增长而变化。"④其理论缺陷在于，没有对生产关系和社会关系作出有效的区分。与此同时，从复杂的人类历史发展过程来看，物质生产力并非在任何时刻任何地方都起着决定性的作用，在特定的历史条件下，生产关系进而对社会关系往往能够起到主导性的反作用。就此而言，阿多拉茨基在生产力作用的理解上表现出机械决定论的倾向。而这种倾向尤其体现在他对掌握了物质生产力的人的作用的理解上。在他看来，"人就用双手亲自创造自己的历史，但是他是作为劳动的生物来创造历史的，是无意识的"。⑤但诚如马克思所言："除了从事劳动的那些器官的紧张之外，在整个劳动时间内还需要有作为注意

① ［苏］阿多拉茨基：《阿多拉茨基选集》，生活·读书·新知三联书店1964年版，第71页。
② ［苏］阿多拉茨基：《阿多拉茨基选集》，生活·读书·新知三联书店1964年版，第75页。
③ ［苏］阿多拉茨基：《阿多拉茨基选集》，生活·读书·新知三联书店1964年版，第75—76页。
④ ［苏］阿多拉茨基：《阿多拉茨基选集》，生活·读书·新知三联书店1964年版，第82页。
⑤ ［苏］阿多拉茨基：《阿多拉茨基选集》，生活·读书·新知三联书店1964年版，第89页。

力表现出来的有目的的意志，而且劳动的内容及其方式和方法越是不能吸引劳动者，劳动者越是不能把劳动当作他自己体力和智力的活动来享受，就越需要这种意志。"①

就社会存在与社会意识的相互关系原理而言，阿多拉茨基首先批判了在这一问题上的唯心主义观点。按照这种观点，"社会和社会关系的存在完全依人的头脑里对这些关系的意识多少为转移。没有意识，也就没有社会"。对此，阿多拉茨基针锋相对地指出："不是意识决定人们的关系，而是由于外在的必然性才使关系独立地并且时常是违背意识地形成起来的。"②他正确地指出，"历史唯物主义并不否认思想的作用，否认思想的作用是不对的，它只是不限于简单地指出说，在某一时候有这种意识，因而就会发生什么。唯物主义历史学家必须要解释这种意识从哪里产生"。③更为重要的是，阿多拉茨基认识到，思想要充分发挥改造世界的作用，就必须掌握群众。他明确指出："思想能起巨大的作用，然而这只有当它表达了群众的利益，因而能吸引广大群众的时候才能做到。只有在这时，思想才有历史意义，才能在社会生活、在历史过程中起作用。"④

但必须看到，阿多拉茨基在意识产生的解释上仍旧存在着机械决定论的倾向。我们知道，恩格斯的"历史合力论"思想虽然充分论证了人类历史发展的客观性，但从另一个角度看，它还论证了人的意识具体起作用的机制。虽然历史的最终结果不在某

---

① 《马克思恩格斯选集》(第2卷)，人民出版社1995年版，第178页。

② [苏]阿多拉茨基：《阿多拉茨基选集》，生活·读书·新知三联书店1964年版，第73页。

③ [苏]阿多拉茨基：《阿多拉茨基选集》，生活·读书·新知三联书店1964年版，第71页。

④ [苏]阿多拉茨基：《阿多拉茨基选集》，生活·读书·新知三联书店1964年版，第71页。

一个人的意料之中，但也并非由此可以将个人的意识归结为零。而阿多拉茨基指出外在于人的社会必然性是在"独立地并且时常违背"人的意识的基础上形成的，实际上又否定了意识在人类历史发展中的作用。这一点充分地体现在他认为的"社会存在先于意识而存在、不依赖于意识。意识只是在以后才出现"[①] 的观念之中。

　　阿多拉茨基还对个人与社会的关系进行了理论阐释。这一点构成了他的历史唯物主义理解中的最大亮点。就一般意义而言，阿多拉茨基认为，个人是社会的个人，社会是个人的社会。在这两个层面中，他更为突出地强调了个人的社会性。阿多拉茨基借用马克思的重要论断即"人的本质并不是单个人所固有的抽象物，在其现实性上，它是一切社会关系的总和"强调指出："没有社会就没有个人。"[②] 在此前提下，他深入剖析了资本主义社会条件下人与人之间的社会关系的特殊性。在资本主义社会，个人主义思想占据了优势。对于其社会根源，阿多拉茨基指出："这种缺乏客观认识的现象，是由于社会制度的特点，因为商品生产者社会不是直接地而是通过商品间接地建立自己的联系、自己的共性的。"[③] 但实际情形是，"资本主义经济是一种特殊的社会经济形态，并且它的社会联系比过去各种社会结构的形式都更加广泛得多，形式多样得多，巩固得多"[④]。对此，马克思曾经指

---

　　① ［苏］阿多拉茨基：《阿多拉茨基选集》，生活·读书·新知三联书店1964年版，第74页。

　　② ［苏］阿多拉茨基：《阿多拉茨基选集》，生活·读书·新知三联书店1964年版，第65页。

　　③ ［苏］阿多拉茨基：《阿多拉茨基选集》，生活·读书·新知三联书店1964年版，第76—77页。

　　④ ［苏］阿多拉茨基：《阿多拉茨基选集》，生活·读书·新知三联书店1964年版，第78页。

出："只有到 18 世纪，在'市民社会'中，社会联系的各种形式，对个人说来，才表现为只是达到他私人目的的手段，才表现为外在的必然性。但是，产生这种孤立个人的观点的时代，正是具有迄今为止最发达的社会关系（从这种观点看来是一般关系）的时代。"①

综上所述，20 世纪 20 年代的苏联理论家已经朝着将历史唯物主义作为马克思主义哲学的构成部分的方向展开阐释，就此而言，这个阶段为 30 年代以后将这一理解路径确定下来作了理论上的铺垫。而到了 30 年代，特别是伴随着斯大林理论体系的形成，此种对历史唯物主义的基本理解被最终确定下来。

第二节 20 世纪 30 年代苏联历史唯物主义理论体系的确立

苏联共产党对马克思主义哲学体系化工作的高度重视，使苏联历史唯物主义理论体系在 20 世纪 30 年代基本确立。首先，在苏共领导下，苏联成立了统一的共产主义学院哲学科学研究所，该所正式组建了辩证唯物主义组和历史唯物主义组，这有助于集中更多的力量致力于马克思主义哲学系统化的工作；其次，苏共出台的一系列相关决议，明确提出了加强历史唯物主义研究的要求。例如 1930 年 8 月发表在《真理报》上的红色教授学院支部委员会决议《哲学战线的状况》就明确指出，"到目前为止，历史唯物主义的问题在哲学部的工作中处于极不重要的地位"②，以致出现了理论落后于实践的现象。大致同时登在《真理报》上的

---

① 《马克思恩格斯文集》（第 8 卷），人民出版社 2009 年版，第 6 页。
② 张念丰等编：《德波林学派资料选编》，吉林人民出版社 1982 年版，第 86 页。

《联共（布）中央关于〈在马克思主义旗帜下〉杂志的决议》则明确要求，"应当在与社会主义建设和世界革命的实践的密切联系中来探讨唯物主义辩证法的理论、历史唯物论的问题"。[①]正是在这一系列重要指示的引领下，30年代伊始，便出现了一系列以"历史唯物主义"为主题的专著。

从总体上看，在30年代，历史唯物主义之为辩证唯物主义在人类社会的"推广运用"的理解模式得到了明确的贯彻，并且取得了独立于后者的"部门"哲学的存在形式，即"历史唯物主义已经作为一个知识体系发展起来，它和辩证唯物主义的界限也更清楚了"。[②]对此，苏联理论家科洛斯科夫曾指出："30年代苏联哲学家使作为科学的历史唯物主义的对象、内容和结构问题，使历史唯物主义与辩证唯物主义的相互关系问题更加明确和具体化了。"[③]就这个方面而言，30年代苏联理论家对历史唯物主义的理解无疑直接承接着20年代。同时，此种将历史唯物主义作为马克思主义哲学之构成部分的理解模式也从根本上规约着之后苏联理论家对历史唯物主义的理解，直到80年代以后，这种局面逐渐被打破，苏联理论家才尝试建构统一的马克思主义哲学理论体系。

进一步来看，与20年代相比，30年代苏联理论家对历史唯物主义理论体系的建构无疑向前迈进了一大步。明显的体现是体系的内容更加丰富了，原来在20年代不曾涉及的社会经济形态问题、经济基础与上层建筑问题、社会存在与社会意识的关系

---

① 张念丰等编：《德波林学派资料选编》，吉林人民出版社1982年版，第82页。

② ［苏］巴鲁林：《当代历史唯物主义发展趋势》，社会科学文献出版社1987年版，第26页。

③ ［苏］科洛斯科夫：《苏联马克思列宁主义哲学史纲要（三十年代）》，求实出版社1985年版，第90页。

问题都被纳入讨论当中。但是，必须看到的是，这个阶段的体系建构仍旧存在着较多缺陷，这些缺陷由于苏联共产党及其社会主义政权所处的特殊地位，产生了深远而消极的影响。对此，我们尝试以 1932 年由米丁和拉祖莫夫斯基编写的《辩证唯物论与历史唯物论》以及 1938 年斯大林撰写的《论辩证唯物主义和历史唯物主义》为例予以剖析。

从地位来看，米丁等人编写的《辩证唯物论与历史唯物论》标志着苏联历史唯物主义理论体系的基本形成。之所以这么说，首先，其涵盖的内容非常广泛，以后的教科书虽有不断的改动和增加，但总体上并未超出该书的范围。其次，该书将辩证唯物主义"推广运用说"明确化了。再次，全书共分九章[①]，其中的第五章（过渡时期之政权与社会斗争）、第七章（战斗的无神论）和第九章（马克思主义和修正主义）则属于插入的当时苏联社会主义发展阶段所面临的迫切的具体社会问题。就这种将具体的社会问题纳入历史唯物主义理论体系的建构而言，米丁等编写的这部教材具有开先河的作用，此后直到 50 年代初期，这种做法仍旧存在。这些问题的列入反映了当时苏联政治对哲学研究的干预。无可厚非，关注这些现实问题体现了历史唯物主义面向实际的品质，但就历史唯物主义理论体系的建构而言，随意插入一些具体问题，则会起到阻断理论运行逻辑的消极作用。

就该书其他章节关于历史唯物主义理论的阐述来看，仍旧存在着很多缺陷。这主要体现为章节设置不尽合理。例如第二章将"社会经济形态"与"生产力和生产关系"融合，从而没有凸显后者在历史唯物主义理论中的基本地位；第六章则将"社会存在

---

① 关于其具体内容，请参见袁贵仁等主编的《马克思主义哲学教学体系：历史与现状》（上册），北京师范大学出版社 2011 年版，第 69—71 页。

与社会意识"置于意识形态论之下，从而忽略了这一原理之为历史唯物主义之首要前提的地位和作用，等等。此外，"经济基础与上层建筑""国家"等没有作为专门的章节出现，而是将其融入其他章节中，也存在着极大的不合理性。最后，就章与章之间的过渡来看，缺少由此及彼的逻辑递进，有较明显的"拼凑"现象。对此，巴鲁林曾评论道，"关于作为整体的社会和关于贯穿于社会（从物质生产方式到精神生活的最高层）的基本因果关系的观念，在某种程度上有所淡薄"。①

　　稍后，斯大林在1938年为《联共（布）党史简明教程》所撰写的第四章第二节，即《论辩证唯物主义和历史唯物主义》中所建构的历史唯物主义理论体系则更是起了一锤定音的作用，以至于影响了近半个世纪苏联理论家对历史唯物主义的理解。在该书中，斯大林基于"推广论"的总体思路，即"历史唯物主义就是把辩证唯物主义的原理推广去研究社会生活，把辩证唯物主义的原理应用于社会生活现象，应用于研究社会，应用于研究社会历史"②，首先把马克思主义哲学归结为"辩证法"和"唯物主义"的几个特征——这些特征把握了整个世界的"一般规律"——的"加和"，然后以此一一对应地去推论出历史领域的普遍规律。对此，斯大林明确指出："既然自然现象的联系和相互制约是自然界发展的规律，那么由此可见，社会生活现象的联系和相互制约也同样不是偶然的事情，而是社会发展的规律。……这就是说，尽管社会生活现象错综复杂，但是社会历史科学能够成为例如同生物学一样的精密的科学，能够拿社会发展规律来实际应用。"③

---

　　①　［苏］巴鲁林：《当代历史唯物主义发展趋势》，社会科学文献出版社1987年版，第115页。

　　②　《斯大林选集》（下卷），人民出版社1979年版，第424页。

　　③　《斯大林选集》（下卷），人民出版社1979年版，第435—436页。

此种理解路径的最大缺陷在于将自身有着独特性的历史彻底"做成"了自然,历史由此变成为必然性规律所统摄的外在于人的纯粹客观性过程,而人之创造历史的主体能动性作用则被消解殆尽。

由于在政治上的独特地位,斯大林对历史唯物主义的理解几乎为此后很长一段时间历史唯物主义理论体系的建构定下了调子。对此,我们从米丁在1949年对斯大林理论体系的赞扬,即"斯大林的辩证唯物主义与历史唯物主义的著作,是马列主义哲学发展的最高峰"[①]中可见一斑。此种不正常的个人崇拜造成了苏联理论家对历史唯物主义的理解变成了对斯大林理论体系的论证,对此,当时处于边缘地带的苏联理论家凯德洛夫曾指出,"一些权威的哲学家,对斯大林在世时在辩证唯物主义方面流行的许多观点,坚决反对进行任何修改",这种情况同样体现在历史唯物主义方面,以至于"从1938年到1950年和1952年斯大林两部新作发表的十多年时间里,苏联哲学界在辩证唯物主义和历史唯物主义等领域中可以说没有提出什么新观点和新论点"。[②]

第三节 20世纪50年代后苏联历史唯物主义理论体系的修正与完善

总体而言,50年代后苏联理论家对历史唯物主义理论体系的建构并未从根本上超越之前的理解。之所以这样说,主要在于

[①] [苏]米丁:《论斯大林的〈辩证唯物主义与历史唯物主义〉》,生活·读书·新知三联书店1950年版,第1页。

[②] 贾泽林等:《苏联当代哲学(1945—1982)》,人民出版社1986年版,第18页。

以下两个方面：首先，30 年代得到明确阐述的历史唯物主义之为辩证唯物主义在人类社会领域的推广与应用，或者说历史唯物主义之为马克思主义哲学的组成部分的观点被完全继承下来。其次，也是更为重要的，是历史唯物主义理论体系或者说框架本身未发生实质性的变化。撇开新增加的内容来看，50 年代后的历史唯物主义理论体系基本上都是循着三四十年代确立的从物质生产到社会上层建筑的路径建立的。从 1932 年米丁等人编写的《辩证唯物论与历史唯物论》按照"论社会经济形态（生产力与生产关系）→关于社会群和国家的学说→意识形态论"的顺序设置基本内容，到康斯坦丁诺夫等编写的《历史唯物主义》按照"社会物质生活条件→生产力和生产关系的发展→国家和法权→社会意义及其形态"的顺序，再到《马克思列宁主义哲学原理》按照"物质生产是社会生活的基础→社会的政治组织→社会意识的结构和形式"的顺序，等等，无不体现了对此种建构路径的普遍遵循。对于贯穿于整个苏联历史唯物主义理论体系建构历程中的这一基本线索，巴鲁林曾概括指出，开始于 20 年代初的苏联历史唯物主义系统化的实质："（1）物质生产的决定性作用的思想和（2）在其基础上对社会的社会生活、政治生活和精神生活所进行的不断探索。……简言之，具有十分丰富的系统内容的物质生产起决定作用思想的发展，是历史唯物主义规律与范畴初始系统化发展过程的一条主线。"[①]

但是，强调这种总体架构上的一脉相承性，并不意味着要否定 50 年代后苏联理论家在建构历史唯物主义理论体系上的发展，实际上，与之前相比，50 年代后的苏联理论家立足于理论和实

---

① ［苏］巴鲁林：《当代历史唯物主义发展趋势》，社会科学文献出版社1987年版，第128页。

践的不断发展，对历史唯物主义理论体系进行了不断的修正和完善，并由此取得了一定的进步。首先，历史唯物主义理论体系课题化的倾向得到增强。这种增强首先体现为出版了一系列关于历史唯物主义系统化建设的著作，例如，1958年出版了专门探讨历史唯物主义诸范畴之相互关系的著作，即图加林诺夫的《历史唯物主义诸范畴的相互关系》，其中明确强调，研究历史唯物主义范畴的结构和体系的意义是无可怀疑的，"对历史唯物主义范畴体系的研究，能够从新的方面来加强和丰富马克思列宁主义经典作家所创立的这种唯一科学的观点"。[①]虽然此后较长一段时间因对此问题的偏见而使历史唯物主义理论体系研究遭到冷落，但从70年代末开始，这个问题的重要性再度得到普遍认可，并随之出版了一系列相关著作[②]。对此，1979年《共产党人》杂志刊登的文章《论哲学研究的现状和方向》就曾指出："人们正在讨论构筑"历史唯物主义"范畴……系统的途径"。[③]

其次，内容设置趋于合理。一方面，随着学科的日益分化和专业化，许多原本不属于历史唯物主义基本范畴的内容被分离出去。特别是随着60年代中期社会学和科学社会主义从历史唯物主义中分化出去，历史唯物主义的问题域、结构和范畴变得更加清晰。例如，1958年出版的《马克思列宁主义哲学原理》与1954年再版的《历史唯物主义》相比虽然从十二章缩减为九章，即去掉了"社会主义社会发展的动力""从社会主义过渡到共产主义规

[①]　[苏]图林加诺夫：《历史唯物主义范畴的相互关系》，生活·读书·新知三联书店1959年版，第56页。

[②]　从80年代初开始，苏联哲学界出现了一个致力于构筑历史唯物主义新体系的"系统化运动"，学者们围绕系统化的具体方案、系统化的"起点"、系统化的一般逻辑等问题展开了广泛的讨论。

[③]　[苏]巴鲁林：《当代历史唯物主义发展趋势》，社会科学文献出版社1987年版，第96页。

律性"等内容，但其中仍旧夹杂着许多科学社会主义的问题，正如 1963 年《共产党人》杂志上的报道所指出的，"教科书（即《马克思列宁主义哲学原理》——引按）中包含有从苏共纲领的观点对现时代、对从资本主义过渡到社会主义以及从社会主义成长为共产主义的主要规律性所作的说明"。[①] 而随着 1962 年"科学共产主义原理"课程的开设以及 1964 年契斯诺科夫《历史唯物主义》一书的出版，科学社会主义与历史唯物主义的关系问题成为人们广泛讨论的话题。契斯诺科夫认为，历史唯物主义只涉及一些对人类社会具有最一般意义的原理，因而那些不具有最一般意义的问题不再属于历史唯物主义的研究范围。1967 年《哲学问题》发表编辑部文章《关于历史唯物主义的结构》认为，这一讨论带来的好处是："社会学研究得到发展和科学共产主义变为独立的课程，使教师们重新考虑历史唯物主义教程结构的内容与安排。"[②]

另一方面，从 50 年代中期开始，一些历史唯物主义理论的重要范畴被纳入体系的建构中。最为明显的就是，随着 1953 年斯大林的逝世以及全苏展开对"个人崇拜"的反思与批判，个人的作用问题及其与社会的关系得到了考虑。对此，奥库洛夫在 1953 年 10 月的一次会议上引用列宁的话指出："关于个人利益的问题不仅具有理论意义，而且还有很大的现实意义，这一问题应当在我们的哲学著作中得到全面的研究。"[③] 从实际情况看，此

---

① 贾泽林等:《苏联哲学纪事（1953—1976）》，生活·读书·新知三联书店 1979 年版，第 235 页。

② 贾泽林等:《苏联哲学纪事（1953—1976）》，生活·读书·新知三联书店 1979 年版，第 312 页。

③ 贾泽林等:《苏联哲学纪事（1953—1976）》，生活·读书·新知三联书店 1979 年版，第 6 页。

后的历史唯物主义著作基本上都列入了"社会和个人"这一章或节。此外，在一些教学大纲中，还逐渐列入了"共同体的历史形式"①"自然界和社会""科学与文化"②等题目。特别是关于科学及其在社会生活中的地位和作用的列入，更是体现了历史唯物主义必须随着时代的发展而不断发展的必然趋势。

上面的论述表明，苏联历史唯物主义理论体系的建构总体上体现为一个在基本框架稳定的范围内不断修正和完善的过程。其中，随着现实的不断发展和理论体系研究本身的不断深入，历史唯物主义理论体系的基本范畴也在不断更新和变化，从而表现出一定的规律性，对此，巴鲁林指出，"历史唯物主义规律与范畴初始系统化的一个突出特点是，不断更新和丰富它的规律、原理及其范畴工具"③，从而体现为一个发展的过程。但是，由于这种发展总是局限在一个基本稳定的框架内，因而其最多也只能是一种"弱发展"。

第四节　20 世纪 80 年代后历史唯物主义再思考

20 世纪 80 年代，苏联开始进入改革时期，经济体制和政治体制改革对以人类社会为研究对象的历史唯物主义提出新的要求。正是在这一大的历史背景下，苏联理论家围绕历史唯物主义的诸多问题展开了新的思考和研究，并取得一系列重要成果。总的来看，苏联理论家对这些问题的思考无疑承接着以前的历史唯

---

① 《高等院校辩证唯物主义和历史唯物主义教学大纲》(1957)。
② 《高等院校马克思列宁主义哲学教学大纲》(1964)。
③ ［苏］巴鲁林：《当代历史唯物主义发展趋势》，社会科学文献出版社1987年版，第 96 页。

物主义理解史进程，但又提出了许多新观点、新思想。这些新观点和新思想体现于这个时期所出版的一系列教材和著作中，如拉津主编的《历史唯物主义是社会哲学理论》、莫姆江的《历史唯物主义的概念本质》、巴鲁林的《当代历史唯物主义发展趋势》、德利亚赫诺夫等人的《历史唯物主义范畴》、弗罗洛夫的《哲学导论》，等等。在这些著作中，苏联理论家对历史唯物主义的对象、历史唯物主义的理论地位、历史唯物主义的理论体系建构等一系列重要问题进行了新的思考。

首先，关于历史唯物主义研究对象的新思考。认为历史唯物主义的主要目标是把握整个人类历史的普遍规律，构成了苏联历史唯物主义理解史进程中的主导观点，直到 70 年代末，格列则尔曼在其《社会发展的规律：它们的性质及应用》一文中同样坚持认为："历史唯物主义的研究对象是人类社会及其发展的一般规律。"[1] 但是，伴随着研究的愈益深入，很多苏联理论家开始反思这一界定，并从两个方面进行了"修正"。一方面，将历史观的基本问题纳入关于历史唯物主义研究对象的定义中，例如，凯列就明确指出："作为一门关于社会的哲学科学的历史唯物主义，其对象是历史过程各方面的相互联系、各种社会机体发展和更替的一般规律，这些联系和规律是在唯物主义地解决社会存在与社会意识以及社会生活的主观方面与客观方面相互关系的基础上得到揭示的。"[2] 另一方面，对人类社会历史的一般规律进行多层次的划分。这两方面的努力为 80 年代苏联理论家展开对历史唯物主义研究对象的综合性理解奠定了基础，"进入 20 世纪

---

① ［苏］巴鲁林：《当代历史唯物主义发展趋势》，社会科学文献出版社 1987 年版，第 50 页。

② ［苏］巴鲁林：《当代历史唯物主义发展趋势》，社会科学文献出版社 1987 年版，第 56 页。

80 年代苏联哲学界对历史唯物主义对象的研究出现了一种综合趋势，即一方面把社会存在与社会意识的相互关系纳入历史唯物主义的对象，从而突出其哲学性质，另一方面对社会发展的最一般规律作具体说明和系统考察，从而显示出其社会学意义，这就形成了关于历史唯物主义对象的哲学—社会学定义"。① 这种综合性的理解更为突出地反映在 80 年代苏联出版的许多教材和著作中。②

其次，关于历史唯物主义理论地位的再思考。苏联理论家普遍将历史唯物主义视为先于其产生的辩证唯物主义在历史领域推广运用的结果。这一理解似乎很明快地说明了历史唯物主义的产生问题，并且容易被常识所理解和接受，但存在着很大的缺陷，不仅不符合马克思思想发生的实情，而且容易造成对马克思主义哲学本质的曲解。在反思这种理解思路的基础上，苏联理论家在 80 年代的教材和著作中对这个问题进行了新的思考。集中体现为对辩证唯物主义和历史唯物主义之内在关系的强调，并基于这种强调凸显历史唯物主义在马克思主义哲学创制中的基础性地位和作用。例如，苏联科学院哲学教研室编写的《历史唯物主义概论》就对"推广论"的理解路径进行了反思和批判，认为"不用唯物主义观点分析社会发展，就根本谈不到建立辩证唯物主义，根本谈不到辩证唯物主义地解决哲学基本问题，解决意识思维对物质和存在的相互关系问题"。③ 基于这种理解，该书认为，历史唯物主义恰恰构成了辩证唯物主义的前提，"辩证唯物

---

① 李尚德：《20 世纪马克思主义哲学在苏联》，社会科学文献出版社 2009 年版，第 199 页。

② 关于这个问题的进一步说明，请参见本书第五章的相关论述。

③ 袁贵仁等主编：《马克思主义哲学教学体系：历史与现状》（上册），北京师范大学出版社 2011 年版，第 158 页。

主义作为没有任何片面性的彻底科学的发展理论和认识方法，离开了历史唯物主义是不可思议的，而这完全适用于辩证唯物主义产生的历史。它的基本原则就是在唯物主义地分析社会发挥功能及其发展的基础上发现的"。[1] 基于这一认识，该书尤其强调了辩证唯物主义与历史唯物主义之间的紧密联系，认为"马克思列宁主义哲学就是辩证唯物主义和历史唯物主义，它们是不可分割的统一体"。[2] 同样，斯比尔金在《哲学原理》一书中认为，将辩证唯物主义和历史唯物主义割裂为两个部分，阻碍了马克思列宁主义哲学的发展，"使人们不能深入理解无论是社会认识或是自然科学认识的当前的问题"。[3] 基于这一反思和批判，斯比尔金突出历史唯物主义在马克思主义哲学形成和发展中的基础性地位和作用，他指出："从历史上看，马克思主义也是首先以社会历史科学为基础，而后以自然科学为基础才制定出作为普遍的认识方法的唯物辩证法的。的确，如果没有历史唯物主义，我们能够理解诸如世界的物质统一性、发展、辩证矛盾、实践等这样一些基本的哲学问题吗？没有历史唯物主义，就不可能形成统一的唯物主义的世界图景，因而也就不可能有辩证唯物主义。认识社会与认识自然界一样，都依靠辩证法的原则、规律和范畴，这一点就表现出整个人的认识的内在统一性，这种统一性是必须由世界的物质统一性得出来的。"[4]

---

[1] 袁贵仁等主编:《马克思主义哲学教学体系:历史与现状》(上册)，北京师范大学出版社 2011 年版，第 158 页。

[2] 袁贵仁等主编:《马克思主义哲学教学体系:历史与现状》(上册)，北京师范大学出版社 2011 年版，第 156 页。

[3] 袁贵仁等主编:《马克思主义哲学教学体系:历史与现状》(上册)，北京师范大学出版社 2011 年版，第 158 页。

[4] 袁贵仁等主编:《马克思主义哲学教学体系:历史与现状》(上册)，北京师范大学出版社 2011 年版，第 158 页。

最后，关于历史唯物主义理论体系建构的新思考。实事求是地讲，苏联理论家对辩证唯物主义和历史唯物主义之一体化关系以及历史唯物主义之基础性地位和作用的强调，表现出极大的合理性。这种理解推动苏联理论家对马克思主义哲学体系展开了新的建构，并促进了马克思主义哲学之统一体系的形成。巴鲁林指出："在历史唯物主义发展的现阶段，也明显暴露出初始系统化的某种局限性。新的、丰富多样的理论材料与初始系统化的某些原理之间的矛盾越来越突出。因此，在历史唯物主义领域进一步发展系统思想的任务便提出来了。"① 正是基于原有的历史唯物主义理论体系在回应现实问题上的局限性，苏联学界出现了一个致力于构筑历史唯物主义新体系的"系统化运动"②。在此过程中，苏联理论家围绕历史唯物主义体系建构的方法、逻辑起点、逻辑结构等问题展开了广泛而深入的探讨，形成了一系列新的观点和思路。

第一种观点强调要按照从抽象到具体的方法论原则建构历史唯物主义理论体系。坚持该建构思路的学者认为，当时的教科书对历史唯物主义的范畴体系安排得不够科学，按照这样的课本讲授，只能机械地将社会领域中的新材料加到历史唯物主义已有的结构模式上，用一些实例来证明某些原理。在他们看来，马克思在《资本论》中所使用的从抽象到具体的方法为科学建构历史唯物主义理论体系提供了根本遵循。正如《资本论》首先找寻到了借以剖析资本主义社会的内在矛盾和运行规律的"细胞"，即商品，所以，历史唯物主义理论体系的建构也必须首先找到与商

---

① ［苏］巴鲁林：《当代历史唯物主义发展趋势》，社会科学文献出版社1987年版，第143页。

② 李尚德：《20世纪马克思主义哲学在苏联》，社会科学文献出版社2009年版，第202页。

品处于同等地位的"细胞"。虽然对这个问题的理解存在不同的看法，但更多人认为，应该把"活动"作为社会生活的"细胞"。该观点的典型代表普列特尼科夫明确指出："社会生活'细胞'与人类活动内在地联系在一起，首先并且主要是与劳动这样的活动形式联系在一起。但活动范畴作为劳动范畴的类概念，并不表明这种'细胞'本身，而是证实它的这种性质。正是由于这样，活动范畴定义与历史唯物主义的任何其他范畴都不相关，所以它才取得历史唯物主义始初范畴的地位，从而成为在理论上描述历史过程的最基本的出发点。"[①]

　　而康斯坦丁诺夫主编的《马克思列宁主义的历史过程理论》则切实贯彻了从抽象到具体的方法论原则。在这部著作的导言中，编者认为，在"推广论"的理解路径下，历史唯物主义的体系建构本身被弱化了，即"把哲学唯物主义推广到认识人类社会，只不过是有意无意地把辩证唯物主义的解释具体化了而已。至于历史唯物主义理论建设的逻辑本身（它是由历史唯物主义的对象的特殊性所决定的），那么，它在这种情况下就成为非当务之急而被置于次要地位了"。[②]基于此种判断，编者强调"建立逻辑上有论据的历史唯物主义范畴体系，这是进一步制定历史唯物主义理论的重大任务"[③]，并采用马克思《资本论》中的从抽象到具体的方法来安排整个内容的结构。以此种方法为出发点的逻辑路径，作者选择了"活动"范畴。正如该书导言所说："社会生活的'细胞'是同人类活动，首先和主要是同像劳动——积极

---

① 贾泽林等:《苏联当代哲学（1945—1982）》，人民出版社1986年版，第197页。

② ［苏］康斯坦丁诺夫:《马克思列宁主义的历史过程理论》，上海人民出版社1986年版，第2页。

③ ［苏］康斯坦丁诺夫:《马克思列宁主义的历史过程理论》，上海人民出版社1986年版，第2页。

的、创造性的活动——这样形式的活动内在地结合着的。但是，活动范畴作为劳动范畴的类概念并不指称这个'细胞'本身，而是断定它具有这样的质。正因为如此，活动范畴（它的定义同历史唯物主义其他任何范畴无关）也具有历史唯物主义基本范畴的地位，从而成为理论上再现历史过程的出发点。在理论的理解方面，开端是以自我论证、自我证明的形式在体系中出现的。"①

第二种观点的代表人物是凯列和科瓦尔宗。他们首先分析了之前的教科书普遍按照"从分析生产方式及其发展规律开始，到说明社会生活的社会、政治和精神领域的性质为止"的公式构造历史唯物主义理论体系的缺陷，其中很重要的方面是该公式排除了人的活动问题。就这一所指来看，无疑切中了之前的体系建构的根本缺陷。基于此种分析，凯列等人提出通过采取一种方法使得历史唯物主义结构模式既包括"活动"问题，同时又不破坏一般公式的概念完整性。基于此种考虑，作者提出了历史研究的三个方面：其一，揭示人类历史发展的客观规律；其二，把历史当作人们活动的过程和结果来分析；其三，把历史作为人自身发展的历史来分析。这三个方面内在统一，并且，"只有将这三个方面综合起来，才能够对历史过程做出全面的分析"。②而就这三个方面的逻辑次序来看，"只有在揭示客观历史规律的基础上，然后才能够阐明实现社会规律同实现自然规律的过程的本质差别。先是客观的历史规律，而后才是以此为基础的人的活动和人们参与实现规律要求的问题。而结果则不是历史的客观描述，而是使历史分析服从于现实改造任务和揭示人的历史意义，这样不

---

① ［苏］康斯坦丁诺夫：《马克思列宁主义的历史过程理论》，上海人民出版社1986年版，第7页。

② 马立实编：《苏联哲学家论辩证唯物主义和历史唯物主义问题》，人民出版社1985年版，第211页。

仅能使人们的活动同客观规律结合在一起（在这个意义上前者服从于后者），而且能够把人们的活动引向自觉地实现人创造历史过程的能力"。①

第三种观点主要体现于苏联莫斯科大学历史唯物主义教研室和民主德国柏林大学历史唯物主义教研室合作编著的《历史唯物主义范畴》。该书强调应该从普遍到特殊再到普遍的方法构建历史唯物主义的理论体系，即首先把哲学基本问题运用于对人类社会历史发展过程的分析，区分出第一性和第二性两个层次的范畴，如社会的物质关系和思想关系、社会存在和社会意识、物质基础和上层建筑等，并阐明两个层次的范畴之间的关系；然后，该书依次论述了社会物质生活、社会政治生活、社会精神生活等人类社会中的各个具体领域；最后再从整体上考察人类社会发展的一般规律及其与人类活动的关系。②

第四种观点的代表人物是巴鲁林，在他看来，历史唯物主义作为社会哲学应该包括哲学和一般社会学两个方面，它们构成了对社会认识的两个不同的子系统，处于认识上的不同层次。巴鲁林指出："这是体现在不同的认识程序、不同的连贯性、不同的最终结果的社会认识的两个不同的亚系统。"③其中，历史唯物主义的每个规律和范畴都包括哲学方面和社会学方面，两个方面作为不同的认识层次，本身处于不可分割的联系之中，相互制约、相互支持，最终表现为社会的统一体的不同侧面。

---

① 马立实编：《苏联哲学家论辩证唯物主义和历史唯物主义问题》，人民出版社1985年版，第212页。

② 见［苏］德利亚赫洛夫等：《历史唯物主义范畴》，北京师范大学出版社1984年版。

③ ［苏］巴鲁林：《当代历史唯物主义发展趋势》，社会科学文献出版社1987年版，第180页。

第五节　苏联历史唯物主义阐释中的人道化线索

20 世纪 50 年代中期以后，在苏联历史唯物主义正统阐释之外出现了一条人道化的思想线索。总体上来看，20 世纪 50 年代以前的苏联学界，人和人道主义处于被忽视、排斥的阶段。这个时期，苏联哲学界普遍认为，"人的问题，本来就是资产阶级强加给我们的，马克思主义根本就没有一个哲学人学理论，只有资产阶级哲学流派才对人的问题感兴趣"。[①] 这种错误认识严重地禁锢了人们的头脑，以致这个阶段苏联哲学界关于人和人道主义问题的研究近乎空白。据彼得罗相列举，50 年代以前苏联发表的相关论文只有屈指可数的几篇。就连"这个时期出版的重要参考书，如《苏联大百科全书》第一版，《简明哲学辞典》第一、二版，《政治辞典》《文学百科全书》等，都没有'人道主义'和'异化'的条目"。[②] 毫无疑问，这种局面的形成与 50 年代以前苏联高度集中的经济、政治和意识形态管理体制有着莫大的关联。

50 年代之后，随着斯大林的逝世和苏联学界对"个人迷信"的深入反思和批判，苏联哲学界逐渐意识到人与人道主义问题的重要性，并开始出现相关的研究论文。例如，1953 年奥库洛夫就曾借用列宁的话指出："关于个人利益的问题不仅具有理论意义，而且还有很大的现实意义，这一问题应当在我们的哲学著作中得

[①] 李尚德：《20 世纪马克思主义哲学在苏联》，社会科学文献出版社 2009 年版，第 417 页。

[②] 贾泽林等：《苏联当代哲学（1945—1982）》，人民出版社 1986 年版，第 255 页。

到全面的研究。"①1955 年，苏联《哲学问题》第三期发表了彼得罗相的《马克思主义与人道主义》一文，提出马克思列宁主义是"工人阶级所固有的深刻的、真正人道感情的科学表现"，是"社会主义人道主义的理论基础"②。1960 年 4 月，苏联科学院召开纪念列宁诞生九十周年的全体会议，托普切夫院士在报告中说，"列宁不止一次地强调苏联科学的人道主义原则。社会主义制度下的科学是为和平事业服务的。苏联科学的和平目的就是它的人道主义最鲜明的表现之一"。③ 但是，从总体来看，50 年代苏联关于人与人道主义问题的研究更多地停留在理论宣传层面，具有专业水准的专门而深入的研究成果尚未出现，诚如彼得罗相所言："我们至今没有分析马克思列宁主义人道主义理论的专门著作。"④

　　整个 60 年代，苏联哲学界围绕人与人道主义问题召开了一系列学术会议，包括 1963 年在南斯拉夫的布罗夫尼克市举行的以"我们时代的人"为主题的国际哲学讨论会，1963 年苏联科学院主席团举行的扩大会议，1963 年 9 月在墨西哥召开的以"人的问题"和"我们时代的批判问题"为主题的第十三次国际哲学大会。特别是 1969 年于苏联科学院哲学研究所举行的苏联、罗马尼亚、保加利亚三国"现代哲学中的人的问题"哲学讨论会，更是将苏联学界的人与人道主义问题研究向前推进了一大步。而从研究成果来看，60 年代已经出现相当数量的研究论文和著作，

① 贾泽林等：《苏联哲学纪事（1953—1976）》，生活·读书·新知三联书店 1979 年版，第 6 页。

② 贾泽林等：《苏联哲学纪事（1953—1976）》，生活·读书·新知三联书店 1979 年版，第 30 页。

③ 贾泽林等：《苏联哲学纪事（1953—1976）》，生活·读书·新知三联书店 1979 年版，第 138 页。

④ 贾泽林等：《苏联当代哲学（1945—1982）》，人民出版社 1986 年版，第 256 页。

例如凯列的《唯物主义与人道主义》(1961)、伊利切夫的《社会科学和共产主义》(1963)、米丁的《列宁与人的问题》(1967)等。在这个阶段，有许多苏联理论家已经认识到人的问题之于马克思主义的重要性，例如针对资产阶级思想家认为唯物主义与人道主义不可调和的谬论，凯列针锋相对地指出，"我们时代真正的人道主义哲学恰恰是辩证唯物主义和历史唯物主义"。[①] 而苏联另一位学者伊利切夫则明确指出："人的问题是马克思主义哲学的基本问题"，"哲学的任务是弄清楚作为社会存在的人的本性，确定人的理智和劳动改变周围世界的能力"。[②]

20世纪七八十年代，人与人道主义问题逐渐课题化和专业化，并被确立为苏联学界研究的重点。仅就70年代来看，围绕"人的问题"的大型学术研讨会和圆桌会议就达六次之多，而80年代苏联哲学界召开的马克思主义哲学人学研讨会更是将人与人道主义问题推向了高潮。从研究成果来看，70年代出版了一系列具有专业水准的相关论著，包括卡卡巴捷的《作为哲学问题的人》、格里戈里扬的《关于人的本质的哲学》、弗罗洛夫的《当代科学和人道主义》《科学进步与人的未来》《关于生命科学的辩证法和伦理学》，等等。在这些著作中，"人的本质、人的物质生活、精神生活和道德生活，人的发展和命运，人的未来等一系列问题得到了深入而广泛的探讨"[③]。特别是80年代由弗罗洛夫等合著的《哲学导论》，致力于以"人的问题"为中心重新建构新的

---

① 贾泽林等：《苏联哲学纪事(1953—1976)》，生活·读书·新知三联书店1979年版，第163页。

② 贾泽林等：《苏联哲学纪事(1953—1976)》，生活·读书·新知三联书店1979年版，第240页。

③ 李尚德：《20世纪马克思主义哲学在苏联》，社会科学文献出版社2009年版，第418页。

哲学体系，更是体现了人道主义问题研究的突出成就。与此同时，80 年代设立的"全苏人的问题跨学科研究中心""人作为综合研究客体"的国际协调委员会等机构，为人道主义问题研究提供了制度和研究力量的保障。

人的问题的凸显导致了对马克思主义哲学研究对象在理解上的变化。坚持人道化阐释方向的苏联哲学家开始普遍将人的问题视为马克思主义哲学的中心问题。伊利切夫在 1963 年 10 月苏联科学院主席团举行的扩大会议上作报告指出："人的问题是马克思主义哲学的基本问题"，"哲学的任务是弄清楚作为社会存在的人的本性，确定人的理智和劳动改变周围世界的能力"[①]。同年，潘茨哈瓦发表在《哲学科学》上的《人的死与不死》一文指出："马克思主义哲学把人的全部复杂性，他的全部多种多样的生活、思想、行为、感情作为自己注意的中心，因此，马克思主义哲学是无所不包的生活哲学。"[②] 1968 年《哲学问题》第七期发表的社论《在现代思想斗争中的哲学》指出，"人和个性问题、人道主义与科学性的相互关系问题"是"现代马克思主义的中心"。[③] 1973 年格里戈里扬在《关于人的本质的哲学》一书中指出："马克思主义的积极的人道主义对于我们的时代具有特殊的意义。它贯穿于马克思主义的所有其他方面，并把它们联结为一个有机统一的、创造性的和为人的利益服务的革命理论"[④]，"其

[①]　贾泽林等：《苏联哲学纪事（1953—1976）》，生活·读书·新知三联书店1979年版，第 240 页。

[②]　贾泽林等：《苏联哲学纪事（1953—1976）》，生活·读书·新知三联书店1979年版，第 244 页。

[③]　贾泽林等：《苏联哲学纪事（1953—1976）》，生活·读书·新知三联书店1979年版，第 353 页。

[④]　［苏］格里戈里扬：《关于人的本质的哲学》，生活·读书·新知三联书店1984年版，第 156 页。

所有组成部分形成为统一体的马克思主义哲学，是始终一贯的和旗帜鲜明的人的哲学"①。

人的问题在马克思主义哲学中的中心地位的确立，必然带来对唯物史观理解的新变化。既然人是马克思主义哲学的中心，那么，自然就必须在与人的内在关联中才能获得理解和把握，换句话说，人与自然的关系问题就应该成为马克思主义哲学的基本问题。而由于人类历史本身就是人与自然之改造与被改造关系的演进过程，所以随着人与自然关系问题的突出，历史唯物主义的首要地位也得到凸显。例如，格里戈里扬明确地将马克思主义哲学命名为"唯物主义的历史哲学"，指出"马克思主义哲学使哲学成为真正的人的哲学，这种哲学的优点在于，它既体现了人道主义和人类学（在其最广泛和最确切的意义上）原则的优先地位，同时又仍是自然科学和社会科学的一般理论，是唯物主义的历史哲学"。②埃列斯和达维多娃用"唯物辩证法"指称马克思主义哲学，认为其作为"关于人及其活动的学说"，是"把自然世界改造成人的世界的科学，是把人的世界本身革命地改造成人道的世界，把人提高到'人的高度'的学说"③，其实际所指则是历史唯物主义。80年代末弗罗洛夫等学者编写的新教材《哲学导论》以人及其与世界的关系问题为中心阐释存在、物质、辩证法、自然界等一系列问题，建构了以人为中心的统一的哲学体系。

伴随着人的问题被确立为马克思主义哲学的中心问题，苏

---

① ［苏］格里戈里扬：《关于人的本质的哲学》，生活·读书·新知三联书店1984年版，第157页。

② ［苏］格里戈里扬：《关于人的本质的哲学》，生活·读书·新知三联书店1984年版，第157页。

③ 贾泽林等：《苏联哲学纪事（1953—1976）》，生活·读书·新知三联书店1979年版，第292页。

联很多理论家开始极力彰显历史唯物主义的主体维度。具体表现为：首先，极力张扬主体或主观因素在创造历史中的主导性作用。比较鲜明的观点是，随着科学技术历史作用的发挥，"现代的鲜明特点是主体、主观因素在社会发展中的意义的急剧的和加速度的增长"，"今天比任何时候都清楚，人类的未来取决于人自己的决定和行动"。①其次，极力凸显"人的尺度"在衡量历史进步中的核心作用。比较典型的观点是，1980年《哲学问题》杂志第七期刊载凯列、科瓦尔宗的文章，提出把握和衡量历史的三个方面，即自然历史方面、活动方面和人道主义方面，其中人道主义方面就是强调要把历史作为人自身发展的历史来考察，即将历史视为"人的历史意义的表现的人道化过程"，并将此视为整个历史分析所服务的目标，即"结果则不是历史的客观描述，而是使历史分析服从于世界改造的任务和揭示人的历史意义"②。这样一来，"人的尺度"实际上被凸显为衡量历史进步的核心尺度。此种观点随之得到了较为广泛的认可，时任哲学所所长的拉宾在1987年的一次讨论会上指出："我们的全部哲学都要把人视为社会进步的最终目的，视为最高的价值和一切事物的尺度，也就是说，要使哲学人道化。"③而弗罗洛夫等苏联理论家则普遍认为，"马克思恩格斯曾直截了当地强调，社会若不为人的自我实现，不为人的这样一些潜力的实现提供广阔的天地，就不可能达到人的更新，这些潜力是历史已经赋予人的，但在某一时刻之前它们

---

① 转引自人民出版社编辑部编：《人是马克思主义的出发点》，人民出版社1981年版，第249页。

② 马立实编：《苏联哲学家论辩证唯物主义和历史唯物主义问题》，人民出版社1985年版，第211—212页。

③ 参见安启念：《苏联哲学的人道化及其社会影响》（上），《高校理论战线》1997年第2期。

是被束缚着的，被压抑的，甚至是不可能被意识到的"。①

毫无疑问，将"人的尺度"凸显出来作为衡量人类历史进步的核心标准，符合马克思思想的本意。但需要注意的是，马克思始终是将"人的尺度"放在与"物的尺度"的联系中来理解和运用的。马克思将人类历史划分成"人的依赖关系""物的依赖性""个人全面发展"三个阶段，所持的标准正是"人的尺度"。换句话说，这三个阶段分别体现了人的自由发展的不同阶段。但是，马克思对这三个阶段人的自由的现实依赖的阐释，尤其是实现"个人全面发展"所必须具备的物质条件的强调，则充分表明了其对人的尺度的运用始终是以物的尺度为基础的。对此，施密特曾经指出，马克思与乌托邦主义所不同的地方在于，他首先"认真地思考了不能消除的人的有限性与在世界内的人的可能性"，并对人的"具体自由的可能条件进行冷静的分析"②。

而苏联很多循着人道主义方向阐释历史唯物主义的理论家则完全撇开了"物的尺度"，单方面地强调"人的尺度"，并由此造成了严重的实践危害。具体来说，它推动了戈尔巴乔夫所推行的改革"新思维"的出台。对此，贾泽林指出："新思维的提出与苏联学界对人和人道主义的提出和研究有直接联系。"③戈尔巴乔夫改革"新思维"的核心是认为"全人类价值"具有头等重要意义，即"全人类利益高于无产阶级利益"。此种观点也决定了戈尔巴乔夫对社会主义的"人道主义"理解和认识，正如其在1988 年 6 月召开的第十九次全苏党代表会议的报告中所说："我们认为社会主义是真正的、现实的人道主义的制度，在这种制度下人真正成为'万物的尺度'。社会的全部发展，从经济到精神

---

① ［苏］弗罗洛夫：《哲学导论》（下），北京师范大学出版社2011年版，第505页。

② ［德］A.施密特：《马克思的自然概念》，商务印书馆1988年版，第143页。

③ 贾泽林：《二十世纪九十年代的俄罗斯哲学》，商务印书馆2008年版，第197页。

意识形态领域，都是为了满足人的需要，为了人的全面发展。"①
固然，全人类的确存在着共同利益，但其实现本身必须建立在一定的历史条件下。在存在着阶级对抗——通过国与国之间的矛盾和斗争体现出来——的历史条件下，一味强调超阶级、超国家的全人类利益，无异于主动放弃自己的阵地。而戈尔巴乔夫在推行"新思维"改革的过程中竭尽所能地削弱对外政策的阶级色彩，在国际事务中充当美国的伙伴，以致"启动了一条任何人都无法改变、阻止的逻辑链条，链条的最后一环，是苏联的解体"。②

---

① 参见［苏］弗罗洛夫：《哲学导论》（下），北京师范大学出版社2011年版，第751页。

② 安启念：《苏联哲学的人道化及其社会影响》（下），《高校理论战线》1997年第2期。

第四章　苏联历史唯物主义"四论"解析

考察苏联历史唯物主义理解史，苏联理论家在历史唯物主义理论变革论、历史唯物主义对象论、历史唯物主义性质论以及历史唯物方法论等方面展开了广泛的探究。这些总体性论述反映出苏联理论家对历史唯物主义基本理论特质的探索，其中不乏合理的地方，但总的来看，其普遍将历史唯物主义视为辩证唯物主义在历史领域"推广运用"的结果，将历史唯物主义的对象首要地确定为对一般规律的把握，将历史唯物主义等同于一般科学，将历史唯物主义的方法论意义局限于对具体科学的指导，实际上并未达到对历史唯物主义之理论本质的彻底而完整的阐释。

第一节　历史唯物主义理论变革论

从马克思主义哲学发展史来看，如何理解马克思的哲学革命一直是国内外学界持续讨论和争议的重要话题，由此也反映出这个问题本身的重要性。能否正确把握马克思主义哲学革命的关键，从根本上关涉对历史唯物主义本质和功能的理解和把握。任何一个马克思主义哲学派别的形成，都建立在对马克思主义哲学革命的特定理解上，并由此种特定理解而造成这个派别的独特性。作为历史唯物主义理解史进程中的一个重要阶段，苏联理论家基于"推广论"的模式理解马克思的哲学革命，并由此形成了辩证唯物主义与历史唯物主义"二分"的阐释模式。而由于"推广论"的理解模式从根本上消解了实践原则在历史唯物主义生成中的核心作用，从而不可避免地偏离了历史唯物主义的精神实质。

一、"推广论"在苏联的形成与演变

严格来说，苏联理论家将马克思主义哲学划分成两大部分即辩证唯物主义和历史唯物主义，并将历史唯物主义视为辩证唯物主义在社会历史领域的推广和运用，直到 20 世纪 30 年代才最终确立下来。但细致考察苏联理论家对马克思主义哲学体系的建构历程可以看出，上述理论取向早在 20 年代的时候就已经凸显出来，并逐渐成为苏联理论家建构历史唯物主义理论体系的方向。如布哈林试图以"历史唯物主义"为名建构马克思主义哲学体系，虽然其在内容的设置上没有采取"辩证唯物主义"和"历史唯物主义"相加的方式，但无疑已经采取了"推广论"的阐释路径。布哈林明确指出："在社会科学中彻底运用唯物主义观点，归功于马克思和恩格斯"[1]，"马克思和恩格斯提出了最完整的唯物主义理论。他们把唯物主义同辩证的方法结合在一起，并把唯物主义学说推广应用于社会科学，从而把唯心主义赶出它的最后藏身之所"[2]。正是循着推广论的理解模式，布哈林在具体内容的阐述上按照的是从自然界到人类社会的顺序。以布哈林对历史规律的理解为例，他认为不能将自然规律直接搬到人类社会

---

[1]　［苏］布哈林:《历史唯物主义理论》，东方出版社 1988 年版，第 61—62 页。
[2]　［苏］布哈林:《历史唯物主义理论》，东方出版社 1988 年版，第 57 页。

领域,"任务应当是说明,在人类社会中,自然科学的一般规律怎样以一种特殊的、为人类社会所特有的形式表现出来"[①],并在阐述规律性问题时,先举例论述自然规律的普遍存在,然后再以社会中存在"同样的情况"来论述社会规律。同样,阿多拉茨基在1923的《卡尔·马克思的科学共产主义》一文中论及历史唯物主义的形成时也明确指出,"马克思的功绩在于把辩证唯物主义方法运用于研究人类社会及其历史"[②],并在该文中按照"辩证唯物主义方法"和"历史理论"的"二分"结构来阐述马克思主义哲学。

20世纪30年代以后,历史唯物主义之为辩证唯物主义在人类社会的"推广运用"的理解模式得到了明确的贯彻,并且实现了独立于后者的"部门"哲学的存在形式,即"历史唯物主义已经作为一个知识体系发展起来,它和辩证唯物主义的界限也更清楚了"[③]。就此而言,30年代苏联理论家对历史唯物主义的理解无疑直接承接着20年代。从地位上看,30年代初米丁等人编写的历史唯物主义教科书标志着苏联历史唯物主义理论体系的基本形成,其中明确指出:"史的唯物论是辩证法唯物论之应用于社会的认识者,它是哲学的唯物论之运用于社会生活的认识而以改变此种生活为目的","史的唯物论是辩证法唯物论之特殊的运用。"[④] 同样,斯大林在1938年为《联共(布)党史简明教程》所撰写的第四章第二节即《论辩证唯物主义和历史唯物主义》中也

[①] [苏]布哈林:《历史唯物主义理论》,东方出版社1988年版,第62页。

[②] [苏]阿多拉茨基:《阿多拉茨基选集》,生活·读书·新知三联书店1964年版,第27页。

[③] [苏]巴鲁林:《当代历史唯物主义发展趋势》,社会科学文献出版社1987年版,第26页。

[④] 袁贵仁等主编:《马克思主义哲学教学体系:历史与现状》(上册),北京师范大学出版社2011年版,第62页。

明确强调,"历史唯物主义就是把辩证唯物主义的原理推广去研究生活,把辩证唯物主义的原理应用于社会生活现象,应用于研究社会,应用于研究社会历史"。[1]

总体而言,50 年代后苏联理论家对历史唯物主义理论体系的建构并未从根本上超越之前的理解。之所以这样说,主要是因为30 年代得到明确阐述的历史唯物主义之为辩证唯物主义在人类社会领域的推广与应用,或者说历史唯物主义之为马克思主义哲学的组成部分的观点被完全继承下来。例如,1954 年再版的由康斯坦丁诺夫编写的《历史唯物主义》一书就明确指出:"马克思和恩格斯把辩证唯物主义的原理推广去认识社会,应用这些原理研究社会生活,说明社会历史,从而创立了历史唯物主义。"[2] 此后由康斯坦丁诺夫牵头编写的《马克思列宁主义原理》(1971)、《马克思主义哲学原理》(1958)、《马克思列宁主义的历史过程理论》(1981)等教科书在内容设置上无不贯彻了"推广论"的理解模式。

二、"推广论"在阐释历史唯物主义生成上的缺陷

上文的梳理表明,"推广论"几乎贯穿于苏联理论家建构马克思主义哲学体系的整个进程中。而由于斯大林、米丁、康斯坦丁诺夫等人的特殊政治地位,这一理解模式在苏联马克思主义发展过程中很少受到反思。[3] 但实事求是地讲,"推广论"理解模式存在诸多无法克服的理论缺陷。对此,日本新马克思主义者广

---

① 《斯大林选集》(下卷),人民出版社 1979 年版,第 424 页。

② 袁贵仁等主编:《马克思主义哲学教学体系:历史与现状》(上册),北京师范大学出版社 2011 年版,第 91 页。

③ 对于"推广论"的理解模式,苏联学者凯德洛夫、科普宁等人曾经作了较为深刻的反思和批判,但由于他们在政治和学术上的"边缘化"地位而很少受到主流的重视。

松涉指出："这样的模式，对将马克思主义哲学与既成的诸体系相为伍，作为以教科书的形式进行叙述的一种工具，也许比较方便。但是，这样做很容易对马克思主义哲学的构图产生误解。"① 这种构图上的误解同时引发了一系列的理论缺陷。下面，我们主要从四个方面展开分析。

首先，"推广论"割裂了自然与历史的内在关联。"推广论"以辩证的方法把握"自然"形成辩证唯物主义原理为前提，然后再将其推广运用于社会历史领域，形成历史唯物主义。其中，"历史唯物主义"似乎成为理论上推论的结果，但是，撇开对现实历史过程的把握，纯粹依赖于理论推论并不能真正把握人类历史的本质，正确的做法应该如恩格斯曾经指出的，"必须重新研究全部历史，必须详细研究各种社会形态存在的条件，然后设法从这些条件中找出相应的政治、私法、美学、哲学、宗教等等的观点"。② 更重要的是，如果说任何理论"构图"——作为对特定对象的"描述"——受制于对对象本身的理解，那么这种以"推广论"来构建马克思主义哲学体系的做法则由于将"世界"划分成"自然"和"历史"而分享着近代哲学式的构图，其必定的结果则是误解了马克思主义哲学的构图。在《德意志意识形态》中，马克思恩格斯明确指出："历史可以从两方面来考察，可以把它划分为自然史和人类史。但这两方面是不可分割的；只要有人存在，自然史和人类史就彼此相互制约。"③ 既然如此，马克思主义哲学对"自然"的理解就不可能脱离历史，以至于可以先于"历史"而创立"辩证唯物主义"，然后再通过推广运用而产生"历史唯物主义"。

---

① ［日］广松涉：《物象化论的构图》，南京大学出版社 2002 年版，第 1 页。

② 《马克思恩格斯选集》（第 4 卷），人民出版社 1995 年版，第 692 页。

③ 《马克思恩格斯选集》（第 1 卷），人民出版社 1995 年版，第 66 页。

其次,"推广论"曲解了马克思恩格斯"新唯物主义"世界观的本质。这个缺陷实际上是其割裂"自然"和"历史"的必然结果。一般而言,哲学世界观是关于整个世界的根本观点和方法,既然如此,其本身的创立无疑要建立在对整个世界把握的基础之上。而就马克思主义哲学而言,"世界"便只能是基于人的实践活动所实现的自然与历史之统一的"感性世界",正如马克思恩格斯在批判费尔巴哈时所说,"这种活动、这种连续不断的感性劳动和创造、这种生产,正是整个现存的感性世界的基础"。[①]既然如此,马克思主义哲学世界观就应该是关于作为"自然和历史"之统一的"感性世界"的根本观点和方法。但是,"推广论"由于将把握了先于历史而存在的"自然"所形成的"辩证唯物主义"视为"一般世界观",或者视为马克思主义的"哲学学说",以致缩小了哲学世界观所涵摄的对象范围,并由此不可避免地歪曲了马克思恩格斯所创立的新哲学世界观的本质。其核心的问题在于,"推广论"在理解基于"自然"而创立的辩证唯物主义时,将其看作是将旧唯物主义的"基本内核"与黑格尔辩证法中的"合理内核"相融合的方式[②]。这样一来,感性实践活动在马克思和恩格斯创立的"新唯物主义"新世界观中的根本地位便被彻底抹杀了,既然如此,"推广论"所理解的"辩证唯物主义"便不可能是马克思和恩格斯的哲学世界观。

再次,"推广论"曲解了马克思主义哲学辩证法的内在本质。

[①] 《马克思恩格斯选集》(第1卷),人民出版社1995年版,第77页。

[②] 关于此种理解"辩证唯物主义"的方式,广泛存在于苏联教科书中。例如,康斯坦丁诺夫在1954年由他主持编写的《历史唯物主义》中就指出,"马克思和恩格斯在创立辩证唯物主义时,依据了旧唯物主义特别是十八世纪法国人的和费尔巴哈的唯物主义,保存了它的基本内核",同时"利用了黑格尔辩证法中那个包在神秘主义外壳里面的合理内核"。(参见[苏]康斯坦丁诺夫:《历史唯物主义》,人民出版社1955年版,第18页。)

按照"推广论"的思路,"唯物辩证法"是苏联理论家建构马克思主义哲学的首要的方法论前提,其在理论上推进的过程体现为,首先以"唯物辩证法"的方法把握自然,形成自然辩证法或"辩证唯物主义"原理,然后再将后者推广和运用于人类社会历史,形成历史唯物主义。对此,斯大林的相关论述颇具典型性,他指出,马克思列宁主义党的世界观"所以叫作辩证唯物主义,是因为它对自然界现象的看法、它研究自然界现象的方法、它认识这些现象的方法是辩证的,而它对自然界现象的解释、它对自然界现象的了解、它的理论是唯物主义的"。① 也就是说,"辩证唯物主义"是通过"唯物辩证法"把握自然而形成的,然后再推广到历史领域形成历史唯物主义。这样一来,"唯物辩证法"似乎取得了先于"自然"和"历史"的地位。对此,广松涉指出,在"推广论"中"可以看出被称为'唯物辩证法'的'第一哲学'似乎先行于与上述两个半球(即自然和历史——引按)相对应的'自然辩证法'以及'历史唯物主义'的两大部门这样一个构图"。② 由此引发的问题是,先于自然和历史的"唯物辩证法"是从哪里来的? 苏联理论家普遍以马克思和恩格斯对黑格尔唯心主义辩证法的改造,即利用了其中的"合理内核"来作为这个问题的答案,并且不忘强调"唯物辩证法"与黑格尔辩证法的原则性区别。但是,这种强调往往只是止于马克思和恩格斯剥去了黑格尔唯心主义的外壳,并向前发展了辩证法。这种回答的缺陷在于,它没有充分认识到"历史唯物主义并不是黑格尔观念辩证法的某种合理'种子'的应用和发展,马克思创立历史唯物主义的思想构境过程是一项更加复杂的理论工程,它达及了黑格尔哲学根本无法包

① 《斯大林选集》(下卷),人民出版社1979年版,第424页。

② [日]广松涉:《物象化论的构图》,南京大学出版社2002年版,第1页。

容的深刻思想空间"。①

进一步来看，按照"推广论"，即马克思和恩格斯通过将"唯物辩证法"运用于脱离历史的纯粹抽象的自然领域，形成自然辩证法，则从根本上抹杀了实践活动在辩证法形成过程中的基础性作用。实际情形是，始终面向感性实践活动，以观念的形式把握实践活动自身的矛盾运动过程构成了马克思主义辩证法区别于黑格尔辩证法的本质特征。对此，马克思明确指出："我的辩证方法，从根本上来说，不仅和黑格尔的辩证方法不同，而且和它截然相反。在黑格尔看来，思维过程，即他称为观念而甚至把它转化为独立主体的思维过程，是现实事物的创造主，而现实事物只是思维过程的外部表现。我的看法相反，观念的东西不外是移入人的头脑并在人的头脑中改造过的物质的东西而已。"②也就是说，马克思主义哲学辩证法本身就是对实践过程亦即现实的历史运动的"叙述"，其所考察的"是在某个时候确实发生过或者还在发生的现实过程，因此这些矛盾也是在实践中发展着的，并且可能已经得到了解决。我们考察这种解决的方式，发现这是由建立新关系来解决的，而这个新关系的两个对立面我们现在又需要展开说明，等等"。③其中，"现实过程"不仅包括自然史，同时包括人类史，因为，在马克思和恩格斯的视域中，自然史和人类史始终是相互制约的统一体。因此，即便以"自然辩证法"命名马克思主义哲学辩证法，它也绝非脱离了人的实践活动或人类历史的纯粹抽象的自然辩证法。

最后，"推广论"背离了马克思的"彻底唯物主义"何以"彻底"的根本视域。从理论旨趣来看，苏联理论家以"推广论"来

---

① 张一兵：《回到列宁》，江苏人民出版社 2008 年版，第 332 页。

② 《马克思恩格斯选集》（第 2 卷），人民出版社 1995 年版，第 111—112 页。

③ 《马克思恩格斯选集》（第 2 卷），人民出版社 1995 年版，第 44 页。

理解历史唯物主义，是为了凸显马克思哲学唯物主义的"彻底性"，即其不仅实现了对自然领域的唯物主义理解，而且还实现了对历史领域的唯物主义理解，从而超越了一切"旧唯物主义"的"半截子"唯物主义。例如，康斯坦丁诺夫在其主编的《马克思列宁主义哲学原理》一书中指出："我们知道，马克思以前的唯物主义是不彻底的、有局限的。它不能把唯物主义的原则应用于认识社会生活和历史，而在这方面仍保持着唯心主义的观点"，"卡·马克思和弗·恩格斯在科学思想发展中的最伟大的功绩在于：他们把唯物主义补充成完整的理论，也就是把它扩充于认识社会。由此唯物主义世界观第一次成为全面的、彻底的和能动的世界观"。[①] 这段话表达了对马克思主义哲学何以为"彻底的"唯物主义的理解[②]，也就是通过将首创于"自然"领域的"唯物主义""扩充"于人类历史。如此一来，马克思的"新唯物主义"与一切旧唯物主义的区别仅仅被归结为增加了一个"历史"领域，以致抹杀了两者之间的原则性区别。实际上是，马克思的"新唯物主义"是在对以前的一切旧唯物主义进行根本性变革的基础上产生的，它们之间体现的不是"领域"的差别，而是"解释原则"的差别，即"新唯物主义"确立了以感性实践活动来解释一切存在者的根本视域，这一视域不仅使"唯物主义"地理解历史成为可能，同时也使对自然的认识达到新的理论水平。[③]

综上所述，苏联理论家以"推广论"的理解模式解释马克思

---

① ［苏］康斯坦丁诺夫：《马克思列宁主义哲学原理》，生活·读书·新知三联书店1976年版，第213页。

② 对此，广松涉指出："事实上，'运用、扩张'往往被理解为是与理论形成史的经过相照应的。"(［日］广松涉：《物象化论的构图》，南京大学出版社2002年版，第2页。)

③ 许恒兵：《梅林论历史唯物主义》，《井冈山大学学报》2010年第4期。

主义哲学,其致命的缺陷在于彻底抹杀了"实践"之于马克思主义哲学的根基性作用,并由此造成了在理解马克思主义哲学的对象、马克思主义世界观和辩证法的本质,以及马克思主义哲学何以为"彻底的"唯物主义等方面的问题。全面反思苏联理论家以"推广论"理解历史唯物主义的理论缺陷,对于我们重新思索马克思主义哲学体系具有重要的意义。

三、历史唯物主义理论变革的原像

在《社会主义从空想到科学的发展》一书中,恩格斯在论及马克思主义哲学的思想史来源时指出:"我们德国社会主义者却以我们不仅继承了圣西门、傅里叶和欧文,而且继承了康德、费希特和黑格尔而感到骄傲。"[①] 其中,以康德、费希特和黑格尔为代表的德国古典哲学构成了马克思主义哲学的直接理论来源。这里的"直接"所强调的不仅是德国古典哲学作为西方哲学发展的高峰与马克思哲学的创立时间最接近,更根本的是,德国古典哲学蕴藏着马克思哲学革命由以发生的核心原则,亦即实践原则。虽然有着时代的局限,这一原则还是以抽象精神的形式体现出来。对此,施密特曾经指出:"随着历史进入现代,人类外部的自然存在已越来越归于人类社会的准备活动的一个环节。对这样一个事实,在哲学上的反思是:客观性的种种规定越来越纳入主观之中,以至在康德之后所完成的思辨中,被全部吸收到主观性中去了。因此,在黑格尔那里,生产过程就其整体来说,仍然是精神的一种作用,尽管在个别细节上他还是显示了他的非凡的洞察力。"[②]

具体来说,康德的"哥白尼式的革命"已然凸显了实践原则

---

① 《马克思恩格斯选集》(第3卷),人民出版社1995年版,第692页。

② [德]A.施密特:《马克思的自然概念》,商务印书馆1988年版,第16—17页。

在认识论中的核心作用。对于这一革命的核心要义，康德指出："人们一向假定我们的一切知识必须符合于对象……因此，我们必须尝试一下，如果我们认定对象必须符合我们的知识，看看在形而上学中这样做，我们会不会有更多的成就。"①这段话隐含的精神实质就是不再将对象视为外在于主体的独立自主的东西，而是将其把握为主体活动的产物。按照卢卡奇的判定，康德由此用一种更为激进的方式阐扬了维科关于只有人创造的事物才可以被人所把握的思想。但是，康德并未将这一原则贯彻到底，而是留下了一个理性无法触及的"物自体"领域为信仰张目。随后，费希特通过极力凸显自我的主体性而力图消解康德的"物自体"。通过将自我意识作为根本出发点，并赋予"自我"以本原行动的力量，费希特以彻底唯心主义的方式实现了主客体的内在统一。正如黑格尔所评价的，他的"伟大之处在于指出原则的统一性，并试图从其中把意识的整个内容一贯地、科学地发展出来，或者像人们所说的那样，构造整个世界"。②但是，在黑格尔看来，费希特仅仅只是在"信仰"中实现了自我与非我的统一，而其论证的方式仅仅是一种外在性的论证方式，即"以一种非理念的（非辩证的）的方式为根据，由一个规定性是必然的而推出另一个规定性也是必然的。把自我与一个他物相联系，而他物又与一个他物相联系，如此递进，以至无穷"③，从而陷入了一种无穷递进的恶性循环。黑格尔认识到，要克服费希特的缺陷，必须将其所持的"有限性自我"塑造成一种"无限的自我"，也就是"绝对精神"，而它的根本特质就在于已然潜在地实现了"主客体"的内在统一。但"原始的或直接的统一性，就其本身而言，则不是绝对

① ［德］康德：《纯粹理性批判》，华中师范大学出版社2000年版，第17页。
② ［德］黑格尔：《哲学史讲演录》（第4卷），商务印书馆1978年版，第311页。
③ ［德］黑格尔：《哲学史讲演录》（第4卷），商务印书馆1978年版，第330页。

的真理"①。为此，它必须通过自我异化行动实现内在的发展，并最终在人的自我意识中实现自我，即达到主体与客体之历史发展了的内在统一。

通过上文简单的梳理可知，德国古典哲学，特别是作为其逻辑递进最终结果的黑格尔哲学已然确立了实践原则在建构哲学体系中的核心作用，并由此得到了马克思的高度评价。马克思指出，"他抓住了劳动的本质，把对象性的人、现实的因而是真正的人理解为他自己的劳动的结果"②，但是，由于"黑格尔惟一知道并承认的劳动是抽象的精神的劳动"，以至于"主语和谓语之间的关系被绝对地相互颠倒了"，即由主体通过异化劳动所实现的发展历程变成了抽象的主体"自身内部的纯粹的、不停息的圆圈"③，为此，必须在唯物主义的基础上对德国古典哲学特别是黑格尔哲学中所蕴藏的实践原则进行改造。但是，马克思所实行的此种改造绝非如"推广论"理解马克思的哲学革命时所认为的是以抽象的物质置换抽象的精神。正如恩格斯所言，"物质本身是纯粹的思想创造物和纯粹的抽象"④，既然如此，当践行此种置换时，势必陷入马克思所言的"抽象物质的方向或者不如说是唯心主义的方向"⑤。实际上，当马克思强调黑格尔哲学对"主语"与"谓语"的颠倒时，其具体所指乃是，现实的人和现实的自然界成为谓语和象征，而隐蔽的非现实的人和非现实的自然界则成为主语。因此，即使要用"颠倒"的隐喻来说明马克思的哲学革命，那么其所要确立的是"现实的人"和"现实的自然界"以及由

---

① ［德］黑格尔：《精神现象学》，商务印书馆 1979 年版，第 11 页。
② 《马克思恩格斯全集》(第 3 卷)，人民出版社 2002 年版，第 320 页。
③ 《马克思恩格斯全集》(第 3 卷)，人民出版社 2002 年版，第 332—333 页。
④ 《马克思恩格斯全集》(第 20 卷)，人民出版社 1971 年版，第 598 页。
⑤ 《马克思恩格斯全集》(第 3 卷)，人民出版社 2002 年版，第 307 页。

二者的交互关系所构成的现实历史过程的基础性地位。而要实现这一点，就必须将对世界的认识建立于全新的实践原则基础之上，唯有如此，才能真正通达现实的历史过程，因为"整个所谓世界历史不外是人通过人的劳动而诞生的过程，是自然界对人来说的生成过程"①。

从本质上来看，这一全新的实践原则就是感性实践活动，用马克思的话说就是，一定的个人以一定的方式进行生产活动的原则。在蕴含着马克思新世界观天才萌芽的第一篇文献即《关于费尔巴哈的提纲》中，马克思明确指出，"从前的一切唯物主义（包括费尔巴哈的唯物主义）的主要缺点是：对对象、现实、感性，只是从客体的或者直观的形式去理解，而不是把它们当做感性的人的活动，当做实践去理解，不是从主体方面去理解"，而唯心主义也"不知道现实的、感性的活动本身"②。这段内涵丰富的论述明确告诉我们，感性实践活动原则在解释世界上的基础性地位，是马克思主义哲学区别于一切旧唯物主义与唯心主义的重要方面。

首先，这种独特性体现在马克思基于实践解释原则对哲学对象的全新界定上。与"推广论"将马克思主义哲学的对象界定为对整个世界之最一般规律的研究根本不同，马克思将其所创立的哲学对象界定为"描述人们实践活动和实际发展过程"③，而由于实践活动本身包含着人与自然、主体与客体、思维与存在的内在关系，那么，将哲学的对象界定为对"实践活动"的描述，实际上是强调要以实践为基础重新解答哲学的基本问题。对此，马克思明确指出："全部社会生活在本质上是实践的。凡是把理论引向神秘主义的神秘东西，都能在人的实践中以及对这个实践的理解

---

① 《马克思恩格斯全集》（第 3 卷），人民出版社 2002 年版，第 310 页。
② 《马克思恩格斯文集》（第 1 卷），人民出版社 2009 年版，第 499 页。
③ 《马克思恩格斯文集》（第 1 卷），人民出版社 2009 年版，第 526 页。

中得到合理的解决。"①

　　其次，这种独特性还体现为马克思基于实践解释原则超越了一切"仅仅只是解释世界的哲学"，并由此走向了"改变世界"的哲学。马克思将以前的一切旧哲学定性为"仅仅只是解释世界的哲学"，而之所以如此，在于它们完全脱离了感性实践活动去"解释"世界，并将解释世界由以出发的前提界定为外在于人的抽象"本体"。而由于"本体"自身的绝对性和非历史性，所以奠基于这种"本体"基础上的理论体系最终必定陷入对解释对象之现状的维护之中，从而不可能达致"改变世界"的哲学。虽然黑格尔"抓住了劳动的本质"，并将其贯彻到哲学体系的建构之中，但由于其所唯一承认的只是"精神的劳动"，而由这种"劳动"所体现的历史过程仅仅只是局限于思维内部的过程，所以其哲学基于"实践原则"所激发出来的革命精神仅仅只是体现为"同现实的影子所作的哲学斗争"，因而就其实质而言，仍然只是"虚假的实证主义"。而通过确立具体的现实的实践活动在解释世界中的基础性地位，或者说通过将哲学的对象界定为对感性实践活动及其发展过程的描述，马克思彻底改变了哲学的功能。正如孙正聿所言："马克思的'改变世界'新哲学，是从人的实践活动出发去理解人与世界关系的哲学，是一种实践论的'世界观理论'。正是在这个意义上，马克思主义哲学实现了从'解释世界'到'改变世界'的变革。"②

　　综上所述，马克思实现哲学革命的关键在于确立了"实践原则"在解释世界中的核心作用，并由这一原则而造成了迥然有别于一切旧哲学的精神实质。深刻领会这一变革的要义，对于合理

---

① 《马克思恩格斯文集》(第 1 卷)，人民出版社 2009 年版，第 501 页。
② 孙正聿:《哲学如何面对现实》,《江苏社会科学》2002 年第 2 期。

建构马克思主义哲学体系具有原则性的重要意义,并对实现理论"掌握群众",从而充分发挥哲学之为"批判的武器"的作用具有重要意义。

第二节　历史唯物主义对象论

总体来看,苏联理论家普遍认为,历史唯物主义的研究对象就是人类历史发展的最一般规律。此种观点几乎贯穿于苏联历史唯物主义发展历程的始终。在此前提下,由于涉及历史唯物主义的理论定位、功能发挥、理论发展等问题,苏联理论家在普遍坚持历史唯物主义以把握人类历史发展一般规律为主要旨趣的前提下,大致上循着两个方向对历史唯物主义的研究对象进行了深化拓展。第一个方向体现为对人类历史发展一般规律本身的拓展和深化,第二个方向体现为将社会存在和社会意识的相互关系纳入研究对象。尤其是后一个方向的努力最终导向了关于历史唯物主义研究对象上的哲学—社会学定义。

一、苏联历史唯物主义对象论中的"一般规律论"

巴鲁林指出:"苏联历史唯物主义是沿着越来越深刻的认识历史唯物主义对象的方向发展的。"[①]早在 20 世纪 20 年代,苏联出版的一系列关于历史唯物主义的教科书、专著、论文集和论文就开始围绕历史唯物主义应该以什么为研究对象展开广泛的争论。从总体来看,这个阶段的苏联理论家普遍将历史唯物主义的研究对象界定为人类社会及其发展的一般规律。正如拉津等人

---

① ［苏］巴鲁林:《当代历史唯物主义的发展趋势》,社会科学文献出版社1987年版,第49页。

在《历史唯物主义是一门社会哲学理论》一书中所概括的，"从对象上研究历史唯物主义理论，其第一步就是要把历史唯物主义视为关于社会的科学，它的对象是社会发展的最一般规律"。[①] 例如，布哈林在《历史唯物主义理论》（1921 年）中就明确指出："历史唯物主义理论处于怎样的地位呢？它不是政治经济学，也不是历史。它是关于社会及其发展规律的一般学说。"[②] 而在稍后出现的《历史唯物主义讲演提纲》（1923 年）、《历史唯物主义理论教程》（1924 年）、《马克思主义社会学的基本问题》（1929 年）等著作也同样将人类社会发展的一般规律视为历史唯物主义的研究对象。对此，恰金等人指出："十月革命后最初十年，大多数历史唯物主义著作家都把马克思主义社会学确定为关于社会结构及其发展规律的一般科学。"[③] 不仅如此，20 年代以后的各种著作都普遍认同了这一定义，例如康斯坦丁诺夫在 1954 年的《历史唯物主义》一书中明确指出："历史唯物主义是关于社会发展一般规律的科学。"[④]

总之，苏联学界关于"历史唯物主义对象的最初定义在于，这是一门关于人类社会发展一般（最一般）规律的科学"。[⑤] 而从后来的发展看，这一认识几乎贯穿于苏联历史唯物主义发展过程的始终。正如巴鲁林所言："在历史唯物主义进一步发展的过程中，在苏联的哲学—社会学科学中提出过历史唯物主义对象的各种定义，做了许多修正和进一步说明。但是我们认为，其中的任

---

① ［苏］拉津：《历史唯物主义是社会哲学理论》，求实出版社 1988 年版，第 5 页。

② ［苏］布哈林：《历史唯物主义理论》，东方出版社 1988 年版，第 7 页。

③ ［苏］恰金等：《苏联二十年代确立历史唯物主义的斗争》，中共中央党校科研办公室 1986 年版，第 197 页。

④ ［苏］康斯坦丁诺夫：《历史唯物主义》，人民出版社 1955 年版，第 9 页。

⑤ ［苏］巴鲁林：《当代历史唯物主义的发展趋势》，社会科学文献出版社 1987 年版，第 50 页。

何一个新定义都没能整个取代或推翻它。"① 从理解史的角度看，这一普遍性定义的出现及其经久不衰地发挥作用至少是由以下几个原因共同促成的。首先，这一定义是为了与形形色色的唯心主义历史观划清界限，即"这种理解完全以研究社会生活的客观现实为目标。构成社会的哲学认识之出发点的，不是人的意识，而是客观规律，其中包括意识自身的规律——历史唯物主义对象的最初定义正是针对这一点的"。② 其次，这一定义是为了凸显历史唯物主义作为一门"社会学"的哲学功能或性质，其中当然包括它与其他各种具体的社会科学的本质性区别。例如，当布哈林如此理解历史唯物主义对象时，其中的一个重要的目标就是凸显历史唯物主义与以社会生活的具体领域为研究对象的历史学的区别。再次，这一定义还是为了凸显历史唯物主义的方法论功能，这种功能不仅体现在其对具体的社会学学科的指导作用上，更体现在它对作为人类社会发展特定历史阶段即苏联社会主义阶段的社会建设和发展的指导作用上。

但与此同时，特别是在 50 年代以后，这一定义的初始性及其弊端也逐渐暴露出来。一方面，仅仅将最一般规律视为历史唯物主义的研究对象，无疑限制了历史唯物主义的功能和作用，用拉津等人的话来说就是，"把这一理论的对象只归结于社会过程的最一般规律，尽管合乎逻辑上应有的彻底性，却使历史唯物主义不能用来说明人类历史上一些延续相当长的时期的质的特征，如千百年来以奴隶占有制度、封建主义和资本主义这些不同形态而存在的对抗社会的历史，就是这样的时期"。③ 另一方面，借助

---

① ［苏］巴鲁林：《当代历史唯物主义的发展趋势》，社会科学文献出版社1987年版，第53页。

② ［苏］巴鲁林：《当代历史唯物主义的发展趋势》，社会科学文献出版社1987年版，第51页。

③ ［苏］拉津：《历史唯物主义是社会哲学理论》，求实出版社1988年版，第6—7页。

于"一般规律"的研究对象来凸显历史唯物主义的哲学性质，实际上并不能达到其原有的目的。最一般规律实际上也就是研究对象即社会的最大共性，"但是被研究的客体的最大共性的标志，绝不仅仅是哲学方法的特权"。[①]

基于上述缺陷，苏联理论家在保持上述普遍性定义基本不变的情况下，对历史唯物主义的研究对象进行了拓展和深化。这种努力首先体现在对人类历史发展一般规律本身的拓展和深化上，并表现为两个具体的维度：第一个维度是将特殊性的规律纳入历史唯物主义的研究对象。早在 20 年代，苏联理论家卡钦波根便提出，历史唯物主义应当研究"一定社会经济形态发展的特殊的局部规律，研究社会机构的形成、演化和消亡的规律"[②]。此种努力更为集中地体现在米丁、拉祖莫夫斯基编写的《辩证唯物主义和历史唯物主义》一书中。其中，作者认为，历史唯物主义"展示社会经济形态的历史发展过程，揭示它们的内在规律，这些规律必然制约着从一种社会形态向另一种更高级的社会形态的过渡；展示这个多方面的和矛盾的过程的客观规律性；基本上掌握社会发展的这种不以社会意识为转移的客观辩证法——这就是历史唯物主义对象和内容"。[③] 这样一来，特定社会经济形态的规律便被包含到历史唯物主义的研究对象之中。但是，此种维度的拓展也引发了理论上的困境，即其"使历史唯物主义的概念地位问题，即这一理论到底属于论述世界的科学知识的哪一领域（哲

----

① ［苏］巴鲁林：《当代历史唯物主义的发展趋势》，社会科学文献出版社 1987 年版，第 53 页。

② ［苏］恰金等：《苏联二十年代确立历史唯物主义的斗争》，中共中央党校科研办公室 1986 年版，第 197 页。

③ ［苏］巴鲁林：《当代历史唯物主义的发展趋势》，社会科学文献出版社 1987 年版，第 54 页。

学、社会学，等等）的问题从本质上复杂化了"①。也正因为如此，这个维度的努力实际上最终被彻底否定了。虽然经过这种努力，对特殊性社会规律的研究被纳入历史唯物主义理论的研究范围，但其也仅仅只是起着通达最一般规律的过程和环节的作用。正如格列泽尔曼所认为的，"不应当把关于社会发展一般规律的科学是怎样发现的问题同这门科学是什么的问题混为一谈"。"历史唯物主义的研究对象是人类社会及其发展的一般规律"。②

而第二个维度的努力则体现在对历史发展最一般规律的分类上。其具体的问题域涉及一般规律到底有哪些，它们之间的关系如何。对这些问题的回答实际上构成了对上述普遍性定义的进一步明确化或具体化。总体上来看，苏联理论家对一般规律的分类主要表现在三个方面，即（1）社会结构的一般规律，（2）社会发展和发挥功能的一般规律，（3）社会动力的规律。③其最典型的定义体现在康斯坦丁诺夫主编的《马克思列宁主义哲学基础》一书中，书中写道："历史唯物主义的对象不是社会生活的个别方面，而是社会发挥功能和发展的普遍规律和动力，是整个社会生活，是处在一切方面和一切关系的内在联系和矛盾中的社会生活。和专门的社会科学不同，历史唯物主义研究的首先是和主要是，社会发展的最一般规律、社会经济形态形成和存在的规律及其发展动力。"④但是，这种努力方向归根结底无法界定历史唯物主义的哲学性质问题。

---

①　［苏］拉津：《历史唯物主义是社会哲学理论》，求实出版社1988年版，第7页。

②　贾泽林等：《苏联当代哲学（1945—1982）》，人民出版社1986年版，第172页。

③　［苏］巴鲁林：《当代历史唯物主义的发展趋势》，社会科学文献出版社1987年版，第64页。

④　［苏］康斯坦丁诺夫：《马克思列宁主义哲学原理》，生活·读书·新知三联书店1976年版，第258页。

二、苏联历史唯物主义对象论中的"哲学基本问题—规律论"

正因为如此，50年代以后苏联理论家出现了另一个方向的努力，即将社会存在和社会意识的关系问题纳入历史唯物主义的研究对象。对此，巴鲁林概括道："但是从50年代末起，在苏联的出版物中，下述思想越来越畅行无阻，这就是：在说明历史唯物主义的本质和特点即它的对象时，不仅不应该忽视社会存在和社会意识的相互关系问题，而且应该把该问题纳入这门科学的对象定义。"①对此，苏联理论家中大概最早提出这种看法的普里比斯诺夫指出："历史唯物主义研究在社会发展一般规律作用中表现出来的社会意识对社会存在的矛盾关系。"②同样，凯列和科瓦尔宗在《历史唯物主义》（1962年）一书中指出："作为一门关于社会的哲学科学的历史唯物主义，其对象是历史过程各方面的相互联系、各种社会机体发展和更替的一般规律，这些联系和规律是在唯物主义地解决社会存在与社会意识以及社会生活的主观方面与客观方面相互关系问题的基础上得到揭示的。"③舍普图林等人在《历史唯物主义》（1974年）中也断言："历史唯物主义——这是一门关于社会意识与社会存在关系的哲学科学；是关于人类社会发展最一般规律和动力的科学。"④而在其后出版的《历史唯物主义是社会哲学理论》（1986年）一书中，拉津等人也直截了当地概括："作为马克思主义社会哲学的历史唯物主义，研究哲

---

① ［苏］巴鲁林：《当代历史唯物主义的发展趋势》，社会科学文献出版社1987年版，第56页。

② 贾泽林等：《苏联当代哲学（1945—1982）》，人民出版社1986年版，第163—164页。

③ ［苏］巴鲁林：《当代历史唯物主义的发展趋势》，社会科学文献出版社1987年版，第56页。

④ ［苏］巴鲁林：《当代历史唯物主义的发展趋势》，社会科学文献出版社1987年版，第57页。

学基本问题在社会生活中的特殊表现形式；证明社会过程服从决定论的一般哲学原则，研究与社会生活中的周期性、重复性和规律性，以及可能性与现实、必然与偶然的辩证法等有关的质的特质；研究发展、进步这种渐进过程的一般哲学原则在历史中的表现形式，等等。"①

从理论渊源来看，社会存在和社会意识相互关系问题被引入历史唯物主义研究对象中的努力无疑受到了列宁相关论述的影响。列宁在《卡尔·马克思》一文中指出："既然唯物主义总是用存在解释意识而不是相反，那么应用于人类社会生活时，唯物主义就要求用社会存在解释社会意识。"②同时，这一努力无疑也是更加有效地对历史唯物主义的理论性质作出全方位的定位，具体来说就是，历史唯物主义不仅仅是马克思主义的社会学，而且是马克思主义哲学不可分割的一个组成部分，而哲学基本问题的纳入是为了论证历史唯物主义具有毋庸置疑的哲学地位。对此，巴鲁林强调指出：该定义是"历史唯物主义对象的哲学—社会学定义"③，"显然，把社会存在和社会意识的相互关系即针对社会而言的哲学基本问题纳入历史唯物主义的对象定义，这不单是补充进去'又一个'最一般规律，而是强调历史唯物主义的哲学本质"。④同样，拉津等人也明确指出，学者们正确地把这些问题表述为哲学基本问题在社会过程中的具体运用，而历史唯物主义解决这个问题的无上权利恰好证明历史唯物主义的哲学地位是不容争辩的。

---

① ［苏］拉津：《历史唯物主义是社会哲学理论》，求实出版社1988年版，第20页。

② ［俄］列宁：《列宁论马克思主义》，人民出版社2003年版，第11—12页。

③ ［苏］巴鲁林：《当代历史唯物主义的发展趋势》，社会科学文献出版社1987年版，第66页。

④ ［苏］巴鲁林：《当代历史唯物主义的发展趋势》，社会科学文献出版社1987年版，第67页。

　　此外，按照苏联理论家的一种普遍解释，关于社会存在和社会意识的关系问题之所以会成为苏联学界的"热点"问题，并被纳入历史唯物主义的研究对象来考察，一个很重要的促进因素就是，随着苏联社会主义社会的发展，社会存在与社会意识在资本主义社会中的相互对立和相互冲突的关系逐渐得到改变，即被在社会主义社会中的更为丰富、更为全面和更为深刻的辩证联系所取代①。苏联理论家鲁缅采夫说道："自觉地运用共产主义社会形态的规律通过全体社会成员在整个社会范围内自觉组织起来的经济活动而起作用，这本身是整个共产主义社会形态所有经济规律的表现规律。"② 显然，从我们当前的眼光来审视上述理由，无疑存在着牵强的成分。一方面，就苏联社会主义当时的发展状况来说，它并没有达到马克思恩格斯所描述的"共产主义"阶段，在这个阶段，社会全体成员在共同占有劳动资料的前提下自觉地组织社会生产；另一方面，当马克思恩格斯科学地解答存在与意识之间的关系，即指出"不是意识决定生活，而是生活决定意识"③ 时，他们所立足的时代恰恰是资本主义社会取得了一定程度发展的阶段。实际上，从苏联历史唯物主义的演变历程看，哲学基本问题被纳入历史唯物主义研究对象的具有实质性意义的缘由在于更加合理地界定历史唯物主义的理论性质，即消除仅仅将历史唯物主义视为纯粹的科学所带来的一系列理论困境，并由此强调历史唯物主义的双重性质，即哲学—社会学的性质。

　　进一步看，社会存在和社会意识之相互关系的纳入必定牵涉

---

　　① ［苏］巴鲁林：《当代历史唯物主义的发展趋势》，社会科学文献出版社1987年版，第59页。

　　② ［苏］巴鲁林：《当代历史唯物主义的发展趋势》，社会科学文献出版社1987年版，第59页。

　　③ 《马克思恩格斯文集》（第1卷），人民出版社2009年版，第525页。

一个实质性的问题，即在历史唯物主义的双重对象中如何处理两者之间的关系。这个问题的不同解答又直接关涉对历史唯物主义哲学—社会学双重性质之关系的理解。从苏联学界的研究情况看，这个问题在总体上并未得到深入探讨，从而造成了所宣称的东西与实际内容之间的显著差异。对此，巴鲁林指出："一些专著和教学参考书的作者在说明历史唯物主义的对象时，把社会存在与社会意识的相互关系问题写进其中的情况屡见不鲜。按照起码的逻辑，接下来应当是对这种相互关系进行详细的说明。然而，读者往往大失所望，因为某些专著和教学参考书对上述关系根本不做特别的研究。"①

撇开这种总体性的特点，苏联理论家围绕两者之间的相互关系问题也提出了一些具体的看法，它们大致上可以被划分为五种类型。第一种类型可以概括为"并列论"，即认为历史唯物主义双重对象是并列的和平行的，在这种观点中，社会存在和社会意识的相互关系实际上被视为一般规律之中的一种类型；第二种类型可以概括为"初步联系论"，即认为历史唯物主义对历史发展规律的理解和把握必须和阐述社会存在和社会意识的关系联系起来，但两者之间到底是一种什么样的具体联系没有得到彻底的澄清；第三种可以概括为"基础作用论"，上文引述的凯列等人的观点代表了此种理论倾向，即将对社会存在与社会意识关系问题的解答视为解释人类历史发展一般规律的基础；与第三种观点相反，第四种观点可以概括为"反向基础论"，即将对人类历史发展一般规律的揭示视为阐明社会存在与社会意识关系问题的基础，其在卡拉瓦耶夫的《历史唯物主义的一般哲学意义》一文得到了

---

① ［苏］巴鲁林：《当代历史唯物主义的发展趋势》，社会科学文献出版社1987年版，第67页。

明确说明，即"历史唯物主义的对象并非一方面是社会意识对社会存在的关系，另一方面是对社会发展一般规律的认识，而是在对社会发展一般规律和动力的认识中反映出来的社会意识对社会存在的关系"①；第五种观点可以视为对第三种和第四种观点的综合，即强调两种对象的相互作用。

纵观上述苏联理论家对历史唯物主义对象的思索历程可以发现，其中无疑存在着一条贯穿性的线索，即如何通过在合理地确定历史唯物主义对象的基础上，达到对历史唯物主义哲学本质的理论定位。对于这条线索，巴鲁林概括道："对比历史唯物主义对象定义的上述各个研究阶段，可以发现与恢复历史唯物主义的'哲学基础'有关的特殊'节奏'。"② 既然如此，一个值得深思的问题便摆在了我们面前，即苏联理论家的努力有没有达到预期的目的，其中尤其重要的一个问题在于，哲学基本问题的纳入到底有没有起到支撑历史唯物主义哲学本质的作用。毫无疑问，深入思考这个问题，对于今天我们更加准确地理解历史唯物主义的学科性质具有重要的意义。

三、苏联历史唯物主义对象观的理论审视

需要指出的是，虽然苏联理论家在历史唯物主义对象的理解中经历了一个不断变化、调整的过程，但将历史唯物主义视为对人类历史发展最一般规律的把握无疑贯穿其全部过程。此种普遍性的取向体现出非常复杂的理论诉求，其中不乏合理性的成分。从实践诉求来说，苏联理论家对"一般规律"的强调是为了充分论证苏联社会主义存在的合法性。也就是说，在苏联社会主

---

① ［苏］巴鲁林：《当代历史唯物主义的发展趋势》，社会科学文献出版社1987年版，第80页。

② ［苏］巴鲁林：《当代历史唯物主义的发展趋势》，社会科学文献出版社1987年版，第82页。

义与强大的帝国主义相抗衡时，苏联理论家想要通过将苏联社会主义社会的建立论证为人类历史发展一般规律所趋向的结果，这具有重要的政治意义和价值，对于凝聚起广泛的社会力量投入苏联社会主义的建设实践具有引领性作用。同时，从理论诉求来看，这种普遍性取向是为了论证历史唯物主义的唯物主义哲学的理论性质，尤其是 50 年代后苏联理论家将哲学基本问题纳入历史唯物主义的研究对象之中，更是充分地体现了这一点。撇开结果不论，此种努力方向是合乎历史唯物主义的本质性要求的。此外，也鉴于本部分审视的一个重要方面，我们有必要指出，苏联理论家的上述定义显然受到了恩格斯相关论述影响。正是在《反杜林论》和《费尔巴哈论》等经典篇目中，恩格斯多次论及把握历史领域的一般规律的重要性。在他看来，历史领域也"完全像在自然领域里一样，应该通过发现现实的联系来清除这种臆造的人为的联系；这一任务，归根到底，就是要发现那些作为支配规律在人类社会的历史上起作用的一般运动规律"。[①]

但是，以拉津为代表的一些苏联理论家已经认识到将一般规律视为历史唯物主义的对象，不仅不能凸显历史唯物主义的哲学性质，而且不能标识出其与其他具体科学的本质性区别。因此，当以康斯坦丁诺夫为典型代表的苏联理论家认为哲学和各门专门科学都研究同一个世界，但哲学所研究的联系和关系，要比只研究某一个别现象领域的专门科学所研究的，更为一般[②]时，哲学和具体科学的差别仅仅只是被归结为研究范围的不同，但这绝非是两种截然不同的学科之间的原则性差异。因此，仅仅确立最一般规律作为历史唯物主义的研究对象根本不可能为历史唯物

---

① 《马克思恩格斯文集》（第 4 卷），人民出版社 2009 年版，第 301 页。
② 见［苏］康斯坦丁诺夫：《马克思列宁主义哲学原理》，生活·读书·新知三联书店 1976 年版。

主义的哲学性质作出有说服力的论证。同时,我们需要看到,恩格斯从来没有称把握人类历史的"最一般规律"是历史唯物主义的根本使命。恩格斯的确强调在历史领域内把握一般运动规律的重要性,但这绝非历史唯物主义自身的使命,而应是社会科学长期发展所趋向的一个长远目标。对此,恩格斯明确指出:"现代唯物主义本质上都是辩证的,而且不再需要任何凌驾于其他科学之上的哲学了。一旦对每一门科学都提出要求,要它们弄清它们自己在事物以及关于事物的知识的总联系中的地位,关于总联系的任何特殊科学就是多余的了。于是,在以往的全部哲学中仍然独立存在的,就只有关于思维及其规律的学说——形式逻辑和辩证法。其他一切都归到关于自然和历史的实证科学中去了。"①这段话告诉我们,将历史唯物主义的功能使命定位于把握人类历史的最一般规律,恰恰是历史唯物主义重新塑造为"凌驾于其他科学之上的哲学",即"科学的科学",并由此彻底违背了历史唯物主义辩证思维的基本要求。对此,恩格斯说道:"关于自然和历史的无所不包的、最终完成认识体系,是同辩证思维的基本规律相矛盾的;但是,这样说决不排除,相反倒包含下面一点,即对整个外部世界的有系统的认识是可以一代一代地取得巨大进展的。"②

由此必然扯出一个具有实质性意义的理论问题,那就是,既然历史唯物主义本身的使命不是把握人类历史的最普遍的规律,那么,它在人类持续不断地通向人类历史发展规律的过程中到底起着何种作用呢?毋庸置疑,这一作用就是"哲学"的作用。而为了与一切传统哲学区别开来,恩格斯不再将其称为"哲学",而

---

① 《马克思恩格斯文集》(第9卷),人民出版社2009年版,第28页。
② 《马克思恩格斯文集》(第9卷),人民出版社2009年版,第27页。

是称为"世界观",即"这已经根本不再是哲学,而只是世界观,这种世界观不应当在某种特殊的科学的科学中,而应当在各种现实的科学中得到证实和表现出来"。① 那么,这种"世界观"的作用到底是什么呢?对此,恩格斯在晚年写给施米特的信中强调,"我们的历史观首先是进行研究工作的指南,并不是按照黑格尔学派的方式构造体系的杠杆"。② 那么,这种"指南"性的作用又体现在何处呢?或者说,历史唯物主义因为解答了一个什么样的根本性问题才能起到指南性的作用呢?对此,恩格斯同样作了明确回答:"我们的主观思维和客观世界遵循同一些规律,因而两者的结果最终不能互相矛盾,而必须彼此一致,这个事实绝对地支配着我们的整个理论思维。这个事实是我们的理论思维的不以意识为转移的和无条件的前提。"③ 这段话告诉我们,历史唯物主义超越于一切旧哲学的根本之处在于实现了对哲学基本问题即思维与存在关系问题的统一性的解答,并由此为一切理论思维即无论是朝向自然领域、历史领域抑或是思维领域的理论思维提供了有效前提。对此,恩格斯说道:"这样一来,唯心主义从它的最后的避难所即历史观中被驱逐出去了,一种唯物主义的历史观被提出来了,用人们的存在说明他们的意识,而不是像以往那样用人们的意识说明他们的存在这样一条道路已经找到了。"④

就此而言,当苏联理论家在 50 年代后将社会存在和社会意识的关系问题纳入历史唯物主义研究对象,并以此来证明历史唯物主义的哲学性质时,无疑是正确的。但是,从根本上看,这种正确的出发点最终并没有取得实质性的结果。之所以这样说,首

① 《马克思恩格斯文集》(第 9 卷),人民出版社 2009 年版,第 146 页。
② 《马克思恩格斯文集》(第 10 卷),人民出版社 2009 年版,第 587 页。
③ 《马克思恩格斯文集》(第 9 卷),人民出版社 2009 年版,第 538 页。
④ 《马克思恩格斯文集》(第 9 卷),人民出版社 2009 年版,第 29 页。

先一个明显的原因在于，苏联理论家始终将把握人类历史的最一般规律视为历史唯物主义的根本使命，从而对历史唯物主义提出了过高的愿望，这种"愿望"归根结底是传统形而上学总是企图获得对整个世界的彻底的、最终的解释和说明的"至高"追求的再现。其次，也更为重要的是，苏联理论家并未提供对社会存在和社会意识这一哲学基本问题的有着马克思主义"世界观"高度的回答，从而决定了苏联理论家循此方向凸显历史唯物主义哲学性质的目的必定无法达到。具体来说，基于苏联辩证唯物主义关于思维和存在之间的关系的核心观点，即思维是对存在的反映的基本观点，苏联理论家将作为思维和存在之关系问题在社会领域的具体化，即社会意识和社会存在的关系问题普遍概括为社会意识反映社会存在，并反作用于社会存在。对此，康斯坦丁诺夫等人指出，社会意识适应社会存在的规律，也表现为社会意识对社会存在的能动的反作用。① 这样一来，苏联理论家关于社会意识和社会存在相互关系问题的探讨就"只是从内容方面研究这个前提"②，即"只限于证明一切思维和知识的内容都应当来源于感性的经验"③，而社会意识和社会存在之具有世界观高度的形式上的"统一性"并未被确立为决定性的思维前提的地位，正如以黑格尔为典型代表的现代唯心主义——虽然其"采取了唯心主义的头足倒置的形式，可是不容否认，这种哲学在许多场合下和在极不相同的领域中证明了思维过程同自然过程和历史过程是类似的"④——所得出的结论。既然如此，也就不难理解，苏联理论家

---

① 见［苏］康斯坦丁诺夫：《马克思列宁主义的历史过程理论》，上海人民出版社1986年版。

② 《马克思恩格斯文集》（第9卷），人民出版社2009年版，第538页。

③ 《马克思恩格斯文集》（第9卷），人民出版社2009年版，第538—539页。

④ 《马克思恩格斯文集》（第9卷），人民出版社2009年版，第539页。

何以将社会意识和社会存在的相互关系问题视为人类历史发展过程中最一般规律中之一种的观点了。

第三节 苏联历史唯物主义性质论

苏联理论家普遍将历史唯物主义的研究对象定位为把握人类历史进程中的普遍规律，这决定了对历史唯物主义理论性质的定位，即将其视为"一般科学"。从结果来看，这种性质定位无疑矮化了历史唯物主义理论变革的重大意义。固然，马克思创立历史唯物主义是以"消灭"或"终结""哲学"为前提的，但其并非是在消极意义上进行"消灭哲学"，并且其所终结的"哲学"乃是开启于柏拉图并集大成于黑格尔的哲学传统，而非哲学之全部。马克思将历史唯物主义称为"科学"时，是在相对于"谬误"或"意识的空话"的"真正的知识"的意义上而言的。从其思考的对象、包含的彻底批判精神以及未来关照来看，马克思的思考方式是"哲学"的，而非"科学"的。

一、历史唯物主义是"科学"的普遍取向

从一般意义上来看，确定合适的研究对象对于理论的性质、逻辑结构和方法具有决定性的意义。正如王南湜所言："一门知识的对象虽然是由各种因素决定的，但一旦这一对象被确定，它又会反过来规定这知识体系的形式、内容和方法等等。在逻辑上彻底的前提下，可以说对对象的规定就决定了全部体系，或者说，全部体系都不过是对对象的原始规定的逻辑展开而已。"[1]具体到历史唯物主义而言，对象研究具有前提性意义，其在很大程

---

① 王南湜：《追寻哲学的精神》，北京师范大学出版社 2006 年版，第 49 页。

度上关涉对历史唯物主义基本内容和基本性质，决定着历史唯物主义其他问题的研究。对此，巴鲁林指出："如果说取消马克思主义哲学的任何一部分会使马克思主义哲学发生畸变和受到歪曲的话，那么，在研究学说的一部分中有所发展和取得可喜的进步，则会促进其他部分的发展。这也适用于历史唯物主义，因为，这里讲的是历史唯物主义的一般问题及其对象等等。"①

但是，问题的重要性往往也是与其本身的艰难密切关联的，而其很重要的原因在于，马克思、恩格斯、列宁并未就历史唯物主义的研究对象作出明确的界定。虽然他们在系列重要著作中给历史唯物主义下了各种不同的定义，从而为理解和把握历史唯物主义的研究对象提供了基本的指导，但"其中却没有作为一门科学和科学世界观的历史唯物主义的对象的完整定义"②。正因为这个问题的重要性，苏联理论家对历史唯物主义的研究对象进行了长期的研究。正如巴鲁林所概括的，对于苏联历史唯物主义研究对象定义的各个阶段，"可以发现与恢复历史唯物主义的'哲学基础'有关的特殊'节奏'"③。大体而言，苏联理论家关于历史唯物主义研究对象的定义经历了从"规律论"到"哲学基本问题—规律论"的变化，与之相适应，苏联理论家关于历史唯物主义的理论性质则经历了从"科学"论到"哲学—科学"论的变化。但是，在"哲学—科学"论中，由于苏联理论家始终将把握人类历史的最一般规律视为历史唯物主义的根本任务，因而其对历史

---

① ［苏］巴鲁林：《当代历史唯物主义发展趋势》，社会科学文献出版社1987年版，第43—44页。

② ［苏］巴鲁林：《当代历史唯物主义发展趋势》，社会科学文献出版社1987年版，第48页。

③ ［苏］巴鲁林：《当代历史唯物主义发展趋势》，社会科学文献出版社1987年版，第82页。

唯物主义之理论性质的理解归根结底仍旧是"科学"。

我们首先来看"科学"论，它流行于 20 世纪 50 年代末之前的苏联理论界，并以潜在的形式贯穿于之后的苏联历史唯物主义发展历程。无疑，"科学"本身作为表达人类研究实在的一种方式，在思想史中经历了涵义上的不断变化，正如林德伯格所强调的，"我们必须承认，'科学'一词具有不同的涵义，每一种都合乎情理"。[①] 但是，如果我们将范围大致限定于近代以来开始勃兴并对人类生活产生重大影响的近代科学，并且从其对象来看，其最大的特点在于其牢固地确立了世界为决定论性质的因果规律所统摄的信念，并在此信念的牵引下以科学的方式展开对世界的研究。也就是说，以近代科学为典范的科学探究方式是以探究规律为首要职责的，从而在性质上也必定是决定论的。对此，丹布尔概括指出："科学本身，可能是决定论的。然其所以如此，是因为科学按其本性来说就是研究自然界的规律性的，只有在它找到这种规律的地方，它才可以起作用。"[②] 从这个视角来看，苏联理论家关于历史唯物主义的理论性质所坚持的无疑是以近代自然科学为范型的"科学"论。因为，正是从 20 世纪 20 年代开始，苏联理论家普遍将历史唯物主义的对象界定为对普遍规律的把握。在"十月革命后最初十年，大多数历史唯物主义著作家都把马克思主义社会学确定为关于社会结构及其发展规律的一般科学"。[③] 进入 30 年代后，斯大林《论辩证唯物主义和历史唯物主义》中的简洁论述更堪称此种理解路向的典范。其中，斯大林在

---

① ［美］戴维·林德伯格：《西方科学的起源》，中国对外翻译出版公司2001年版，第 3 页。

② ［英］W.C.丹皮尔：《科学史及其与哲学和宗教的关系》，广西师范大学出版社 2001 年版，第 418 页。

③ ［苏］恰金等：《苏联二十年代确立历史唯物主义的斗争》，中共中央党校科研办公室 1986 年版，第 197 页。

将自然与历史作机械比附后指出:"既然我们关于自然界发展规律的知识具有客观真理意义的、可靠的知识,那么由此应该得出结论:社会生活、社会发展也同样可以认识,研究社会发展规律的科学成果是具有客观真理意义的、可靠的成果",因此,"尽管社会生活现象错综复杂,但是社会历史科学能够成为例如同生物学一样的精密的科学"。①

固然,苏联理论家也认识到历史唯物主义即便作为"科学"也应该具有不同于具体社会科学的理论特质,特别是当涉及历史唯物主义与马克思主义哲学的关系问题时。他们普遍认为,虽然历史唯物主义是"科学",却具备了哲学的功能,而这个功能便是通过把握人类历史最普遍的规律体现出来的。也正因为如此,当有些人力图将历史发展中的特殊性规律也纳入历史唯物主义研究对象时,便造成了对历史唯物主义理论特质予以定位的困难,正如拉津指出的:"通过把那些不反映社会生活的最一般属性(哲学所探讨的)社会生活的'特殊'规律列为历史唯物主义对象来扩大其对象范围,这种作法使本来很清楚的问题,如历史唯物主义在马克思主义学说结构中的地位以及它与马克思主义哲学的相互联系问题大大复杂化了。"②而为了捍卫历史唯物主义作为具有哲学功能的"科学"的独特性,"许多学者反对把历史唯物主义的对象扩大到社会发展最一般规律的范围以外,认为这样一来历史唯物主义的哲学本性就成了问题"。③但是,问题的关键在于,借助于"一般规律"的研究对象来凸显历史唯物主义的哲学性质,实际上并不能达到其应有的目的。最一般规律实际上也就是研究对象即社会或历史的最大共性,"但是被研究的客体的最

①《斯大林选集》(下卷),人民出版社1979年版,第435页。
② [苏]拉津:《历史唯物主义是社会哲学理论》,求实出版社1988年版,第7—8页。
③ [苏]拉津:《历史唯物主义是社会哲学理论》,求实出版社1988年版,第8页。

大共性的标志，绝不仅仅是哲学方法的特权"。①同时，更为重要的是，马克思通过创立历史唯物主义，恰恰终结了那种自认为把握了普遍规律的"科学"。对此，恩格斯明确指出："现代唯物主义本质上都是辩证的，而且不再需要任何凌驾于其他科学之上的哲学了。一旦对每一门科学都提出要求，要它们弄清它们自己在事物以及关于事物的知识的总联系中的地位，关于总联系的任何特殊科学就是多余的了。"②

　　鉴于历史唯物主义对象之"普遍规律"论的缺陷，50 年代末期开始，苏联理论家开始了新的修正和完善，而其最集中的努力方向在于将社会存在和社会意识的关系问题同时纳入历史唯物主义的研究对象。对此，巴鲁林概括指出："从 50 年代末起，在苏联的出版物中，下述思想越来越畅行无阻，这就是：在说明历史唯物主义的本质和特点即它的对象时，不仅不应该忽视社会存在和社会意识的相互关系问题，而且应该把该问题纳入这门科学的对象定义。"③如此一来，历史唯物主义的研究对象便可以大致上概括为"哲学基本问题—规律"论。从目标指向来看，这一定义是为了更加全面地定位历史唯物主义的理论性质，尤其是突出它的哲学性质。对此，巴鲁林指出："显然，把社会存在和社会意识的相互关系即针对社会而言的哲学基本问题纳入历史唯物主义的对象定义，这不单是补充进去'又一个'最一般规律，而且强调历史唯物主义的哲学本质。"④同样，拉津等人也明确指出：

---

　　① ［苏］巴鲁林：《当代历史唯物主义发展趋势》，社会科学文献出版社 1987 年版，第 53 页。

　　② 《马克思恩格斯文集》（第 3 卷），人民出版社 2009 年版，第 543—544 页。

　　③ ［苏］巴鲁林：《当代历史唯物主义发展趋势》，社会科学文献出版社 1987 年版，第 56 页。

　　④ ［苏］巴鲁林：《当代历史唯物主义发展趋势》，社会科学文献出版社 1987 年版，第 67 页。

"学者们正确地把这些问题表述为哲学基本问题在社会过程中的具体运用,而历史唯物主义解决这个问题的无上权利恰好证明历史唯物主义的哲学地位是不容争辩的。"①

固然,苏联理论家通过纳入哲学基本问题重新定位历史唯物主义对象,对于凸显其哲学的性质问题有着方向上的正确指引作用。但就其所形成的具体观点而言,哲学基本问题的纳入并没有起到支撑历史唯物主义哲学性质的作用。在历史唯物主义双重对象论的前提下,必须回答的就是哲学基本问题与历史规律的关系问题。对此,苏联理论家要么将社会存在与社会意识关系视为一般规律之中的一种类型,要么将其定位为认识者通达最普遍规律的前提,要么将其视为揭示最普遍规律所趋向的论证目标。也就是说,苏联理论家始终将把握人类历史最普遍规律视为历史唯物主义的根本使命,从而对历史唯物主义提出了过高的愿望,并且,归根结底,这种"愿望"实质上就是力图建立"科学的科学"的愿望,如果其真的起到了证明哲学性质的作用,那也只是将历史唯物主义导向了传统的形而上学,而未能揭示马克思哲学变革的真正意义。

实际上,仅仅将历史唯物主义界定为以自然科学为范型的"科学",则必定会矮化马克思历史唯物主义理论变革的重大意义。即便以此强行解释马克思的理论变革,那至多将马克思归结为以往历史哲学家思想志向的完成者。早在马克思之前,众多的历史哲学家们——例如康德——因为感叹于自然科学的伟大成就,而力图将自然科学的研究范式彻底贯彻到历史领域,实现历史领域的科学化。可见,准确而合理地理解历史唯物主义的理论性质,乃是关乎马克思实现了何种意义上的理论革命,以及这一

---

① [苏]拉津:《历史唯物主义是社会哲学理论》,求实出版社1988年版,第8—9页。

革命在人类思想史上到底起着何种作用的重大问题，因而必须引起我们认真的思考。如果说马克思创立历史唯物主义是在终结"哲学"的基础上实现的，那么，为了解答这个问题，我们首先须考察一下马克思在何种意义上实现了"消灭哲学"，以及"消灭"的到底是何种"哲学"。

二、马克思消灭的是何种"哲学"

马克思首先是在《〈黑格尔法哲学批判〉导言》中提出"消灭哲学"的论断的。其中，马克思认为，德国的实践政治派要求对哲学的否定是正当的，但它没有认识到，要"消灭哲学"，就必须"使哲学成为现实"；与之相反，对于德国的理论政治派，马克思则批判它以为"不消灭哲学，就能够使哲学成为现实"[①]。显然，马克思在批判的话语中认同的是应当"消灭哲学"。那么，马克思是在何种意义上论及"消灭哲学"的？他消灭的又是何种"哲学"？这些问题的有效回答是我们更加准确地定位历史唯物主义理论性质的基本前提。

为此，我们首先来考察一下何谓马克思视域中的"真正的哲学"。马克思认为，虽然德国实践政治派和理论政治派在"消灭哲学"的问题上表现出"相反的"错误，但它们却拥有一样的对待哲学的错误前提，那就是，都"没有把哲学归入德国的现实范围"，"没有想到迄今为止的哲学本身就属于这个世界，而且是这个世界的补充，虽然只是观念的补充"[②]。显然，在马克思看来，"哲学"作为人类思维的产物，本身就源自现实，并因此而与现实世界发生着交互作用，对世界产生积极的影响，即"任何真正的哲学都是自己时代精神的精华，所以必然会出现这样的时代：那

---

① 《马克思恩格斯文集》(第 1 卷)，人民出版社 2009 年版，第 10 页。
② 《马克思恩格斯文集》(第 1 卷)，人民出版社 2009 年版，第 10 页。

时哲学不仅从内部就其内容来说，而且从外部就其表现来说，都要和自己时代的现实世界接触并相互作用"。①在这里，马克思强调"哲学"是隶属于现实世界的强大的革命武器，因而，真正的哲学"是一种革命的哲学，它的任务是以一个特殊的领域——哲学——里的战斗来参加在社会的一切领域里进行的反对整个现存秩序的革命斗争"。②

这充分表明，马克思所说的"消灭哲学"，绝非要在消极的意义上彻底将"哲学"扔进垃圾堆。实际情形是，马克思要消灭"哲学"，乃是因为其彻底丧失了"真正的哲学"的基本品格。具体言之，马克思"消灭"的哲学具体所指乃是"德国哲学"。相对于"真正的哲学"的要求，"德国哲学"在根本上脱离了现实生活，并因此丧失了引领时代变革的革命性作用，这使马克思决定"消灭哲学"。固然，马克思指出，"德国的法哲学和国家哲学是唯一与正式的当代现实保持在同等水平上的德国历史"③，但是，由于德国历史发展的滞后性，"德国哲学"与之保持同等水平的"正式的当代现实"却是"莱茵河彼岸"的"社会现实"。并且，"正式的当代现实"仍然不过是扭曲了的"现实"，"因为现代国家本身置现实的人于不顾，或者只凭虚构的方式满足整个人"，这就决定了"德国哲学"成为"抽象而不切实际的思维"，并且"总是同它的现实的片面和低下同步"④。也就是说，虽然"德国哲学"归根结底源于"社会现实"，从而隶属于"这个世界"，但由于思维的抽象性和不切实际性——这固然也是由于落后的社会现实所造成的——而从根本上脱离了现实的人及其真实的生活，并由

---

① 《马克思恩格斯全集》（第 1 卷），人民出版社 1956 年版，第 121 页。

② ［德］卡尔·科尔施：《马克思主义和哲学》，重庆出版社 1989 年版，第 37—38 页。

③ 《马克思恩格斯文集》（第 1 卷），人民出版社 2009 年版，第 9 页。

④ 《马克思恩格斯文集》（第 1 卷），人民出版社 2009 年版，第 11 页。

此彻底丧失了引领改变社会现实的革命实践的作用。在马克思看来，理论需要真正转变成实践需要，"光是思想力求成为现实是不够的，现实本身应当力求趋向思想"①，但由于对现实的根本性脱离，"德国哲学""只是用抽象的思维活动伴随现代各国的发展，而没有积极参加这种发展的实际斗争"②，并由此表现出双重的"非革命性"：一方面，在如何将落后于时代的德国提高到现代各国的真实水准的问题上，"德国哲学"仅仅只是在纯粹的思维领域展开运作，因而体现为"非革命性"的或者虚假的"革命性"的一面；另一方面，从"德国哲学"纯粹思维运作的最终趋向看，它只是表现了"正式的当代现实"的"未完成"的状态，并彻底丧失了变革"正式的当代现实"的革命精神，或者说，它只是以思辨哲学的方式巩固起了"正式的当代现实"，从而堕入"无批判的实证主义"或"实证唯心主义"的泥坑。正因为如此，马克思强调必须"消灭哲学"。

由上观之，马克思"消灭哲学"是就其为变革社会现实的重要环节而言的，并且就其消灭的直接对象来看，它乃是以黑格尔哲学为典型代表的"德国哲学"，因为"德国哲学""在黑格尔的著作中得到了最系统、最丰富和最终的表述"③。但是，从更为长远的视野来看，马克思所要消灭的乃是开启于柏拉图并集大成于黑格尔的整个理论哲学传统。对此，阿伦特作了很好的概括，她指出："柏拉图在《理想国》的洞穴寓言中，把人间事务的领域——在一个共同世界中的人的共同生活，描绘成一个黑暗、混乱与欺诈的场所，对于那些寻求永恒理念之澄澈天穹、渴望真正存在的人来说，必定会转身离弃这样的世界。开端就在柏拉图的这个寓

---

① 《马克思恩格斯文集》（第 1 卷），人民出版社 2009 年版，第 13 页。
② 《马克思恩格斯文集》（第 1 卷），人民出版社 2009 年版，第 13 页。
③ 《马克思恩格斯文集》（第 1 卷），人民出版社 2009 年版，第 10 页。

言中现身了。这一传统终结于马克思的如下宣告：哲学及其真理并不外在于人间事务及其共同世界，而恰好置身于其中。唯有在共同生活的领域——马克思称之为'社会'，借助于'社会化的人类'的生成，哲学及其真理才能够'成为现实'。"① 这就是说，马克思终结的是柏拉图开启的理论传统，却是通过终结"德国哲学"来实现的，其中隐含的前提就是，德国哲学保持在以柏拉图为其开端的哲学传统之中。柏拉图将抽象的"理念"视为真实的生活的根基，而"德国哲学"也同样认为"世界是受观念支配的，思想和概念是决定性的本原，一定的思想是只有哲学家们才能理解的物质世界的奥秘"②，尤其是"德国哲学"乃至整个"哲学"的集大成者黑格尔则"完成了实证唯心主义。在他看来，不仅整个物质世界变成了思想世界，而且整个历史变成了思想的历史。他并不满足于记述思想中的东西，他还试图描绘它们的生产活动"。③

那么，马克思消灭了"哲学"之后所建立的"历史科学"是否还是哲学？从表面上来看，我们很容易得出否定性的结论，并且似乎能够以马克思自称历史唯物主义为"历史科学"作为"坚实的"依据。但是，如果历史唯物主义是"科学"，而不是"哲学"，那必定会矮化马克思理论变革的重大意义，我们因此甚至不再能够谈论马克思的理论变革。而且，马克思执行"消灭哲学"并非消极意义上的举措，而是积极的批判，而积极的批判必定同时包含着积极的改造。更为显著的是，正是在其初步完成"消灭哲学"之举的《德意志意识形态》中，马克思以"唯物主义观点和

---

① 吴晓明主编：《当代学者视野中的马克思主义哲学：西方学者卷》（上卷），北京师范大学出版社 2011 年版，第 244—245 页。

② 《马克思恩格斯文集》（第 1 卷），人民出版社 2009 年版，第 510 页。

③ 《马克思恩格斯文集》（第 1 卷），人民出版社 2009 年版，第 510 页。

唯心主义观点的对立"作为其副标题则表明他自己的理论是"哲学"的，而非"科学"的。正如科尔施所言："当马克思和恩格斯从黑格尔的辩证唯心主义前进到辩证唯物主义的时候，十分清楚，哲学的消灭对他们来说并不意味着简单地抛弃哲学。"[①] 那么，马克思所说的"历史科学"或"科学"到底是针对什么而言的？哪些显著的理论"征候"表明历史唯物主义是"哲学"的？接下来，我们尝试对这些关乎历史唯物主义理论本质的问题进行解答。

三、历史唯物主义的"哲学"本质

首先来考察一下在马克思的具体言说语境中，"科学"概念到底承载着哪些内涵。纵观马克思众多关于"科学"概念的话语，其至少有以下三层意思：首先，也是最广泛的，马克思沿袭了近代以来将"科学"一般性地等同于"知识"的用法。对于这一用法，莱蒙概括道："几个世纪以来不同的语言中，我们用以翻译'科学'和'哲学'的都是可以与'知识'通用的术语。甚至在我们称之为'科学的'那些特别实际的经验知识在17世纪开始脱离一种先验概念思考的时候也是如此，那种思考通常被称为'自然哲学'。"[②] 在马克思的语境中，科学在等同于"知识"的意义上被广泛地使用。例如，马克思批判德国"真正的社会主义"为"某种神秘的科学"、"德国科学"时，就是在此意义上言说"科学"的。其次，马克思还在"自然科学"的意义上言说"科学"。对此，当马克思论及自然科学本身时自不必说，更为突出的是，马克思在《〈政治经济学批判〉序言》中回顾自己的政治经济学研究工作历程时指出："由于评论英国和大陆突出经济事件的论文

---

① ［德］卡尔·科尔施：《马克思主义和哲学》，重庆出版社1989年版，第38页。

② ［英］莱蒙：《历史哲学：思辨、分析及其当代走向》，北京师范大学出版社2009年版，第397—398页。

在我的投稿中占有很大部分,我不得不去熟悉政治经济学这门科学本身范围以外的实际的细节。"① 其中,马克思所说的"这门科学"就是"自然科学"意义上的"科学"。"科学"的首要特质在于把握规律,而以斯密和李嘉图为典型代表的"政治经济学"首先通过将历史"做成"自然,即"单纯从资本的物质方面来理解资本",并将资本"在现实中所经历的物质过程,放进一般的、抽象的公式,然后把这些公式当作规律"。② 最后,马克思还在"真正的知识"的意义上使用"科学"概念,而这种使用正是为了标识历史唯物主义之不同于以往理论哲学传统的根本特质。对此,马克思明确指出,历史唯物主义作为"描述人们实践活动和实际发展过程的真正的实证科学开始的地方","关于意识的空话将终止,它们一定会被真正的知识所代替"。③ 显然,马克思是在与"谬误"相对立的"真正的知识"或"真理"的意义上使用"科学"的,并以之代称历史唯物主义。换句话说,当马克思将自己的理论视为从"哲学"到"科学"的转变时,实际上包含的是从"虚假的知识"到"真正的知识"的转变。"科学"是知识,"哲学"也是知识,就此而言,因为马克思使用"科学"指称"历史唯物主义"便得出其不再是"哲学"显然是站不住脚的。

进一步来看,哪些显著的理论特质表明历史唯物主义作为"真正的知识"不是"自然科学"意义上的"科学",而是"哲学"呢?

首先,历史唯物主义以人与世界的关系为思考对象,表明了它是"哲学"的,而非"自然科学"意义上的"科学"。如上所述,作为人类认识世界的一种方式,"科学"力图通过思维的抽

---

① 《马克思恩格斯文集》(第 2 卷),人民出版社 2009 年版,第 594 页。

② [德]马克思:《1844 年经济学哲学手稿》,人民出版社 2002 年版,第 50 页。

③ 《马克思恩格斯文集》(第 1 卷),人民出版社 2009 年版,第 526 页。

象把握客观世界中的决定论性质的因果关系，为此，它必须尽可能消解体现人的能动性特质的精神因素。对此，薛定鄂指出，科学"建构这个物质世界的代价就是把自我即心灵排除在外"[①]。此种取向体现在近代科学对自然因果关系的执着探求所导致的世界观转变上，即"世界被具体地描绘为物质的而不是精神的，机械论的而不是目的论的"。[②] 这一点尤其体现在科学家以科学的方式对人的心理秩序的探究上。当有人问及行为主义心理学家华生是否相信人有意识时，他的回答是，尽管在日常生活中他不否认人有意识，但从其行为主义心理学理论出发，便断然不能承认人有意识。[③] 与"科学"不同，历史唯物主义以"能动的生活过程"或"人们实践活动和实际发展过程"为对象，则表明它同时是以人与世界的关系为研究对象的，因为"能动的生活过程"就是"人创造环境，同样，环境也创造人"的过程，因而是人与环境——也就是人活动于其中的周围世界——基于实践活动交互作用的过程。这种对象上的不同表明历史唯物主义是"哲学"的，而不是"科学"的。正如孙正聿所言："哲学作为人类把握世界的一种基本方式，它与科学的根本区别，在于它不是科学那样把'整个世界'作为对象而'解释世界'，恰恰相反，它是把科学活动中所蕴含的'思维和存在的关系'当作自己的'重大的基本问题'，揭示'思维与存在''人与世界'之间的无限丰富的矛盾关系。"[④] 历史唯物主义以人与世界的关系为对象，恰恰延续了哲学的传统，并且在此问题上彻底革新了"哲学"。在近代以前，由于

---

① 转引自陈嘉映：《哲学 科学 常识》，东方出版社2007年版，第3页。

② ［英］E. A. 伯特：《近代物理科学的形而上学基础》，四川教育出版社1994年版，第99页。

③ 参见王南湜：《改变世界的哲学何以可能》（下），《学术月刊》2012年第2期。

④ 孙正聿：《〈哲学通论〉与世界观的前提批判》，《吉林大学学报》2009年第1期。

主体尚未取得自立，人与世界的关系便以间接的形式，即以本体与现象的关系获得体现。近代以来，人与世界的关系则以思维和存在的关系被明确提出来，探寻思维和存在的统一性构成了整个近代哲学的中心主题。但是，由于脱离了真实的生活，人与世界的关系被置换成"关于'实体'和'自我意识'的一切'神秘莫测的崇高功业'的问题"①，以致人与世界的关系问题变成纯粹思维的关系，从而陷入了"神秘主义"。而马克思则通过回到从事实践活动的现实的个人，将现实的个人视为历史中的真正主体，将人所活动于其中的周围世界视为人的实践活动和思维活动的对象，并强调人与世界的思维关系"制约于"人与世界的实践关系，从而回到了人与世界关系的"真实面目"，并以此实现了人与世界之双重关系的"相互关系"彻底的唯物主义阐明。总而言之，历史唯物主义以人与世界的关系为对象，表明了它不是"科学"的，而应是"哲学"的，并且以对人与世界关系的完全不同的理解方式超越了传统哲学。

其次，历史唯物主义内涵的批判精神决定了它是"哲学"的，而非"自然科学"意义上的"科学"。从本质上而言，"科学"要求确定规律或定律的目标决定了它是实证的，而非批判的。著名的科学史家科瓦雷在论及牛顿的科学立场时指出："他所讨论的那些力是'数学的力'……我们的目标不是去思索它们的真正本性（或者产生它们的原因），而是去研究它们的作用方式是什么。或者，用稍微时髦的话来说，是去寻找 how 而非 why，是去建立定律而非寻找原因。"②这段话表明，科学恰恰舍弃了哲学对"终极原因"的追问，而只问认识对象运转的规律，从而体现出实证主

---

① 《马克思恩格斯文集》（第 1 卷），人民出版社 2009 年版，第 529 页。
② 转引自陈嘉映：《哲学　科学　常识》，东方出版社 2007 年版，第 193 页。

义的理论取向。正如"实证主义"概念的创始人所说："把一切现象看成服从于一些不变的自然规律；精确地发现这些规律，并把它们的数目压缩到最低限度，乃是我们一切努力的目标，因为我们认为，探索那些所谓的始因或目的因，对于我们来说乃是绝对办不到的，也是毫无意义的。"[①]与科学只问"是什么"的实证化取向根本不同，马克思历史唯物主义则以追问"为什么"的方式拷问历史，从而不仅转变了"哲学"的提问方式，而且以其独特的回答方式实现了对传统哲学的超越。从缘起来看，"哲学"本身源自对世界穷根究底的追问，它力图于"现象世界"的背后发现真实的"本体世界"，从而由此铸就了自身内在具有的批判精神。这种批判就体现为"现象世界"与"本体世界"的二分以及后者对于前者的指导、规范与引领作用。但是，传统哲学的终极性追问所体现出来的根本缺陷在于，它将其所承诺的受时代限制的"本体"固化为永恒不变的"绝对"，从而便由对世界何以如此的批判性追问转向了对世界"是什么"的"终极"回答，如此，它便转向了批判精神的反面，走上了如在黑格尔哲学中表现出来的"无批判的实证主义"歧路。与此根本不同，马克思历史唯物主义则将自己的追问牢固地基于真实的人类生活世界，并于其中探究"形塑"社会现实的"根基"，然后以概念化的方式对其予以把握，以此获得历史性阐释社会现实的观念性前提，由于真实的人类生活世界的持续生成性，这个"前提"并不能获得永恒的解释效力，因而确保了追问的持续性以及批判的彻底性，从而是内涵彻底批判精神的"哲学"。诚如马克思自己所言，"唯物主义世界观""没有前提是绝对不行的，它根据经验去研究现实的物质前

---

① 转引自洪谦主编：《西方现代资产阶级哲学论著选集》，商务印书馆1964年版，第30页。

提，因而最先是真正的批判的世界观"。①

最后，历史唯物主义追问"应该是什么"的未来关怀维度决定了它是"哲学"的，而非"自然科学"意义上的"科学"。对于科学，爱因斯坦指出，"至于决定'应该是'什么的问题却是一个同它完全无关的独立问题"。②"应该是"什么的问题与"科学"无关，恰恰表明"科学"缺乏未来关怀维度。实际上，当孔德强调"目的因"无从探究时，已然表达了实证科学无关于未来关照的意向。更进一步来看，当古典政治经济学家以"自然科学"为典范研究资产阶级制度时，它首先"奇怪地"将其"视为""天然的"制度，也就是永恒不变的制度，既然如此，它也就匹配于自身具有的资产阶级立场而从理论上彻底舍弃了关于人类历史之未来的追问。与"科学"根本不同，历史唯物主义则以追问"应该是"什么的方式拷问历史，从而不仅转变了"哲学"本有的问题意识，而且以其独特的回答方式超越了"传统哲学"。哲学以追问世界之终极性本体而力图成为"科学的科学"，而按照胡塞尔的解读，它同时"是这样一门科学，它可以满足最高的理论需求，并且在伦理—宗教方面可以使一种纯粹理性规范支配的生活成为可能"③，正是这种"伦理—宗教方面"的追求构成了"传统哲学"内在具有的未来关怀维度，那就是希望通过"哲学"的努力成就真正的有价值的生活。但是，传统哲学未来探究的根本限制在于，它将美好的世界图景的实现仅仅视为超越于现实生活的纯粹思维建构物，因而仅仅只是"解释世界"的"哲学"，并由此彻底丧失了未来关照的维度。与此根本不同，历史唯物主义始终将未来探究深深地扎根于真实的现实生活领域，它基于对传统哲

① 《马克思恩格斯全集》(第 3 卷)，人民出版社 1960 年版，第 261 页。
② ［美］爱因斯坦：《爱因斯坦文集》，商务印书馆 1976 年版，第 526 页。
③ ［德］胡塞尔：《哲学作为严格的科学》，商务印书馆 1999 年版，第 1 页。

学的前提批判，将思辨地理解历史的抽象前提或"尺度"翻转为"形塑"历史的真实的根基，即物质生活的生产和再生产，并从其在特定社会生产关系中的具体存在出发把握人类历史的具体阶段，既从中分析其内在的历史性限制，又从中探寻其通达历史未来的历史条件，并在现实的人的感性实践活动中使其革命化，因而是一种真正指向未来的"改变世界"的哲学。

综上所述，历史唯物主义并非自然科学意义上的"科学"，而是"哲学"。只是，历史唯物主义作为"哲学"全然不同于开启于柏拉图并集大成于黑格尔的哲学传统，而是将思考的对象指向现实的人与现实的世界之关系的内涵、具有彻底的批判精神的真正"改变世界"的新型哲学。

第四节　历史唯物主义方法论

基于对历史唯物主义之为理解和把握人类历史发展一般规律的"科学"的理论定位，苏联理论家普遍基于"一般科学"和"具体科学"相对峙的框架，将历史唯物主义方法论理解为前者对后者的理论指导。此种功能性视角固然把握了历史唯物主义方法论的重要方面，但仅限于此却丧失了对历史唯物主义之方法论本质的有效说明。全面审视苏联理论家在历史唯物主义方法论理解上的理论限制，并基于对历史唯物主义批判语境的分析，深刻阐明历史唯物主义之历史性与唯物主义相统一的方法论本质，对于充分发挥历史唯物主义的方法论指导功能具有重要意义。

一、苏联理论家视野中的方法论的历史唯物主义

叶夫格拉弗夫在《苏联哲学史》中概括苏联历史唯物主义研

究的发端时指出：“经济的和文化的建设问题被提到首要地位。这就决定了共产党要去关注社会科学及其理论和方法论基础的历史唯物主义的发展。”[①]这一概括不仅表明了苏联历史唯物主义研究的实践动因，而且透露出苏联理论家对方法论的普遍理解方式，即历史唯物主义构成对具体性的“社会科学”的一般理论指导。撇开 20 世纪 20 年代苏联学界关于历史唯物主义到底是“纯粹的方法”还是理论与方法的统一的争论不说，这种观点几乎贯穿于苏联历史唯物主义理解史的始终。

早在 1921 年布哈林撰写的《历史唯物主义理论》一书中，此种关于历史唯物主义方法论的理解方式便得到明确阐述。布哈林认为，在社会科学中有两门重要的科学，“一门是历史学，另一门是社会学”，“历史学探索和阐述某时某地社会生活之流的经过”，“而社会学则提出一般性的问题”，“既然社会学阐明人类发展的一般规律，所以它为历史学提供方法”[②]，“历史唯物主义理论是研究历史的方法，这一情况决不抹煞它作为社会学理论的意义。一门较为抽象的科学给不太抽象的科学提供观点（即方法），这是极常见的”。[③]显然，布哈林对历史唯物主义方法论的理解所基于的是“一般科学”和“具体科学”相对峙的框架。而其凭借的理论依据就在于，因为历史唯物主义把握了人类历史的最一般规律，是最抽象的科学，所以成了相对具体的社会科学的方法论指南。虽然布哈林最终以悲惨的结局结束了自己的一生，其理论也遭到了苏联“正统”理论家的一致批判，但布哈林关于历史唯物主义方法论的理解却为以后苏联理论家定下了基本的“主调”。

[①]　［苏］叶夫格拉弗夫：《苏联哲学史》，商务印书馆 1998 年版，第 179 页。

[②]　［苏］布哈林：《历史唯物主义理论》，东方出版社 1988 年版，第 6 页。

[③]　［苏］布哈林：《历史唯物主义理论》，东方出版社 1988 年版，第 7—8 页。

　　此后在苏联确立历史唯物主义的斗争中,布哈林的理解不仅为很多理论家以大致相同的方式得到明确表述,而且逐渐取得了理解上的"正统"地位。布哈林之后,路波尔明确指出:"历史唯物主义是历史学、政治经济学以及关于法和国家学说的方法论。"[1]安德烈夫同样认为:"历史唯物主义是一种社会学学说,它为历史学家提供正确的历史研究方法论。"[2]而奥兰斯基则对此作了更为详尽的阐述。在当时产生广泛影响的《马克思主义社会学的基本问题》一书中,他说道:"如果历史唯物主义对其他科学来说是一门方法论,那么这就表明了一个普遍事实,即任何一门抽象的理论科学,尽管在它自己的范围内是一门独立的理论科学,但同时又为其他更加具体的科学提供一定的认识论原则,作为方法论为它们服务。……它作为马克思主义的社会学理论,作为最一般的社会理论,肩负着为部门社会科学提供方法论指导原则的任务。"[3]

　　此种关于历史唯物主义方法论的理解因 30 年代米丁主编的《辩证唯物论和历史唯物论》而在苏联学界被正式确定下来。正是在这部体现了联共(布)中央的意志以及标志着苏联马克思主义哲学体系基本形成的著作中,米丁再次基于对历史唯物主义之为把握人类历史一般规律的科学的理论定位,将方法论的历史唯物主义理解为具体的社会科学的理论指导。在该书的"导论"中,米丁明确指出:"历史唯物论这一种科学的理论,反映着诸

<hr />

　　[1] [苏]恰金等:《苏联二十年代确立历史唯物主义的斗争》,中共中央党校科研办公室 1986 年版,第 204 页。

　　[2] [苏]恰金等:《苏联二十年代确立历史唯物主义的斗争》,中共中央党校科研办公室 1986 年版,第 205 页。

　　[3] [苏]恰金等:《苏联二十年代确立历史唯物主义的斗争》,中共中央党校科研办公室 1986 年版,第 205 页。

种社会形态中自然历史的发展过程，同时又反映着这种人类历史运动之最一般的法则。——这一实际过程之精确的定则。这样一来，历史唯物论也就变成了方法论的理论，变成'讨论社会科学中的方法的理论'——给人以'解释历史之唯一科学的方法'的理论。"① 随后，斯大林在题为《论辩证唯物主义和历史唯物主义》的小册中对此作了更具典型理论特质的说明。其中，斯大林基于自然与历史的机械比附认为，"既然我们关于自然界发展规律的知识具有客观真理意义的、可靠的知识，那么由此应该得出结论：社会生活、社会发展也同样可以认识，研究社会发展规律的科学成果是具有客观真理意义的、可靠的成果"。以此认识为前提，斯大林明确指出，"尽管社会生活现象错综复杂，但是社会历史科学能够成为例如同生物学一样的精密的科学，能够拿社会发展规律来实际应用"，也就是说，"无产阶级在它的实际活动中，不应该以任何偶然动机为指南，而应该以社会发展规律、以这些规律中得出的实际结论为指南"。② 在此后的苏联历史唯物主义发展历程中，虽然苏联理论家也力图对方法论的历史唯物主义的理解进行不断的修正和完善，但关于历史唯物主义方法论之为"一般科学"对"具体科学"的理论指导的理解却贯穿始终。

　　此种功能性视角的确抓住了历史唯物主义方法论的重要方面。恩格斯在1890年致康拉德·施密特的信中强调，"我们的历史观首先是进行研究工作的指南，并不是按照黑格尔学派的方式构造体系的杠杆"③，要在历史唯物主义指导下着力研究经济学、经济学史、工业史、农业史和社会形态发展史等，这无疑是在具

---

① 袁贵仁等：《马克思主义哲学教学体系：历史与现状》（上册），北京师范大学出版社2011年版，第66—67页。

② 《斯大林选集》（下），人民出版社1979年版，第435—436页。

③ 《马克思恩格斯文集》（第10卷），人民出版社2009年版，第587页。

体社会科学理论指南的意义上来申明历史唯物主义的方法论意义。但是,这绝非意味着恩格斯视野中的历史唯物主义方法论仅限于此。实际上,正好比水可以解渴,咖啡可以提神,但无论是解渴抑或提神,都不构成水和咖啡的本质一样,仅仅将历史唯物主义视为具体社会科学研究的理论指南恰恰疏离了对历史唯物主义方法论本质的澄清。这种疏离反过来严重制约了苏联理论家对历史唯物主义方法论之为具体科学理论指南的功能定位,并表现出了一系列严重的理论缺陷。

二、“一般指导”方法论定位的限制

首先,苏联理论家严重误解了历史唯物主义之为“科学”的真实内涵。将历史唯物主义定位为把握人类历史最普遍规律的“科学”构成了苏联理论家理解历史唯物主义方法论的首要前提。但这个前提恰恰背离了马克思原初的意思。一方面,马克思通过创立历史唯物主义,终结了那种自认为把握了普遍性规律的“科学的科学”;另一方面,无论马克思还是恩格斯,都多次强调他们终结了历史领域的“哲学”,并且声称“我们仅仅知道一门唯一的科学,即历史科学”。①但是,这绝非意味着马克思创立的历史唯物主义仅仅只是“自然科学”意义上的纯粹科学,而不再是哲学。否则,我们便无法理解马克思将自己的学说命名为“新唯物主义”或“实践的唯物主义”,因为“唯物主义”所指称的正是哲学。问题的关键在于,正如塔克所指出的,“马克思在自己的特殊的方式上使用‘哲学’‘科学’‘唯物主义’以及‘唯心主义’等术语,我们不能把马克思这些术语与其同时代以及我们时代惯常的用法互相混淆”。②“在马克思的观点中,由唯心主义到唯物主

---

① 《马克思恩格斯文集》(第1卷),人民出版社2009年版,第516页。

② 张一兵主编:《社会批判理论纪事》(第3辑),江苏人民出版社2008年版,第268页。

义的转变等同于从哲学到科学的转变。哲学—科学的对立显然就是唯心主义—唯物主义的对立。"① 正如马克思自己所明确指出的,"在思辨终止的地方,在现实生活面前,正是描述人们实践活动和实际发展过程的真正的实证科学开始的地方。关于意识的空话将终止,它们一定会被真正的知识所代替。对现实的描述会使独立的哲学失去生存环境,能够取而代之的充其量不过是从人类历史发展的考察中抽象出来的最一般的结果的概括"。② 这段话充分表明,马克思所终结的"哲学"实质上就是开启于柏拉图并集大成于黑格尔的思辨哲学,而马克思用"科学"与"哲学"相对峙来表达自己的新唯物主义,所指明的是将"真正的生活作为其对象的思考"③,科学的实际上就是唯物主义的,因而也是哲学的。

其次,苏联理论家严重误解了历史唯物主义之为方法论指南的真实内涵。他们并未真正领悟马克思关于历史唯物主义之为"科学"的真实内涵,这就限制了他们关于历史唯物主义方法论本质的理解。实际上,基于对历史唯物主义之"纯粹科学"的理解,且科学的本然使命恰恰在于把握规律,苏联理论家对历史唯物主义方法论的定位在逻辑上的唯一可能就是将其定位为具体社会科学的理论指导。但是,既然马克思的历史唯物主义并非是自然科学意义上的纯粹科学,那么,这种方法论的归结必定无关于历史唯物主义的方法论本质。退一步言之,如果历史唯物主义的方法论意义仅限于此,那么,马克思创立历史唯物主义还称不

---

① 张一兵主编:《社会批判理论纪事》(第3辑),江苏人民出版社2008年版,第270页。

② 《马克思恩格斯文集》(第1卷),人民出版社2009年版,第526页。

③ 张一兵主编:《社会批判理论纪事》(第3辑),江苏人民出版社2008年版,第270页。

上伟大的理论变革。因为，早在马克思之前，无论是"自然哲学"还是"历史哲学"，都无不以此而博得众多伟大哲学家和科学家的青睐。如果有人说，"自然哲学"和"历史哲学"都体现出用幻想的联系代替现实的联系的根本缺陷，所以在理论优势上无法与历史唯物主义相比拟，那么，近代以来勃兴的自然科学正是由于在对自然领域的规律性认识上取得了长足进步而一度成为众多历史哲学家、史学家的效仿对象，既然如此，如果马克思的历史唯物主义只是如自然科学般地把握了人类历史领域的普遍性规律，那么，马克思也就只能是以前众多思想家们的理论志向的完成者，从而也就谈不上完成了伟大的理论变革。

由此观之，马克思创立的历史唯物主义绝非是在自然科学的之外增加了一种惯常意义上的科学，而它的方法论意义也非如自然科学提供了用来解释自然的自然规律般的用以解释具体社会历史现象的历史规律。那么，历史唯物主义到底是何种意义上的方法论？这种本质性特质所决定的历史唯物主义之为具体社会科学的理论指南的真实意义是什么？柄谷行人提醒我们，"马克思'思想'的存在在于其对前人思想的'批判'，而不是别的"，因此，"最重要的是，应当从根本上把马克思的著述作为一种'批判'来阅读"。① 柄谷行人的阅读方案自然有其寻求马克思与康德之内在关联的更为宏伟的理论意图，但也道出了马克思思想的实情，并为深刻理解历史唯物主义的方法论本质提供了一条切实可行的路径。通过深入分析马克思对以往的和同时代的哲学家们的批判，从中明晰马克思批判了什么、确立了什么，无疑有助于我们把握马克思历史唯物主义的方法论本质。

---

① ［日］柄谷行人：《跨越性批判——康德与马克思》，中央文献出版社2011年版，第95页。

三、历史唯物主义之方法论本质

对于历史唯物主义的理论特质，马克思指出："这种历史观就在于：从直接生活的物质生产出发阐述现实的生产过程，把同这种生产方式相联系的、它所产生的交往形式即各个不同阶段上的市民理解为整个历史的基础，从市民生活作为国家的活动描述市民生活，同时从市民生活出发阐明意识的所有各种不同的理论产物和形式，如宗教、哲学、道德……这种历史观和唯心主义历史观不同，它不是在每个时代中寻找某种范畴，而是始终站在现实历史的基础上，不是从观念出发来解释实践，而是从物质实践出发来解释各种观念形态。"[1]在惯常的理解中，这段论述往往被视为对历史唯物主义本体论特质的描述，即马克思通过确立"物质生活"或者"实践"的本体论地位实现了对历史的彻底的唯物主义阐释。但是，一方面，如果这是马克思言说的本义，那么，"物质生活"便成为精神生活的"根据"，而"作为根据，存在把存在者带向其当下在场"[2]，从而物质生活与精神生活之间便存在着本体与派生关系。但是，马克思从未作此说明。一个有效的例证在于马克思对人类精神生活之发端的概括，他指出，"思想、观念、意识的生产最初是直接与人们的物质活动，与人们的物质交往，与现实生活的语言交织在一起的"。[3]其中"交织"一词强调的是"共在"与"交互作用"，而不是"先在性本体"与派生的关系。更为重要的是，"物质生活"本体论化意味着其同时被固化为抽象的前提，从而必定难逃唯心主义的窠臼。另一方面，就这段话的内容来看，马克思表达的不是本体论层面的理论特质，而恰恰是方法论层面的理论特质。其中频频出现的"从……出

---

[1]　《马克思恩格斯文集》（第1卷），人民出版社2009年版，第544页。

[2]　［德］海德格尔：《海德格尔存在哲学》，九州出版社2004年版，第134页。

[3]　《马克思恩格斯文集》（第1卷），人民出版社2009年版，第524页。

发……""理解"或"说明"话语,无疑言说的是说明历史的方法或路径。这一方法的核心在于将人类社会生活划分为物质生活和精神生活两个层次,并从"描述"物质生活过程出发阐明人类的精神生活领域。

正因为如此,当马克思将自己的"唯物主义观点"——当然是历史唯物主义——与"唯心主义观点"相对立时,强调的绝非本体论的对立,而是方法论的对立。对此,塔克敏锐地指出:"对马克思而言,唯物主义—唯心主义的对立是历史的理解方法的对立。"① 正是在阐明与恩格斯的"共同意见"时,马克思将黑格尔派的唯心主义从方法的角度称为"全部戏法""在德国占统治地位的方法""使这些超验的力量转变为'产生于精神的精神'的那种方法""编造历史的方法""观念的方法""纯粹逻辑的方法",等等,而将自己的方法称为"纯粹经验的方法""符合现实生活的考察方法",同时明确指出"两种方法"的对立,即"不是意识决定生活,而是生活决定意识。前一种考察方法从意识出发,把意识看做是有生命的个人。后一种符合现实生活的考察方法则从现实的、有生命的个人本身出发,把意识仅仅看做是他们的意识"。②

因此,与思辨方法从固化的抽象前提出发理解历史根本不同,马克思的"符合现实生活的考察方法"则要求从流动的或历史性的现实前提出发理解历史。马克思批判"迄今为止的一切历史观"总是按照历史之外的尺度编写历史,以致"现实生活的生成被看成某种非历史的东西,而历史的东西则被看成是某种脱离日常生活的东西,某种处于世界之外和超乎世界之上的东

---

① 张一兵主编:《社会批判理论纪事》(第3辑),江苏人民出版社2008年版,第269页。

② 《马克思恩格斯文集》(第1卷),人民出版社2009年版,第525页。

西"。① 其中，"非历史性"的"历史之外的尺度"直击思辨方法的固化的抽象前提，与之针锋相对，马克思则强调"只要描绘出这个能动的生活过程，历史就不再像那些本身还是抽象的经验主义者所认为的那样，是一些僵死的事实的汇集，也不再像唯心主义者所认为的那样，是想象的主体的想象活动"。② 其中，"能动的生活过程"便体现了流动性或历史性以及现实性的特点。而马克思通达这一现实前提的关键在于实践视野的确立，即从人的感性实践活动出发去考察对象，这就确保了出发点的历史性和现实性。因为，正是基于实践活动，人们周围的感性世界切实地表现为"工业和社会状况的产物"，"历史的产物"，"世世代代活动的结果"③，即其始终处于生生不息的流动之中。同时，如果说以往的一切旧唯物主义最终由于疏离了流动的现实生活而最终陷入唯心主义，那么，马克思则基于前提的历史性和现实性，实现了彻底的唯物主义。对此，马克思明确指出："事实上，通过分析找出宗教幻象的世俗核心，比反过来从当时的现实生活关系中引出它的天国形式要容易得多。后面这种方法是惟一的唯物主义的方法，因而也是惟一科学的方法。那种排除历史过程的、抽象的自然科学的唯物主义的缺点，每当它的代表越出自己的专业范围时，就在他们的抽象的和意识形态的观念中显露出来。"④ 因此，从本质来看，马克思的历史唯物主义体现为历史性与唯物主义相统一的方法论。

　　从前文对苏联理论家的批判性分析来看，马克思的历史唯物主义的方法论本质决定了其在根本上必定不是一般意义的"科

---

① 《马克思恩格斯文集》(第1卷)，人民出版社2009年版，第545页。

② 《马克思恩格斯文集》(第1卷)，人民出版社2009年版，第525—526页。

③ 《马克思恩格斯文集》(第1卷)，人民出版社2009年版，第528页。

④ ［德］马克思：《资本论》(第1卷)，人民出版社2004年版，第429页。

学"。因为，正如亚里士多德所言："我们以科学的方式知道的事物不会变化，变化的事物不在（引按：此二字似冗余）处于观察的范围之外，我们无法知道它们是存在还是不存在。所以，科学的对象是由于必然性而存在的。因此，它是永恒的。因为，每种由于必然性而存在的事物都是永恒的。而永恒的事物就既不生成也不毁灭。"① 也就是说，"科学"的特质正在于将流动的世界去流动化，才能实现以科学的方式把握对象，而这恰恰是与历史唯物主义的方法论本质相违背的。同时，基于历史性和唯物主义相统一的方法论，马克思的历史唯物主义必定包含着关于内在于历史之未来的澄清，但"科学"却无此功能，诚如爱因斯坦所说："科学的唯一目的是提出'是什么'的问题，至于决定'应该是'什么的问题却是一个同它完全无关的独立问题。"②

同时，既然历史唯物主义不是一般意义上的科学，那么，其作为科学的指南的要义也不在于其反映了人类历史的规律并因此相对地更具"抽象性"。具体言之，如果规律是苏联理论家普遍认同的"普遍规律"，那么，根据马克思的意见则相反，在马克思看来，"每个历史时期都有它自己的规律……一旦生活经过了一定的发展时期，由一定阶段进入另一阶段时，它就开始受另外的规律支配"。③ 而如果是"特殊规律"，那则是具体社会科学的理论职责，而无需历史唯物主义来先行提供。

那么，历史唯物主义对于具体社会科学的指导的真实意义何在呢？这个问题答案藏于历史唯物主义的方法论本质之中。历史唯物主义的理论变革首要地体现为在方法论上确立了历史性

① ［古希腊］亚里士多德：《尼各马可伦理学》，商务印书馆2009年版，第185—186页。

② ［美］爱因斯坦：《爱因斯坦文集》（第1卷），商务印书馆1976年版，第526页。

③ 马克思：《资本论》（第1卷），人民出版社2004年版，第21页。

的现实前提，那么，它对于具体科学的指导意义便在于起到澄明具体社会科学前提的作用，其实质便在于引领具体社会科学始终将自己的视角朝向现实生活的领域。马克思在论及政治经济学的方法时指出它是两条道路的结合，即"在第一条道路上，完整的表象蒸发为抽象的规定；在第二条道路上，抽象的规定在思维行程中导致具体的再现"。① 马克思于此着重强调的是，第二道路"只是思维用来掌握具体、把它当做一个精神上的具体再现出来的方式"②。可见，马克思基于历史唯物主义的方法论所澄清的正是政治经济学研究的前提问题。同时这种澄清本身又起着矫正的作用，那就是，其本身包含着对将思维把握现实的过程视为"具体本身的产生过程"的幻象的拒斥。

---

① 《马克思恩格斯文集》（第8卷），人民出版社2009年版，第25页。
② 《马克思恩格斯文集》（第8卷），人民出版社2009年版，第25页。

第五章　苏联理论家
对历史唯物主义基本理论的阐释

伴随着对历史唯物主义理论体系的建构以及总体性理解，苏联理论家同时对历史唯物主义的基本理论也展开了阐释，广泛涉及生产力与生产关系的辩证法理论、经济基础与上层建筑的关系理论、社会形态与历史演进理论、个人与社会的关系理论、历史规律与人的能动性理论，等等。这些基本理论的阐释构成了苏联理论家历史唯物主义总体性理解的具体化呈现，因而必定受其内在的规约。而由于苏联理论家在历史唯物主义总体性理解上的不足，其在具体理论的内容呈现上也存在着这样那样的缺陷。总体审视苏联理论家在历史唯物主义基本理论理解上的得与失，对于更为准确地把握历史唯物主义的理论本质具有重要的借鉴意义。

第一节　生产力与生产关系的关系理论

基于历史唯物主义之生产力与生产关系之辩证关系在理论与实践上的重要性，苏联理论家在绵延半个多世纪的历史唯物主义探索和建构的过程中，对其进行了广泛而深入的思考。普遍将生产力视为"人的要素"与"物的要素"的统一，将生产关系视为人与人在生产过程中所形成的关系，将两者之间的关系界定为生产力决定生产关系，生产关系反作用于生产力，生产力与生产关系的矛盾运动构成了人类历史发展的根本动力。这些围绕生产力、生产关系以及两者关系的理论阐述不乏合理的因素，但由于历史唯物主义实践视野的根本缺失，苏联理论家无论是在概念的界定还是对两者之关系的界说上都存在着重大的理论缺陷。认真审视苏联理论家在生产力与生产关系以及两者关系界定上的理论缺陷，并基于历史唯物主义阐释历史的根本观点对其作出合理的阐释，无论是在理论抑或实践上都具有重要意义。

一、生产力、生产关系及其关系的理论阐释

在理论上阐明生产力与生产关系之间的辩证关系，首要的前提是对生产力与生产关系予以概念上的界定。不仅如此，后者也在很大程度上规约着前者的理论阐释。概括苏联理论家在此问题上的理论探索历程可知，他们基于自然与历史二分的前提，普遍将生产力概括为人与自然之间的关系，并视其为"人的要素"与"物的要素"的统一体，将生产关系视为人与人在劳动生产过程中所形成的关系，并在历史唯物主义的理解史进程中表现出愈益细致化的发展趋势。在对生产力与生产关系作如上概念界定的前提下，苏联理论家普遍认为两者之间的关系表现为生产力决定生产关系，生产关系反作用于生产力，生产力与生产关系的矛盾运动构成了人类历史发展的根本动力。

此种主导性的理论阐释方式早在 20 世纪 20 年代初期便得到初步呈现，而其典型代表则是布哈林与阿多拉茨基。虽然布哈林在此后广遭批判，但在其《历史唯物主义理论》一书中关于生产力、生产关系及其两者关系的理论阐释则初步奠定了苏联理论家关于此问题理解的主调。之所以这样说，首先在于他较早地阐

述了生产力之为人与物的统一的观点。布哈林指出，"如果我们知道了生产资料如何，工人如何，那末我们也就知道这些生产资料和工人们在一定数量的时间里会生产多少东西；前两个量决定第三个量——生产出来的产品。前两个量加在一起，就构成了我们所说的社会物质生产力"。这段话表明，布哈林将生产力视为人与物的"加和"。虽然他的理解表现出粗糙、机械的特点，却规定了此后苏联理论家循着人与物的关系理解生产力的方向。布哈林并没有明确采用"生产关系"的概念，而是使用了"劳动关系的体系"。而就生产力与生产关系之间的关系而言，布哈林表现出明显的机械决定论的倾向。在他看来，"我们从生产资料和劳动力上可以看出社会发展程度的精确的物质标志"。进一步来看，布哈林的生产力决定论首先表现为技术决定论，即在人的因素和物的因素中，更加看重物的因素，他认为"社会和自然界相互关系的精确的物质标志，是该社会的社会劳动工具体系，即技术装备。在这种技术装备中反映出社会的物质生产力和社会劳动生产率"。[1] 它不仅是"社会与自然界之间关系的精确的物质标志"[2]，而且"决定着人们之间的劳动关系的体系"[3]，"劳动工具的配合即社会技术装备决定着人们之间的配合和关系即社会经济"[4]。对此，卢卡奇的评价是符合实际的，即"布哈林赋予技术装备以太过分的决定作用，就完全失去辩证唯物主义的精神"[5]，"这种终于把技术装备同生产力等同起来的作法，既不可

---

① ［苏］布哈林：《历史唯物主义理论》，东方出版社 1988 年版，第 127 页。

② ［苏］布哈林：《历史唯物主义理论》，东方出版社 1988 年版，第 128 页。

③ ［苏］布哈林：《历史唯物主义理论》，东方出版社 1988 年版，第 152 页。

④ ［苏］布哈林：《历史唯物主义理论》，东方出版社 1988 年版，第 160 页。

⑤ 中国社会科学院马列主义毛泽东思想研究所：《论布哈林和布哈林思想》，贵州人民出版社 1982 年版，第 219 页。

靠，也不是马克思主义的"。①

　　而后，"生产力决定论"的观点为阿多拉茨基再度阐明。在1923 年撰写的《卡尔·马克思的科学共产主义》一文中，阿多拉茨基明确指出："物质生产力不只是指机械动力，它还包括具有神经的和肌肉的能力的人本身，因为人参加了生产过程。"②"生产资料是消极因素。劳动力是积极因素。两者结合在一起就构成了生产力，它完全是物质的，因为它能改造物质并且因此创造出物质的东西。"③"人掌握着一定的生产力。根据这些生产力的情况构成人的社会关系。"④其间的变化在于，在生产力的双重要素中，阿多拉茨基赋予了人的因素以更为重要的地位。

　　进入 30 年代，苏联理论家关于生产力决定生产关系、生产关系反作用生产力的主导性理解方式基本确立。米丁首先对此作了较为详尽的阐释。在《辩证唯物主义和历史唯物主义》这本标志着苏联马克思主义哲学体系基本确立的教科书中，米丁对生产力的概念界定基本遵循了布哈林开启的人与物统一的观点，认为"生产力底发展无非只是人类施于他们底物质生活底生产和再生产上的活动之物质的结果和社会内容底表现"，"生产关系就是同一生产过程之特殊的社会形式——人与人的关系底特殊形式"。值得一提的是，米丁正确地认识到"抽象地提出生产力发展底原因问题而抛去了具体历史的社会形式，这是根本错误

----

　　①　中国社会科学院马列主义毛泽东思想研究所：《论布哈林和布哈林思想》，贵州人民出版社 1982 年版，第 220 页。

　　②　［苏］阿多拉茨基：《阿多拉茨基选集》，生活·读书·新知三联书店1964年版，第 83 页。

　　③　［苏］阿多拉茨基：《阿多拉茨基选集》，生活·读书·新知三联书店1964年版，第 84 页。

　　④　［苏］阿多拉茨基：《阿多拉茨基选集》，生活·读书·新知三联书店1964年版，第 85 页。

的"。① 但是，"生产力决定论"的主导观点并未使得这一认识产生实质性意义，或者说，米丁并未真正达到对生产力与生产关系的辩证关系的真正理解。这充分体现为他明确认为："归入于生产力中的各个组成元素——技术，劳动力等等——之总体，在社会劳动本身过程中达到它底统一和社会历史的联系。生产底这些物质的和人的因素之历史地一定的结合开辟了社会劳动生产率之历史上一定发展阶段"②，"生产力底状态表现着劳动生产率底历史地一定的发展阶段，同时也就表现着'生活对于自然和人们相互之间历史地造成的关系'"。③ 这些论述充分表明了米丁所持有的"生产力决定论"的观点。虽然米丁也论及生产力与生产关系的辩证关系，但其论述的并非物质生产过程之内在的矛盾运动过程，而是基于一般与个别的辩证关系的抽象演绎。原因在于他将生产力与生产关系的辩证关系视为"生产一般"与特殊生产之间的辩证运动的体现，正如他所指出的，"劳动过程之一般共同的症候和它底特殊的社会历史的形式之统一，是辩证的矛盾的统一"。④ "劳动过程底这两方面底一致，在生产力和生产关系底辩证关系表现出来。"⑤ 这种表现论必然引申出生产关系一定会适应生产力的机械论观点。

随后，"生产力决定论"的观点被斯大林以简明的方式确定下来。在《论辩证唯物主义和历史唯物主义》一文中，斯大林批判了关于历史发展进程的"地理环境决定论"和"人口决定论"，认为物质生产才是人类历史发展的决定性的力量。而生产或生

---

① ［苏］米丁：《历史唯物论》，新中国书局1949年版，第96、170、118页。

② ［苏］米丁：《历史唯物论》，新中国书局1949年版，第118页。

③ ［苏］米丁：《历史唯物论》，新中国书局1949年版，第118—119页。

④ ［苏］米丁：《历史唯物论》，新中国书局1949年版，第169页。

⑤ ［苏］米丁：《历史唯物论》，新中国书局1949年版，第170页。

产方式又分为生产力和生产关系，"用来生产物质资料的生产工具，以及有一定的生产经验和劳动技能来使用生产工具、实现物质资料生产的人，——所有这些因素共同构成社会的生产力"，而"人们在生产过程中的相互关系，即人们的生产关系"。^①对于两者之间的关系，斯大林指出，"生产的变化和发展始终是从生产力的变化和发展，首先是从生产工具的变化和发展开始的。所以生产力是生产中最活动、最革命的因素。先是社会生产力变化和发展，然后，人们的生产关系、人们的经济关系依赖这些变化、与这些变化相适应地发生变化"，"同时又反过来影响生产力、加速或者延缓它的发展"。^②在斯大林简明扼要的论述中，生产力与生产关系被实体化为物质生产过程的两个方面，并以"一一对应"的机械方式被关联起来，"生产力怎样，生产关系就必须怎样"。此后的很长一段时期内，"斯大林的公式在苏联社会科学文献中被广泛引用论证"^③。

50 年代中期之后，苏联理论家无论是在生产力和生产关系的概念界定上，还是在生产力与生产关系之关系的阐释上，都作出较大的调整和完善，并表现出愈益精细化的发展方向。对此，叶夫格拉弗夫在《苏联哲学史》一书中指出："50 年代中期以前，生产力的内涵一般只包括劳动工具和使工具运转的人。现在这种狭窄的理解早已改变。60—70 年代对生产力加以系统的分析，研究了生产力的实体性（基质性）和功能性特质，物的成分（客观的）和人的成分（主观的），个体的生产力和社会的生产力，科学在现代生产力体系中的地位和作用。"^④不仅如此，苏联理论家

---

① 《斯大林选集》（下卷），人民出版社 1979 年版，第 442 页。
② 《斯大林选集》（下卷），人民出版社 1979 年版，第 444 页。
③ ［苏］叶夫格拉弗夫：《苏联哲学史》，商务印书馆 1998 年版，第 215 页。
④ ［苏］叶夫格拉弗夫：《苏联哲学史》，商务印书馆 1998 年版，第 233 页。

对于生产关系的"结构"进行了广泛的探讨,并将"生产资料所有权形式视为最基本的生产关系"。[1] 而对于生产力与生产关系之间的关系,"苏联理论家看到两者的灵活多样、活跃多变的辩证的相互作用,因而不再使用从前的'绝对的'适应,以及其后的'必须'相适应等定义"。[2] 但是,在表现出这些重大的理论成效的同时我们需要看到,苏联理论家关于生产力与生产关系之关系的"决定论"式的理解并未得到根本改变。例如,康斯坦丁诺夫等人就明确认为,"生产力的发展有它自己内部的逻辑"[3],并且,"正如内容总是决定形式一样,生产力也决定生产关系。而生产关系也反过来为生产力的作用添上某种社会性质"。[4]

二、苏联理论家生产力与生产关系阐释的理论缺陷

不能否认,苏联理论家在长期的历史唯物主义理论建构历程中,无论是对生产力和生产关系的概念界定抑或对两者关系的探讨都不乏颇具合理性的东西。特别值得一提的是,他们对生产力与生产关系理论的通俗易懂的阐释,大大推动了马克思主义哲学的传播历程。但是,从学理上看,由于历史唯物主义实践视野的根本缺失,苏联理论家无论是在概念的界定还是对两者之关系的界说上都存在着重大的理论缺陷。马尔科维奇在描述1960年发生在人道主义者与正统的马克思主义——主要是指苏联马克思主义——之间的争论的结果时指出:"在这场辩论中,主张马克思哲学的核心范畴是自由的人的创造性活动——实践——的观点占

---

① [苏]叶夫格拉弗夫:《苏联哲学史》,商务印书馆1998年版,第234页。

② [苏]叶夫格拉弗夫:《苏联哲学史》,商务印书馆1998年版,第235页。

③ [苏]康斯坦丁诺夫:《马克思列宁主义哲学原理》,生活·读书·新知三联书店1976年版,第304页。

④ [苏]康斯坦丁诺夫:《马克思列宁主义哲学原理》,生活·读书·新知三联书店1976年版,第300页。

了优势。物质和精神、客体和主体的二元论被这些范畴是如何可能从实践概念中推演出来的观点取代了。"①在此，马尔科维奇不仅从总体上概括了南斯拉夫"实践派"重新理解马克思历史唯物主义的基本路径，同时也准确揭示了一个理论事实，那就是，实践的原则在苏联马克思主义理论中处于根本缺失的地位。应该说，这一判断切中了苏联历史唯物主义的要害，即"未能给予马克思得以实现哲学变革的实践概念以应有的地位"②，而其产生的重大的理论后果则是在根本上制约了苏联理论家对生产力与生产关系的理解，并由此表现出一系列的理论缺陷。

至关重要的是，它彻底消解了马克思审视人类历史进程的能动性视角。在马克思看来，从实践的视角审视人类历史进程，就是从主体的视角或能动性的视角审视人类历史的过程。也正因为如此，马克思不仅将"现实的个人"视为考察历史的出发点，而且将整个人类历史看作个人发展的历史。对此，马克思指出，"人们的社会历史始终只是他们的个体发展的历史"③。而当恩格斯明确指出"对抽象的人的崇拜，即费尔巴哈的新宗教的核心，必定会由关于现实的人及其历史发展的科学来代替"时④，则更是对这一视角作了特别的强调。当然，强调马克思审视历史的能动性视角，并不意味着全然否定客体性视角。马克思明确指出："人类始终只提出自己能够解决的任务，因为只要仔细观察就可以发现，任务本身，只有在解决它的物质条件已经存在或者至少是在生成过程中的时候，才会产生。"⑤与此同时，也正是客体性

---

①　马尔科维奇等：《实践——南斯拉夫哲学和社会科学方法论文集》，黑龙江大学出版社 2010 年版，第 10 页。

②　王南湜：《走向实践哲学之路》，北京师范大学出版社 2006 年版，第 52 页。

③　《马克思恩格斯文集》（第 10 卷），人民出版社 2009 年版，第 43 页。

④　《马克思恩格斯文集》（第 4 卷），人民出版社 2009 年版，第 295 页。

⑤　《马克思恩格斯文集》（第 2 卷），人民出版社 2009 年版，第 592 页。

视角的引入,使马克思的能动性视角与唯心主义的抽象能动性视角区分开来。但是,在苏联理论家的"决定论"式的理解中,马克思的人的能动性视角却遭到彻底否定。它集中表现为将马克思基于"生产力与生产关系"的特定发展形式下的社会进程塑造为一个纯粹客观性的进程。这集中体现为斯大林认为作为人类历史发展进程之基础的生产方式包括生产力和生产关系两个方面,其中,生产力是最活跃的因素,其在物质构成上包括生产工具和具备一定生产经验和劳动技能的生产者,"生产工具的发展和改善是由参加生产的人来实现的,而不是与人无关的,所以,生产工具变化和发展了,生产力的最重要的因素——人也随着变化和发展,人的生产经验、劳动技能以及运用生产工具的本领也随着变化和发展"。① 由此可见,人在其中处于被决定的地位,生产和生产力表现为纯粹物质性的过程和力量,而由于"生产力怎样,生产关系就必须怎样",以"生产关系"的交替为表现的社会形态演进历程便必定成为纯粹自然性的过程,从而受制于无情的自然必然性,即"既然自然现象的联系和相互制约是自然界发展的规律,那么由此可见,社会生活现象的联系和相互制约也同样不是偶然的事情,而是社会发展的规律"②。

作为此种否定的必然结果,它同时造成了两个内在相关的理论后果。首先,它无可避免地将马克思拉回到黑格尔式的思辨历史哲学的泥坑之中,并彻底违背了马克思关于"人们的社会历史始终只是他们的个体发展的历史"论断的精神。广松涉指出,"完全无视人的主体的活动"——个人的活动过程无疑体现为个人的发展过程,"把矛盾(亦即生产力与生产关系之间矛盾)本身

---

① 《斯大林选集》(下卷),人民出版社1979年版,第446页。
② 《斯大林选集》(下卷),人民出版社1979年版,第435页。

看作发展的动力的思想是黑格尔式的颠倒，难以认为是马克思式的构想"。① 作为传统哲学的集大成者，黑格尔以"绝对精神"为"历史主体"构筑起了宏伟的思辨哲学的历史体系。他指出，"一切问题的关键在于：不仅把真实的东西或真理理解和表述为实体，而且同样理解和表述为主体"②，"绝对精神"作为主体和实体的统一，本身包含着矛盾的动力源泉，因而其自身便可以通过自我外化和自我复归的运动实现自我，并由此展开为历史的进程，历史由此被塑造成为外在于人的纯粹自主性过程，而人则被降低为社会历史进程的纯粹执行者和纯粹参与者。从这个视角看，与黑格尔相比，苏联"正统"历史唯物主义虽然在概念表述上发生了变化，但在理论结果上无疑实现了向"黑格尔式"构想的复归。具体来说，就是"生产力"取代"绝对精神"的位置，而整个人类历史则"畸变"为"生产力"自主展开的过程。这一点不仅体现在斯大林将人视为生产力的要素，并强调人的变化要随着生产工具的变化而变化上，同时更体现在其将社会形态的演进过程视为外在于人的纯粹自然的过程上。

其次，它在客观上导向了对资本主义社会运行规则的无批判的确认，从而无可避免地堕入资产阶级意识形态的泥坑之中。马克思认为，黑格尔将历史塑造为抽象的"绝对精神"自我实现的过程，但是，从历史唯物主义视野即"从市民社会出发"审视黑格尔式的"思辨的表达"可知，其在本质上恰恰以形而上学的方式"确证"了资本主义生产关系条件下"资本"颠倒为"主体"的"物役性"现象。资本主义生产关系的核心是资本和雇佣劳动的关系，即雇佣劳动者为了生存所需，将自己的劳动力"出卖"给

---

① ［日］广松涉：《唯物史观的原像》，南京大学出版社 2009 年版，第 60 页。
② ［德］黑格尔：《精神现象学》(上卷)，商务印书馆 1979 年版，第 10 页。

资本家，从而使得自己的劳动过程并入资本的生产过程，成为资本实现自身增长的活的源泉。如此一来，雇佣劳动者便被纳入资本所构筑起来的庞大系统，成为该形态运转的一个环节，而"资本"则取得了似乎能够自行增长的"主体"地位。而黑格尔式的"思辨表达"则形而上学地"确认"了这一有着"客观效力"的社会现象。诚如阿多尔诺所言，黑格尔的"世界精神概念中的不合理东西是从世界过程的不合理性借来的，但它仍然是一种拜物教的精神"[1]，既然如此，无怪乎马克思称黑格尔的哲学为"实证唯心主义"[2]。虽然概念上发生了变化，但归根结底，苏联"正统"历史唯物主义同样在客观上沦为了此种"无批判"的实证主义。具体来说，在资本主义社会，随着"资本"颠倒为"主体"，本来属于人的能力的生产力成为资本的生产力，而资本本身就是一种历史性的生产关系，如此，资本"主体"的自主进展便表现为外在于人的生产力与生产关系的矛盾运动过程。正如马克思所说："生产力和社会关系……对于资本来说仅仅表现为手段，仅仅是资本用来从它的有限的基础出发进行生产的手段。"[3]而苏联"正统"历史唯物主义撇开个人的活动和发展，将"生产力与生产关系"的矛盾运动视为历史发展进程的根本动力，则无可避免地在客观上确证了资本主义生产关系中所发生的"颠倒"的社会现象，并由此彻底消解了马克思社会形态理论是关于个人发展理论的内涵。

三、重释生产力与生产关系的辩证法理论

　　苏联理论家的缺陷提醒我们，把握马克思关于生产力与生产关系的辩证法理论，必须始终遵循马克思审视历史的最根本的观

---

① ［德］阿多尔诺：《否定的辩证法》，重庆出版社 1993 年版，第 302 页。
② 《马克思恩格斯文集》（第 1 卷），人民出版社 2009 年版，第 510 页。
③ 《马克思恩格斯全集》（第 31 卷），人民出版社 1998 年版，第 101 页。

点，即实践的观点，或者说立足于马克思的主体的或能动性的视
角，即"现实的个人"的视角。从这个前提出发可以发现，在生
产力与生产关系的概念界定上，马克思并没有将"生产力"与生
产关系视为在任何一个社会有机体中有着任何时间先后顺序的
两种因素或关系，并且将它们视为物质生产的"共在"的两个方
面。对此，马克思明确指出："生命的生产，无论是通过劳动而
生产自己的生命，还是通过生育生产他人的生命，就立即表现为
双重关系：一方面是自然关系，另一方面是社会关系。"① 其中的
"立即表现为双重关系"无疑指认了两种关系的"共在性"。进一
步来看，物质生产总是"现实的个人"从事的生产，或者说总是
在一定的生产关系下进行的生产，所以生产力与生产关系作为物
质生产的"共在的"两个方面，也就等同于"现实的个人"的"共
在的"两个方面。对此，马克思明确指出，生产力与生产关系并
非外在于人的两个层面，而是"社会个人的发展的不同方面"②。
那么，马克思为何据此划分出这两个方面呢？简单考察生产力与
生产关系在马克思之前的理解史可知，赫斯已然使用"生产力"
和"交往形式"的概念，并且在他那里，两者都是对作为"协动"
的物质生产过程的不同角度的概括，具体来说，赫斯"以'协动'
来表示其能力之状貌的概念化的东西就是'生产力'，以该'协
动'来表示其关系之状貌的概念化的东西就是'生产关系'"③。
马克思最终将赫斯的"交往关系"扬弃为"生产关系"，但同时承
接了赫斯界定生产力与生产关系的概念方式。也就是说，在马克
思那里，生产力与生产关系并非如苏联理论家以知性划分来看的
两种关系，这一点尤其体现在他们关于生产力发展动因在其内

① 《马克思恩格斯文集》(第 1 卷)，人民出版社 2009 年版，第 532 页。
② 《马克思恩格斯全集》(第 31 卷)，人民出版社 1998 年版，第 101 页。
③ [日]广松涉：《唯物史观的原像》，南京大学出版社 2009 年版，第 59 页。

部，而与生产关系无关的观点之中。真实的情况是，马克思的生产力与生产关系乃是基于不同的视角对同一个对象，即物质生产过程的不同概括，即将生产活动这种处于协动状态的对象性活动所表现出来的能力之状貌设定为"生产力"，将其所表现出来的结构性状态设定为"生产关系"。也正是因为如此，它们才能表现出"共在"的关系，并在实际的历史性的物质生产过程中真正地发生矛盾运动。或者说，只有这样，我们才能真正理解，马克思很多时候同时也将生产关系界定为"生产力"。如在《德意志意识形态》中，马克思便认为社会关系的含义是指"许多个人的共同活动"，而"共同活动方式本身就是'生产力'"①。当然，马克思这样理解生产力与生产关系，并非要抹杀它们之间的界限，否则，任何对于两者之关系的辩证理解就变得不再可能。对此，马克思明确指出："生产力（生产资料）的概念和生产关系的概念的辩证法，这样一种辩证法，它的界限应当确定，它不抹杀现实差别。"②但是，需要随即指出的是，这种"现实差别"乃是基于上面所说的两种不同的"视角"予以历史性的确定的东西。

　　基于生产力与生产关系之为物质生产过程或者说生产者个人的两个"共在"的方面的前提，马克思真正达到了对生产力与生产关系之矛盾运动的揭示。或者说，只有在此前提下，一种真正的关于生产力与生产关系的辩证法理论才能被建构出来。固然，在《资本论》第一卷第三篇"绝对剩余价值的生产"中，马克思首先"撇开每一种特定的社会的形式"③对劳动过程进行了考察，即说明了"劳动首先是人和自然之间的过程，是人以自身的活动来中介、调整和控制人和自然之间的物质变换的过程"，同

①《马克思恩格斯文集》（第1卷），人民出版社2009年版，第532—533页。

②《马克思恩格斯文集》（第8卷），人民出版社2009年版，第34页。

③［德］马克思：《资本论》（第1卷），人民出版社2004年版，第207页。

时也分析了劳动过程的简单要素，即"有目的的活动或劳动本身，劳动对象和劳动资料"。[①] 这些要素的"协动"所表现出来的力量便构成生产力。但诚如马克思进一步指出的，如此撇开特定的社会形式或历史性的生产关系所能呈现的只是为"人类生活的一切形式所共有"的一般条件而已。仅就此目的而言，马克思指出，"我们不必来叙述一个劳动者与其他劳动者的关系"[②]。但是，如此说明劳动却把握不了任何一个特定的社会关系的性质，即"根据小麦的味道，我们尝不出它是谁种的，同样根据劳动过程，我们看不出它是在什么条件下进行的"[③]。就此而言，苏联理论家力图将马克思予以抽象考察的劳动（生产力）与特定的生产关系联系起来，并力图以前者说明后者，无疑不符合马克思的原意。在马克思看来，为了说明特定的社会，首先必须真正地沉入需要说明的社会的特定的生产关系之中，比如，为了说明资本主义社会，必须将其中占据主导地位的资本关系作为出发点来考察劳动，"由劳动从属于资本而引起的生产方式本身的变化""才能发生"[④]，由此，作为生产方式之有着内在关联的生产力与生产关系的辩证关系才能呈现。

就此而言，特定的生产关系恰恰构成了马克思阐明生产力与生产关系之辩证关系的前提。马克思在《1857—1858 年经济学手稿》中明确指出："生产过程和价值增殖过程的结果，首先表现为资本和劳动的关系本身的，资本家和工人的关系本身的再生产和新生产。这种社会关系，生产关系，实际上是这个过程的比其物质结果更为重要的结果。"[⑤] 而之所以如此，不仅是因为资本生

---

① ［德］马克思：《资本论》（第 1 卷），人民出版社 2004 年版，第 208 页。

② ［德］马克思：《资本论》（第 1 卷），人民出版社 2004 年版，第 215 页。

③ ［德］马克思：《资本论》（第 1 卷），人民出版社 2004 年版，第 215 页。

④ ［德］马克思：《资本论》（第 1 卷），人民出版社 2004 年版，第 216 页。

⑤ 《马克思恩格斯全集》（第 30 卷），人民出版社 1995 年版，第 450 页。

产关系标志着资产阶级社会作为一个社会形态的历史独特性，而且因为正是基于资本生产关系亦即资本家和雇佣劳动者之间的关系的前提，马克思才辩证地阐释了历史之内在的生产力与生产关系的矛盾运动，揭示出资产阶级社会的源起。具体言之，资本和雇佣劳动之间的关系的历史生成本身就是生产力发展的结果，对此，马克思明确指出："资本主义生产方式是一种特殊的、具有特殊历史规定性的生产方式；它和任何其他一定的生产方式一样，把社会生产力及其发展形式的一个既定的阶段作为自己的历史条件，而这个条件又是一个先行过程的历史结果和产物，并且是新的生产方式由以产生的既定基础。"[①] 但是，需要随即指出，马克思在这里论及资产阶级社会以生产力的发展为基础，绝非如苏联理论家那样在生产力与生产关系的知性划分中阐述的，这一点尤其体现为马克思将作为生产力与生产关系之统一的"生产方式"作为阐述的主体。这就充分表明两者的发生并非呈现出时间顺序上的先后，而是同时发生的，从而也是在真正的矛盾运动中向前推进的。对此，马克思尤其强调了资本主义生产关系对于推动生产力的作用，他指出："它榨取这种剩余劳动的方式和条件，同以前的奴隶制、农奴制等形式相比，都更有利于生产力的发展，有利于社会关系的发展，有利于更高级的新形态的各种要素的创造。"[②] 进一步来看，同样是从资本主义生产关系出发，马克思揭示出资本主义社会的内在矛盾运动过程。无疑，作为具有最大的奴役性的社会，资本主义社会矛盾集中体现为资本和雇佣劳动者之间的矛盾。从表面上看，这个矛盾仅仅只是隶属于生产关系的矛盾，但更为根本的是，它体现为生产力与生产关系的矛

①　《马克思恩格斯文集》(第7卷)，人民出版社2009年版，第994页。
②　《马克思恩格斯文集》(第7卷)，人民出版社2009年版，第927—928页。

盾。其核心在于，劳动者由于与劳动资料的彻底分离，而不得不将劳动力出卖给资本家，从而造成本属于劳动者的劳动力量转变为资本的力量。用马克思的话来说就是，"工人不是为自己生产，而是为资本生产"①，工人由此变成资本家的手段，变成资本实现自我增殖的"酵母"。由此可以推出，资本家和雇佣劳动者之间的矛盾，必定同时体现为劳动生产力与资本家和雇佣劳动之间的关系的矛盾。最后，还是从资本主义生产关系出发，马克思揭示出资产阶级社会必然走向灭亡的规律。问题的关键在于，资本主义生产关系本身不仅造成生产力水平的不断提升，同时，资本主义生产关系也构成生产力进一步发展的障碍，即"在现代这种邪恶的基础上，劳动生产力的任何新的发展，都不可避免地要加深社会对比和加强社会对抗"。②这种对抗导致了新型生产关系取代它的历史可能性，即"一种历史生产形式的矛盾发展，是这种形式瓦解和新形式形成的惟一的历史道路"。③

　　归根结底，基于特定的生产关系来阐明生产力与生产关系的矛盾运动，与历史唯物主义所确立的阐明历史的历史性的"物质生产"的前提是高度一致的。对此，马克思明确指出，"摆在面前的对象，首先是物质生产"④，而"生产，总是指在一定社会发展阶段上的生产——社会个人的生产"⑤。而从历史性的"生产"出发，也就必定要从特定的生产方式出发，因为前者必须通过后者而获得定位，即"一切生产都是个人在一定的社会形式中并借这种社会形式而进行的对自然的占有"。⑥此种内在关联性表明，

---

① ［德］马克思：《资本论》（第 1 卷），人民出版社 2004 年版，第 582 页。
② 《马克思恩格斯文集》（第 3 卷），人民出版社 2009 年版，第 10 页。
③ 《马克思恩格斯全集》（第 44 卷），人民出版社 2001 年版，第 562 页。
④ 《马克思恩格斯文集》（第 8 卷），人民出版社 2009 年版，第 5 页。
⑤ 《马克思恩格斯文集》（第 8 卷），人民出版社 2009 年版，第 6—9 页。
⑥ 《马克思恩格斯文集》（第 8 卷），人民出版社 2009 年版，第 11 页。

既然生产力与生产关系是物质生产的两个方面，从而揭示两者的辩证关系必须深入历史性的物质生产活动的内在过程，那么，就必须给予"生产关系再生产"比物质结果更加重要的地位。进一步来看，当我们这样理解生产力与生产关系的矛盾运动时，历史便不再表现为外在于人的纯粹客观过程，而是恰恰体现了社会个人的发展过程。因为，生产的发展本身表现为生产力与生产关系的矛盾运动过程，而由于物质生产总是"社会个人的生产"，因而作为物质生产过程的两个方面的生产力与生产关系同时也就是社会个人的"两个方面"，因而它们的矛盾运动过程所体现的归根结底是社会个人的发展，即"后来的每一代人都得到前一代人已经取得的生产力并当做原料来为自己新的生产服务，由于这一简单事实，就形成人们的历史中的联系，就形成人类的历史，这个历史随着人们的生产力以及人们的社会关系的愈益发展而愈益成为人类的历史。由此就必然得出一个结论：人们的社会历史始终只是他们的个体发展的历史"[①]。

第二节　经济基础与上层建筑的关系理论

总体而言，苏联理论家基于物质与意识二分的社会投射，对经济基础与上层建筑的关系采用了"本体论"的主导性解读方式，即认为经济基础作为独立于上层建筑的社会领域，不仅构成了上层建筑生成与演变的根基，而且构成了上层建筑据以获得解释的基点。"本体论"解读不仅不符合马克思的原意，而且自身存在着诸多重大的理论缺陷。作为历史唯物主义的重要原理之一，

---

① 《马克思恩格斯文集》(第 10 卷)，人民出版社 2009 年版，第 43 页。

对其作何种解释取决于对历史唯物主义理论本质的阐释。马克思通过创立历史唯物主义，彻底终结了从政治或观念出发说明历史的唯心主义路向，开启了从物质生活生产和再生产出发阐释历史的唯物主义路向。从经济基础出发去阐发上层建筑是唯物主义阐释路向的具体体现。但这并不等于两者之间是决定与被决定的关系。在具体的历史阶段或实践情境中，经济基础与上层建筑之间到底处于何种关系，需要基于历史唯物主义的阐释路向并紧密结合复杂的历史条件予以具体定向。

一、苏联理论家"本体论"的主导性解读方式

纵观苏联历史唯物主义的发展历程可知，对经济基础与上层建筑作本体论式的解读，即认为经济基础作为独立于上层建筑的社会领域，不仅构成了上层建筑生成与演变的根基，而且构成了上层建筑据以获得解释的基点，无疑属于其中占主导地位的理解方式。就此种解读方式的生成来看，无疑在理论传统上受到第二国际理论家的深刻影响，但同时也关联于苏联理论家对历史唯物主义生成路径的主导性理解。苏联理论家普遍认为历史唯物主义就是马克思将辩证唯物主义推广运用于历史领域的结果。基于此，苏联理论家普遍将物质与意识的关系原理投射到历史领域，并构成了其本体论式的解读经济基础与上层建筑之关系的理论前提。对此，马尔库什曾指出："从马克思主义形成之初起，马克思的相关思想就已经在一种极端头脑简单的实证主义和经济还原论的方向上被转换，这种转换随后在苏联马克思主义中被编撰成文并制度化为官方的意识形态。这种重新阐释最致命的一步是将基础与上层建筑之间的差异等同于'物质的'与'观念的'之间的差异，自此，后者被理解为那些在不同程度上依赖于'思想'，也即依赖于意识而存在的一切。通过这种方式，在一种'唯物主义'的名义下——'经济基础'被转换为绝对的真实性和客

观性,由此它完全自然地独立于所有概念阐述和解释,并且,作为本体论的存在领域,从总体上与属于(尽管没有排除)上层建筑领域的所有意识现象全然相对立。"①

　　此种基于经济基础与上层建筑二分前提下的本体论解读模式已然在 20 世纪 20 年的苏联教科书中显露端倪。作为历史唯物主义理论体系的重要探索时期,这个时期的苏联理论家首先面对的任务就是对经济基础与上层建筑各自所包含的基本内容予以廓清,并在此前提下界定两者之间的关系。大致上而言,布哈林是苏联理论家中展开此类探索的先行者之一。在其最重要的著作即《历史唯物主义理论》中,布哈林认为"生产关系的总和就是社会的经济结构,或生产方式。这是社会的人的劳动机构,社会的'现实的基础'"②,以此为前提,他将"经济基础"之外的"社会生活的其他方面"统称为上层建筑,包括"社会的社会政治制度(它的国家政权结构、阶级、政党的组织,等等);习惯、法和道德(社会规范,也就是人们的行为准则);科学与哲学;宗教、艺术,最后还有语言——人们之间交际的工具。通常所有这些现象,除开社会的社会政治制度以外,统称'精神文化'"。③考察布哈林对上层建筑的界定,除了将"语言"也视为上层建筑的内容之一,并遭到广泛的批判之外,以后的苏联学界在总体上都沿袭了他的界定。尤其值得注意的是,布哈林对两者之间关系的本体论解读更是成为此后苏联理论家一以贯之的主导性解读模式。其中,布哈林明确指出:"社会的政治构造""直接决定于它的经济构造"④,"从社会政治直到哲学领域的上层建筑体系,

---

　　① [匈]乔治·马尔库什:《语言与生产——范式批判》,黑龙江大学出版社2011年版,第186页。

　　② [苏]布哈林:《历史唯物主义理论》,东方出版社1988年版,第167页。

　　③ [苏]布哈林:《历史唯物主义理论》,东方出版社1988年版,第169页。

　　④ [苏]布哈林:《历史唯物主义理论》,东方出版社1988年版,第170页。

是跟一个社会的经济基础和技术装备体系密切关联的"①。固然，布哈林也承认上层建筑对于经济基础的"反作用"，但只是将其定位于促进或阻碍的层面，并且为了更加彻底地说明经济基础的决定性作用，他引用歌德的诗句："万古长存的神圣秩序统御着宇宙万物。"②但是，在20年代之后的苏联学界，布哈林的理论尝试并未立即得到认同，关于经济基础与上层建筑的内容界定仍然处于不断的争论之中，但从争论的走向看，"多数苏联哲学家认为基础不是所有社会关系的总合，而只是生产关系的总合"③，而关于上层建筑之分为社会政治类和意识形态类的观点则占据了主流。而就两者之间的关系来看，"许多苏联哲学家批判了忽视或低估基础的决定性作用的主观主义表现。与此同时，多数哲学家也强调了经济发展的客观性，并反对不顾上层建筑的能动作用的关于经济发展的宿命论观点"。④

在此后的30年代，关于经济基础与上层建筑的本体论解读基本确定下来。它以典型化的方式在斯大林的《论辩证唯物主义与历史唯物主义》中得到呈现。其中，斯大林基于物质与意识之决定与被决定的关系论的社会投射，明确指出"社会的物质生活、社会的存在，也是第一性的，而社会的精神生活是第二性的，是派生的；社会的物质生活是不依赖于人们意志而存在的客观实在，而社会的精神生活是这一客观实在的反映，是存在的反映"。以此为前提，斯大林非常鲜明地指出，"社会的生产方式怎样，社会本身基本上也就怎样，社会的思想和理论、政治观点和政治设施也就怎样"，并且"生产方式的变化又必然引起全部社会制度、

①　[苏]布哈林：《历史唯物主义理论》，东方出版社1988年版，第265页。
②　[苏]布哈林：《历史唯物主义理论》，东方出版社1988年版，第269页。
③　[苏]叶夫格拉弗夫：《苏联哲学史》，商务印书馆1998年版，第192页。
④　[苏]叶夫格拉弗夫：《苏联哲学史》，商务印书馆1998年版，第192页。

社会思想、政治观点和政治设施的变化，即引起全部社会结构和政治结构的改造"。① 虽然此时斯大林并未明确使用经济基础与上层建筑的概念，并且他用"生产方式"与上层建筑相对峙本身表现出概念上的不清晰，却以非常明确的方式呈现了对经济基础与上层建筑的本体论解读。在之后的《马克思主义和语言学问题》一文中，斯大林对基础与上层建筑作了概念界定，认为"基础是社会在其一定发展阶段上的经济制度。上层建筑是社会的政治、法律、宗教、艺术、哲学的观点，以及同这些观点相适应的政治、法律等设施"。② 并且，"任何基础都有同它相适应的自己的上层建筑"，"如果基础发生变化和被消灭，那么它的上层建筑也就会随着发生变化和被消灭。如果产生新的基础，那就会随着产生同它相适应的上层建筑"。③ 这种过于机械化的理解严重影响了此后苏联理论家很长一段时间。

50 年代中期以后，苏联理论家开始对本体论的解读方式进行修正。这不仅体现为他们进一步明确了上层建筑的结构，并"指出把基础只归结为占统治地位的经济方式的生产关系是站不住脚的。社会的基础还包括残余的或新生的经济方式的生产关系"④，而且体现为苏联理论家对"关于随着旧的经济基础的消灭、旧的上层建筑也随之消灭"的过于僵化的理解展开批评，认为"这种论点必然导致否定旧的上层建筑中的进步成分，否定文化发展的继承性"⑤，而且更加突出上层建筑的"能动性作用"。例如，苏联科学院哲学教研室集体编著的《历史唯物主义概论》

---

① 《斯大林选集》(下卷)，人民出版社 1979 年版，第 443 页。
② 《斯大林选集》(下卷)，人民出版社 1979 年版，第 501 页。
③ 《斯大林选集》(下卷)，人民出版社 1979 年版，第 501—502 页。
④ ［苏］叶夫格拉弗夫：《苏联哲学史》，商务印书馆 1998 年版，第 232—233 页。
⑤ ［苏］叶夫格拉弗夫：《苏联哲学史》，商务印书馆 1998 年版，第 232—233 页。

强调,"在经济基础与上层建筑之间不单存在着单一的因果关系,思想和设施在一定的经济基础上产生出来,同时也给产生它们的经济基础和整个社会的发展以积极的作用"。[①] 该书甚至以"经济基础与上层建筑的相互作用"作为阐述两者之关系的内容的标题。但同样存在的事实是,关于两者之间关系的本体论解读方式仍然强劲地贯穿于这个时期苏联理论家的理论阐释之中。实际上,当《历史唯物主义概论》认为经济基础与上层建筑之间存在着"单一的因果关系"时,这种解读已然作为隐含的前提被包含于其中。同样在这本书中,苏联理论家们指出:"经济基础构成了生产方式这样一些方面,这些方面直接决定社会的上层建筑,即非生产性的社会生活领域的内容和性质。"[②]

二、本体论解读方式的理论缺陷

就其理论效应而言,苏联理论家予以定型的关于经济基础与上层建筑的本体论解读方式产生了深远的影响。从马克思主义发展的更为广阔的范围来看,"经济决定论"与反"经济决定论"的论争构成了其中的一条重要线索,而马克思主义之外的非马克思主义者、反马克思主义者更是以"经济决定论"为由对马克思展开了极尽所能的理论攻击。而就中国马克思主义发展的历程来看,它几乎以一种犹如理论"基因"的形式直接或间接地出现在马克思主义理论的教科书中,直到近年来伴随着人们对教科书的反思才逐渐受到质疑,并随之展开了各种新思考,但与此同时仍旧不乏各种辩护的声音。仅就本体论解读模式在苏联的广泛流行而言,笔者并不否认其所以如此的各种促成因素,如在理论

---

　　① 苏联科学院哲学教研室:《历史唯物主义概论》,河北人民出版社1987年版,第115页。

　　② 苏联科学院哲学教研室:《历史唯物主义概论》,河北人民出版社1987年版,第110页。

上以普列汉诺夫为典型代表的第二国际理论家的先行阐释的影响，在历史传统上缺乏科学精神而需要启蒙精神的激发，在实践上伴随着苏维埃政权的建立而需要集中精力加强经济建设，等等，并且，从历史性的视角来看，匹配于上述历史传统和实践诉求的因素，苏联理论家对经济基础与上层建筑的本体论解读在当时也的确抓住了时代的主要问题，并因此发挥出最大可能动员各种社会力量投身苏维埃社会主义建设的作用。但是，从本体论解读方式自身的理论特质来看，它存在着诸多致命的理论缺陷。

　　首先，本体论的解读方式不符合马克思的原意。纵观马克思为数并不多的关于经济基础与上层建筑及其关系的论述可知，马克思实际上并未以"决定"与"被决定"对两者予以定论。对此，恩格斯在 1890 年写给布洛赫的信中明确指出："……根据唯物史观，历史过程中的决定性因素归根到底是现实生活的生产和再生产。无论马克思或我都从来没有肯定过比这更多的东西。"[1] 也就是说，他们仅仅强调了"经济基础"在历史发展过程中的"决定性"或"基础性"作用，而非经济基础对上层建筑的决定作用。对此，广松涉非常正确地指出："历史唯物主义是对相对于上层建筑的经济基础的决定性加以立论，而不是对上层建筑的东西和经济基础的东西的因果决定关系……提出知性·机械论的主张。"[2] 马尔库什同样鲜明地指出："不可争议的是，这种对基础与上层建筑区别的'本体论'解读，即把它转换为物质与精神二分的社会折射，完全歪曲了他的理论。"[3] 为了更加充分地说明这个问题，我们有必要对马克思几处较为明确地论及此问题的相关论

---

① 《马克思恩格斯文集》（第 10 卷），人民出版社 2009 年版，第 591 页。

② ［日］广松涉：《唯物史观的原像》，南京大学出版社 2009 年版，第 63 页。

③ ［匈］乔治·马尔库什：《语言与生产——范式批判》，黑龙江大学出版社 2011 年版，第 187 页。

述略作分析。在标志着马克思历史唯物主义基本形成的《德意志意识形态》一书中，马克思指出："'市民社会'这一用语是在18世纪产生的，当时财产关系已经摆脱了古典古代的和中世纪的共同体。真正的市民社会只是随同资产阶级发展起来的；但是市民社会这一名称始终标志着直接从生产和交往中发展起来的社会组织，这种社会组织在一切时代都构成国家的基础以及任何其他的观念的上层建筑的基础。"① 在《路易·波拿巴的雾月十八日》中，马克思指出："在不同的财产形式上，在社会生存条件上，耸立着由各种不同的，表现独特的情感、幻想、思想方式和人生观构成的整个上层建筑。整个阶级在其物质条件和相应的社会关系的基础上创造和构成这一切。"② 尤其是马克思在《〈政治经济学批判〉序言》中关于历史唯物主义的"经典表述"，认为"生产关系的总和构成社会的经济结构，即有法律的和政治的上层建筑竖立其上并有一定的社会意识形式与之相适应的现实基础"。③ 纵观这些经典论述可以发现，马克思仅仅只是强调了"经济基础"在社会结构中的基础性作用，绝没有对其与上层建筑的关系作知性因果关系的设定。

其次，它无可避免地使得马克思的历史唯物主义倒退到其所彻底超越的形而上学唯物主义的水平。无论是有意为之还是无意之举，本体论的解读方式试图从"经济基础"的根基出发给予上层建筑领域以科学般的精确说明，从而分享了旧形而上学的思维方式。诚如科西克所言："这种观点首先从社会实在中抽出某些孤立的抽象，把它们提升为本体论的实存（因素），然后再把这些形而上学构造回馈到两种不同的关系中去，要么是相互作

---

① 《马克思恩格斯文集》（第1卷），人民出版社2009年版，第582—583页。
② 《马克思恩格斯文集》（第2卷），人民出版社2009年版，第498页。
③ 《马克思恩格斯文集》（第2卷），人民出版社2009年版，第591页。

用，要么是因果依存性。很自然，形而上学的出发点必然在所有这些活动上都打上它的印记。这个问题本身已经偷运了一个形而上学观点。"①按照黑格尔的教导，这种思维方式构成了思想对客观性的第一种态度，即"素朴的态度"，"一切初期的哲学，一切科学，甚至一切日常生活和意识活动，都可说是全凭此种信仰而生活下去"。②但是，从结果上看，这种态度必定使得思维停留于"真理"的表面，它"不以它自己的否定性本身为内容，它就根本不居于事物之内，而总是飘浮于其上；它因此就自以为它只作空无内容的断言总比一种带有内容的看法要深远一层"。③这种"自以为"便充分地体现在一切形而上学的思维方式总是力求基于预设的"本体"对"本体"之外的一切现象给予终结性的说明，"以为只消运用这些思维抽象规定，便可有效地作为表达真理的谓词"④，具体到关于经济基础与上层建筑之关系的本体论解读来看，就是力图通过概念化的"经济基础"而给予上层建筑的内容和性质以精确的说明。但是，在马克思看来，这无论如何是行不通的。对此，马克思在《〈政治经济学批判〉序言》中明确指出："随着经济基础的变更，全部庞大的上层建筑也或快或慢地发生变革。在考察这些变革时，必须时刻把下面两者区别开来：一种是生产的经济条件方面所发生的物质的、可以用自然科学的精确性指明的变革，一种是人们借以意识到这个冲突并力求把它克服的那些法律的、政治的、宗教的、艺术的或哲学的，简言之，意识形态的形式。"⑤显然，马克思在这里所作的两个"一种"的界分，明确地将可以精确说明的对象限定在经济基础领域，而对于"上

---

① ［捷克］科西克：《具体的辩证法》，社会科学文献出版社1989年版，第80页。
② ［德］黑格尔：《小逻辑》，商务印书馆1980年版，第95页。
③ ［德］黑格尔：《精神现象学》（上卷），商务印书馆1979年版，第40页。
④ ［德］黑格尔：《小逻辑》，商务印书馆1980年版，第96页。
⑤ 《马克思恩格斯文集》（第2卷），人民出版社2009年版，第592页。

层建筑"领域,必须借助于"自然科学的精确性指明"即决定论式的说明之外的方式予以把握。

再次,它无可避免地使得马克思历史唯物主义陷入"无批判的实证主义"的泥坑之中。马克思创立的历史唯物主义的根本旨趣在于深入剖析资本主义的内在运行机制,把握其内在固有的历史性限制,并以此为前提确定彻底颠覆资本主义社会的实践方案。由此,实践性、批判性和革命性便成为历史唯物主义的本质特征。对此,马克思明确指出:"对实践的唯物主义者即共产主义者来说,全部问题都在于使现存世界革命化,实际地反对并改变现存的事物。"① 也正因为如此,历史唯物主义构成真正的辩证的历史观,它坚持认为"一切依次更替的历史状态都只是人类社会由低级到高级的无穷发展进程中的暂时阶段"②,这无疑也包括标志着人类社会的史前时期之"告终"的资本主义社会。但是,本体论的解读方式恰恰从根本上消解了马克思历史唯物主义的辩证性本质。本体论解读模式或者说经济基础决定上层建筑的关系在理论上能够成立,必定要以两者的分离作为前提。而从人类历史发展的进程看,这一步恰恰是在现代资本主义社会中造成的,正如黑格尔所言,"市民社会是在现代世界中形成的"③,并且,在市民社会中,"由于特殊性必然以普遍性为其条件,所以整个市民社会是中介的基地"④。或者如马克思所言,"毫不相干的个人之间的互相的和全面的依赖,构成他们的社会联系"⑤,正是在此条件下,市民社会或经济领域便获得了自主性的运作特征而

---

① 《马克思恩格斯文集》(第1卷),人民出版社2009年版,第527页。
② 《马克思恩格斯文集》(第4卷),人民出版社2009年版,第270页。
③ [德]黑格尔:《法哲学原理》,商务印书馆1961年版,第231页。
④ [德]黑格尔:《法哲学原理》,商务印书馆1961年版,第231—232页。
⑤ 《马克思恩格斯全集》(第30卷),人民出版社1998年版,第106页。

与政治领域分离开来，并表现出对整个社会生活——包括人们的观念生活、政治生活——的首要的、决定性的塑造作用。所以，在这种历史性的限度内，我们可以声称经济基础决定上层建筑，但需要随之指出，它仅仅只是一种历史性的结论，而绝非普泛化的原则。从这个视角来审视本体论的解读方式可以发现，它恰恰将马克思基于特定历史阶段的历史实情而得出的具体的历史性的结论泛化成普遍的原则，而彻底背离了历史唯物主义的辩证法原则。与之相应，它同时也无意中将马克思由以得出具体结论的具体历史阶段即资本主义社会塑造成了永恒的自然社会。正如艾伦·伍德所说："这种理论已经把马克思所抨击的意识形态实践——对资产阶级来说，这种实践意味着确认资本主义生产关系的自然永恒性——永恒地保存下来了。"[①]

三、基于历史唯物主义阐释路向的新思考

有感于本体论解读模式或"经济决定论"的理论困境或重大缺陷，思想家纷纷寻求替代性方案，以期形成关于经济基础与上层建筑的更为合理的阐释方式。从逻辑上看，在经济基础与上层建筑相对峙的框架中，存在着如下可能的阐释方案，一是极力凸显经济基础的"经济决定论"的方案；二是极力凸显上层建筑的方案，而由于上层建筑本身既包括精神的或观念的，也包括政治机构或设施，因此，这种方案往往又可分为"精神决定论"和"政治决定论"两种；三是同时凸显"经济基础"与"上层建筑"的"多元决定论"方案；四是彻底消解任何一方之决定地位的"非决定论"方案。有趣的是，第二、第三、第四种方案作为第一种方案的替代性阐释，几乎按照时间上的次序先后出现。"精神决定

---

① ［加］艾伦·伍德：《民主反对资本主义——重建历史唯物主义》，重庆出版社2007年版，第22页。

论"的方案首先出现在由卢卡奇开启的各种实践派的理论阐释之中。深深感受到机械的经济决定论的内在理论困境，同时借助于对黑格尔哲学的重估，卢卡奇极力彰显无产阶级意识在变革历史总体中的主导性作用，认为只有无产阶级"有能力从自己的生活基础出发，在自己身上找到同一的主体—客体，行为的主体，创世的'我们'"。① 那么无产阶级靠什么而成为同一的主体—客体呢？答案是阶级意识。真正的无产阶级意识，是客观的历史趋势的自我认识，通过这一意识"就彻底改变了它的客体的对象性形式"②，从而达到主客体的同一。而其在理论上的后果则是，"不是马克思战胜了黑格尔，而是黑格尔修正了马克思"。③ 同样基于"经济决定论"的理论困境，同时有感于实践派理论家的困境，阿尔都塞提出了"多元决定论"的解决方案。他首先通过引入具体的实践情境，并将矛盾学说建立于其上，即"真实的矛盾总是同具体的环境紧密地结合在一起，因而真实矛盾只有通过环境并在环境之中才是可被辨认的和可以捉摸的"。④ 而由于在具体的实践情境中，矛盾并非以纯粹的状态而出现，其作用的发挥会"受到各种不同矛盾的影响，它在同一项运动中既规定着社会形态的各方面和各领域，同时又被它们所规定"⑤，因而表现出"多元决定"的格局。"多元决定论"在很大程度上克服了"经济决定论"或任何一种单一因素之决定论的缺陷，但是，"多元决定论"的方案仍旧存在着无法克服的困境。显然，阿尔都塞的"多

---

① ［匈］卢卡奇：《历史与阶级意识》，商务印书馆1999年版，第232页。

② ［匈］卢卡奇：《历史与阶级意识》，商务印书馆1999年版，第269页。

③ 参见［波］扎辛斯基：《卢卡奇〈历史与阶级意识〉中的马克思主义哲学问题》，《世界哲学》1990年第6期。

④ ［法］阿尔都塞：《保卫马克思》，商务印书馆2006年版，第89页。

⑤ ［法］阿尔都塞：《保卫马克思》，商务印书馆2006年版，第86页。

元决定"是基于具体的实践情境中诸多要素之间的相互作用而言的，既然如此，他就必定面临着如何处理"多元决定"与马克思的社会观和历史观的关系问题，"如果不把多元决定在马克思主义历史理论的概念中确立下来，这个范畴仍然会'落空'"。[1]但是，从历史理论的角度看，其所构筑的是"一元决定论"图景，又保留了经济"归根到底"的决定作用。如此一来，在阿尔都塞的思想总格局之中，"多元决定"所达到的非简化论的效果便是"通过在理论和历史之间建立僵硬的二元论来形成的"，并且，"这里存在一个悖论，因为在坚持理论和科学知识的独立自主性时——理论的和科学的知识相对于经验主义、唯意志主义、人道主义和'历史主义'的独立自主性——阿尔都塞又将结构决定论完全排除于历史之外，以此作为其理论的完成"。[2]

随后，经由阿尔都塞的继承者们"一方面放弃'粗略的经济主义'"，"另一方面，又在理论层面上，坚持相当粗略的决定主义"[3]，并通过这种方式将机械决定论和唯意志论同时并置于自己的理论之中。但是，这种并置很快被后来者冲破了，唯意志论最终战胜了决定论。这种战胜的更广泛的背景在于，20世纪六七十年代之后，资本主义"出乎意料"地迎来了自身发展的黄金时代，而无产阶级也并没有因为这种发展而"必然性"地作出反应，"决定论"由此彻底名誉扫地，反决定论的话语迅速蔓延。正如艾伦·伍德所描述的，"从20世纪60年代～70年代结构主义的马克思主义，经过'后马克思主义'的短暂时期，到当前时

---

① ［法］阿尔都塞：《保卫马克思》，商务印书馆2006年版，第96页。
② ［加］艾伦·伍德：《民主反对资本主义——重建历史唯物主义》，重庆出版社2007年版，第8页。
③ ［加］艾伦·伍德：《民主反对资本主义——重建历史唯物主义》，重庆出版社2007年版，第8页。

髦的'后现代主义'理论，贯穿于理论思想史转变中的，大部分是决定论令人失望的经历"。① 但是，非决定论的话语却将导向一种对历史之偶然性的碎片式述说之中，并使得任何一种严肃的历史理论变得不再可能。

纵观经济决定论以及它的种种替代性方案，除了"非决定论"的极端方式以外，其共同特点在于总是力图在理论上对经济基础与上层建筑的关系作出一劳永逸的理论解答，从而背离了马克思历史唯物主义本身具有的特殊性原则，以及循此原则而对经济基础与上层建筑之关系的具体的历史性的理论定向，诚如马克思所言："经验的观察在任何情况下都应当根据经验来揭示社会结构和政治结构同生产的联系，而不应当带有任何神秘和思辨的色彩。"② 具体言之，就马克思的历史唯物主义而言，我们需要在理论上作出阐释原则或路径与历史性结论的区分。作为伟大的理论变革的产物，其彻底终结了从政治或观念出发说明历史的唯心主义路向，开启了从物质生活生产和再生产出发阐释历史的唯物主义路向。对此，马克思明确指出："这种历史观和唯心主义历史观不同，它不是在每个时代中寻找某种范畴，而是始终站在现实历史的基础上，不是从观念出发来解释实践，而是从物质实践出发来解释观念形态。"③ 在马克思的理论语境中，从经济基础出发去阐释上层建筑无疑构成了从物质实践出发去阐释历史的原则具体体现，因而也是马克思通过唯物主义的路径阐释历史的核心环节。作为对社会结构的隐喻性说明，经济基础构成了社会的"下层"，上层建筑构成了社会的"上层"，从经济基础出发阐

---

① ［加］艾伦·伍德：《民主反对资本主义——重建历史唯物主义》，重庆出版社2007年版，第10页。
② 《马克思恩格斯文集》（第1卷），人民出版社2009年版，第524页。
③ 《马克思恩格斯文集》（第1卷），人民出版社2009年版，第544页。

释上层建筑，所遵循的正是从"下层"说明"上层"的理论路径，从而也必定是唯物主义的路径，诚如王南湜所言："马克思的历史观之所以是唯物主义的，正在于它是从作为下位的人们的感性的物质活动的经济基础出发，去解释全部历史包括居于上位的人们的观念、目的等精神生活的发展变化过程。"①

就此而言，马克思基于经济基础与上层建筑的隐喻性划分及其关系定向所构筑的首先是一种阐明历史的原则，而非两者之间关系的实体性定位。对此，马克思在上述关于他的历史观乃是"从物质实践出发解释观念的形成"的论述之前总结道："这种历史观就在于：从直接生活的物质生产出发阐述现实的生产过程，把同这种生产方式相联系的、它所产生的交往形式即各个不同阶段上的市民社会理解为整个历史的基础，从市民社会作为国家的活动描述市民社会，同时从市民社会出发阐明意识的所有各种不同的理论的产物和形式，如宗教、哲学、道德等等，而且追溯它们产生的过程。这样做当然就能够完整地描述事物了（因而也能够描述事物的这些不同方面之间的相互作用）。"② 显然，马克思基于经济基础与上层建筑的划分所澄清的首要乃在于他的历史观说明历史的路径，而非对经济基础与上层建筑之关系的结论性说明。一般而言，关于经济基础决定上层建筑的本体论解读的重要文本支撑是马克思于《〈政治经济学批判〉序言》中所作的关于历史唯物主义的"经典表述"，其中，马克思概括指出："人们在自己生活的社会生产中发生一定的、必然的、不以他们的意志为转移的关系，即同他们的物质生产力的一定发展阶段相适合的生产关系。这些生产关系的总和构成社会的经济结构，即有法律

---

① 王南湜：《认真对待马克思的"历史科学"概念》，《哲学研究》2010年第1期。
② 《马克思恩格斯文集》（第1卷），人民出版社2009年版，第544页。

的和政治的上层建筑竖立其上并有一定的社会意识形式与之相适应的现实基础。物质生活的生产方式制约着整个社会生活、政治生活和精神生活的过程。不是人们的意识决定人们的存在，相反，是人们的社会存在决定人们的意识。"[1]深入分析这段论述可知，马克思的理论意图并非对经济基础与上层建筑之关系进行实体性说明，而仍旧是对他的历史观的阐述原则的说明，这一点充分体现为马克思将上述概括确认为他长期研究过程中所得到的指导其研究工作的总的结果。作为阐明历史的基本原则，从作为基础地位的经济领域出发说明上层建筑领域具有普遍的适用性，对此，马克思在《资本论》的一段注释中针对当时美国的一家德文报纸的质疑明确反驳道："但有一点很清楚，中世纪不能靠天主教生活，古代世界不能靠政治生活。相反，这两个时代谋生的方式和方法表明，为什么在古代世界政治起着主要作用，而在中世纪天主教起着主要作用。"[2]

进一步来看，历史唯物主义又绝非停留于提出阐明历史的基本原则或路径，它还必须循着先行拟定的研究路径深入历史现实之中，并针对经济基础与上层建筑之间的关系作出历史性的具体结论。从这个视角看待经济基础与上层建筑的关系，我们便不能先于具体的研究而得出经济基础决定上层建筑抑或上层建筑决定经济基础的结论，否则，便像恩格斯所说的，将历史唯物主义变成"一个套语"，相反，经济基础与上层建筑之间的具体关系的理论澄清要根据具体的历史或实践情境而获得定向。因而相对于说明原则的普遍性来说，这种定向必定是具体的、历史的。对此，马克思基于整个人类历史发展进程的阶段性划分作出了明

---

[1] 《马克思恩格斯文集》(第 2 卷)，人民出版社 2009 年版，第 591 页。

[2] ［德］马克思：《资本论》(第 1 卷)，人民出版社 2004 年版，第 100 页。

确说明。经济基础对于整个社会生活的首要的决定性的作用仅仅只是近代资本主义社会以来的情形，而在以前的社会中，马克思认为上层建筑领域在经济基础归根结底起着决定性作用的前提下对整个社会生活塑造起着"主要的作用"。这一点从上述马克思对美国的一家德文报纸的批驳中可以看出。而在《1857—1858年经济学手稿》中，马克思再次明确指出："一切劳动产品、能力和活动进行私人交换（在此前提下，经济生活具有决定性的作用——引按），既同以个人相互之间的统治和从属关系（自然发生的或政治性的）为基础的分配相对立……又同在共同占有和共同控制生产资料的基础上联合起来的个人所进行的自由交换相对立。"[①] 而当马克思强调"相同的经济基础——按主要条件来说相同——可以由于无数不同的经验的情况，自然条件，种族关系，各种从外部发生作用的历史影响等等，而在现象上显示出无穷无尽的变异和彩色差异，这些变异和差异只有通过对这些经验已存在的情况进行分析才可以理解"[②] 时，则更是从关于历史唯物主义理论本质的高度澄清了历史性的具体定向下经济基础与上层建筑之关系的重大意义。

总结言之，合理理解经济基础与上层建筑之间的关系，必须区分马克思围绕两者所构筑的说明历史的普遍性原则与基于特定的历史情境所得出的两者之关系的具体结论。如此，我们便可跳出陷入任何单一因素决定论的怪圈，同时也就能够切中历史唯物主义的历史性与唯物主义相统一的方法论本质。在此前提下，关于经济基础与上层建筑的具体关系并非先行确立的公式，而是基于从经济基础到上层建筑的说明原则进行具体研究的结果。

---

① 《马克思恩格斯全集》（第30卷），人民出版社1995年版，第108—109页。
② 《马克思恩格斯全集》（第46卷），人民出版社2003年版，第894—895页。

第三节　社会形态及其演进理论

总体而言，苏联理论家之所以重视社会经济形态理论的研究，主要出于两个原因：一是此种研究为苏联社会主义社会形态研究提供了一般性理论指导。例如，科洛斯科夫针对 30 年代这个问题的研究的凸显概括道："社会经济形态理论，在历史唯物主义中居中心地位之一。由于我国进入了党和人民必须解决最复杂的社会经济、政治和意识形态任务的社会主义时期，社会经济形态理论引起苏联哲学家的密切关注。"① 叶夫格拉弗夫则在《苏联哲学史》中更为明确地指出："对这一范畴日益增长的关注，则是由于从理论上论证社会主义改造过程的各个方面的有机的统一性以及实践中加强这一统一性的客观必要性。"② 而如果说 50 年代以后社会形态理论再度成为苏联历史唯物主义研究的中心问题之一，那么，其原因仍然与此有着密切的关联，1958 年苏联《哲学问题》第一期发表的社论《提高到新任务的水平》明确要求，"哲学家研究社会主义形态产生和发展的一般规律性问题和不同国家从资本主义向社会主义过渡的特点问题"③。二是对社会经济形态理论之于历史唯物主义地说明人类历史的重要方法论意义。对此，拉津等人指出："'社会经济形态'范畴，作为一个整体化范畴，对于历史唯物主义这门社会哲学科学，有着重

---

① ［苏］科洛斯科夫：《苏联马克思列宁主义哲学史纲要（三十年代）》，求实出版社 1985 年版，第 97—98 页。

② ［苏］叶夫格拉弗夫：《苏联哲学史》，商务印书馆 1998 年版，第 190 页。

③ 贾泽林等：《苏联哲学纪事（1953—1976）》，生活·读书·新知三联书店 1979 年版，第 81 页。

要的方法论意义。历史唯物主义的任何一个重要范畴，都这样或那样地不是在'社会经济形态'概念中，就是在具体形态的概念中被联成整体。"①客观上而言，这两个方面的重要性无疑匹配于社会经济形态理论在历史唯物主义中的应有地位，并且，这项工作本身也具有重要意义和价值，毕竟马克思和恩格斯并未对这个理论作出专门而系统的阐述。为此，系统梳理和评析苏联理论家在理解社会经济形态理论问题上的基本倾向，尤其是把握其中的得与失，对于更加准确地理解马克思的社会经济形态理论及其在构筑历史唯物主义中的重要地位和作用，具有重要的启示和借鉴意义。

一、社会经济形态的概念界定与类型划分

从主导性的取向看，苏联理论家普遍认为，社会经济形态标志着人类历史发展中的一个特定阶段，是以生产关系之总和为核心内容的经济基础与上层建筑的具体统一体。对此，科洛斯科夫概括指出："出版物中指出了社会经济形态概念的下列典型特征：（1）生产方式和与其相适应的生产关系的总和是社会结构的物质基础；（2）处于一定历史阶段的社会，具有它所特有的作用规律和发展规律；（3）构成上述活生生的社会生产机体的社会生活各个方面的内在统一。"②从上述概括所覆盖的范围看，它主要反映的是30年代苏联理论家对社会经济形态的界定，且这种基本界定贯穿于整个苏联历史唯物主义理解的进程中。早在20年代初，布哈林明确指出，"社会只是存在于一定的劳动基础上，而既然与这种一定的基础、一定的'生产方式'相适应的有一定的'概

---

① ［苏］拉津主编：《历史唯物主义是社会哲学理论》，求实出版社1988年版，第59页。

② ［苏］科洛斯科夫：《苏联马克思列宁主义哲学史纲要（三十年代）》，求实出版社1985年版，第98页。

念形成方式'，那么也就可以理解，随之也就被给定了整个社会的类型，即从它的整体来看，而不只是从它的物质生产部分或经济部分来看的社会的类型"①，"社会的历史形式、这种形式的规定性，不仅涉及经济基础，而且涉及全部社会现象整体，因为经济结构也就决定了政治结构、意识形态结构"。② 米丁同样认为："作为社会基础的经济组织，还不能代表社会经济形态底全部概念"，"只有在社会底经济基础和适应着它的上层建筑（政治的和观念的形式底上层建筑）之具体的统一中，每一种社会经济形态才成为一个整体、成为一个活的'社会生产的机体'"③。而50年代以后的苏联历史唯物主义同样对社会经济形态作了大体上相似的界定。无论是在1959年出版的《马克思主义哲学原理》中，还是在1976年出版的《马克思列宁主义哲学原理》中，康斯坦丁诺夫等人都将社会经济形态界定为经济基础与上层建筑之间的统一。在前者中，他明确指出："马克思主义把社会经济形态理解为处于一定历史发展阶段上的社会，一定类型的社会制度，及其特有的生产方式、生产关系和建立在这种生产关系上面的、表现为历史上一定的思想和制度的上层建筑。"④

在上述主导性的概念界定方式之外，还存在着以巴加图利亚为典型代表的"另类"界定方式，即认为社会经济形态不是出于特定历史阶段的"社会"之全部，或者说不是指经济基础与上层建筑的统一，而是指一定的生产关系的总和。他指出："首要的和基本的意思是：社会经济形态就是历史上一定的即一定历史

---

① ［苏］布哈林：《历史唯物主义理论》，东方出版社1988年版，第275页。

② ［苏］布哈林：《历史唯物主义理论》，东方出版社1988年版，第276页。

③ ［苏］米丁：《历史唯物论》，新中国书局1949年版，第88页。

④ 袁贵仁等主编：《马克思主义哲学教学体系：历史与现状》（上册），北京师范大学出版社2011年版，第119页。

时代的生产关系的总和，就是一定时代的社会经济结构，经济基础，经济制度。这个一定历史时代的社会形式，只是指生产关系总和来说的社会（市民社会，交往形式），而不是指整个社会。"①无疑，巴加图利亚的界定是符合马克思的原意的。早在《雇佣劳动与资本》一书中，马克思便总结道："各个人借以进行生产的社会关系，即社会生产关系，是随着物质生产资料、生产力的变化和发展而变化和改变的。生产关系总合起来就构成所谓社会关系，构成所谓社会，并且是构成一个处于一定历史发展阶段上的社会，具有独特的特征的社会。古代社会、封建社会和资产阶级社会都是这样的生产关系的总和，而其中每一个生产关系的总和同时又标志着人类历史发展中的一个特殊阶段。"② 这里显然是将社会经济形态等同于生产关系的总和，而不是社会之全部。对此，赵学清指出："在马克思恩格斯著作中，'经济的社会形态'的本意是生产关系的总和。"③ 正是在《〈政治经济学批判〉序言》中，马克思说道，"无论哪一个社会形态，在它所能容纳的全部生产力发挥出来以前，是决不会灭亡的"④，而生产力与生产关系的矛盾运动构成了人类历史发展的基本动力，既然如此，这段话中的"它"，亦即"社会形态"就必定是指"生产关系"，而不是指"社会"之全部。而在《资本论》中，马克思再次对其根据物质生产关系划分经济形态的取向进行了说明，他指出："不论生产的社会的形式如何，劳动者和生产资料始终是生产的因素。但是，

---

① ［苏］巴加图利亚：《马克思的第一个伟大发现——唯物史观的形成和发展》，中国人民大学出版社 1981 年版，第 71 页。

② 《马克思恩格斯文集》（第 1 卷），人民出版社 2009 年版，第 724 页。

③ 赵学清：《"经济的社会形态"的本意与社会主义初级阶段的本质属性》，《南京政治学院学报》2013 年第 4 期。

④ 《马克思恩格斯文集》（第 2 卷），人民出版社 2009 年版，第 592 页。

二者在彼此分离的情况下只在可能性上是生产因素。凡要进行生产，它们就必须结合起来。实行这种结合的特殊方式和方法，使社会结构区分为各个不同的经济时期。"[①]

从理论效应上看，而且正如苏联理论家社会形态理论中所显示的，将社会经济形态视为经济基础与上层建筑的统一，导向了一种关于社会经济形态之类型划分与历史演进的简化论和单线论的倾向。就类型划分而言，这种简化论的理解表现在其将马克思基于人类历史演进历程中的共性抽象而概括的社会形态类型实体化为五种类型，即原始社会、奴隶社会、封建社会、资本主义社会以及社会主义或共产主义社会。早在 20 世纪 20 年代，关于社会经济形态的"五种类型说"已经在苏联学界提出。布哈林在《历史唯物主义理论》中概括了"原始共产主义""封建社会"和"资本主义社会"三种社会形态的特征。稍后，阿多拉茨基明确提出了"原始共产公社""奴隶制""农奴关系制度""资本主义制度""现代共产主义社会"[②] 五种社会形态说。而在 20 世纪 20 年代末 30 年代初苏联学界展开的带有浓烈政治色彩的关于"亚细亚生产方式"的学术讨论为五种社会形态说的主导地位的最终确立铺平了道路。从这场讨论的结果看，"多数的参加辩论者不同意'亚细亚生产方式'是一种特殊的形态的提法"[③]，尤其在 1931 年斯大林发表文章，明确指出"亚细亚生产方式"这一概念是违反马克思列宁主义的，从而最终将其彻底打入学术的禁区。持有"亚细亚生产方式"论的学者纷纷遭受政治上的沉重打击，而"亚细亚生产方式说"则被正式定为一种非马克思主义的学

---

① ［德］马克思：《资本论》（第 2 卷），人民出版社 2004 年版，第 44 页。

② ［苏］阿多拉茨基：《阿多拉茨基选集》，生活·读书·新知三联书店 1964 年版，第 87—88 页。

③ ［苏］叶夫格拉弗夫：《苏联哲学史》，商务印书馆 1998 年版，第 195 页。

说。随后，米丁等人明确指出："历史上社会经济形态底数目是
比较有限的。我们知道只有原始社会、古代社会、封建社会、资
本主义社会和未来的社会主义社会。"[①]而斯大林之后又再次确认
了这一划分，认为"历史上生产关系有五大类型：原始公社制的、
奴隶占有制的、封建制的、资本主义的、社会主义的"。[②]

　　苏联理论家关于社会形态类型的划分与其对社会形态的概
念界定之间存在着莫大的逻辑关联。社会经济形态作为经济基
础与上层建筑的统一，并且经济基础"决定"上层建筑，或者说
在经济基础与上层建筑之间存在着一一对应关系，这正如布哈林
所指出的，"社会类型既可以从社会的意识形态辨别，也可以从
它的经济辨别。从封建艺术可以得出封建生产关系的结论，从封
建生产关系可以得出封建艺术，或宗教，或一般思维的性质等等
的结论"[③]，"经济结构的类型也就决定社会政治结构的类型和意
识形态结构的类型"[④]，或者如斯大林所概括的，"在奴隶占有制
度下是一种社会思想、理论、观点和政治设施，在封建制度下是
另一种，在资本主义制度下又是一种"[⑤]，"社会存在怎样，社会物
质生活条件怎样，社会思想、理论、政治观点和政治设施也就怎
样"。[⑥] 在此前提下，关于经济基础与上层建筑之"统一"的复杂
情形必定处于视野之外。而实际情形是，正如马克思所言："任
何时候，我们总是要在生产条件的所有者同直接生产者的直接关
系——这种关系的任何当时的形式必然总是自然地同劳动方式和

　① ［苏］米丁：《历史唯物论》，新中国书局 1949 年版，第 90 页。
　② 《斯大林选集》(下卷)，人民出版社 1979 年版，第 446 页。
　③ ［苏］布哈林：《历史唯物主义理论》，东方出版社 1988 年版，第 275 页。
　④ ［苏］布哈林：《历史唯物主义理论》，东方出版社 1988 年版，第 283 页。
　⑤ 《斯大林选集》(下卷)，人民出版社 1979 年版，第 436 页。
　⑥ 《斯大林选集》(下卷)，人民出版社 1979 年版，第 437 页。

劳动社会生产力的一定的发展阶段相适应——当中，为整个社会结构，从而也为主权和依附关系的政治形式，总之，为任何当时的独特的国家形式，发现最隐蔽的秘密，发现隐藏着的基础。不过，这并不妨碍相同的经济基础——按主要条件来说相同——可以由于无数不同的经验的情况，自然条件，种族关系，各种从外部发生作用的历史影响等等，而在现象上显示出无穷无尽的变异和彩色差异，这些变异和差异只有通过对这些经验上已存在的情况进行分析才可以理解。"①

不仅如此，苏联理论家基于对社会经济形态之为经济基础与上层建筑之统一体的概念界定，以及以此为前提对人类历史中的社会经济形态的简化论理解，为构造一种"五大社会形态"按照时间顺序必然性地依次更迭的单线论的历史演进理论铺平了道路，并由此在根本上遮蔽了马克思历史唯物主义的特殊性原则以及在该原则基础之上的关于人类历史道路问题的特殊史观原则。

二、苏联理论家"单线论"的历史道路理论

英国著名马克思主义历史学家霍布斯鲍姆认为，在马克思和恩格斯去世后马克思主义者关于主要社会—经济形态的讨论中，"马克思和恩格斯的文本遭到了广泛的修正"，其中的重要倾向之一就在于"对马克思和恩格斯思想的极度简单化，把主要的社会—经济形态简化为所有人类社会以不同速度向上攀爬、最终达到顶端的单一阶梯"②。霍布斯鲍姆所批判的对马克思社会形态演进理论的"单线论"理解，主要是指苏联理论家在20世纪30年代所制定的"五大社会形态"演进理论，其核心要义在于认为人类历史的演进按照原始社会、奴隶社会、封建社会、资本主义社

---

① ［德］马克思：《资本论》（第3卷），人民出版社2004年版，第894—895页。
② ［英］霍布斯鲍姆：《如何改变世界》，中央编译出版社2014年版，第159页。

会以及社会主义社会的编年史式的顺序依次展开，并将其定位为人类历史发展的普遍规律，从而适用于每个国家和民族的历史进程。简单考察这一"单线论"的理论生成过程，它首先较早地为布哈林初步阐发。他指出："不存在'一般的'社会；社会的确总是以某种特定的历史外貌存在，用官场的话来说，是穿着时代的礼服出现的。"[①]而苏联学界关于"亚细亚生产方式"的讨论以及这场讨论所奠定的主要基调为"单线论"的普遍史理解模式铺平了道路。此后，以米丁为典型代表的苏联理论家构筑起了关于"五大社会形态"按照时间顺序依次更迭的普遍规律理论。他明确指出："社会经济形态底发展和更替为自然历史过程，这就是说，这种过程是按照必然的规律性的，而且到今日为止，它像自然现象一样，是不受人类意识底支配而独立发生的。"[②]对于马克思社会形态演进理论的"单线论"理解，斯大林可谓一锤定音，他在1938年的《论辩证唯物主义和历史唯物主义》一文中不仅概括了社会经济形态的五种类型，而且依照生产力决定生产关系的理论前提，对五大社会形态依次发生的历程作了较为详尽的描述，并认为"原始公社制度恰恰被奴隶占有制度所代替，奴隶占有制度被封建制度所代替，封建制度被资产阶级制度所代替，而不是被其他某种制度所代替"。[③]

50年代中期以后，随着苏联学界学术自由的提高，对马克思社会形态的"单线论"理解开始遭到质疑，其集中体现就是，虽然在具体理解上存在诸多差异，但一些苏联理论家坚持认为亚细亚生产方式是一个独立的社会形态[④]。特别是在苏联史学界和哲

---

① ［苏］布哈林:《历史唯物主义理论》，东方出版社1988年版，第275页。

② ［苏］米丁:《历史唯物论》，新中国书局1949年版，第85页。

③ 《斯大林选集》（下卷），人民出版社1979年版，第441页。

④ 参见贾泽林等:《苏联当代哲学（1945—1982）》，人民出版社1986年版，第206页。

学界甚至有一种观点认为，马克思关于五种社会经济形态的学说，尤其是关于奴隶占有制和封建社会经济形态的论断不适用于古代东方各国。有些人提出要对古代东方前资本主义社会经济形态进行细致"分类"①。但就苏联主导性的理解模式而言，"单线论"并未得到彻底的更正。一方面，这个时期的苏联理论家仍旧普遍否定"亚细亚生产方式"的历史特殊性以及以此为起点开启新的历史道路的可能性，"至今参加争论的人中谁也没有成功地、多少令人信服地证明'亚细亚'生产方式的那些特点的存在，而他们却把这种生产方式看作是特殊形态的基础。而如果是那样的话，那么就没有任何根据说必须作新的历史分期，存在着欧洲和亚洲的根本不同的路线，等等"②；另一方面，关于人类历史呈现为五种社会形态依次更替的观点仍然普遍存在。例如，康斯坦丁诺夫等人在《马克思列宁主义哲学原理》一书中认为，"社会的历史是社会经济形态发展和更替的历史。按照占统治地位的所有制形式（生产关系）的不同，通常分成五种基本的社会经济形态：原始公社的，奴隶制的，封建主义的，资本主义的和共产主义的"。③同样，拉津等人在《历史唯物主义是社会哲学理论》一书中认为，"历史唯物主义依据部门社会科学，首先是政治经济学和历史学的材料，肯定历史过程阶梯上有五种社会经济形态：原始公社、奴隶占有制社会、封建社会、资本主义社会和共产主义社会"④，并且，"这个由一种形态转变为另一种形态的革命过

---

①　贾泽林、王炳文等：《苏联哲学纪事（1953—1976）》，生活·读书·新知三联书店1979年版，第336页。

②　苏联科学院哲学教研室：《历史唯物主义概论》，河北人民出版社1987年版，第129页。

③　［苏］康斯坦丁诺夫：《马克思列宁主义哲学原理》，生活·读书·新知三联书店1976年版，第313页。

④　［苏］拉津：《历史唯物主义是社会哲学理论》，求实出版社1988年版，第57页。

程，同在它之前的、要被否定的形态的进化过程一样，也是自然历史过程。而且，所发生的变化是不可逆转的"。①

固然，在坚持五大社会形态依照时间顺序依次更迭的前提下，基于"单线论"与许多史学新发现之间的冲突，苏联理论家又在理论上作出了调整和完善，即借助于一般与个别辩证统一的原则，将五大社会形态的依次更迭界定为人类历史发展的最一般的规律，同时认为具体国家和民族在社会形态演进过程中有局部和暂时的偏离，从而由此承认人类历史发展过程的多样性。较为典型的例子首先表现为康斯坦丁诺夫等人的观点："社会形态的顺序并不是每个民族的历史都应当遵循的必定模式。因为一些民族在发展中停滞不前，而另一些民族则越过某些社会形态。历史还演化出各种过渡的形态"，"尽管各个国家、各个民族的历史发展道路极其多式多样，但历史中总是存在着某种重复性、规则性和规律性"。②拉津等人也进行了类似的调整。他们首先通过区分历史的纵向和横向两个维度，并将社会形态顺次更迭的理论限定在纵向维度上，认为它体现了人类历史的普遍性规律。而在横向维度上，即"在社会机体相互影响这个层次上，社会的发展规律则是不平衡性。由不平衡规律的作用，人类从低级形态向高级形态的运动便呈现出：在一种世界历史条件下，走在进步前列的是这些民族；在另一种世界历史条件下，走在进步前列的则是另一些民族"。③就此种调整所表现出来的明确意图而言，它乃是试图通过引入具体国家和民族的特殊情形来对五大社会形态演进理论予以补充和完善。无疑，这一调整表现出极大的合理

① ［苏］拉津：《历史唯物主义是社会哲学理论》，求实出版社1988年版，第63页。
② ［苏］康斯坦丁诺夫：《马克思列宁主义哲学原理》，生活·读书·新知三联书店1976年版，第313页。
③ ［苏］拉津：《历史唯物主义是社会哲学理论》，求实出版社1988年版，第64页。

性，但它仍旧没有在逻辑上逃离单线论的牢笼，或者如吴晓明教授所言：它"只是在表面上调和了历史道路理论的所谓形式规律与经验内容的对立"①。问题的关键在于，在这种调和中，五大社会形态按照时间顺序必然向前攀升的观念仍旧作为根本前提而获得确立，在此基础之上所作的任何诸如偏离、倒退的补充归根到底是基本原则之外的，或者说是历史唯物主义之外的。这一点充分体现于拉津将特殊史排除于历史唯物主义之外的认识之中，即其认为"历史唯物主义是哲学学科，它研究作为自然历史过程的社会发展的纵深层次，即这个过程中的一般这个层次，而形态层次和形态间的层次就是这种一般。历史科学研究自然历史过程中的特殊和单一。这种特殊和单一，便是全人类发展中的历史时代和与之相适应的、个别社会机体发展中的历史阶段"。②

　　究其要义，苏联理论家对马克思社会形态演进理论的"单线论"理解包含的主要理论特质在于认为五大社会形态之间不仅有着时间上的编年史式的顺序，而且其间的依次转变有着不可移易的自然必然性。但是，无论从哪个方面看，两种特质都是从外部强加于马克思社会形态演进理论之上的，都体现了对马克思社会形态理论的"修正"。首先，就"单线论"强调"五大社会形态"有着依照时间顺序依次更迭的编年史性质来看，并不符合马克思社会形态理论的真实情况。这种依次更迭论的首要文本依据实际上就是马克思在《〈政治经济学批判〉序言》中关于历史"演进"的"经典概述"，即"大体说来，亚细亚的、古典古代的、封建的和现代资产阶级的生产方式可以看做是经济的社会形态演进

---

　　① 吴晓明：《马克思的历史道路理论及其具体化承诺》，《哲学研究》2013年第7期。

　　② ［苏］拉津：《历史唯物主义是社会哲学理论》，求实出版社1988年版，第66页。

的几个时代"。① 从表面来看,如果我们将其中的"亚细亚的"与"古典古代的"分别置换成"原始社会"与"奴隶制社会",并且在"资产阶级的生产方式"之后加上一个"社会主义社会",那么,苏联理论家所坚持的五大社会形态理论就完成了。但是,只要深入马克思作此概述的具体语境,就可以发现,这种理解显然是有问题的。

为了有效说明这个问题,我们需要深入考察马克思在《〈政治经济学批判〉序言》中的这段论述的原初语境。就文本的产生来看,它是马克思为即将出版的《政治经济学批判》第一分册写的序言,而分册又是从《1857—1858 年经济学手稿》中抽出一部分内容扩充而成的。所以,为了更为确切地阐明马克思上述排列的意义,我们还需对《1857—1858 年经济学手稿》中的相关论述作一简单考察。正是在这部手稿的《资本主义生产以前的各种形式》一节中,马克思为了追溯资产阶级生产方式的历史起源而对其以前的社会形式作了详尽考察。其中,马克思将"亚细亚公社所有制"视为一切文明民族的初期。他说道:"近来流传着一种可笑的偏见,认为原始的公社所有制是斯拉夫人特有的形式,甚至只是俄罗斯的形式。这种原始形式我们在罗马人、日耳曼人、克尔特人那里都可以见到,直到现在我们还能在印度人那里遇到这种形式的一整套图样,虽然其中一部分只留下残迹了。仔细研究一下亚细亚的尤其是印度的公有制形式,就会证明,从原始的公有制的不同形式中,怎样产生出它的解体的各种形式。例如,罗马和日耳曼的私有制的各种原型,就可以从印度的公有制的各种形式中推出来。"② 这里的"推出来"本身充分表明马克思不

---

① 《马克思恩格斯文集》(第 2 卷),人民出版社 2009 年版,第 592 页。

② 《马克思恩格斯全集》(第 31 卷),人民出版社 1998 年版,第 426 页。

是在记录一个如实发生的过程，"几个时代"也必定不是时间意义上的排列，否则马克思便不会在这种形式之后紧接着用"第二种"和"第三种"分别展开"古典古代的"和"日耳曼的"所有制形式的理论阐述。

其次，就"单线论"认为"五大社会形态"的顺次更迭具有按照一种不可移易的自然必然性展开的普遍规律性特质而言，同样体现了对马克思社会形态演进理论的"修正"。根据马克思在《资本主义生产以前的各种形式》中的分析，"原始的公社所有制"本身因为种种外界的，即气候的、地理的、物理的乃至历史的种种因素的影响，发生了向次生形态乃至再生形态的转变，在东方社会，其在总体上演化为"亚细亚的生产方式"，并在复杂性因素的影响下由此前提走向了"各自"独特的前资本主义形式，即"在欧洲的影响下，带农奴制色彩的俄国公社，由于内在的必然性，开始了向资本主义的过渡；而印度村社却同远古时期一样，带着浓厚的奴隶制色彩"[①]；而在古希腊罗马，则出现了"古典古代"的形式，其中公共财产和私有财产并存，并且私有制逐渐战胜公有制而产生了奴隶制。对此，马克思在 1877 年《给〈祖国纪事〉杂志编辑部的信》中指出，"罗马的无产者并没有变成雇佣工人，却成为无所事事的游民……和他们同时发展起来的生产方式不是资本主义的，而是奴隶制的"。[②] 最后，在作为"原始公社所有制"再生形态的"日耳曼形式"中，个人所有制占据主导地位，公社所有制仅仅只是个人所有制的补充，其最终演化为独特的农奴制，并由此产生出近代西方的资本主义私有制。

综上所述，"单线论"将人类历史视为"五种社会形态"必然

---

① 孙承叔：《打开东方社会秘密的钥匙》，东方出版中心 2000 年版，第 20 页。
② 《马克思恩格斯文集》（第 3 卷），人民出版社 2009 年版，第 466 页。

按照时间顺序依次更迭的历程，实为对马克思社会形态理论的严重误解。但问题还在于，我们该如何理解马克思在《序言》中的逻辑编排的理论意义呢？为了充分说明这个问题，必须在澄清历史唯物主义之首要的基本的特殊性原则的基础上，对马克思的特殊史观予以深刻的把握。

三、马克思社会形态演进理论的真实意蕴

作为历史唯物主义的重要原理之一，对马克思社会形态演进理论作合理的理解有赖于深刻领会历史唯物主义阐述历史的特殊性原则。与以往的一切旧的历史理论总是从观念的或政治的动因出发阐述历史，从而是唯心主义的历史观根本不同，马克思则确立了从"物质生产"出发阐明历史的全新路向。从其理论效应看，它不仅导向了唯物主义的历史观，而且塑造出科尔施所言的"新的、革命的社会科学首要的基本原则"[1]，即特殊性的原则。问题的关键在于，马克思虽然不否认概括出各个时代的物质生产的共同特征即"生产一般"在理论上的意义，认为"生产一般是一个抽象，但是只要它真正把共同点提出来，定下来，免得我们重复，它就是一个合理的抽象"[2]，但就对历史的理解而言，马克思则明确认为："一切生产阶段所共有的、被思维当作一般规定而确定下来的规定，是存在的，但是所谓一切生产的一般条件，不过是这些抽象要素，用这些要素不可能理解任何一个现实的历史生产阶段。"[3]换言之，为了切实地理解任何一个现实的历史阶段，必须从构成这个历史阶段的主导性的并且特殊的物质生产出发。也正是因为如此，作为以深入剖析资本运行规律为理论

---

① ［德］卡尔·科尔施：《卡尔·马克思——马克思主义的理论和阶级运动》，重庆出版社 1993 年版，第 6 页。

② 《马克思恩格斯全集》(第 30 卷），人民出版社 1995 年版，第 26 页。

③ 《马克思恩格斯全集》(第 30 卷），人民出版社 1995 年版，第 29 页。

旨趣的马克思明确强调"现代资产阶级生产——这种生产事实上是我们研究的本题"①，从而由此表现出其在理论阐述上的特殊性原则，即将自己的理论建立于承认历史之内在发生的本质性差异的基础上，着重强调不能"因为有了统一""而忘记本质的差别"②。这就从根本上超越了任何一种在纵向上将所有历史阶段纳入统一的理论模式，从而彻底丧失历史性原则的历史理论。

而就本章所关注的主题而言，历史唯物主义的特殊性原则必定内在性地导向特殊性的历史观。从本质上而言，马克思的特殊性原则彻底否定一切旧理论力图非历史性地建构适用于整个人类历史的普遍模式的做法，认为每一个民族、国家和地区因自己的传统、风俗、习惯等等因素的制约和影响而表现出自己历史发展进程的特殊性。套用马克思关于历史阶段之纵向维度的本质差异的历史发生，这体现为各个民族、国家和地区之间的横向维度的本质差异的历史发生。进一步看，这种横向维度的本质差异的发生在其历史进程之承担者的特殊内容中有其根据。对此，虽然黑格尔将世界历史视为唯一的精神性主体主导的过程，从而首要地表现出绝对性的同时也是唯心主义的普遍史观，但是基于对绝对精神在每一次具体进展中的特殊体现而对特殊性原则有着深刻体悟，黑格尔也明确认为，"在世界精神所进行的这种事业中，国家、民族和个人都各按其特殊的和特定的原则而兴起，这种原则在它们的国家制度和生活状况的全部广大范围中获得它的解释和现实性"。③这种基于特殊性原则而对国家、民族之历史道路的特殊性的申明无疑得到了马克思的首肯，但与黑格尔将民族的特殊性视为绝对精神之一般的具体展现根本不同，马

---

① 《马克思恩格斯全集》(第30卷)，人民出版社1995年版，第26页。
② 《马克思恩格斯全集》(第30卷)，人民出版社1995年版，第26页。
③ [德]黑格尔:《法哲学原理》，商务印书馆1961年版，第353页。

克思则基于现实的个人的一定的生产方式的前提深入特定民族的历史内容中,并遵循其"本身的辩证法"来探寻其历史生成和未来走向的特殊性,由此,则首要地表现出唯物主义性质的特殊史观。

对于这种特殊史观,马克思在 1877 年《给〈祖国纪事〉杂志编辑部的信》中批判俄国的米海洛夫斯基时作了明确的说明。他说道:"他一定要把我关于西欧资本主义起源的历史概述彻底变成一般发展道路的历史哲学理论,一切民族,不管它们所处的历史环境如何,都注定要走这条道路,——以便最后都达到在保证社会劳动生产力极高度发展的同时又保证每个生产者个人最全面的发展的这样一种经济形态。但是我要请他原谅。(他这样做,会给我过多的荣誉,同时也会给我过多的侮辱。)"①就这段话的理解而言,主要涉及两层意思:第一,马克思反对那种企图为整个人类历史构筑普适性进展模式的做法,从而表现出与传统历史哲学的根本差异。维柯的"典型历史"、孔多塞的"人类进步史纲要"、黑格尔的"理性的狡计"等,无不体现了这种倾向。但在马克思看来,"极为相似的事变发生在不同的历史环境中就引起了完全不同的结果。如果把这些演变中的每一个都分别加以研究,然后再把它们加以比较,我们就会很容易找到理解这种现象的钥匙;但是,使用一般历史哲学理论这一把万能钥匙,那是永远达不到这种目的的,这种历史哲学理论的最大长处就在于它是超历史史的"。②也就是说,为了科学把握历史进程,必须对"特定"的历史环境进行具体分析,既从中追溯其独特的历史起源,又从中探寻其走向未来的独特道路。"一切民族"如何转向社会主义,并

----

① 《马克思恩格斯文集》(第 3 卷),人民出版社 2009 年版,第 466 页。
② 《马克思恩格斯文集》(第 3 卷),人民出版社 2009 年版,第 466—467 页。

无统一的模式，确定一个民族如何实现社会主义，必须以这个民族的特殊环境为根本依据。而由于各个民族环境之间的差异性，实现社会主义的具体道路应该是多样化的。

但是，正如每个时代的生产的独特性并不否认其间存在着共性的东西即"生产一般"一样，基于具体的环境探寻其内在发生的独特历史进程，并不排斥从中抽象出一些共性的东西，它表现为每个民族都在其历史进程中表现出或将要表现出"生产方式"的历史更替，并且其间有着从低级向高级发展的共同规律，并且推动这种发展的动因在于物质生产的发展，或者说在于生产力与生产关系的矛盾运动。对此，马克思明确指出："只要更仔细地考察，同样可以发现，所有这些关系的解体，只有在物质的（因而还是精神的）生产力发展到一定的水平时才有可能。"[1] 因此，从低级向高级的发展过程，便是生产力水平不断提升的过程，也是生产关系不断更新的过程，并且每一次更新，都表现出更大的个体发展空间。这个基于理论抽象的"共同性"无疑蕴涵于马克思在《〈政治经济学批判〉序言》中关于经济的社会形态演进的概述中。其中，对于被统称为"人的依赖关系"阶段的"亚细亚的""古典古代的"和"日耳曼的"三种形式，马克思概括指出："在所有这些形式中，土地财产和农业构成经济制度的基础，因而经济的目的是生产使用价值，是在个人对公社（个人构成公社的基础）的一定关系中把个人再生产出来。"[2] 以此总体认识为前提，马克思以生产力发展或者个人发展的空间大小为视角，对三种"社会形式"进行了更加细致的逻辑安排。其中，之所以将"日耳曼"的社会形式置于"古典古代的形式""之后"，是因为在其中，个体私

---

① 《马克思恩格斯全集》（第30卷），人民出版社1995年版，第497页。

② 《马克思恩格斯全集》（第30卷），人民出版社1995年版，第476页。

有制占据了主导地位，其中，"不是单个人的财产表现为公社为中介，恰好相反，是公社的存在和公社财产的存在表现为以他物为中介，也就是说，表现为独立主体互相之间的关系"①，这就为个人摆脱"公社"的限制，从而实现个人更快的发展奠定了基础。而在古希腊罗马的社会形式中，出现了公有制和私有制的并存局面，单个人的财产本身不再"直接就是公社财产"，这同样为"使个人的能力得到更大的发展"奠定了基础，但相对于"日耳曼"的社会形式中所确立的主导性的个体所有制以及以此为基础的个人能力的发展而言，这种社会形式中的个人发展"相对而言"所受的"公社"限制更大，因而马克思将其置于"日耳曼"的社会形式"之前"。同样，在"亚细亚的"社会形式中，公社或国家所有制占据了主导地位，单个人的财产"本身直接就是公社财产"，这便阻碍了个人"个体化"的进程，也正因为如此，马克思将其置于"古希腊罗马的"和"日耳曼的"社会形式"之前"。

因此，就马克思概括的五种生产方式的"更替"（无疑也包括马克思所概括的"三大社会形态理论"）而言，它本身并不构成适用于任何一个民族或国家的普遍道路模式，但其中包含的"共性"的东西恰恰构成了其自身的真实的理论意义，即我们可以通过将其融入具体的环境，发挥其作为理论应有的定向或指南的作用。

第四节　个人与社会关系理论

纵观苏联历史唯物主义的发展历程，关于个人与社会之关系问题的实在论理解贯穿始终。在 20 世纪 50 年代中期以前，个人

---

① 《马克思恩格斯全集》（第 30 卷），人民出版社 1995 年版，第 475 页。

与社会之关系问题在苏联理论家的视野中总体上处于缺失状态，但这种缺失恰恰建基于个人与社会之关系问题的实在论理解。50年代中期以后，由于个人问题研究的凸显以及个人与社会之关系问题的专题化，苏联理论家在这个问题的理解上发生了诸多变化，但社会实在论的理解取向并未得到彻底的超越，而是以一种潜在的形式隐藏于理论阐释的底层。作为关涉历史唯物主义理论特质的基本问题之一，此种实在论化的片面解读造成了与之密切相关的一系列理论后果。

一、50年代中期以前的实在论理解

总体上看，在50年代中期以前的苏联历史唯物主义理论中，个人问题并未获得其应有的地位。与此相应的是，个人与社会的关系问题也处于总体上的缺失状态。对此，苏联理论家科瓦尔宗作了很好的概括，他指出："人们一直认为，历史唯物主义就是一种社会和社会发展理论，因此它不应当研究个性和个人的问题。反对把'社会与个人'问题写进历史唯物主义的意见很多。"[①] 这种缺失的充分例证还在于，在这个时期的苏联教科书中，除了布哈林在1921年撰写的《历史唯物主义理论》中的第四章"社会"中设置了"社会与个人"一节之外，其他均未设置关于这个问题的专门论述。

从根源上看，这一情形是由多重因素促成的。首先，它与这个阶段人的问题在苏联哲学中遭到普遍忽视的大的理论背景有着密切的关联，而这种忽视又与当时苏联学界对西方资产阶级思想家关于个人问题的讨论的极度漠视相互映照，从而强化了对个人及其与社会之关系问题的忽视。其次，个人问题的普遍忽视与

---

① 马立实编：《苏联哲学家论辩证唯物主义和历史唯物主义问题》，人民出版社1985年版，第198页。

苏联社会主义社会的运行机制有着紧密的关联。在单一的社会管理体制、政治管理体制和意识形态管理体制下，个体除了融入整体之外就毫无价值，或者说，个人的现实生活和活动并无其自身意义和价值。此种关于个人地位和价值的基本认知在"个人崇拜"的"迷信"氛围下更是得到了强化，从而导致了个人及其与社会之关系问题在理论视野中的彻底消解。最后，也最为直接的是，它还源于苏联理论家对历史唯物主义理论的总体认知，即其是关于整个人类社会发展过程之普遍性规律的科学理论。在此种认识的主导下，研究社会整体似乎才是历史唯物主义的真正"主业"，而研究个人问题似乎是"不务正业"。对此，格里戈里扬概括指出："历史唯物主义研究局限于社会和历史问题的研究，历史唯物主义首先被看作关于历史过程的学说和社会的哲学—社会学理论。在这里，人首先被看作社会关系的承担者，历史的客观规律性运动的体现者和传导者。作为社会生活的相对独立的和积极创造的因素、作为社会发展的条件和目的、最后作为完整的生物社会存在的人的问题，被置于视野之外。"[1]

进一步来看，虽然这个阶段个人与社会之关系问题总体上处于缺失状态，但这种缺失的背后却隐藏着苏联理论家关于这个问题的社会实在论理解取向。就一般意义而言，社会实在论乃是对认为个人才具有实在性的社会唯名论的颠倒，在它看来，"社会这样的东西，具有无法还原到诸个人及其行为的代数和的固有存在性，个人只不过是不能独立存在的分支存在而已"。[2] 社会实在论由此将社会看作是"更本质性的""更高的目的"，而个人只是用来为社会服务的手段，因而是不怎么重要的。此种关于个人

---

[1] 参见贾泽林等:《苏联当代哲学（1945—1982）》，人民出版社1986年版，第274页。

[2] ［日］广松涉:《物象化论的构图》，南京大学出版社2002年版，第61页。

与社会之关系的认知构成了这个阶段苏联理论家的主导性取向。具体来说，既然社会处于个人之外并且高于个人，并且个人只有融入社会整体才能获得其自身存在的意义和价值，那么，历史唯物主义对社会整体演进规律的把握本身就已经包含着对个人问题的解决。

此种社会实在论的理论取向被布哈林直接点明。在他看来，社会由单个的人组成，但"社会绝非简单的人的堆积，人的总量"①，"社会作为一个整体，大于它的各部分的总量"。②从本质而言，此种认知恰恰隶属于将个人与社会关系比附为部分与整体之关系的整体主义路向，在整体主义路向中，部分服从于整体，整体高于部分，这种比附应用于个人与社会关系时，实际上就是典型的社会实在论路向，即认为个人隶属于社会，并且社会高于个人。对此，布哈林也作了明确论说，他指出："个人从社会环境中得到自己的动因，个人的活动受社会环境及其发展条件限制，社会条件决定着个人的作用，如此等等。社会优先于个人。或者，用学者们的行话来说，存在着社会对个人的优先地位。"③而既然社会优先于或高于个人，那么，在基本的理论阐述上就应该遵循从社会到个人的基本路向。正如他所说："'个人'始终充满了社会内容；为了理解社会的发展，就应当从考察社会条件入手，必要时从这些条件进而考察个人，而不是反其道而行之。从社会关系中……我们可以或多或少地说明个人的发展；而从'个人'的发展中我们绝不可能说明社会的发展。"④

虽然在布哈林之后的很长一段时间，关于个人与社会关系

---

① ［苏］布哈林：《历史唯物主义理论》，东方出版社1988年版，第100页。

② ［苏］布哈林：《历史唯物主义理论》，东方出版社1988年版，第101页。

③ ［苏］布哈林：《历史唯物主义理论》，东方出版社1988年版，第109页。

④ ［苏］布哈林：《历史唯物主义理论》，东方出版社1988年版，第109页。

的问题在苏联教科书中基本上被"隐去",但这种"隐去"本身也遵循了布哈林所阐释的基本路向。因为,既然社会优先于个人,既然对社会的阐释本身已经内在地包含着关于个人问题的见解,那么,将其作为一个专门问题纳入内容的铺展之中也就没有必要。就此而言,米丁的理解极具代表性。在 60 年代撰写的《作为哲学研究对象的人》一文中,米丁不无道理地指出:"个人是马克思主义哲学关注的中心,与费尔巴哈式的旧的、古典的人类学不同,马克思主义哲学的人不是一般的人,而是社会的、具体的、历史的、进行生产的人。"[①]但是,在涉及两者的关系时,他认为"历史唯物主义理论是科学地解决人和社会问题的基础,按照这个理论,社会乃是以物质生产为基础的社会机体,它有自己所固有的独特的规律性。马克思主义哲学和它的彻底的唯物主义认识论,以及它的社会的、历史的分析,乃是对人的真正科学的、哲学的解释"[②]。既然如此,也就不难理解,其在 30 年代编著影响深远的《辩证唯物主义与历史唯物主义》一书中缘何没有将"个人与社会"关系问题纳入内容的设置了。

社会实在论割裂了个人与社会基于实践基础而发生的相互生成、相互诠释的辩证关系,而社会由此则变成处于个人之上的"自治性"存在。从这个角度看,这种理解恰恰匹配了苏联理论家的主导性历史观,即将历史视为外在于个人的"自然历史过程"。两者之间的内在关系在于,历史无非是社会的纵向展开过程,而既然社会是外在于人的存在,那么,人类历史过程就也是外在于个人的纯粹客观的自然历史过程。

---

① 衣俊卿等主编:《当代学者视野中的马克思主义哲学——东欧和苏联学者卷》(上),北京师范大学出版社 2008 年版,第 186 页。

② 衣俊卿等主编:《当代学者视野中的马克思主义哲学——东欧和苏联学者卷》(上),北京师范大学出版社 2008 年版,第 186 页。

二、50 年代中期以后的新理解

50 年代中期以后，很多苏联理论家开始将个人问题确立为马克思主义哲学的中心问题，个人与社会之关系问题开始得到专门的思考，并提出了许多深刻的见解。就这个时期出版的一系列教科书和论著来看，它们普遍将这个问题作为专题纳入其中。但从总体上看，苏联理论家关于个人与社会关系问题的实在论理解方式并未得到彻底的清除，而往往以潜在观念的形式贯穿于这个阶段苏联理论家关于个人与社会之关系问题的理论阐释中。

变化之一首先突出地表现为，一些苏联理论家开始以实践为基础辩证地理解个人与社会的关系，即认为社会的产生源自个人的实践活动，个人与社会的关系表现为实践活动基础上的相互作用的辩证关系，并随着实践活动的变化而变化，从而呈现为具体的历史性的关系。对此，格里戈里扬的观点具有代表性，在他看来，在马克思主义中，那种关于个人与社会相互对立的观点"在社会实践和具体历史的人的概念中得到了克服。马克思主义的出发点不是抽象的人的个体，也不是无个性的社会机体，而是作为人的各种关系的具体历史体系的社会。社会不仅是决定人的行为的客观条件和环境，而且也是创造和改造这些环境的人们经常进行的活动。正是在人们的实践活动过程中，实现着社会与人之间的内在的本质的联系，表现着它们的相互依赖性"。[①]同样，伊利切夫认为，"马克思列宁主义经典作家所奠定的通过分析人的活动和社会关系来研究人的立场是指导性的方法论原则"，对人的本质的哲学考察"应当彻底贯彻活动与社会关系辩证统一的

---

① ［苏］格里戈里扬：《关于人的本质的哲学》，生活·读书·新知三联书店1984年版，第178页。

原则"①。毫无疑问，此种理解走近了马克思。

但是，上述理解并未占据主导性的位置。就这个时期的"正统"理解而言，虽然因为对个人与社会之关系问题的"专题"式思考而在理论上得到深入，并相对于 50 年代中期之前的实在论理解模式而发生了很多变化，但社会实在论的观念并未得到彻底清除。相对于上文论述的变化之一，我们将其概括为变化之二，其在内容上主要体现在以下几个方面：一是普遍强调个人与社会之关系问题在马克思主义哲学中的重要地位。这一点从拉津将其界定为"历史唯物主义的主要对象"② 中可见一斑。二是普遍强调个人与社会的相互作用关系及其历史性发展。对此，德里亚赫洛夫等人指出："个人和社会彼此之间始终是联系着的，但是这种联系的性质在不同的历史时期是有区别的。"③三是对个人与社会之关系作了多角度的阐发，广泛涉及社会利益与个人利益、个人发展与社会进步、个性自由与社会主义社会等方面。

但是，由于把握个人与社会之关系的至关重要的实践视野的缺失，苏联理论家普遍未能摆脱社会实在论的理论束缚，并导致上述变化并未取得实质性的突破。具体来说，在具体阐述个人与社会关系时，苏联理论家虽然普遍强调社会对个人的制约作用，并且不无道理地强调脱离了社会的个人只能是抽象的个人，认为只有从一定社会的社会关系总体出发，才能理解什么是一定时代的人、其特征是什么，才能解释为什么其具有这样的而不是那样

---

① 参见贾泽林等：《苏联当代哲学（1945—1982）》，人民出版社 1986 年版，第 279 页。

② 苏联科学院哲学教研室：《历史唯物主义概论》，河北人民出版社 1987 年版，第 249 页。

③ ［苏］德里亚赫洛夫：《历史唯物主义范畴》，北京师范大学出版社 1984 年版，第 262 页。

的社会的品格。但是，问题的关键还在于，社会除了不是个人之外的抽象物以外，而且其本身就是个人实践活动的产物，是个人在共同的实践活动过程中结成的关系，从这个角度看，人的本质及其变化并不是由任何外在因素造成的，而是人自己造成的。诚如马克思所言："环境的改变和人的活动或自我改变的一致，只能被看做是并合理地理解为革命的实践。"[①] 而恰恰在这个问题上，苏联理论家普遍忽视这一至关重要的层面，虽然他们在强调了社会对于个人的制约之后也着力强调人的能动性作用，但这种强调并非是为社会寻求生成之基，而是仅仅将其界定为在把握社会规律基础上的对已有社会条件的运用和改造。既然如此，个人的共同实践活动之于社会形成的本源性意义就必定隐而不彰。也正因为如此，我们就不难理解虽然他们强调了个人的能动性作用，但与此同时又将社会归结为一个自行发展的纯粹客观过程了，即将社会界定为"自己发展的系统"[②]。

也正是因为如此，苏联理论家在关于个人与社会之关系问题的具体理论阐述上虽然取得了许多新进展，但这些进展并未生发出实质性的意义。具体来说，苏联理论家普遍强调个人与社会的相互关系及其历史性变化，但往往停留于对各种社会形态的个人与社会关系的现象层面的描述上，而无法给以深层次的关注，即基于特定社会形态——往往以五大社会形态的依次更迭作为描述的对象——的具体的生产活动及其方式来探究个人与社会的相互生成机制。这种缺失也从根本上造成了苏联理论家无法解答各个社会形态之间的依次转化的内在机制，并且往往由于在将五大社会形态的依次更替作为一种普遍性规律的前提下而将个人

①　《马克思恩格斯文集》(第1卷)，人民出版社2009年版，第500页。

②　[苏]拉津：《历史唯物主义是社会哲学理论》，求实出版社1988年版，第252页。

与社会之相互关系的几种类型的依次更迭也塑造成一个普遍性的规律。例如，拉津等人将个人与社会的相互关系划分为具有普遍性特征的"三种类型"，即原始社会、对抗性社会和未来社会主义社会中的个人与社会的关系，就明显地体现了这一点。与此相应，苏联理论家在个人与社会之相互关系的具体内容的阐发中往往更多地凸显社会的决定性作用，而基本不涉及对个人本身的改造作用。

三、实在论的理论后果

个人与社会之关系问题作为历史唯物主义的基本问题之一，与其他理论问题有着紧密的关联。既然如此，当苏联理论家以实在论的方式解答这一问题时，也必定牵扯着对其他问题的解答方式，或者说，实在论的取向造成了一系列"连锁反应"的理论后果，它们从整体上体现了苏联历史唯物主义的理论特质。

首先，苏联理论家将社会视为"先于"或者"外在于"个人的存在，从而无法正确地理解人类社会。在马克思看来，"社会结构和国家总是从一定的个人的生活过程中产生的。但是，这里所说的个人不是他们自己或别人想象中的那种个人，而是现实的个人，也就是说，这些个人是从事活动的，进行物质生产的，因而是在一定的物质的、不受他们任意支配的界限、前提和条件下活动着的"。①也就是说，社会并非外在于人的固有实在，而是生成于现实的个人的共同活动，并且其作为结果，也表现了现实的个人的共同的活动方式。而要从理论上把握社会，就必须遵循社会的现实生成机制，即要从现实的个人的共同活动出发把握社会的本质。也正因为如此，当马克思面对从理论上剖析资本主义社会内在机制的任务时，他首先指出："在社会中进行生产的

---

① 《马克思恩格斯文集》(第1卷)，人民出版社2009年版，第524页。

个人，——因而，这些个人的一定社会性质的生产，当然是出发点。"①但是，苏联理论家的实在论取向恰恰疏离了对现实的个人的活动的考察，从而错失了理解和把握人类社会的基本前提。而由于自然本身有着先于现实的个人而存在的基本特质，苏联理论家普遍选择了比附自然来把握社会的理解路径。对此，堪称阐释苏联历史唯物主义之典范的斯大林明确指出："既然自然现象的联系和相互制约是自然界发展的规律，那么由此可见，社会生活现象的联系和相互制约也同样不是偶然的事情，而是社会发展的规律。"②在此理解中，"似自然性"便成为人类社会的根本特质而获得定向。但是，这种定向恰恰迎合了资产阶级的意识形态。实际上，本属于现实的个人的共同活动之体现的社会呈现为不依赖于人的自主运转的过程，亦即体现出"似自然性"的基本特质，仅仅只是资本主义社会特定生产关系条件下的产物。其中，本来作为人的劳动产物的资本"幻化"为主体，而真正的生产者主体却蜕变为物性化的"工具"，从而造成了"资本"占据主导地位的现代社会表现出"似乎"不依赖于人，却可以自行运作的特征。既然如此，当苏联理论家将"似自然性"作为社会的一般特质时，便在理论上犯了用特殊取代一般的错误，并且客观上将资本主义社会塑造成了一个永恒的社会形态。

其次，苏联理论家的实在论取向使其无法正确地理解人类历史。从马克思的视角看，历史不过是追求着自己目的的人的活动而已。就此而言，从事物质活动的、同时受制于各种关系和条件的"现实的个人"构成马克思理解历史的基本前提。马克思明确指出："任何历史记载都应当从这些自然基础以及它们在历史进

---

① 《马克思恩格斯文集》(第8卷)，人民出版社2009年版，第5页。
② 《斯大林选集》(下卷)，人民出版社1979年版，第435页。

程中由于人们的活动而发生的变更出发。"① 而苏联理论家基于"社会实在论"的视角恰恰疏离了这一前提,因而不能对历史作出正确的理解。由于将社会视为外在于人的固有存在,其便不可能看到个人的活动对于社会演进或人类历史的根本作用,正如别尔嘉耶夫所言:"任何形式的对社会的有机论理解永远都是反人格主义的,它必然承认社会先于个性,不得不把个性看作是社会有机体的器官。"② 而由于个人的活动构成了历史生成的内在性前提,那么,苏联理论家基于社会实在论的理解方式对个人活动的舍弃,决定了其只能在历史之外寻求其生成机制,于是,人类历史要么被归结为自然之中的隐匿的机械力量推动的结果,要么被归结为超个体的力量主宰的过程。前者构成了苏联理论家普遍将人类历史彻底自然化的重要根源,并由此在理论上导向了借助于自然科学的方式理解历史的路径,从而走向了无批判的实证主义的历史观;后者则体现为将历史发展的主导力量归结为多数人之外的少数人乃至个人意志的极端倾向,它导致了苏联社会长时间的对斯大林个人迷信和崇拜的不良风气。而归根结底,前后两者实际上有着内在的相关性,它体现为,主导历史的隐匿的机械力量为少数人乃至个人所掌握,因而原本真正实行着创造历史的现实的个人便只听少数人乃至个人的教诲即可,崇拜也由此产生。

最后,苏联理论家的实在论取向使其在历史未来的判定上表现出重大的缺陷。广松涉曾经指出:"关于过去的'实证的'研究,尽管它是由既成的'事实'而得出,但是把对将来的展望纳入范围的历史的动态的把握,要在'近代思想'的地平上登场是困难的。"③ 缘何如此? 从社会实在论的理论缘起来看,它归根结

---

① 《马克思恩格斯文集》(第 1 卷),人民出版社 2009 年版,第 519 页。

② [俄]别尔嘉耶夫:《论人的奴役与自由》,中国城市出版社 2001 年版,第 123 页。

③ [日]广松涉:《唯物史观的原像》,南京大学出版社 2009 年版,第 68 页。

底是在确认现代社会个人与社会二分的"现实"中而形成的，既然如此，当这种基于特定的历史现实而进行的概括泛化成普遍性原则时，它便无可避免地起到将现代社会永恒化的作用。苏联理论家的实在论取向客观上导致了同样的结果。进一步来看，苏联理论家的社会实在论取向脱离个人的活动来探寻人类历史的演进机制，使其无法科学地判定人类历史的未来走向。其在理论上的具体表现就是，历史的未来要么被归结为纯粹客观性的规律本身趋向的结果，要么体现为纯粹思想上的强行切入。前者体现为在苏联社会主义建设的早期，苏联理论家借助于自然规律的必然性特质论证苏联建成社会主义的不可避免性和历史合法性。就苏联当时所处的国内外形势来看，此种论证起到了最大限度地动员社会力量投入社会主义建设的重要作用，并为苏联社会主义与资本主义国家对抗建构起了较为坚固的理论阵地。但是，此种论证方式包含的缺陷恰恰是摒弃了现实的个人对于社会发展的根本性作用，更遑论对个人发展的理论和实践关照，而其结果则是，苏联社会主义建设的进一步发展造成了个人发展与社会发展之间的裂痕越来越大。为此，苏联理论家普遍采用了从理论上掩盖裂痕的阐释路向，即不顾实际地宣称苏联已经开始向共产主义过渡，从而将历史的现在维度和未来维度之间的张力缩小乃至彻底消弭，以致表现出通过思想试图强行切入未来的虚幻性特质。

第五节　历史规律与人的能动性的关系理论

总体来看，苏联理论家关于历史规律及其与人的能动性关系的理解大致上经历了从实体论哲学范式到主体论哲学范式的重大转变。在 50 年代中期之前，苏联学界普遍遵循实体论范式，将历史规律内化为"严格决定"人类历史进程的实体性存在,无视历史进程与自然进程之间的本质差异,并造成了对人的能动性的彻底抹杀。50 年代中期以后,随着人的问题的凸显,苏联理论家普遍从实体论哲学范式转向主体论哲学范式,将历史规律视为人的活动的产物,并通过引入可能性空间理论而对历史规律与人的能动性关系问题作出了极具优越性的理论阐释,但其仍旧存在着主体论哲学范式无法克服的困境。通过探寻实体论哲学范式和主体论哲学范式在理解历史规律及其与人的能动性关系问题上失足的共同根由,并遵循马克思的实践哲学范式,可以为这个问题的解答寻求一种新的可能性方案。

一、实体论哲学范式下的历史规律与人的能动性关系论

从根源来看,实体论范式是古代哲学的基本范式,其核心特质在于认为,"人所生活于其中的世界对人而言便必定显现为一种现成的存在,即一种超乎人力的'实体'或'本体'"。① 古代的本体论哲学无论是将"水""理念"抑或"实体"视为世界的本体,所要阐明的都是世界的生成之根源,既然如此,世界就必定是外在于人的自我演化的"实体性"存在。从这个视角来审视 50 年代中期之前的苏联理论家对历史规律及其与人的能动性关系理解可以发现,其在总体上恰恰遵循了实体论范式。具体来说,就是将历史规律视为潜存于人类历史进程中的实体性的存在,而人类历史进程就是为此种历史规律所严格决定的人力之外的纯粹客观性过程。

大致而言,此种基于实体论范式的理解具体表现在三个方面。首先,也是最主要的,它表现在苏联理论家将历史规律同质化为自然规律,从而将历史过程视为与人无关的纯粹客观过程。

---

① 王南湜:《走向实践哲学之路》,北京师范大学出版社 2006 年版,第 384 页。

布哈林较早地表达了此种观点，他指出，"在自然界，从巨大行星的运转直至谷粒或菌类，所有一切都服从于一定的规则性，或如人们所说的一定的规律性"，并以此为前提推论道，"在社会生活中即在人类的社会生活中，我们也看到同样的情况。这种生活，不论怎样复杂，怎样变化多端，我们仍然能够从中看出一定的规律性"。[①]同样，苏联理论家涅夫斯基则将"规律性看作是现象间的一种自然历史的联系，它不依赖于人的意志和愿望"。[②]而贝斯特梁斯基则直截了当地指明"社会生活的规律以自然规律同样的必然性发挥着作用"[③]。从结果上看，此种将历史规律同质化为自然规律，并将其界定为在人之外的一种具有纯粹客观必然性的自主性力量，必定彻底抹杀人的能动性。对此，布哈林的论断颇具代表性，他明确指出："如果社会现象是有规律的，而社会现象又是人们行为的结果，那末可见每个人的行为也取决于某种事物。这样看来，人及其意志并非自由的，而也是受制于、服从于一定规律的。"[④]虽然斯大林没有直接论述对历史规律的看法，但他认为新的生产力以及同它相适合的生产关系的产生过程"不是人们有意识的、自觉的活动的结果，而是自发的、不以人们意志为转移地发生的"[⑤]，从而也充分表明了其对历史规律的实体性理解方式以及在此前提下对人的能动性作用的彻底抹杀。

其次，这种对历史规律的实体性理解范式还体现为苏联理论家普遍独尊历史必然性，否定历史偶然性在历史发展进程中的作

---

① ［苏］布哈林：《历史唯物主义理论》，东方出版社1988年版，第9页。

② ［苏］恰金等：《苏联二十年代确立历史唯物主义的斗争》，中共中央党校办公室1986年版，第218页。

③ ［苏］恰金等：《苏联二十年代确立历史唯物主义的斗争》，中共中央党校办公室1986年版，第219页。

④ ［苏］布哈林：《历史唯物主义理论》，东方出版社1988年版，第25页。

⑤ 《斯大林选集》（下卷），人民出版社1979年版，第451页。

用。具体来说，这个阶段的苏联理论家对偶然性的否定又体现在两个方面：一方面，直截了当地否认偶然性的存在，例如布哈林就论道："既然从实质上说一切都是合乎规律地发生的，从无原因意义上讲的偶然的东西根本是不存在的，那末很清楚，历史偶然性也是没有的。任何一个历史事件，无论看起来是多么偶然，实际上都是完全受制约的。"[①] 也正因为如此，他明确要求："社会科学中也应当摒除'偶然性'这个概念。"[②] 另一方面，虽然承认偶然性的存在，但仅仅将其作为必然性的表现形式，作为为必然性"无情地"开辟道路的工具和手段。例如，拉祖莫夫斯基就认为，偶然性"通过社会必然性在其中实现的具体形式历史地"[③]表现出来。而康斯坦丁诺夫则认为，"各种现象之间的联系是多种多样的：有外部的、单个的、偶然的联系，也有内在的、普遍的、必然的、稳固的、不断重复的、本质的联系"。[④] 但既然偶然性仅仅只是必然性的表现形式，那么，其在历史发展过程中的作用实际上也只能等于零，因此，此种看待归根结底也彻底否定了偶然性的存在。也正因为如此，康斯坦丁诺夫直言不讳地宣称："科学是偶然性的敌人。"[⑤] 而如果说偶然性与人的自由能动性属于同一层面的范畴，那么，对偶然性的否定实质上也彻底消解了人的能动性在人类历史发展进程中的作用。

最后，这种实体性范式还体现为过分夸大基于历史规律对历史发展进程的预言功能。诚如广松涉所言："历史唯物主义虽

---

① ［苏］布哈林：《历史唯物主义理论》，东方出版社 1988 年版，第 42 页。

② ［苏］布哈林：《历史唯物主义理论》，东方出版社 1988 年版，第 44 页。

③ ［苏］恰金等：《苏联二十年代确立历史唯物主义的斗争》，中共中央党校办公室 1986 年版，第 222 页。

④ ［苏］康斯坦丁诺夫等：《历史唯物主义》，人民出版社 1955 年版，第 22 页。

⑤ ［苏］康斯坦丁诺夫等：《历史唯物主义》，人民出版社 1955 年版，第 20 页。

然'预见'一定的未来社会形象和将来的历史的展开形式，但是它决没有想到要以既定规律来支配命运。"①但是，在苏联理论家的视野中，历史唯物主义因为把握了普遍性规律，以致"能够成为例如同生物学一样的精密的科学"②，并具备了准确预言的功能。也正是在此种认识的支撑下，布哈林宣称"社会主义是一种历史必然性，因为没有它社会就不可能继续发展。既然社会要发展，社会主义就不可避免"。③而斯大林则在总结过往普遍观点的基础上，以律令的形式判定："生产的生产方式怎样，社会本身基本上也就怎样，社会的思想和理论、政治观点和政治设施也就怎样。"④但如果说未来的一切都必然地在历史规律的自主作用下出场，从而能够为我们所预言，那么其实质性的结果同样是造成"人的空场"。

苏联理论家基于实体论范式对历史规律的理解存在着致命的缺陷。首先，它从根本上误解了马克思的历史唯物主义。一个显著的事实是，马克思是在积极批判继承德国古典哲学的能动性原则基础上创立历史唯物主义的，在他看来，"黑格尔的《现象学》及其最后成果——辩证法，作为推动原则和创造原则的否定性——的伟大之处首先在于，黑格尔把人的自我产生看做一个过程，把对象化看做非对象化，看做外化和这种外化的扬弃；可见，他抓住了劳动的本质，把对象性的人、现实的因而是真正的人理解为自己的劳动的结果"。⑤问题只是在于，马克思将黑格尔的绝对能动性改造成现实的人的有限能动性，而不是如实体论范式

---

① ［日］广松涉：《物象化论的构图》，南京大学出版社2002年版，第103页。

② 《斯大林选集》（下卷），人民出版社1979年版，第435—436页。

③ ［苏］布哈林：《历史唯物主义理论》，东方出版社1988年版，第44页。

④ 《斯大林选集》（下卷），人民出版社1979年版，第443页。

⑤ 《马克思恩格斯文集》（第1卷），人民出版社2009年版，第205页。

理解下的历史唯物主义彻底消解了人的能动性。否则，马克思的"新唯物主义"不只是"用不同的方式解释世界，问题在于改变世界"[①]便无法实现，因为改变世界要可能，必须以世界的可改变性为前提，并必须相应地预设人具有改变世界的能动性。从结果来看，遵循实体论哲学范式阐释历史唯物主义，实际上是从历史唯物主义倒退至旧唯物主义的水平。

其次，与上述问题密切相关，实体论哲学范式下的历史规律论实际上彻底消解了人的能动性，并进而彻底消解了历史规律与人的能动性关系问题。在实体论的历史规律观的前提下，历史遭到彻底的自然化，也就是说，历史被理解为一种与人无关的、有着自身独立性的进化过程。既然如此，历史的进展在原则上便无需人的能动性介入，而历史规律与人的能动性也必定不再成为问题。这种问题本身的缺失鲜明地体现为这个时期苏联哲学界普遍认为，"人的问题，本来就是资产阶级强加给我们的，马克思主义根本就没有一个哲学人学理论，只有资产阶级哲学流派才对人的问题感兴趣"。[②]但是，消解并不意味着问题的真正解决。实际情形是，这种理论言说与实践的反差必定遭致质疑，一方面，苏联历史唯物主义作为苏联社会主义建设实践的理论支撑，必定将对人的关怀作为根本旨趣；另一方面，社会主义实践的优越性本身恰恰应该体现为能够调动起相比于资本主义社会而言的人的更大的能动性参与实践。正因为借助于实体论哲学范式理解历史唯物主义所造成的困境，苏联理论家在50年代以后开始逐渐转向主体论哲学范式，并以此为前提来重新理解历史规律及其与人的能动性的关系问题。

---

① 《马克思恩格斯文集》(第1卷)，人民出版社2009年版，第502页。

② 李尚德：《20世纪马克思主义哲学在苏联》，社会科学文献出版社2009年版，第417页。

二、主体论哲学范式下历史规律及与人的能动性关系论

与古代的实体论范式从"本体论"角度去理解世界不同，主体论范式强调在主客体相对峙的框架中去认识世界，就此而言，它实际上也可以被称为认识论的哲学范式。从西方哲学史来看，它是伴随着近代理性的觉醒，并以此为前提要求从思想的确定性出发去确立知识的有效性而兴起的。从这个意义上而言，它实际上超越了古代实体论范式在未经任何论证的情况下而确定世界之终极本体的独断论倾向，并以其特有的方式凸显主体在理论认知乃至改造世界过程中的能动性作用。从这个视角审视50年代之后苏联理论家对人的能动性与历史规律之关系的理解可知，其在总体上从实体论范式转向了主体论或认识论的理解范式，并由此在一定的意义上凸显了人的能动性在历史进程中的作用，从而表现出相对于实体性理解方式而言的更大的合理性。

首先，这种转向首要地体现为这个时期的苏联理论家不再将历史规律视为人的活动之外的实体性存在，而是普遍将其与人的活动联系起来予以理解和把握，并由此确立起历史规律之不同于自然规律的特殊性。例如，康斯坦丁诺夫等人指出，"社会历史规律性与自然规律性根本不同"，因为"自然历史过程不同于自然过程，它是人们本身活动的结果"。[①] 而由苏联科学院哲学教研室集体编著的《历史唯物主义概论》对此作了更加清晰的说明，认为"社会的规律同自然界的规律的本质差别在于，社会规律离不开人的活动，而人的行动又始终都是受意识和目的指导的"。[②] 的确，将历史规律视为人的活动的产物符合历史发生之

---

① ［苏］康斯坦丁诺夫：《马克思列宁主义哲学原理》，生活·读书·新知三联书店1976年版，第262页。

② 苏联科学院哲学教研室：《历史唯物主义概论》，河北人民出版社1987年版，第37页。

实情，正如恩格斯所言："在社会历史领域内进行活动的，是具有意识的、经过思虑或凭激情行动的、追求某种目的的人；任何事情的发生都不是没有自觉的意图，没有预期的目的的。"[①]并且，这种认识之中已经包括了对人的能动性之于历史进程中的作用发挥的理解。

其次，基于人的活动来理解历史规律的前提，苏联理论家开始明确意识到历史规律与人的能动性的关系问题，并作了有益的积极探索。康斯坦丁诺夫等人认为，在复杂的历史进程中，"自然历史的必然性表现为一般趋势，通过许多偶然的偏离、迂回曲折和附带情况而为自己开辟道路"。[②]这就超越了那种认为历史规律以"线性"的方式决定历史进程的实体论理解方式，而历史规律的必然性必定要通过多样化的社会因素的综合作用而实现自己，"社会规律是在客观因素和主观因素的统一中形成和发生作用的。有目的的活动构成任何社会规律的作用机制的不可缺少的环节"，进一步来看，由于主观的和客观的因素和条件的综合作用，历史必然性的实现就有了"多样的和独特的表现形式"。[③]如此，就为人的选择提供了多样化可能性空间，为人的能动性作用的发挥留下了空间，即人可以在多样化的可能性空间进行选择。

最后，这种转向还体现为苏联理论家不再简单地夸大历史规律的精确预言功能，而是更多地强调人的规划作用在实现预言中的作用。这个时期苏联理论家普遍将历史规律的作用机制置于

[①]《马克思恩格斯文集》(第4卷)，人民出版社2009年版，第302页。

[②]［苏］康斯坦丁诺夫：《马克思列宁主义哲学原理》，生活·读书·新知三联书店1976年版，第108页。

[③]［苏］拉津主编：《历史唯物主义是社会哲学理论》，求实出版社1988年版，第46页。

客观因素和客观因素的相互作用中来思考，而人的主观因素本身便具有不可预测性，因此，对历史规律作用机制的介入使得最终的结果不再是线性的单一的结果，而会造成多种可能性，既然如此，精确预言就变得不再可能，"对社会学规律的认识开辟着预见社会发展的基本方向、它的将来的状况的可能性"。[①] 在此前提下，苏联理论家着重强调人的规划之于推动预言实现的重要作用，即在综合考虑历史规律起作用的各种因素和关系的前提下，尽可能地预见其可能导向的各种结果，并在创造抑或制约历史规律作用方式的现实条件的基础上尽可能将其导向有利于人和社会发展的方向。

与实体论哲学范式相比，主体论哲学范式在理论上表现出更大的优越性。首先，主体论哲学范式将历史规律与人能动性的双重视角共同纳入理论的思考之中，使其在很大程度上走近了马克思。一般而言，理解一个思想家的基本前提在于抓住其关注的重大问题，尤其是其终生为之思考的核心问题。而从一定的意义上看，历史规律与人的能动性关系的问题是马克思终生为之思考的核心问题，对此，科拉科夫斯基敏锐地指出："马克思的对立思想中似乎始终占据中心位置的问题，即怎样能避开乌托邦思想与历史宿命论对立的两难局面。"[②] 既然如此，苏联理论家便通过对这个问题的自觉而走近了马克思。其次，就这个问题的解答来看，苏联理论家将历史规律视为人类活动的结果，并且不再将历史规律视为决定了一切的东西，而是看作对人类活动的限定作用，即其能够划出事物发展的多样化可能性空间，从而在这个领域中，

[①] ［苏］德里亚赫洛夫等：《历史唯物主义范畴》，北京师范大学出版社1984年版，第267页。

[②] ［波兰］科拉科夫斯基：《马克思主义的主流》，远流出版事业股份有限公司1992年版，第17页。

人便有了选择的自由。可能性空间由此成为同时安置历史规律与人的能动性的环节。无疑，这种解决方式表现出了更大的优越性。

但是，主体论哲学范式自身存在的问题也造成了此种解答方案中存在着无法克服的困境。问题的关键在于，主体论范式以坚持主体与客体的二元对立为基本前提，从而面对着如何实现主体与客体之统一的问题。实际上，在二元论的先行设置中，这个问题的解答已然变得不再可能。正如海德格尔所追问的："这个进行认识的主体怎么从他的内在'范围'出来并进入'一个不同的外在的'范围？认识究竟怎么能有一个对象？必须怎样来设想这个对象才能使主体最终认识这个对象而且不必冒跃入另一个范围之险？"[1]因此，当以主体论范式为前提阐述人的能动性与历史规律的关系问题时，必定同样如此。具体来说，在主体论范式中，苏联理论家将人的能动性的发挥主要地定位在人对历史规律基于多样化因素的综合作用而造成的多种可能性空间的选择上，并通过创造或抑制一些历史条件来促进最佳可能性的实现。如此，对人的能动性与历史规律的关系问题的解答便可以被转化为人与可能性空间的关系问题。而由于主体论范式主客二分的前提，人与可能性空间便同样处于二元对立之中，如此，这种解决方案便面临着解答人与可能性空间如何发生关系的困境，即无法说明人何以能够进入在规律限定作用下的可能性空间之中，与此相关的问题是，也无法说明人何以就不在那个为规律所严格支配的世界之中。这个困境在主体论范式中的"无解"造成苏联理论家在反复强调人的能动性之于实现历史规律的重要作用的同时，声称"社会发展规律常常表现为一些趋势。它们通过许多障碍和

---

① ［德］海德格尔：《存在与时间》，生活·读书·新知三联书店2006年版，第71页。

大量的偶然性，通过与对立趋势的冲突而给自己开辟道路"①，而既然规律给自己开辟道路并决定人的行动，那么，人的能动性则最终在逻辑上被彻底地归结为无。

三、一种新的可能性方案

苏联理论家在理解历史规律及其与人的能动性关系问题上的理论困境提醒我们，为了对这个问题提出更为合理的解答方案，必须超越实体论和主体论的哲学范式。而由于实体论和主体论在哲学路向上共属于理论哲学，因此，对两种哲学范式的超越便可归结为对理论哲学路向的超越。毋庸置疑，马克思是最早实现这一超越的哲学家，并通过这一超越，重新开启了实践哲学的路向。从根本上而言，马克思实现这一超越的核心在于彻底翻转理论和实践的关系问题，即将理论哲学所秉持的理论高于实践的关系转变为理论隶属于实践的关系。在理论高于实践的关系之中，理论哲学坚持理论可以于现实生活之外寻得支撑起整个世界的"基点"，并以此为前提建构起涵摄存在者整体的大全的理论体系。无论是实体论哲学抑或主体论哲学，无不如此。两者的差异只是在于，实体论哲学从自在的世界自身中寻求涵摄存在者整体的理论前提，而主体论哲学则将超越于现实生活世界的抽象主体视为据以推论出一切存在者之知识的基础。而由于任何一种合理的理论构造必定是逻辑一贯的，从而也是决定论的，所以理论哲学普遍将存在者整体也理解为受决定论的关系组织起来的必然性存在。具体到历史领域而言就是将人类历史视为由历史规律所操控的必然性存在，既然如此，它要么如实体论哲学般趋向于直截了当地否定或无视人的能动性作用，要么如主体论哲学

---

① ［苏］康斯坦丁诺夫：《马克思列宁主义哲学原理》，生活·读书·新知三联书店1976年版，第269页。

般面临无法克服阐明历史规律与人的能动性之关系问题的理论困境。而就属于理论哲学的实体论范式和主体论范式在历史规律理解上的共同点则是，它们都将历史规律直接视为现实历史进程中的存在，从而误置了历史规律。而马克思的实践哲学基于理论与实践之关系的翻转所要消除的首先便是这种误置。

具体来说，在理论与实在之有限统一的前提下理解历史规律，必定得出历史规律不是直接存在于历史现实之中的关系的结论。一般而言，规律被界定为事物之间的本质的必然的关系。按照这个界定，似乎历史规律便是直接存在于历史发展进程之中的必然性关系。但是，如果情况真的如此，我们无论如何也不能在逻辑一贯的意义上谈论人的能动性。因为将历史规律视为历史发展进程中的必然性关系，也就是相当于认为历史现实是为必然性关系统摄的现实，既然如此，便不可能在逻辑上彻底的前提下安置人的能动性环节。即便由此将"统摄"的力度减弱，例如对规律的作用进行限制，也是如此。正如广松涉所言："只要在一定程度上承认历史的进展中有一定的倾向性，或者是'盖然的规律性'的话，那么诸盖然的自由行为究竟如何体现'该盖然的规律性'这一点就不能不成为问题。"[1]为此，必须对规律之为事物之间的本质关系的真实内涵作出有效的澄清。

如果先行说出结论的话便是，作为构成规律之本质的关系的"事物"不是隶属于复杂的现实生活世界之中的"事物"，而是已经为认识者基于特定的理论视角所重构了的"事物"，从而规律作为事物之间的本质关系，只能存在于理论世界或观念领域之中。就规律的认识而言，它无疑构成了科学的本然使命，诚如丹皮尔所言："科学按其本性来说是研究自然界规律性的，只有在

---

① ［日］广松涉:《物象化论的构图》，南京大学出版社 2002 年版，第 95 页。

它找到这种规律的地方，它才可以起作用。"①丹皮尔在此言说的固然是自然科学，但它无疑也适用于历史科学。虽然自然和历史之间本身有着原则性的差别，但这并不造成两种科学之间的本质性区别，诚如马尔科维奇所言："自然科学和社会科学之间的区别决不像巴登学派——文德尔班和李凯尔特——假定的那样明显。"②从目标上来说，自然科学旨在把握自然物质过程中的本质性关系，或者说旨在获得对自然物质过程的精确性说明，而历史科学无疑同样力求如此。正如马克思在《〈政治经济学批判〉序言》所言："在考察这些变革时，必须时刻把下面两者区别开来：一种是生产的经济条件方面所发生的物质的、可以用**自然科学的精确性**指明的变革……"③同为追求对实在之精确性阐明的科学，无论是自然科学抑或历史科学，还共有着人们以理论的方式把握世界的一般前提，即首先要对纷繁复杂的对象世界予以重构，由此获得据以造成本质性关系的规律的"观念化"的"事物"，正如柯林武德所说，"在理解自然世界时，我们是从认知现在存在的和继续存在的特殊事物和特殊事件而开始的；然后我们通过看出它们是怎样属于一般典型以及这些一般典型是怎样相互联系的，进而理解它们"，"这些相互联系我们称之为自然规律"④。显然，作为自然规律的相互联系是"一般典型"的相互联系，而不是直属于现实世界中的事物之间的关系。而马克思在考察社会历史时同样借用了这种方法，并以此为导引而选择英国资本主义

---

① ［英］W. C. 丹皮尔：《科学史及其与哲学和宗教的关系》，商务印书馆1982年版，第639页。

② ［南］米哈伊洛·马尔科维奇：《从富裕到实践——哲学与社会批判》，黑龙江大学出版社2012年版，第8页。

③ 《马克思恩格斯文集》（第2卷），人民出版社2009年版，第592页。

④ ［英］柯林武德：《历史的观念》，商务印书馆1997年版，第291页。

的社会现实作为其展开理论阐释的主要例证。这一点尤其体现为马克思在把握复杂的资本主义社会现实的运行规律时首先对其进行了理论上的重构，"马克思的头脑中以19世纪中叶的英国为资本主义的代表，为了对其进行理论上的把握，**抽取**作为资本一般的最抽象的资本本性，描述了表现为资本一般的一个资本组织并促进市民社会的发展，同时把世界转化为贩卖市场和购买市场的构造和过程"。①因此，规律作为事物之间的关系，它是经由理论的观念化作用而造成的典型事物之间的关系，因而必定是隶属于理论世界或观念世界之中的关系，与之相应，理论世界也必定是一个决定论的世界，并通过逻辑上的彻底性而得到最充分的体现。

正确认识规律的领域归属，表明了理论把握世界的有限性，既然如此，"实在主体"或者说作为人的活动之展现的实践世界则必定表现出与决定论性质的理论世界之不同的特质。充分认识到这一点是深刻领会马克思所实现的理论变革的独特价值的核心所在，因为在马克思之前，用决定论的理论世界吞并实践世界构成了几乎所有哲学家的共同取向，而典型的代表则是综合了整个西方哲学发展史的黑格尔哲学。对此，马克思批判指出，"黑格尔陷入幻觉，把实在理解为自我综合、自我深化和自我运动的思维的结果"②，并由此汇集了思辨的一切幻想。那么，相对于决定论的理论世界，实践世界表现出何种特质呢？对此，我们首先来看看马克思对现实历史的描述。在《神圣家族》中，马克思说道，"历史什么事情也没有做，它'不拥有任何惊人的丰富性'，它'没有进行任何战斗'！启示，正是人，现实的、活生生

---

① ［日］内田弘：《新版〈政治经济学批判大纲〉》，北京师范大学出版社2011年版，第2页。

② 《马克思恩格斯文集》（第8卷），人民出版社2009年版，第25页。

的人在创造一切，拥有这一切并且进行战斗。……历史不过是追求着自己目的的人的活动而已"。在《德意志意识形态》中，马克思再次强调："周围的感性世界决不是某种开天辟地以来就直接存在的、始终如一的东西，而是工业和社会状况的产物，是历史的产物，是世世代代活动的结果，其中每一代都立足于前一代所奠定的基础上，继续发展前一代的工业和交往，并随着需要的改变而改变他们的社会制度。"① 显然，在马克思看来，实践世界是一个处处体现着人的能动性的世界，或者说，是一个能动论的世界。固然，置身于现实世界中的人在其真实态上乃是处于对自然的以及人际的诸关系中的主体，因而其行动本身会受到诸多现实条件的制约，从而表现出有限的能动性，但人的特殊性恰恰在于能够通过设定具体的历史性的目的，并将之付诸实践，从而实现对世界的改变，舍此，便无人类历史可言，因为"任何历史记载都应当从这些自然基础以及它们在历史进程中由于人们的活动而发生的变更出发"②。

　　如此，通过遵循马克思实践哲学的范式，我们从中能够发现一种新的解答历史规律与人的能动性关系问题的方案。具体来说，既然历史规律隶属于理论世界，而理论世界又表现为一个决定论的世界，那么，我们便无法在理论世界中谈论两者之间的关系。这一点从理性主义哲学借助于理性至高无上的权威力图囊括实践世界之全部，从而必然性地走向"两难困境"的结局可以看出。与此同时，既然实践世界是一个能动论的世界，其中并无直接存在的规律性关系，或者如广松涉所言的，"历史规律不是像已经超越存在的，能驾驭诸个人行动的那样的东西"③，那么，

――――――――

① 《马克思恩格斯文集》(第 1 卷)，人民出版社 2009 年版，第 528 页。
② 《马克思恩格斯文集》(第 1 卷)，人民出版社 2009 年版，第 519 页。
③ [日]广松涉：《物象化论的构图》，南京大学出版社 2002 年版，第 102 页。

我们也就不能在实践世界的领域探讨历史规律与人的能动性的关系。基于理论世界与实践世界之领域分离以及二者各自不同的特质，我们只能在明确两个世界之界限的前提下，谈论如克罗齐所声称的"相异辩证法"中两个"度"之间的关系，即不能将适用于"度"的辩证法的对立面综合运用到处理两个"度"之间的关系，否则就会将两个本身相异的东西之间的"差异"消解掉。以此认识为前提理解历史规律与人的能动性关系，就是不能用其中的一个囊括另一个，或者说将其中的一个彻底还原式地归结为另一个，而只能谈论两者之间的一种"非还原性"的互动关系。具体来说，其一，历史规律作为借助于重构社会现实而获得的本质性关系，可以作为认识的工具被"非还原性"地归结到具体的历史情境之中，或者说将确定性的关系融入有着复杂关系的相对不确定的实践世界之中，从而增强行动的人对形势的判断能力，并以此为前提增强人的行动的能力。对于历史规律的这种作用，巴尔格指出："在认识上，'极限'的概念是作为科学的理想化出现的，即实际历史过程的客观趋势在思维中呈现为达到了逻辑的终点，但正因为如此，这种理想化可以作为现实的运动在思维中的'标尺'而出现"。[①]其二，历史规律还可以作为借助于人的行动需要理想的激励的环节转化为人的行动的力量。人的最大特质在于人从事任何活动时首先需要将活动的结果以观念的方式予以把握，而就人对人类历史的创造而言，同样离不开对历史结局的理想化设定，并通过设定来激发自己的创造潜能。但是，任何一种理想化的设定如果不是个人的纯粹虚构，就必须经过严密的理论论证。也正因为如此，基督教理论家便通过改造柏拉图和亚里士多德的理论，以此建构据以论证上帝存在的具有严密逻辑

---

① ［苏］巴尔格：《历史学的范畴和方法》，华夏出版社 1989 年版，第 40 页。

的理论体系。但是，近代科学诞生却使得基督教理论相形见绌，并以自己对自然的规律性认识以及人类以其为指导在改造自然中的巨大成功获得了普遍性的认可。这就启发我们，人类社会理想一旦借助于科学的方式获得论证，将产生更大的精神力量。也正因为如此，马克思在研究资本主义社会时借用了自然科学的典型原则，并将未来的社会主义社会归结为资本运行规律必然导向的结果。但既然是典型原则的运用，或者说，马克思对资本主义社会的理论阐释是在重构资本主义社会现实的基础上展开的，那么，作为其运行规律之必然性结果的未来理想社会就必定是理论上建构的产物。充分认识到这一点，能够避免我们将未来理想社会仅仅视为现实历史运行规律自主导向的结果，以致在历史规律与人的能动性关系问题上作出"还原性"归结，毕竟，继承了德国古典哲学之能动性原则的马克思始终强调人的能动性在促使人类历史实现社会主义转变中的根本性作用。但是，虽然是理论建构的结果，它却以其科学论证的严密性和合理性而能转化为强大的精神力量，从而能更加有效地激发人类创造历史的积极性和能动性。

第六章　苏联理论家
超越历史唯物主义正统阐释的努力

　　苏联在 20 世纪 30 年代后基本确立了历史唯物主义正统理论体系和阐释模式，这一理论体系和阐释模式几乎贯穿于苏联历史唯物主义整个发展进程，体现出较强的稳定性和统一性。但在这一持续而稳定的理解史进程中，仍然出现了包括凯德洛夫、科普宁、巴加图利亚、奥伊则尔曼等在内的一批理论家对苏联历史唯物主义正统理论体系的反思与批判，这些反思和批判虽然始终没有成为苏联历史唯物主义的主流，但其作为苏联历史唯物主义理解史进程中的"不同声音"，包含着很多具有启发性的见地。

第一节　凯德洛夫："统一科学"视野中的历史唯物主义

　　作为苏联著名的马克思主义哲学家，凯德洛夫研究领域极为广泛，学术著作极为丰富。对于历史唯物主义，凯德洛夫也展开了较为深入的研究，提出了很多独到的见解，并表现出与苏联正统的明显不同。凯德洛夫提出建构汇通自然科学和历史科学的"统一科学"的目标，认为马克思主义哲学在实现这个目标方面发挥着不可或缺的方法论作用。他反对对马克思主义哲学的版块式理解，认为马克思主义哲学就是辩证唯物主义，唯物辩证法是马克思主义哲学的核心①。在上述理解的基础上，凯德洛夫反对将历史唯物主义理解为辩证唯物主义在历史领域的推广运用，认为马克思首先运用唯物辩证法研究政治经济学和历史而形成了历史唯物主义，而恩格斯则运用唯物辩证法研究自然科学及其历史，拓展了"自然史"的历史唯物主义研究②。正是在这个意义上，马克思主义哲学亦可称为历史唯物主义。马克思主义哲学并非辩证唯物主义和历史唯物主义的机械相加，两者实际上是统一的和不可分割的，并共同构成统一的马克思主义哲学。

凯德洛夫提出建构汇通自然科学和社会科学的"统一科学"目标，源于其对马克思的如下论述以及自然科学和社会科学之关系的理解。马克思在《1844年经济学哲学手稿》中曾经指出，"历史本身是自然史的一个现实部分，即自然界生成为人这一过程的一个现实部分。自然科学往后将包括人的科学，正像关于人的科学包括自然科学一样：这将是一门科学"③。在此后完成的《德意志意识形态》一书中，马克思进一步阐发了这一思想，指出，"我们仅仅知道一门唯一的科学，即历史科学。历史可以从两方面来考察，可以把它划分为自然史和人类史。但这两方面是不可分割的；只要有人存在，自然史和人类史就彼此相互制约"④。以马克思的上述论述为依据，凯德洛夫反对将自然科学和社会科学割裂为两个完全不相干的领域，并强调两者之间的统一性，特别是强

---

① ［苏］凯德洛夫：《科学的分化是否引起了马克思主义哲学的分裂》，《哲学译丛》1982年第4期。

② ［苏］凯德洛夫：《论辩证法的研究》，《哲学译丛》1984年第6期。

③ 《马克思恩格斯文集》（第1卷），人民出版社2009年版，第194页。

④ 《马克思恩格斯文集》（第1卷），人民出版社2009年版，第516页。

调社会科学对自然科学的基础性作用。在他看来,"科学技术革命这个过程首先是在自然科学领域和技术领域发生的,然而它却是经济的和社会的原因所直接引起的,反过来,它又影响社会结构、影响社会生活的一切方面、影响生活方式、人们的个人生活和人类生存条件,它引起一系列经济的变革和其他变化。换句话说,这是个综合的过程"。① 既然如此,自然科学的发展就绝不是脱离人们的社会生活的孤立过程,自然科学的研究有赖于社会科学的研究。正是基于上述理解和认识,凯德洛夫确立了建构汇通自然科学和社会科学之"统一科学"的目标,并认为马克思主义哲学尤其是作为其核心的唯物辩证法对于实现这个目标发挥着不可或缺的方法论作用。对此,凯德洛夫明确指出,能有效促进各门科学整体化的唯一科学,就是马克思主义哲学。②

那么,马克思主义哲学何以具有这个功能呢? 这就涉及对马克思主义哲学的理解问题。在凯德洛夫看来,马克思主义哲学所以具有推动建构"统一科学"的功能,源于马克思主义哲学本身的整体性和统一性。针对当时苏联出版物中顽固存在的将马克思主义哲学分割为辩证唯物主义、历史唯物主义、自然科学的哲学问题、哲学史、科学无神论、伦理学和美学等不同学科的做法,凯德洛夫展开了深入的分析和批判。在他看来,这种做法"恐怕会无休止地扩大马克思主义哲学(辩证唯物主义)的'组成部分'的数目,而且反正永远也别想得出完整无缺的马克思主义哲学,因为众所周知,无穷无尽的东西是无法计数的"。③ 针对上述版

---

① [苏]凯德洛夫:《科学的分化是否引起了马克思主义哲学的分裂》,《哲学译丛》1982 年第 4 期。

② [苏]凯德洛夫:《科学的分化是否引起了马克思主义哲学的分裂》,《哲学译丛》1982 年第 4 期。

③ [苏]凯德洛夫:《科学的分化是否引起了马克思主义哲学的分裂》,《哲学译丛》1982 年第 4 期。

块式认识的缺陷，凯德洛夫明确指出，早在马克思创立马克思主义哲学的时代，虽然由于自然科学发展的相对滞后性，建立汇通自然科学和社会科学的"统一科学"还不具备现实条件，但马克思不仅科学地预见了这种统一的趋势，而且在推动社会科学之统一体的形成方面部分地实现了这一预测，"在马克思和恩格斯于1848 年共同创作的《共产党宣言》这部人类思想的真正伟大的著作中，各门社会科学表现为一个统一体并具有极其深刻的内在联系。促进这样理论综合的是关于社会生活和社会发展的贯穿一切的基本规律的发现，而根据这个基本规律来看，社会的全部历史是阶级斗争史"[①]。

　　凯德洛夫进而基于对马克思主义哲学的生成和拓展路径的分析，对马克思主义哲学之整体性和统一性特质进行了具体分析。他根据一个思想史的事实，即无论是马克思、恩格斯还是列宁，都对自己提出了实质上相同的一个问题，即"撰写阐述辩证法的专门著作"，"他们都把唯物辩证法看作是认识世界和改造世界的一般方法"，并以此为依据得出结论："辩证法是马克思主义学说的活的灵魂，是它的哲学的核心。"[②]这种核心地位深度体现为，无论是马克思、恩格斯还是列宁，他们在理论上的独特创造都是运用唯物辩证法的结果。"马克思把辩证法方面的创造性研究首先应用于政治经济学和历史科学。恩格斯则应用于自然科学及其历史。列宁深入细致地研究了辩证法并把它应用于分析新的历史情况：帝国主义和无产阶级革命时代以及自然科学的最新革命。"[③]这种生成和拓展路径不仅表明，唯物辩证法构成了整

---

　　① ［苏］凯德洛夫：《马克思关于未来统一科学的预测》，《科学、技术与辩证法》1984 年第 4 期。

　　② ［苏］凯德洛夫：《论辩证法的研究》，《哲学译丛》1984 年第 6 期。

　　③ ［苏］凯德洛夫：《论辩证法的研究》，《哲学译丛》1984 年第 6 期。

个马克思主义学说的核心，而且体现了马克思主义学说是致力于运用唯物辩证法研究作为自然和历史之统一的世界整体的伟大理论成果，"马克思主义哲学发现其自身的总体职能在于：以唯物辩证法——整个马克思主义的灵魂——为代表的马克思主义哲学是关于既在外部世界（自然界和人类社会），也在反映这个外部世界的我们的意识和思维中同时起作用的，一切运动、一切发展的最一般规律的科学。这些最一般的规律在其内部联系中，本质上恰好囊括了在自然界和人类社会中发生的并在人类思维中反映出来的东西"。正是在这个意义上，凯德洛夫认为马克思主义哲学就是辩证唯物主义，"辩证唯物主义即是具有内在完整性、整体性和统一性的学说"。①

基于对马克思主义哲学亦即辩证唯物主义之整体性和统一性的理解，凯德洛夫进而对历史唯物主义作了新的理解。按照苏联的正统理解，先有运用辩证法研究自然而形成的辩证唯物主义，然后将辩证唯物主义运用于历史而形成历史唯物主义。而按照凯德洛夫的理解，马克思首先运用唯物辩证法研究政治经济学和历史而形成历史唯物主义，而恩格斯则运用唯物辩证法研究自然科学及其历史，拓展了"自然史"的历史唯物主义研究。② 这样一来，马克思主义哲学既可以称为是辩证唯物主义，即运用唯物辩证法研究作为自然和历史之统一体的世界，同时又可以称为历史唯物主义，因为自然史与人类史只是统一的历史的两个侧面。这显然与苏联正统理解将马克思主义哲学视为辩证唯物主义和历史唯物主义的"加和"不一样。

也正是基于这种"统一科学"的视野，凯德洛夫将恩格斯在

---

① ［苏］凯德洛夫：《科学的分化是否引起了马克思主义哲学的分裂》，《哲学译丛》1982 年第 4 期。

② ［苏］凯德洛夫：《论辩证法的研究》，《哲学译丛》1984 年第 6 期。

自然科学领域的深入研究视为马克思的历史唯物主义的拓展。在凯德洛夫看来，恩格斯的自然辩证法研究与马克思的历史科学研究有着高度的一致性。恩格斯在其所完成的《反杜林论》《路德维希·费尔巴哈和德国古典哲学的终结》特别是《自然辩证法》等著作中，成功实现了唯物辩证法向自然科学领域的拓展，从而将马克思在人类史领域所完成的工作拓展到了自然史领域。对此，凯德洛夫指出："用统一的马克思主义的理论和方法阐述《自然辩证法》，概括了 19 世纪末以前所取得的全部自然科学知识成果。这部书从自然界中进行着的最简单的（机械的）运动开始，以同人相联系的最复杂的运动结束，这样，发展过程便完成了从自然界领域向社会历史领域的发展。"[①] 正是基于这种独特的认识，凯德洛夫将马克思和恩格斯所完成的理论贡献统一到了一起。

第二节　科普宁：马克思主义世界观的核心

作为苏联著名的马克思主义哲学家，科普宁在超越苏联正统历史唯物主义理解范式方面作出了杰出贡献。科普宁对历史唯物主义的阐释以对马克思主义世界观的反思与重新理解为前提，坚决反对将马克思主义世界观阐释为把握了整个世界大全的知识体系，突出研究人类社会发展规律特别是把握时代的脉搏在马克思主义世界观中的地位和作用。基于对马克思主义世界观的重新理解，他强调历史唯物主义在马克思主义世界观中的核心地位，并

---

① 衣俊卿等主编：《当代学者视野中的马克思主义哲学·东欧和苏联学者卷》（上），北京师范大学出版社 2012 年版，第 273—274 页。

从马克思主义世界观创立的起点、历史唯物主义对于解决哲学基本问题的根本作用、自然科学和社会科学的关系以及历史唯物主义对于把握一般规律的前提性作用四个方面作了具体论述。基于对历史唯物主义之核心地位的确立，科普宁还对马克思主义哲学的研究对象、认识论和辩证法等重要问题进行了新的阐述。

一、对"世界观"的反思与重新理解

科普宁对历史唯物主义的重新理解，始于对当时流行的关于世界观的普遍认识的反思和批判。科普宁认为，科学把握世界观的内涵意义重大，这不仅关乎哲学功能地位的认识，而且关乎对哲学与具体科学之关系本质的认识。但是，对于如此重要的问题，苏联学界却缺乏明确的回答，很多人往往将过去哲学中的世界观概念直接移入马克思主义哲学，并将其作为在具体科学领域围绕相关问题展开争论和攻击的最终理由，作为替斯大林所阐释的"辩证唯物主义世界观"辩护的盾牌，即"只要是同斯大林或其他某个最高权威的观点不同，就被认为在世界观上站不住脚，并不加任何认真的分析就给以批驳"。①

科普宁尤其对当时苏联流行的世界观定义进行了具体的分析与批判。在当时苏联各种版本的哲学教科书、百科全书等著作中，世界观被整齐划一地定义为："哲学的主要特点就在于：它一产生，就是一种比较完整的世界观，即关于世界、自然、社会、人的一般观点的体系。"②科普宁则认为，该定义并不符合现代哲学发展的水平，其缺陷在于：第一，它没有体现出辩证唯物主义和历史唯物主义的科学性，"马克思列宁主义哲学同其他科学一样，是一门严密的科学，它是一个反映其研究的对象的概念体系"③，

①　［苏］科普宁：《马克思主义认识论导论》，求实出版社1982年版，第4页。
②　［苏］科普宁：《马克思主义认识论导论》，求实出版社1982年版，第4页。
③　［苏］科普宁：《马克思主义认识论导论》，求实出版社1982年版，第6页。

而"不是对整个世界一般观点或关于整个世界的观念的体系"。①
第二，它用"世界"来定义世界观，但"世界"并不是现代科学的
概念，任何一门科学也没有被严格确定的"世界"概念。虽然从
一般意义上来讲，一切科学都是关于世界的观点，但正如我们不
能用心灵来给心理学下定义，用土地测量来给几何学下定义一
样，用"世界"给科学的哲学下定义，则"既不能把握具体科学领
域的本质，也不能把握世界观的本质"②，因为，它没有回答下列
问题，"对世界的观点是怎样的，哪些规律包括在世界观里，以及
哪些规律构成了自然科学和社会科学各个领域的对象"。③第三，
上述定义还运用了"整体"的概念，但这导致了局部和整体的概
念与个别和普遍的范畴的混淆。在科普宁看来，两组概念的内容
是不同的，世界观力图反映发展的普遍规律，普遍的东西包含在
每一个个别的东西中，但为了获得普遍的规律，完全没有必要研
究整体的东西和构成它的一切现象。

　　科普宁认为，上述关于世界观的定义所反映的只是科学认
识初期存在的、尚未分解的、一般科学的本质，而不是现代知识
中的世界观的本质。随着各门具体科学从作为"科学的科学"或
"一般科学"中分离出来，从而以科学的概念描绘整个宇宙变成
科学知识全部总和的任务，关于到底何谓世界观以及世界观何为
的问题才具有了自己新的特殊的意义。科普宁认为，要合理回答
世界观的本质，首先必须弄清楚世界观的对象和目标。在他看
来，世界观的对象既不是单独的客观现实，也不是单独的人，而
应该是人与客观现实的关系，"世界观的对象表现为'人与自然
界'的关系，它力图在人同周围自然界的相互关系中，在同理解

---

① ［苏］科普宁：《马克思主义认识论导论》，求实出版社 1982 年版，第 5 页。
② ［苏］科普宁：《马克思主义认识论导论》，求实出版社 1982 年版，第 9 页。
③ ［苏］科普宁：《马克思主义认识论导论》，求实出版社 1982 年版，第 10 页。

自然界运动的普遍规律的紧密联系中解决人的问题”①，而“马克思主义哲学是从自然界的那些正成为人的活动、人的实践和认识的普遍原则方面来研究自然界的。自然界之外的人也好，人之外的自然界也好，它们都不是世界观的对象，世界观是通过自然界与人的联系和关系来把握它们的”。②当然，人与自然界的关系涉及的内容很多，而世界观所关注的却是其中的两个主要问题。第一个是哲学的基本问题，即人的意识同自然界的关系。科普宁由此批判苏联的辩证唯物主义和历史唯物主义教科书只是在开始部分涉及这个问题，而后则将其抛开，因而没有体现出其作为基本问题的地位和作用，真实的情况应该是：“马克思主义哲学中的任何一个问题都是这样或那样地通过哲学基本问题来研究的，物质和意识之间的矛盾是解决世界观一切问题的出发点和根本点。”③第二个是发展的问题。它与第一个问题并非并列关系，而是从属关系，即“为了彻底地唯物主义地解决哲学基本问题，需要发展这一科学概念，这就是辩证法”，“辩证的发展概念，是唯物主义地解决哲学基本问题的逻辑上的继续，并同时以新的必要因素丰富了世界观”。④世界观中的第三个重要问题是研究社会发展的一般规律。这个问题对于世界观的重要性在于，“如果不了解社会发展的规律性，就不可能有任何一般的，具有科学性质的，彻底唯物主义地解决哲学基本问题和建立辩证发展观点的世界观”。⑤科普宁尤其强调了研究社会发展一般规律与研究人

---

① ［苏］科普宁：《马克思主义认识论导论》，求实出版社 1982 年版，第 12 页。

② ［苏］科普宁：《辩证法　逻辑　科学》，华东师范大学出版社 1981 年版，第 378 页。

③ ［苏］科普宁：《马克思主义认识论导论》，求实出版社 1982 年版，第 14 页。

④ ［苏］科普宁：《马克思主义认识论导论》，求实出版社 1982 年版，第 15 页。

⑤ ［苏］科普宁：《马克思主义认识论导论》，求实出版社 1982 年版，第 16 页。

的统一性,并批判国外学界关于马克思主义世界观丢掉了人的错误观点。

基于上述反思与重新理解,科普宁认为,现代的科学的世界观的内容应该包括:"解决哲学基本问题,建立包括社会发展规律在内的发展的概念,了解人的本质及其在现实的其他现象中的地位,确定人的社会理想"[①],并基于这种重新理解对马克思主义哲学世界观进行了深入思考。其主要的观点是:第一,马克思主义哲学世界观绝非当时普遍流行的那样是关于整个世界大全的知识体系,它并不追求成为科学的科学,"它解决构成世界观的问题,而世界观是在许多科学领域的现实发展中被证实和表现出来的"。[②]第二,在马克思主义世界观的内容中,研究人类历史发展的规律具有特殊的地位和作用。这表现为只有了解社会规律性,才能彻底解决哲学的基本问题,才能真正确立起科学发展的观点。正是以这一认识为基础,科普宁不仅科学阐释了哲学世界观的产生、发展与社会现实的关系,认为一个思想家在发展哲学思想方面的作用主要取决于其能在多大程度上表达自己的时代,表述时代的特点和意向,而且超越了苏联正统理解将马克思主义哲学世界观以"辩证唯物主义"为名束缚于自然领域的片面化,科学指出了马克思主义哲学世界观创新的深层次基础在于马克思对资本主义社会现实的科学分析与批判。对此,科普宁强调指出:"马克思最充分、最深刻地理解资产阶级社会发挥职能的规律,理解这个社会的经济、文化和科学,理解这个社会固有的冲突,以及资产阶级社会必然灭亡,必然为社会主义生产方式所代替。在这个基础上,他对先前的全部哲学作了根本的改造,创立

---

① 〔苏〕科普宁:《马克思主义认识论导论》,求实出版社1982年版,第18页。
② 〔苏〕科普宁:《马克思主义认识论导论》,求实出版社1982年版,第12页。

了崭新的科学世界观。"① 第三，马克思主义世界观具有特殊的作用，它通过提供一切发展的最一般规律的知识，有助于推动各门具体科学的系统化。这些基本的认识构成了科普宁超越苏联历史唯物主义正统理解的基本思想前提。

二、历史唯物主义是马克思主义世界观的核心

基于对研究人类社会发展规律在世界观中的重要地位的认识，科普宁不仅重新阐释了辩证唯物主义和历史唯物主义的关系，而且对历史唯物主义的地位和作用本身进行了重新理解。苏联的正统理解将辩证唯物主义视为马克思主义的哲学世界观，而将历史唯物主义视为辩证唯物主义在历史领域的推广运用，对此，科普宁指出："哲学在研究社会规律时，不同解决哲学基本问题和发展的概念相联系，而常常以被称为社会学的（不同于哲学的）特殊问题而出现。这个问题构成了历史唯物主义。既然它是离开哲学基本问题和辩证的发展观点来研究的，那末某些作者就不把历史唯物主义或一般的社会学包括在世界观之中。"② 这种正统理解显然肢解了整体性的马克思主义哲学，其结果则是不仅扭曲了历史唯物主义理论，而且同时也曲解了马克思主义哲学的世界观。

面对苏联历史唯物主义正统理解所存在的缺陷，科普宁主要从两个方面进行了审视。首先，他认为，这个定义有其合理的一面，即看到了历史唯物主义不能脱离开辩证唯物主义，但问题却在于，似乎没有历史唯物主义，或者说，没有对人类社会发展规律的认识，就可以确立起辩证唯物主义的世界观。这显然抹杀了历史唯物主义在世界观中的重要地位和作用，真实的情况恰恰在

---

① ［苏］科普宁：《辩证法　逻辑　科学》，华东师范大学出版社1981年版，第1页。
② ［苏］科普宁：《马克思主义认识论导论》，求实出版社1982年版，第15页。

于，"离开了唯物主义的历史观也就无法深刻而全面地理解作为科学认识方法的唯物辩证法自身的原理、规律和范畴"①。其次，在推广论中，完整的世界被划分为二元的自然和社会，科普宁认为这种把人、人类社会同自然界对立起来的做法是站不住脚的，"在马克思主义哲学中没有自然哲学和社会哲学的划分，它是一种统一的世界观，它的中心是人，而没有对自然界规律的认识就不能理解人的历史发展"②。正是基于上述认识，科普宁强调了辩证唯物主义和历史唯物主义之内在一体的关系，即"辩证唯物主义和历史唯物主义并不是两门独立的哲学科学。亦即是说，并不是其中一个反映自然的一般规律，因而就成了认识自然规律的方法；而另一个则反映社会的一般规律，因而就是认识社会规律的方法。只存在一门统一的科学——即揭示了自然、社会和人类思维发展规律的辩证唯物主义和历史唯物主义"③。

基于对辩证唯物主义与历史唯物主义之一体化关系的理解，科普宁进而阐明了历史唯物主义在马克思主义哲学世界观中的地位和作用。在他看来，"马克思主义哲学是科学的世界观，在它的各个组成部分之间不存在矛盾，因为发展的辩证观点不仅对唯物主义地解决哲学基本问题是不矛盾的，而且对它是必需的。唯物史观把它们结合在一个有机的统一体中。它的一切组成部分，归根到底都从属于解决人及其存在的问题"④。而在马克思主义哲学的整体之中，历史唯物主义处于核心的位置。对此，科

① ［苏］科普宁：《辩证法　逻辑　科学》，华东师范大学出版社1981年版，第129页。

② 贾泽林等：《苏联哲学纪事（1953—1976）》，生活·读书·新知三联书店1979年版，第390页。

③ ［苏］科普宁：《辩证法　逻辑　科学》，华东师范大学出版社1981年版，第129—130页。

④ ［苏］科普宁：《马克思主义认识论导论》，求实出版社1982年版，第18页。

普宁明确指出:"唯物史观不仅没有超出一般马克思主义的世界观的范围,相反地它是马克思主义世界观的核心,是彻底唯物主义地解决哲学基本问题和辩证发展的观点的出发点。在唯物史观的基础上,唯物主义和辩证法有机地结合起来了,建立了崭新的世界观。并且,马克思建立世界观,是从唯物史观开始的,而它又成为改造马克思主义以前的唯物主义和辩证法的出发点。"①

科普宁具体从四个方面阐明了历史唯物主义的核心地位和作用。首先,正如科普宁明确指出的,从马克思主义哲学世界观的创立看,马克思恰恰是从创立历史唯物主义开始的,历史唯物主义的创立构成了马克思改造以前的唯物主义和辩证法并建立新世界观的出发点。其次,只有历史唯物主义才能彻底解决哲学基本问题。"科学的社会观不仅是建立和探讨辩证的发展观的关键,而且也是彻底地唯物主义地解决哲学基本问题的关键。"②具体来说,哲学的基本问题就是思维和存在的关系问题,为了解决这个问题,必须把握思维的本质,而由于思维本身是社会活动的产物,所以"为了揭示思维的实质和规律,就必须确定它在社会发展中的地位,考察作为社会—历史过程的认识本身,并把社会历史实践纳入认识史之中。所有这一切只有在唯物主义的历史观原理基础上才能做到"。③再次,苏联正统由于将自然认识和历史认识彻底割裂开来,并将自然认识摆在先于历史认识的位置,从而在根本上消解了历史认识对自然认识的制约作用。基于对历史唯物主义之核心地位的强调,科普宁进而认为自然认识是

---

① [苏]科普宁:《马克思主义认识论导论》,求实出版社1982年版,第17页。
② [苏]科普宁:《辩证法 逻辑 科学》,华东师范大学出版社1981年版,第339页。
③ [苏]科普宁:《辩证法 逻辑 科学》,华东师范大学出版社1981年版,第129页。

在历史认识的基础上进行的，在他看来，离开了自然对社会的关系，也就不能理解自然本身，"历史唯物主义不仅对于认识社会生活现象来说是必不可少的，就是对于一般的认识来说，它仍保持着自己的方法论意义。离开了自然对社会的关系，我们也就不可能理解自然本身"。[①]最后，历史唯物主义构成了把握一般发展规律的必要前提。科普宁认为，了解运动的高级形式是理解一般运动和运动所有其他形式的关键，因此，为了了解发展的本质、源泉、基本趋势、主要形式的相互关系，即建立发展的观点，必须首先分析人、社会这样的物质运动的最高形式，了解社会发展的规律性，这是理解物质运动其他形式的关键。"辩证唯物主义世界观，在总结全部认识和实践经验的基础上，揭示了发展的普遍规律。但是社会发展规律的知识，在此情况下具有特殊意义，因为社会是发展的最高级和最成熟的形式，而最高级事物的知识是理解低级事物的决定环节。因此，不是把社会规律搬到自然界而成为普遍规律，而是社会规律的知识是发现自然界和社会的普遍发展规律的必要前提。"[②]不仅如此，"了解社会发展规律，对理解任何发展的规律来说，都是必要的前提。没有社会的发展，发展的概念本身就失去意义，也就不能确定发展的客观标准和趋势"[③]。

科普宁对历史唯物主义之核心地位的界定，不仅超越了苏联正统对辩证唯物主义和历史唯物主义的分裂式理解，重塑了两者之间的一体化关系，凸显了马克思主义哲学的整体性特质，而且由此实现了对马克思主义哲学中许多重大理论问题的新阐释。

---

① ［苏］科普宁：《辩证法　逻辑　科学》，华东师范大学出版社 1981 年版，第129 页。

② ［苏］科普宁：《马克思主义认识论导论》，求实出版社 1982 年版，第34—35 页。

③ ［苏］科普宁：《马克思主义认识论导论》，求实出版社 1982 年版，第 17 页。

三、对马克思主义哲学若干理论问题的重新理解

基于历史唯物主义在马克思主义世界观中核心地位的确立,科普宁对马克思主义哲学的诸多问题进行了重新理解。由于彻底改变了苏联正统对马克思主义哲学内在格局的理解,科普宁实现了对马克思主义哲学研究中心的重新理解,即将其从抽象的自然转变为现实的人,而马克思主义哲学的研究对象则被归结为人与自然或世界的关系。这一理解无疑使马克思主义哲学摆脱了原有的"科学化"理解。对此,科普宁明确指出,"世界观揭示社会运动的一般规律,因而它把人和人类做为自己研究的中心"[①],人是马克思主义世界观的中心。进一步来看,既然历史唯物主义是马克思主义世界观的核心,所以马克思主义将对人的理解置于历史唯物主义的理论背景展开分析。科普宁认为,"人总是生存于具有一定社会结构的社会化的人类形式中"[②],因此,对人的理解是通过对社会的理解来实现的,"社会之外的人是没有的,而了解人,认识他在自然界中的地位和特点,就意味着研究他的社会生活"[③],"社会是理解人本身、理解人的一般本性(包括人的意识)的出发点"[④]。科普宁的上述认识不仅体现了力图扭转苏联正统中的实证主义和科学主义倾向,而且同时批判了抽象的哲学人类学撇开人生存于其中的社会与环境言说人的本质的错误倾向。科普宁还基于人是社会的人的观点对人的自由问题进行了深刻探究,在他看来,"人的自由是其历史发展的产物;自由是人对自然力量和社会力量的统治。要获得自由,就必须有相应的社会

---

① [苏]科普宁:《马克思主义认识论导论》,求实出版社 1982 年版,第 17 页。
② [苏]科普宁:《马克思主义认识论导论》,求实出版社 1982 年版,第 17 页。
③ [苏]科普宁:《马克思主义认识论导论》,求实出版社 1982 年版,第 17 页。
④ [苏]科普宁:《辩证法 逻辑 科学》,华东师范大学出版社 1981 年版,第 339 页。

关系"。①

　　苏联正统理解局限于从自然科学方面对认识事物的反映过程展开研究,以致抹杀了认识的实践能动性和社会性的特点,从而与马克思主义的认识论相去甚远。在科普宁看来,基于自然科学的角度研究固然有其重要的意义,但仅限于此却忽视了人对实在的反映过程方面的研究,而这只有通过研究人的认识与人的具体的实践活动的联系才能实现。在这方面,科普宁是少有的真正把握了马克思主义认识论的实践本质的苏联理论家,他深刻指出,马克思主义认识论的出发点在于,"人不是把自然界当作直观的客体,而是作为感性的物质活动的客体,作为人的实践对象来加以理解"。②更为突出的是,科普宁深刻批判了东欧学者的人本主义实践观,认为基于这种实践观的社会认识和批判就只能停留于社会历史运动的现象表层,而不能将批判的目标延伸到资产阶级关系本身。在他看来,"马克思主义哲学不是脱离自然界和社会的客观规律,而是在与这些规律紧密相联的条件下去理解实践。对实践及其本质和目的的分析,必然导致对当前发展阶段上的社会进行研究,否则实践就成了抽象的、脱离现实世界的主观活动"。③正是由于将人视为从事具体的历史性的实践活动的社会的人,同时突出社会的人的实践活动对于人的认识的基础性作用,科普宁不仅深刻阐明了人的认识的实践能动性特质,而且与此内在相关地阐明了人的认识的社会性特质。

　　对于人的意识的社会性特质,马克思早在《德意志意识形态》中就曾明确指出:"意识一开始就是社会的产物,而且只要人们存

---

① 〔苏〕科普宁:《辩证法　逻辑　科学》,华东师范大学出版社1981年版,第449页。
② 〔苏〕科普宁:《辩证法　逻辑　科学》,华东师范大学出版社1981年版,第13页。
③ 〔苏〕科普宁:《辩证法　逻辑　科学》,华东师范大学出版社1981年版,第31页。

在着，它就仍然是这种产物。"① 科普宁显然深刻领会了这段论述的要义，基于认识的主体之为社会的人的前提性确认，他深刻指出，"对任何一种客体（自然界或者社会）的认识本身都带有社会的因素"。② 认识的社会因素体现了主体展开认识的目的性和能动性，它既在一些条件下成为导致谬误的源泉，又在另一些条件下导致对现实全面的和深入的反映，对于后者，科普宁深刻指出："正是反映的社会性成为认识能动性的源泉，成为认识成果达到真正客观真理性的一种手段。"③ 在他看来，社会性因素真正成为形成真理性因素的积极手段，有赖于共产主义社会的建立，其中，"个人和社会集团的主观意图将完全同社会进步运动的客观需要一致"④，而在这之前，为了尽可能避免其成为谬误的源泉，必须面向人类社会生活的认识经验研究并掌握唯物辩证法，因为"认识过程不能从无开始。人为了从理论上把握客体，他仅仅从实践上与客体发生作用是不够的；人还需要有一些有助于以一定的方式了解客体的手段，这些手段就是辩证法的范畴运算子"。⑤

在苏联正统理解中，唯物辩证法自身的范畴构成被普遍理解为对黑格尔的"逻辑学"的唯物主义改造，科普宁认为，这种理解将马克思创立唯物辩证法的复杂过程简单化了，并且扭曲了它的理论本质。由此，科普宁对历史唯物主义地位和作用的先行理解作了反思与批判，认为理解和把握唯物辩证法的范畴构成，既

---

① 《马克思恩格斯文集》（第 1 卷），人民出版社 2009 年版，第 533 页。

② ［苏］科普宁：《辩证法　逻辑　科学》，华东师范大学出版社 1981 年版，第 29 页。

③ ［苏］科普宁：《辩证法　逻辑　科学》，华东师范大学出版社 1981 年版，第 29 页。

④ ［苏］科普宁：《马克思主义认识论导论》，求实出版社 1982 年版，第 135 页。

⑤ ［苏］科普宁：《辩证法　逻辑　科学》，华东师范大学出版社 1981 年版，第 33 页。

要深入细致地研究整个人类思想史，同时又要避免构造固化的、现成的辩证法理论体系，然后将其如公式般地直接套用到现实中去。这种教条主义的理解尤其体现为苏联正统中十分流行的本体论式的理解，即把辩证法说成是一种现代化了的本体论，说成是一门关于事物的普遍联系和属性的科学，关于整个世界的科学，即早已过了时的自然哲学。与这种理解不同，科普宁遵循历史或社会认识之首要的前提性的原则，强调"辩证法始终是对历史发展着的现实进行生动分析的一种方法，所以辩证法必然要进入客观世界、进入事物和过程的运动中去，把事物和过程当作自己的对象"。① 在他看来，只有在深入社会现实的过程中制定出新的范畴、确立新的范畴构成原则，才符合唯物辩证法范畴构成的本质要求，才能彰显唯物辩证法的内在具有的创新品质，"运用辩证法去分析现代社会的实践，就会改变和丰富辩证法的范畴运算子"。② 科普宁以此阐明了唯物辩证法的实践本性，彰显了历史唯物主义关于"社会存在决定社会意识"的原则。按照这一原则，从来就不存在纯粹的主观辩证法，相反，"主观辩证法同样是一种客观的运动，只是与自然界相比是另一种形式的客观运动罢了"③，同样，按照这一原则，从来就不存在一经确立就永恒不变的辩证法理论体系，伴随着人类历史的发展以及社会科学和自然科学研究的不断向前发展，唯物辩证法在分析和吸纳新的事实的过程中会形成新的范畴，并由此实现自己的不断充实、完善和发展。

---

① ［苏］科普宁：《辩证法　逻辑　科学》，华东师范大学出版社1981年版，第15页。

② ［苏］科普宁：《辩证法　逻辑　科学》，华东师范大学出版社1981年版，第37页。

③ ［苏］科普宁：《辩证法　逻辑　科学》，华东师范大学出版社1981年版，第41页。

第三节　巴加图利亚：运用"从后思索"方法研究历史唯物主义

作为苏联著名的马克思主义哲学家，巴加图利亚不仅在马克思主义文献学研究领域成就斐然，而且对历史唯物主义也有深入的研究。在历史唯物主义形成发展史的研究方法上，巴加图利亚倡导马克思的"先后思索"的方法，即通过把握马克思对历史唯物主义成熟论述的要点，以此反观和测度历史唯物主义形成和发展的历史进程，并将对历史唯物主义的考察分成两个阶段，即1843年以前的前史阶段和1843年以后的本义史阶段，而本义史阶段又分成三个阶段。在详尽梳理历史唯物主义形成史的生成脉络的基础上，巴加图利亚对历史唯物主义的诸多原理进行了阐释，对我们深入理解马克思思想的演变历程以及历史唯物主义基本理论具有重要的借鉴意义。

一、研究历史唯物主义形成与发展历程的方法论原则

巴加图利亚十分重视对历史唯物主义形成与发展历程的认识，认为这种认识有助于对历史唯物主义理论本质的科学阐明。与此同时，他强调只有先行把握历史唯物主义的理论本质，才能够真正有效阐明历史唯物主义的形成和发展的历程，"为了懂得对象的历史，应当在一定程度上知道对象的理论。而相反，懂得对象的历史将导致更深刻地掌握对象的理论。这是相互影响的。为了懂得唯物主义历史观形成的过程，必须清楚地确定，什么是已经发展了的唯物主义历史观"。① 显然，巴加图利亚考察历史唯物主义形成和发展的历史过程的方法，就是马克思在《〈政治

————————

① ［苏］巴加图利亚：《马克思的第一个伟大发现：唯物史观的形成和发展》，中国人民大学出版社1981年版，第3页。

经济学批判〉导言》中所提出的"从后向前"思索的方法，即为了理解资产阶级社会以前的社会形态的历史本质，必须对资产阶级社会这一最发达和最具多样性的历史的生产组织的历史本质作出先行的把握，"人体解剖对于猴体解剖是一把钥匙，反过来，低等动物身上表露的高等动物的征兆，只有在高等动物本身已经被认识之后才能理解"。[①]

按照这个方法，首先必须把握历史唯物主义基本观点的发展了的形式。巴加图利亚遵循恩格斯对马克思在《〈政治经济学批判〉序言》中对历史唯物主义基本原理的集中阐述的评价，即认为其是马克思创立和发展历史唯物主义的"过程已完全成熟而具有典范形式"[②]，将其作为考察历史唯物主义形成和发展过程的"人体"，指出"马克思的这个序言及其中所发挥的观点，是我们由以考察唯物主义历史观发生和发展全部过程的基本出发点"。[③]巴加图利亚以其对历史唯物主义主要观点的如下基本认识为前提，即"唯物主义历史观，这同时既是社会一般规律性的观点，又是历史一般规律性的观点"，"唯物主义历史观的对象是指社会的结构和历史分期"，将马克思在《〈政治经济学批判〉序言》中所集中阐明的历史唯物主义基本原理归结为两个主要方面：一是对社会结构的理解和把握，即厘清了社会结构中核心要素的内在关系，并用公式表明为"生产力—生产关系—政治上层建筑—社会意识形式"[④]；二是马克思对历史分期所作的概述，即阐明了亚

---

① 《马克思恩格斯文集》(第8卷)，人民出版社2009年版，第29页。

② 参见[苏]巴加图利亚等：《马克思的经济学遗产》，贵州人民出版社1981年版，第170页。

③ [苏]巴加图利亚：《马克思的第一个伟大发现：唯物史观的形成和发展》，中国人民大学出版社1981年版，第4页。

④ [苏]巴加图利亚：《马克思的第一个伟大发现：唯物史观的形成和发展》，中国人民大学出版社1981年版，第5页。

细亚的、古代的、封建的、资产阶级的生产方式依次更迭的发展阶段。在他看来,这两个主要方面是"研究唯物主义历史观的产生和发展过程所应当据以出发的、带有决定性意义的关节点"。① 而按照这两个方面追溯历史唯物主义的形成和发展历程,就是要往前系统考察和估量马克思在不同的阶段所提出的观点与之相比的成熟程度,往后考察它们进一步发展的情况,以及两者在马克思思想演进历程中的相互联系的变化情况。

进一步来看,巴加图利亚还强调遵循"从后向前"的方法考察历史唯物主义的形成和发展历程时必须注意的问题。其一,既要以马克思和恩格斯自己所做的追溯性的证明和评述为依据,又要将这些依据与文本和相关事实比较,"在马克思主义史的研究中,应当采取客观性(不是客观主义!)的原则,从方法论的观点看,客观性的原则是唯物主义历史观本身最重要的结果之一"。② 其二,在考察历史唯物主义的某个重要理论的发展时,需要对其实际产生的时间与首次发表的时间、新思想的发端和直接表述、理论原理的首次阐明和经典表述、某种思想只是具有概念或观念和已经具有完全相符的术语等作出区别性认识,此外,还要"区别正确的并为马克思以前的科学已经提出的因素和马克思主义特有的因素"。对于上述区分,巴加图利亚分别以马克思关于"无产阶级专政"学说、共产主义两个阶段学说、生产关系理论等为题作了说明。比如,他认为,马克思在《德意志意识形态》一书中虽然还没有制定出"生产关系"的范畴,但这一概念的内容实质上已经有了。其三,基于马克思制定历史唯物主义本身是一个复杂

① [苏]巴加图利亚:《马克思的第一个伟大发现:唯物史观的形成和发展》,中国人民大学出版社 1981 年版,第 5 页。

② [苏]巴加图利亚:《马克思的第一个伟大发现:唯物史观的形成和发展》,中国人民大学出版社 1981 年版,第 6 页。

的多方面的过程的实情，巴加图利亚认为在理论上系统梳理这个过程时，必须尽可能把握其由以创立和发展的多方面的前提。

二、历史唯物主义形成与发展的主要阶段

基于上述认识，巴加图利亚确定的理论目标是试图探索马克思历史唯物主义的基本因素是怎样形成的，并从中概括出两个大的阶段。第一个阶段是历史唯物主义的史前史，即"1843年以前马克思的自觉生活的时期"；第二个阶段是以1843年马克思所完成的《黑格尔法哲学批判》为标志，其构成了马克思思想发展进程中的一个质的新阶段，即他的唯物主义历史观的阶段。巴加图利亚论述的重点是第二个阶段，但他对马克思从第一个阶段向第二个阶段转变的动因的阐明非常有见地：其一，马克思对黑格尔哲学的研究，尤其是对其客观的辩证的唯心主义的研究，对于马克思从唯心主义走向唯物主义起到了重要的推动作用。巴加图利亚尤其强调，虽然马克思受到了黑格尔的积极影响，并一度从黑格尔哲学中寻求自我思想建构的基本原则，但马克思从来就没有成为一个纯粹的黑格尔主义者。其二，费尔巴哈的唯物主义对于马克思从唯心主义转向唯物主义也发挥了重大的影响，但这绝非马克思转向唯物主义的决定性因素。在他看来，马克思转向唯物主义的决定性原因是其在担任《莱茵报》主编期间所遭遇的思想与物质现实的严重冲突，特别是在这个时期马克思所展开的具体历史研究。其三，马克思始终秉持的科学探究精神在推动上述转变的过程中也发挥了不可或缺的前提性作用。

巴加图利亚认为，从1843年开始，马克思实现了向历史唯物主义的转变，从而"开始了唯物主义历史观的本义的历史"[①]。在

---

① ［苏］巴加图利亚：《马克思的第一个伟大发现：唯物史观的形成和发展》，中国人民大学出版社1981年版，第15页。

此基础上,他以马克思在《〈政治经济学批判〉序言》中所概述的历史结构和历史分期的成熟理论为标尺,对历史唯物主义本义史进行了贯穿全程的梳理。在他看来,这个本义的历史又分成三个时期。其中,第一个时期属于历史唯物主义的形成史,这个时期以马克思在克罗茨纳赫时期的《黑格尔法哲学批判》、巴黎时期的《1844 年经济学哲学手稿》和布鲁塞尔时期的《德意志意识形态》为主要标志而构成了三个依次递进的内涵局部性质变的阶段。具体来说,巴加图利亚认为,马克思在《黑格尔法哲学批判》中所获得的主要成果是得出了"不是国家决定市民社会,相反,是市民社会决定国家"的结论。它作为马克思观点进化过程中的特别新的东西,已经"潜在地包含着对社会的经济基础和政治上层建筑之间关系的阐述"[1],因而也表明马克思此时已经得出自己未来的唯物主义历史观的历史上第一个起始的原理,并从这个原理出发开始了长期而复杂的制定新的历史观的过程。如果说这是用马克思成熟了的社会结构理论予以衡量的结果,那么,巴加图利亚还以马克思的成熟了的历史分期理论作为衡量标准,认为马克思此时已经对历史分期作出了初步的新阐释,即"马克思把市民社会和国家相互关系的各种形式,同各个不同的历史阶段联系起来"。[2]

马克思历史唯物主义形成史的第二个阶段主要体现于马克思所完成的《1844 年经济学哲学手稿》中,在这个重要文本中,马克思在对社会结构和历史过程理论的理解中又提出了一些新的东西。就社会结构方面来看,马克思提出了关于"宗教、家庭、国家、法、道德、科学、艺术等等,都不过是生产的一些特殊的方

---

[1] [苏]巴加图利亚:《马克思的第一个伟大发现:唯物史观的形成和发展》,中国人民大学出版社 1981 年版,第 25 页。

[2] [苏]巴加图利亚:《马克思的第一个伟大发现:唯物史观的形成和发展》,中国人民大学出版社 1981 年版,第 26 页。

式，并且受生产的普遍规律的支配"①的重要论断。这样一来，马克思就将整个社会发展的决定性因素由"市民社会"推进到"生产"，从而与 1843 年相比较，马克思发现了更深一层的社会基础，并使自己对社会结构的认识更深入了。不仅如此，马克思还将社会意识的各种形式视为受生产决定的方面，而在 1843 年，马克思只是强调了市民社会决定国家和法。而由于"生产"本身是生产力和生产关系的统一，所以巴加图利亚由此认为，马克思已经在社会结构的认识上朝着"生产力—生产关系—政治的上层建筑—社会意识形式"的发展了的认识迈进了一大步，即形成了"第一环节和第二环节的不可分割的总和决定第三环节和第四环节的总和"②的概念。进一步来看，正是由于对社会结构认识的向前推进，马克思此时在历史过程理论的认识上也往前推进了一步，即以生产在历史发展进程中的决定性作用的认识为前提，马克思已经形成初步的历史分期理论，即将整个人类历史划分成阶级以前的社会—阶级社会—未来的无阶级的共产主义社会。以上述认识为基础，巴加图利亚断定，《1844 年经济学哲学手稿》构成了历史唯物主义形成史上的富有新质的更高阶段。

历史唯物主义形成史的有决定性意义的第三个阶段体现于马克思在布鲁塞尔时期所完成的《德意志意识形态》中，对此，巴加图利亚认为，"我们首次看到的不仅是这一观点的全部主要内容，而且还有对其实质所做的概述，它甚至在形式上都同 1859 年的经典性概述是相似的"。③仍然一以贯之地以历史结构和历

---

① ［苏］巴加图利亚：《马克思的第一个伟大发现：唯物史观的形成和发展》，中国人民大学出版社 1981 年版，第 29 页。

② ［苏］巴加图利亚：《马克思的第一个伟大发现：唯物史观的形成和发展》，中国人民大学出版社 1981 年版，第 32 页。

③ ［苏］巴加图利亚：《马克思的第一个伟大发现：唯物史观的形成和发展》，中国人民大学出版社 1981 年版，第 42 页。

史分期理论为考察的主要对象，巴加图利亚强调《德意志意识形态》在历史结构理论上第一次揭示了生产力和生产关系发展的辩证的相互作用，并以此为基础"创立了完整的马克思主义关于社会结构的观点"①。而作为生产力与生产关系辩证法的直接结果，马克思在《德意志意识形态》中初创了关于社会经济形态的学说，人类历史被明确划分成彼此依次更替，并在每个阶段占据统治地位的所有制形式，即部落所有制、古代公社所有制、封建的所有制、资产阶级的所有制以及未来的共产主义的公有制形式。总而言之，巴加图利亚总结指出："在《德意志意识形态》中，唯物主义历史观第一次成为社会结构和历史分期的完整的概念。"②至此为止，马克思的唯物主义历史观的形成过程得以完成，并在此后的《哲学的贫困》和《共产党宣言》中公之于世。

　　历史唯物主义本义史的第二个时期是1857—1859年。在他看来，历史唯物主义在1848年到1857年马克思的思想进程中处于量变的阶段，而在1857—1859年则发生了一次新的质的飞跃，"这种特殊的新的东西，在这一时期的最后阶段即在《〈政治经济学批判〉序言》中，表现得极其明显。这里，在社会结构的理解方面和在历史分期方面的那些重要的新内容都是作为唯物主义历史观进一步发展的成果而出现的"③。具体来说，就社会结构理论而言，马克思"在对社会结构的解释上向前迈出了重要的第一步：完成了把生产关系从所有其他社会关系中区分出来的过

　　① ［苏］巴加图利亚：《马克思的第一个伟大发现：唯物史观的形成和发展》，中国人民大学出版社1981年版，第53页。

　　② ［苏］巴加图利亚：《马克思的第一个伟大发现：唯物史观的形成和发展》，中国人民大学出版社1981年版，第60页。

　　③ ［苏］巴加图利亚：《马克思的第一个伟大发现：唯物史观的形成和发展》，中国人民大学出版社1981年版，第69页。

程，并且制定了历史上一定生产关系的总和的新概念，即社会经济形态的概念"。① 就历史分期理论而言，马克思同样向前迈出了重要的一步，这主要体现于，一方面，马克思划出了经济史上的一个时代即"亚细亚生产方式"，另一方面，马克思改变了划分历史不同阶段的标准，即从按照所有制形式区分前进到按照生产方式区分。总之，巴加图利亚认为，"在 1857—1859 年期间，唯物主义历史观完全成熟了并获得了经典性的明确的形式"。它的一系列主要的基本的观点，在马克思随后的主要著作《资本论》中得到了全面的发展。也正是通过《资本论》的完成，历史唯物主义"变成彻底地证实了的理论"。②

历史唯物主义本义史的第三个时期是巴黎公社以后的时期，"唯物主义历史观在几个方面的进一步的重要发展，那已经属于新的历史阶段，即马克思生平的最后年代的时期"。③ 而这源于推动历史唯物主义创新发展的各种新因素的积聚，包括为建立无产阶级革命政党提供理论基础、对东方落后国家如何运用马克思主义的问题的理论解答以及对古代社会研究中所出现的各种新发现的理论概括。巴加图利亚通过列举一系列理论事实证明，"从 1871 年至 1895 年这段时期唯物主义历史观的进一步发展，不仅表现在社会结构的观点方面，而且也表现在历史时期的划分方面"。④ 首先，马克思在历史分期理论上更加具体了，论证了区

---

① ［苏］巴加图利亚：《马克思的第一个伟大发现：唯物史观的形成和发展》，中国人民大学出版社 1981 年版，第 74 页。

② 参见［苏］巴加图利亚等：《马克思的经济学遗产》，贵州人民出版社 1981 年版，第 187 页。

③ ［苏］巴加图利亚：《马克思的第一个伟大发现：唯物史观的形成和发展》，中国人民大学出版社 1981 年版，第 75 页。

④ ［苏］巴加图利亚：《马克思的第一个伟大发现：唯物史观的形成和发展》，中国人民大学出版社 1981 年版，第 78 页。

分原始社会和共产主义社会两个阶段的必要性。这项推进具体表现为：马克思在《哥达纲领批判》中制定了共产主义社会两个发展阶段的原理，并依据毛勒和摩尔根等人的著作提出了原始社会发展阶段的问题。而他在 1881 年给查苏里奇的信中描述了新的总结性的历史分期，即把建立在公有制基础上的原始的或古代的社会形态和建立在私有制基础上的第二种社会形态区别开来，其中，对于古代的社会形态，马克思强调了它表现为一系列不同的、标志着依次更迭的时代的阶段，而对于第二种社会形态，则包括建立在奴隶制和农奴制上的一系列社会，巴加图利亚分析认为，它实际上包括了奴隶社会、封建社会和资本主义社会三个时期。其次，对历史过程各阶段的研究，使社会结构的概念具体化了。巴加图利亚尤其强调了恩格斯所概括的"两种生产"理论，该理论证明，"物质生产对人类社会不是永远起主要的决定因素的作用，它的作用是在社会发展进程中历史地产生的"。[①] 最后，恩格斯在晚年关于历史唯物主义的书信中阐明了存在和意识的辩证关系，从而驳斥了当时流行的种种对唯物主义历史观的庸俗化理解。

总之，巴加图利亚坚持"从后向前"思索的方式，以历史唯物主义成熟了的社会结构理论和历史分期理论及其相互作用为标尺，对历史唯物主义的形成和发展历程进行了两个阶段的划分，并抓住马克思和恩格斯在每个阶段尤其是第二个阶段的标志性成果进行较为深入的解读，对于我们完整把握马克思恩格斯创立和发展历史唯物主义的整个过程的理解具有重要的借鉴意义。

---

① ［苏］巴加图利亚：《马克思的第一个伟大发现：唯物史观的形成和发展》，中国人民大学出版社 1981 年版，第 90 页。

三、关于历史唯物主义若干基本理论的阐释

巴加图利亚不仅对历史唯物主义的发生和发展历程进行了完整的刻画，而且在此过程中还力图超越苏联历史唯物主义的正统理解，对历史唯物主义的一系列基本理论进行了独到的阐释。苏联理论家普遍坚持的关于历史唯物主义产生的正统理解认为，马克思首先围绕自然领域创立了辩证唯物主义或唯物辩证法，然后再将其推广运用至历史领域而形成了历史唯物主义。与此种认识不同，巴加图利亚坚持认为马克思首先是在历史观方面成为唯物主义者的，即"马克思在他成为历史唯物主义者以前，并不是一个唯物主义者。他向唯物主义的转变，不仅是在纯哲学领域中，而且正是在社会学的领域中实现的"。[①] 而对于唯物辩证法和历史唯物主义的关系，巴加图利亚尤其强调了后者对于前者的哲学基础性作用，他以《资本论》中的唯物辩证方法为例强调指出，"在《资本论》的方法这个概念中有机地包含着它的唯物主义基础。把这种方法叫做唯物辩证法恰恰从唯物主义历史观是这种方法的直接的哲学基础这个意义上说的"。[②] 巴加图利亚还反复强调马克思所展开的政治经济学研究对于其创立和发展历史唯物主义的基础性作用，而这种理论上的内在关系恰恰是苏联正统理解所遗漏的重要事实。在历史唯物主义的理论目标和功能作用上，苏联正统理解普遍强调的是对历史发展进程中的普遍规律的把握，巴加图利亚则强调"马克思在历史观上完成的革命变革，其内在的根本目的，不单是从理论上去认识历史规律，而是为了改变世界这一特殊的实践任务"。[③] 而这恰恰符合马克思在

---

① ［苏］巴加图利亚：《马克思的第一个伟大发现：唯物史观的形成和发展》，中国人民大学出版社 1981 年版，第 12 页。

② ［苏］巴加图利亚：《马克思的经济学遗产》，贵州人民出版社 1981 年版，第 153 页。

③ ［苏］巴加图利亚：《马克思的第一个伟大发现：唯物史观的形成和发展》，中国人民大学出版社 1981 年版，第 2 页。

《关于费尔巴哈的提纲》中所提出的关于"问题在于改变世界"的教导。

进一步来看,巴加图利亚还在历史唯物主义的一系列重大理论问题的阐释上取得了相比于苏联正统理解而言的重要突破。在对人与自然的关系的认识上,苏联正统理解更多地坚持"自然中心论",这既表现为其在本体论上把历史和人单纯地视为自然演化的产物,又在认识论上完全依据对自然的认识来推论对历史的认识。与正统理解不同,巴加图利亚则强调马克思是运用辩证唯物主义的观点去解决人同自然的相互作用问题的,并敏锐地认识到"马克思已经在发展着对自然的历史的认识,自然在越来越大的程度上正在变为人的活动的产物"[①]。

在对历史唯物主义之重要范畴"社会经济形态"内涵的理解上,苏联正统理解普遍将其视为"经济基础"与"上层建筑"的统一体。与此种认识不同,巴加图利亚强调指出:"首要的和基本的意思是:社会经济形态就是历史上一定的即一定历史时代的生产关系的总和,就是一定时代的社会经济结构,经济基础,经济制度。这个一定历史时代的社会形式,只是指生产关系总和来说的社会(市民社会,交往形式),而不是指整个社会。"[②]这种理解显然是符合马克思的原意的。早在《雇佣劳动和资本》一书中,马克思就明确指出:"各个人借以进行生产的社会关系,即社会生产关系,是随着物质生产资料、生产力的变化和发展而变化和发展的。生产关系总合起来就构成所谓社会关系,构成为所谓社会,并且是构成一个处于一定历史发展阶段上的社会,具有独特

---

① [苏]巴加图利亚:《马克思的第一个伟大发现:唯物史观的形成和发展》,中国人民大学出版社1981年版,第33页。

② [苏]巴加图利亚:《马克思的第一个伟大发现:唯物史观的形成和发展》,中国人民大学出版社1981年版,第71页。

的特征的社会。古代社会、封建社会和资产阶级社会都是这样的生产关系的总和，而其中每一个生产关系的总和同时又标志着人类历史发展中的一个特殊阶段。"①巴加图利亚立足于马克思晚年新的研究成果，对马克思的社会形态理论进行了相比于苏联正统而言的更加深入的解读。

当然，巴加图利亚对历史唯物主义的阐释在很多方面超越了苏联正统，但其采取"从后向前"思索的方法解读并划分历史唯物主义形成与发展的过程，仍然存在一定的理论缺陷。问题的关键在于，我们以历史唯物主义的成熟形态去衡量历史唯物主义的形成史，有助于我们测度其在不同阶段的发展程度，但这种方式有一个限度，即不能单凭从不断变动的理论语境中抽取出一些具体的观点，并以此判定历史唯物主义的生成阶段的性质。巴加图利亚正是由于没有注意到这一点，以致将马克思创立历史唯物主义的过程大大地向前推移了，并将这个过程视为累积式的向前推移的过程，忽略了马克思思想演进过程中从人本逻辑转向科学逻辑的理论变革。

第四节　奥伊则尔曼：唯物主义哲学发展的新的、最高的阶段

作为苏联著名的哲学家和马克思主义理论家，奥伊则尔曼在长期的理论研究中对历史唯物主义作出深入的阐释，并在历史唯物主义的生成脉络以及历史唯物主义的主要原理等方面的阐释上体现了对苏联历史唯物主义正统理解模式的"反拨"，特别是

①　《马克思恩格斯文集》(第1卷)，人民出版社2009年版，第724页。

其反对将历史唯物主义理解为辩证唯物主义在历史领域的推广运用，强调辩证唯物主义与历史唯物主义之一体化的关系，并高度重视青年马克思的艰辛探索在历史唯物主义创立过程中的重要作用等，充分体现了其在历史唯物主义阐释方面对苏联正统理解的超越。

一、对历史唯物主义的总体阐释

纵观历史唯物主义理解史，人们对于历史唯物主义理论特质的阐释往往与对历史唯物主义理论变革方式的理解有着密切的关联。从这个角度看奥伊则尔曼的阐释，其独到之处首先体现在对历史唯物主义变革方式的独特理解上。根据苏联正统的阐释，历史唯物主义的创立往往被归结为黑格尔辩证法和费尔巴哈唯物主义的结合，奥伊则尔曼明确反对这种理解，他指出，"把辩证唯物主义和历史唯物主义的形成归结为黑格尔辩证法和费尔巴哈唯物主义相结合的这种解释，是同马克思主义哲学产生过程的科学理解相对立的，这种科学理解的出发点是：承认革命马克思主义理论同革命实践的统一"。[①] 对于奥伊则尔曼而言，马克思恩格斯创立历史唯物主义的关键在于坚持了理论和实践相统一的原则，因而历史唯物主义创立之根本在于对社会现实运动规律的把握。当然，奥伊则尔曼并不否认马克思恩格斯在创立历史唯物主义过程中对以往哲学思想的积极继承，但这种继承以及继承基础上的理论革新恰恰是在适应无产阶级革命运动实践需要的基础上实现的。奥伊则尔曼深刻指出："如果我们把哲学中的革命变革同批判地吸收和改造先前的哲学和一般社会思想的成就彼此对立起来，那就大错特错了。马克思和恩格斯的科学功绩

---

① ［苏］奥伊则尔曼：《马克思主义哲学的形成》，生活·读书·新知三联书店1964年版，第4页。

的伟大，正是在于他们深刻地理解到创立工人阶级的科学思想体系的必要性，从无产阶级党性立场出发批判地分析自己前辈的理论，把这些理论同历史材料相对照，根据工人运动的经验评价这些理论，并创立无产阶级解放运动的理论。这种理论的产生反映出资本主义制度发展中的深刻的社会经济变动。"①

奥伊则尔曼对马克思哲学变革方式的深刻理解，使其在历史唯物主义生成路径的理解上同样超出了苏联正统。与苏联正统的历史唯物主义阐释不同，奥伊则尔曼反对将历史唯物主义理解为先于其产生的辩证唯物主义在社会领域的推广运用，在他看来，辩证唯物主义和历史唯物主义本身就是一体的，这种一体性首先体现为它们是同时产生的。"马克思和恩格斯制定历史唯物主义同制定辩证唯物主义是结合在一起的，因为历史唯物主义就是对社会发展的辩证唯物主义的理解"②，在他看来，两者作为完整的、统一的马克思主义哲学学说，从根本上超越了以往的一切旧的唯物主义哲学。奥伊则尔曼明确指出，"马克思主义奠基人制定了崭新的高级形式的唯物主义世界观。与以前的唯物主义不同，这种世界观不仅包括对自然界的看法，而且包括对社会的看法"③，也就是说，马克思的唯物主义"对整个现实界提供了完整的、彻底的、无所不包的唯物主义的解释"④，他由此认为，"马克思主义唯物主义在唯物主义理论的发展中向前跨进了一大步。马克思列宁主义奠基人所创立的唯物主义哲学跟以前存在过的

---

① ［苏］奥伊则尔曼：《马克思主义哲学的形成》，生活·读书·新知三联书店1964年版，第2页。

② ［苏］奥伊则尔曼：《马克思主义哲学的形成》，生活·读书·新知三联书店1964年版，第586页。

③ ［苏］奥伊则尔曼：《马克思主义哲学的形成》，生活·读书·新知三联书店1964年版，第1页。

④ ［苏］奥伊则尔曼：《什么是唯物主义》，上海人民出版社1957年版，第57页。

唯物主义有着本质上的差别。它不仅摆脱了以前的唯物主义所存在的缺点,而且能够回答对过去的唯物主义者来说是无法克服的困难的一些问题"①,马克思主义奠基人所创立的唯物主义历史观乃是将马克思主义的唯物主义提到高出于以前的一切唯物主义学说之上的唯物主义哲学发展的新的、最高的阶段。②

奥伊则尔曼还特别强调了历史唯物主义的实践本质。在他看来,"马克思列宁主义哲学——辩证唯物主义和历史唯物主义——不仅正确地解释了世界,而且还指出了为全体进步的人类的利益而改造社会生活的道路"。③历史唯物主义所以具有这种功能,乃是由于其从根本上克服了旧哲学总是游离于现实世界之外的思辨特性。历史唯物主义不仅来自社会现实,而且本身还积极融入社会现实,发挥对社会生活进行批判性改造的理论武器的作用。在他看来,历史唯物主义与一切对现实的辩护性阐释根本不同,它致力于科学地把握社会现实,"马克思主义谴责对社会现实所作的其实是辩护的解释。马克思主义反对辩护而提出了对社会关系的科学解释,从理论上论证改造这种关系的必要性"。④

二、对历史唯物主义形成脉络的阐释

奥伊则尔曼特别重视对马克思主义哲学的形成过程进行研究,在他看来,"对于辩证唯物主义和历史唯物主义发生和发展过程的研究,尽管谈的是一百多年以前发生的事情,然而却是十分迫切的任务"。⑤奥伊则尔曼主要从以下几个方面说明了对马

① [苏]奥伊则尔曼:《什么是唯物主义》,上海人民出版社1957年版,第47页。
② [苏]奥伊则尔曼:《什么是唯物主义》,上海人民出版社1957年版,第59页。
③ [苏]奥伊则尔曼:《什么是唯物主义》,上海人民出版社1957年版,第63页。
④ [苏]奥伊则尔曼:《辩证唯物主义与哲学史》,上海译文出版社1985年版,第228页。
⑤ [苏]奥伊则尔曼:《马克思主义哲学的形成》,生活·读书·新知三联书店1964年版,第3页。

克思主义哲学形成过程的研究何以是一项迫切的任务。首先，就此项研究本身的作用来看，它有助于我们更加深刻地理解马克思和恩格斯所完成的哲学变革的实质，有助于塑造马克思主义哲学的理论思维，形成科学的世界观。其次，此项任务所以紧迫，乃是由于马克思和恩格斯在19世纪40年代所反对的那些哲学观念和社会学观念，在今天被资产阶级思想家以各种形式所复活，特别显著的是，资产阶级的马克思主义批评家们利用马克思的早期著作作为伪造科学共产主义的主要出发点之一，"他们公开宣称，必须对马克思主义作出'新的'解释，而事实上是歪曲马克思主义，其方法是：用马克思和恩格斯早期著作中所包含的、而后来自然又被马克思主义奠基人所否定了的黑格尔和费尔巴哈的那些思想来'补充'马克思主义"。[1] 正是基于这种背景，奥伊则尔曼明确指出："为了把辩证唯物主义和历史唯物主义形成的真实情况同伪科学的、敌视马克思主义的观念加以对比，也必须对马克思主义哲学形成过程进行马克思列宁主义的研究。"[2]

在奥伊则尔曼看来，马克思的历史唯物主义发端于《莱茵报》时期马克思所撰写的一系列政论性文章中，《莱茵报》时期是科学共产主义奠基人思想发展中一个新的重要阶段，因为，正是在这个时期，马克思开始逐渐转向研究经济问题，而这对于其制定唯物主义历史观发挥了巨大的作用。在他看来，从1843年夏季退出《莱茵报》编辑部开始，马克思历史唯物主义观点开始了其形成过程的第一个阶段。奥伊则尔曼较为系统地考察了马克思这个时期所完成的《黑格尔法哲学批判》这一著作，并通过重

---

① ［苏］奥伊则尔曼：《马克思主义哲学的形成》，生活·读书·新知三联书店1964年版，第9页。

② ［苏］奥伊则尔曼：《马克思主义哲学的形成》，生活·读书·新知三联书店1964年版，第14—15页。

点分析马克思采用费尔巴哈的"颠倒"方法所完成的对"市民社会"和"国家"关系的重新理解指出,马克思通过这一著作表明了其开始"向唯物主义,特别是唯物主义历史观转变的过程。但这个转变还远没有完成,与唯物主义原理同时并存的还有许多唯心主义论点。但与发表在《莱茵报》上的许多文章相比,这一研究著作标志着重大的进步:我们已经感到站在辩证唯物主义与历史唯物主义跟前了"。^① 在奥伊则尔曼看来,《德法年鉴》不仅构成了这个马克思主义哲学形成的第一阶段的顶点,标志着历史唯物主义的真正发端,而且还是第一阶段的结束。他尤其以马克思 1843 年致卢格的信所阐发的"实际上是规定新的革命刊物的纲领"的重要思想,即以"我们是从世界本身的原理中为世界阐发新原理"为依据,认为马克思此时已经来到了历史唯物主义的门前。

《德法年鉴》结束了马克思主义哲学形成过程的第一个阶段,马克思主义哲学的形成由此进入第二个阶段,即"制定辩证唯物主义和历史唯物主义的基本原理,并对科学共产主义作出唯物主义的论证"。^② 相比于第一个阶段,第二个阶段"不仅意味着进一步发展《年鉴》中提出的原理,而且还在于提出一些新的问题,制定一些《年鉴》中没有提出的原理,以及修正这些文章中个别不正确的论断"。^③ 奥伊则尔曼重点考察了这个阶段马克思所完成的《1844 年经济学哲学手稿》《神圣家族》《关于费尔巴哈

---

① [苏]奥伊则尔曼:《马克思主义哲学的形成》,生活·读书·新知三联书店1964年版,第 212 页。

② [苏]奥伊则尔曼:《马克思主义哲学的形成》,生活·读书·新知三联书店1964年版,第 351 页。

③ [苏]奥伊则尔曼:《马克思主义哲学的形成》,生活·读书·新知三联书店1964年版,第 352 页。

的提纲》《德意志意识形态》《哲学的贫困》《共产党宣言》中的思想。对于《1844 年经济学哲学手稿》，奥伊则尔曼认为，虽然马克思所运用的辩证唯物主义和历史唯物主义的基本概念尚且不准确，即"辩证唯物主义和历史唯物主义的基本概念往往是以一些与它们的真实内容不相符的术语来表达的"[①]，但其中无疑已经阐明了历史唯物主义的许多重要的原理，如物质生产构成了人类社会生活的一切方面的基础的观点、个人是社会存在物的观点等。这些观点表明，《1844 年经济学哲学手稿》是历史唯物主义形成过程中的一个重要阶段，"它实质上是辩证唯物主义和历史唯物主义、科学共产主义以及与它们紧密相联的无产阶级人道主义由之出发的原理的论述"。奥伊则尔曼认为，马克思的思想取得重大突破是在《神圣家族》中。固然，在他看来，《神圣家族》虽然还没有完全摆脱费尔巴哈人本主义的影响，但"《神圣家族》是马克思和恩格斯在《德法年鉴》中表述的思想的直接继续和发展。同时，在这篇著作里完成了向新思想领域的转变，即提出了在他们以前的著作中尚未探讨过的问题"。[②] 如，马克思恩格斯实质上已经提出了基础与政治上层建筑的问题，并开始着重研究基本的、首要的关系即生产关系，并道出了费尔巴哈从来不曾想到的思想，即"劳动、生产的产物是物化的生产关系"，"生产是以人与人的一定的相互关系——社会生产关系为前提的"。[③] 奥伊则尔曼由此总结指出，《神圣家族》在批判唯心主义哲学的过

---

①　［苏］奥伊则尔曼：《马克思主义哲学的形成》，生活·读书·新知三联书店1964年版，第 315 页。

②　［苏］奥伊则尔曼：《马克思主义哲学的形成》，生活·读书·新知三联书店1964年版，第 353 页。

③　［苏］奥伊则尔曼：《马克思主义哲学的形成》，生活·读书·新知三联书店1964年版，第 404 页。

程中，"制定了辩证唯物主义和历史唯物主义由之出发的理论原则"①。对于《关于费尔巴哈的提纲》，奥伊则尔曼认为，马克思通过以鲜明清晰的形式澄清自己的唯物主义学说与以往一切唯物主义哲学的原则性区别，而在制定辩证唯物主义方面又向前迈进了一步。对于其在马克思思想演进过程中的地位和作用，奥伊则尔曼概括指出："马克思的关于费尔巴哈的提纲乃是他在前一时期提出的诸原理的进一步发展和总结；这个提纲也提出了新的问题，表述了辩证唯物主义和历史唯物主义的新思想。"②对于《德意志意识形态》，奥伊则尔曼认为，马克思和恩格斯在论证辩证唯物主义、历史唯物主义和科学共产主义方面又向前迈进了新的一步，其中，马克思和恩格斯已经研究了历史上相互交替的所有制形式，即生产关系，详细阐述了他们关于阶级斗争是社会发展动力的学说、关于一般社会革命特别是无产阶级革命的学说。奥伊则尔曼由此得出结论，"《德意志意识形态》是马克思主义形成时期最巨大的著作"。③

在奥伊则尔曼看来，《哲学的贫困》和《共产党宣言》"完成了马克思主义形成的过程：在这些著作中，彻底贯彻了辩证唯物主义和科学共产主义的观点，表述了马克思主义的基本思想"④。在《哲学的贫困》中，马克思对蒲鲁东主义和一般小资产阶级社会主义的哲学、经济学基础作了深刻的批判，并对科学共产主义作

---

① ［苏］奥伊则尔曼：《马克思主义哲学的形成》，生活·读书·新知三联书店1964年版，第404页。

② ［苏］奥伊则尔曼：《马克思主义哲学的形成》，生活·读书·新知三联书店1964年版，第417页。

③ ［苏］奥伊则尔曼：《马克思主义哲学的形成》，生活·读书·新知三联书店1964年版，第432页。

④ ［苏］奥伊则尔曼：《马克思主义哲学的形成》，生活·读书·新知三联书店1964年版，第351—352页。

了经济、哲学的论证。就历史唯物主义理论的发展而言，马克思进一步发展了其之前已经阐述过的社会形态或社会有机体理论，并将历史唯物主义的研究对象明确界定为"考察生产力的发展同人们的生产关系以及一切其他关系的发展之间的有机联系"①，并提出了生产力、生产关系和生产方式在社会有机体所有方面当中的基础性作用。在奥伊则尔曼看来，马克思和恩格斯共同完成的《共产党宣言》是马克思主义世界观形成过程的伟大科学总结，其中的特殊贡献在于，马克思和恩格斯发展和具体化了他们以前提出的关于社会阶级和社会阶级结构的概念，揭示了资本主义发展的辩证法，在社会生活现象的相互联系和相互依赖中研究它们，在它们的以对立面的斗争为基础的运动、变化、革命改造中进行研究，把资产阶级意识形态理解为资产阶级社会存在反映的唯物主义观点，所有这些都是辩证唯物主义和历史唯物主义的创造性发展。总之，"马克思和恩格斯的天才著作《共产党宣言》是马克思主义形成过程的完成，是马克思主义基本原理的经典式阐述"。②

就奥伊则尔曼对历史唯物主义形成过程脉络理解来看，其最大的特点就是反对将各个阶段对峙起来，从而突出了这一过程中的连续性特质。例如，对于第一阶段和第二阶段的关系，奥伊则尔曼明确指出："如果把马克思和恩格斯在这个新的阶段，即他们观点形成的第二阶段的著作与《年鉴》上发表的作品对立起来，那是极其错误的。所有这些正在形成中的马克思主义的著作，可以说是马克思和恩格斯学说形成的不断前进过程中的各个

---

① ［苏］奥伊则尔曼：《马克思主义哲学的形成》，生活·读书·新知三联书店1964年版，第550页。

② ［苏］奥伊则尔曼：《马克思主义哲学的形成》，生活·读书·新知三联书店1964年版，第553页。

不同阶段。研究这一过程，我们就会看到，以前提出的原理怎样日益具体化和精确化，以及怎样提出新的问题。"[①] 奥伊则尔曼对马克思主义哲学形成过程中的连续性强调尤其体现为其对《关于费尔巴哈的提纲》以及《德意志意识形态》与马克思和恩格斯之前的思想关系的理解。相比于苏联正统理解中长期存在的"割裂论"，即忽视对青年马克思和恩格斯的著作展开深入研究的做法，奥伊则尔曼的理解无疑表现出优越性，但与巴加图利亚一样，这种平移渐进的理解方式，也忽略了马克思通过撰写《关于费尔巴哈的提纲》和《德意志意识形态》所实现的理论变革。

三、历史唯物主义基本理论阐释

奥伊则尔曼在阐释历史唯物主义生产脉络的过程中，同时对历史唯物主义的重要原理作了阐释。首先，对历史唯物主义的前提进行了阐释。在奥伊则尔曼看来，历史唯物主义的基本前提本身不具有思辨的性质，而具有经验的性质。这个前提就是实在的个人及其生存的物质条件。实在的个人的最大特点就是他是从事物质生产的，这构成人与其他一切动物之区别的基本点，"归根到底也决定着人与其他生物之间的其他一切不同之点"[②]。历史唯物主义与马克思以前的社会学的根本不同，在于确立了物质生产在人类历史发展进程中的基础性作用，并力图研究社会生活的一切方面同这一决定性的主要条件的多种多样的关系。进一步来看，马克思和恩格斯正是在分析物质生活的生产过程中，建立并阐述了诸如生产方式、生产关系、基础与上层建筑、社会意识、意识形态、国家制度等一系列概念。这些基本概念的内涵在马克

---

① ［苏］奥伊则尔曼：《马克思主义哲学的形成》，生活·读书·新知三联书店1964年版，第352页。

② ［苏］奥伊则尔曼：《马克思主义哲学的形成》，生活·读书·新知三联书店1964年版，第460页。

思和恩格斯对物质生活的进一步分析中逐渐具体化，并进而揭示出生产力和生产关系的矛盾运动规律。

　　在奥伊则尔曼看来，发现并制定生产力概念构成了马克思创立历史唯物主义的核心。他明确指出："马克思所证明的主要的，并从而产生了他以后的一切发现的东西是：人类本身创造着决定人类的发展的客观条件。无论是地理条件、气候还是其他自然因素都不可能是社会历史过程的决定力量。这样的力量归根结底是生产力。"①生产力的发展制约着生产关系，并进而制约着国家制度和观念的上层建筑，而生产关系就是人们在生产过程中形成的客观的关系。在具体阐释生产力与生产关系的原理时，奥伊则尔曼依托对《德意志意识形态》的深入解读，敏锐地认识到马克思对自然与社会之关系的认识对自然主义的超越。按照自然主义的观点，自然方面和社会方面是彼此对立的，"自然方面被看作主要的、不变的，而社会方面则被看作是次要的"②，相反，"马克思和恩格斯认为社会方面是基础，自然方面发展而成社会方面，成为社会的东西，它并不是消失，而是改变了自己的形式"。③ 在批判自然主义并对自然与社会的关系进行阐释的基础之上，奥伊则尔曼进而对历史进程的客观性和人的能动性之间的关系进行了解答。在他看来，关于社会历史过程的自然主义观点将社会历史自然化，以致不可避免地认为，人们的自觉活动和客观规律的存在是相抵触的。而在奥伊则尔曼看来，"社会规律

---

　　① ［苏］奥伊则尔曼：《辩证唯物主义与哲学史》，上海译文出版社1985年版，第239—240页。

　　② ［苏］奥伊则尔曼：《马克思主义哲学的形成》，生活·读书·新知三联书店1964年版，第464页。

　　③ ［苏］奥伊则尔曼：《马克思主义哲学的形成》，生活·读书·新知三联书店1964年版，第464页。

虽然是客观规律，它的存在却不是与人们的活动、与人们的相互关系不相干的"。①历史规律和人的活动的关系在于，"两者是统一的辩证过程，在这个过程里，主观和客观不单纯是相互联系，而且是具有统一的社会本质"。②

由上可见，奥伊则尔曼既强调历史进程的客观性，又强调人的实践能动性在历史发展进程中的作用，既然如此，反对历史阐释中的机械决定论是其必然的选择。在他看来，生产力的发展与思想史上的继承性有质的不同，人不能自由选择自己的生产力。然而，正是人而不是"绝对精神"创造、发展着生产力，在此基础上形成的历史必然性乃是人类活的活动和物化活动的统一，因此，"承认生产力的决定作用并不导致认为社会的发展是前定的这种宿命论结论"。③奥伊则尔曼进而对将历史唯物主义阐释为机械的技术决定论展开了批判，在他看来，将马克思的社会学说解释成关于历史过程的唯技术论观点，是基于马克思的个别论述所作出的断章取义的片面解释。对于马克思来说，技术是生产力发展水平的标志，科学技术进步对于人类历史发展具有重要的意义。但是，"历史唯物主义与那种把技术看作决定一切的力量的唯技术论历史观毫无共同之处，所以历史唯物主义并不认为工艺发展的消极后果仅仅是由技术引起的。马克思认为这些消极后果是技术的生产和利用决定于价值规律——即决定于技术的生产和利用所需要的最低限度的社会必要劳动时间——的必然结

---

① ［苏］奥伊则尔曼：《马克思主义哲学的形成》，生活·读书·新知三联书店1964年版，第465页。

② ［苏］奥伊则尔曼：《马克思主义哲学的形成》，生活·读书·新知三联书店1964年版，第465页。

③ ［苏］奥伊则尔曼：《辩证唯物主义与哲学史》，上海译文出版社1985年版，第240页。

果"①，正是在这个意义上，马克思曾经谈及资本主义对技术（以及劳动生产力）的利用的可怕后果。正是马克思天才般地揭示了科学技术进步的矛盾，并且证明，这种矛盾只有在彻底变革生产关系的基础上才能解决。奥伊则尔曼总结指出："马克思不仅克服了宿命论和主观主义，而且克服了对历史的自然主义解释，在马克思之前甚至最杰出的唯物主义者也未能提高到这种解释的水平之上。"②

奥伊则尔曼还重点对社会存在和社会意识的关系原理进行了阐释。在他看来，社会意识和社会存在问题是历史唯物主义最一般的问题，这个问题随着马克思和恩格斯对物质生产规律性的研究、对社会经济结构同它的政治和法权上层建筑的相互关系的研究而具备了解决的可能。奥伊则尔曼重点考察了社会意识概念，在他看来，"马克思主义奠基人的出发点是个人的意识具有社会性"③，而社会意识存在于组成社会、阶级等的每个个人的头脑里。个人意识与社会意识具有差别性，但这种差别不是绝对的，而是统一中的差别，并且统一性当然是主要的。就社会存在和社会意识的关系而言，无论是个人还是整个社会的精神生活，都是社会存在的反映。奥伊则尔曼尤其突出了历史唯物主义对虚假的意识形态与社会存在之关系的解答，而这恰恰是旧唯物主义所没有解决的。在旧唯物主义看来，虚幻的观念所以荒谬，就在于它们没有反映社会存在，"只有马克思和恩格斯才给这个极

---

① ［苏］奥伊则尔曼：《辩证唯物主义与哲学史》，上海译文出版社1985年版，第241页。

② ［苏］奥伊则尔曼：《辩证唯物主义与哲学史》，上海译文出版社1985年版，第242页。

③ ［苏］奥伊则尔曼：《辩证唯物主义与哲学史》，上海译文出版社1985年版，第485页。

端重要的问题作出了答案,他们天才地解释了意识形态和一般的社会意识的经济基础,从而证明了一切意识都是客观现实的反映"。[①]当然,这并不意味着任何错误、任何谬论都可以援引客观现实来证实,他强调指出,"在这里所指的不是不正确的推论,不是仓卒作出的和没有充分根据的结论(这种结论完全要由主体的良心负责),而是历史上形成的、千百年来一直存在的歪曲地反映现实的社会意识形式"。[②]

---

① [苏]奥伊则尔曼:《辩证唯物主义与哲学史》,上海译文出版社1985年版,第489页。

② [苏]奥伊则尔曼:《辩证唯物主义与哲学史》,上海译文出版社1985年版,第489页。

第七章 经典文本中的历史唯物主义解读

早在苏联社会主义建设之初，列宁就十分重视对马克思恩格斯经典文本的收集、整理出版工作，并领导成立了专门机构开展这项工作，这对此后苏联的理论发展产生了很好的示范效应。在苏联历史唯物主义理解史进程中，尤其是在20世纪50年代以后，苏联理论家十分重视依托马克思恩格斯经典文本阐释历史唯物主义基本理论，并取得了一系列重要成果。本章以苏联理论家对《1844年经济学哲学手稿》《德意志意识形态》《共产党宣言》《资本论》中的历史唯物主义理论的阐释为考察对象，以求更加全面地了解和掌握苏联理论家历史唯物主义理解史的进展情况。

第一节 《1844年经济学哲学手稿》：历史唯物主义生成过程中的质变阶段

苏联理论家普遍认为，《1844年经济学哲学手稿》在马克思思想演进历程中发挥着"承上起下"的作用，既是对马克思之前思想的一次整体性呈现和提升，又导向此后新的哲学思想的生成。作为历史唯物主义生成过程中的重要质变阶段甚至"顶点"，

《1844 年经济学哲学手稿》已经形成了包括物质生产在历史发展进程中起着决定性作用在内的一系列历史唯物主义基本观点。基于对马克思思想演进中连续性线索的揭示和分析，苏联理论家对《1844 年经济学哲学手稿》的理解取得了诸多理论成就，但由于总体上将马克思的思想演进特别是历史唯物主义的生成视为一个渐进式向前"平移"的过程，并立足于自我建构的历史唯物主义理论体系"按图索骥"式地寻找《1844 年经济学哲学手稿》中的历史唯物主义基本观点，他们对《1844 年经济学哲学手稿》以及其中的诸多基本观点的理解和评价又存在着与文本思想实情不相符的缺陷。

一、《1844 年经济学哲学手稿》与马克思的思想演进历程

关于《1844 年经济学哲学手稿》的发现，苏联理论家功不可没。正是在梁赞诺夫等人的努力下，《1844 年经济学哲学手稿》得以在 1932 年以完整的面目与世人见面。但与其在西方学界很快引起强烈反响形成鲜明的对照，在很长的一段时间里，《1844 年经济学哲学手稿》并未得到苏联官方以及思想家的重视。从客观上来讲，这种局面在很大程度上是出于苏联当时的理论关切。十月革命胜利以后，苏联开始进入社会主义建设时期，面对社会主义建设实践的新任务，同时面对当时以英法美为首的西方阵营的包围和与之相伴随的意识形态进攻，苏联马克思主义理论更多地关注历史发展进程之客观规律性的论证，力图以此为社会主义建设实践提供理论指导，同时赋予苏联社会主义生成之符合历史必然性的合法性地位。在此种思想前提下，集中体现马克思早期哲学批判和人文关怀精神的《1844 年经济学哲学手稿》便很难得到重视；而从主观认识上来看，苏联理论家普遍将《1844 经济学哲学手稿》归属于马克思思想完全受旧哲学限制阶段的文本，认为其中所反映的只是资产阶级的抽象的人道主义思想。对于《1844 年

经济学哲学手稿》在这个阶段所遭受的待遇，苏联哲学家乌·卡尔普申 1955 年在分析《1844 年经济学哲学手稿》中的唯物辩证法时说道："马克思 1844 年夏天所写的著作《经济学哲学手稿》，可惜到现在还没有以俄译全部发表过，因此，这部手稿在我们这里知道的人还很少，也还没有成为哲学史研究的对象。"①

50 年代中期以后，苏联理论界掀起了反思和批判"个人崇拜"的思想热潮，在此过程中，绝大多数思想家开始认识到人与人道主义问题对于马克思主义的重要性，特别是"苏共二十大至二十二大期间发布的决议和《关于克服个人崇拜及其后果》（1956 年）的决定，大大推动了有关人民群众和个人在历史中的作用方面的马克思列宁主义学说的研究"。② 在此语境下，苏联哲学界一改过去普遍漠视青年马克思思想的态度，开始将其纳入对马克思思想演进历程乃至其理论特质的研究中，《1844 年经济学哲学手稿》也由此开始得到普遍重视，出现了以纳尔斯基、奥伊则尔曼、巴加图利亚、拉宾、费多谢耶夫等为代表的《1844 年经济学哲学手稿》研究专家。总体来看，苏联马克思主义者既坚决反对阿尔都塞式的"彻底否定"论，也坚决反对人本主义的马克思主义者极端推崇《1844 年经济学哲学手稿》的态度，强调"不仅必须反对把马克思和恩格斯的早期著作现代化，而且还必须反对对这些著作估计不足"。③ 他们普遍认为，《1844 年经济学哲学手稿》是马克思主义形成史中具有决定性意义的著作，虽然其中还存在着一些缺陷，但构成了历史唯物主义生成过程的质变阶段，并在马克思的思想演进历程中发挥着承上启下的作用。

---

① 参见郝立新主编：《哲学家·2012》，人民出版社 2013 年版，第 70 页。

② ［苏］叶夫格拉弗夫：《苏联哲学史》，商务印书馆 1998 年版，第 217 页。

③ 沈恒炎等主编：《国外学者论人和人道主义》（第二辑），社会科学文献出版社 1991 年版，第 523 页。

　　具体来说，就"承上"而言，苏联理论家普遍认为，马克思在《1844 年经济学哲学手稿》中终于完成了自己的第一次思想转变。在奥伊则尔曼看来，马克思主义形成过程的突出特点是，"哲学观点的形成早于科学共产主义和马克思主义政治经济学的形成"①，马克思截至《1844 年经济学哲学手稿》时期的思想演进过程主要就是制定科学的哲学世界观的过程，这个过程又分成两个阶段，第一个阶段可以称为马克思主义的"史前时期"，主要体现于 19 世纪 30 年代后半期马克思的最初的文献之中，其中，"他们是作为后来称之为马克思主义以前的观点的那些哲学观点和社会政治观点的进步代表出现的"②。从 1842 年开始，马克思开始了从唯心主义向唯物主义和从革命民主主义向共产主义的转变，而"马克思和恩格斯在《德法年鉴》上的那些著名文章的发表和《1844 年经济学哲学手稿》的创作标志着这个转变在 1844 年的完成，这应当看作是马克思主义生成的历史过程的顶点"。③也是基于此，奥伊则尔曼认为《1844 年经济学哲学手稿》已经是成熟的马克思主义的著作。费多谢耶夫以"划清界限论"表达了同样的观点，在他看来，马克思在《1844 年经济学哲学手稿》中指出了资产阶级经济学对经济现象的形而上学的反历史的态度，即"不理解'运动的相互关系'，往往把经济方面的事实、现象和过程解释为彼此孤立的，是外在力量或意志的活动的结果"④，

---

①　沈真主编：《马克思恩格斯早期哲学思想研究》，中国社会科学出版社 1982 年版，第 126 页。

②　沈真主编：《马克思恩格斯早期哲学思想研究》，中国社会科学出版社 1982 年版，第 126 页。

③　沈真主编：《马克思恩格斯早期哲学思想研究》，中国社会科学出版社 1982 年版，第 126 页。

④　沈恒炎等主编：《国外学者论人和人道主义》（第二辑），社会科学文献出版社 1991 年版，第 600 页。

揭露了其对资本主义现实本身的依附关系，从而将其与自己正在创立的新科学区分开来。拉宾认为青年马克思的思想经历了三个主要阶段，即 1837—1841 年对世界概念的最初探索时期、1842—1843 年向唯物主义和共产主义转变时期以及 1843 年底至 1844 年 8 月完整的科学世界观形成时期。其中，每个时期马克思的思想都以一个完整的形象出现，但只是到了 1844 年，特别是在《1844 年经济学哲学手稿》中，"马克思的观点才开始被改造成从质上说是一个崭新的整体，虽然这些观点还不成熟"①。按照拉宾的观点，马克思的《1844 年经济学哲学手稿》实现了对青年马克思在持续的思想发展中所提出的诸多哲学、政治经济学以及科学社会主义的基本观点的第一次整合。

就"启下"而言，苏联理论家认为，马克思的《1844 年经济学哲学手稿》对马克思主义的许多富有新意的观点的阐发，为此后的思想奠定了坚实的基础。奥伊则尔曼明确认为"《1844 年经济学哲学手稿》标志着马克思主义哲学形成中一个阶段的完成和另一个新的、不同质的阶段的开始"，②"从此，道路已经打通，马克思的学说开始接近于成熟"③。纳尔斯基认为，在《1844 年经济学哲学手稿》时期，马克思虽然还没有形成关于各社会经济形态之间差别的理论，他在《1844 年经济学哲学手稿》中把无产阶级的劳动异化过程看作是"一般劳动者"的劳动异化逐渐达到顶点的过程，对异化在资本主义社会形态与前资本主义社会形态

① ［苏］尼·拉宾：《马克思的青年时代》，生活·读书·新知三联书店1982年版，第18页。

② 沈恒炎等主编：《国外学者论人和人道主义》（第二辑），社会科学文献出版社1991年版，第525页。

③ 沈真主编：《马克思恩格斯早期哲学思想研究》，中国社会科学出版社1982年版，第344页。

中的质的界限只是刚刚开始注意，但从马克思的早期著作，首先是从《1844年经济学哲学手稿》——那里已提出了异化问题，并试图解决这一问题——到成熟马克思主义的著作，首先是《资本论》——那里这一问题已作为消灭人剥削人、人压迫人的问题的一部分找到了解决办法——始终走着一条逐渐上升的道路[1]。拉宾坚决反对将青年马克思和成熟马克思对峙起来的观点，在他看来，"青年马克思和成熟马克思之间没有什么鸿沟，相反，只有把青年马克思和成熟马克思的观点发展的主要方面紧密结合起来的一些环节，这些环节组成前者合理地转向后者的一根完整的链条"。[2]就《1844年经济学哲学手稿》而言，虽然其打上了费尔巴哈人本主义的烙印，却阐释了整个马克思主义的无产阶级人道主义的出发性论点，而其中所实现的对马克思科学世界观的整体呈现，则构成了此后马克思理论研究工作的一个纲领。

综上所述，苏联理论家普遍认为《1844年经济学哲学手稿》在马克思的思想演进历程中发挥着"承上启下"的重要作用。这种总体定位使得他们往往能够以一种"居间"的态度来解读其中的具体思想，即既看到能够由以持续向前推进的历史唯物主义的基本观点，同时又能看到其中存在的不足之处。这种态度避免了以极端的方式对待《1844年经济学哲学手稿》所造成的片面性，并有助于对其中的思想展开客观公正的分析和评价。

二、《1844年经济学哲学手稿》与历史唯物主义基本观点的生成

与对《1844年经济学哲学手稿》在马克思思想演进历程中的

---

[1] 沈恒炎等主编：《国外学者论人和人道主义》（第二辑），社会科学文献出版社1991年版，第374页。

[2] ［苏］尼·拉宾：《马克思的青年时代》，生活·读书·新知三联书店1982年版，第329页。

基本定位相一致，苏联理论家普遍认为，《1844年经济学哲学手稿》是历史唯物主义形成史中的质变阶段，甚至将其定位为历史唯物主义生成过程的顶点。基于这一认识，苏联理论家从多个方面对其中历史唯物主义观点的生成情况进行了具体分析和阐释。

首先，也是最普遍的，苏联理论家认为，马克思在《1844年经济学哲学手稿》中已经确立了物质生产是人类历史发展的决定性因素这一历史唯物主义的根本观点，并循着这个观点在很多方面作出了重要的推进。拉宾认为，"马克思虽然没有对人的人本学定义的意义提出不同意见，但是他把这种定义从属于他正在创立的关于生产的决定作用的唯物主义学说"，"马克思虽然接受了费尔巴哈关于人和自然的统一的论点，但是他证明，这种统一的特殊的人的形式是社会生产"[1]，正是由于物质生产观点的确立，马克思在对人与人的关系的理解上虽然还没有完全排除费尔巴哈的有关概念，但已经与其有着本质的区别，不仅如此，马克思还以此在其中形成了原则上的解决政治经济学的各种问题的新办法的大体轮廓。巴加图利亚同样认为，《1844年经济学哲学手稿》已经确立了物质生产的观点，并循着这个观点在历史唯物主义的社会结构理论和历史分期理论两个方面作出了重要的理论推进。就社会结构来看，马克思提出了关于"宗教、家庭、国家、法、道德、科学、艺术等等，都不过是生产的一些特殊的方式，并且受生产的普遍规律的支配"[2]的重要论断，这样一来，马克思就将整个社会发展的决定性因素由"市民社会"推进到"生产"，从而与1843年相比较，马克思发现了更深一层的社会基础，从而对社会结构的认识更深入了，不仅如此，马克思还将社会意识的

---

[1]　中共中央马克思恩格斯列宁斯大林著作编译局马恩室编译：《〈1844年经济学哲学手稿〉研究文集》，湖南人民出版社1983年版，第4页。

[2]　《马克思恩格斯文集》（第1卷），人民出版社2009年版，第186页。

各种形式视为受生产决定的方面,而在 1843 年,马克思只是强调了市民社会决定国家和法。而由于"生产"本身是生产力和生产关系的统一,所以巴加图利亚认为,马克思已经在社会结构的认识上朝着"生产力—生产关系—政治的上层建筑—社会意识形式"的发展了的认识迈进了一大步,即形成了"第一环节和第二环节的不可分割的总和决定第三环节和第四环节的总和"[①] 的概念。进一步来看,正是由于对社会结构认识的向前推进,马克思此时在历史过程理论的认识上也往前推进了一步,即以生产在历史发展进程中的决定性作用的认识为前提,形成了初步的历史分期理论,即将整个人类历史划分成阶级以前的社会——阶级社会——未来的无阶级的共产主义社会。费多谢耶夫认为,《1844年经济学哲学手稿》中关于异化劳动的观点按其实质来说是马克思的资本占有他人雇佣劳动这一理论的萌芽的、原初的形式,是马克思许多年以后在《资本论》中发挥并科学地论证的那些特别重要思想的草图和发端[②]。在他看来,马克思异化理论的突出贡献在于确立了社会环境对人们之间关系的形式有决定性影响的观点,并证明了在决定社会关系的环境即物质生产的条件没有改变之前,希望社会关系向好的方面有某种改变,是徒劳无益的。

其次,苏联理论家深入探究了《1844 年经济学哲学手稿》中的异化理论对于历史唯物主义生成的重要作用。他们普遍认为,异化理论本身还不直接就是历史唯物主义,但它构成了历史唯物主义的重要理论先导。奥伊则尔曼认为,马克思在《1844年经济学哲学手稿》中提出了两种异化理论,一种意指人类个性的

---

① [苏]巴加图利亚:《马克思的第一个伟大发现:唯物史观的形成和发展》,中国人民大学出版社 1981 年版,第 32 页。

② 沈恒炎等主编:《国外学者论人和人道主义》(第二辑),社会科学文献出版社 1991 年版,第 602 页。

反自然状态。在异化概念的这一内容中，由于预设了一种永恒不变的人的自然本性，而没有将人的本质看成历史上一定的社会关系的总和，所以它还是属于费尔巴哈式的抽象人本主义；另一种意指"劳动者被生产资料所有者剥削"，正是这方面体现了马克思的一个真正发现，即"异化劳动是社会经济进步中一种历史地必然的和暂时的对抗形式"①。正是在后一种异化理论中包含着历史唯物主义的理论新质，这种"新质"主要体现于马克思在《1844 年经济学哲学手稿》中将对异化的探究建立在对工资、资本利润、资本积累和资本家之间的竞争、私有财产和劳动、地租、货币等问题考察的基础之上，因而马克思的异化概念"第一，具有反思辨的性质，第二，具有唯物主义的性质"②，特别是马克思在其中专门设置一章批判黑格尔的唯心主义异化观，更加充分地表明马克思此时"有意识地用自己对这一现象的辩证唯物主义的、具体历史的异化观来同唯心主义的异化理论相对立"③。这种将人的异化置于特定的历史性社会关系中来考察的方向，为历史唯物主义的创立铺平了道路，因为，"研究人的基本的、专门规定人这个存在物的社会本质，研究在社会发展进程中、在历史规定的社会关系范围内的人，却不是生物学、心理学、人类学等等的事，而是社会科学、历史唯物主义的事"。④费多谢耶夫认为，与费尔巴哈按照抽象人道主义的精神理解人的抽象的自然

----

① 沈恒炎等主编：《国外学者论人和人道主义》（第二辑），社会科学文献出版社 1991 年版，第 525 页。

② 沈恒炎等主编：《国外学者论人和人道主义》（第二辑），社会科学文献出版社 1991 年版，第 528 页。

③ 沈恒炎等主编：《国外学者论人和人道主义》（第二辑），社会科学文献出版社 1991 年版，第 528 页。

④ 沈恒炎等主编：《国外学者论人和人道主义》（第二辑），社会科学文献出版社 1991 年版，第 113 页。

本质的异化根本不同，"马克思从一开始就着手研究人们的社会生活并且从生产资料私有制所决定的这种生活条件中引申出异化。他把异化首先解释成人们的社会联系、社会交往的一种形式，在这种形式下，人们生活和劳动的条件，他们活动的结果和他们彼此之间的关系表现为异己的敌对的外部力量"。① 拉宾认为，异化劳动范畴是《1844年经济学哲学手稿》的中心范畴，这个范畴不仅使马克思对异化问题的提法同黑格尔和费尔巴哈的提法有原则的区别，而且它是对私有财产的起源进行唯物主义研究的极其重要的前提之一，从而，也是证明私有财产具有历史上暂时的性质的极其重要的前提之一。"这个范畴在制定历史唯物主义的一般原理方面也起了不小的作用"②，这充分体现为，在马克思看来，劳动构成了人的本质，而异化劳动则揭示了人的本质的异化，并由此揭示了贯穿在对抗性社会中的全部人的存在的矛盾。

最后，与上述两点密切相关，苏联理论家还从现实的社会关系的视角阐明《1844年经济学哲学手稿》中的历史唯物主义的生成。按照苏联著名哲学家伊利切夫的观点，历史唯物主义的重要特质就是将人的分析置于特定社会关系的范围内进行研究，即"在寻求理想的人人平等的道路上在类的概念中探索人的本质，必然要用形而上学观点去理解一般对个别的关系。只有通过'一切社会关系的总和'进行完全具体的研究，通过对整个人类社会的产生和发展过程，以及对每个个人发展的那些规律性进行具体的分析，才能阐明整个人类的本质，从而也阐明每个人的现实的

---

① 沈恒炎等主编：《国外学者论人和人道主义》（第二辑），社会科学文献出版社1991年版，第601页。

② 沈恒炎等主编：《国外学者论人和人道主义》（第二辑），社会科学文献出版社1991年版，第570页。

普遍人性"。① 按照伊利切夫的观点，社会关系视角构成了历史唯物主义的基本视角之一，并成为苏联理论家探究《1844年经济学哲学手稿》中历史唯物主义生成的重要入口。拉宾认识到，马克思在《1844年经济学哲学手稿》中仍然未能摆脱抽象的人本主义的困扰，这集中体现为他将"劳动者同自己本身、同自己的劳动和劳动产品的关系，看成是构成异化劳动的各种关系的根本要素"，而人与人的关系只是被视为人的自我关系的"表现"，这集中体现为马克思认为"这种社会联系存在还是不存在，并不取决于人；但是只要人还未把自己理解为人，并因此还未按人的方式来组织世界，这种社会联系就以异化的形式表现出来。因为这种社会联系的主体即人，是从自己本身异化了的存在物。人们——不是抽象的人，而是现实的、活生生的人、单独的人——就是这种共同体。个人是怎样的，这种社会联系本身也就是怎样的"。② 拉宾认为，马克思此时所面对的困难在于，他一方面如费尔巴哈般将个人看成社会联系的现实主体，但另一方面却又认为"社会联系的存在不取决于人"。但是，拉宾进而认为，马克思虽然有这样的困难，但他还是通过强调社会联系的现实的、实践的性质，向在本质方面把私有财产理解为人本身的一定关系的总和迈出了重要的一步。

　　罗德里格斯认为，《1844年经济学哲学手稿》的最宝贵的贡献在于，马克思把劳动概念同生产由以进行的物质条件结合起来，正是这些物质条件决定了这种生产的性质和由此而产生的各种社会关系的性质。在他看来，《1844年经济学哲学手稿》并没

---

　　① 沈恒炎等主编：《国外学者论人和人道主义》（第二辑），社会科学文献出版社1991年版，第614页。

　　② 沈恒炎等主编：《国外学者论人和人道主义》（第二辑），社会科学文献出版社1991年版，第553页。

有对异化劳动的产生、消灭私有制的客观必然性和创立共产主义的问题给予全面的答复,但这些问题指明了马克思以后的研究工作将要遵循的道路。《1844年经济学哲学手稿》标志着马克思学说创立的一个决定性阶段。"我们把它看作是青年马克思学说形成的过程,后来在成熟时期马克思就不再谈人本主义问题了。但这和下面这种情况并不矛盾,即有关人的问题仍旧是一个基本命题;在这里主要任务不在于研究马克思怎样提出问题,而在于怎样解决问题。在《1844年经济学哲学手稿》和《德意志意识形态》之间这一时期所发生的转变,不应当看成是与前一著作中发挥的思想的断然决裂。马克思同过去的某些观点决裂并且加深了上述思想的这个时期,可以被描述为是人从人的类本质问题过渡到被认为是各种社会关系总和的人的本质的时期。"[1]

总的来看,苏联理论家对《1844年经济学哲学手稿》在历史唯物主义生成过程中的重要作用进行了辩证的分析,在一定的范围内呈现了该文本的思想复杂性,既看到其构成了历史唯物生成过程的新的"质变阶段""顶点""重要阶段",同时也认识到其中也存在诸多旧哲学的痕迹,但是,由于苏联理论家普遍将马克思的思想演进过程视为一个不断由新的质点生成的"平移"式过程,因而在对《1844年经济学哲学手稿》的认识上也存在很多偏颇。

三、苏联理论家《1844年经济学哲学手稿》解读评析

20世纪50年代中后期以后苏联理论家对《1844年经济学哲学手稿》的理解取得了积极的成就,这些成就集中体现为:其一,确立了较为合理地看待《1844年经济学哲学手稿》与这之后的著作或者说青年马克思与成熟马克思之间的关系的基本观点,既

---

[1] 沈恒炎等主编:《国外学者论人和人道主义》(第二辑),社会科学文献出版社1991年版,第613页。

反对将两者彻底割裂开来，又反对用《1844年经济学哲学手稿》中的人本主义思想统摄马克思思想整体的观点，而是采取一种"居间"的态度，将《1844年经济学哲学手稿》整体定位为马克思在思想推进过程中予以辩证扬弃的过渡性文本；其二，突出了《1844年经济学哲学手稿》在马克思思想演进历程中"承上启下"的重要作用，其中，苏联理论家对《1844年经济学哲学手稿》文本展开深入而细致的分析，从中探究马克思由以开启新的思想征程的各种理论线索，并能够对这些理论线索展开辩证的分析，从而既呈现了马克思思想演进历程中的连续性特质，又呈现了马克思不断展开自我超越的思想实情；其三，苏联理论家尤其对其中已经存在的或者潜存的历史唯物主义基本观点进行深入挖掘，并通过建构起这些基本观点之间的内在联系来判定《1844年经济学哲学手稿》在历史唯物主义生成过程中的地位和作用，从而完整地呈现了历史唯物主义的整体性生成逻辑。

但是，苏联理论家在总体上将马克思思想演进历程视为一个不断向前"平移"的过程，即以马克思1843年转向唯物主义和共产主义为分界线，将马克思此后的思想视为一个不断提出新的理论观点的过程，这些新的理论观点的不断"累积"逐渐形成了辩证唯物主义和历史唯物主义的理论体系。拉宾明确地表达了这种看待马克思思想演进历程的"平移"式观点，他指出："虽然马克思开始是一个唯心主义者，但在1843年就坚定地站到唯物主义立场上。难道能对他加以指责，说这一转变仅仅是新型的唯物主义即辩证唯物主义和历史唯物主义形成的开端？相反，这恰恰是马克思在科学领域内的一个伟大贡献。"① 这就将马克思哲学世

---

① ［苏］尼·拉宾：《马克思的青年时代》，生活·读书·新知三联书店1982年版，第328页。

界观的生成回溯到 1843 年，并通过其中的一些基本理论环节而直接通向成熟时期的马克思，从而"不是'两个马克思'，也不是两者的对立（这种提法本身就不正确），而是青年马克思观点的发展，是这些观点形成为科学世界观，是由前者转变到后者的过程，这种提法才符合实际、符合我们分析过的全部事实"。①

在这种"平移"论的主导下，苏联理论家在《1844 年经济学哲学手稿》的理解上出现了一系列严重的偏颇，并集中表现于：第一，过高地估计了其在历史唯物主义生成过程中的地位和作用。苏联理论家坚持以历史唯物主义的基本观点为衡量标尺，探究其中的相关观点，并以少量明确确立的观点为依据，将其定位为历史唯物主义生成过程的重要质变阶段，甚至将其定位为历史唯物主义生成过程中的"顶点"，并以此为依据将其视为成熟的马克思主义经典文本。这不仅背离了马克思和恩格斯多次声明他们与种种旧哲学传统彻底划清界限的文本乃是《关于费尔巴哈的提纲》和《德意志意识形态》的事实，也远离了只有依据经典文本的内在整体逻辑才能对其作出合乎思想实情的判断的正确标准。问题的关键在于，对于《1844 年经济学哲学手稿》而言，其主要的理论维度无疑是哲学批判维度。但是，一方面，《1844年经济学哲学手稿》之后的马克思否定脱离了经济学和政治学话语的独立的哲学批判，而是将其融入前两者之中，由此实现的不仅是经济学和政治学的变革，而且是哲学的变革；另一方面，既然《1844 年经济学哲学手稿》的主要理论逻辑是马克思之后对其实施了变革的哲学批判逻辑，那么，将其界定为马克思整体思想"质变"的开端，无疑不符合实际。当然，这样说也绝非是要抹杀

① ［苏］尼·拉宾：《马克思的青年时代》，生活·读书·新知三联书店1982年版，第 330 页。

其中的局部的思想"质变"。

第二，与过高地估计《1844年经济学哲学手稿》的地位和作用密切相关，苏联理论家在理解《1844年经济学哲学手稿》中的具体观点方面存在着与文本思想实情不符的缺陷。就文本所构筑起来的理论体系而言，它无疑是由诸多观点基于内在的逻辑联系而构成的，其中，对于每一个基本观点的评判都离不开对文本思想整体的先行把握。但是，苏联理论家恰恰颠倒了这个原则，即反过来以基本观点及其内在联系的"先行"建构取代对文本原初思想整体的把握，并在自我建构的理论体系中来评判内置于其中的具体观点。具体来说，他们往往以成熟时期的历史唯物主义原理体系为参照系，"按图索骥"式地寻找并测度其中的基本观点，这导致他们往往停留于话语的表面来判定具体观点的性质。比如，马克思在其中的确论述了物质生产对于社会生活其他领域的统摄作用，即明确指出："宗教、家庭、国家、法、道德、科学、艺术等等，都不过是生产的一些特殊的方式，并且受生产的普遍规律的支配。"表面上看，马克思似乎已经确立了物质生产在人类历史发展进程中的决定性作用这一根本观点，但是，回到这段论述所属的文本语境中分析可知，马克思强调物质生产的支配性作用，是为了说明人的异化首先是在经济生活领域发生的，而经济生活领域的异化造成了人的意识领域或人的内心领域的异化。但是，由于马克思此时尚未确立起社会关系尤其是生产关系的视角，而仅仅只是从人与自然的关系维度来理解物质生产，即只是将其理解为一种对象化的活动，所以他对物质生产的理解还是抽象的，还不能由此说明人在经济生活领域何以会走向异化，并进而科学阐明经济生活领域的异化又何以会造成人的意识领域的异化。基于这个理由，马克思在《1844年经济学哲学手稿》中尚未真正确立起物质生产的基本观点。

基于上述分析可知，在对《1844年经济学哲学手稿》的文本解读上，我们必须力戒以极端的态度对待手稿，即既避免将其拔高至能够统摄马克思思想整体的高度，同时又避免因其中存在旧哲学的束缚而将其贬低。其更深层次的启示还在于，我们不能从经典文本之外寻求测度文本以及其中具体观点的标准，哪怕这个标准被冠之以马克思的名义，而是应该在把握马克思整个思想逻辑推进和变革的过程的前提下，深入经典文本的内在逻辑理路中对其展开整体的分析，并以此为前提科学定位经典文本在马克思整体思想脉络中的地位和作用，同时具体分析马克思在不同文本中所提出的具体理论观点的性质。

第二节 《德意志意识形态》：历史唯物主义的全面制定

1924年，在苏联杰出的马克思主义者梁赞诺夫的努力下，苏联马克思恩格斯研究院以俄文的形式"第一次"公开发表《德意志意识形态》第一卷第一章，即梁赞诺夫版本。此后苏联还相继出现了该著作的阿多拉茨基、巴加图利亚版本。1932年，其全文由苏联马克思恩格斯列宁研究院出版。可以说，《德意志意识形态》，尤其是其最重要的第一卷第一章的公开问世，在很大程度上改变了苏联理论家主要依赖于恩格斯、列宁的著作理解和阐释马克思主义哲学的局面，并对苏联马克思主义哲学产生重要的影响。而就这部著作在苏联诠释马克思主义形成史上看，由于考察马克思思想演进历程以及对马克思主义哲学史进行科学的研究等重大理论问题的凸显，苏联很多理论家将其置于马克思恩格斯思想演进过程中进行总体地位，并对其进行了较为深入的理论解读。

一、《德意志意识形态》的思想史定位

苏联理论家将《德意志意识形态》置于马克思和恩格斯思想演进的过程中，并分别从马克思主义形成史和历史唯物主义形成史两个方面对其展开总体性的定位。就马克思主义形成史的角度而言，苏联理论家普遍认为，它是马克思主义形成时期的一部重要著作。马克思在经历了19世纪40年代初的艰辛的理论探索之后，在《德意志意识形态》中实现了思想上的"质变"，创立了马克思主义世界观，并由此与一切旧的哲学世界观彻底区别开来。奥伊则尔曼在其系统阐述马克思主义哲学之形成的著作中明确指出，"《德意志意识形态》是马克思主义形成时期最巨大的著作"①，是马克思和恩格斯在"论证辩证唯物主义、历史唯物主义和科学共产主义方面向前迈出的新的一步"②，其中，"工人阶级的科学意识形态**在一切基本方面**都与资产阶级的意识形态对立起来"③。巴加图利亚同样指出，"《德意志意识形态》是马克思主义形成时期的一部最重要的著作"④，与之前的《黑格尔法哲学批判》《1844年经济学哲学手稿》相比，它体现了"本质上"的"不同阶段"。拉宾则将《德意志意识形态》界定为"马克思主义形成的**最后阶段**"。纳尔斯基等人则认为《德意志意识形态》是马克思和恩格斯"在制定马克思主义哲学和科学共产主义的基本原理方面向前迈出了**新的**重大的一步"，与奥伊则尔曼一样，他

---

① ［苏］奥伊则尔曼：《马克思主义哲学的形成》，生活·读书·新知三联书店1964年版，第432页。

② ［苏］奥伊则尔曼：《马克思主义哲学的形成》，生活·读书·新知三联书店1964年版，第431页。

③ ［苏］奥伊则尔曼：《马克思主义哲学的形成》，生活·读书·新知三联书店1964年版，第431—432页。

④ ［苏］巴加图利亚：《马克思的第一个伟大发现：唯物史观的形成和发展》，中国人民大学出版社1981年版，第44页。

们同样认为，"在这一著作中，无产阶级解放斗争的科学理论、马克思主义的科学的哲学世界观在一切基本方面都与资产阶级和小资产阶级的意识形态对立起来"。[①]

就历史唯物主义的形成史而言，苏联理论家普遍认为《德意志意识形态》第一次较为系统地制定了历史唯物主义的基本理论，并基于这一前提对马克思主义学说的其他方面进行了初步阐述，从而实现了马克思主义完整学说的形成。对此，奥伊则尔曼明确指出："在这一著作中，详尽地阐述了马克思主义哲学的许多基本问题，特别是历史唯物主义的一些问题。就是在这里，马克思和恩格斯第一次使用了'唯物主义历史观'这一术语。"[②] 巴加图里亚认为，《德意志意识形态》实现了"唯物主义历史观的第一次全面制定"[③]，"正是在这里，唯物主义历史观第一次全面地被描述出来，并且成为完整的概念。它以后的全部历史，就是这一完整理论的深化，确切化和发展"。[④] 作为马克思的"第一个伟大发现"，它成为马克思"进一步研究政治经济学的基础"[⑤]，也是在这个意义上，巴加图利亚称《德意志意识形态》为"第一部成熟的马克思主义哲学著作"[⑥]。而从历史唯物主义在整个马克思

---

① ［苏］纳尔斯基：《十九世纪的马克思主义哲学》（上），中国社会科学出版社1984年版，第201页。

② ［苏］奥伊则尔曼：《马克思主义哲学的形成》，生活·读书·新知三联书店1964年版，第432页。

③ ［苏］巴加图利亚：《马克思的第一个伟大发现：唯物史观的形成和发展》，中国人民大学出版社1981年版，第44页。

④ ［苏］巴加图利亚：《马克思的第一个伟大发现：唯物史观的形成和发展》，中国人民大学出版社1981年版，第61页。

⑤ ［苏］巴加图利亚：《马克思的第一个伟大发现：唯物史观的形成和发展》，中国人民大学出版社1981年版，第48页。

⑥ 北京图书馆马列著作研究室编：《马恩列斯研究资料汇编》，书目文献出版社1985年版，第153页。

主义学说中的地位来看,巴加图利亚认为,它作为马克思主义完整学说的一个方面或组成部分,"是在同马克思主义的其他方面,特别是同马克思主义政治经济学和科学共产主义理论的有机联系和相互作用中发展的,在对马克思主义其他方面的关系上,它是理论的和方法论的基础"。① 由此可见,巴加图利亚既着重强调《德意志意识形态》在制定历史唯物主义理论上的突出成就,同时又将其视为马克思主义完整学说的形成。这一观点最终为拉宾明确提出。在他看来,"马克思主义的完整性本身经过一定的发展阶段,并在每一个阶段具有不同的表现形式",而在《德意志意识形态》中"提出的关于历史运动源泉的生产力和生产关系的辩证法思想和这一运动各大阶段连续变更的各种社会经济结构的思想奠定了马克思主义学说的基础,并把这一学说的所有组成部分联结成为一个统一的概念。从此产生了作为完整学说的马克思主义。其中每个成分在整体的结构中都有自己的位置"。②

基于上文的简单梳理可知,苏联理论家对《德意志意识形态》的总体地位的思考无疑坚持了历史性的观点,即通过将其置于对马克思思想演变的客观历程的理解和把握中。往前看,他们普遍将《德意志意识形态》与马克思之前的一系列著作共同界定为马克思主义形成时期的著作,同时又没有抹杀两者之间的重要区别。在他们看来,《德意志意识形态》之前的一系列著作构成了其问世的必不可少的环节,而其本身则体现出本质上不同的理论发展的全新阶段;往后看,他们普遍将马克思、恩格斯在《德意志意识形态》中所达到的理论成就视为马克思主义学说进一步发展的

---

① [苏]巴加图利亚:《马克思的第一个伟大发现:唯物史观的形成和发展》,中国人民大学出版社1981年版,第95页。

② [苏]尼·拉宾:《马克思的青年时代》,生活·读书·新知三联书店1982年版,第340页。

理论前提和基础。对此，拉宾的观点最富有代表性。他指出，"作为完整学说的马克思主义产生的事实，决不意味着这种完整性是一出现就是完备的和具有全部最重要的因素"[①]，他想说的是，《德意志意识形态》作为"完整学说的马克思主义"的形成，本身还要在马克思以后思想发展的历程中得到不断的丰富和发展。

二、《德意志意识形态》中的历史唯物主义理论阐释

正如巴加图利亚所指出的，正确理解其第一章手稿的结构和内容，是理解首次在《德意志意识形态》中发挥了的马克思历史唯物主义观点结构的关键，是理解《德意志意识形态》在马克思主义史中所处地位的关键。[②]基于这一指引，我们在考察苏联理论家对《德意志意识形态》历史唯物主义基本理论的阐释之前，首先来考察他们对《德意志意识形态》第一章文本结构的理解。首先是梁赞诺夫第一次公开发表《德意志意识形态》的结构编排。梁赞诺夫首先区分了第一章的原始手稿和手抄誊清稿，并在内容的章节编排上基本上与马克思的编码保持一致。从当时的情况来看，这一版本最有意义的价值在于，《德意志意识形态》中如此重要的一章从不被重视到公开发表，这对马克思主义形成史的研究是一个很大的贡献，此外，"该章的发表也驳斥了当时关于马克思和恩格斯是费尔巴哈主义者的错误看法"[③]。1926年，阿多拉茨基对《德意志意识形态》第一章进行了重新编排，由于阿多来茨基以"我们理解了的那种形式不适当地刊印了马克思、恩格斯的一份未完成的手稿"为由，而没有遵循马克思的原有编码展开，并

---

① ［苏］尼·拉宾:《马克思的青年时代》，生活·读书·新知三联书店1982年版，第340页。

② ［苏］巴加图利亚:《马克思的第一个伟大发现:唯物史观的形成和发展》，中国人民大学出版社1981年版，第48页。

③ 聂锦芳:《文本的命运》(下)，《河北学刊》2007年第5期。

且将很多马克思所作的注解诠释为标题，所以这个版本导致了逻辑混乱。对于阿多拉茨基版本，巴加图利亚评价指出，"这种对原文的重新安排打乱了研究和阐述的内在逻辑，本来的联系也被人为地破坏和改变，在一些情况下甚至被虚构，这个版本的标题顺序也与手稿的结构和内容完全不符"[①]。作为苏联著名的马克思主义文献学家，巴加图利亚对文本的结构认识颇为合理，不仅"严格根据手稿的编码次序进行编排，并根据原文的内容作了段落划分，即把五个手稿分成四个组成部分，共二十七节（其中包括一个没有标题的引言）"[②]。巴加图利亚的突出认识还表现为，他用发生学的观点审视《德意志意识形态》的完成，将其结构的最终形成视为一个动态的过程。在他看来，《德意志意识形态》第一章并不像以前人们所认为的那样，反映的只是马克思和恩格斯著作的一个阶段，而是三个阶段，并且，在每个阶段中，他们对同样一些问题的观点都有所改变。具体来说，这三个阶段分别是：第一手稿，第二、三手稿，第四、五手稿。因此，《德意志意识形态》反映的不是马克思理论观点的静止状态，而是马克思理论观点发展的过程。在写《德意志意识形态》一书的第一阶段，马克思已经极有远见地看到历史自我运动的真正源泉不在于人的自我异化，也不在于工人同自己的劳动及其产品的异化关系，而在于物质生产资料的生产和再生产活动。因而，完全不同于《1844年经济学哲学手稿》，马克思在《德意志意识形态》中的研究兴趣，已经完全集中在所分析的那些过程可以凭经验感知的内容上了，为了评述这一内容，过去的一般哲学术语是不合适的。在写第一章的第二阶段，马克思完全脱去了哲学的外衣，并在各方面详尽研究了

---

① 北京图书馆马列著作研究室编：《马恩列斯研究资料汇编》，书目文献出版社1985年版，第154页。

② 聂锦芳：《文本的命运》（下），《河北学刊》2007年第5期。

劳动分工问题及其社会后果；在第三阶段，即写此章手稿的最后内容时，马克思聚焦的是所有制的主要形式。

在对《德意志意识形态》的文本结构进行勘定、编排的基础上，苏联理论家对其中的历史唯物主义基本理论进行了较为深入而广泛的探究，其内容广泛涉及生产力与生产关系、经济基础与上层建筑、历史分期或社会形态问题、分工和异化问题、人的本质问题，等等。第一，关于生产力与生产关系的辩证关系问题。苏联理论家普遍认为，马克思在《德意志意识形态》中第一次揭示并系统阐述了生产力与生产关系的辩证法。巴加图利亚认为，"《德意志意识形态》最本质的特征在于：马克思和恩格斯在这部著作中第一次弄清并简要陈述了生产力和生产关系的辩证法，即它们辩证的相互作用"。[1] 固然，在《德意志意识形态》中，马克思尚未明确制定出生产关系的概念，也从未提出生产力决定生产关系的命题，但巴加图利亚认为，首先，马克思此时已经认识到生产关系的内容，只是在表述形式上没有跟上。"生产关系的概念在这里凝结于这样一些术语的内容之中，如'市民社会''交往方式''交往形式''交往关系''生产和交往关系''所有制形式''所有制关系'，最后，'生产关系'。"[2] 其次，基于《德意志意识形态》第一章中的生产力与交往关系、所有制形式之间的关系的分析，巴加图利亚认为，其中"已经有了生产力决定生产关系的结论的全部前提"[3]，只是还没有作出明确的结论。纳尔斯

---

① 北京图书馆马列著作研究室编：《马恩列斯研究资料汇编》，书目文献出版社1985年版，第153页。

② ［苏］巴加图利亚：《马克思的第一个伟大发现：唯物史观的形成和发展》，中国人民大学出版社1981年版，第49页。

③ ［苏］巴加图利亚：《马克思的第一个伟大发现：唯物史观的形成和发展》，中国人民大学出版社1981年版，第49页。

基等人认为,《德意志意识形态》中的生产力与生产关系的辩证关系理论构成了其中的社会形态学说的理论基础,并强调这一理论"最终完成了对历史唯物主义基础的制定"①。

第二,关于经济基础与上层建筑的辩证关系问题。巴加图利亚认为,《德意志意识形态》中"已经创立了完整的马克思主义关于社会结构的观点",即其不仅对经济基础的相关内容已经作出了深刻的阐述,同时"也阐明了上层建筑的结构,政治的和意识形态的上层建筑的关系,以及它们的组成因素。同时,这里已经大略地阐明了社会生活的物质条件和社会意识的形式,阐明了社会存在和社会意识、基础和上层建筑的关系"②。纳尔斯基等人考察了社会意识与社会存在的关系问题,并重点对意识形态概念进行了分析。在他们看来,马克思和恩格斯在社会意识问题上与一切旧唯物主义的重要区别在于强调意识的社会性,并对社会意识与社会存在的关系进行了辩证的阐明。特别是基于真理与谬误之辩证关系的阐明,马克思和恩格斯对意识形态概念作出了科学的分析。虽然此时马克思和恩格斯是在否定的意义上使用意识形态概念的,即将它的内容视为对社会现实的歪曲了的反映,"根据马克思主义创始人的观点,在这一或那一意识形态里存在的对社会现实的歪曲,则反映了该现实历史上的一定特点,反映了受客观制约的某一阶级的地位、它在社会生产中的作用和利益"③。

————————

①　[苏]纳尔斯基等:《十九世纪的马克思主义哲学》(上),中国社会科学出版社1984年版,第223页。

②　[苏]巴加图利亚:《马克思的第一个伟大发现:唯物史观的形成和发展》,中国人民大学出版社1981年版,第49页。

③　[苏]纳尔斯基等:《十九世纪的马克思主义哲学》(上),中国社会科学出版社1984年版,第231页。

第三，关于历史分期或社会形态问题。巴加图利亚认为，马克思和恩格斯在《德意志意识形态》中初创了关于社会经济形态的学说，历史分期第一次被明确地表达出来，即将整个人类历史发展的基本阶段规定为"历史上彼此依次更替，并在每个阶段占据统治地位的所有制形式：（1）部落所有制，（2）古代公社所有制，（3）封建的所有制，（4）资产阶级的所有制。资产阶级私有制统治时代分为两个时期：工场手工业和大工业。最后，作为所有制的第五种形式，就是未来的共产主义的公有制形式"。[①] 纳尔斯基等人同样认为，《德意志意识形态》基于特定的所有制形式的分析，揭露了原始公社、奴隶和封建社会制度最重要的特点，其中，"已经包含了关于世界历史的、发生于全人类范围内的各个社会经济形态更替学说的梗概"[②]。

第四，关于分工和异化问题的研究。巴加图利亚认为，劳动分工的范畴在《德意志意识形态》第一章中发挥着重要的作用，这种作用尤其表现于该著作形成的第二阶段，"资产阶级私有制发展的前史和主要阶段被看成是劳动分工发展的直接结果"。[③] 巴加图利亚进而将分工理论与生产力和生产关系的辩证法理论联系起来，推测马克思很可能是通过深入研究劳动分工而发现生产力与生产关系辩证法的，并进一步认为，通过分工逻辑，马克思和恩格斯对异化产生的根源、表现形式以及消灭异化的途径等方面的论证发生了变化。达维多夫更为详细地考察了《德意志意

---

① ［苏］巴加图利亚：《马克思的第一个伟大发现：唯物史观的形成和发展》，中国人民大学出版社 1981 年版，第 54—55 页。

② ［苏］纳尔斯基等：《十九世纪的马克思主义哲学》（上），中国社会科学出版社 1984 年版，第 223 页。

③ ［苏］巴加图利亚：《马克思的第一个伟大发现：唯物史观的形成和发展》，中国人民大学出版社 1981 年版，第 54 页。

识形态》基于分工的逻辑在论证异化问题上的变化。达维多夫
认为,《德意志意识形态》是从马克思在《1844年经济学哲学手
稿》中断研究的地方开始研究问题的。《德意志意识形态》第一章
有很大一部分是试图回答这样的问题:人究竟怎么会使他的劳动
异化呢? 这种异化在人的发展的本质中有什么基础? 与《1844
年经济学哲学手稿》相比,《德意志意识形态》改变了研究的重
点,即"把重心从分析工人同自己的劳动的关系转到具体地历史
地研究社会发展各个阶段上人们的总的活动在客观上必然形成
的社会形态"[①],作为这一研究重心改变的结果,马克思改变了研
究异化的切入点,即不再从预设的"类本质"概念出发研究异化,
而是将异化作为分工的结果展开分析。达维多夫由此认为,在
《德意志意识形态》中,"分工的概念是比'劳动异化'的概念更
广泛、更深刻和更具体的概念"。[②]在他看来,正是由于从异化逻
辑转向分工逻辑,马克思推进了异化问题的研究,揭示出"劳动
异化"的一般社会学机制。"在《德意志意识形态》中,特别是在
《资本论》中,马克思把它描写成为以社会劳动形式、社会生产形
式的一定组织为基础和中介的占有社会劳动及其普遍成果的机
制。"[③]问题的关键在于,在马克思看来,人的劳动本身具有两重
性,即其既是物质生活资料的生产和再生产,又是人与人之间的
关系的生产,而"社会劳动过程一开始就有的两重性(更确切地
说是统一体的两个方面),本身就包含着这两个方面在一定的具

[①] 沈恒炎:《国外学者论人和人道主义》,社会科学文献出版社1991年版,第617页。

[②] 沈恒炎:《国外学者论人和人道主义》,社会科学文献出版社1991年版,第618页。

[③] 沈恒炎:《国外学者论人和人道主义》,社会科学文献出版社1991年版,第618页。

体历史条件下发生分裂的现实可能性。这种分裂一旦成为事实，它就成为'劳动异化'的基础，从而也是其他一切形式的'异化'的基础"。[①] 纳尔斯基等人同样认为，马克思和恩格斯在《德意志意识形态》中用分工逻辑取代了异化逻辑，虽然他们没有放弃异化概念，但基于分工的历史分析对其作了进一步的充实，"现在马克思和恩格斯把异化解释成首先是社会分工的对抗形式对人们的奴役"[②]，异化的发生被归结为由分工和私有制所造成的社会发展的自发力量对人们的统治，从而"对社会的这种自发的、未加控制的发展的克服，只能是消灭私有制及其相应的分工、社会的阶级划分、个人利益与社会利益的矛盾等这种客观上受制约的、合乎规律的过程的结果"。[③]

第三节 《共产党宣言》：历史唯物主义的创造性发展

对于《共产党宣言》，列宁称其为成熟的马克思主义的最初著作。在这一评价的指引下，苏联理论家给予其高度的关注。他们在考察《共产党宣言》之历史产生的基础上，对其进行了再定位，普遍认为其标志着马克思主义学说的最终形成，并对其中的生产关系概念、阶级与阶级斗争学说以及党的学说等方面所取得的新进展进行了探究。

[①] 沈恒炎：《国外学者论人和人道主义》，社会科学文献出版社 1991 年版，第618 页。

[②] ［苏］纳尔斯基等：《十九世纪的马克思主义哲学》(上)，中国社会科学出版社1984 年版，第 217 页。

[③] ［苏］纳尔斯基等：《十九世纪的马克思主义哲学》(上)，中国社会科学出版社1984 年版，第 219 页。

一、《共产党宣言》的思想史定位

苏联理论家普遍将《共产党宣言》的诞生历程追溯到 1843 年，认为从 1843 年到 1848 年期间马克思和恩格斯的艰辛探索构成了《共产党宣言》问世的前史。对此，阿多拉茨基和巴加图利亚都作了明确的肯定。例如，阿多拉茨基在《关于〈共产党宣言〉的产生问题》一文中指出，《共产党宣言》的篇幅不大，却是大量的思想工作的成果。它是紧张的科学劳动的成果，这个劳动持续了五年以上（大约从 1843 年到 1848 年，即从马克思迁居法国到 1848 年初《共产党宣言》出版），概括了丰富的材料。[1] 巴加图利亚更加细致地考察了《共产党宣言》形成的过程。他将《共产党宣言》置于共产主义者同盟纲领的三个方案——即《共产主义信条草案》《共产主义原理》和《共产党宣言》的生成脉络中进行比较研究，认为这三个文件在结构上互相吻合，它们都把现实看作是历史发展的产物，把对社会行将到来的改造和共产主义看作社会的最终结果。三者的关系在于，"《共产主义原理》的结构是最初《共产主义信条草案》结构的进一步发展"[2]，而"《共产主义原理》是《共产党宣言》的直接基础和预定方案，《共产党宣言》的提纲源于《共产主义原理》的结构"[3]。与巴加图利亚的认识一致，奥伊则尔曼认为，《共产主义原理》是《共产党宣言》的初稿。在细致考察《共产主义原理》的基本观点的基础上，奥伊则尔曼判断指出："《共产主义原理》是马克思主义的伟大纲领性

---

[1]　［苏］阿多拉茨基：《阿多拉茨基选集》，生活·读书·新知三联书店 1964 年版，第 163 页。

[2]　衣俊卿等主编：《当代学者视野中的马克思主义哲学·东欧和苏联学者卷》（上），北京师范大学出版社 2008 年版，第 475 页。

[3]　衣俊卿等主编：《当代学者视野中的马克思主义哲学·东欧和苏联学者卷》（上），北京师范大学出版社 2008 年版，第 475 页。

文献——《共产党宣言》的直接准备。"①

　　苏联理论家将《共产党宣言》置于马克思和恩格斯思想演进过程中进行定位，普遍认为它的问世标志着马克思主义学说的最终形成。对于《共产党宣言》的地位，奥伊则尔曼评价指出："马克思和恩格斯的天才著作《共产党宣言》，在马克思主义的历史上占有特殊的地位。这部篇幅不大的著作，是对马克思主义基本原理的经典性的明确的、格言式的鲜明的、满怀革命热情和严整科学的阐述。同对社会历史过程的极为深刻的辩证唯物主义的研究密切相关的公开的、战斗的党性，对最困难的社会问题的精辟的唯物主义分析，理论同革命实践、同无产阶级解放斗争的经验的有机统一——《共产党宣言》的所有这一切特征，揭示出了马克思和恩格斯在哲学、社会学和政治经济学中所完成的革命变革的实质。"②纳尔斯基等人表达得更为明确，在他们看来，"马克思和恩格斯的天才著作《共产党宣言》是马克思主义形成过程的完成，是马克思主义基本原理的经典表述"③。阿多拉茨基以曼妙的文笔同样表达了这一观点。在他看来，任何一个愿意通晓正在发生的历史进程并以完全自觉的态度对待这一过程的人，都必须首先走向明确的科学世界观，而马克思和恩格斯的功绩在于，他们第一个走完了这条道路，其标志就在于《共产党宣言》的完成，一部"标志着科学思想新时代开端的天才的科学著作"④。拉宾认

---

　　① ［苏］奥伊则尔曼:《马克思主义哲学的形成》，生活·读书·新知三联书店1964年版，第563页。

　　② ［苏］奥伊则尔曼:《马克思主义哲学的形成》，生活·读书·新知三联书店1964年版，第564页。

　　③ ［苏］纳尔斯基等:《十九世纪的马克思主义哲学》（上），中国社会科学出版社1984年版，第258页。

　　④ ［苏］阿多拉茨基:《阿多拉茨基选集》，生活·读书·新知三联书店1964年版，第163页。

为，在马克思和恩格斯的《共产党宣言》中，"马克思主义作为完整的学说已经获得了具有理论体系和实践纲领的形式"。①

二、《共产党宣言》中的历史唯物主义理论阐释

苏联理论家基于对《共产党宣言》的文本解读，全面阐述了马克思主义学说各方面的内容，并对其中的历史唯物主义理论也进行了阐释，其内容广泛涉及生产力与生产关系的辩证法理论、阶级与阶级斗争理论、无产阶级专政学说、党的学说等。

首先，在生产力与生产关系的辩证法理论方面，苏联理论家普遍认为马克思和恩格斯通过完成《共产党宣言》而作了重要的推进。巴加图利亚明确指出，正是《共产党宣言》第一次把"生产关系"和"全部社会关系"直接区别开来，而在同一时期的其他著作中，生产关系和社会关系往往在一定意义上被等同起来。②

其次，在阶级与阶级斗争理论方面，马克思和恩格斯在《神圣家族》《德意志意识形态》中已经提出的阶级斗争理论在《共产党宣言》中得到了经典的表述，"马克思和恩格斯在这部著作中表明，无产阶级和资产阶级之间的斗争不是什么例外现象，也可以说，不是世界历史上没有先例的现象，因为自从生产资料私有制产生和对抗性阶级出现以来，阶级斗争就是社会发展的动力"。③《共产党宣言》还发展和具体化了社会阶级和社会阶级结构的概念，阐明了"历史上每种一定的社会形态，都是以特殊的，即为其所独有的基本阶级和其他社会阶层的划分为前提，每个阶

---

① 马瑞主编:《马克思主义研究资料》(第23卷)，中央编译出版社2015年版，第15页。

② 衣俊卿等主编:《当代学者视野中的马克思主义哲学:东欧和苏联学者卷》(上)，北京师范大学出版社2008年版，第477页。

③ ［苏］奥伊则尔曼:《马克思主义哲学的形成》，生活·读书·新知三联书店1964年版，第564页。

级又由其间存在着矛盾的不同社会集团所组成"。① 而就特定社会形态中的阶级结构的产生根源来看，它归根到底源于该社会形态的经济结构，其中，"生产力和生产关系之间的冲突，同时也是这一社会形态的剥削（统治）阶级和被剥削（被奴役）阶级之间的冲突"。②

　　苏联理论家尤其对《共产党宣言》在无产阶级专政学说方面的新进展进行了高度评价。他们普遍认为，虽然马克思恩格斯尚未提出"无产阶级专政"的概念，但这一概念的基本内容在《共产党宣言》中已经有了极为明确的表述。马克思恩格斯明确指出："工人革命的第一步就是使无产阶级上升为统治阶级，争得民主。无产阶级将利用自己的政治统治，一步一步地夺取资产阶级所有的全部资本，把一切生产工具集中在国家即组织成为统治阶级的无产阶级手里，并且尽可能更快地增加生产力的总量。"③ 苏联理论家普遍认为，这是在马克思恩格斯以前的著作中没有论及的新的理论基点。虽然在《共产党宣言》之前，马克思和恩格斯已经论及无产阶级的历史使命问题，但还没有将这一历史使命具体化为夺取政权的问题，"无产阶级专政的思想，是以前表述过的关于无产阶级的社会主义使命的原理的必然发展和具体化"。④

　　最后，《共产党宣言》推进了党的学说。具体表现为，马克思恩格斯将党看作是工人阶级先进分子的组织，制定了关于党的学说的基本原则，规定了关于党和工人阶级关系的一系列最重要的

---

　　① ［苏］奥伊则尔曼：《马克思主义哲学的形成》，生活·读书·新知三联书店1964年版，第565页。

　　② ［苏］奥伊则尔曼：《马克思主义哲学的形成》，生活·读书·新知三联书店1964年版，第566页。

　　③ 《马克思恩格斯文集》（第2卷），人民出版社2009年版，第52页。

　　④ ［苏］奥伊则尔曼：《马克思主义哲学的形成》，生活·读书·新知三联书店1964年版，第569—570页。

理论原则 [①]，如共产党要强调和坚持整个无产阶级的共同的国际主义利益；在无产阶级解放运动所经历的各个阶段上，它要代表整个运动的利益；它的革命理论是客观发生着的历史过程、无产阶级反对资产阶级的现实斗争的科学反映；因此，共产党人没有那种同各国无产阶级的迫切利益不相一致的目的。

总之，苏联理论家普遍认为，《共产党宣言》是马克思主义世界观形成过程中的总结性著作，为人们提供了运用辩证唯物主义分析社会生活的光辉范例，它证明了运用马克思主义辩证方法和马克思主义哲学唯物主义研究社会生活的极其伟大的革命意义，它"对社会生活现象从它们的相互联系和相互依赖中，从它们以对立面的斗争为基础的运动、变化和革命改造中进行研究，把资产阶级意识形态了解为资产阶级社会存在的反映的唯物主义观点，所有这些都是辩证唯物主义和历史唯物主义的创造性发展"。[②]

第四节　《资本论》：历史唯物主义的科学证明

深入解读和挖掘《资本论》中的历史唯物主义基本理论，既构成了苏联理论家建构历史唯物主义理论体系的重要支撑，同时也成为其阐明历史唯物主义基本理论之科学性的重要路径。苏联理论家普遍坚持《资本论》是历史唯物主义基本理论的运用与证明的观点，这决定了苏联理论家对《资本论》的解读必定以其

---

① ［苏］奥伊则尔曼：《马克思主义哲学的形成》，生活·读书·新知三联书店1964年版，第571页。

② ［苏］奥伊则尔曼：《马克思主义哲学的形成》，生活·读书·新知三联书店1964年版，第578页。

对历史唯物主义的先行理解为前提。总体上看，苏联理论家的历史唯物主义理解经历了从实体论思维方式到主体论思维方式的转变，这种转变决定了苏联理论家对《资本论》的解读经历了从强调其中所揭示的资产阶级社会的经济运动规律，以及在这一规律的支配下资本主义社会为共产主义社会所取代的历史必然性，转向更加强调人（无产阶级）在资产阶级社会的遭遇以及无产阶级革命的重要性。就具体内容的阐释来看，苏联理论家紧密结合《资本论》中的相关论述，对社会发展的基础与动力、经济基础与上层建筑的辩证关系、社会经济形态及其演进等问题进行了广泛而深入的研究。

一、总体观点：历史唯物主义基本理论的运用与证明

1872 年，《资本论》第一卷俄文版在俄国彼得堡出版，极大地推动了马克思主义在俄国的传播，其中的科学思想深深地滋养了包括普列汉诺夫和列宁在内的一大批社会活动家和工人阶级领袖，成为推动俄国社会主义革命走向胜利的重要理论武器。俄国十月革命胜利和苏维埃政权确立以后，经过三年内战，苏联在 20 世纪 20 年代开始由革命转入全面的社会主义建设时期，经济和文化的建设问题被提到了首要位置，苏联理论家开始关注作为社会科学之方法论基础的历史唯物主义研究，形成了主要以教科书形式建构和传播历史唯物主义基本理论的理论传统。在这种传统的影响下，特别是由于受逐渐生成的单一意识形态管理体制的制约，20 年代到三四十年代的苏联理论界针对《资本论》的专门研究十分鲜见，除了阿多拉茨基完成的《马克思写作〈资本论〉的劳作》等少量成果，这个时期的苏联理论家更多的是在教科书中将《资本论》作为例证的文本工具，以此说明历史唯物主义的普遍性的方法论指导意义，或是为了阐明历史唯物主义中的某一条原理而援引其中的相关论述。

进入 50 年代以后，特别是斯大林逝世以后，伴随着单一的意识形态管理体制有所松动，苏联理论家在继续以教科书的形式进行涉及《资本论》的研究外，出现了一大批专门研究《资本论》哲学思想的著作和论文，如罗森塔尔的《马克思〈资本论〉中的辩证法问题》（1955 年）、伊利延科夫的《马克思〈资本论〉中抽象和具体的辩证法》（1960 年）、维戈茨基的《卡尔·马克思的一个伟大发现的历史——论〈资本论〉的创作》（1965 年）、苏联科学院哲学研究所集体编写的《〈资本论〉哲学与现时代》（1968 年）、苏共中央马克思列宁主义研究院编写的《围绕马克思〈资本论〉所进行的思想斗争史概论（1867—1967）》（1968 年）、马列宁的《人是马克思〈资本论〉的研究对象》（1968 年）、瓦久林的《马克思〈资本论〉中的辩证逻辑体系》（1971 年）、巴加图利亚等撰写的《马克思的经济学遗产》（1976 年）、纳尔斯基等编写的《十九世纪的马克思主义哲学》（1979 年）、达维多夫的《在马克思的〈1857—1858 年经济学手稿〉中的异化问题》（1980 年）、切普连柯的《目前围绕〈资本论〉初稿进行的争论》（1987 年），等等。总体上看，这些著作和论文更多地专注于对《资本论》展开认识论或方法论的解读，体现了苏联理论家在意识形态管控下寻求独立的学术创新空间的努力，其中很多著作也对《资本论》中的历史唯物主义展开了专门而深入的探究。

总体上看，对于《资本论》和历史唯物主义的关系，苏联理论家普遍坚持《资本论》是马克思运用历史唯物主义基本理论分析和把握资本主义社会形态的生成、发展和灭亡规律的伟大理论创新，并在这种理论创新中实现了对历史唯物主义科学性的证明。简而言之，就是坚持两者之间关系的运用证明论。罗森塔尔在其专门研究《资本论》之辩证法思想的著作中明确声称："《资本论》这部马克思主义的伟大的经济著作，同时又是最伟大的哲学著作。科学社会主义的理论及其哲学基础——辩证唯物主义和历史唯物主义——马克思和恩格斯在《资本论》出世以前老早就创立了，并在像《共产党宣言》《政治经济学批判》等著作中就已经阐明了"，其中，历史唯物主义的原理在《资本论》中"得到最完满、最深刻的论证和探讨"①。巴加图利亚与维戈茨基在他们合著的《马克思的经济学遗产》一书中认为，"如果在最初，历史唯物主义还在一定意义上表现为假说，那么把它如此成功地用于分析资本主义，也就证实了它，丰富了它，把它变成彻底地证实了的理论"。②由苏联科学院哲学研究所集体编写的《〈资本论〉哲学与现时代》一书也明确认为："马克思和恩格斯早在自己40年代的作品中就已经提出了唯物主义地理解历史的思想。它作为科学理论在《资本论》和马克思主义奠基者们的其他一些著作中得到了全面的研究和论证。"③

至少有三个原因促使苏联理论家普遍坚持这一观点。其一，列宁先行论述的影响。列宁在批判米海洛夫斯基将历史唯物主义歪曲成企图说明一切的"一般历史哲学"时指出，历史唯物主义"所企求的只是说明资本主义一种社会组织，而不是任何别种社会组织。既然运用唯物主义去分析和说明一种社会形态就取得了这样辉煌的成果，那么，十分自然，历史唯物主义已不再是什么假设，而是经过科学检验的理论了"。④其二，苏联理论家

---

① ［苏］罗森塔尔：《马克思"资本论"中的辩证法问题》，生活·读书·新知三联书店1957年版，第2页。

② ［苏］巴加图利亚等：《马克思的经济学遗产》，贵州人民出版社1981年版，第187页。

③ 苏联科学院哲学研究所：《〈资本论〉哲学与现时代》，吉林人民出版社1983年版，第4页。

④ 《列宁专题文集·论辩证唯物主义和历史唯物主义》，人民出版社2009年版，第166页。

普遍认为，历史唯物主义把握的是人类历史发展进程中的普遍规律，《资本论》所要揭示的是资本主义社会形态的特殊规律，而特殊规律无非历史发展普遍规律在具体历史阶段的具体表现，即"属于历史唯物主义范围内的规律，是那些反映历史上包罗万象的联系和关系的规律。这些联系和关系在任何一个具体社会（社会机体）中必然会再现，不管各该社会属于什么形态、有什么时空特点"。① 其三，苏联理论家普遍认为马克思恩格斯在19世纪40年代大致上完成了历史唯物主义的创制工作，而随后的主要工作就是将其运用到对资本主义社会形态的深度解剖中，这个过程既是运用和证明历史唯物主义的过程，同时又是制定科学的政治经济学的过程，并完成对社会主义终将实现的历史必然性的科学论证。

苏联理论家普遍坚持《资本论》与历史唯物主义之关系的运用证明论，这决定了他们对《资本论》的解读必定受制于其对历史唯物主义的先行理解。从思维方式上看，苏联理论家对历史唯物主义的理解总体上经历了从实体论范式向主体论范式的转变，与之相适应，苏联理论家对《资本论》中的历史唯物主义的解读也经历了从实体论范式向主体论范式的转变。

二、解读思路：从实体论范式转向主体论范式

大致上以20世纪50年代中期为界限，苏联学界对历史唯物主义的理解总体上经历了从实体论范式向主体论范式的转变。简单言之，实体论范式是古代本体论哲学的基本范式，其基本要义是将世界视为源于自身"根据"的自主性演化过程，而与人的活动无关。而主体论范式是近代认识论哲学的基本范式，其基本要义是在主体与客体的对峙中来探讨主体对客体的塑造和认识

---

① ［苏］拉津：《历史唯物主义是社会哲学理论》，求实出版社1988年版，第6页。

的问题以及在此过程中的人的解放问题。基于这两种范式来审视苏联历史唯物主义的发展进程，在 50 年代中期之前，苏联理论家遵循的主要是实体论范式，认为历史进程就是由内在于其中的普遍规律所严格决定的必然性的客观进程，而历史唯物主义就是对被包含于历史进程中的普遍规律的把握。基于这种先行理解，以及遵循《资本论》是历史唯物主义的运用与证明的基本观点，苏联理论家在这个期间的《资本论》研究主要在于强调其揭示了资本主义社会形态基于普遍性规律必然产生的同时也必然走向灭亡的过程，因而是对历史进程之客观必然性的科学证明。这充分体现于这个时期的很多教科书通过引用《资本论》及其手稿中的相关论述来论证历史规律的普遍性和客观性。例如，为了阐明生产关系一定要适应生产力的客观规律，康斯坦丁诺夫在《历史唯物主义》一书中大量引证《资本论》中的相关内容，说明资本主义社会的产生是生产力发展的必然结果，资本主义的运行过程体现为生产力和生产关系的矛盾日趋激烈的对抗过程，伴随着现代生产力的愈益发展，资本主义生产关系也日益暴露出其无法克服的历史局限性，并必然会为社会主义社会所取代。

进入 50 年代中期以后，伴随着人与人道主义问题在苏联学界的日益凸显，苏联理论家开始将人的问题置于马克思主义哲学阐释的中心位置。伴随着这一认识上的变化，苏联理论家对历史唯物主义的理解范式也逐渐由实体论转向主体论[①]。虽然在此过程中，实体论的解读从来就没有消失，但主体论解读的影响却越来越大，它表现为越来越多的苏联哲学家在强调人的中心地位的前提下，从主体的视角去重新理解人与自然、社会乃至整个世界

---

① 当然，我们所强调的这种"转向"并非全面的转向，正如苏联历史唯物主义理论体系的稳定性和统一性一样，实体论的解读思路实际上贯穿于苏联历史唯物主义理解史进程的始终。

的关系，并进而对历史唯物主义的理论主旨、理论地位进行新的理解。伴随着历史唯物主义解读范式的主体论转向，苏联理论家对《资本论》的解读也发生了理论逻辑的重大转变，即从客体逻辑转向主体逻辑，这表现为：其一，普遍将《资本论》理解为对彰显人的能动性的生产逻辑的贯彻和运用，并且用生产逻辑或主体逻辑统摄客体逻辑。纳尔斯基等人认为，历史唯物主义的根本观点在于认为，物质生产是人类历史发展进程中的决定性力量，"人们通过生产既真正改变了世界，又改变了自己本身"[①]，而《资本论》则明确了物质生产的研究对象。纳尔斯基等人在普遍的物质生产和特定历史阶段的具体物质生产之间作了区分，他们明确认为，"在分析历史上人的暂时统治，即在分析作为历史主体的人屈从于经济领域的统治的条件下，看到不同于这种统治的生产的普遍规律，或存在于具体形式中所实现的历史普遍的辩证法，则是非常重要的"。[②]

1968年由苏联科学院哲学研究所主编的《〈资本论〉哲学与现时代》一书代表了当时苏联学界对《资本论》予以解读的普遍观点。该书认为，对于马克思而言，"他从一开始就把社会现实当作社会主体的客观存在，即当作主客观对立面辩证统一的存在"[③]，其中，对象性活动是社会现实的普遍存在方式，人们在完成对象性活动过程的同时，创造出属于自己的世界和自己的存在本身。在他看来，这一逻辑在《资本论》中得到了出色体现，并

---

① ［苏］纳尔斯基等：《十九世纪的马克思主义哲学》（上），中国社会科学出版社1984年版，第369页。

② ［苏］纳尔斯基等：《十九世纪的马克思主义哲学》（上），中国社会科学出版社1984年版，第381页。

③ 苏联科学院哲学研究所：《〈资本论〉哲学与现时代》，吉林人民出版社1983年版，第48页。

表现为马克思把客观规律性的逻辑放在人们的主观积极性中来理解，把客观历史过程的社会规律性作为人的对象性活动的完全内在的规律性来理解，如此，马克思面对资本主义社会现实时，"他能辨认出不仅属于'环境'的东西，而且还有社会——人的生产力，由人生产与再生产的、人自己的关系——生产关系及由生产关系生产出来的其他关系"。[①]该书还认为，马克思在《资本论》中首先确立了作为起点的普遍劳动形式，并进而研究劳动的具体社会形式，即资本主义的形式，因而坚持从人类学意义上的劳动本体论视角解读《资本论》，在他看来，"研究资本主义劳动形式的理论任务恰恰就在于分清这种劳动形式的普遍进步内容与局部对抗内容，因为这种劳动形式是作为劳动历史发展的必然阶段出现的"[②]，亦即雇佣劳动形式。

其二，与前者密切相关，苏联理论家普遍将《资本论》的批判逻辑理解为主体性批判逻辑，即认为在资本主义社会，人普遍遭受异化，人的主体性或自由丧失殆尽，而《资本论》的根本目的就是探究帮助人们找到恢复主体性和自由的根本路径，使人从各种异化关系的束缚中真正解放出来。纳尔斯基等人明确指出，在《资本论》中，马克思将"所有的由他提出的和解决特殊的科学的分析任务屈从于一般的和最高的世界观的人道主义的使命：用对表现为'外在合理性'的统治地位的规律的研究，来找到归根到底要'扬弃'这个统治的现实的可能性。……这就是说要找到人们能够走向对他自己的关系进行统治的一条路，以便在没有剥削、压迫和异化的社会中，全面地利用客观经济联系，来发展

---

① 苏联科学院哲学研究所：《〈资本论〉哲学与现时代》，吉林人民出版社1983年版，第51页。

② 苏联科学院哲学研究所：《〈资本论〉哲学与现时代》，吉林人民出版社1983年版，第366页。

自己的个性"。① 同样，《〈资本论〉哲学与现时代》认为，《资本论》的革命批判精神在于教导人们成为革命者，它以革命批判的逻辑来教育人，"这种逻辑，按其内容来说，应该不是反映命中注定的'事物进程'的逻辑，而是一种社会主体的客观逻辑，是社会人的对象性活动的逻辑，凭借这种活动，社会形式得以建立起来，也因此得以被克服"。② 具体来说，该书认为，马克思通过区分对象化和物化，详尽分析了对象化活动在资本主义社会的特殊表现形式，即"解释了这种活动过程本身怎样为自己创造了'不能洞察的'物的形式，在这种形式下，对象化了的活动如何直接脱离它的主体的人的品质和个人属性"③，但是，马克思确信，人的对象化活动实质所具有的原则必定能够获胜，即人的革命能动性的发挥使其最终走向解放，因而"不应当把马克思描写成为客观主义者，说他作了大量的研究，只有到研究的末尾才由单纯的逻辑推理得出共产主义"④。

三、解读内容：历史唯物主义基本理论的具体化

由于普遍坚持《资本论》是对历史唯物主义的运用与证明的总体观点，苏联理论家对《资本论》中的历史唯物主义基本理论的解读，主要按照先行建构的历史唯物主义基本理论框架展开的。正如上文所说，在 50 年代中期以前，苏联理论家主要运用《资本论》中的相关论述来论证历史唯物主义的基本原理，而鲜

---

① ［苏］纳尔斯基等：《十九世纪的马克思主义哲学》（上），中国社会科学出版社 1984 年版，第 371 页。

② 苏联科学院哲学研究所：《〈资本论〉哲学与现时代》，吉林人民出版社 1983 年版，第 52 页。

③ 苏联科学院哲学研究所：《〈资本论〉哲学与现时代》，吉林人民出版社 1983 年版，第 54 页。

④ 苏联科学院哲学研究所：《〈资本论〉哲学与现时代》，吉林人民出版社 1983 年版，第 363 页。

有对其中的历史唯物主义基本理论的专门而深入的阐述，所以，我们主要对 50 年代中期以后苏联理论家对《资本论》中的历史唯物主义基本理论的阐释作一考察。以纳尔斯基等人集体编写的《十九世纪的马克思主义哲学》为例，其中按照"社会发展的基础与动力""经济基础与上层建筑的辩证法""历史的方向与意义"等对《资本论》进行了考察，而苏联科学院哲学研究所编写的《〈资本论〉哲学与现时代》则主要考察了生产力问题、劳动理论、阶级和阶级斗争理论、社会政治组织的思想以及关于人的问题等。对于这些基本理论问题，苏联理论家普遍认为马克思早在《资本论》之前已经作出了唯物主义的解答，伴随着历史唯物主义从一般向特殊的运用和拓展，马克思围绕这些论题所制定的理论变得更加深入而具体。

就社会发展的基础与动力而言，苏联理论家认为，马克思在《资本论》中进一步确证了物质生产在人类历史发展进程中的动力性作用。纳尔斯基等人认为，"马克思的生产概念使我们能够认识到历史世界恰恰是由人们所创造和不断重新创造、发展以及生产出来的世界"。[①] 物质生产构成了人类历史发展的动力，而物质生产又包括生产力与生产关系两个方面，二者的统一构成生产方式，马克思正是在《资本论》中"非常详尽地分析了构成人类社会发展基础——生产方式"，并具体表现为：首先，发展和具体化了生产方式的定义；其次，第一次以展开的形式简述了生产方式所特有的方面和因素，尤其是它们之间的辩证关系。对于生产方式中的生产力，马克思则在《资本论》中对其所构成的全部要素，以及对它们发展的相互关系和规律性进行了系统的研

---

① ［苏］纳尔斯基等：《十九世纪的马克思主义哲学》（上），中国社会科学出版社 1984 年版，第 382 页。

究。其中，纳尔斯基等人主要按照主体和客体相对峙的框架，认为"马克思在《资本论》中是把生产力的人的或主体的成分——劳动力，放在同物的成分的紧密的联系中来加以研究的。只有在它们的辩证统一中，生产力才能发挥作用，生产过程本身才有可能"①；对于生产关系，马克思在《资本论》中深刻阐明了它的物质性、客观性以及历史类型。在此基础上，马克思全面地阐述了生产力与生产关系的辩证法、生产社会性与私人占有形式之间的冲突以及经济基础与上层建筑的辩证法，进而科学论证了无产阶级革命的必要性和必然性。正如《〈资本论〉哲学与时代》一书所指出的，资本论"把资本阶级社会生产力和生产关系之间的矛盾放在它的产生和运动中来加以揭露"，它就"像红线一样贯穿在马克思的全部研究中"②。

就经济基础与上层建筑的辩证关系而言，苏联理论家认为，《资本论》同样给予了极大的关注。他们认为，对于经济基础，《资本论》在理解上的鲜明特点在于，"马克思没有把基础的结构仅仅归结为在某一社会中的一个主导的经济成分，而是把社会的基础理解为该社会中现存的一切生产关系（在各生产关系中存在占优势的生产关系）的总和"③，因而经济基础整体本身存在着占优势的生产关系与附属的生产关系的矛盾，这决定了在一定的经济基础上产生的与上层建筑的矛盾的复杂性。《资本论》在强调经济基础对上层建筑的归根结底的决定性作用的前提下，尤其对

---

① ［苏］纳尔斯基等：《十九世纪的马克思主义哲学》（上），中国社会科学出版社1984年版，第395页。

② 苏联科学院哲学研究所：《〈资本论〉哲学与现时代》，吉林人民出版社1983年版，第8页。

③ ［苏］纳尔斯基等：《十九世纪的马克思主义哲学》（上），中国社会科学出版社1984年版，第441页。

上层建筑对经济基础的积极的反作用作了深入的阐明，"马克思在《资本论》中令人信服地表明，资产阶级国家和它的立法是建立在资本主义私有关系的牢固基础上的"[①]，同时，"在马克思看来，归根到底取决于经济基础的国家政治制度，对经济关系的发展是有积极影响的"[②]。按照马克思的学说，资产阶级国家和它的整个政治组织体系的主要特征，就是维护私有关系而使其不动摇。虽然伴随着资本主义从自由竞争时代进入垄断时代，资本主义国家采取了一系列缓和矛盾的措施，但这绝不意味着其变成了资产阶级思想家所宣扬的"人民资本主义"或"福利国家"。归根结底，这些所谓的言论不过是垄断资本家用来维护垄断资本的牢固专政的新策略而已，由此也表明了"资产阶级把意识形态阶层看作自己的亲骨肉，到处按照自己的本性把他们改造成为自己的伙计"[③]。

就社会经济形态及其演进而言，苏联理论家认为，《资本论》及其手稿不仅对资本主义社会以前的社会经济形态的特点，而且尤其对人类历史进程中的最后一个对抗形态即资产阶级社会进行了详尽的研究。其一，社会经济形态的内涵。对此，纳尔斯基等人认为，按照马克思在《资本论》中的深刻阐释，社会经济形态作为社会在其发展进程中的具体的历史形式，其实质上就是具有某个主导的生产方式的完整的社会机体。基于这种理解，他们批判 20 世纪 30 年代苏联理论家直接将生产方式理解为社会形

---

① 苏联科学院哲学研究所:《〈资本论〉哲学与现时代》，吉林人民出版社 1983 年版，第 423 页。

② 苏联科学院哲学研究所:《〈资本论〉哲学与现时代》，吉林人民出版社 1983 年版，第 424 页。

③ 苏联科学院哲学研究所:《〈资本论〉哲学与现时代》，吉林人民出版社 1983 年版，第 426 页。

态的观点，认为那样理解会导致社会经济形态内容的贫乏化。纳尔斯基等人明确指出："马克思和恩格斯把社会经济形态看作是哲学社会学范畴。这就是说，社会经济形态的概念所反映的不是社会机体的一个个别的方面，而是社会生活的一切方面——不仅反映经济方面本身，而且也反映社会的、政治的和精神的方式——以及它们的有机统一。"[①] 其二，社会经济形态范畴的方法论作用。在马克思的学说之中，社会经济形态范畴具有重大的方法论意义，运用社会经济形态的概念去分析社会历史过程，不仅使得社会历史各时期的科学分期的建立有了可能，而且使我们有可能区分出以下三点：第一，社会发展各阶段所固有的共同标志；第二，同一类型的一切社会所固有的共同标志；第三，某一国家内的某一社会经济形态发展所固有的那种特殊的和独有的东西[②]。其三，社会经济形态的演进。纳尔斯基等人认为，在《资本论》中，马克思阐明了社会经济形态存在和发展的客观性，以及从世界范围来看的不同民族和国家在社会形态上的相互影响和相互作用。纳尔斯基等人认为，"社会经济形态发展的客观的自然历史过程，不仅意味着它们作为人类社会发展中的必然阶段发生的客观性，而且也意味着个别的社会形态飞跃式地转变为新的、更高的和更先进的社会形态的必然性"。[③] 其四，亚细亚生产方式。纳尔斯基等人认为，根据马克思在《资本论》中的论述，"原始公社的"和"亚细亚的"形态两者之间并不相同，这是因

---

① ［苏］纳尔斯基等：《十九世纪的马克思主义哲学》（上），中国社会科学出版社1984年版，第450—451页。

② ［苏］纳尔斯基等：《十九世纪的马克思主义哲学》（上），中国社会科学出版社1984年版，第451页。

③ ［苏］纳尔斯基等：《十九世纪的马克思主义哲学》（上），中国社会科学出版社1984年版，第452—453页。

为,马克思有时用"亚细亚的"指称原始公社制度,有时又用其指称"封建制度的变种"。

此外,苏联理论家还对《资本论》中的人的本性问题、阶级与阶级斗争理论、社会政治组织问题等进行了论述。毋庸置疑,苏联理论家对《资本论》中的历史唯物主义解读不乏真知灼见,但由于其将《资本论》视为历史唯物主义基本理论的贯彻和应用,从而限制了对《资本论》如何推进和深化历史唯物主义理论的认识。

第八章　苏联解体后
历史唯物主义理论的反思与拓展

　　苏联解体以后，俄罗斯涌现了很多马克思主义学派和代表人物，形成了壮观的马克思主义理论研究队伍，建立了很多马克思主义理论研究机构。总体而言，俄罗斯马克思主义研究者立足于变化了的现实，在广泛吸纳更多学术资源的前提下，对苏联历史唯物主义进行了批判性反思和拓展性建构，取得了一系列重要的理论成果。本章主要选取四位极富代表性的人物即斯宾焦、戈巴佐夫、奥伊则尔曼以及梅茹耶夫对历史唯物主义的反思与拓展进行考察，以初步反映苏联解体后俄罗斯学界在反思与拓展历史唯物主义方面所作的努力。

第一节　斯宾焦：技术文明观与历史唯物主义的拓展

　　斯宾焦是俄罗斯哲学认识论、科学方法论、文化哲学、科学史等领域的知名专家，长期从事认识论和科学哲学方面的研究。他在科学哲学和文化领域的深入研究，使其获得了研究马克思主义哲学的独特视角，并由此形成了极富创造性的成果，即通过提出文明类型理论，而实现了对历史唯物主义的拓展，特别是其所提出的"文化基因思想"，构成了苏联解体后俄罗斯马克思主义哲学原理研究方面所取得的最有价值的成果之一①。

一、对马克思主义的辩护

面对种种否定甚至攻击马克思主义的论断，斯宾焦采用了一种独特的方式为其辩护，并同时对斯大林主义进行了反思和批判。在他看来，"马克思主义"是一个复杂的学说，其在复杂的历史演变中呈现出"多种面孔"，既有马克思和恩格斯所创造的经典马克思主义，又有后来者的再建构。在他看来，"可以把这个学说比作一棵枝繁叶茂的大树，每个树枝代表马克思主义观念和原则的一个方向、方面，一种解释，代表从业已积累下来的历史经验的角度对这些观念和原则进行认识和再认识的一种企图"。②由此，斯宾焦进而认为，当人们指责马克思主义学说时，就要弄明白其所指的到底是学说的哪些方面。斯宾焦强调指出，假如这里指的是被奉为经典的和教条化了的观念体系，即作为斯大林主义和极权主义的意识形态基础的那个观念体系，那么毫无疑问，应该批判这个体系，但这样做绝不同时意味着马克思主义站不住脚，因为两者不是一回事。斯宾焦由此深刻指出，面对俄国所遭遇的灾难，我们不是要彻底否定马克思主义，而是"需要冷静地分析理论的实质，解释清楚，这个理论中什么东西确实是合理的，什么东西对今天而言还有意义，什么东西是暂时的"③。

---

① 参见安启念主编：《当代学者视野中的马克思主义哲学·俄罗斯学者卷》，北京师范大学出版社 2012 年版，第 174 页。

② 安启念主编：《当代学者视野中的马克思主义哲学·俄罗斯学者卷》，北京师范大学出版社 2012 年版，第 175 页。

③ 安启念主编：《当代学者视野中的马克思主义哲学·俄罗斯学者卷》，北京师范大学出版社 2012 年版，第 176 页。

斯宾焦对斯大林主义展开了深入的反思与批判，并由此引出了他重新理解马克思主义的思想前提。在他看来，斯大林主义的致命缺陷在于，它奉行科学主义精神，将自己说成是马克思主义的绝对真理体系，并将其作为塑造生活的绝对权威，以致"我们生活中所做的一切都是由理论预先决定的，党和国家的活动就建立在这个理论的基础上，因此这一切都是有科学依据的"。[①] 这种强制培塑了大众意识中的科学主义倾向，即社会理论被看作是类似于严密的自然科学理论，就像经典力学一样，可以提前计算和预见一切。斯宾焦认为，批判分析当代社会处境，讨论马克思主义的当代命运，必须丢弃这种错误的科学主义的思维方式。首先，从马克思主义学说的自身特质来看，"马克思主义这个学说包含很多层次和侧面，不能对每个层次和侧面都采用严密科学的标准，何况还是从数学自然科学领域拿来的标准"[②]；其次，从哲学与科学的关系来看，虽然哲学不拒绝使用逻辑学中所发展出来的推理技术，但哲学决不是按照数学逻辑的图式建立的，"假如哲学完全像科学那样，模仿自然科学方法建立，那么它根本就不是哲学"[③]。

斯宾焦进而阐明了哲学的使命和功能，在他看来，"哲学是对整个文化的基础进行的反思，它企图揭示对每种历史类型的文化而言都是基础性的世界观中的基本要素，它们决定人对世界和自己的理解和体验，把自己看作是世界的一部分"。[④] 哲学不仅

---

① 安启念主编：《当代学者视野中的马克思主义哲学·俄罗斯学者卷》，北京师范大学出版社 2012 年版，第 176 页。

② 安启念主编：《当代学者视野中的马克思主义哲学·俄罗斯学者卷》，北京师范大学出版社 2012 年版，第 177 页。

③ 安启念主编：《当代学者视野中的马克思主义哲学·俄罗斯学者卷》，北京师范大学出版社 2012 年版，第 177 页。

④ 安启念主编：《当代学者视野中的马克思主义哲学·俄罗斯学者卷》，北京师范大学出版社 2012 年版，第 177 页。

就现实生活中已经存在的基本要素展开思考，而且它还发明和构造出新的基本要素，伴随着这些要素日益融入现实生活，它们将在社会和文化发展的未来阶段逐渐成为人类生命活动中的一些高度概括的纲领。当然，这种发明并非纯粹的思想演绎，而是在回应特定时代中的文化主题，这些主题包括"生命的意义，什么是人，人的使命如何，人与自然界、社会及其他人能动关系如何"，等等，每个时代的哲学都按照自己的方式回答这些问题，并由此成为文化的精髓、文化的活生生的灵魂。

斯宾焦虽然拒绝将马克思主义哲学科学化，但并不因此彻底否定马克思主义哲学的科学性的观念，而是对其进行新的阐释。在他看来，自然科学的特点在于按照推理图式对未来进行预测，并总是追求预测的精确性。马克思当然没有否定这种科学观念，却在一种特殊的意义上进行了重新理解，即将基于理论的确定性说明而对社会发展的普遍趋势的预测视为"只是社会发展的可能方案"①，在这种对遥远的未来的预测中，即便使用了科学依据和科学方法，其中都必定包含着一些乌托邦的因素。因此，正确对待马克思主义的科学性，就不能追求对未来作出具体化的精确预测，即"将遥远的预测看作是技术上获得论证的简单机械草图的类似物，画出图纸之后，这个草图还需要在实践中具体化"。②斯宾焦不仅以此批判了苏联社会主义混淆作为理想形态的共产主义和作为现实形态的社会主义的做法，并且由此提出了一个关乎马克思主义理解和运用的重大理论问题，即"重要的是要具体地弄清楚，马克思主义中什么东西具有永恒的意义，什么东西受它

---

① 安启念主编：《当代学者视野中的马克思主义哲学·俄罗斯学者卷》，北京师范大学出版社 2012 年版，第 178 页。
② 安启念主编：《当代学者视野中的马克思主义哲学·俄罗斯学者卷》，北京师范大学出版社 2012 年版，第 178 页。

在其中形成的那个时代的局限"①。

　　为了回答这个问题，斯宾焦首先反思和批判了两种对马克思主义历史命运的图式化理解。第一种普遍流行于苏联正统理论家对待马克思主义的教条主义理解，按照这种理解，社会主义实践被视为由马克思主义理论预先决定了的；第二种体现于20世纪50年代中期以后的苏联学界，即适应批判斯大林主义的需要，而彻底抹杀其与马克思主义基本原则的任何联系。在他看来，这两种图式化的理解有着同一个预设，即认为"理论—意识形态—实践"的从属关系被看作是严格地被决定了的，实际情况是，"社会理论、意识形态和实践之间的关系永远也不是意义单一的，更不是严格地被决定了的"。② 理论、意识形态和实践虽然存在着相互之间的联系，但也因各自的运作方式的差异而表现出各自的特质，因而三者之间并不存在严格的决定论的从属关系。具体来说，理论理性通过观念和理论构造把现实的实质联系图式化，并在一定的范围内将其赋予世界，不仅如此，理论思维以其批判性和反思性不断超越这个范围，从而为未来实践活动打开了诸多可能的世界；实践理性则在于将理论理性构造的图式变成现实。而将理论构造的图式转变为现实，则需要大众的参与，为此，必须让大众相信所选择的道路的正确性，而要做到这一点，就得引进团体的、大众的意识形态和权力机制，把大众意识调整到一定的行动上去。为了达到这个目标，就需要发挥意识形态的作用，"意识形态追求的是向意识里灌输一定的价值体系，并且宣布某些观念在该体系中的优先地位。向大众意识里灌输观念要通过

---

　　① 安启念主编：《当代学者视野中的马克思主义哲学·俄罗斯学者卷》，北京师范大学出版社2012年版，第178页。

　　② 安启念主编：《当代学者视野中的马克思主义哲学·俄罗斯学者卷》，北京师范大学出版社2012年版，第178页。

意识形态和宣传的行动体系，在这些行动中，具有决定意义的是情感作用、暗示、善于简化观念以便使它们与平民的意愿结合起来"。[①] 斯宾焦由此认为，意识形态向来是社会理论和实践的中间环节，而由于它的产生是诉诸无法还原为科学观念的大众意识，因而并不直接在理论的规定下产生，并有着与理论不同的对实践的积极的反作用。基于这一认识，斯宾焦批判了将马克思主义理论直接当作意识形态在大众中宣传的做法，特别是在这个过程中将马克思主义简化为极为简单的公式化的表述，更是背离了马克思主义学说包含许多表达不同时代的思维方式的层面的特质。其中，有些思维方式是在工业资本主义时代的实践基础上产生的，因而有其时代的局限，如果直接无批判地将其作为社会主义实践探索的理论依据，并将其意识形态化为绝对公式，则必定会抛弃经典马克思主义中最有价值和启发意义的观念。

二、技术文化与历史唯物主义创制

基于对哲学与文化之内在联系的强调以及对理论与实践关系的强调，斯宾焦进而对历史唯物主义的创制问题进行了阐释。在他看来，马克思主义只能在技术文明时代的文化里产生。这种文化在欧洲地区形成，是它之前的传统文化中一系列激烈突变的结果。技术文明的特点在于，社会联系和生活发展方式会随着技术革新而发生经常性变化，正是这种变化塑造了人们普遍接受的全新的时间观念，即"从过去经过现在向未来流逝的不可逆转的时间观念"[②]，而在技术文明之前的传统社会或文化中，占统治地位的则是循环的时间观念，"时间经常被理解为周期性的，即世

---

① 安启念主编：《当代学者视野中的马克思主义哲学·俄罗斯学者卷》，北京师范大学出版社 2012 年版，第 179 页。

② 安启念主编：《当代学者视野中的马克思主义哲学·俄罗斯学者卷》，北京师范大学出版社 2012 年版，第 184 页。

界周期性地返回到原初的状态"①。正是前一种时间观念培塑出了进步的价值观念，"作为面向未来幸福社会建制的运动的社会进步和革命变革的观念，只有在技术文明的深刻思维领域才能获得系统的发展"②，在斯宾焦看来，正是这种孕育并包含着进步的价值观念的技术文明造成了历史唯物主义的文化土壤。由此，斯宾焦形成了自己关于历史唯物主义的最基本的判断，即"这个学说的核心是对历史的唯物主义理解和社会经济形态理论。其中每个组成部分都与技术文明的主导世界观因素相关，都是作为对技术文明的历史和社会经验的反思而产生的"。③

　　进一步来看，斯宾焦基于技术文化对历史唯物主义展开了解读。首先，在他看来，正是立足于技术文化，马克思发展出了自己的哲学人学观，而这种哲学人学观构成了其创立和发展历史唯物主义的一个重要基础。具体来说，最早开始于英国的工业革命不仅展现了技术工业发展对社会生活其他方面的决定性影响，而且导致了对人自身理解方式的重大变化，"在伟大的工业革命时代出现了对人与技术的联系的特殊理解以及对人的进化自身的解释"④，无论是美国科学家富兰克林，还是美国哲学家爱默生和德国哲学家恩斯特·卡普，都明确存在将人理解为技术存在物以及通过工具塑造和改变周围世界的观念。同样，切实感受到工业革命力量的马克思，也确立了这样的关于人的观念，早在《1844

---

　　① 安启念主编：《当代学者视野中的马克思主义哲学·俄罗斯学者卷》，北京师范大学出版社 2012 年版，第 184 页。

　　② 安启念主编：《当代学者视野中的马克思主义哲学·俄罗斯学者卷》，北京师范大学出版社 2012 年版，第 184 页。

　　③ 安启念主编：《当代学者视野中的马克思主义哲学·俄罗斯学者卷》，北京师范大学出版社 2012 年版，第 184 页。

　　④ 安启念主编：《当代学者视野中的马克思主义哲学·俄罗斯学者卷》，北京师范大学出版社 2012 年版，第 185 页。

年经济学哲学手稿》中，"马克思不但把人的物质肉体存在看作是其生理组织的功能和再生产，而且还看作是人工器官系统的再生产和发展，这些人工器官已经是第二本质的对象了，它们是人适应自然环境的中介"。①如此，人就是一个有两个组成部分的系统，该系统存在的前提乃是人与自然之间的物质交换，而"这个交换自身不能仅仅解释为生理过程，它首先是个能够保障'非有机体'，即人的更新和发展的社会过程，这个更新和发展就是物质财富的生产"。②与动植物仅仅通过改变自己的肉体组织以适应自然的变化不同，人能够控制越来越新的自然存在条件，并靠在生产过程中发明越来越新的人工器官以促进第二本质的形成，也就是说，人适应自然的过程绝非一个纯粹生理的过程，而是另外一种本质上不同类型的发展即人类社会历史。在斯宾焦看来，马克思正是根据这个思想认为"物质财富的生产和生产手段的进步（人的人工器官系统的主要元素）是人类历史的主要因素"③，同时，也正是通过将人理解为改造自然界的存在物，将人的活动主要理解为人对物质世界的积极的技术作用，马克思形成了物质生产在人类历史发展进程中起着决定性作用的根本观点。在他看来，苏联历史唯物主义将马克思的哲学人学观视为意义不大的东西，显然偏离了马克思思想的发生机制。

在斯宾焦看来，马克思不仅基于其关于人是通过技术手段改造世界的哲学人学观形成了物质生产的观点，而且对生产方式观

①　安启念主编：《当代学者视野中的马克思主义哲学·俄罗斯学者卷》，北京师范大学出版社2012年版，第185页。

②　安启念主编：《当代学者视野中的马克思主义哲学·俄罗斯学者卷》，北京师范大学出版社2012年版，第185页。

③　安启念主编：《当代学者视野中的马克思主义哲学·俄罗斯学者卷》，北京师范大学出版社2012年版，第186页。

念的研究也是建立在这一哲学人学观的基础之上的。其中,"把生产关系在人的社会关系体系中的主要作用区分出来,正是由于把人的物质存在理解为其活动的人工器官的再生产和发展,在更广泛的意义上,理解为形成其'非有机体'的客观环境"。[①] 其中,这个"非有机体"就是指在代代相传中积累和创造出来的工具系统。人类历史进入文明时代以后,人所取得的文明成果与工具系统紧密相关。人开始与文明的非有机体的片段发生积极的接触,将这些片段当作物质财富和活动手段来使用,并在这种使用中日益成为实践活动的主体,日益成为真正的人的存在。也正是在与文明的片段发生接触的过程中,"个体进入人际关系的复杂系统,因为'文明的非有机体'中的任何工具、任何东西或系统都是社会分工劳动的结果,是其他人的物化劳动。所以,当人使用劳动手段时,为了成为生产力,他必须立即以自己与活动手段结合的行为,参与到所有权、分配和劳动的社会分工之间的关系之中"[②],也正是这些关系,构成了马克思所指称的生产关系。

三、文明基因与历史唯物主义的补充和完善

斯宾焦将马克思的社会形态理论概括为"社会是特殊的完整机体,这个有机体随着生产方式的改变而变化"[③],该观点的核心要义在于,"马克思赋予生产方式和经济发展(它们决定社会与自然界关系的特征以及人类活动在其中展开的那些条件的范围)

[①] 安启念主编:《当代学者视野中的马克思主义哲学·俄罗斯学者卷》,北京师范大学出版社 2012 年版,第 186 页。

[②] 安启念主编:《当代学者视野中的马克思主义哲学·俄罗斯学者卷》,北京师范大学出版社 2012 年版,第 185 页。

[③] 安启念主编:《当代学者视野中的马克思主义哲学·俄罗斯学者卷》,北京师范大学出版社 2012 年版,第 186—187 页。

在社会历史中的决定性作用，如同达尔文将这个决定性作用赋予生物进化中的自然选择"①。在他看来，马克思的上述观点中包含着许多积极的东西，并为 20 世纪文明发展的全部经验所证明，但这绝不意味着马克思和恩格斯"所制定的社会进程的图式在整体上是完美的，不需要任何补充，更不需要重新考察"。②按照斯宾焦的看法，这个图式的一个主要缺陷就在于"没有揭示出文化的功能，文化是传递积累下来的社会历史经验（人类生活的超生物的程序）的方法，没有揭示出文化在社会生活的组织、改变以及各种社会类型中所发挥的作用"。③

　　基于上述判断，斯宾焦力图重新思考文化在社会生活中的作用问题，并以此对马克思恩格斯所制定的历史阐释模式予以补充和完善。在他看来，生物进化论尤其是基因的发现、种群遗传学的研究等为研究文化在社会中的作用提供了新的视角。正如生物的进化进程离不开基因遗传，人类社会历史的演进也有其遗传密码，这个密码就潜藏于文化之中，并以符号构成物的形式得以传承，即"如果把文化看作是活动、行为和交往的发展着的程序系统，这些程序以符号的形式被记录下来，作为各种不同的符号构成物发挥自己的功能"④，"在这种情况下，人不仅仅是社会的存在物，有两种组成元素的肉体组织，而且还按照两个不同类型的遗传程序进行再生产和发展，即巩固生物遗传信息的生物密码

---

　　① 安启念主编：《当代学者视野中的马克思主义哲学·俄罗斯学者卷》，北京师范大学出版社 2012 年版，第 187 页。

　　② 安启念主编：《当代学者视野中的马克思主义哲学·俄罗斯学者卷》，北京师范大学出版社 2012 年版，第 187 页。

　　③ 安启念主编：《当代学者视野中的马克思主义哲学·俄罗斯学者卷》，北京师范大学出版社 2012 年版，第 187 页。

　　④ 安启念主编：《当代学者视野中的马克思主义哲学·俄罗斯学者卷》，北京师范大学出版社 2012 年版，第 188 页。

和巩固积累下来的社会历史经验的社会密码"①，而伴随着社会历史经验之密码的改变，人们的活动、行为和交往类型也会随之发生改变，而社会类型也得到相应的发展和再生产。

那么，文化基因到底是如何传递并发挥作用的？斯宾焦由此提出了"世界观的共相"这一概念，认为其在文化传承中发挥着前提性作用。他指出："世界观的共相把一组复杂的文化现象组成一个完整系统，它们是社会密码的基本结构，在社会生活中所发挥的作用类似于 DNA（脱氧核糖核酸）。"② 在他看来，正是"世界观的共相"塑造了人类生活世界的整个形象，并表达相应文化类型的优先价值等级。它不仅决定着文化的传承，而且决定着"哪些形象、知识、信念、价值取向、目标方针等主要地调节人们的行为、交往和活动，塑造他们的社会生活的状况"。③ 正是基于对"世界观的共相"以及文化基因在人类历史发展进程中的作用的上述理解，斯宾焦认为，"为了改变社会的类型，产生新的社会种群，就应该经历文化密码的改变，世界观共相的改变，然后，才有技术经济的发展、社会团体的竞争，以及由之决定的新型社会组织的进一步命运"。④

斯宾焦并不否定物质生产以及劳动分工的改变对于"世界观的共相"之改变的推动作用，在他看来，当人们在新的生产方式的基础上所形成的新的社会经验无法为既有的"世界观的共相"

---

① 安启念主编：《当代学者视野中的马克思主义哲学·俄罗斯学者卷》，北京师范大学出版社 2012 年版，第 188 页。

② 安启念主编：《当代学者视野中的马克思主义哲学·俄罗斯学者卷》，北京师范大学出版社 2012 年版，第 188 页。

③ 安启念主编：《当代学者视野中的马克思主义哲学·俄罗斯学者卷》，北京师范大学出版社 2012 年版，第 188 页。

④ 安启念主编：《当代学者视野中的马克思主义哲学·俄罗斯学者卷》，北京师范大学出版社 2012 年版，第 188—189 页。

所包容时,世界观共相的含义就会随之发生变化。例如,虽然现代欧洲文化传统的传承线索可以追溯到古希腊文明,但经济生活和技术发展却只是在近代以来才在社会价值等级中成为最重要的问题,这种变化不仅表明了"世界观的共相"之含义的变化,而且体现了物质生产发展对于文化和价值变迁的推动作用。但是,出于对生产方式与文化特征之关系的机械决定论阐释的反思与批判,斯宾焦尤其强调文化观念及其传递在人类历史发展进程中的作用,斯宾焦的这一认识无疑源于他对人的活动中的目的和意识的重要作用的认识,在他看来,"相对于在活动中制造的东西而言,指向活动的观念根本不是次要的,而是首要的"[①],"文化中产生和传递的活动、行为和交往的程序在社会生活组织方面发挥了关键作用。这些程序不但在社会意识层次上发挥作用,而且也在社会的潜意识和无意识层次上发挥作用。在文化中,总是有一些密码系统,它们支配人的行为,但不一定被人意识到"。[②]

进一步来看,斯宾焦强调引入文化的视角研究人类历史,并不是要以此取代基于物质生产和再生产对历史进行客观性的研究。就其理论诉求而言,斯宾焦力图以此补充和完善历史唯物主义的分析图式,他指出,"从今天的知识水平看,如果不把表现生物有机体和社会有机体所特有的遗传类型的那些信息结构组织包含在这种系统的结构和发展的图景里,那么这个图景原则上说是不完整的"。[③]在他看来,每个理论都是自己时代的产物,其中

---

① 安启念主编:《当代学者视野中的马克思主义哲学·俄罗斯学者卷》,北京师范大学出版社 2012 年版,第 189 页。

② 安启念主编:《当代学者视野中的马克思主义哲学·俄罗斯学者卷》,北京师范大学出版社 2012 年版,第 190 页。

③ 安启念主编:《当代学者视野中的马克思主义哲学·俄罗斯学者卷》,北京师范大学出版社 2012 年版,第 191 页。

都会烙有一定时代的局限性。马克思恩格斯所发展出的关于物质生产在历史演进中起着决定性作用的观念，的确抓住了工业资本主义时代历史发展的重要方面，但伴随着时代的变迁以及人类不断取得新的科学成就，这一观念显然需要补充。

对此，斯宾焦尤其对马克思的社会形态理论作了更为具体的说明。在他看来，马克思的社会形态及其演进理论在其实质上"一开始就指向受技术文明形成及其发展和前史发展的范围限制的历史资源"[①]，如果将其置于更广泛的时空中来考察，就会表现出阐释效力上的局限性。例如，五大社会形态理论中的奴隶制生产方式以及奴隶制社会状态只是出现在古希腊和罗马世界，并构成近代欧洲文化的源泉，但在包括中国、印度、日本等在内的东方社会，则并未经历这种奴隶制社会的典型形态，而是出现了被马克思称为亚细亚生产方式的特殊类型的生产关系，"历史的实际道路是，向资本主义过渡标志着技术文明的产生和发展，这个过渡是与传统社会进化的特殊路径相关的"[②]。斯宾焦进而认为，马克思所制定的社会形态理论只是从多方面的历史过程中区分出来的特殊路径，并由此拒绝将马克思的社会形态理论阐释成适用于整个人类历史的普遍模式的做法。这种区分引发了一个问题，即如何理解被区分出来的线路和与之并存的不同线路之间的关系。斯宾焦认为，"要解决这个问题，只有形态论立场是不够的；必须用对文明发展类型之间相互关系以及从一个类型向另一个类型的过渡进行分析来补充这个立场"[③]。

[①]　安启念主编：《当代学者视野中的马克思主义哲学·俄罗斯学者卷》，北京师范大学出版社 2012 年版，第 192 页。

[②]　安启念主编：《当代学者视野中的马克思主义哲学·俄罗斯学者卷》，北京师范大学出版社 2012 年版，第 192 页。

[③]　安启念主编：《当代学者视野中的马克思主义哲学·俄罗斯学者卷》，北京师范大学出版社 2012 年版，第 193 页。

　　具体来说，马克思的社会形态理论只是对欧洲历史发展路径的概括，并且，正是在这条路径中生成了技术文明，并可以用从奴隶社会向封建社会和资本主义社会过渡的术语来描述，但东方社会的历史演进过程中并没有催生出技术文明，因而不再适用于社会形态理论，要阐释东方社会的演进路径，只能用文明发展类型理论。那就是，东方传统社会深处基本要素表中所包含的社会再生产机制阻碍了技术文明的产生及其向资本主义社会的过渡，"实现向新类型过渡只能在来自已经产生的技术文明的外部压力作用下，通过将技术文明成就移植到传统土壤之上，通过现代化，甚至是通过破坏传统文化的途径"。[①] 而对于马克思所提出的三大社会形态理论，斯宾焦同样坚持按照文明类型理论对其展开阐释。按照马克思的概括，三大社会形态分别是以人的依赖关系为基础的社会、以对物的依赖性为基础的社会、作为未来人类发展的假定的阶段——共产主义社会，斯宾焦按照文明类型理论分别将它们称为传统文明、技术文明和新型文明。在他看来，这样概括可以避免将技术文明视为历史进步的主线，并将其推广到未来。要解决当今世界发展进程中所涌现出来的全球问题，必须推动文明类型的转变，确立起与技术文明的价值体系不同的另外一种价值体系。在这种新的价值体系或文明形态中，很重要的方面就在于要改变对待自然界的态度，即"应该从技术文化中占统治地位的技术至上论理解自然界过渡到宇宙有机论的观点，自然界应该被看作是一个特殊的有机体，人就包含在其中"。[②] 由于"世界观的共相"发挥着前提性的规范和引导作用，因此，为了推

---

　　① 安启念主编:《当代学者视野中的马克思主义哲学·俄罗斯学者卷》，北京师范大学出版社 2012 年版，第 193 页。

　　② 安启念主编:《当代学者视野中的马克思主义哲学·俄罗斯学者卷》，北京师范大学出版社 2012 年版，第 194 页。

动文明类型的转变，首要的就是推动世界观的改变。在斯宾焦看来，只有立足于文明类型的变革，才能真正获得马克思主义关于历史之未来的答案。历史的未来决不只是建立在技术文明不断发展的基础之上的，文化观念和价值体系的变革在其中发挥着不可或缺的引领作用，这些观念包括："作为联合人类的未来的理想，这个人类将在人道主义的基础上，在全人类价值主导地位的基础上建立自己的关系，全人类价值将取代阶级主导价值；人的个性及其创造可能性和精神发展的不断增长的价值观念；对科学技术进步人道化的观念，那时，人及其发展将成为技术进步的最基本目的和主导价值，将发生关于自然界的科学和关于社会的科学的综合，它们将综合为一门关于人的统一的科学；等等。"[①]

第二节　梅茹耶夫：文化观与历史唯物主义新思考

俄罗斯著名哲学家梅茹耶夫认为，马克思历史唯物主义运用科学的辩证法分析和把握人的自我活动和自我实现的历史，并在一个"历史的世纪"实现了对历史的科学解释。人的自我实现的历史就是文化的历史，因而文化构成了历史的基础，并进而构成了历史唯物主义阐释历史的中心。在此认识的基础上，梅茹耶夫将历史划分为文明史和文化史，并以此为前提对历史唯物主义批判理论展开重建。在他看来，资本主义社会的危机主要不是经济危机，而是文化危机，而消除文化危机的基本路径则是脑力劳动日益取代体力劳动以及与之相伴随的社会所有制取代资本私有

---

① 安启念主编:《当代学者视野中的马克思主义哲学·俄罗斯学者卷》,北京师范大学出版社 2012 年版,第 195 页。

制。梅茹耶夫对历史唯物主义的阐释有很多给人启发的观点，但其将脱离了社会存在整体的抽象的人的文化存在以及体力劳动和脑力劳动两种具体劳动的区别作为资本主义批判的依据，从根本上疏离了马克思基于生产力与生产关系的矛盾运动而展开的资本生产关系批判，并最终陷入了抽象的人本主义批判以及实质上的"无批判的实证主义"。

一、作为历史的科学解释的历史唯物主义

历史唯物主义与马克思思想或学说的关系问题历来是人们讨论的重要话题。对此，梅茹耶夫基于对苏联马克思主义的反思与批判，明确认为历史唯物主义构成了马克思学说的核心，只有立足于对马克思历史唯物主义深刻而准确的理解，才有可能理解马克思思想的其他部分并进而理解马克思思想的整体。他说，"马克思的学说主要不是经济、社会或政治理论，而是历史理论"，而由于"研究哲学的年轻人并不重视历史唯物主义，致使无法理解马克思主义整个学说的真正意义"[①]。为了更加充分地证明历史唯物主义在马克思学说中的核心地位，梅茹耶夫以马克思在《德意志意识形态》中总结自己的哲学思想的论述，即"我们仅仅知道一门唯一的科学，即历史科学"作为论据，得出马克思作为一个思想家，其在首要的意义上是一个对历史作出科学解释的特殊的历史学家，即在马克思看来，"历史，就其本质而言，不是经验观察或形而上学思辨的对象，而是理论科学的对象"[②]，而人们由于通常将马克思的学说列入历史哲学，或者社会哲学，或者哲学人类学，从而误解了马克思。

梅茹耶夫认为，马克思的无与伦比的贡献是在一个"历史的

---

① ［俄］B. M. 梅茹耶夫：《我理解的马克思》，人民出版社2013年版，第23页。

② ［俄］B. M. 梅茹耶夫：《我理解的马克思》，人民出版社2013年版，第47页。

世纪"（福柯语）完成了历史科学的变革，并使得历史走上了严格的科学轨道。为了阐明这一点，梅茹耶夫首先对历史唯物主义的研究对象进行了划定。在他看来，与一般意义上的历史学只是将研究过去作为自己的任务不同，马克思则基于对历史中的"现在"的研究来达到对历史之过去和未来以及历史整体的把握。而历史的"现在"就是人的活动的展开，就是人在特定的历史条件下进行自我创造和历史创造的活动，"马克思认为历史学家的任务是使人们认识到，他们是如何创造历史，是如何参与历史过程的"。[①] 而由于人的创造性活动的结果构成人的社会存在，因而历史研究的对象又可以说是人的社会存在。在一般意义上，人的活动是物质性和精神性的统一，因而"人的社会存在既是物质的，也是精神的，既是能动的，也是意识的"[②]，但这并不排除在具体的历史阶段，社会意识与社会存在发生分离而转变为"相对独立的形式"。

在廓清了马克思历史唯物主义研究对象的基础上，梅茹耶夫进一步阐释了马克思的历史唯物主义阐释社会存在的理论独特性以及由此实现的对历史的科学解释。首先，马克思的历史唯物主义确定了从人的社会存在出发阐释人的意识以及探寻问题答案的理论路向，"对于马克思而言，不改变人的存在，就不能改变人的意识，在任何情况下存在是他们在社会中的存在，是社会存在"。[③] 但历史唯物主义阐释社会存在的独特性在于，它并不是在任何时候都将社会存在归结为经济基础，从而由此将从社会存在出发阐释人的意识转变为从经济基础出发说明一切，实际上，

---

① ［俄］В. М. 梅茹耶夫：《我理解的马克思》，人民出版社2013年版，第47—48页。

② ［俄］В. М. 梅茹耶夫：《我理解的马克思》，人民出版社2013年版，第48页。

③ ［俄］В. М. 梅茹耶夫：《我理解的马克思》，人民出版社2013年版，第48页。

通过对经济基础的解剖来达到对整个社会的解剖只是适用于"经济的社会形态","根据我们的观点,《序言》不是整个历史的研究纲领,而只是部分历史的研究纲领,马克思称之为'社会经济形态'。至于整个历史,马克思后来清楚地认识到,远不是所有东西都可以从经济基础中得出"。①其次,也是更为关键的,马克思采取了科学的辩证方法来分析和把握社会存在,从而实现了对社会存在之历史性本质的透视。问题的关键在于,马克思把握社会存在的出发点不是抽象的人性公式,而是从造成社会存在的人的存在方式即实践活动出发去分析社会存在。"对于马克思而言,实践就是活动的同义词,不仅是生产有用物品的活动,而且是生产人本身的活动"②,而人在活动中的自我改变通过活动中的人与人的关系,即通过社会存在表现出来,因此,以分析和把握资产阶级社会——这个社会的特点就是人与人的关系以物与物的关系表现出来——为时代任务的马克思,其所感兴趣的"不是资本生产过程本身","而是隐藏在其后的人的社会存在的具体的生产方式"③,正是由于确立了理解历史的实践或活动视野,马克思得以在不断变动的实践基础上立足于人的自我生产的易变性和具体性而通达人的社会存在的历史性本质。马克思理论思维的批判性和历史性特点由此得到充分展现,它不允许将任何一种社会现实绝对化和永恒化,"马克思思维的批判性,不仅要求遵循逻辑系统化的自身规律,而且要求在历史的具体性和时间性中理解客体"。④而这恰恰构成了马克思通达历史本质或者实现对历史的

---

① [俄]B. M. 梅茹耶夫:《我理解的马克思》,人民出版社2013年版,第49页。
② [俄]B. M. 梅茹耶夫:《我理解的马克思》,人民出版社2013年版,第51页。
③ [俄]B. M. 梅茹耶夫:《我理解的马克思》,人民出版社2013年版,第49—50页。
④ [俄]B. M. 梅茹耶夫:《我理解的马克思》,人民出版社2013年版,第23页。

科学阐释的关键所在。

在阐明了历史唯物主义的研究对象及其方法论特质的基础上，梅茹耶夫进而对马克思的社会形态理论作出了独特的阐释。针对古列维奇将马克思的社会形态理论诠释为"形态目的论"，即将"千禧年末世论"伪装成科学理论，并希望把丰富的历史现实按到五种形态的历史分期的普罗克拉斯提斯的床上（源自希腊神话，指把自己的标准原则或想法强加于人。——引按），梅茹耶夫从两个方面展开了针锋相对的批判。其一，马克思从来没有把形态理论作为哲学理论。对于马克思而言，"对于任何不局限于简单搜集和描述事实而进行理论思考的历史学家来讲，形态理论仅仅对概括某些经验材料是必要的"①。正如韦伯的"理想的学说类型"或一些历史学家使用的"中世纪文化""欧洲文明"等概念是对人类历史类型的概括一样，马克思的"社会经济形态"也属于这样的概括，它并没有要求涵盖历史之全部，而只是包括了部分的历史。其二，马克思从来没有提出所谓的"五种社会经济形态"。在他看来，"不是五种，而是两种社会形态，其中第二种是经济形态"，"古希腊、罗马和封建主义是社会经济形态形成的最初形式……经济（市场）关系在其中还不具有独立的作用，与前经济（直接个人的）关系紧密交织在一起。物物联系对个人联系、经济关系对所有落后关系的最终胜利，发生在社会经济形态最后阶段——资本主义"②。其三，马克思不是社会经济形态的辩护士，而是最激进的批判者。在马克思看来，只要经济的社会形态存在，人们就不是生活在"真正的历史"中，而是生活在"史前史"。经济在社会中占主导作用不是美德，不是任何社会的永恒

---

① ［俄］B. M.梅茹耶夫：《我理解的马克思》，人民出版社 2013 年版，第 55—56 页。

② ［俄］B. M.梅茹耶夫：《我理解的马克思》，人民出版社 2013 年版，第 57 页。

属性，而是历史不成熟的特征。正因为如此，马克思对超越资本主义社会的设想不是要求过渡到另一种经济的社会形态，而是根据另一些标准和规则构建全新的社会状况，即共产主义，其中，人从必然和强制的劳动中解放出来，并达到真正的自由。而由于人的自由实现的程度与文化发展的程度有密切的联系，梅茹耶夫进而提出了其关于历史唯物主义的最核心的观点，即历史唯物主义是以文化为中心阐释历史的。

二、以文化为中心阐释历史的历史唯物主义

梅茹耶夫认为，马克思学说的核心是对历史的理解，而这种理解又是以文化为中心的，也就是说，把文化看作历史过程的基础。在他看来，马克思视野中的文化实质上是人生产自己的社会力量和关系的历史，或者说是人的本质力量的历史展现。正因为如此，梅茹耶夫将马克思以生产力的接续为主要内容所概括的历史的连续性解读为文化的传承，即"文化包括人从上一代继承下来的以及留给下一代的东西。它就像是连接人的过去和未来的桥梁，直接体现了人们的历史联系，人们在历史中的生活"。①但是，由于生产力是否真正展现了人的社会力量，又要以社会关系的特征为前提，即"衡量生产力发展尺度的就是文化，不过，只有当生产力与社会关系达到一定的统一后，也就是社会关系把生产力变成了人本身的力，文化才具有这种作用"②，梅茹耶夫进而提出了"外部历史"或文明史和"人本身的历史"或文化史两种历史存在。前者主要是商品和货币的历史、国家或政治史、意识形态历史，这种历史的特质就是没有展现人的力量的发挥，而只是代表了"外部的、与人异化的生产形式"，并归根结底源于以相

---

① ［俄］B. M.梅茹耶夫:《我理解的马克思》，人民出版社 2013 年版，第 59—60 页。

② ［俄］B. M.梅茹耶夫:《我理解的马克思》，人民出版社 2013年版，第60页。

互冲突为主要特质的人与人之间的关系；后者则从根本上体现了人的本质和力量，体现了人与人之间人道化的社会联系和关系。显然，梅茹耶夫坚持以文化为中心解读历史唯物主义，源于其对历史唯物主义研究对象和研究方式的独特理解。

为了充分阐明文化之于历史唯物主义理论的中心作用，梅茹耶夫首先对马克思的文化概念作出了新的理解。在他看来，马克思的文化观既不同于古典的文化概念只是将文化理解为人的精神活动领域，也非后来的以符号学和解释学为代表的文化观只是将文化视为象征或符号体系，而是发展了可以被称为文化的劳动理论，即"马克思把人的劳动形式与其他劳动形式区分开来，在人的劳动形式中发现了对文化实质的解释"[①]，而马克思对商品和"劳动二重性"的分析，则为我们提供了区分人的劳动形式和其他劳动形式以及文化存在与非文化存在的最充分的论证。具体来说，马克思对商品的分析提供了关于复杂性的"非自然客体"分析的理论典范，而文化就是非自然的客体。从表面来看，"商品首先是一个外界的对象，一个靠自己的属性来满足人的某种需要的物"[②]，但商品之为商品，首要的不在于作为其自然属性的使用价值，而在于作为其社会属性的交换价值。马克思认识到物具有成为商品的能力，不是因为它的自然的或纯粹精神（在我们头脑中）的属性，而是它的完全客观的属性，也就是在社会劳动分工中获得的社会属性。马克思对商品社会本质的揭示，实质上就包含着对文化的解释。不同的是，商品之为商品的社会属性即交换价值源于资本主义生产关系下的抽象劳动形式，而作为文化价值的物则来自人的社会劳动形式。"作为文化价值的物也反映人

[①]　［俄］B. M. 梅茹耶夫：《我理解的马克思》，人民出版社 2013 年版，第 60—61 页。

[②]　《马克思恩格斯文集》（第 5 卷），人民出版社 2009 年版，第 47 页。

的劳动的社会属性，但不是以抽象劳动形式表现的，因为这种抽象形式是劳动在社会劳动分工和商品生产中获得的，是以全面普遍的形式表现的，因为这种普遍形式与作为社会存在物和历史主体的人的存在相符合。"①

也就是说，"资本形式的劳动就是抽象劳动，文化形式的劳动就是一般劳动或者社会劳动"。梅茹耶夫特别以马克思在《哥达纲领批判》中的一段话来证明，只有社会劳动才能创造文化和财富，在那里，对于"劳动只有作为社会的劳动"，或者换个说法，"'只有在社会中和通过社会'，'才能成为财富和文化的源泉'"的论断，马克思评价道，"这个论点无可争辩地是正确的，因为孤立的劳动（假定它的物质条件是具备的）即使能创造使用价值，也既不能创造财富，又不能创造文化"。② 但是，梅茹耶夫却对这段话作了"非法的"引申，即赋予了"社会劳动"以抽象的价值论的内涵③，认为"社会劳动，与工人在外部必然性的压力下进行的直接劳动不同，是以人与劳动条件的统一为基础（劳动和所有制的统一）的，是自由劳动，因此完全听从人的内心需求"。④ 正是在这种自由的社会劳动的基础上，人得以创造出彰显人的本质、个性的内涵、社会价值的文化。梅茹耶夫进而认为，社会劳动也就是一般劳动，而作为一般劳动，它的对立面不

---

① ［俄］В. М. 梅茹耶夫：《我理解的马克思》，人民出版社 2013 年版，第 64 页。

② 《马克思恩格斯文集》（第 3 卷），人民出版社 2009 年版，第 430 页。

③ 在《哥达纲领批判》中，马克思认为另一个观点同样是无可争辩的，即"随着劳动的社会性的发展，以及由此而来的劳动之成为财富和文化的源泉，劳动者方面的贫穷和愚昧、非劳动者方面的财富和文化也发展起来"。（《马克思恩格斯文集》第 3 卷，人民出版社 2009 年版，第 430 页）。因此，强调劳动的社会性固然重要，但不能因此"泛泛地谈论'劳动'和'社会'"，更不能因此赋予"社会"以抽象的价值论色彩，以至于认为社会劳动就是彰显人的自由个性的劳动。

④ ［俄］В. М. 梅茹耶夫：《我理解的马克思》，人民出版社 2013 年版，第 65 页。

是物质劳动，而是抽象劳动，一般劳动本身就是物质性活动和精神性活动的高度统一。因此，一般劳动的主体不是从事抽象劳动的抽象的人，而是具体的人，即"每一个人都具有自己的独特的、独一无二的个性"①，而具体的人就是直接处于社会联系当中的社会的人，因而具体的人通过社会劳动或一般劳动所创造的文化便体现了人的社会存在，即"文化——不仅是人创造的东西，而且反映人与人之间的社会联系和关系。社会关系在总体上是社会存在，体现为人本身存在的形式"②，并且这种存在形式真正实现了人与自然、人与社会、人与自我的内在统一。正是在这种统一中，人在活动过程中不是以某一种而是以任何一种标准，即全面地进行创造活动，能够拥有自由的个性，这种活动过程构成了人的本质展现的历史，因而也是属人的真正的历史。如此，梅茹耶夫便论证了马克思的历史理论何以是建立在文化的基础之上的。

但是，梅茹耶夫认为，对于马克思而言，迄今为止的历史却体现出真正的人的本质的历史与人的社会存在相分离的特点，"在马克思所说的'史前史'阶段，文化是与自然和社会不同的某种东西，人在文化中存在——这是一种与自然存在和社会存在相分离的状态。这种分离说明，历史还不是其本质所呈现的东西，即作为社会发展的能动的主体的人本身的历史，更是物和思想的历史"。③ 而这种分离从根本上生成了马克思历史唯物主义的批判性，即在对抽象劳动展开批判的基础上引领社会劳动或一般劳动的出场，与之相伴随的则是，人将从外在于人的历史真正回归到真正的人的本质的历史。而实现这一历史转换的根本在于脑力劳动者成为主要的生产力，从而以科学为主要代表的文化空间

① ［俄］B. M. 梅茹耶夫：《我理解的马克思》，人民出版社2013年版，第66页。
② ［俄］B. M. 梅茹耶夫：《我理解的马克思》，人民出版社2013年版，第67页。
③ ［俄］B. M. 梅茹耶夫：《我理解的马克思》，人民出版社2013年版，第67页。

成为人的生存和发展的主导空间。

三、作为资本主义文化批判理论的历史唯物主义

梅茹耶夫认为,作为马克思历史科学革命的核心理论成就,历史唯物主义既不同于只是对现实中可以观察到的东西加以描述和系统化的实证主义科学,也不同于站在现实历史之外设计未来的理想社会、只是在纯思想领域发现未来社会源泉的乌托邦主义,而是实现了科学性和批判性内在统一的科学的批判理论。正如他所说:"在对资本主义进行批判时,马克思试图避免乌托邦主义和实证主义两个极端,尽力以统一的理论思维空间将批判性和科学性结合起来。马克思无可质疑的功绩在于,他创立了科学的批判理论。"[①]在此前提下,梅茹耶夫以对马克思历史唯物主义之为文化历史观的理解为前提,同时基于对资本主义危机和社会主义社会本质的新理解为基础,坚持认为马克思对资本主义的批判在根本上属于文化批判。

具体来说,梅茹耶夫将马克思的历史唯物主义阐释为文化批判理论,首先源于其对资本主义社会新变化的诊断。在他看来,20世纪之后,资本主义社会发生实质性转型,出现了工业社会向后工业社会的过渡,与之相伴随,工人阶级也出现了新的趋势,不仅数量减少了,而且发生了质的变化。这个质的变化尤其体现为,工人阶级的阶级特征日益为职业特征所取代,并且从事脑力劳动的工人日益成为主要的生产力。而体力劳动和脑力劳动两者之间存在着本质上的区别,"对于体力劳动者而言,其收入来源则是他对自己劳动力的所有权,这是上天赋予他的;而对于脑力劳动者而言,其收入来源则是他的知识产权,但这已经不是上天赋予的了,而是一种社会才能。恰恰是这一知识产权包含了社

---

① [俄]B. M.梅茹耶夫:《我理解的马克思》,人民出版社2013年版,第34页。

会所有制的萌芽,这一点今后将变得更加明显"。[1]而体力劳动者和脑力劳动者在社会地位上的本质性差别以及后者日益成为社会的主要生产力,不仅导致了资本和劳动之关系的变化,即两者之间不再是你死我活的斗争,"而更多的是为争取更有利的劳动条件而进行的经济谈判"[2],而且导致了那种以革命的方式实现社会主义思想只能是乌托邦的幻想。但是,梅茹耶夫坚持认为不能以此认为社会主义思想将变得毫无意义,其"主要的思想仍然被保留了下来,这就是寻找一种新的社会形式。在该社会中,人摆脱了置于其上的经济政治制度的统治,最终获得了自身能力和才华充分发展的可能和条件"。[3]

那么,如何才能实现这种"新的社会形式"呢?梅茹耶夫认为,必须从根本上改变在资本主义社会表现得尤为明显的文明与文化相互排斥、相互冲突的状态,以使得新的社会形式即社会主义社会成为按照文化规律运行的社会,即"在'经济—政治—文化'这三者当中,社会主义将文化提到了首要地位,其他一切社会关系、机构和设施都依附于它。社会主义的社会设想并不是经济和政治法律意义上的设想,可以称其为一种文化设想或者人自身的设想","唯其如此,才能将社会主义理论与其他理论区别开来"。[4]由此,梅茹耶夫进而认为,资本主义的危机首要的不是经济上的危机,而是文化上的危机,"在很多方面,社会主义的命运恰恰是由文化危机而不是由'生产过剩的危机'、'无产阶级的贫困化'或者其他的经济和金融灾难所决定的"。[5]而资本主义社

---

① [俄]B.M.梅茹耶夫:《我理解的马克思》,人民出版社2013年版,第80页。
② [俄]B.M.梅茹耶夫:《我理解的马克思》,人民出版社2013年版,第80页。
③ [俄]B.M.梅茹耶夫:《我理解的马克思》,人民出版社2013年版,第81页。
④ [俄]B.M.梅茹耶夫:《我理解的马克思》,人民出版社2013年版,第85页。
⑤ [俄]B.M.梅茹耶夫:《我理解的马克思》,人民出版社2013年版,第103页。

会文化危机的根源就在于，以国家、经济和市场为主要内容的文明在自身发展的过程中，毫不动摇地贯彻社会分工的原则，使人们成为一个个个体，然后用与他们的个性完全相违背的枷锁将他们束缚在一起，并由此成就了与人相异在的文明的发展。对此，梅茹耶夫以对部分与整体之关系的别样解读作了说明，即"部分之所以是部分，就是因为它们可以处于整体当中，可以免受不取决于它们的、处在它们之外的力量的侵犯，这些力量或者是凌驾于它们之上的国家，或者是商品生产和交换机制、货币和资本的统治"。①

那么，通过何种途径实现从文明主导的社会转向文化主导的新的社会形式呢？对此，梅茹耶夫明确拒绝通过革命的手段，认为"正如自由主义并不意味着消灭国家，而是使其转向法律和宪法的空间一样，社会主义也与自身的极端做法——革命相反，并不号召用暴力来消灭市场经济和货币，而是要不断限制它们对人的统治。只有当'经济必然性'的空间缩短了、'自由王国'的空间由此得以扩展的时候，社会主义的实现才会获得最大可能"。②而自由王国的空间本质上就是"文化空间"，它的扩展的根本途径在于从资本主义的私有制转向"社会所有制"。梅茹耶夫认为，在马克思那里，社会所有制绝非生产资料所有制，而是包括科学在内的各种公共性的知识的共同所有权。他反问道："哪个正常人会需要别人劳动工具和资料的所有权呢？"又说："社会所有制就是对每个人的劳动都不可或缺的东西的所有权。在现代生产中，众所周知，科学就是这样一种'一般劳动条件'。不可能将科学私有化，不可能将其分割为归属于不同人的一个个部分。……科学按

---

① ［俄］B. M.梅茹耶夫：《我理解的马克思》，人民出版社2013年版，第87页。
② ［俄］B. M.梅茹耶夫：《我理解的马克思》，人民出版社2013年版，第85页。

其本性属于每一个人,是一种共同成果,因此是实际社会化的主
要对象。"① 由此,梅茹耶夫认为,当代资本主义社会中日益转变为
主要生产力的脑力劳动者或知识生产者力量的不断壮大,构成了
在不断压缩经济和国家等文明空间的基础上拓展文化空间的主体
力量,特别是"当科学具有了主要生产力的意义,人与科学的结合
成为生产过程的主要因素时,社会所有制的建立才有可能"。② 也
就是说,对于梅茹耶夫而言,超越资本主义社会并不是彻底变革
资本主义社会,而是使物质生产发展到科学生产的水平。

四、历史唯物主义文化批判理论评析

梅茹耶夫坚持认为历史唯物主义是马克思学说的核心,认为
只有准确理解马克思的历史唯物主义,才能对马克思学说的整
个意义作出合理的理解,这无疑抓住了马克思伟大思想变革的
重心。正如恩格斯所指出的,正是马克思的历史观变革——它的
内容以"经典表述"的形式载于马克思 1859 年《〈政治经济学批
判〉序言》当中——"不仅对于经济学,而且对于一切历史科学
(凡不是自然科学的科学都是历史科学)都是一个具有革命意义
的发现"。③ 而马克思毕其一生精力所创立的科学经济学在"本
质上是建立在唯物主义历史观的基础上的"。④ 另一方面,梅茹
耶夫强调历史唯物主义对社会存在的分析不是从抽象的人性公
设出发,而是从人的具体的历史性的实践活动出发,这无疑抓住
了马克思所确立的理解和把握历史的根本视野,正如马克思所指
出的,"这种历史观和唯心主义历史观不同,它不是在每个时代
中寻找某种范畴,而是始终站在现实历史的基础上,不是从观念

---

① 〔俄〕B. M. 梅茹耶夫:《我理解的马克思》,人民出版社 2013 年版,第 99 页。
② 〔俄〕B. M. 梅茹耶夫:《我理解的马克思》,人民出版社 2013 年版,第 99 页。
③ 《马克思恩格斯文集》(第 2 卷),人民出版社 2009 年版,第 597 页。
④ 《马克思恩格斯文集》(第 2 卷),人民出版社 2009 年版,第 597 页。

出发来解释实践，而是从物质实践出发来解释各种观念形态"。[①]
而基于实践的历史性以及由实践所生成的社会存在的历史性特
质，梅茹耶夫读出了马克思理论思维的历史性和辩证性特质，即
其始终要求将理论的逻辑建立在对现实的批判的基础之上，从而
与实证主义的科学有了根本性区别。

　　但是，在基于文化的视角重构历史唯物主义理论及其批判逻
辑时，梅茹耶夫却将完整的社会存在割裂为经济层面、政治层面
与文化层面相互对峙的分裂性存在，并将文化的存在提升到基础
性位置，统一的人类历史也被割裂为人的本质性存在之丧失的文
明史与人的本质性存在之彰显的文化史相互对峙的双重历史，在
这种连续的割裂中，梅茹耶夫无疑远离了马克思。对于前者而
言，马克思在其所作出的关于历史唯物主义的"经典表述"中强
调了社会存在乃是由经济基础所统摄的整体性存在，即"物质生
活的生产方式制约着整个社会生活、政治生活和精神生活的过
程"。[②] 固然，梅茹耶夫割裂经济、政治与文化的内在关系，并将
文化从被制约的对象翻转为首要的地位，一个很重要的理由就是
经济视角的有限性。但问题在于，一方面，马克思从来就没有认
为依据经济可以说明一切，另一方面，马克思坚持认为，也只有
从人们的物质生活的生产方式出发才能有助于对历史作出合理
阐释。对此，海尔布隆纳正确地指出，在马克思那里，"生产方
式描绘了确保社会再生产的方式，因此，它有助于我们理解社会
内形成目前发展方向的原因，而不是强调刚性的或决定性的'经
济'原因和'社会'后果之间的联系"。[③] 就后者而言，马克思认

---

① 《马克思恩格斯文集》(第1卷)，人民出版社2009年版，第544页。

② 《马克思恩格斯文集》(第2卷)，人民出版社2009年版，第591页。

③ [美]罗伯特·L.海尔布隆纳:《马克思主义:支持与反对》，东方出版社2014
年版，第44页。

为，人类历史就是由物质生活的生产和再生产所推动的历史，也是人的本性不断改变的历史，特定的生产方式基础上生成特定的社会关系，并塑造出人的历史性的本质。也就是说，人的自由个性存在绝不是与非本质性存在相对峙的抽象存在，而是在历史演进的过程中通过变革束缚人、奴役人的生产关系而历史性的生成的具体存在。就此而言，马克思基于历史唯物主义的立场对资本主义展开批判的核心乃是资本生产关系批判，正如他所说："事实上，如果抛掉狭隘的资产阶级形式，那么，财富不就是在普遍交换中产生的个人的需要、才能、享用、生产力等等的普遍性吗？财富不就是人对自然力——既是通常所谓的'自然'力，又是人本身的自然力——的统治的充分发展吗？财富不就是人的创造天赋的绝对发挥吗？"①

但是，梅茹耶夫舍弃了马克思的资本生产关系批判这一根本维度。实际上，无论是其将文明（史）与文化（史）对峙起来，还是将人的本质性存在与非本质性存在对峙起来，其最终的目的都是为了重新引出一条文化批判的线索，并以此重建历史唯物主义批判理论。而其展开重建的现实依据则是伴随着 20 世纪末期资本主义社会从福特制转向后福特制，脑力劳动者或者说信息、知识生产——实际上就是"非物质生产"——在物质财富中的作用日益凸显，而梅茹耶夫认为脑力劳动与体力劳动的根本不同在于，前者充分体现了人的自由创造性的本质性存在，后者则体现了人的异化的非本质存在，与之相应的是，体力劳动和脑力劳动的此消彼长，同时也意味着人的劳动时间日益压缩，人的自由时间日益拓展，它允许人成为人本身，也就是天赋予的、具有特定才华和能力的人，或者他自己。② 而这构成了社会发展的最终意

①　《马克思恩格斯全集》（第 30 卷），人民出版社 1995 年版，第 479—480 页。
②　［俄］B. M. 梅茹耶夫：《我理解的马克思》，人民出版社 2013 年版，第 116 页。

义。但是，由于舍弃了资本主义生产关系这一前提，梅茹耶夫不仅从根本上误解了脑力劳动或"非物质生产"的历史地位，也误解了马克思关于基于劳动时间与自由时间的划分对未来社会的构想。就前者而言，梅茹耶夫所极力推崇的脑力劳动只是从一般性主体劳动角度而言的，既然如此，脑力劳动之于工人的意义就根本无法获得有效的分析和定位。实际上，正如马克思基于资本主义的生产关系的视野所指出的，从事脑力劳动的工人并没有因为从体力劳动转向脑力劳动而实现了自己的自由个性，相反，"生产过程的智力同体力劳动相分离，智力转化为资本支配劳动的权力，是在以机器为基础的大工业中完成的。变得空虚了的单个机器工人的局部技巧，在科学面前，在巨大的自然力面前，在社会的群众性劳动面前，作为微不足道的附属品而消失了；科学、巨大自然力、社会的群众性劳动都体现在机器体系中，并同机器体系一道构成'主人'的权力"。①

就后者而言，马克思的确在《资本论》中基于人的劳动时间与自由时间的二分，对未来社会人的自由发展作了设想，即"在这个必然王国（即指物质生产或劳动时间领域——引按）的彼岸，作为目的本身的人类能力的发挥，真正的自由王国（即指人将自身的发展本身作为直接目的的非物质生产或自由时间领域——引按），就开始了。但是，这个自由王国只有建立在必然王国的基础上，才能繁荣起来。工作日的缩短是根本条件"。②但是，在马克思看来，人在未来社会的此种发展格局的历史生成，绝非（如梅茹耶夫所说的）只是由体力劳动转向脑力劳动，而是在根本颠覆资本主义生产方式，进而彻底扬弃支撑资本价值

---

① ［德］马克思：《资本论》（第1卷），人民出版社2004年版，第487页。
② ［德］马克思：《资本论》（第3卷），人民出版社2004年版，第929页。

生产和再生产的抽象劳动的基础上才能实现的。正如马克思在
这段论述的前文不远处分析指出的，"在这个阶段上，社会上的
一部分人靠牺牲另一部分人来强制和垄断社会发展（包括这种发
展的物质方面和精神方面的利益）的现象将会消灭"①。反之，只
要仍然处在资本主义生产关系下，脑力劳动虽然一方面会不断缩
短劳动时间，但另一方面则会成为占有工人全部生活时间的工
具，"机器消灭了工作日的一切道德界限和自然界限。由此产生
了经济学上的悖论，即缩短劳动时间的最有力的手段，竟变为把
工人及其家属的全部生活时间转化为受资本支配的增殖资本价
值的劳动时间的最可靠的手段"。②归根结底，一般智力或脑力
劳动的发展只是体现了资本通过相对剩余价值的形式来剥削工
人和实现自我增殖的手段，而绝不是工人从中摆脱剥削的路径。

　　总而言之，在马克思看来，资本主义社会为人的自由而全面
发展奠定了基础，但资本主义社会所创造的一切文明成果——当
然包括梅茹耶夫所倚重的文化生产——要真正转变为人的本质
力量的体现，必须以资本生产关系退出历史的舞台为首要的前
提，因为正是这种生产关系，"这种特殊社会的、历史地产生的生
产关系"，"把工人变成资本增殖的直接手段。所以，成为生产工
人不是一种幸福，而是一种不幸"③，而且这种不幸绝不会因活动
和效果之间的关系、工人和劳动产品之间能动关系而改变，"校
董不把他的资本投入香肠工厂，而是投入教育工厂，这并不使事
情有任何改变"。④而推动资本主义生产方式走向解体的根本动
力则是资本主义生产关系与日益发展的社会生产力之间的矛盾，

① ［德］马克思：《资本论》（第3卷），人民出版社2004年版，第928页。
② ［德］马克思：《资本论》（第1卷），人民出版社2004年版，第469页。
③ ［德］马克思：《资本论》（第1卷），人民出版社2004年版，第582页。
④ ［德］马克思：《资本论》（第1卷），人民出版社2004年版，第582页。

"一种历史生产形式的矛盾的发展,是这种形式瓦解和新形式形成的惟一的历史道路"。① 但是,由于梅茹耶夫从根本上脱离了马克思所筹划的建立在生产力与生产关系矛盾运动基础上的生产关系批判这一核心,而只是将希望寄托于在资本主义生产关系下所日益发展起来的脑力劳动或知识生产,因而只是在资本主义社会框架内"造反",并在归根结底的意义上隶属于马克思早就批判过的"无批判的实证主义"。同时,由于脱离了资本主义生产关系这个"普照的光",其所重点依赖的脑力劳动也成为脱离生产关系的纯粹一般性劳动,而通过将其与人的自由个性相勾连,梅茹耶夫所引出的资本主义批判路径在本质上仍然隶属于抽象的人本主义批判路径。

第三节　戈巴佐夫:历史唯物主义的范式特征

戈巴佐夫是俄罗斯著名的社会哲学、哲学史和政治学专家。作为严肃的学者,他以开放的视野理解和把握历史唯物主义,并极力反对后现代主义者对历史唯物主义的批判和否定。在他看来,历史唯物主义仍然是当今时代分析认识社会生活的科学范式。戈巴佐夫认为,在马克思之前,包括孟德斯鸠、孔多塞、康德和黑格尔等在内的著名思想家已经对历史进行了深入的哲学思考,这些哲学家"已经产生了关于社会及其职能机制深刻的、有时是天才的思想,但是还没有关于社会是一个完整的构成物的严谨和系统化的学说"②,而马克思所创立的历史唯物主义既继承了这些著

---

① ［德］马克思:《资本论》(第1卷),人民出版社2004年版,第562页。
② 安启念主编:《当代学者视野中的马克思主义哲学·俄罗斯学者卷》,北京师范大学出版社2012年版,第293页。

名思想家历史哲学思想的积极面，同时又与之发生了一场"认识论的断裂"，而这种断裂则充分表现为为了分析作为完整有机体的社会，马克思没有满足于以前的哲学理论范畴，而是制定了一系列全新的范畴。在戈巴佐夫看来，任何一场真正的思想革命，首先体现为术语的革命。马克思先后在《德意志意识形态》《哲学的贫困》《〈政治经济学批判〉序言》中制定了一系列科学范畴，如"生产方式""生产力""统治阶级思想""物质力量""精神力量""社会制度""社会关系""社会生产""生产关系""生产资料""作为整体的社会""经济基础""上层建筑""社会存在""社会意识""社会经济形态""人类社会前史"，等等，这些范畴既忠实地反映了历史过程中的现实，又成为认识历史过程的工具。正是依托这些范畴，马克思创立了关于社会的新的唯物主义的学说，并依靠这一学说"开创了"新的研究领域，即科学分析作为完整构成物的社会。

对于历史唯物主义的主要理论特质，戈巴佐夫进行了深入探究，主要涉及：第一，这种历史观是以直接生活的物质生产的决定作用为出发点，强调必须研究生产的实际过程以及人们之间实际形成的关系。第二，这种历史观说明了各种形式的社会意识——宗教、哲学、道德、法律是怎样产生的，它们是如何被物质生产决定的。第三，这种历史观始终以现实历史为根据，不是根据思想解释实践，而是根据物质生活解释思想的东西。第四，这种历史观认为，社会发展的每一个阶段都遇到一定水平的生产力、一定的生产关系。新一代的人们既利用这些前代遗留下来的生产力以及资本，同时也创造新的价值和新的生产力。第五，"物质生活的生产方式制约着整个社会生活、政治生活和精神生活的过程"。[①]

---

　　① 安启念主编：《当代学者视野中的马克思主义哲学·俄罗斯学者卷》，北京师范大学出版社 2012 年版，第 296 页。

而就戈巴佐夫在历史唯物主义阐释上的重要贡献来看，他不仅有力地驳斥了对历史唯物主义的"经济决定论"阐释，而且通过区分"变化"和"恒定"、"决定"和"主因"，对社会生活领域经济因素与其他因素的作用的关系作出了独特的阐释。回顾历史唯物主义创立以来的思想史，早在19世纪末，当马克思主义在欧洲哲学理论领域占据主导地位时，许多研究者就已经开始批评马克思，认为"他把世界历史的全部多样性简化为经济因素，并且把由各种各样的现象、因素和事件构成的整个历史过程简化了"①。戈巴佐夫认为，恩格斯在19世纪90年代关于历史唯物主义的书信中已经对经济决定论给予了有力的批判，这种批判的关键在于，强调在经济运动归根结底起决定性作用前提下的各种因素的交互作用。但是，虽然如此，直到今天，将历史唯物主义歪曲为"经济决定论"的情况仍然存在。对此，戈巴佐夫首先从事实上作出了批判和分析。他指出，在当今条件下，经济因素决定着人类历史的整个进程，显然是一个显而易见的事实。同时，主要有两个原因使得人们对这个显而易见的事实进行否定。"第一，因为从唯物史观中得出了关于人类社会是呈上升趋势发展的结论，也就是关于资产阶级生产方式消失的必然性的结论。历史唯物主义的反对者，所关注的是保留资产阶级的社会关系，因此他们否定似乎是不可能否定的东西。第二，历史上有时候有这样的时刻，即某些非经济因素在社会发展中开始起到主要作用。譬如说，政治往往对某些社会过程有决定性的影响。"②

---

① 安启念主编：《当代学者视野中的马克思主义哲学·俄罗斯学者卷》，北京师范大学出版社2012年版，第296页。

② 安启念主编：《当代学者视野中的马克思主义哲学·俄罗斯学者卷》，北京师范大学出版社2012年版，第297页。

戈巴佐夫尤其对第二个方面进行了分析。的确，在历史的某些特定时刻或阶段，恰恰是政治、文化的因素起着主要的作用。比如，尤里·凯撒的征服使得高卢全境服从罗马。而按照19世纪德国著名历史学家蒙森的评价，凯撒的征服为古希腊罗马文化在广大群众中传播和巩固提供了时间，无此，"欧洲所有民族在科学和艺术方面上千年的努力不会获得在牢固和辉煌的基础上所结的美丽果实，这样的基础就是古希腊罗马文化"，戈巴佐夫进而指出，征服无非就是政治的表现，这就会给人这样的感觉，即似乎不是经济，而是凯撒的政治决定了高卢的发展，以至于决定了整个西欧后来的发展。为了合理解释这个问题，戈巴佐夫创造性提出，"必须要使用这样一些概念：'变化'和'恒定'、'决定'和'主因'"①。具体来说，我们可以把社会整体结构划分成四个大的领域，即经济领域、社会领域、政治领域和精神领域，这四个领域是相互联系和相互作用的，同时又拥有一定的自治，有自己发展的内在逻辑和规律。从整个人类历史的角度来说，这些领域在不同阶段发挥着相同的功能，从这个意义上来说，它们是恒定的，同时，这些领域在结构上又是经常变化和不断发展的。而就这四个领域对人的作用来说，最重要的无疑是经济领域，"为了让社会像社会物质那样发挥功能，最为必要的是直接生活的生产和再生产"②。就此而言，经济领域的确在整个人类历史发展进程中起着决定作用。但首先，"经济因素的决定作用绝不意味着，从产生的角度来讲经济领域先于一切其他领域"，"社会生活的所有领域都是统一的，它们中的任何一个领域都不会先

---

① 安启念主编：《当代学者视野中的马克思主义哲学·俄罗斯学者卷》，北京师范大学出版社2012年版，第298页。

② 安启念主编：《当代学者视野中的马克思主义哲学·俄罗斯学者卷》，北京师范大学出版社2012年版，第298页。

于另一个领域"。① 其次，也是更为重要的，"经济归根结底决定着整个历史进程，但是在历史过程发展的每个阶段，其他领域可以是主因，即可以起主导作用"②。在戈巴佐夫看来，"决定作用"和"主导作用"既是不同的，也是可以同时存在的。而那些在分析凯撒征服高卢时认为政治起决定作用的人，就在于混淆了这两者之间的差别，以致没有看到现象后面的本质。戈巴佐夫分析指出，凯撒之所以能够征服高卢，是因为他们的军队拥有最好的装备，而这又源于罗马在经济上优越于高卢。戈巴佐夫总结指出："社会就是建立在一个基座上的多层建筑物。各楼层是非经济因素。它们是变化的，在历史的某些断面上发挥主导作用。基座就是经济学，它是决定者。从内在方面说，它是变化的，但是对于历史来说它是恒定的。主因和决定都处在辩证统一中。"③

戈巴佐夫还基于上述观点对历史唯物主义的范式意义进行了阐明，强调它仍然是我们分析当今时代社会现实的科学范式。戈巴佐夫明确指出，"马克思创立的范畴能够可靠地反映现代客观现实和现代社会关系，这些关系已经发生了内在变化，但是就自己的功能而言是不变的"。④ 当今世界，物质财富的生产仍然是社会的主要任务，因而，马克思所制定的与经济因素有关系的一切范畴丝毫没有失掉其范式的功能。戈巴佐夫尤其以"社会经济形态"这个概念为例作了说明。在他看来，那些攻击这个范畴

---

① 安启念主编：《当代学者视野中的马克思主义哲学·俄罗斯学者卷》，北京师范大学出版社 2012 年版，第 298 页。

② 安启念主编：《当代学者视野中的马克思主义哲学·俄罗斯学者卷》，北京师范大学出版社 2012 年版，第 298 页。

③ 安启念主编：《当代学者视野中的马克思主义哲学·俄罗斯学者卷》，北京师范大学出版社 2012 年版，第 299 页。

④ 安启念主编：《当代学者视野中的马克思主义哲学·俄罗斯学者卷》，北京师范大学出版社 2012 年版，第 300 页。

的人,无非是片面地坚持了对历史进程进行分析的文明论立场。但是,"形态论立场和文明论立场相互并不抵触。相反,它们是相互补充的"。① 不仅如此,形态论立场因为坚持把社会放到动态中进行整体性的结构考察,同时又遵循历史逻辑,展示社会经济形态演进逻辑的统一性和多样性。当今世界,只有形态论立场才能揭示现时代的本质,对社会现实的复杂的和各种各样的过程进行分析。总之,戈巴佐夫总结指出,"马克思发现的唯物史观是一次科学革命,这次革命至今对社会科学还有决定性影响。唯物史观在社会认识中发挥范式的作用,因为它真实地反映社会的规律和运行机制,无论是结构主义还是后现代主义的观念都不能成为社会认识中的这种范式"。②

第四节 奥伊则尔曼:历史唯物主义再反思

作为苏联著名的马克思主义理论家,奥伊则尔曼(又译"奥伊泽尔曼")涉足的研究领域非常广泛,在哲学史、哲学史方法论、世界哲学史、马克思主义哲学史等领域颇有建树。在苏联解体以前,奥伊则尔曼对马克思主义形成和发展的脉络以及马克思主义哲学基本原理进行了深入的探究,在很多方面超越了苏联历史唯物主义正统理解。苏联解体以后,他又立足于变化了的社会现实对马克思主义、辩证唯物主义和历史唯物主义进行了深入的反思。本节主要考察奥伊则尔曼对历史唯物主义的反思与再认

---

① 安启念主编:《当代学者视野中的马克思主义哲学·俄罗斯学者卷》,北京师范大学出版社 2012 年版,第 300 页。

② 安启念主编:《当代学者视野中的马克思主义哲学·俄罗斯学者卷》,北京师范大学出版社 2012 年版,第 301 页。

识,主要涉及社会实在、生产力概念以及意识形态概念等方面的新思考。

一、社会实在与历史唯物主义

马克思在《1844 年经济学哲学手稿》中评价指出,"费尔巴哈的伟大功绩在于:(1)证明了哲学不过是变成思想的并且通过思维加以阐明的宗教,不过是人的本质的异化的另一种形式和存在方式;因此哲学同样应当受到谴责;(2)创立了真正的唯物主义和实在的科学,因为费尔巴哈使社会关系即'人与人之间的'关系也同样成为理论的基本原则"[①]。对于这段论述,奥伊则尔曼认为,马克思以"真正的唯物主义"直接表达了对唯心主义哲学的否定,但奥伊则尔曼坚持认为马克思所否定的并不仅仅是唯心主义哲学,而且还否定了此前的一切旧唯物主义哲学。对于马克思而言,包括费尔巴哈唯物主义在内的一切旧唯物主义都属于自然界的唯物主义,而"真正的唯物主义"则"不是关于自然界的唯物主义学说,(包括费尔巴哈的唯物主义在内的)以往的一切唯物主义都是这样的学说。当把费尔巴哈称作真正唯物主义的奠基人时,马克思(当然他没有意识到这一点)是把一种崭新的唯物主义学说记到了自己这位杰出先驱的名下,而这种唯物主义学说只是以萌芽的形式包含在费尔巴哈的哲学中,包含在他的人类学唯物主义中。马克思说的是关于社会的唯物主义学说,被理解为共产主义世界观理论基础的历史唯物主义"。[②]

那么,马克思的历史唯物主义与自然界的唯物主义的首要区别在哪里?为了回答这个问题,奥伊则尔曼首先反思了曾经在苏联普遍流行的"推广运用说",即将历史唯物主义阐释为"唯物主

---

① 《马克思恩格斯文集》(第 1 卷),人民出版社 2009 年版,第 200 页。

② 安启念主编:《当代学者视野中的马克思主义哲学·俄罗斯学者卷》,北京师范大学出版社 2012 年版,第 348—349 页。

义哲学向社会生活观的推广"①。在奥伊则尔曼看来，无论是从历史还是逻辑上来看，唯物主义哲学都构成了历史唯物主义的必要前提，"因为唯物主义对社会生活的理解与唯心主义对自然界和认识的诠释是不相容的"②，但与自然界的唯物主义哲学的本体论基础即关于自然界、物质的第一性实在不同，历史唯物主义运用到特定社会现象上的客观实在是社会存在。两者的根本区别在于，自然界的唯物主义的客观实在可以离开人而存在，而历史唯物主义的客观实在亦即社会存在本身就是人的交互活动的产物。既然如此，社会实在与自然实在的客观实在性必定是有差异的，自然实在的客观实在性是指其相对于人类生活的第一性，而社会实在由于是人的交互活动的产物，因而其本身具有主体性的特质，但由于"社会存在的决定性基础和实质性内容是物质生产或物质财富的生产，新一代继承这一生产并发展它以便传给下一代"③，也就是说，社会实在总是以过去的"遗产"的形式传给下一代，因而便具有了客观实在性。奥伊则尔曼由此总结指出，"社会客观实在的特殊性在于，它不仅是客观的，它也是主观和客观的统一，换句话说，是主—客体实在。这对矛盾的统一体决定了它们之间的相互转化。社会的客观性的产生是因为受制于社会生产的人的活动的客观化，而社会生产自身乃是人类活动的过程，又受制于之前的社会生产发展状况"。④ 正是通过对社会

①　安启念主编:《当代学者视野中的马克思主义哲学·俄罗斯学者卷》,北京师范大学出版社 2012 年版,第 387 页。

②　安启念主编:《当代学者视野中的马克思主义哲学·俄罗斯学者卷》,北京师范大学出版社 2012 年版,第 387 页。

③　安启念主编:《当代学者视野中的马克思主义哲学·俄罗斯学者卷》,北京师范大学出版社 2012 年版,第 388 页。

④　安启念主编:《当代学者视野中的马克思主义哲学·俄罗斯学者卷》,北京师范大学出版社 2012 年版,第 388 页。

实在之特质的刻画，奥伊则尔曼揭示了历史唯物主义与以往一切旧唯物主义的区别，强调了历史唯物主义研究把握的对象实际上是人的活动的展开过程，认为"历史唯物主义在社会思想史上第一次把人类历史与社会生产的发展直接联系起来"①。

奥伊则尔曼进而认为，正是由于确定了以人们的物质生产为基础的历史性的社会存在的基础性地位，马克思的历史唯物主义才得以实现对决定社会现象的进程即历史必然性的全新理解，这种理解一方面与历史宿命论相抗衡，另一方面也与唯意志论相抗衡。就前者而言，历史宿命论抹杀社会现象之必然联系与自然界的必然性之间的本质差别，排斥人的意志自由、选择自由，"人这一生物事实上就没有被看作是能够发起各种进程的主体，而是被当作完全受制于自然界和他的生存条件的客体"。②与此根本不同，马克思的历史唯物主义则证明了社会现象的必然联系乃是由代代相传的人们自己创造的，也就是说，人自己创造了制约他们生活的客观条件，但他们并非是按照自己的意愿来创造这些条件的，因为他们不能不根据之前的社会发展所创造的条件行事。③由此，马克思的历史唯物主义就既超越了宿命论，也超越了唯意志论。这里尤其值得突出强调的是，奥伊则尔曼敏锐地认识到，在旧唯物主义的理论框架中，是无法证成"人们自己创造了自己的历史"这个重要论点的，因为旧唯物主义总是在人与自然的抽象独立中来理解自然，而马克思基于物质生产中心地位的确立，

---

① 安启念主编：《当代学者视野中的马克思主义哲学·俄罗斯学者卷》，北京师范大学出版社 2012 年版，第 388—389 页。

② 安启念主编：《当代学者视野中的马克思主义哲学·俄罗斯学者卷》，北京师范大学出版社 2012 年版，第 389 页。

③ 安启念主编：《当代学者视野中的马克思主义哲学·俄罗斯学者卷》，北京师范大学出版社 2012 年版，第 389 页。

建构起了既包括人与自然的关系，也包括人与人的关系的分析框架。在他看来，"社会生产乃是双向历史进程：一方面，人们改变了外部环境；另一方面，人的自然改变了，人得到发展"。[①] 也就是说，物质生产不仅是物质财富的生产，而且是社会关系的生产，是人本身的生产。

二、对生产力概念的反思

生产力是历史唯物主义的基本范畴之一，在历史唯物主义的理论框架中起着至关重要的作用。可以说，能否科学地理解生产力概念，直接关联于对历史唯物主义理论本质的理解和把握。也因此，奥伊则尔曼在对历史唯物主义展开再反思的过程中，对其给予了重点分析。

在奥伊则尔曼看来，马克思虽然不是在学术上第一个使用生产力概念的人，但他突破了英国古典经济学家对生产力概念的纯粹经济学分析。这种突破的关键在于，马克思"从生产力中一方面领会到了人的各种能力的发展，另一方面也发现了生产力发展的特殊形式，他称之为社会生产关系或生产关系，从而把它们与劳动者之间在技术、工艺和职业等劳动分工之后形成的那些关系区别开来"。[②] 就后者而言，马克思基于生产力与生产关系的矛盾运动规律的揭示，力求论证人类政治史上的经济必然性，并由此指明了社会发展的深刻动力，而这意味着历史科学的大转折。而基于对马克思关于"生产力和生产关系——这二者是社会的个人发展的不同方面"论断的解读，奥伊则尔曼进而认为马克思关于生产力与生产关系的学说不仅为完整理解历史发展过程

[①] 安启念主编：《当代学者视野中的马克思主义哲学·俄罗斯学者卷》，北京师范大学出版社 2012 年版，第 390 页。

[②] 安启念主编：《当代学者视野中的马克思主义哲学·俄罗斯学者卷》，北京师范大学出版社 2012 年版，第 390 页。

中的具体社会铺平了道路，而且为理解作为社会一员的人铺平了道路。

奥伊则尔曼认为，生产力概念并非纯粹经济学语境中的劳动力与劳动工具的结合——这种理解的缺陷在于无法说明谁是主要的。对于马克思而言，"人是主要生产力，他即人的发展水平是社会主要财富"。[①] 基于对马克思生产力概念的主体化解读，奥伊则尔曼随即展开了对普遍流行的技术和工艺决定论的批判。在他看来，技术虽然对社会的发展具有重要的作用，但其本身不是自足的，"它受到社会经济的制约，只能在历史决定的社会关系的背景下才能正确理解，而这些社会关系在某些情况下可以促进技术进步，而在另一些情况下则阻碍之"。[②] 这就是说，技术从来不是独立地发挥作用的，从而人类历史的发展进程也决不能被抽象地、单一地归结为技术的进步。但由于对马克思文本的片面化解读，奥伊则尔曼认为马克思恩格斯在一些文本中表现出技术决定论的思想，并因此偏离了历史唯物主义，他指出："在马克思和恩格斯把技术和工艺进步作为生产力决定性的实体内容的地方，就是他们事实上偏离唯物主义历史观出发点的地方"[③]，而在另一些文本中，马克思和恩格斯则采取了对技术决定论拒斥的态度，"为公正起见，应该承认并不是马克思主义关于生产力的整个理论都有这类偏离。还在《德意志意识形态》，即其早期著作中，马克思和恩格斯就已经指出，生产力的发展在很大程度上是由劳动过程的组

---

① 安启念主编：《当代学者视野中的马克思主义哲学·俄罗斯学者卷》，北京师范大学出版社 2012 年版，第 391 页。

② 安启念主编：《当代学者视野中的马克思主义哲学·俄罗斯学者卷》，北京师范大学出版社 2012 年版，第 393 页。

③ 安启念主编：《当代学者视野中的马克思主义哲学·俄罗斯学者卷》，北京师范大学出版社 2012 年版，第 393 页。

织结构决定的"。①在这种分裂式的解读中，马克思被肢解为两个在奥伊则尔曼看来相互冲突的形象，其中，一种形象强调生产力对生产关系以及整个社会关系的决定性作用，另一种形象则强调生产关系以及社会关系对于生产力发展的制约作用。

科学和精神生产与生产力的关系也是马克思关注的重要论题，对此，奥伊则尔曼展开了新的思考，其中不乏合理的地方，但也夹杂着很多错误的理解。在他看来，马克思在19世纪50年代中期以后对知识、智力在推动生产力发展过程中的重要作用作了阐述，从而以"新的方式揭示了生产力的概念"②。科学和精神生产的作用尤其在当代社会生产力发展中得到了凸显，其"最重要的直接反映科学作为一种生产力的作用的事实乃是产生了全新的生产部门，其基础就是有关自然界的卓越的科学发现及其在生产中的作用"。③奥伊则尔曼基于新的科学发现拓展了新兴的生产部门而强调科学在物质生产发展中的重要作用，对科学与生产的关系作了新的解读，在他看来，"在一定条件下不是生产决定科学的发展，而正是科学的发展引发各种生产部门的产生并决定它们后来的发展"，并由此得出结论，即"历史唯物主义的起始论点应当受到特定条件的限制"④，这一结论相比于"经济决定论"而言体现了对生产与科学之关系的辩证理解，但由于其中的"过度发挥"，而在一定范围内颠覆了物质生产在历史发展进程中

---

① 安启念主编：《当代学者视野中的马克思主义哲学·俄罗斯学者卷》，北京师范大学出版社2012年版，第393—394页。

② 安启念主编：《当代学者视野中的马克思主义哲学·俄罗斯学者卷》，北京师范大学出版社2012年版，第394页。

③ 安启念主编：《当代学者视野中的马克思主义哲学·俄罗斯学者卷》，北京师范大学出版社2012年版，第395页。

④ 安启念主编：《当代学者视野中的马克思主义哲学·俄罗斯学者卷》，北京师范大学出版社2012年版，第395页。

始终起着归根结底的决定性作用的根本观点。实际上，诚如科学在拓展生产部门中的作用并不意味着要否定物质生产对科学或精神生产的决定性作用，问题的关键在于，科学的每一步发展都是源于物质生产的需要并在一定的物质生产发展水平上才能实现。基于科学在物质生产发展中的重要作用，奥伊则尔曼明确指出，科学本身就是生产力，并通过分析马克思在《资本论》中关于机器生产对劳动过程改变的论述进行论证。但遗憾的是，他认同哈贝马斯关于科学和技术对劳动过程的改变颠覆了劳动价值论的论断，即"由于在这种状况下物质财富生产的性质发生了变化，那么，所创造的物质财富与其用所耗费的劳动时间来衡量，不如用科学在技术和工艺上的应用水平来衡量"。① 实际上，正如马克思所揭示的，在资本生产关系的前提下，机器化生产恰恰是相对剩余价值生产的形式。

奥伊则尔曼对生产力概念的反思还涉及一个重要的问题，即到底如何定义"生产力"的问题。在他看来，马克思将生产力定义为"物质生产力"，存在着与事实不相符的地方。这不仅是因为人的劳动本身是物质活动和精神活动的统一，而且生产力所应适用的范围是极其广泛的，人是主要的生产力，"不仅教育工作者和医生的工作，而且画家、作家和演员的活动，甚至其他任何促成人的个性形成的活动都应该被看作是生产力。这样，生产力概念就不像马克思的社会学说中那样仅仅局限于物质财富生产领域。不仅精神生产，而且其他人类活动形式都必须有自己特有的生产力"。② 奥伊则尔曼看到生产力的广泛存在自然有其合理

① 安启念主编：《当代学者视野中的马克思主义哲学·俄罗斯学者卷》，北京师范大学出版社 2012 年版，第 396 页。

② 安启念主编：《当代学者视野中的马克思主义哲学·俄罗斯学者卷》，北京师范大学出版社 2012 年版，第 398 页。

之处，但由于撇开了生产关系的视角，他对生产力概念的分析陷入了抽象的境地，以致质疑历史唯物主义的"物质生产力"概念。实际上，马克思关于生产性劳动和非生产性劳动之差异的分析已经对这个问题作了回答。问题的关键在于，任何生产总是在一定生产关系中进行的，在资本生产关系下，不管是物质性生产还是精神性生产，只要是能够实现资本增殖，它便属于生产性劳动，而在这个过程中所表现出来的生产力便属于"物质生产力"。

三、对意识形态概念的反思

奥伊则尔曼对"意识形态"概念也进行了反思与批判。他在细致考察马克思相关文本的基础上，系统梳理了马克思在"意识形态"概念使用上的变化。在他看来，马克思在很长的时间内都是在否定的意义使用意识形态概念，"马克思（以及恩格斯）在建立他们自己的唯物主义和共产主义学说的随后岁月中，一直这样使用'意识形态'这个新词"[1]。其间的变化在于，伴随着《德意志意识形态》的完成和历史唯物主义的创立，马克思对意识形态的理解更加具体化了，即从原来将其直接称为"空洞的说教"以及对现实的曲解，转变为将意识形态置于现实生活的过程中来理解，并认为意识形态是思想家们以扭曲的形式对社会存在的反映，并且，这种扭曲并不是思想家本人随心所欲的结果，而是受到一定的社会存在和社会关系的制约，特别是受到思想家本人的阶级立场的制约。基于这一前提，奥伊则尔曼认为，在马克思那里，"对社会现实的意识形态反映，不能简单地看作是错误的观念，它具有真实的、客观的内容，虽然这种内容是歪曲地表现出来的"[2]。

---

① ［俄］奥伊泽尔曼：《作为意识形态的马克思主义》，《国外社会科学文摘》2000年第10期。

② ［俄］奥伊泽尔曼：《作为意识形态的马克思主义》，《国外社会科学文摘》2000年第10期。

在奥伊则尔曼看来，这一点构成了马克思主义意识形态观的鲜明特质。马克思在使用意识形态方面所发生的变化体现于《〈政治经济学批判〉序言》一书中，其中，马克思不再只是从否定的意义上使用它，而是将其看作"社会经济过程在其中得到反映的社会意识形式的总和"①。奥伊则泽尔曼在这个问题上主要考察了马克思的如下论述："在考察这些变革时，必须时刻把下面两者区别开来：一种是生产的经济条件方面所发生的物质的、可以用自然科学的精确性指明的变革，一种是人们借以意识到这个冲突并力求把它克服的那些法律的、政治的、宗教的、艺术的或哲学的，简言之，意识形态的形式。"②基于这段论述，奥伊则尔曼认为，马克思此时已经不再将意识形态视为关于现实的唯心主义观念，其中，"法制观念、政治观点和艺术都被看作意识形态形式。所有这些完全不同的社会意识形式的共同点是，它们都是被意识到了的存在"③，这显然与《德意志意识形态》中的使用有很大的不同。

奥伊则尔曼特别强调了马克思对意识形态之阶级立场的强调。但由此引发的一个重要问题在于，马克思和恩格斯所建立的理论体系也是有阶级立场的，"马克思和恩格斯认为，他们所建立的理论体系是表达工人阶级的已经提出的要求，因而，作为工人阶级的理论家和思想代表，他们坚定不移地用自己的理论去批驳一切意识形态，尽管他们完全明白，任何意识形态都反映一定阶级的利益"④。那么，马克思和恩格斯为什么不将自己的理论

---

① ［俄］奥伊泽尔曼：《作为意识形态的马克思主义》，《国外社会科学文摘》2000年第10期。

② 《马克思恩格斯文集》（第2卷），人民出版社2009年版，第592页。

③ ［俄］奥伊泽尔曼：《作为意识形态的马克思主义》，《国外社会科学文摘》2000年第10期。

④ ［俄］奥伊泽尔曼：《作为意识形态的马克思主义》，《国外社会科学文摘》2000年第10期。

体系也称为"意识形态"呢？对此，奥伊则尔曼认为，其主要原因在于，所有意识形态都至少与工人阶级的利益格格不入。而从理论上来看，马克思恩格斯所以对意识形态采取否定态度，并拒绝将他们自己的理论体系称为"意识形态"，则是由于"这些意识形态都是以唯心主义前提作为出发点，而马克思恩格斯创建的是无产阶级解放运动的唯物主义理论"。[①] 奥伊则尔曼进而指出，马克思恩格斯追随者则抛弃了马克思恩格斯对"意识形态"一词的否定性用法，将马克思主义明确称为"意识形态"，并同时强调其科学性。"如果说马克思主义奠基者原则上将科学与意识形态对立起来并据此而否定一切意识形态的话，那么他们的追随者在继续将科学与资产阶级意识形态对立起来的同时，修改了'意识形态'概念本身，阐明科学社会主义与空想社会主义学说不同，是科学社会主义意识形态（思想体系）。"[②]

在梳理和反思马克思主义意识形态概念性质和内涵演变的基础上，奥伊则尔曼进而对意识形态及其与哲学以及整个科学的关系进行了思考。在他看来，意识形态是社会意识的"特殊形式"，虽然每一个人的意识都具有社会性，但不能说其属于意识形态，"意识形态是群众性的、大规模的人群所拥有的意识"[③]，因此，从概念的内容来看，意识概念的涵盖面比意识形态概念要宽泛得多。奥伊则尔曼尤其以艺术为例，强调在意识形态概念的理解上要区分具有人类价值的意识形式与反映特定群体、阶级利益

[①] ［俄］奥伊泽尔曼：《作为意识形态的马克思主义》，《国外社会科学文摘》2000年第10期。

[②] ［俄］奥伊泽尔曼：《作为意识形态的马克思主义》，《国外社会科学文摘》2000年第10期。

[③] 安启念主编：《当代学者视野中的马克思主义哲学·俄罗斯学者卷》，北京师范大学出版社2012年版，第404页。

的意识形式之间的区别，认为"意识形态是社会存在的反映，是人们的社会生活的反映，是人们对自己生活于其中的社会以及自己的生活条件的态度的反映。意识形态反映了一定的社会集团、阶级的状况、需要和利益"。①但是，这种反映并非仅仅只是纯粹认识论意义上的直接反映，其中融入了阶级的"知识代表"的加工、整理、规范，即他们"通过借助理论论据巩固日常意识，对这些论据加以校正，使它们成为信念的体系，来制定意识形态"。②意识形态构成的这一特点使其与科学具有了某种程度上的一致性，但奥伊则尔曼认为，意识形态与科学仍然有着本质的区别，科学本身并不直接就是意识形态，科学也没有涵盖意识形态的全部内容。对此，他以马克思主义学说为例指出："在科学社会主义问题上，马克思主义学说的意识形态功能也没有覆盖它的全部现有的和（因为发展而带来的）可能的内容。这些看法不仅直接涉及马克思主义哲学，而且涉及一切哲学。"③进一步来看，奥伊则尔曼虽然强调科学与意识形态的区别，但又不赞成将它们形而上学地对立起来，这是因为，"在一定程度上，不仅哲学，就是专门的科学，在具备一定的条件的时候也会执行重要的意识形态功能"。④

---

① 安启念主编：《当代学者视野中的马克思主义哲学·俄罗斯学者卷》，北京师范大学出版社 2012 年版，第 404 页。

② 安启念主编：《当代学者视野中的马克思主义哲学·俄罗斯学者卷》，北京师范大学出版社 2012 年版，第 404 页。

③ 安启念主编：《当代学者视野中的马克思主义哲学·俄罗斯学者卷》，北京师范大学出版社 2012 年版，第 404 页。

④ 安启念主编：《当代学者视野中的马克思主义哲学·俄罗斯学者卷》，北京师范大学出版社 2012 年版，第 405—406 页。

第三部分
东欧历史唯物主义的重新建构
及其当代走向

第九章 东欧理论家
对历史唯物主义的"正统"阐释

　　整体考察第二次世界大战以后东欧各国历史唯物主义理解史进程，其中普遍存在着一个"苏联化"或"斯大林化"的时期，即东欧理论家对历史唯物主义的阐释明显地烙上了苏联正统的印记。这种印记不仅体现于这个时期所出版的一系列教材和著作的名称上，更体现于这些教材和著作对内容的设置和安排以及一些重要理论的阐释上。当然，由于东欧各国特殊的历史传统、思想传统以及超越苏联社会主义模式的实践需要，东欧理论家在深受苏联历史唯物主义影响的前提下，同时表现出自身在理论上探索的特殊性。

第一节　东欧理论家历史唯物主义正统阐释的概况

　　在实现民族解放、建立社会主义政权的过程中，东欧各国普遍重视历史唯物主义理论在指导革命过程中的作用，并在各自不同的历史和思想传统的基础上建构、传播历史唯物主义。在这个过程中，特别是在东欧各国初建社会主义政权后的一段时期，东欧各国历史唯物主义理论的阐释普遍受到苏联正统的影响，并在总体上隶属于苏联正统化阐释的理论空间。在南斯拉夫，这种正统化阐释在很长的一段时期占据着主导位置，直到 1960 年 11 月南斯拉夫哲学联合会在布拉德举办"关于主体和客体、实践和反映论问题"的学术研讨会，南斯拉夫哲学界的历史唯物主义正统阐释开始逐渐让位于南斯拉夫实践派对历史唯物主义的人道主义阐释。正是在这次学术会议上，以马尔科维奇、彼德洛维奇、苏佩克、坎格尔加等为代表的实践派与正统的辩证唯物主义学派展开了"一场决定性的辩论"，"在这场辩论中，主张马克思哲学的核心范畴是自由的人的创造性活动——实践——的观点占了优势"[1]。在南斯拉夫正统阐释占据主导地位的十多年中，为适应南斯拉夫自主探索社会主义道路的实践需要，其并没有完全遵循苏联历史唯物主义阐释模式展开，"在革命刚刚胜利时，占统治地位的观念乃是经典作家的辩证唯物主义和历史唯物主义，同时存在着苏联对马克思主义的本体论和认识论的片面见解的严重影响，但是曾做出不断努力来克服这种影响"。[2] 尽管如此，从这个时期南斯拉夫出版的一系列马克思主义哲学理论方面的著作和教材来看，如 1949 年由济赫尔编辑出版的《辩证唯物主义和历史唯物主义》、1956 年由科桑诺维奇出版的《辩证唯物主义》和《历史唯物主义》、1958 年由弗兰尼茨基撰写出版的《辩证唯物主义和历史唯物主义》，它们不仅在名称上，而且在内容的铺展上，都体现出苏联历史唯物主义正统理论体系的影响。

　　在波兰，"早在战后头十年，历史唯物主义的方法论已被用

---

　　① ［南］米哈伊洛·马尔科维奇等：《实践——南斯拉夫哲学和社会科学方法论文集》，黑龙江大学出版社 2010 年版，第 10 页。

　　② 《哲学译丛》编辑部编译：《南斯拉夫哲学论文集》，生活·读书·新知三联书店 1979 年版，第 5 页。

于分析从人民民主革命向社会主义革命的过渡"[1],"越来越多的哲学家、社会学家、历史学家、法学家等逐渐开始转向研究历史唯物主义问题"[2],并取得一系列重要成果,大大促进了历史唯物主义在波兰的传播。如李特温的《论无产阶级的阶级意识》《谈谈历史唯物主义的起源问题》《论民主因素在社会发展中的作用》,谢潘斯基的《马克思和恩格斯的若干著作中的社会研究的方法论问题》,丹涅茨基的《当代波兰的阶级、阶级过程和阶级政策》,等等。50年代后半期和60年代,波兰正统理论家在与波兰新马克思主义者的争论中进一步加强了对历史唯物主义的系统研究,他们在"批判各种'创新'观点时把历史唯物主义的对象具体化,捍卫辩证唯物主义的历史过程观的原则"[3],并撰写和出版了一系列著作,如拉多什与柯吉尔-柯瓦尔斯基合作撰写的《辩证法和社会·历史唯物主义绪论》一书,把历史唯物主义看作关于历史过程的科学和社会科学的方法论,并分析了广泛的问题:社会及其发展的辩证法概念,社会的结构和各组成部分,社会经济形态和劳动的范畴,社会规律、国家和法的问题。查茨柯夫斯基在《历史唯物主义的主要概念》一书中对社会、人、劳动的起源和发展方向,社会意识的内容、形式和功能、阶级斗争等问题,进行了深入研究。奥巴拉在《历史唯物主义问题》一书中分析了社会经济形态和历史发展的基本规律、社会意识及其形式、意识形态和价值、意识形态斗争、社会主义国家的职能、对

---

① ［苏］梅斯里夫钦科主编:《当代国外马克思列宁主义哲学》,社会科学文献出版社1986年版,第169—170页。

② ［苏］梅斯里夫钦科主编:《当代国外马克思列宁主义哲学》,社会科学文献出版社1986年版,第170页。

③ ［苏］梅斯里夫钦科主编:《当代国外马克思列宁主义哲学》,社会科学文献出版社1986年版,第174页。

作为社会意识形式的宗教的批判等问题①，等等。这些著作，既受到苏联的影响，同时又进行了很多独特的探索。

正如本书在第一部分所述，在 20 世纪 50 年代中期以前，捷克斯洛伐克理论家在马克思主义哲学研究中的"苏联化"倾向不仅表现于在这期间所成立的很多相关研究机构的命名上，如 1951 年，在布拉格、布尔诺、奥洛穆茨和布拉迪斯拉发的大学里，第一批辩证唯物主义和历史唯物主义教研室陆续建立起来了，更体现于捷克斯洛伐克理论家普遍将马克思主义哲学区分为"辩证唯物主义"和"历史唯物主义"两个部分，很多理论家认为，"辩证唯物主义研究物质运动的最一般规律，但是还有不仅对自然界有效而且也对社会和思维有效的规律。历史唯物主义和辩证唯物主义不同，是马克思主义哲学相对独立的组成部分，是辩证唯物主义的一般问题在社会领域的具体化。作为辩证唯物主义的对象的一般，在个别中，在社会中特殊地表现出来。同时，历史唯物主义不仅仅是把辩证唯物主义原理推广去研究社会，即它的演绎。历史唯物主义同时又是社会实践和社会科学的概括，即对它们的归纳。历史唯物主义依靠辩证的逻辑的分析，来研究社会科学的最一般规律和范畴，是它们的方法和理论"。②这种理解路径显然带有强烈的苏联历史唯物主义正统阐释模式的色彩。

战后的匈牙利同样特别重视对历史唯物主义的研究，在经历了短暂的只是翻译出版马克思、恩格斯的经典著作以及苏联的教科书后，匈牙利理论家开始自主撰写教材和著作，出版了鲁达

---

① 〔苏〕梅斯里夫钦科主编：《当代国外马克思列宁主义哲学》，社会科学文献出版社 1986 年版，第 174—175 页。

② 〔苏〕梅斯里夫钦科主编：《当代国外马克思列宁主义哲学》，社会科学文献出版社 1986 年版，第 265 页。

什的《唯物主义世界观》《理论和实践》《辩证唯物主义和共产主义》，莫尔纳尔的《社会主义史》《历史唯物主义的哲学基础》等，这些著作在论题选择和研究方式上都或多或少受到苏联的影响。例如，匈牙利的哲学家普遍将发达社会主义建设问题纳入研究的范围，"一系列学者在分析发达社会主义社会的特征和标准时，把社会主义生产关系占支配地位划分出来作为主要标准"[①]，这一研究论题无疑是苏联在20世纪50年代中期以后特别强调的。

第二节　与苏联正统历史唯物主义阐释的差异

固然，东欧理论家在历史唯物主义的正统阐释方面受到了苏联很大的影响，但在自己的文化传统、特殊实践需求等因素的影响下，也表现出很多与苏联正统阐释不尽相同的地方。这一点在南斯拉夫尤其明显，虽然南斯拉夫理论家在历史唯物主义阐释上存在苏联哲学的痕迹，但细细阅读南斯拉夫理论家的相关著作可以发现，"南斯拉夫哲学对辩证唯物主义特别是对历史唯物主义的一些具体问题的阐述，已经明显地不同于苏联哲学。1948年的冲突以及随之而来的南斯拉夫哲学家对斯大林在哲学上所犯的错误和苏联哲学渗透着的那种浓厚的教条主义的批判，对于整个理论研究（包括辩证唯物主义和历史唯物主义在内）都产生了积极的影响"。[②] 对于南斯拉夫历史唯物主义理解上的独特性，南斯拉夫贝尔格莱德大学斯托伊科维奇教授认为，"当代马克思列宁主义和辩证唯物主义的各种独特性都具有特殊的一面，而

---

① ［苏］梅斯里夫钦科主编：《当代国外马克思列宁主义哲学》，社会科学文献出版社1986年版，第63页。

② 贾泽林：《南斯拉夫当代哲学》，中国社会科学出版社1982年版，第240页。

一切型式的马克思列宁主义和辩证唯物主义的普遍原理是相同的——经典作家的基本原理不断地为所有国家的社会主义革命的经验所丰富",而由于南斯拉夫保持了"走向社会主义道路独特性的源泉","它既不是苏联式的马克思主义,也不是任何其他型式的马克思主义的摹本,而是它本身表现出来的独特性"[①],从而在现实源泉和理论的普遍性和特殊性的辩证关系的角度阐明了南斯拉夫历史唯物主义阐释何以具有特殊性。这也适用于对东欧其他国家历史唯物主义阐释之个体性特质的说明。

具体来说,东欧各国理论家在历史唯物主义正统阐释方面所表现出来的"特殊性"主要有:首先,在辩证唯物主义和历史唯物主义的关系问题上,东欧很多理论家反对将两者割裂开来,而是强调两者之间的一体化关系。在捷克斯洛伐克,很多理论家明确反对关于历史唯物主义就是把辩证唯物主义原理彻底推广去研究社会现象的论点,他们认为,"既然辩证唯物主义的确立在历史唯物主义之后,那么,历史唯物主义似乎就决不能被看成是把辩证唯物主义的原理推广去研究社会过程"。[②] 作为南斯拉夫实践派的重要代表,弗兰尼茨基在思想发展的早期阶段总体上仍旧处于"正统"阶段,这集中体现于其博士论文《辩证唯物主义和历史唯物主义》的内容设置上。其中,弗兰尼茨基以"分述"的方式论述了历史唯物主义和辩证唯物主义,从而沿袭了苏联正统普遍流行的划分方式。但是,就其对两者的关系的理解而言,则表现出与苏联正统理解的明显不同。首先,与苏联正统理解将"辩证唯物主义"置于"历史唯物主义"之前不同,弗兰尼茨基先

---

① 《哲学译丛》编辑部编译:《南斯拉夫哲学论文集》,生活·读书·新知三联书店1979年版,第9页。

② [苏]梅斯里夫钦科主编:《当代国外马克思列宁主义哲学》,社会科学文献出版社1986年版,第265页。

行阐述了历史唯物主义的基本原理，然后再阐述辩证唯物主义的基本原理；其次，就两者之间的关系而言，与苏联学者将历史唯物主义视为辩证唯物主义在历史领域的推广运用不同，弗兰尼茨基则认为，马克思恩格斯在创立历史唯物主义的同时发展和创立了辩证唯物主义，"由于这一系列的社会学问题是当时（即19世纪40年代）的主要问题，并关系到当时人们的历史意向和历史前景，所以马克思和恩格斯首先明确地形成了自己在这方面的原理，而唯物辩证法实际上已经不言而喻地包括在历史唯物主义之中了"。[①] 同样，匈牙利学者在历史唯物主义正统阐释中也强调"辩证唯物主义和历史唯物主义不可分割的统一"，在他们看来，"马克思主义哲学按其本质和内容是统一的，而辩证唯物主义包括客观世界的一切领域——既包括自然界，也包括社会"[②]。马耶尔对此说得更加明确，在他看来，辩证的和历史的唯物主义不是马克思主义哲学的两个不同部分，而是一种统一的哲学理论，按其实质来说，它意味着，马克思主义哲学是与所有其他形式的唯物主义不同的唯物主义。这种区别就在于，它是辩证的，同时又是历史的唯物主义[③]。

其次，在历史唯物主义基本理论的阐释上，东欧理论家提出了许多相比于苏联正统而言的新的理论观点。对于历史唯物主义，苏联理论家普遍将其界定为把握了历史发展一般规律的科学，但是，东欧理论家作出的界定与此不尽相同。例如，波兰理

[①] ［南］弗兰尼茨基：《辩证唯物主义和历史唯物主义》，克罗地亚马提查出版社，第30页。

[②] ［苏］梅斯里夫钦科主编：《当代国外马克思列宁主义哲学》，社会科学文献出版社1986年版，第53页。

[③] ［苏］梅斯里夫钦科主编：《当代国外马克思列宁主义哲学》，社会科学文献出版社1986年版，第322页。

论家拉多什和柯瓦尔斯基在《辩证法和社会·历史唯物主义绪论》中将历史唯物主义视为"关于历史过程的科学和社会科学的方法论",这一论点同样体现于由奥巴拉撰写的《历史唯物主义问题》一书中[①]。在历史道路理论上,苏联正统在单一的意识形态体制制约下过分强调社会主义革命和建设道路的唯一性,与此不同,东欧理论家适应自己探索社会主义独特道路的实践需要,"特别突出地阐明了社会主义革命和建设并非只有一种模式这一重大、迫切而又影响深远的问题"[②]。具体来说,这方面的论证在南斯拉夫理论界尤其突出,对此,斯托依科维奇概括指出,南斯拉夫"辩证唯物主义学派从马克思主义经典作家的原著出发,成功地取得了南斯拉夫走向社会主义独特道路的重要文献资料,同时也利用其他社会主义革命及其哲学基础的经验"。[③]

大致从 20 世纪 60 年代开始,东欧正统理论家最终在与东欧新马克思主义者争论中消沉下去,东欧各国普遍进入东欧新马克思主义者主导的思想史进程。东欧新马克思主义者在反思与批判苏联社会主义和共产主义模式以及与东欧正统理论展开争论的基础上,充分融入西方马克思主义的学术资源,适应探究东欧各国社会主义独特道路的实践需要,对历史唯物主义展开了重新建构。

---

① ［苏］梅斯里夫钦科主编:《当代国外马克思列宁主义哲学》,社会科学文献出版社 1986 年版,第 174—175 页。
② 贾泽林:《南斯拉夫当代哲学》,中国社会科学出版社 1982 年版,第 240 页。
③ 中国社会科学院情报研究所等编辑:《国外社会科学著作提要》(1979 年第 1 辑),中国社会科学出版社 1979 年版,第 4 页。

第十章　从苏联到东欧：
理论与实践的双重批判

　　虽然同属于"社会主义阵营"，并都以走向解体作为自己的最终结局，但在其发展的历程中，却出现了"从苏联到东欧"的分裂和转变，并以理论和实践的双重批判表现出来。从实践来看，东欧新马克思主义者深切感到苏联社会主义模式的内在缺陷，并对其展开了全面的反思与批判；从理论来看，东欧新马克思主义者普遍认为，以斯大林的阐释为范型的苏联历史唯物主义"形塑"了苏联社会主义模式，因而尤其将其作为理论批判的对象。真正的批判总是伴随着积极的重建，东欧新马克思主义者在实践与理论双重批判的基础上以"回到马克思"的研究策略为牵引，开启了历史唯物主义阐释的人道主义"新路向"。

第一节　对苏联社会主义模式的反思与批判

　　从20世纪40年代末开始，东欧各国普遍开始反思和批判斯大林社会主义模式，并在此基础上走上了寻求"自治"的改革进程。与此进程相伴随，形成了以南斯拉夫"实践派"、匈牙利"布达佩斯学派"、波兰和捷克斯洛伐克新马克思主义者为主要代表的东欧新马克思主义阵营。他们以强烈的时代关切为最根本的"使命",不仅关注自己民族的历史命运,更将理论关怀的维度延伸至整个人类历史。纵观人类思想史可知,任何一种指向未来的激进批判理论总是在现实的"牢笼"暴露出其致命的缺陷之后才被提出来,那么,东欧新马克思主义者的理论运思也是如此。他们正是在深切感受苏联社会主义模式之限制的前提下展开了理论的反思与批判,并以此为前提重新开启了理论阐释的新路向以及对人类历史未来的重新规划。

东欧新马克思主义者对苏联社会主义模式的反思与批判同时也是一种自我批判。东欧各国历史唯物主义阐释的最初阶段普遍经历了"苏联化"的过程,不仅如此,东欧各国在社会发展结构上普遍经历了趋同于苏联的过程。大致而言,这个结构趋同的过程是通过三项内在相关的结构性改造而获得完成的。第一,解除资产阶级军队遗留的权力基础。在政治领域,解散了联合政府,清除了独立的农民政党,等等。在经济领域,引进追随苏联模式的"命令—计划",加强与苏联的双边贸易,大力强化重工业的发展。第二,巩固共产党的执政地位。虽然东欧各国的共产党都有着自身独特的前史,但通过大规模的清洗或者迫使社会民主党合作而获得了地位上的不断巩固。第三,垄断的党和国家机器的结合①。经过这三项措施,整个东欧很快确立起苏联社会主义模式的统治地位。因此,东欧新马克思主义者对苏联社会主义模式的批判,也是对自己置身其中的国家发展模式的批判。当局者迷,旁观者清,正是此种亲身体会的复杂经历,使得他们的批判有时显得尤为深刻。缘于此,他们实际上也构成了东欧各国"去

---

① 林登:《西方马克思主义与苏联》,江苏人民出版社 2012 年版,第 100 页。

斯大林化"历程的重要参与者和推动者。

东欧新马克思主义者的批判矛头首先总体上指向苏联社会主义模式的逻辑强制性。以斯大林为中心的苏联共产党坚信苏联社会主义等同于社会主义，是唯一符合科学精神的、正宗的、具有普遍性的社会主义模式，由此，它便获得了据以向外"扩张"的前提，而苏联社会主义模式便内在地具有了逻辑强制性的特性，并主导着它实际所展开的"同一化"进程。对于苏联社会主义模式的逻辑强制性，东欧新马克思主义者展开了深刻的批判。他们普遍认为，这种包含强制性的社会主义恰恰违背了马克思主义的基本原则，它不仅扼杀了东欧各国根据自己的国情建设富有自己"特色"的社会主义的"个性"，而且由此使得社会主义阵营变得缺乏生机和活力。南斯拉夫实践派普遍认为，强调社会主义阵营的"团结"固然重要，但团结绝非抽象的团结，"由于特定的社会集团和民族的特殊生活条件，几个平等伙伴相互间可能产生一些分歧，但是这些分歧并不会必然地导致整体的分裂；相反，它们将进一步丰富整体，发挥整体的创造力并加快其发展速度"。① 具体到社会主义道路的开辟而言，这种合理化的"分歧"恰恰表现为，各个国家的"社会主义运动和共产主义运动不单是从每个国家的不同历史传统、经验、社会经济关系和结构出发，而是由于自己处于特定的情况下便得依照这些情况使自己多少发生变化"。② 科拉科夫斯基更为尖锐地指出，苏联社会主义"把只有一种抉择的刻板公式强加给社会一切领域的人类现实"③，其

---

① ［南］米哈伊洛·马尔科维奇等：《实践——南斯拉夫哲学和社会科学方法论文集》，黑龙江大学出版社2010年版，第7页。

② ［南］弗兰尼茨基：《马克思主义与社会主义》，人民出版社1982年版，第92页。

③ 参见［南］弗兰尼茨基：《马克思主义史》（第二卷），黑龙江大学出版社2015年版，第382页。

在行为上的特征在于规定一种选择，而这恰恰使人无法进行任何讨论和选择，并总是造成这种局面：进行批评，客观上就是同资本主义呼应，"斯大林主义总是硬说进行批评就是站在反革命的立场上，从而使任何社会批评成为不可能"。[①]

从内在关联来看，苏联社会主义实践模式内在具有的逻辑强制性源于其在政治、经济与文化等领域贯彻的高度集中的管理体制。东欧新马克思主义者对此感受颇深，并展开了激进的批判，认为由此而造成的官僚主义蜕变，从根本上背离了马克思主义和社会主义的基本思想。弗兰尼茨基尖锐指出，斯大林的社会主义思想以及遵循此思想所缔造的社会主义制度是"一个没有更大内部矛盾的闭关自守的制度，一个国家所有制和集体农庄所有制（后者经过一定时期也必然变成国家所有制）的制度，一个国家计划和国家仲裁的制度"，并结合恩格斯关于党的纲领应该明确地同所谓由国家代替私有者并把对劳动者的经济奴役和政治奴役权集中于一人之手的国家社会主义划清界限的告诫，强调其"同马克思的思想毫无联系"[②]。沙夫比较客观地指出，"这样理解的官僚机构，即在社会分工基础上执行管理职能的人员的总和，可以根据各个社会不同的社会政治结构，不同地组织起来。……为了保证社会生活，它是必不可少的，没有它，社会生活一时一刻也不能进行"[③]，但苏联社会的"官僚化程度不仅大大超过了资本主义社会，而且，更为重要的是，这种社会生活的一切形式都

---

① 参见［南］弗兰尼茨基：《马克思主义史》（第二卷），黑龙江大学出版社2015年版，第382页。

② ［南］弗兰尼茨基：《马克思主义与社会主义》，人民出版社1982年版，第95页。

③ ［波］亚当·沙夫：《论共产主义的若干问题》，人民出版社1983年版，第56页。

受到官僚结构的控制"。[1]从结果上看，这种高度集中的国家统摄一切的管理体制使得经济、文化等领域的问题日益突出，在经济领域，形成了高度集中的经济管理体制，它坚持认为，可以由一个国家和党的中心来有计划地指导社会发展，以避免基本社会因素发展之间任何可能发生的冲突；而在文化建设方面，它使得任何一种正常的自由批判变得不再可能，但自由的探讨和批判是加强文化建设焕发生机不可缺少的力量。沙夫认为，在科学和艺术领域遇有意识形态方面的敌对行动的场合，政治干涉是合情合理的，但遇有从马克思主义立场出发的场合，应反对这种干涉。他质问道："马克思主义政治家为什么要反对马克思主义内部出现的各种学派呢？他为什么要这样做呢，难道可以做到使所有的马克思主义者的观点完全一律，全然无异吗？"[2]归根结底，高度集中的管理体制的要害在于扼杀了工人民主自由的权力，扼杀了工人的能动创造性。科西克特别指出，在官僚主义的实践过程中，受打击最甚的正是工人阶级，工人阶级不再作为一个阶级起政治作用，它甚至与自己最天然的同盟者——知识分子隔绝了。"官僚主义的警察制度首先使工人阶级非政治化。工人不再作为一个阶级起政治作用。"[3]基于此，东欧新马克思主义者普遍认为，异化并非仅属于资本主义的关系，在社会主义社会中，尤其是在苏联社会主义中仍然存在着严重的异化现象。

　　总体而言，东欧新马克思主义者对苏联社会主义实践模式的

---

　　① ［波］亚当·沙夫：《论共产主义的若干问题》，人民出版社1983年版，第53页。

　　② 参见［南］弗兰尼茨基：《马克思主义史》（第二卷），黑龙江大学出版社2015年版，第392页。

　　③ 参见［南］弗兰尼茨基：《马克思主义史》（第二卷），黑龙江大学出版社2015年版，第419页。

批判构成了东欧各国一系列"反叛"苏联的政治事件在理论上的继续，因而其在性质上首先是一场政治斗争。同时，新的道路需要新的理论支撑，而新的理论支撑必定又基于对支撑起苏联社会主义模式的苏联历史唯物主义理论的批判。因此，在展开对苏联社会主义模式批判的同时，东欧新马克思主义者普遍地将批判的矛头指向了以"斯大林主义"为范本的苏联历史唯物主义理论体系。

第二节　对苏联历史唯物主义的反思与批判

彼德洛维奇指出："南斯拉夫的革命马克思主义的全部理论和实践，都同国际斯大林主义发生了冲突。但是就在同一时期，对哲学以及其他领域中的斯大林主义的批判，也在许多其他国家进行。"[①] 东欧新马克思主义者对苏联历史唯物主义的反思与批判深化了对苏联社会主义模式的政治批判，从而具有更为基础性的作用，为他们重新开启人道主义的历史唯物主义阐释路向奠定了基础。撇开东欧各国各个思想家或学派批判的维度和视角的差异，以及批判在纵向展开过程中的历史性差异不论，他们的批判表现出许多有着内在关联的共同指向。

首先，他们普遍将批判的矛头指向苏联历史唯物主义的阐释路径。作为一种普遍存在的倾向，苏联理论家遵循自然与历史"两个半球"二分的前提，将马克思主义哲学分为适应自然领域而建立的辩证唯物主义，以及其在历史领域的"推广运用"构成

---

① 《哲学译丛》编辑部编译：《南斯拉夫哲学论文集》，生活·读书·新知三联书店1979年版，第228页。

的历史唯物主义，历史唯物主义由此作为"部门"或"领域"哲学而获得定向。对此，东欧新马克思主义者首先对构成历史唯物主义之前提的"辩证唯物主义"展开了批判。他们秉承西方人本主义马克思主义者的普遍观点，认为离开了人和历史的自然只是抽象的自然，从而先于历史而建立的"一种包罗万象的世界观以及唯物主义的本体论意义和自然辩证法在许多人看来都是有疑问的"①。而既然前提是有疑问的，那么作为其"推广运用"之结果的历史唯物主义也必定是有问题的，即在自然与历史同质化的前提下，"社会辩证法在本质上被归结为一种自然辩证法，历史唯物主义被当成了辩证唯物主义的'规律'在人类社会中的应用。现实的人和事件从'马克思主义'的历史观中消失了，剩下的只是武断的应用和实体化了的抽象：生产力和生产关系、经济基础和社会的上层建筑、社会的阶级及其冲突，等等。因此，物化成了斯大林主义历史观的另一个特征"②。如此，历史便被塑造成了自主运行的形而上学的主体，而人类个体反倒成为这一形而上学主体的体现者。"斯大林化的历史唯物主义犯了类似的错误，区别只是在于，生产力和生产关系的发展代替了黑格尔的绝对精神。"③

其次，他们普遍将批判的矛头指向苏联历史唯物主义的教条主义倾向。总体而言，苏联历史唯物主义之"推广论"的阐释路径必然衍生出教条主义的内在倾向，即历史总体上被视为用于进一步证明"原理"的对象，由此也必定造成理论与实践的脱离以

---

① 《马列主义研究资料》编辑部编写：《马列主义研究资料》（第19辑），人民出版社 1982 年版，第 217 页。

② 衣俊卿等主编：《当代学者视野中的马克思主义哲学·苏联东欧卷》（下），北京师范大学出版社 2008 年版，第 529 页。

③ 衣俊卿等主编：《当代学者视野中的马克思主义哲学·苏联东欧卷》（下），北京师范大学出版社 2008 年版，第 529 页。

及理论之革命性的彻底丧失。这一点不仅体现为"斯大林主义在马克思主义文献中严格限制任何不同见解、任何探索以及直接批判的和创造性的对话"[①]，而且体现为在相当长的时期内苏联理论家将斯大林建构的历史唯物主义理论图式视为"最高峰"，并在很长一段时间里将理论的旨趣归之于对该图式的"注解"。对此，当时处于边缘地带的苏联理论家凯德洛夫曾指出，"一些权威的哲学家，对斯大林在世时在辩证唯物主义方面流行的许多观点，坚决反对进行任何修改"，这种情况同样体现在历史唯物主义方面，在很长的一段时期内，苏联历史唯物主义的所谓"发展"只是变化了的对斯大林建构的历史唯物主义理论体系的反复的"再阐释"。即使在斯大林逝世后，苏联历史唯物主义出现了很多新的变化，但就其主导性的阐释模式而言，仍旧未能脱离由斯大林最终奠立的图式。对此，东欧新马克思主义阵营中的南斯拉夫"实践派"尤其给予了激烈的批判。早在形成之初，南斯拉夫"实践派"的理论家就普遍认识到："既然社会主义需要一个相当长的时期，那么这一时代的序曲便是推翻资产阶级政权，马克思主义理论也就不能被解释为某种已经完成了的、固定不变的东西，它必然随着每一重要的实践步骤而获得新的形式。"[②]在此后的发展历程中，"南斯拉夫的一些重要马克思主义者一再表示，马克思主义的哲学不是一个密封的体系，而是动态的、革命的和有创造性的"。[③]在他们看来，对待马克思主义的科学态度应该是继承和

---

① 衣俊卿等主编，《当代学者视野中的马克思主义哲学·苏联东欧卷》(下)，北京师范大学出版社 2008 年版，第 480 页。

② [南]米哈伊洛·马尔科维奇等：《实践——南斯拉夫哲学和社会科学方法论文集》，黑龙江大学出版社 2010 年版，第 5—6 页。

③ 《马列主义研究资料》编辑部编写：《马列主义研究资料》(第 19 辑)，人民出版社 1982 年版，第 217 页。

发展的辩证统一。正如弗兰尼茨基所言："仅仅停留在最卓越的马克思主义者的见解上，是不够的和在理论上是落后的，甚至那种认为只需要'继续他们的思想'的提法也是不够的，因为历史每前进一步，就提出前所未有的新问题。因此，问题不仅在于继承一定的思想材料（当然这些材料是基础），而且也在于根据一般的马克思主义精神，独立地解决现代的人所面临的一切问题：哲学、社会学、政治、经济学等等方面的问题。"[1] 波兰新马克思主义的主要代表沙夫则更为明确地指出："马克思主义体系就其性质来说是'开放性的'。它是建立在必须根据新的事实和新的发现来经常不断地修改个别结论、不断地创造性地发展它自己的理论的基础上。马克思主义随时准备吸收新的论据、新的发现和新的理论思想成就，并从中进行概括，假如需要的话，就根据这些概括来改变它现有的主张。"[2] 科拉科夫斯基最确切地表达了反对马克思主义制度化和赞成一个"理智的马克思主义"的意见，在他看来，"'马克思主义'这一概念，可以这样来理解，它并不是一种只能全面肯定或只能全面否定的教义，不是一个包罗万象的体系——而是观察世界的普遍方式中的一种生动的哲学启示"。[3] 可以说，东欧新马克思主义者对苏联历史唯物主义阐释中的教条主义批判，在很大程度上切中了马克思的思想要求，早在《共产党宣言》的德文版序言中，马克思就明确指出，马克思主义基本原理的运用"随时随地都要以当时的历史条件为转移"。[4]

---

① ［南］弗兰尼茨基：《马克思主义史》(下)，生活·读书·新知三联书店1963年版，第666页。

② ［波］亚当·沙夫：《人的哲学》，江苏人民出版社1988年版，第16—17页。

③ 《马列主义研究资料》编辑部编写：《马列主义研究资料》(第19辑)，人民出版社1982年版，第229页。

④ 《马克思恩格斯文集》(第2卷)，人民出版社2009年版，第5页。

最后，他们普遍将批判的矛头指向苏联历史唯物主义的实证主义倾向。就其最一般的意义而言，实证主义以确证事实中的普遍规律作为自己的最高目的，正如"实证主义"概念的创始人所说："把一切现象看成服从于一些不变的自然规律；精确地发现这些规律，并把它们的数目压缩到最低限度，乃是我们一切努力的目标，因为我们认为，探索那些所谓的始因或目的因，对于我们来说乃是绝对办不到的，也是毫无意义的。"[1]实证主义否定抽象的"终极因"和"目的因"固然有其合理性的一面，但其对自然规律却作了形而上学化的理解，特别是其将自然视为受不变的自在规律统摄的过程的观点，抹杀了自然和历史的互动关系以及人的干预对自然规律作用方式的影响。正因为如此，若将这种实证主义观点贯彻到历史规律的理解中，则必定造成消解人的能动性的一种极端化结果，并同时导向彻底抹杀人之谋划在历史发展进程中的作用。就此而言，苏联理论家普遍将历史唯物主义视为确证历史普遍规律的科学，同样造成历史唯物主义的实证化倾向。诚如哈纳克所言，它"把马克思主义改造为世界的和科学的一种普遍理论，这被理解为19世纪的遗产并被说成是科学主义或实证主义"。[2]而作为一般性理论反映的结果，苏联理论家从根本上消解了历史唯物主义的革命性和批判性。诚如南斯拉夫实践派的代表马尔科维奇所言，"它作为部分的、实证的、专业的知识得到了发展，这些知识传递的是关于给定的事物的信息，但又不寻求发现其本质的、内在的局限并从根本上克服它"。[3]在此

---

[1] 转引自洪谦主编：《西方现代资产阶级哲学论著选集》，商务印书馆1964年版，第30页。

[2] 《马列主义研究资料》编辑部编写：《马列主义研究资料》（第19辑），人民出版社1982年版，第217页。

[3] ［南］米哈依洛·马尔科维奇：《当代的马克思：论人道主义共产主义》，黑龙江大学出版社2011年版，第6页。

种"实证化"的过程中，马克思主义哲学日益变得"更为抽象、无力、保守"，"它的一部分自命为一种'世界观'，它越看越像是一种使人厌烦的、旧式的、原始的自然哲学；另一部分本应表达解释社会现象和革命行动的一般原理，却日益具有那种被指望当做意识形态的一个基础和对过去及现在的各项政策的证明的实用辩护的特征"。①实证主义对"目的因"的彻底消解在苏联历史唯物主义理论中显著地体现为对历史发展进程中的革命性变化的消解，历史的过去、现在和未来之三维被同质化为现在之一维。坎格尔加由此指出："马克思主义的起点、基础、立场和视野是由世界的一种可能性而非现实或历史构成的，即是由对作为有限物和基本过程的存在的辩证否定构成的。而实证主义的观点则仍然是对历史和现实之一定的、现存的、实际的基本预设，即对现实和可能事物本身的证明。"②固然，苏联历史唯物主义也包含着未来的维度，但其由于将未来定位为现在之按照外在于人的纯粹客观规律自主导向的结果，从而关于历史之革命性变化的观点也必定在根本上处于缺失的地位。

可以说，东欧新马克思主义者无论是对苏联社会主义模式，还是对作为其理论支撑的苏联历史唯物主义的批判在很多方面都抓住了问题的要害。更为突出的是，他们并不仅仅停留于批判，而是在积极展开反思与批判的同时，以"回到马克思"的研究策略为牵引，开启了历史唯物主义阐释的新路向。

---

① ［南］米哈依洛·马尔科维奇：《当代的马克思：论人道主义共产主义》，黑龙江大学出版社 2011 年版，第 6 页。

② 衣俊卿等主编：《当代学者视野中的马克思主义哲学·苏联东欧卷》（下），北京师范大学出版社 2008 年版，第 408—409 页。

第十一章　回到马克思与
历史唯物主义的人道主义重构

从 20 世纪 40 年代末 50 年代初开始，东欧各国普遍展开了重新探索社会主义道路的伟大历史进程。在此背景下，东欧新马克思主义者以对马克思主义哲学时代性的高度理性自觉为重要思想前提[1]，普遍要求"回到真正的马克思"，并在此基础上对历史唯物主义[2]进行了重新思考和建构。他们以实现人的自由而全面的发展为根本理论诉求，普遍开启了以实践为本体论基础，以批判和改造当代社会为基本途径，以实现民主的人道的社会主义为理论旨趣的新马克思主义哲学阐释路向。东欧新马克思主义的理论重构有许多积极的方面，但对青年马克思"异化理论"的过分依赖也使其带有强烈的理想主义色彩。

---

[1]　关于东欧新马克思主义者对马克思主义哲学时代性的理性自觉，请参考本书第一部分第一章第三节。

[2]　需要说明的是，与苏联理论家普遍用"历史唯物主义"指称马克思主义哲学的一个部分不同，东欧新马克思主义者更多地运用"历史唯物主义"指称马克思主义哲学之全部。

第一节　回到真正的马克思

哈纳克曾经指出:"南斯拉夫的哲学家和政治家除了批判斯大林的解释外,还要对斯大林主义作出抉择,还要涉及社会主义的新模式并给'真正的马克思主义'下定义。采取这种行动就是回到马克思那里去,回到马克思主义的本源上去,这一行动是通过继续发展马克思主义来实现的。"[①]哈纳克的概括虽然指的仅仅是南斯拉夫实践派,但其所述说的理论取向无疑也适合于整个东欧新马克思主义者。他们在有感于苏联历史唯物主义理论缺陷的前提下,普遍寻求对既有理解范式的超越,并重新回到马克思的文本之中寻求"真正的马克思"。诚如南斯拉夫"实践派"的代表斯托扬诺维奇在《历史唯物主义的一种张力》一文中总结东欧新马克思主义运动时所概括的:"从20世纪50年代后半期开始,对马克思主义的一种真正的重新认识在南斯拉夫、波兰、匈牙利和捷克斯洛伐克发生了,在'回到真正的马克思'的口号下,一种富有创造性的理论倾向发展起来了。"[②]"回到马克思"由此成为东欧新马克思主义者的共同研究策略。

那么,何谓"真正的马克思"? 对此,东欧新马克思主义者普遍将理论关注点投向了"青年马克思"的思想,尤其是马克思在《1844年经济学哲学手稿》中所阐发的人本主义批判理论。至少有三个层面的因素促成了东欧新马克思主义者向青年马克思的

[①]　《马列主义研究资料》编辑部编译:《马列主义研究资料》(第19辑),人民出版社1982年版,第216页。

[②]　[南]米哈伊洛·马尔科维奇等:《实践——南斯拉夫哲学和社会科学方法论文集》,黑龙江大学出版社2010年版,第70页。

复归。其一，作为西方人本主义马克思主义在东欧的"回响"，东欧新马克思主义者深受布洛赫、弗洛姆、马尔库塞等思想家的影响，尤其是接受了他们基于《1844年经济学哲学手稿》重新阐发马克思哲学的基本路向；其二，从基本的理论诉求看，东欧新马克思主义者力图摆脱苏联正统的束缚，重新开启人道主义的、批判的马克思主义，而《1844年经济学哲学手稿》中的人本主义批判理论无疑契合了这种需求。对此，马尔库什概括指出，东欧新马克思主义者转向青年马克思诠释马克思主义的主要动机是："消除官方马克思主义完全僵化的框架，在古典传统自身中发掘可用做起点的元素，以便从理论上面对我们所处时代业已变化的现实。在当时，尤其是在东欧，这股潮流从一开始就与这样一种探求——为批判所谓的'社会主义'社会寻找理论基础和意识形态的合理性——有关。"①

其三，也是最基本、最主要的原因，这种复归还源于东欧新马克思主义者对马克思思想演进历程之"连贯性"的基本判定。他们普遍认为，在马克思思想演进历程中没有发生过彻底的革命或自我革命，马克思哲学的基本要点已然在青年马克思的思想中出现，后来的思想演进要么是对这些基本要点的具体贯彻，要么是对这些要点的进一步具体化。对此，南斯拉夫实践派的代表马尔科维奇在《马克思的社会批判理论》一文中指出："南斯拉夫哲学家和其他当代马克思主义人道主义者已经不容置辩地最终证明了：马克思早期著作中的哲学观点也构成他所有的成熟著作（例如《政治经济学批判大纲》和《资本论》）的基础，虽然这些观点有时是以一种不同的、不那么抽象的语言表达出

---

① ［匈］乔治·马尔库什：《语言与生产——范式批判》，黑龙江大学出版社2011年版，第171页。

来的。"①马克思"从《经济学—哲学手稿》迈向《政治经济学批判大纲》和《资本论》","是用具体的经验知识补充哲学,把先验的人本学观点融合到一种具体的、切合实际的理论中去"②。彼德洛维奇在《同马克思主义相对立的斯大林主义》一文中指出:"马克思的青年时代并不仅仅是那位写下《资本论》的天才人物一生中一段参加青年黑格尔派的往事,而是这样一个时期:马克思在那一时期里发展起来的一些基本哲学思想,他在晚期著作中仍然信守不渝。抛开'青年'马克思,就不可能对'老年'马克思有一个充分的理解。"③波兰的沙夫同样明确指出:"马克思是一个完整的人,无论是从心理学上说还是从科学上说,任何将他分为两个不同的和独立的人格的努力都是愚蠢的。青年马克思提出的思想,既是成熟的马克思所坚持的思想核心,也是推动马克思思想发展的动力。作为《资本论》和进行全面研究的作者,成熟马克思所提出的某些思想植根于其早期思想,认真阅读马克思的后期著作就可以在马克思的某些思想和语言中明确地看到这一点。"④进一步来看,沙夫认为,构成青年马克思和成熟马克思之间内在关联的思想观念主要有:"人道主要以及马克思关于人的思想,异化理论和克服异化的方式,历史主义等。"⑤赫勒在《日常生活》一书的英文版序言中指出,"《日常生活》写于那个提出'马

---

① 《哲学译丛》编辑部编译:《南斯拉夫哲学论文集》,生活·读书·新知三联书店1979年版,第258页。

② 《哲学译丛》编辑部编译:《南斯拉夫哲学论文集》,生活·读书·新知三联书店1979年版,第260页。

③ 《哲学译丛》编辑部编译:《南斯拉夫哲学论文集》,生活·读书·新知三联书店1979年版,第232页。

④ [波]亚当·沙夫:《结构主义与马克思主义》,山东大学出版社2009年版,第108页。

⑤ [波]亚当·沙夫:《结构主义与马克思主义》,山东大学出版社2009年版,第108页。

克思主义的复兴'口号的时代。此书的首要目的正如标题本身所示：勾画关于日常生活的理论。然而，甚至还有更大的抱负。我决定一方面通过制定哲学方法，另一方面通过勾画新的哲学框架来开辟新的途径，而又保持对马克思精神的忠诚"，它具体表现为作为该书的核心范畴之一的"类本质"或"类本质性"是"从马克思那里，尤其是从《巴黎手稿》中借用的"①。科拉科夫斯基认为："如果认为巴黎手稿包含了《资本论》（Capital）的全部梗概则是十分错误的。事实上，它是马克思毕生创作的那部著作的第一稿，《资本论》则是其最后版本。再者，有足够的理由认为《资本论》是这部手稿的发展，而不是摈弃这部手稿的结果。"②毫无疑问，这种关于马克思思想演进之"连贯性"的基本判定构成了东欧新马克思主义回归青年马克思思想的合法性依据。

如何开端便如何保持，东欧新马克思主义者普遍回归于青年马克思尤其是《1844年经济学哲学手稿》中的思想，并以此为起点重新阐释历史唯物主义，从根本上规约了这种阐释的基本路向。从主导性的理论取向看，马克思在《1844年经济学哲学手稿》中主要借助于人本主义逻辑对资本主义社会的异化现实展开激进的批判，因此，人的生存与命运构成了《1844年经济学哲学手稿》关注的中心问题。具体言之，就是如何将人从异化的世界中拯救出来，实现人向本真的社会的人的复归。马克思将这个问题的解答视为"历史之谜"的解答。与此关怀一脉相承，东欧新马克思主义者首先普遍确立了人在其理论建构中的中心地位，并以此区别于苏联理论家以物为中心的致思取向。他们普遍认为，

---

① ［匈］阿格妮丝·赫勒：《日常生活》，黑龙江大学出版社2010年版，英文版序言，第3页。

② ［波］莱泽克·科拉科夫斯基：《马克思主义的主要流派》（第一卷），黑龙江大学出版社2015年版，第135—136页。

马克思终其一生关注的是从理论上探索如何实现人的自由而全面的发展。马尔科维奇强调指出："在马克思看来，根本的问题是，在创造一个更加人道的世界的同时如何实现人的本质。"[①]科西克则更为明确地指出："任何一种哲学的出发点都是人在世界中的存在，是人与宇宙的关系。"[②]进一步看，马克思在《1844年经济学哲学手稿》中解答"历史之谜"时所呈现的主导逻辑就是异化劳动逻辑，即如广松涉所概括的，马克思首先通过先验地预设（A）＝人未被异化的本真存在，并以此为前提对（B）＝异化的非本真存在展开激进的哲学和伦理学批判，然后再通过（C）＝异化的扬弃恢复人的本真存在。[③]遵循这一批判路径，东欧新马克思主义者普遍形成了以实践为本体论基础，以批判和改造当代社会为基本途径，以构建新型理想社会为理论旨归的新历史唯物主义阐释路向。

第二节　东欧历史唯物主义的人道主义重构

苏联社会主义模式是立于斯大林哲学体系的基础之上的，因此，与摆脱苏联社会主义模式的进程相伴随，东欧新马克思主义者也普遍对斯大林哲学体系展开了深刻的反思和批判。对此，彼德洛维奇说道："南斯拉夫的革命马克思主义的全部理论和实践，都同国际斯大林主义发生了冲突。但是就在同一时期，对哲学以

---

① ［南］米哈伊洛·马尔科维奇等：《实践——南斯拉夫哲学和社会科学方法论文集》，黑龙江大学出版社2010年版，第18页。

② ［捷克］科西克：《具体的辩证法》，社会科学文献出版社1989年版，第166页。

③ 见［日］广松涉：《物象化论的构图》，南京大学出版社2002年版。

及其他领域中的斯大林主义的批判，也在许多其他国家进行。"①
实际上，从理论的建构看，斯大林哲学体系在很大程度上起着东
欧理论家重新理解马克思的"反面"参照系的作用，为此，在阐
述东欧新马克思主义者的理论重构之前，有必要对斯大林哲学体
系的特征再进行扼要的概述。

斯大林建构的哲学体系主要体现在 1938 年他为《联共（布）
党史简明教程》所撰写的第四章第二节即《论辩证唯物主义和历
史唯物主义》中。其中，斯大林基于"推广论"的总体思路，即
"历史唯物主义就是把辩证唯物主义的原理推广去研究生活，把
辩证唯物主义的原理应用于社会生活现象，应用于研究社会，应
用于研究社会历史"②，首先把马克思主义哲学归结为"辩证法"
和"唯物主义"的几个特征——这些特征把握了整个世界的"一
般规律"——的"加和"，然后以此一一对应地去推论出历史领域
的普遍规律。此种致思取向所造成的结果就是把历史彻底做成
了自然，历史由此变成了由必然性规律所统摄的外在于人的纯粹
客观性过程。这样一来，斯大林主义理论体系便彻底消除了作为
实践主体的人在历史中的地位和作用，在冷冰冰的铁律中，人抽
身而去，变成纯粹客观性的历史过程的附属物。从深层次的内在
关联看，此种宿命论式的历史理论必然催生出实践上的"主观主
义"和"官僚唯意志论"。对此，卢卡奇曾经精辟地指出："只是
从非辩证的和非历史的观点来看，宿命论和唯意志论才是相互矛
盾的。从辩证的历史观来看，宿命论和唯意志论只是两个必然的
相互补充的对立面。"③

---

① 《哲学译丛》编辑部编译：《南斯拉夫哲学文集》，生活·读书·新知三联书店
1979 年版，第 228 页。

② 《斯大林选集》（下卷），人民出版社 1979 年版，第 424 页。

③ ［匈］卢卡奇：《历史与阶级意识》，重庆出版社 1989 年版，第 5 页。

正是基于斯大林哲学过于强调历史必然性而无视人的主体性地位的根本缺陷，东欧新马克思主义者普遍转向了极力彰显人的实践能动性和创造性的人道主义，并以此为前提对历史唯物主义进行了重构。对此，马尔科维奇在论及"新哲学"的性质时明确指出："它必然又是人道主义的：与斯大林主义的冲突导致了对官僚体制以及把社会主义归结为纯粹的物质增长，归结为非个人的、绵羊式的集体主义（在这种集体主义中，人的个性被抹杀了，人的关系被歪曲为政治关系）的官僚作风的一种强烈的批判态度。"[①] 不能否认，东欧新马克思主义者在各自彰显人道主义价值的理论重构中具有研究兴趣和对某些具体问题理解上的差异，但在一般性的理论构架上无疑具有高度的一致性。下面从三个层面对其进行简单的勾画。

一、实践与哲学本体论

回到青年马克思意味着回到他的实践概念。在青年马克思的理论建构中，实践处于首要的核心的地位。它具体表现为：首先，实践构成了人的本质规定性，"一个种的整体特性、种的类特性就在于生命活动的性质，而自由的有意识的活动恰恰就是人的类特性"。[②] 固然，人是一个多维度的存在，但实践成为统摄这些多维度特性的基本的本体论结构。人是"以全部感觉在对象世界中肯定自己"的感性存在物，但"人的感觉、感觉的人性，都是由于它的对象的存在，由于人化的自然界，才产生出来"[③]，而人化的自然只能是人的实践活动的产物；人是理性的、思维的存在物，即人还要"通过思维"在对象世界中肯定自己，即理解和

---

①　[南]米哈伊洛·马尔科维奇等：《实践——南斯拉夫哲学和社会科学方法论文集》，黑龙江大学出版社2010年版，第2页。

②　[德]马克思：《1844年经济学哲学手稿》，人民出版社2000年版，第57页。

③　[德]马克思：《1844年经济学哲学手稿》，人民出版社2000年版，第87页。

认识自己通过实践所展开的生产运动。人是有激情的存在物，但"激情、热情"不过是人通过实践的方式"强烈追求自己对象的本质力量"①，等等。正是通过实践，马克思为我们呈现了一种完整的人的形象，即在实践中，"人以一种全面的方式，就是说，作为一个总体的人，占有自己的全面的本质"。②其次，实践构成了历史生成的本体论根基。作为人的本质性存在方式，实践的基本特征在于对人自身的各种外在的和内部的既定限制的不断否定，正是在这种否定中，人呈现为一种历史性的存在，"整个所谓世界历史不外是人通过人的劳动而诞生的过程，是自然界对人来说的生成过程"③。正是通过将人与历史的本质立于实践的基础之上，马克思给出了一种要求不断超越既有历史性限制的包含革命精神的批判的人本主义哲学构想。

马克思的哲学构想无疑契合了东欧新马克思主义者的基本理论诉求，他们从苏联理论家普遍以"物"为中心的致思取向转向了以"实践"为中心的致思取向，并力图以此为前提呈现革命的批判的历史唯物主义，以取代包含实证主义倾向的苏联历史唯物主义。首先，东欧新马克思主义者普遍认为实践是人的本质性存在方式，是人的本质生成的根本源泉，是人的存在的本体论结构。马尔科维奇在概括南斯拉夫"实践派"的基本哲学观点时指出："人在本质上是一种实践的存在，即一种能从事自由的创造活动并通过这种活动改造世界、实现其特殊的潜能、满足其他人的需要的存在。"④同样，科西克认为，"就实践的本质和普遍性而

---

① ［德］马克思：《1844年经济学哲学手稿》，人民出版社2000年版，第107页。

② ［德］马克思：《1844年经济学哲学手稿》，人民出版社2000年版，第85页。

③ ［德］马克思：《1844年经济学哲学手稿》，人民出版社2000年版，第92页。

④ ［南］米哈伊洛·马尔科维奇等：《实践——南斯拉夫哲学和社会科学方法论文集》，黑龙江大学出版社2010年版，第18页。

言，它是人的秘密的揭露：人是一种构造存在的存在，是构造从而把握和解释社会——人类实在（即人类的和超人类的实在，总体上的实在）的存在"。① 人作为本质上的实践存在，同时表明了人是一种不断拓展其本质内涵的生成性存在。也就是说，正是通过实践，人不断地实现着自身本质的丰富和发展。对此，坎格尔加明确指出："人在本质上是不可限定的，因为人决不是已有的存在，他不是被赋予的，而首先是生成，即不断再生的，通过其活动向人类整体证明其开放的可能性的人，这种来源于新的、未知的未来的整体就是尚未被认识的、自由的、有意义的存在。"② 人通过实践不断生成自己丰富的本质，表明实践构成了人之存在的本体论结构，也就是说，人的所有本质特征都统一于实践的本质规定性。对此，科西克指出："实践是人类特有的存在方式。因此，它绝不是只决定人类存在的某些方面和某些品格，而是在一切表相中渗透到人类存在的本质。实践渗透人的整体，在总体上决定着人。"③ 同样，马尔库什认为，"把'人的本质'解释为每一个人都拥有的、基本的、不变的特性的集合看来是难以接受的"，"人的首要特性，即人的'真正的本质'，就呈现在人创造和形成自身的主体性的自我行动中"④，也就是说，人的本质呈现为一个统一性和连续性的总体，而人的实践位于这个总体的中心。

其次，东欧新马克思主义者普遍认为实践是历史的生成之基、动力之源。历史作为人的基本存在样式，历来受到思想家们

---

① ［捷克］科西克：《具体的辩证法》，社会科学文献出版社1989年版，第170页。

② ［南］米哈伊洛·马尔科维奇等：《实践——南斯拉夫哲学和社会科学方法论文集》，黑龙江大学出版社2010年版，第53页。

③ ［捷克］科西克：《具体的辩证法》，社会科学文献出版社1989年版，第171页。

④ ［匈］乔治·马尔库什：《马克思主义与人类学》，黑龙江大学出版社2011年版，第69、70页。

的不断追问。但是，诚如科西克所概括的，在马克思之前，"每一种深刻系统地阐述历史之本性的尝试，都带有神秘化的特征"。①其集中体现就是，通过将历史与人的实践彻底分离，而无一例外地将历史归结为人之外的"神秘力量"所操控的过程。针对这种造成历史之神秘化的追问方式，科西克明确要求将历史视为人的历史，并从彰显人的本质特征的实践出发追问历史的过去、现在和将来。科西克明确指出，"历史的意义就在历史之中：人在历史中阐明自身"②，而人类阐明自身的根本途径便是基于对人性之最佳可能性之实现的实践追求，因此，"历史是人创造的，这是历史的第一个前提。但它的第二个前提同样重要，这就是创造的必然的连续性"。③作为将实践原则上升为哲学思考的南斯拉夫实践派，同样将历史在根本上归结为人的实践的演变。南斯拉夫实践派认为，历史就是表现为人基于实践不断克服来自自然和社会的各种限制的过程，"历史不仅是时间上前后相续的一系列社会事件；它是一个永远不断的克服特定的自然和社会环境中的某些限制的过程，是一种再创新的局面以保存前一局面中大部分有利的特征，同时纳入一些新的特征（新的制度、新的社会结构和新的行为类型）的过程，这就为人的生存、发展和自我实现提供了更好的机会"。④基于人的实践追问历史还为布达佩斯学派的代表人物马尔库什所明确阐述，在他看来，"历史不是简单的'发生'"，"人类自身创造自己的历史，人通过自己行动和需求本质性地形成和转变自己的本质"，而历史过程就是"人'自我

---

① ［捷克］科西克：《具体的辩证法》，社会科学文献出版社1989年版，第176页。
② ［捷克］科西克：《具体的辩证法》，社会科学文献出版社1989年版，第181页。
③ ［捷克］科西克：《具体的辩证法》，社会科学文献出版社1989年版，第182页。
④ 《哲学译丛》编辑部：《南斯拉夫哲学论文集》，生活·读书·新知三联书店1979年版，第264页。

创造’的过程，是人通过他自己的行动，通过他自己的劳动而形成和转变他自身的连续过程，这个过程的方向是自由和普遍性的增长”。①

最后，东欧新马克思主义者普遍认为实践是历史与自然、人与世界统一性的基点。在东欧新马克思主义者看来，实践不仅是人的本质性存在方式，而且是人类世界由以形成的基础。对此，马尔科维奇在概括南斯拉夫"实践派"与正统马克思主义之间所展开的决定性的辩论时指出："在这场辩论中，主张马克思哲学的核心范畴是自由的人的创造性活动——实践——的观点占了优势。物质和精神、客体和主体的二元论被这些范畴是如何可能从实践概念中推演出来的观点取代了。"② 而南斯拉夫"实践派"的代表坎格尔加则对此作了更为明确的阐述，他指出："在谈到人的时候，必须同时论及他的世界，人的世界只有通过人的历史生成，即通过把自然改造为人的自然才能实现。因此，无论是人自身，还是他的世界，都代表了作为纯粹外在（及自身‘内在’）的所予和直接性（天然性、原始性和无意识性）的自然之历史——实践的人化过程。"③ 也就是说，历史和自然、人和世界既不是统一于抽象的物质，也不是统一于抽象的精神，而是统一于实践，正如科西克所说："人与自然、自然与规律、唯人类学主义与唯科学主义的二元论，不能从意识的基点来沟通，也不能从物质的基点来沟通。它们只能在实践的基础上，在以上述方式理解的实践

---

① ［匈］乔治·马尔库什：《马克思主义与人类学》，黑龙江大学出版社2011年版，第69页。

② ［南］米哈伊洛·马尔科维奇等：《实践——南斯拉夫哲学和社会科学方法论文集》，黑龙江大学出版社2010年版，第10页。

③ ［南］米哈伊洛·马尔科维奇等：《实践——南斯拉夫哲学和社会科学方法论文集》，黑龙江大学出版社2010年版，第53页。

的基础上沟通。"① 基于对"特性的人"与"个体"的区分，赫勒将日常生活的人道化视为两者之间的转变。其中，"个体"的首要特质体现为达到通过自觉实践塑造自己的世界与自己本身之高度统一。她明确指出："当它成为重构我自己和我的世界的动机，成为我对象化自己的能力，并且把向我开放的那些领域中形成的与类相一致的能力和行为方式都吸纳到自我之中的动力时，只有那时，我才走在成为一个个体的途中。"②

综上所述，相比于苏联历史唯物主义的物质本体论基础而言，东欧新马克思主义对马克思历史唯物主义的重新阐释的首要前提体现为基于实践原则对其本体论进行重新奠基。同时，正如马尔库什所概括的，东欧新马克思主义者的实践观念在内涵上被视为"无限制的人类自我创造活动"③，因而具有强烈的理想色彩。但恰恰是这一规范性前提的确立，为东欧新马克思主义遵循马克思的异化劳动理论对现实社会的激进批判提供了前提。

二、异化与社会批判论

回到青年马克思意味着回到他的异化批判理论。基于人的本真性的实践存在和社会存在揭示与批判资本主义社会的"非人化"的现实，无疑是青年马克思思想的重心所在。从应然的视角看，马克思认为，人是自由的创造性的实践存在，但是，在迄今为止的历史中，人遭遇到自己生存于其中的经济力量、政治力量和意识形态力量的操控与束缚，以致丧失了自由全面发展的权利。在《1844年经济学哲学手稿》中，马克思基于"自由自觉的活动"

---

① ［捷克］科西克：《具体的辩证法》，社会科学文献出版社1989年版，第191页。

② ［匈］安德拉什·赫格居什等：《社会主义的人道主义——布达佩斯学派论文集》，黑龙江大学出版社2014年版，第41页。

③ ［匈］乔治·马尔库什：《语言与生产——范式批判》，黑龙江大学出版社2011年版，第63页。

的人本学价值尺度，对资本主义"经济事实"中所表现出来的人与劳动、人与劳动产品、人与人的"类本质"以及人与人之间的四重异化展开了深刻的揭示和控诉。在《德意志意识形态》中，马克思基于"非自愿的分工"的视角，深刻揭示了异化现象的生成机制，即"受分工制约的不同个人的共同活动产生了一种社会力量，即成倍增长的生成力。因为共同活动本身不是自愿地而是自然形成的，所以这种社会力量在这些个人看来就不是他们自身的联合力量，而是某种异己的、在他们之外的强制力量。关于这种力量的起源和发展趋向，他们一点也不了解；因而他们不再能驾驭这种力量，相反，这种力量现在却经历着一系列独特的、不仅不依赖于人们的意志和行为反而支配着人们的意志和行为的发展极端"。[①] 针对人所遭受异化的现实，马克思在铸造强大的"批判的武器"的同时，更加突出对现实进行革命性改造的地位和作用，他明确指出："对实践的唯物主义者即共产主义者来说，全部问题都在于使现存世界革命化，实际地反对并改变现存的事物。"[②]

马克思实践批判思想满足了东欧新马克思主义者强烈的实践诉求。作为为东欧各国探寻新的社会主义道路提供理论支撑的思想承载者，面对"破旧立新"的时代，东欧新马克思主义者面临的重要使命就是揭露既有的社会现实中的不合理现象，并基于是否实现了人的自由而全面的发展这个根本的标尺对其展开激烈批判。对此，马尔科维奇明确指出："关于特殊的社会制度的全部问题，如关于私有制、资本、资产阶级国家的问题等，归根到底就是这样一个根本问题：什么是人，他同其他人有什么样的关系，人究竟是利用了还是浪费了其丰富的潜能？""在这个根

---

① 《马克思恩格斯文集》(第 1 卷)，人民出版社 2009 年版，第 537—538 页。
② 《马克思恩格斯文集》(第 1 卷)，人民出版社 2009 年版，第 527 页。

本问题中（它所以是根本的，是因为全部问题的根本就是人），批判探究的根本目的是要发现那些摧毁人、阻碍人的发展并把某种简单的、易测的、单调而刻板的行为模式强加于人的特殊社会制度和结构。"①马尔科维奇的概括不仅体现了东欧新马克思主义者社会批判的共同理论主旨，而且反映了其与青年马克思的批判视域的高度契合性。

从批判所覆盖的领域看，它不仅涉及当代资本主义社会，而且同时也涉及以"斯大林模式"为典型代表的社会主义社会。弗兰尼茨基明确指出："社会主义也是以一定的异化形式登上历史舞台的，但决不因此减少其革命意义。对于社会主义者和马克思主义者来说，只有这时才开始触及真正的问题和提出历史性的问题：是停留在这些形式上呢，还是认为这些形式既然是异化的，则其本身包含着蜕化变质的巨大危险，因而不能停留在这些形式中。"②对此，东欧新马克思主义者明确要求将马克思澄明的批判精神贯彻到社会主义社会，他们普遍认为，在既存的社会主义社会中仍然存在严重的异化现象，包括商品拜物教、政治异化和国家权力、少数人的创造性活动与绝大多数人机械而低贱的劳动之间的鸿沟，等等，并从理论上展开了深入的分析和批判。

从批判所涉及的内容看，东欧新马克思主义者一方面基于当代资本主义社会的新变化，同时广泛汲取以卢卡奇、霍克海默、阿多尔诺、马尔库塞、弗洛姆、哈贝马斯等西方人本主义马克思主义者的批判资源，普遍将批判的重心从经济剥削和政治压迫问题转向揭露当代社会的普遍异化结构和物化意识，并广泛涉及社会诸领域，"他们从不同的侧面，以不同术语和不同方式，揭示了

---

① ［南］米哈伊洛·马尔科维奇等：《实践——南斯拉夫哲学和社会科学方法论文集》，黑龙江大学出版社 2010 年版，第 22—23 页。

② ［南］弗兰尼茨基：《马克思主义和社会主义》，人民出版社 1982 年版，第 118 页。

当代资本主义和现存社会主义条件下人沦为'经济动物'(经济人)、单纯的日常生活活动者、自律机构系统的附属物的异化存在状态；批判了以国家、政党和官僚机构为主要内涵的异化政治力量，自律膨胀与发展的技术力量，无所不包无所不在的意识形态以及各种各样的'伪具体''虚假总体'或自律的整体对人的存在与发展的束缚与压抑"。①

南斯拉夫"实践派"普遍以社会经济领域中的人的异化批判为切入点，并将其拓展到政治、思想等领域。他们遵循马克思的教导，普遍将经济异化视为人的全面异化的基础。弗兰尼茨基指出："在现代人的这种错综复杂的关系中，经济异化是其他一切异化形式的基础。"② 彼德洛维奇则认为，"现代资产阶级社会(特别是在国家资本主义的国家中，尽管形式上有一定的变化)终究是在它的基础私有制的范围内运动着。它产生了极其多种多样的异化形式"。③ 经济异化首要地表现为劳动的异化，本来能够彰显人的自由创造性劳动转变为强制性的、单调乏味的常规性劳动。与此密切相关，经济异化还体现为人脱离劳动产品和分配，并由此陷入更高程度的剥削。实践派普遍认为，与经济异化相伴而生的是政治异化，并且前者为后者所巩固和加强。就资本主义社会而言，人的全部社会问题"只是围绕着政治方面打转的。资产阶级社会是一种典型的政治社会，因为资产阶级革命基本目的就是要在政治上取得统治的地位"④，但是，"政治在本质

---

① 衣俊卿：《人道主义批判理论》，中国人民大学出版社2005年版，第229页。

② 沈恒炎等：《国外学者论人和人道主义》(第三辑)，社会科学文献出版社1991年版，第86页。

③ 沈恒炎等：《国外学者论人和人道主义》(第三辑)，社会科学文献出版社1991年版，第154页。

④ 沈恒炎等：《国外学者论人和人道主义》(第三辑)，社会科学文献出版社1991年版，第74页。

上则是对人的统治。政治国家在本质上是人的异化的一种形式。因而人把自己的全部的权力交给政治首脑，而他支配人却像支配工具那样"。① 特别是随着当代资本主义社会国家干预的不断加强，"在现代资产阶级社会里造成了强大的凌驾于社会之上"的异化的官僚机构②。而就以"斯大林模式"为典型代表的既存社会主义而言，实践派认为政治异化仍然是其显著的特征。虽然就异化与社会主义的一般关系而言，实践派的观点存在着或多或少的差别，但他们普遍将批判的矛头指向既存社会主义过于集中的政治管理体制。也正因为如此，马尔科维奇总结指出："异化的几乎所有当代形式都植根于那些对经济权力和政治权力具有一种垄断的社会群体的存在。"③实践派进而认为，经济和政治异化催生了思想的异化。弗兰尼茨基指出："人之不自由不仅在于社会经济领域，而且也在于思想领域，在这里，由于各种形式的异化，人实际上没有意识到自己自由的可能性，也没有意识到自己生活的直接决定因素。"④也就是说，人在思想上的异化表现为人对自己生存状况的无知和麻木，它既表现为将解救的希望归属于神秘的力量，也表现为以极端的精神贫困默认自己的异化的生存状况。此外，实践派还揭示了当代人普遍将自己的精神意向寄托于经过精致包装的"舆论"所体现出来的精神贫乏或思想异化的现状。

---

① 沈恒炎等：《国外学者论人和人道主义》（第三辑），社会科学文献出版社1991年版，第75页。

② 沈恒炎等：《国外学者论人和人道主义》（第三辑），社会科学文献出版社1991年版，第154页。

③ ［南］米哈伊洛·马尔科维奇：《从富裕到实践——哲学与社会批判》，黑龙江大学出版社2012年版，第77页。

④ 沈恒炎等：《国外学者论人和人道主义》（第三辑），社会科学文献出版社1991年版，第82页。

匈牙利的"布达佩斯学派"基于对人的激进需要的理论和价值诉求，对当代资本主义社会与现存社会主义社会展开了激进批判。基于人的本真性存在批判人的实然性存在是东欧新马克思主义者的普遍理论取向，而在"布达佩斯学派"的视野中，人的本真性存在就是人的激进需要得到满足的存在。那么，什么是"激进需要"？赫勒明确指出："我们把所有在一个以依附和统领关系为基础的社会中出现的，但在这样的社会中不能被满足的需要表征为激进的需要。"① "激进需要"还是受道德规范指导的多元化的需要，即"除了那些其满足将使人变成其他人的纯粹工具的需要之外，所有的需要都应该得到承认和满足"②。激进需要的多元化同时意味着与其密切相关的价值诉求和生活方式的多元化，而它们的共同的支撑性标准则在于激进主体的多元化。对此，马尔库什强调指出："对于批判来说，激进主体的多样性不仅表现为一种经验上的可能性（这种可能性构成了任何一种解放事业所面对的巨大困难），而且表现为一条被肯定的预设。"③ 赫勒将此视为左翼激进主义的主要标准，即"所有人都是同等合理的存在者的假设，价值应该由所有人通过集体合理性的讨论来决定的愿望，以及对真实的价值讨论的努力"④。但是，无论是在当代资本主义社会还是现存社会主义社会，多元化的主体都在各自独特的运行机制中被单一化，从而造成了人的激进需要的异化。就资本主义社会而言，所谓自动调节的市场规律以无法预期的方式发挥着作用，并使得目的合理性原则逐渐取代价值合理性原

① ［匈］阿格妮丝·赫勒：《激进哲学》，黑龙江大学出版社2011年版，第123页。

② ［德］赫德雷尔：《人的需要》，辽宁大学出版社1988年版，第236页。

③ ［匈］乔治·马尔库什：《语言与生产——范式批判》，黑龙江大学出版社2011年版，第164页。

④ ［匈］阿格妮丝·赫勒：《激进哲学》，黑龙江大学出版社2011年版，第120页。

则而成为个人行为的核心规范，正如马尔库什所言："只有在资本主义社会中，经济行为的这些基本信条——例如利润最大化原则——不是表现为特定的义务和权利的形式，而是表现为普遍的与价值无关的合理性原理，拥有'自然的'必然性力量。"[①] 目的合理性原则的大行其道造成了个人的能动性和主体地位的丧失，并使得个人在意识上倾向于墨守成规，这种倾向与个人基于"非自愿的分工"而对各种社会类别的"职业"的归属而愈加"原子化"的二元性造成人的个性的分裂。

捷克新马克思主义者科西克基于"拜物教化实践"对"伪具体的世界"进行了深刻的揭露和批判。从内涵上看，"伪具体的世界"揭示了资本主义社会条件下本来作为人的实践活动的产物的世界"幻化"为外在于人的自主运转的过程。科西克指出："充塞着人类日常平日环境和惯常氛围的现象集合，构成了伪具体的世界。这些现象以其规则性、直接性和自发性渗透到行动着的个人的意识中，并获得了自主性和自然性的外表。"[②] 在伪具体的世界中，人的主体性地位丧失殆尽，蜕变为一个被操控、被决定的"消极对象"。科西克这里所指的是在资本主义生产方式条件下本来作为人的劳动产品的"经济"物化为外在于人的客体性世界。正如科西克所说："个别、任意性和偶然行动获得了规律般的必然性；社会运动的总体产生于'个人的自觉意愿和特殊目的'，随后又变得独立于这些目的。"[③] 社会系统及其运动由此呈现出如马克思所指认的"似自然性"的特征，即成为与人无关的，

---

① [匈]乔治·马尔库什：《语言与生产——范式批判》，黑龙江大学出版社2011年版，第89页。
② [捷克]科西克：《具体的辩证法》，社会科学文献出版社1989年版，第2页。
③ [捷克]科西克：《具体的辩证法》，社会科学文献出版社1989年版，第62—63页。

有着自身运行规律的纯粹客体性实在。而与资本主义社会客观实在转变为"客体性实在"相伴随的，则是人的主体性地位的彻底丧失，即"被一体化到一个超个体的规律似的总体中成为一个组成部分"①，这种人实际上就是"经济人"。在科西克看来，人转化为"经济人"是资本主义经济系统运行的结果，他说道，"把人降低为抽象物的不是理论，而是实在本身。经济是一个系统，是一个支配着社会关系的规律系列。而人正是在这种关系中被逐步地改造为'经济人'。一旦进入经济的王国，人就被改变了"，"经济是把人变成经济人的生活氛围"②。在此基础上，科西克进一步揭露了资本主义生产方式条件下人的"异化"的生存状态，即其只有作为经济系统的功能性因素，才能获得自己的实在，从而丧失了自己规定自己的能力。

波兰新马克思主义者沙夫同样基于马克思的异化理论展开了对现代社会的批判。针对形形色色的"人道主义"以及各种"反人道主义"和"非人道主义"，沙夫撰写了一系列重要的论著来阐明马克思主义和人道主义的关系，并结合马克思的相关论述对资本主义的异化现象展开了揭露。沙夫认为，"对个人问题以及与此有关的一系列复杂问题的哲学分析，是全部包括在马克思主义的伟大传统路线里面的"③，并且，马克思关于人的理论乃是根据"个人是社会的产物"等观点而推论出来的。循此认识，沙夫敏锐地指出，个人的生存状况如何，必定在个人所属的社会关系中有其根源，并且不同的富有历史性特质的社会关系造成了异化的不同形式和内容。他指出，"同客观化相反，异化具有一种

---

① ［捷克］科西克：《具体的辩证法》，社会科学文献出版社1989年版，第62页。
② ［捷克］科西克：《具体的辩证法》，社会科学文献出版社1989年版，第65页。
③ 沈恒炎等：《国外学者论人和人道主义》（第三辑），社会科学文献出版社1991年版，第245页。

历史特点，取决于一定的社会条件并随着这些条件的消失而消失"，"异化并不像存在主义者和某些以马克思主义者自居的理论家所宣称的那样，它并不是人类本身所固有的，异化是一种受社会制约的现象"。① 基于这个前提，同时结合马克思的相关论述，沙夫对资本主义社会和社会主义社会的异化展开了批判。对于资本主义社会，沙夫认为，在生产资料的私有制和非自愿的劳动分工的前提下，出现了异化的客观关系，即"人的产物——包括宗教、意识形态、国家、商品等——对人而言发生了异化，即摆脱了人的控制，而成了与人相对立、相敌对和格格不入的独立力量"②，在他看来，这种客观的异化关系还造成了人的主观上的异化，即"发生在任何感情、经历和态度之中"的异化，此外，这种异化的客观关系还造成了人与人的关系的异化，即"人与人彼此关系的物化是异化关系的结果"，因此它是异化的一个特定的方面。在商品范围内，这种物化引起拜物教。对于社会主义社会，沙夫认为"异化的表现并不能随着制度的改变而自行消失"，③ 虽然"取消私有制并不能因而就解决了这个问题"。④ 他遵循马克思在《哥达纲领批判》中的教导，认为社会主义制度有两个发展阶段，在其低级阶段，异化将难以避免，"在新的政权与社会关系中，这些异化的产物的性质、作用方式等自然有了改变，但是它们并没有改变它们之为异化产物的基本特点，这在马克思主义看

---

① 沈恒炎等:《国外学者论人和人道主义》(第三辑)，社会科学文献出版社1991年版，第295页。

② 沈恒炎等:《国外学者论人和人道主义》(第三辑)，社会科学文献出版社1991年版，第291页。

③ 沈恒炎等:《国外学者论人和人道主义》(第三辑)，社会科学文献出版社1991年版，第286页。

④ 沈恒炎等:《国外学者论人和人道主义》(第三辑)，社会科学文献出版社1991年版，第287页。

来是不能改变的"。① 以此认识为前提，沙夫从人与社会制度的关系、人与自然的关系、人与他那由社会形成的人格的关系三个方面对既有的社会主义制度尤其是苏联社会主义模式中的异化现象进行了揭露和批判。

综上所述，基于青年马克思的异化理论对社会展开全方位的批判构成了东欧新马克思主义者理论关注的重心。如果说任何一种积极的批判总是伴随着积极的建设的话，那么，东欧新马克思主义者在展开对既有社会的异化批判的基础上纷纷开启了对人类历史未来的探索，从而表现出高度的时代责任感和历史担当精神。

三、人道主义与未来建构论

回到青年马克思意味着回到他的未来设计论。在青年马克思的思想建构中，围绕着人的自由全面发展的目标，并基于对现实的实践批判展开对未来的设计始终是其中的重要一环。在《1844年经济学哲学手稿》中，马克思设想了一种彻底扬弃了异化的共产主义社会，即"共产主义是私有财产即人的自我异化的积极的扬弃，因而是通过人并且为了人而对人的本质的真正占有"②。在《德意志意识形态》中，马克思则基于消灭非自愿的分工的视角，设想出一种"任何人都没有特殊的活动范围，而是都可以在任何部门内发展"，"因而使我有可能随自己的兴趣今天干这事，明天干那事"的理想社会形态。虽然马克思的设想很多时候会表现出角度和侧重点上的差异，但其核心则在于人的自由自觉的活动本质的最终实现。《1844年经济学哲学手稿》自不必言，其中的"人的本质的真正占有"就是对人的实践本质的真正占

---

① 沈恒炎等：《国外学者论人和人道主义》（第三辑），社会科学文献出版社1991年版，第326—327页。

② ［德］马克思：《1844年经济学哲学手稿》，人民出版社2000年版，第81页。

有，而实践就是"自由的自觉的活动"，而在《德意志意识形态》中，马克思则明确将其归属于人的"自主活动"的实现。

这种设想所体现的核心理念普遍地贯穿于东欧新马克思主义者对历史未来的激进构想之中。虽然在关于未来所涉及的具体方案上存在着这样那样的差别，例如南斯拉夫"实践派"的"自治社会主义"、布达佩斯学派的"激进民主制"、波兰的新马克思主义者科拉科夫斯基的作为各种价值之调和的"民主的社会主义"、沙夫的"社会主义人道主义"，等等，但这些构想都与他们极力彰显人的创造性价值的理论追求高度一致，并体现了对自由的、创造性的和自我创造的人之形象的追求。

"自治社会主义"是南斯拉夫"实践派"未来追求的核心。这种追求首先在马克思的自治思想中得到了基本的理论支撑。马克思明确指出："共产主义和所有过去的运动不同的地方在于：它推翻一切旧的生产关系和交往关系的基础，并且第一次自觉地把一切自发形成的前提看作是前人的创造，消除这些前提的自发性，使这些前提受联合起来的个人的支配。"[1] 具体来说，这一实现首先通过无产阶级夺取政权，将国家权力收归社会所有，从而实现"生产者的政治统治"，舍此，就不可能实现经济领域的自治。对此，马克思在《法兰西内战》中论及公社的性质时强调指出，"公社的真正秘密就在于：它实质上是工人阶级的政府，是生产者阶级同占有者阶级斗争的产物，是终于发现的可以使劳动在经济上获得解放的政治形式"，"公社要成为铲除阶级赖以存在、因而也是阶级统治赖以存在的经济基础的杠杆"[2]。正是在公社中，实现了联合起来的个人"把个人的自由发展和运动的条件置

---

① 《马克思恩格斯文集》(第 1 卷)，人民出版社 2009 年版，第 574 页。

② 《马克思恩格斯文集》(第 3 卷)，人民出版社 2009 年版，第 158 页。

于他们的控制之下"，从而"使一切不依赖于工人而存在的状况不可能发生"①。在此基础上，经济领域的自治尤其体现在联合起来的个人按照符合自己本性的要求丰富和发展自己。

遵循马克思的教导，南斯拉夫实践派认为，真正的社会主义应该是人的自由能动性得到彻底发挥的社会，正如彼德洛维奇所言："社会主义不仅是一种社会的经济形态，而且是一种新的生活方式。在这种生活方式中，人将真正成为人；对马克思来说，社会主义是一个真正人性的和人道主义的社会；这个社会，为每一个人的自由发展和创造性的发展展示着可能性。"②马尔科维奇同样认为，"对当代世界来说，彻底的人道化意味着创造这样一些条件，其中每一个个人都可能参与对那些由人所支配的巨大的社会力量和技术力量的控制"③，"通过参与这种活动，个人发展了其社会存在的一个重要维度，获得了充分的机会来表达他的许多潜力，并可能把他自己肯定为一个有天赋的、强大的和创造性的人"④。而"自治"所涵盖的人通过自己管理自己而实现自己的自由而全面发展的价值诉求充分体现了实践派对真正的社会主义的追求。对此，弗兰尼茨基的阐述最具代表性，他认为，所谓自治，即"劳动者成为自己劳动的主人，他限制并废除所有那些在历史上总是篡夺权利而使自己成为劳动者的监护人和精神支柱的领域，他一劳永逸地在历史上成为成年人。这种社会主义自治当然再也不能建立在不发达的生产力之上，而是建立在高度发

①　《马克思恩格斯文集》(第1卷)，人民出版社2009年版，第574页。

②　《哲学译丛》编辑部：《南斯拉夫哲学论文集》，生活·读书·新知三联书店1979年版，第315页。

③　[南]米哈伊洛·马尔科维奇：《从富裕到实践——哲学与社会批判》，黑龙江大学出版社2012年版，第79页。

④　[南]米哈伊洛·马尔科维奇：《从富裕到实践——哲学与社会批判》，黑龙江大学出版社2012年版，第208页。

达的生产力之上”①。与此同时，南斯拉夫实践派还对自治的实现路径进行了探究。马尔科维奇认为，“自治必须从基层的企业开始”，但“自治在普遍的社会范围内的发展，是基层企业中实现自治的一个必要条件，而这个条件，只有当占统治的官僚统治被推翻，社会从上到下形成一个自治的联合统一体时，才能实现”。②而实现自治的条件则包括，“合作和社会过程的方向必须不再掌握在任何一种独享经济权力和政治权力（如资本、国家及其强制机构，政党及其官僚和权力等级）的体制手中”，“对进一步发展的各种可供选择的可能性的可靠认识”，“一种有力的、民主的舆论的存在”，“共同体之真正的自我实现”。这些条件无疑隐含着共同的人道主义取向，使得“人类个体的自觉的实践活动成为个人生活和集体生活的必要条件和充分条件之一”。③

布达佩斯学派则将以“激进民主制”为核心的“第三条道路”视为超越当代资本主义和既存社会主义的未来出路所在。布达佩斯学派普遍将人的激进需要的满足视为人性实现的根本所在，而激进需要的重要特质在于激进主体的多元化，它不仅构成布达佩斯派对现代社会展开激进批判的价值前提，同时也构成其关于未来激进想象的核心。具体来说，赫斯用“合理性的乌托邦”来表征自己对人类未来的构想，它作为“类的实现，是历史中发展的人长期流浪的终点，是人向在其中可以真实存在的一个家园的‘回乡’”④。赫勒进一步指出，“合理性的乌托邦”包含着三种

---

① ［南］弗兰尼茨基：《马克思主义和社会主义》，人民出版社1982年版，第141—142页。

② 《哲学译丛》编辑部：《南斯拉夫哲学论文集》，生活·读书·新知三联书店1979年版，第322—323页。

③ ［南］米哈依洛·马尔科维奇：《当代的马克思——论人道主义的马克思主义》，黑龙江大学出版社2011年版，第213页。

④ ［匈］阿格妮丝·赫勒：《激进哲学》，黑龙江大学出版社2011年版，第126页。

理想，而首要的便在于它真正实现了激进主体的多元化，并通过"不受支配的交往"而获得具体体现，由此，它才体现为"民主理念"的彻底实现，即"所有人都应该作为同样合理的存在者参与价值讨论：每个人都应该平等地参与价值的决定，参与社会行动纲领的制定——所有社会共同体的行动"。① 马尔库什基于对"一种激进的历史主义的理论预设，如何能够实现与彻底超越当前历史阶段的实践态度和实践要求相一致"② 这个问题的探求，强调必须确立起"激进的主观'力量'在社会中的存在"③ 这一"预设"应有的批判性意义，而这种"预设"意味着批判理论的可能性的"先验"前提的存在，即其作为一种激进化的动机，蕴含着对当前社会的"超越"，并由此指向一种新的社会组织和新的社会生活形式。也正是通过此种"预设"，马克思的"批判理论可以使一个替代性的未来向人们敞开，使人们可以想象这个未来，从而让当前的无言的苦难发出声响，并把这些苦难和挫折转化为有意识的激进愿望"。④ 而由于激进愿望本身的可变性，马尔库什主张激进主体的多样性，并以此为前提倡导价值的多元性，认为"如果价值的多样性被设定为一种价值（即不能把各种价值排列成一个固定的等级序列，在生活形式的各种类型之间存在着选择的可能性），那么人类的统一性就不再被理解为要么处于单一主体（今天体现为激进转变的唯一主体）的范畴的笼罩之下，要么处于所达成的共识的概念（某一理论可以抽象地预先规定这种共

① ［匈］阿格妮丝·赫勒：《激进哲学》，黑龙江大学出版社2011年版，第139页。

② ［匈］乔治·马尔库什：《语言与生产——范式批判》，黑龙江大学出版社2011年版，第159页。

③ ［匈］乔治·马尔库什：《语言与生产——范式批判》，黑龙江大学出版社2011年版，第159页。

④ ［匈］乔治·马尔库什：《语言与生产——范式批判》，黑龙江大学出版社2011年版，第162页。

识）的笼罩之下。相反，这种统一性应当被理解为以实践中的团结一致和创造性的宽容为基础的、发生在不同的文化和生活形式之间的、不间断对话的连续过程"。①马尔库什认为，正是此种充分体现民主的对话，构成了人类解放的前提条件。

波兰新马克思主义者以异化批判为前提对消除了异化的人道主义社会主义展开了积极构想。沙夫明确认为，"在马克思的观念中社会主义就是人道主义的方向，而且是从这样的含义上讲的，即在他看来人具有至高无上的价值。正因为如此，人的自由在马克思的全部著作中都是共产主义的标志。在这里，共产主义被理解为建立在生产者的自由联合基础上的社会制度"。②但是，在苏联模式的社会主义社会中，由于社会主义革命的异化以及随之而建立的高度集中的政权体制，人的自由和价值并没有如马克思所预想的那样得到实现，反而在社会和政治领域遭到彻底的压制和消解。为此，沙夫以人道主义性质的人民"自治"为核心对新的社会主义模式展开设想，认为"这样，我们就抓住了事物的核心。如果我们抛却在今天看来比一百五十年前还要幼稚得多的空想社会主义的梦幻，那么我们为之而斗争的最重要的社会要求就是间接的但又是激进的民主意义上的自治要求，它是消除官僚机构癌症的良药"。③虽然因最终走向了"反马克思主义"而与沙夫表现出思想取向上的根本不同，但就以人道主义为重心构想人类社会的未来而言，科拉科夫斯基却与沙夫在方向上表现出

---

① ［匈］乔治·马尔库什：《语言与生产——范式批判》，黑龙江大学出版社2011年版，第164页。

② ［波］亚当·沙夫：《论共产主义运动的若干问题》，人民出版社1983年版，第113页。

③ ［波］亚当·沙夫：《论共产主义运动的若干问题》，人民出版社1983年版，第77页。

一致性，其重要著作《走向马克思主义的人道主义》的两大主题之一就是，"把人道主义作为哲学和实践目的，并突出马克思主义哲学中固有的人道主义向度，即在行动的重要选择时依赖价值判断"。①

　　同样基于对现代性危机的全面反思与批判，捷克新马克思主义者科西克对人道主义的社会主义展开了积极构想。科西克认为，在苏联模式的社会主义社会中，政治上的官僚统治造成了全面的阶级和社会危机，"我们当前的危机是社会的所有部门和全部阶级的一种危机，而与此同时，它又是它们之间的相互作用的危机"。②而危机的鲜明的表现在于社会的封闭性、民主的严重缺乏、工人的历史功能的丧失，等等。但是，科西克乐观地面对危机，认为"当前的危机不仅是旧的、过时的、虚假的和低效的东西的崩溃，而且同时它也代表了新的可能性"。③而他所希求的则是"一种基于政治上的平等和完整的权利"，"它源自社会主义和人道主义的原则，是共产主义者、社会主义者、民主主义者和其他公民的新的政治联盟，而不是那些隶属于党与否的过时的模式"④。由此构成的将是一个代表了人类历史的新起点的开放的社会主义，政治联盟中的各方面能够展开平等的对话、讨论和协商，并由此带来政治能量和不竭的灵感，以及某种在社会的全部领域激发和丰富其进步的源泉。

---

　　① ［波］莱泽克·科拉科夫斯基：《走向马克思主义的人道主义——关于当代左派的文集》，黑龙江大学出版社2013年版，中文版序言，第10页。

　　② ［捷克］卡莱尔·科西克：《现代性的危机》，黑龙江大学出版社2014年版，第32页。

　　③ ［捷克］卡莱尔·科西克：《现代性的危机》，黑龙江大学出版社2014年版，第34页。

　　④ ［捷克］卡莱尔·科西克：《现代性的危机》，黑龙江大学出版社2014年版，第34页。

　　综上所述，相对于苏联历史唯物主义阐释范式，东欧新马克思主义者普遍遵循青年马克思的异化批判逻辑，构筑起了以实践为本体论基础、以现实社会的异化批判为中心、以未来人道主义社会构想为根本旨趣的理论整体，并从整体上体现了他们对历史唯物主义的阐释方式。在此前提下，东欧新马克思主义者还对历史唯物主义作出了各自的富有特质的阐释。

第十二章　东欧历史
唯物主义观的具体维度

东欧新马克思主义者在历史唯物主义的总体理解上共有着实践的本体论根基、基于异化的社会批判以及基于人道主义的未来筹划三个共同特质，但由于其代表者在把握历史唯物主义的切入点和侧重点等方面存在诸多差异，所以也展现出多维度的历史唯物主义景观。诸多的维度虽然贯彻了东欧新马克思主义者的历史唯物主义观的总体理论取向，但也显现出基于切入点和侧重点的不同而造成的个性化的理论特色。系统把握东欧历史唯物主义观的具体维度，对于更加全面展现东欧历史唯物主义的理论特质具有重要的意义，同时对于我们以更为丰富的理论视角深化历史唯物主义的理解具有重要的启示意义。

第一节　马尔科维奇：作为"批判科学"的历史唯物主义

作为南斯拉夫"实践派"的主要代表之一，马尔科维奇深刻批判了当代以来两种分裂式解读历史唯物主义的取向，即"实证化"的历史唯物主义以及单方面地凸显历史唯物主义的批判维度，并强调通过"回到真实马克思"来重新解释历史唯物主义。在他看来，马克思的历史唯物主义是科学性与批判性的统一，是一种独特的"批判的科学"。以此为基础，马尔科维奇尝试性地探讨了实现当代社会的彻底的人道化的可能性问题。马尔科维奇对历史唯物主义的重新阐释具有许多可取的积极面，但其对青年马克思异化批判理论的过度依赖，导致将历史唯物主义固有的"内在批判"维度以一种激进的话语转变成了一种"外在批判"，从而不可避免地带上强烈的理想主义色彩。

一、批判的科学

马尔科维奇明确指出，"马克思创造了一种既是科学的又是批判的理论"①，或者说是"批判的科学"。但就两者的地位看，马尔科维奇无疑意在彰显历史唯物主义的批判性。在他看来，马克思的理论首先具备了一般意义上的科学的基本特征，"当我们分析马克思的所作所为时，无疑，他把他的大部分生命都献给了那些具有确定特征的科学研究工作，即使是在最严格的经验主义的意义上"。②而如果说科学的原本使命在于把握客观性的规律，那么，马克思则"倾向于确立管理社会过程的规律"③。但是，马克思的科学绝非一般意义上的科学，甚至在某种意义上可以说"不是科学"，即不是以描述和解释对象为根本要义的经验主义科学。问题的关键在于，马克思的科学概念基于根本性的理论创新和方法论创新，从而在根本上具备了批判性的特质。就此而

---

① ［南］米哈依洛·马尔科维奇：《当代的马克思——论人道主义的马克思主义》，黑龙江大学出版社 2011 年版，第 1 页。
② ［南］米哈伊洛·马尔科维奇：《从富裕到实践——哲学与社会批判》，黑龙江大学出版社 2012 年版，第 56 页。
③ ［南］米哈伊洛·马尔科维奇：《从富裕到实践——哲学与社会批判》，黑龙江大学出版社 2012 年版，第 56 页。

言，马尔科维奇无疑抓住了历史唯物主义的本质属性。如果说以往的一切唯心主义历史观归根结底的理论目标在于"确证现实"，甚至连本身蕴含着革命辩证法精神的黑格尔的思辨体系也不可避免地堕入"虚假的实证主义"或"只是虚有其表的批判主义"[①]的泥坑，那么，由马克思恩格斯共同创立的历史唯物主义则通过历史观的变革而具备了批判性的品质，并以此与一切旧的历史观从根本上区别开来。

历史唯物主义缘何具备了批判性的根本属性？对此，马尔科维奇从多个方面作了界划和论证。首先，历史唯物主义实现了经验的研究方法和理性的研究方法之间的内在统一。在此，马尔科维奇的所指主要是马克思在《〈政治经济学批判〉导言》中所概括的"两条道路"的政治经济学研究方法，即"在第一条道路上，完整的表象蒸发为抽象的规定；在第二条道路上，抽象的规定在思维行程中导致具体的再现"。[②]通过这种方法的运用，马克思彻底克服了经验主义科学"从赤裸裸的事实出发"以及"满足于对它们作简单归纳概括"的根本局限，并由此确立了"一种哲学远见和对所有先前相关的特殊知识的一种彻底的批判研究"的"现实出发点"[③]。在这里，我们发现马尔科维奇具有将历史唯物主义的"内在批判性"导向一种"外在批判性"的倾向。固然，认识到从纯粹的事实出发的根本缺陷切中了马克思理论运思的理论实际，正如马克思所批判指出的，"从实在和具体开始，从现实的前提开始，因而，例如在经济学上从作为全部社会生产行为的基础和主体的人口开始，似乎是正确的。但是，更仔细地考察起来，

---

① ［德］马克思：《1844年经济学哲学手稿》，人民出版社2002年版，第109页。

② 《马克思恩格斯文集》（第8卷），人民出版社2009年版，第25页。

③ ［南］米哈依洛·马尔科维奇：《当代的马克思——论人道主义的马克思主义》，黑龙江大学出版社2011年版，第7页。

这是错误的"。① 但这绝非意味着马克思将其理论的出发点定格在一种关于未来的"哲学远见"上，如此，关于现实的批判只能是基于现实之外的视角进行。

其次，历史唯物主义实现了具体与抽象的内在统一。这主要是总体性方法的普遍贯彻和运用所实现的结果，即在他看来，"理论必须是对整个结构的研究，即对呈现在其总体中的历史状况的研究"。② 就此种认识而言，马尔科维奇显然继承了以卢卡奇为代表的西方马克思主义者对历史唯物主义方法论意蕴的理解。在《历史与阶级意识》一书中，卢卡奇就明确指出，"具体的总体是真正的现实范畴"，从而"只有在这种把社会生活中的孤立事实作为历史发展的环节并把它们归结为一个总体的情况下，对事实的认识才能成为对现实的认识"。③ 毫无疑问，将总体性方法凸显为历史唯物主义的根本方法论原则，揭示了历史唯物主义把握社会现实的根本前提。虽然马克思恩格斯也强调"中介"分析的重要地位和作用，"马克思知道，任何直接把握总体性而又没有分析中介的尝试，都会导致神话和意识形态"④。但归根结底，总体性的把握在方法论上仍然具有优先性，换句话说，中介分析的目标在于将对要素和环节的分析在更高的层次上"带回到与其他组成部分的各种关系中，并只是被当做一个复杂的结构中的各个因素"⑤。对此，马克思指出资产阶级社会中"资本"成

---

① 《马克思恩格斯文集》(第 8 卷)，人民出版社 2009 年版，第 24 页。

② [南]米哈依洛·马尔科维奇：《当代的马克思——论人道主义的马克思主义》，黑龙江大学出版社 2011 年版，第 57 页。

③ [匈]卢卡奇：《历史与阶级意识》，商务印书馆 1992 年版，第 76 页。

④ [南]米哈依洛·马尔科维奇：《当代的马克思——论人道主义的马克思主义》，黑龙江大学出版社 2011 年版，第 8 页。

⑤ [南]米哈依洛·马尔科维奇：《当代的马克思——论人道主义的马克思主义》，黑龙江大学出版社 2011 年版，第 8 页。

为"支配一切的经济权力",或者说其构成了资产阶级社会的"总体",因而"必须成为起点又成为终点"。

再次,历史唯物主义实现了历史性分析与结构性分析的内在统一。就这一点而言,马尔科维奇首先看到了以阿尔都塞为典型代表对历史唯物主义进行结构主义解读的根本缺陷。在他看来,"社会形式之当代方面的某些变种以及只注意到其共时性方面的结构主义,是对马克思的方法的某些本质要素的退化的、片面的发展"。① 马尔科维奇的批判击中了结构主义的要害,即其执着于对社会的横向结构"片面"的分析而丧失了领悟结构变迁及其未来走向的能力,而这一点却关乎历史唯物主义批判性的要旨。在他看来,结构分析本身异常重要,"离开了对整个给定状况的确定的结构特征的说明,就不能把握历史上可能的东西",但是,缺乏历史分析的维度,或者说"对历史没有一种深刻的领悟",就不可能把握特定结构的过去,更无法洞察特定结构的未来。

最后,历史唯物主义包含着一种批判的方法和革命实践的方法,即辩证法。在马尔科维奇看来,这种方法从根本上源自历史唯物主义之全新功能的确立,即"问题不在于解释世界,而在于改变世界"。其中,"改变世界"的根本诉求在于彻底改变那些使人遭受剥削和压迫的现实社会关系,从而实现人的本真性存在。正如他所说:"哲学批判的主要对象应该是人的'现实本质',但这种本质不是某种非历史的和不可改变的东西,而是社会关系的总体性。"② 马尔科维奇进而指出,正是"从这些行动主义中必然推出一种新的科学功能观",即其"不满足于如何才能最佳地调

---

① 〔南〕米哈依洛·马尔科维奇:《当代的马克思——论人道主义的马克思主义》,黑龙江大学出版社 2011 年版,第 8 页。
② 〔南〕米哈依洛·马尔科维奇:《当代的马克思——论人道主义的马克思主义》,黑龙江大学出版社 2011 年版,第 9 页。

节一种状况之主要的倾向和整个社会框架，它还通过表明人如何才能改变整个框架并使之适合人自身而表达了一种更高级的合理性观念"。①

由上可知，马尔科维奇所探寻的"批判的科学"重在强调历史唯物主义的批判性特质，其矛头直指苏联历史唯物主义的实证化趋向。而从根本性的价值诉求看，马尔科维奇无疑想通过彰显历史唯物主义的批判性维度来解答在当代资本主义历史调节下如何实现"彻底的人道化"。换句话说，马尔科维奇的现代性批判及其对人的本真性生存状态的探求是建立在对历史唯物主义之"批判性"解读的基础上的。

二、对"彻底的人道化的可能性"的探寻

在马尔科维奇看来，历史唯物主义作为"批判的科学"筹划了一种"历史可能性"。正如他所说，"马克思的理论是对历史可能性的一种批判研究的结果。它是一种模式，一种理想化的结构的符号的表达——而不是一种经验描述"②。正因为此种筹划，历史唯物主义具有了持久性的意义和价值，"他的批判的人类学中所预设的各种可能性中的人道主义的评价标准和实践选择仍然符合当代人的需要，并最好地表达了对当代人的状况的一种广泛的反抗"③，或者说，它为当代实现"彻底的人道化"确立了理论基础和方向。

何谓"彻底的人道化"？回答这个问题，必须首先把握马尔

---

① ［南］米哈依洛·马尔科维奇：《当代的马克思——论人道主义的马克思主义》，黑龙江大学出版社 2011 年版，第 9 页。

② ［南］米哈伊洛·马尔科维奇：《从富裕到实践——哲学与社会批判》，黑龙江大学出版社 2012 年版，第 67 页。

③ ［南］米哈伊洛·马尔科维奇：《从富裕到实践——哲学与社会批判》，黑龙江大学出版社 2012 年版，第 69 页。

科维奇对"人的本质"的理解，因为，在他看来，"使世界更加人道的观念预设了一种完备发展了的人的本质的观念，而且它意味着以一种本真的方式作为一个真正的人而存在"。①这段话表明，"彻底的人道化"就意味着人的本真性存在的真正实现，而其中无疑蕴含着马尔科维奇对人的本质的理解。在他看来，存在着两种不同的人的本质的概念，"当分析历史并确立人的行为的某些一般的对立倾向时，我们便达成了一种人的描述概念，它可以通过一系列事实的经验命题来表达。但是，当我们对人的诸如社会的、生产的、创造的、理性的、自由的和平的特征的偏爱超过了其他特征时，当我们把这些特征分为'真正的人的''真正的''本真的''本质的''自然的'等特征时，我们便达成了一种人的价值概念。它表明，人在本质上是一种实践的存在，而且他的本质可以通过一系列价值命题来表达"。②而就人的两种本质概念的确认方式来看，描述的人的本质概念依赖于科学的方法来获得证明，而人的本质的价值概念则必须基于对生活的根本的长远的实践取向来作决定。对于两种人的本质概念，马尔科维奇竭力推崇人的本质的价值概念，因为正是它为一种人道主义的哲学和实践确立一种方向感和一种一般的评价标准。虽然马尔科维奇通过确立人的本质的价值概念为批判现代工业文明提供了一种标尺，但归根结底，其对人的本质的理解是建立在抽象的基础之上的。当其将人的本质的价值概念的确认标准交付于一种历史悠久的人道主义传统时，即符合那些通过历史上最有才智的人来表达的偏爱，则明确地承认了人的本质的超历史的特征，既然如此，它

---

① ［南］米哈伊洛·马尔科维奇:《从富裕到实践——哲学与社会批判》，黑龙江大学出版社 2012 年版，第 72 页。

② ［南］米哈伊洛·马尔科维奇:《从富裕到实践——哲学与社会批判》，黑龙江大学出版社 2012 年版，第 74 页。

便与马克思始终基于特定的生产和生产方式来把握人的本质的现实路向有了原则性的区别。

进一步来看，缘何要确立"彻底的人道化"的价值诉求？就这个观念性目标的提出来看，马尔科维奇无疑发挥了马克思关于"所谓彻底，就是抓住事物的根本。而人的根本就是人本身"著名论断所蕴藏的人本主义思想。一方面，在他看来，之所以要确立"彻底的人道化"的根本目标，首先在于在现代社会——包括以苏联为代表的社会主义社会——中人的异化的生存状态。正如他所说："现代工业文明为人的一种更加富裕、更加自由、更有创造力的生活增加了可能性。作为技术发展的结果，各种巨大的自然力量和社会力量被调动起来，然而，悲剧性的事实仍然在于，无论是物质上还是精神上的奴役和贫困，仍在我们的时代占支配地位。"① 其次，"彻底的人道化"从根本上源于流俗的人道化过程将目标仅仅限制在克服物质苦难、消除饥饿和文盲等方面，而没有直击现代社会的真正根源。正是在这里，马尔科维奇抓住了历史唯物主义所包含的价值诉求的现实维度，即消除异化的生存状态，实现彻底的人道化，必须抓住造成异化的现实根源。而这也正是马克思一生致力于解答的根基性问题。但遗憾的是，马尔科维奇并没有在理论上击中要害。具体来说，他没有基于特定的生产关系来分析人的异化生存状态，而是将异化的根源归结为"那些对经济权力和政治权力具有一种垄断的社会群体的存在"②。在他看来，"当任何一个群体侵占了一个国家的政治权力和经济权力的时候，所有其他公民和群体就会被降低到受操纵的对象的地

---

① ［南］米哈伊洛·马尔科维奇：《从富裕到实践——哲学与社会批判》，黑龙江大学出版社 2012 年版，第 70 页。

② ［南］米哈伊洛·马尔科维奇：《从富裕到实践——哲学与社会批判》，黑龙江大学出版社 2012 年版，第 77 页。

位，这乃是非人道化的所有其他当代形式的基础"。[1] 正是基于此种认识，马尔科维奇将"彻底的人道化"界定为"创造这样一些条件，其中每一个人都可能参与对那些由人所支配的巨大的社会力量和技术力量的控制。这样一种根本的人的解放的一个主要条件，就是要废止任何一个特殊社会群体手中的政治权力和经济权力的任何一种集中"。[2]

但是，任何一种经济权力——政治权力无非经济权力的"表现形式"——都直接源于特定的社会现实，尤其源于特定社会形态中的特定的社会生产关系，那么，没有对生产关系的深入剖析及其历史发展限度的科学判定，所谓的消除"任何一种集中"只能是一种律令式的宣判。这一点充分体现在马尔科维奇对"彻底的人道化"的可能性的探寻上。从一般意义上看，马尔科维奇认为有三种因素决定着人们对历史可能性的"设想"。即客观的社会事实、过去所遵守的规则、人的行为。其中，前两个因素构成了人们把握历史发展方向的基础，"只有当一个人知道了一定时刻中系统的初始条件并确定了过去发生过的变化的倾向时，他才可能确定系统的一系列未来的可能性"。[3] 但是，历史不同于自然，人的行为或主观因素使得对历史可能性的预测不可能达到自然科学的精确性，也正因为如此，马尔科维奇拒斥本体论和认识论意义上的历史可能性，而倡导先验的历史可能性，即一种所"愿望的可能性"。

---

[1] ［南］米哈伊洛·马尔科维奇:《从富裕到实践——哲学与社会批判》，黑龙江大学出版社 2012 年版，第 78 页。

[2] ［南］米哈伊洛·马尔科维奇:《从富裕到实践——哲学与社会批判》，黑龙江大学出版社 2012 年版，第 79 页。

[3] ［南］米哈伊洛·马尔科维奇:《从富裕到实践——哲学与社会批判》，黑龙江大学出版社 2012 年版，第 80 页。

上文的论述表明,马尔科维奇对"彻底的人道化的可能性"的探寻并非对一种现实的可能性的探寻,而是超越于现实的一种"先验可能性"。而这一点则建立于其对人的本质的价值预设的基础之上。既然如此,他对历史唯物主义批判性的认识就必然导向一种"外在性的批判",而非历史唯物主义本来具有的"内在性批判"。从理论根源上看,此种认识源于马尔科维奇对青年马克思的异化批判理论的过度依赖。

三、马尔科维奇历史唯物主义观的总体评价

毋庸置疑,马尔科维奇基于实证化历史唯物主义以及抽象地凸显历史唯物主义批判维度两种片面性解读,强调"回到真实的马克思",并通过彰显历史唯物主义的批判维度来刻画历史唯物主义的本质特征,以此为批判现代工业文明、实现人的本真性存在提供遵循。可以说,马尔科维奇对历史唯物主义之"批判的科学"的解读和阐释体现了对苏联历史唯物主义实证化取向的矫正。但是,从结果来看,他却"矫枉过正"了。过度依赖青年马克思的人本主义批判理论,导致其最终背离了历史唯物主义的批判性精神实质。此种过度依赖充分体现在马尔科维奇对马克思《1844年经济学哲学手稿》中的人本主义批判理论的极度彰显上。在他看来,马克思的科学思想的批判性贯穿于所有著作中。就这个认识本身而言,并无问题。但关键在于,他将此种贯穿于马克思思想研究历程始终的批判性思想"同质化"为"异化理论"所包含的激进批判思想。马尔科维奇明确指出:"那种把青年马克思的价值承载的人道主义乌托邦和成熟马克思的价值无涉的科学结构主义截然区分开来的做法,是一种对他的著作的肤浅研究的灾难性错误。"[①]固然,马尔科维奇也承认马克思批判思想的变化,但只限于

---

① [南]米哈依洛·马尔科维奇:《当代的马克思——论人道主义的马克思主义》,黑龙江大学出版社2011年版,第14页。

承认枝节性的变化，即"存在的往往只是一种语汇的变化，或是用适用于资本主义社会的特殊词汇代替了适用于一般社会的一般语汇"①，而人本主义的"根本的批判立场"始终是一样的。

马尔科维奇的"归结"从根本上抹杀了马克思哲学的革命性变革以及由此所开启的全新批判路径。标志这一变革的重要文本就是《关于费尔巴哈提纲》和《德意志意识形态》。其中，《德意志意识形态》意味着一种全新的哲学方法论的系统建构。从一般意义上看，任何一种理论变革总是针对理论自身的困境而进行的，马克思所实现的哲学革命同样如此。如何实现全人类的解放是马克思一生致力于解答的总问题，而《1844年经济学哲学手稿》中所阐述的异化批判理论则体现了对这一总问题的"一种回答"。限于篇幅，我们不能详细分析异化理论的内在机理，而只能作一简单的交待，那就是，这一理论从根本上是一种游离于资本主义社会现实的"外在性"批判，即通过预设理想性的价值亦即人的"实践本质"对现实社会所造成的"非人化"进行揭露和批判，并基于对此种"应然性状态"的描绘来述说人类的未来，从而体现出强烈的理想主义色彩。而其根由在于，此时的马克思尚不能对资产阶级社会的生产关系作出科学的说明，从而无法科学判定这一生产关系的发展限度，并基于此内在地揭示人类历史的未来走向。由此生成的批判必定是一种基于资本主义社会现实的"内在批判"。这一方向无疑是在《德意志意识形态》中确立的，并构成了此后马克思运思的根本取向。

而由于对异化理论逻辑架构的完全依赖，马尔科维奇对历史唯物主义批判性的阐释不可避免地将历史唯物主义固有的"内在

---

① ［南］米哈依洛·马尔科维奇：《当代的马克思——论人道主义的马克思主义》，黑龙江大学出版社2011年版，第14页。

批判"维度以一种激进的话语转变成一种"外在批判"。这一点充分地体现在其对历史唯物主义批判的概念架构的勾勒上。在马尔科维奇看来,"马克思的关键概念总是要么指涉那些已经被废除或可能被废除的结构,要么指涉那些尚未被创造或可能被创造的结构。属于前者的有这样一些概念,如商品、抽象劳动或异化劳动、价值、剩余价值、利润、资本、阶级、国家、法律、政治和意识形态。属于后者的有这样一些概念,如类存在或社会的人、实践、人的生产、共同体、自由、历史、共产主义,等等"①。其中,异化劳动与实践的二元区分以及由此区分所形成的批判性张力无疑是核心,两个系列中的其他概念都分别源于这两个概念。与马克思的异化批判理论相一致,马尔科维奇将人的类本质归为理想性的"实践"。他说道,"实践则是理想的人的活动,即一种人在其中实现了其存在的最大潜能的活动,因而它就是目的本身",而现代社会所普遍存在的异化劳动则体现了人的实践本质的根本性丧失。如此一来,"实践"不仅体现为人类历史所趋向的一种"先验性"目标,同时也成为矫正和批判现实的根本性标尺。但是,1845 年走向"新唯物主义"的马克思已然彻底摒弃了这种作为抽象的人性预设的实践概念,在他看来,生产"总是指在一定社会发展阶段上的生产"②,也即总是处于特定生产关系中的生产,相反,那种脱离了特定生产关系的劳动或生产"只是一个幽灵","一个抽象","只是指人借以实现人和自然之间的物质变换的人类一般的生产活动,它不仅已脱掉一切社会形式和性质规定,而且甚至在它的单纯的自然存在上,不以社会为转移,超越一切社会之上,并且作为生命的表现和证实,是尚属非社会

---

① [南]米哈伊洛·马尔科维奇:《从富裕到实践——哲学与社会批判》,黑龙江大学出版社 2012 年版,第 58 页。

② 《马克思恩格斯文集》(第 8 卷),人民出版社 2009 年版,第 6 页。

的人和已经有某种社会规定的人所共同具有的"。[①] 但马尔科维奇将异化劳动的逻辑架构延伸至《资本论》，认为"马克思在《资本论》中对商品拜物教的批判，就只能在他对一种真正的人的生产（其中，人以双重的方式肯定了他自己和另一个人）的假定下得到理解"[②]，这从根本上背离了马克思之历史的科学的唯物主义的全新视域。

马尔科维奇将历史唯物主义的批判性阐释为基于异化劳动的内在逻辑架构所形成的"外在批判性理论"，使得其理解不可避免地带上强烈的理想主义色彩。首先，马尔科维奇无法洞悉马克思对人之异化生存的"现实根源"的深入剖析，而只能将其视为人的"真正的生产"丧失的结果。"异化"体现了人的生存的扭曲和颠倒，但正如马克思所说："这种扭曲和颠倒是真实的，而不是单纯想象的，不是单纯地存在于工人和资本家的观念中的……这种颠倒的过程不过是历史的必然性，不过是从一定的历史出发点或基础出发的生产力发展的必然性。"[③] 这段话充分表明，马克思是基于生产力的发展以及在此基础上所形成的"特定生产关系"的内在矛盾的分析来考察人的生存状态的，而绝非基于理想性的价值预设来解答人的生存异化的根由。其次，正因为无法洞察人的异化生存的根由，马尔科维奇对将人的本真性生存的出现寄希望于一种"先验可能性"的预设。而究其实质，此种预设实际上是以一种逻辑的强制性来摆脱现实的困扰，但正如马克思所言："一种历史生产形式的矛盾发展，是这种形式瓦解和新形式形成的惟一的历史道路。"[④]

[①] 《马克思恩格斯全集》（第46卷），人民出版社2003年版，第923页。

[②] ［南］米哈依洛·马尔科维奇：《当代的马克思——论人道主义的马克思主义》，黑龙江大学出版社2011年版，第11页。

[③] 《马克思恩格斯全集》（第31卷），人民出版社1998年版，第244页。

[④] 《马克思恩格斯全集》（第44卷），人民出版社2001年版，第562页。

第二节 彼德洛维奇：作为实践哲学"成分"的历史唯物主义

作为南斯拉夫"实践派"的重要代表人物之一，彼德洛维奇对历史唯物主义作出了富有个性的理解。在他看来，"历史唯物主义"是一种流行的解释马克思思想的方式，它首创于恩格斯，并因其自身的质量和恩格斯的地位而在此后的马克思主义思想史中广为流传。从性质上看，历史唯物主义是"纯粹科学"，并由此而不能成为马克思思想的最佳解释方式，但这并非意味着我们可以彻底摒弃历史唯物主义，而是应该为其安置合适的位置。具体来说，它只有作为马克思实践哲学的内在组成部分，才能取得合法的地位。彼德洛维奇对历史唯物主义的理解不乏合理性的成分，但由于其对马克思思想之"实践哲学"定位上的根本缺陷，以及以此为前提理解历史唯物主义，从而造成理论上的重大偏离。

一、"历史唯物主义"之缘起

在东欧新马克思主义的代表人物之中，彼德洛维奇是少有的直接就"历史唯物主义"进行理论界说的人。从理论诉求上看，彼德洛维奇是为了寻找一种最能说明马克思思想本质的表述方式。在他看来，存在着三种不同的对马克思思想的解释，即历史唯物主义、实践哲学和革命哲学，而他的目标就是从中找寻到最能反映马克思思想本质特征的解释方式。正是在这种探寻中，彼德洛维奇表达了自己对于历史唯物主义的基本看法。在他看来，历史唯物主义是解释马克思思想的"最古老，同时也是最流行（因而也是最重要的）解释之一"[①]，而之所以如此，则既归功于这

[①] 衣俊卿等主编：《当代学者视野中的马克思主义哲学·东欧和苏联学者卷》（下卷），北京师范大学出版社 2008 年版，第 277 页。

种解释自身固有的质量，同时也要归功于它的作者——恩格斯的声望和影响。这种分析表明，彼德洛维奇将"历史唯物主义"仅仅归结于恩格斯，为此，他引用了恩格斯《在马克思墓前的讲话》中关于马克思两大发现的论述作为论证。他明确指出："恩格斯不但是第二国际关于马克思是历史唯物论者和政治经济学的解释的发明人，而且也是普列汉诺夫、列宁以及第三国际关于辩证唯物主义是马克思学说的哲学基础的观点的首创者。"[①] 换句话说，在彼德洛维奇看来，恩格斯视野中的历史唯物主义本身不是哲学，并致力于为其补充哲学的基础。对此，彼德洛维奇将恩格斯在《自然辩证法》中所阐发的思想概括为"辩证的自然哲学"，并且认为"恩格斯之所以开始这一工作，是因为在他看来，在这方面，马克思那里留有哲学空白，需要填补"。[②]

　　通过上文的简单梳理，我们不得不为彼德洛维奇在理论上的"大胆"感到惊讶，但是不幸的是，彼德洛维奇在理论上"大胆"恰恰是建立在对历史唯物主义形成发展史本身及其本质的严重误解的基础上的。首先，彼德洛维奇将历史唯物主义的解释方式仅仅归结为恩格斯的理论"杰作"，并且当恩格斯采用历史唯物主义的解释方式时，也仅仅只是在解释马克思的思想。这就严重违背了历史唯物主义创立的实情。实际情形是，历史唯物主义是由马克思和恩格斯共同创立的。对此，马克思在1859年的《〈政治经济学批判〉序言》中回顾自己思想发展的历程时强调指出，"自从弗里德里希·恩格斯批判经济学范畴的天才大纲（在《德法年鉴》上）发表以后，我同他不断通信交换意见，他从另一

----

　　① 衣俊卿等主编：《当代学者视野中的马克思主义哲学·东欧和苏联学者卷》（下卷），北京师范大学出版社2008年版，第278页。

　　② 衣俊卿等主编：《当代学者视野中的马克思主义哲学·东欧和苏联学者卷》（下卷），北京师范大学出版社2008年版，第279页。

条道路（参见他的《英国工人阶级状况》）得出同我一样的结果。当1845年他也住在布鲁塞尔时，我们决定共同阐明我们的见解与德国哲学的意识形态的见解的对立，实际上是把我们从前的哲学信仰清算一下"，并进而强调"我们的见解中有决定意义的论点，在我的1847年出版的为反对蒲鲁东而写的著作《哲学的贫困》中第一次作了科学的、虽然只是论战性的概述"。① 这段话充分说明，——对于彼德洛维奇来说则更需要着重指出，因为正是他较早地强调要回到"真正的马克思"——马克思多次强调指出的"我们的见解"表明了马克思与恩格斯在思想上的一致性，而其中的"见解"则是他们共同创造的历史唯物主义。这一点充分体现在马克思恩格斯共同阐明他们的见解的《德意志意识形态》中。正是在这部著作中，马克思恩格斯在致力于划清他们与费尔巴哈的思想界限时，指的正是费尔巴哈的唯心主义历史观，即"当费尔巴哈是一个唯物主义者的时候，历史在他的视野之外；当他去探讨历史的时候，他不是一个唯物主义者"。② 既然如此，当马克思恩格斯与其针锋相对所共同阐发的见解不是历史唯物主义还能是什么？

其次，彼德洛维奇严重误解了历史唯物主义的本质。在他看来，历史唯物主义只是纯粹科学，因而才会有恩格斯为其补充哲学基础的举动。的确，恩格斯和马克思都曾明确表达过历史唯物主义对"哲学"的超越。在《德意志意识形态》中，马克思恩格斯明确指出："对现实的描述会使独立的哲学失去生存环境，能够取而代之的充其量不过是从对人类历史发展的考察中抽象出来的最一般结果的概括。这些抽象本身离开了现实的历史就没有任何价

---

① 《马克思恩格斯文集》（第2卷），人民出版社2009年版，第593页。
② 《马克思恩格斯文集》（第1卷），人民出版社2009年版，第530页。

值。……但是这些抽象与哲学不同，它们绝不提供可以适用于各个历史时代的药方或公式。"① 同样，恩格斯在《路德维希·费尔巴哈和德国古典哲学的终结》中也明确指出，"这种历史观结束了历史领域内的哲学"②。在此基础上，马克思和恩格斯将历史唯物主义称为"科学"，即"在思辨终止的地方，在现实生活面前，正是描述人们实践活动和实际发展过程的真正的**实证科学**开始的地方"③，或如恩格斯所说的"关于现实的人及其历史发展的**科学**"。但问题的关键在于，我们一方面要弄清楚马克思恩格斯超越的"哲学"到底是何种意义上的哲学，另一方面弄清楚当马克思恩格斯称历史唯物主义是"科学"时，到底是何种意义上的科学。那种停留于马克思恩格斯具体词句上的理解必定无法洞察理论的本质。毫无疑问，马克思恩格斯在历史领域内要终结的哲学是一种思辨的历史哲学，即借助于一个抽象的逻辑基点演绎历史，用恩格斯的话来说就是，就是"从头脑中想出联系"。而作为对这种"哲学"的终结，历史唯物主义则致力于从历史事实中发现联系。对此，莱蒙无疑作了很好的概括，他指出："马克思认为他的新方法即'历史唯物主义'是'科学'的，因为对他来说，它源于实践的真正事实，而不是固定的或先验的概念。说它是'科学的'，还因为它能够从这种'真实的现实'中，提炼出揭示事物的'一般概念'或主要原则框架——类似于'科学规律'解释自然的作用。"④因而，在理论取向上，历史唯物主义与"科学"是一致的，即都是从历史事实出发。但是，这并非意味着历史唯物主义可以直接等同于一般意义上的经验科学。其要点在于，历史唯物主义坚持在

① 《马克思恩格斯文集》(第1卷)，人民出版社2009年版，第526页。
② 《马克思恩格斯文集》(第4卷)，人民出版社2009年版，第312页。
③ 《马克思恩格斯文集》(第1卷)，人民出版社2009年版，第526页。
④ ［英］M. C.莱蒙:《历史哲学》，北京师范大学出版社2009年版，第398页。

对现实的历史过程进行描述时，必定依赖于一定的"原则框架"，但与思辨历史哲学不同的地方在于，这种"原则框架"绝非永恒不变并可以从中引申出大全的历史理论体系的绝对逻辑基础，相反，作为对现实历史过程的"抽象"，它随历史的发展变化而不断改变自己的内容和形式。正如马克思所说："每个原理都有其出现的世纪。"[①] 不仅如此，这种基于一定的历史现实所抽象和概括出来的"原则框架"只有融入具体的历史现实中，才能切实发挥其历史认识论的功能。因此，当马克思宣称"消灭哲学"时并非要消灭哲学的全部，而是要消灭哲学的特定的形式。在此基础上，马克思实际上实现了哲学观的当代走向，即从一种奢望凭一己之力把握历史之大全旧哲学观转向了强调"有限的"认识历史的新哲学观。上述分析表明，彼德洛维奇认为历史唯物主义是纯粹科学时，就严重误解了历史唯物主义的理论变革。

二、历史唯物主义的理论定位

在简述历史唯物主义的缘起后，彼德洛维奇重点论述了自己关于历史唯物主义的基本看法。在他看来，历史唯物主义的"广义形式"，即"把历史看作是各种因素的相互作用，其中经济因素在一定历史时期最为强大，因此只是在'归根结底'的意义上开辟道路"。[②] 而后者尤其构成了历史唯物主义的本质。他明确指出："正如历史唯物主义所理解的那样，'物质性'就在于一定的物质成分或因素，即经济因素在历史中归根到底起决定作用，这并不是历史唯物主义的偶然因素，而是它的本质。"[③] 那么，这

---

① 《马克思恩格斯文集》(第1卷)，人民出版社2009年版，第607页。

② 衣俊卿等主编：《当代学者视野中的马克思主义哲学·东欧和苏联学者卷》(下卷)，北京师范大学出版社2008年版，第279页。

③ 衣俊卿等主编：《当代学者视野中的马克思主义哲学·东欧和苏联学者卷》(下卷)，北京师范大学出版社2008年版，第280页。

种"广义形式的历史唯物主义"在马克思的整体性思想中到底处于何种地位？对此，彼德洛维奇作了明确回答。在他看来，"历史唯物论不是马克思关于人和历史的一般理论，而是他关于自我异化的人类历史（更确切地说是'史前史'）的批判理论。根据马克思的理论，人作为人并不必定是'经济动物'，相反，那只是阶级社会自我异化的人（他正是因为停留在经济动物的水准上而成为自我异化的人）。人作为人在本质上并不必定在外部相互作用方面分裂为几个相互对立的领域，因此，甚至'经济领域'也并不必然'归根到底'是历史的决定因素。相反，只要人的历史（至少在最根本的意义上）还由它的某一领域决定，那么，我们就还始终处于史前史的阶段，处在作为人的自由的和创造性的活动的真正人类历史的门口"。[①]

显然，彼德洛维奇对历史唯物主义的理论定位，是以其对马克思思想的特定理解为前提的。在他看来，马克思的思想可以归结为实践哲学，而其核心就是认为，"人作为人是自由的创造性的实践存在物，而真正的人的历史只有在人开始自由地创造与实现自身与自己的属人世界时才能开始"。[②]而且，既然彼德洛维奇认为历史唯物主义不是马克思的一般历史理论，那么，其潜在的意思就是，"实践哲学"恰恰体现了马克思对于历史的一般性看法。虽然他还进一步认为，用"革命哲学"概括马克思的思想更能表达其精神实质，但就其对革命哲学之内容的展开来看，其在根本上无非更加凸显实践在实现历史的自我超越和彻底的人道化过程中的根基性作用。这种基于实践哲学的前提来定位历

[①]　衣俊卿等主编：《当代学者视野中的马克思主义哲学·东欧和苏联学者卷》（下卷），北京师范大学出版社 2008 年版，第 279—280 页。

[②]　衣俊卿等主编：《当代学者视野中的马克思主义哲学·东欧和苏联学者卷》（下卷），北京师范大学出版社 2008 年版，第 280 页。

史唯物主义的理论取向更为集中地体现在他的下述论断中，即"历史唯物主义理论同实践哲学无论如何是可以'联结'起来的，但只能在实践哲学的基础上联接起来。换言之，历史唯物主义理论可以作为一个'成分'而'纳入'实践哲学，但实践哲学则不能'纳入'历史唯物主义之中"。①

对此，彼德洛维奇分别从历史唯物主义与实践哲学两个角度作了解释。从历史唯物主义的角度看，其所辐射的对象范围仅仅只是经济必然性占据统治地位，从而人陷入异化的"史前史"阶段，既然如此，其中就无法纳入关于人是完整存在物以及自由的创造性是人的本质规定的观点，与此密切相关，"在历史唯物主义范围内，也就无法把社会主义设想为人的存在的崭新的和完全的形式（人的自由的和人道的存在方式），而只能是新的'社会经济形态'"。② 与历史唯物主义不同，"在实践哲学中，人被理解为自由的创造性的存在物，他通过自己的活动实现自身和自己的世界。然而，正因为是自由存在物，人也可能自我异化，成为自我异化的不自由的存在物，成为经济动物。正因为人的自我异化，历史唯物主义作为对自我异化的社会和人的解释及批判有其存在的理由和相对的价值。但是，从实践哲学的整体中分离出来的、孤立的历史唯物主义，只能描述阶级社会中经济决定作用和剥削的机制，甚至连这种社会和自我异化的非人道的这一根本命题也不能阐述。孤立的历史唯物主义不但不能作为关于社会和人的一般理论，甚至不能充当关于阶级社会和阶级的人的完整的

---

① 衣俊卿等主编：《当代学者视野中的马克思主义哲学·东欧和苏联学者卷》（下卷），北京师范大学出版社 2008 年版，第 280 页。

② 衣俊卿等主编：《当代学者视野中的马克思主义哲学·东欧和苏联学者卷》（下卷），北京师范大学出版社 2008 年版，第 281 页。

见解，因为它对那个社会的状况只是按其现存的状况加以描述，而不能把握其历史制约性和局限性（因为它不能理解根本不同的，消除了异化的社会的可能性）"。①

的确，彼德洛维奇对历史唯物主义的理论定位存在着合理的成分。这不仅体现在他对那种认为历史唯物主义所揭示的"经济必然性"是历史发展过程中的唯一积极的决定性的因素，从而社会历史的发展呈现为人之外的纯粹客观性过程的观点的批判，并且刻画了历史唯物主义要求"唯物主义"地把握历史的根本理论取向。但是，上述定位中更多的是体现了他对历史唯物主义的严重误解。从一定意义上来说，将历史唯物主义作为实践哲学的"成分"，换个角度来看，实际上就是要为历史唯物主义奠定"哲学"的基础，但马克思恩格斯在历史唯物主义之外并不拥有一种独立的哲学，历史唯物主义本身就体现了马克思恩格斯的全新的哲学观。归根结底，"马克思的历史唯物主义并非纯粹的'哲学'，也非纯粹的'科学'，而是哲学和科学两个层次的内在统一。就历史唯物主义的科学层次而言，它可以说是历史唯物主义哲学层次的内在原则性要求的结果；而就历史唯物主义的哲学层次而言，它需要通过科学层次实现其通达社会现实的目的。可以说，这也是马克思将历史唯物主义又命名为'真正的实证科学'的根本要义所在"。②

更为重要的是，从彼德洛维奇所提供的理由看，他更是矮化和歪曲了历史唯物主义独特的理论功能。他认为历史唯物主义

---

① 衣俊卿等主编：《当代学者视野中的马克思主义哲学·东欧和苏联学者卷》（下卷），北京师范大学出版社 2008 年版，第 281 页。

② 许恒兵：《重新理解历史唯物主义的学科性质》，《中国矿业大学学报》（社会科学版）2013 年第 1 期。

只能对历史进行描述，而无法把握其历史制约性和局限性。在他看来，洞察这种历史制约性和局限性，就只能按照实践哲学提供的视野，即将人视为实践的、完整的存在物。彼德洛维奇的这一观点通过"实践派"的另一位思想家即马尔科维奇作了明确的表达，他指出："没有一种一般的哲学眼光，人就肯定看不到整个'史前史'的矛盾和限制，就看不到摆脱整个异化劳动时代的途径。"① 而从理论渊源看，这种思想直接承接了马克思在《1844年经济学哲学手稿》中所建构起来的异化劳动理论的逻辑框架，其中，马克思正是基于一种理想性的价值预设即人的实践存在或本真性的社会存在对资本主义社会现实进行了激进的批判。但是，在实现了历史唯物主义理论变革后的马克思和恩格斯恰恰终结了这种存在于现实历史之外的"一般哲学"。而《1844年经济学哲学手稿》中的那种基于历史之外的理想图景"俯瞰"历史之弊的路径便被对现实的"描述"，并在这种"描述"的基础上发现具体的历史性限制以及从中潜藏的面向未来的可能性——其核心是人的自由而全面的发展——内在批判路径所取代。固然，马克思认为"描述"历史现实离不开超越于历史现实的"原则框架"，但这种框架并非于现实历史之外抽象地构想出来的"先验性"前提，而是对现实予以科学抽象的产物。

进一步来看，彼德洛维奇认为历史唯物主义自身无法成为未来社会主义或完整的人的存在方式的建构力量，也就是说，历史唯物主义不能成为未来社会主义的基础。而其理由在于，在历史唯物主义的视野中，"通向社会主义的道路也不能被理解为自由的人的活动，而只是社会经济机制和体制的事先决定的合乎规律

① 《哲学译丛》编辑部：《南斯拉夫哲学论文集》，生活·读书·新知三联书店1979年版，第260页。

的自我发展"。① 毫无疑问，彼德洛维奇的这种理解严重误解了历史唯物主义与社会主义之间的内在关系。这种一味地强调人的自由创造性，并将其作为建构社会主义的唯一的决定性力量的观点，不仅歪曲了历史唯物主义，同时也歪曲了马克思恩格斯共同创立的科学社会主义学说。问题的关键在于，历史唯物主义并不否认人的能动性在人类历史发展进程中的主导性作用。当马克思恩格斯强调"全部问题都在于使现存世界革命化，实际地反对并改变现存的事物"② 时，无疑是在述说人的变革力量。但与此同时需要看到，人在能动性的发挥必定要受到现实的历史条件的制约，既然如此，人变革世界的主体性力量也必然要在特定的历史制约性中渐次展开。对此，马克思恩格斯明确指出："历史上周期性地重演的革命动荡是否强大到足以摧毁现存一切的基础；如果还没有具备这些实行全面变革的物质因素，就是说，一方面还没有一定的生产力，另一方面还没有形成不仅反抗旧社会的个别条件，而且反抗旧的'生活生产'本身、反抗旧社会所依据的'总和活动'的革命群众，那么，正如共产主义的历史所证明的，尽管这种变革的观念已经表述过千百次，但这对于实际发展没有任何意义。"③

　　由此可见，彼德洛维奇对历史唯物主义的理论定位全然建立在对历史唯物主义的一种片面的、狭隘化的理解的基础上，这种缺陷的总根源在于他基于青年马克思的"实践哲学"的视野来审视历史唯物主义。彼德洛维奇从反面启示我们确立理解马克思恩格斯思想的科学视野是何等重要。

---

　　① 衣俊卿等主编：《当代学者视野中的马克思主义哲学·东欧和苏联学者卷》（下卷），北京师范大学出版社 2008 年版，第 281 页。

　　② 《马克思恩格斯文集》（第 1 卷），人民出版社 2009 年版，第 527 页。

　　③ 《马克思恩格斯文集》（第 1 卷），人民出版社 2009 年版，第 545 页。

第三节　斯托扬诺维奇：内在冲突的历史唯物主义

作为南斯拉夫"实践派"的重要代表人物，斯托扬诺维奇对历史唯物主义进行了一种"分裂式"解读，即撇开历史唯物主义的理论整体，一方面单纯地考察马克思对物质生产或经济基础在人类历史发展进程中的基础性作用的阐释，另一方面则专注于历史唯物主义对人的能动性以及政治上层建筑作用的强调，从而滑向了对历史唯物主义的误读，即认为历史唯物主义本身存在着内在的矛盾和冲突。在此基础上，斯托扬诺维奇提出了一种人道主义—决定论的解读模式，其思想实质就是单纯地强调人的能动性作用。虽然斯托扬诺维奇正确地看到了历史唯物主义阐释中的"经济决定论"的根本缺陷，但其"分裂式"的解读路径却背离了历史唯物主义所包含的辩证法精神以及由此所形成的整体性属性，斯托扬诺维奇对历史唯物主义的误读告诉我们，完整准确地把握历史唯物主义的本质尤为必要。

一、历史唯物主义的分裂式解读

从理论取向上看，斯托扬诺维奇坚持东欧新马克思主义者的普遍认识，竭力强调青年马克思与老年马克思的思想连贯性，认为"关于所谓青年马克思和老年马克思的争论，促进了马克思主义者和马克思学家对他的著作的更为系统和深入的研究。由于这种研究，关于马克思思想发展中的根本的人道主义连续性的论断，现在已经牢固地确立起来并得到了详细的阐述"。[①] 他相当

---

① 衣俊卿等主编：《当代学者视野中的马克思主义哲学·东欧和苏联学者卷》(下卷)，北京师范大学出版社 2008 年版，第 423 页。

自信地认为，甚至连阿尔都塞这一强劲的人道主义马克思主义者的敌手也未能成功对这一解释作出有效的反驳。但是，斯托扬诺维奇却基于青年马克思和成熟马克思思想连贯性的认同的前提提出了一个更为"惊人"的问题，那就是，"人们能通过'只有一个马克思'这一相反的简单论断把握全部真理吗？换言之，大量论述马克思的当代文献不正处于忽视马克思著作中明显的复杂性和多样性的危险之中吗？"发问当中无疑已经潜藏着其对马克思思想的基本判定，即其中必定存在着诸多不一致的地方。对此，斯托扬诺维奇从一般意义上概述道，"如果说完全一致和缺乏歧义是杰出思想家的必要特征，那么马克思决不能跻身于他们的行列。我认为，真正的马克思只能通过那些——除了他的基本的人道主义连续性以外——在他那里发现了其他种类的矛盾心理、非连续性、内在张力，以及多种倾向、冲突甚至矛盾的人，才能达到"。[1] 对此，斯托扬诺维奇还提出了一个似乎颇具说服力的论证，即如果不是这样，"怎样才能真正地解释以他的名义所进行的各种运动和理论倾向中的巨大差异呢"？[2] 我们的回答是，马克思决不能为其以后的所有以他的名义进行的各种运动和倾向负责。对此，有说服力的证据是，马克思曾经说过，"我只知道我不是马克思主义者"。再具体一点来看，马克思的思想到底存在着哪些冲突和矛盾呢？斯托扬诺维奇对此也有明确的说明，他指出："我尤为注意他的著作中的各种冲突（如他的辩证法与偶然的绝对乌托邦之间的冲突、马克思思想中的道德方面与其反伦理的观点之间的冲突，以及严格的决定论和受到限定的决定论

---

① 衣俊卿等主编：《当代学者视野中的马克思主义哲学·东欧和苏联学者卷》（下卷），北京师范大学出版社2008年版，第424页。

② 衣俊卿等主编：《当代学者视野中的马克思主义哲学·东欧和苏联学者卷》（下卷），北京师范大学出版社2008年版，第424页。

之间的冲突）的考察。"① 受本书主题所限，我们重点考察最后一个冲突。按照斯托扬诺维奇的概括，这个冲突可以归结为"关于历史的、自然主义—决定论的图式"与"关于历史的一种经济的、人道主义—决定论"的探讨之间的冲突。其中，前者体现的是严格决定论倾向，后者体现的则是彰显人的能动性作用的人道主义倾向。

　　一方面，斯托扬诺维奇认为，马克思历史唯物主义包含着严格决定论的倾向。他指出："当我们自由而富有同情心地阅读马克思《〈政治经济学批判〉序言》中的著名段落时，我们必然可以得出这一印象，即他所说的是生产力的发展和生产关系的发展之间的严格平衡，其中生产力是决定因素。无疑，他片面地描述了法律、政治和思想上层建筑与经济基础之间的关系，即后者决定前者。"② 从斯托扬诺维奇的理论所指来看，他针对的是马克思在《〈政治经济学批判〉序言》中关于历史唯物主义的那段"经典表述"。的确，在这段"表述"之中，马克思的确强调了生产力对生产关系、经济基础对上层建筑的基础性作用，但作为马克思研究结果的最为集中的理论表述，这恰恰符合了理论自身内在具有的"一义化"特征，即"理论知识必定是抽象的、有限的、片面的"③，其在抽象的过程中必定会舍弃特殊性、偶然性的关系，唯有如此，它才能达到自身的逻辑一贯性。理论的自身特征也决定了它无法把握现实历史的整体，正如马克思自己所说，"从抽象上升到具体的方法，只是思维用来掌握具体、把它当做一个精神

---

　　① 衣俊卿等主编：《当代学者视野中的马克思主义哲学·东欧和苏联学者卷》（下卷），北京师范大学出版社 2008 年版，第 424—425 页。

　　② 衣俊卿等主编：《当代学者视野中的马克思主义哲学·东欧和苏联学者卷》（下卷），北京师范大学出版社 2008 年版，第 425 页。

　　③ 王南湜：《走向实践哲学之路》，北京师范大学出版社 2006 年版，第 135 页。

上的具体再现出来的方式。但决不是具体本身的产生过程"。[①]
就此而言，斯托扬诺维奇以马克思符合理论本身特征的方式所作
的概括认为历史唯物主义包含着严格决定论的取向，本身忽视了
马克思所实现的伟大的理论变革。此外，按照斯托扬诺维奇的理
解，严格决定论以否认人的能动性作用为前提，但正是在这段话
中，马克思在论述了生产力与生产关系的矛盾运动规律以后，紧
接着指出了"社会革命的时代就到来了"，也就是说生产力与生
产关系的客观矛盾运动规律所决定的过程的展开离不开人的能
动性的参与和主体性作用的发挥。

　　另一方面，斯托扬诺维奇还认为，马克思的历史唯物主义在
另外一些文本段落中强调了人的能动性的作用，从而表现出了人
道主义的取向。由此，历史唯物主义表现出内在冲突性。这种冲
突不仅体现在马克思在《哲学的贫困》等同时表现出严格决定论
倾向的文本中，更表现在马克思在论述具体的历史事件的文本
中。就前者而言，斯托扬诺维奇认为马克思的下述段落是"一个
把社会进程简化为基础和上层建筑图式的段落"，即"社会——
不管其形式如何——是什么呢？是人们交互活动的产物。人们能
否自由选择某一社会形式呢？决不能。……有一定的市民社会，
就会有不过是市民社会的正式表现的相应的政治国家"。[②] 与此
同时，在这同一文本中，斯托扬诺维奇认为，马克思的下述论断
却表现出了强调人的能动性作用的人道主义倾向，即"人们永远
不会放弃他们已经获得的东西……为了不致丧失已经取得的成
果，为了不致失掉文明的果实，人们在他们的交往［commerce］
方式不再适合于既得的生产力时，就不得不改变他们继承下来的

---

① 《马克思恩格斯文集》（第 8 卷），人民出版社 2009 年版，第 25 页。

② 《马克思恩格斯文集》（第 10 卷），人民出版社 2009 年版，第 42—43 页。

一切社会形式"。① 基于"分裂式"解读的视野，即将本属于一个"艺术整体"中的两段话割裂开来，斯托扬诺维奇强调马克思在同一文本中"提供了两个完全不同的公式"，从而存在着内在的矛盾和冲突。诸如此类的手法还被运用到其他诸多段落上，这里不再一一列举。但是，仔细分析可知，就是在上一段的论述中，马克思在强调生产力、经济基础的决定性作用的同时，也同时强调了社会是"人们交互活动的产物"。但问题的关键是，社会性的个人在能动性活动的基础上结成一定的社会关系，又受到各种客观条件的制约。正所谓"人创造环境，同样，环境也创造人"。从这个角度看，当马克思在第二段论述中强调人的能动性作用时，必定隐含着一个前提，那就是这种能动性必定受到生产力发展水平的制约，即要建立在"既得的生产力"水平的基础之上。

就后者而言，斯托扬诺维奇认为当马克思描述具体的历史事件时，超越了严格决定论的取向。这种超越集中地体现为"马克思经常作出让步，承认国家因素和政治因素一般说来比他的经济主义—决定论图式可能推出的因素具有更加独立的作用"，尤其是在马克思分析"亚细亚生产方式"时，却"走向了他自己关于经济和政治的图式二分法的反面，而且似乎并不排斥这样一种假定，即国家政权代表了一种占统治地位的经济力量之独立的和主要的来源"。此种超越的更为细致的表现则在于，"在马克思对特殊的历史事件的解释中，即使是最重要的活动家的个人因素也未被忽视"。②

可以说，斯托扬诺维奇对马克思历史唯物主义存在着内在冲突的判定是"严肃"的，必须引起我们的高度重视。而在对其进

---

① 《马克思恩格斯文集》(第 10 卷)，人民出版社 2009 年版，第 43—44 页。

② 衣俊卿等主编：《当代学者视野中的马克思主义哲学·东欧和苏联学者卷》(下卷)，北京师范大学出版社 2008 年版，第 428 页。

行驳斥之前，我们需要看一看他自己对历史唯物主义的理解。如果先行说出结论的话，他的理解可以概括为人道主义取向的历史唯物主义。

二、人道主义取向的历史唯物主义

需要指出的是，斯托扬诺维奇在阐述自己对历史唯物主义的人道主义理解的过程中，有力地批判了历史唯物主义阐释中的经济决定论。在他看来，"经济决定论"将经济因素——具体表现为生产力和生产关系、经济基础和上层建筑的客观的矛盾运动过程——凸显为人类历史发展的唯一的主导性因素，从而使得历史的运动过程变成为人之外的纯粹客观的运动过程。其中，"现实的人和事件从'马克思主义'的历史观中消失了，剩下的只是武断的应用和实体化了的抽象：生产力和生产关系、经济基础和社会的上层建筑、社会的阶级及其冲突，等等"。[1] 历史由此被"主体化"或"人格化"了，正如马克思所严厉批评的，"历史也和真理一样变成了特殊的人物，即形而上学的主体，而现实的人类个体倒仅仅是这一形而上学主体的体现者"[2]。斯托扬诺维奇更为深刻地指出，这种历史观归根结底实现了向黑格尔式的思辨历史哲学的倒退，"区别只是在于，生产力和生产关系的发展代替了黑格尔的绝对精神"。[3] 在此基础上，斯托扬诺维奇强调指出，针对异常复杂的历史发展过程，"没有任何一种刻板的图式能够提供令人信服的解释"。[4] 就此而言，斯托扬诺维奇倒是说出了历史

---

① 衣俊卿等主编：《当代学者视野中的马克思主义哲学·东欧和苏联学者卷》（下卷），北京师范大学出版社 2008 年版，第 430 页。

② 《马克思恩格斯文集》（第 1 卷），人民出版社 2009 年版，第 284 页。

③ 衣俊卿等主编：《当代学者视野中的马克思主义哲学·东欧和苏联学者卷》（下卷），北京师范大学出版社 2008 年版，第 430 页。

④ 衣俊卿等主编：《当代学者视野中的马克思主义哲学·东欧和苏联学者卷》（下卷），北京师范大学出版社 2008 年版，第 430 页。

唯物主义的本质性的理论特质。对此，马克思恩格斯早在《德意志意识形态》中明确指出，历史唯物主义"对现实的描述会使独立的哲学失去生存环境，能够取而代之的充其量不过是从对人类历史发展的考察中抽象出来的最一般的结果的概括。……但是这些抽象与哲学不同，它们绝不提供可以适用于各个历史时代的药方或公式"。[①]

在此基础上，斯托扬诺维奇提出了自己对历史唯物主义的人道主义理解。基于马克思的论断即"为了不致失掉文明的果实，人们在他们的交往方式不再适合于既得的生产力时，就不得不改变他们继承下来的一切社会形式"，斯托扬诺维奇认为，"人类社会表现出一种变革生产关系、而非完全阻碍生产力发展的强大趋势"。[②]在他看来，在经济基础决定上层建筑的图式中，仍然存在着有根本性意义的方面，即其切中了当代社会物质生产仍旧代表了社会生活的焦点的实情，但问题的关键在于，必须对经济基础的作用进行重新理解，即其不是刻板地严格决定着人类社会中的其他一切方面，"它只能以一种较弱的、否定的方式来表述：即人类社会表现出一种变革社会整体其他要素（政治的、法律的、精神的，等等）的强大趋势，而绝非完全阻碍了生产力的发展"。[③] 显然，斯托扬诺维奇的上述理解是为了凸显人在创造历史发展进程中的决定性作用。正如他自己所说，"任何认为人只能加速和延缓历史过程的观点都不正确，因其方向和结果在根本上是被决定的"。[④]

---

① 《马克思恩格斯文集》（第1卷），人民出版社2009年版，第526页。

② 衣俊卿等主编：《当代学者视野中的马克思主义哲学·东欧和苏联学者卷》（下卷），北京师范大学出版社2008年版，第434页。

③ 衣俊卿等主编：《当代学者视野中的马克思主义哲学·东欧和苏联学者卷》（下卷），北京师范大学出版社2008年版，第434页。

④ 衣俊卿等主编：《当代学者视野中的马克思主义哲学·东欧和苏联学者卷》（下卷），北京师范大学出版社2008年版，第432页。

的确，在严格的经济决定论的阐释模式中，人的地位和作用遭到了边缘化。但斯托扬诺维奇却由此滑向了另一重误区。而这个误区与其对历史唯物主义内在冲突的误读有关，即其在批判马克思历史唯物主义包含着所谓的"严格决定论"倾向的前提下，彻底消解了人在创造历史过程中所受到的客观制约性，并由此走向了单纯地凸显人的能动性作用的抽象的人道主义。的确，人类历史的演进尤其是社会形态的更替绝非一个脱离了人的活动的纯粹自然过程，相反，人的变革世界的实践活动——在阶级社会则往往以激烈的阶级斗争的形式表现出来——在其中发挥着关键性的作用。也正因为如此，马克思将历史规定为人追求自己的目的的活动的展开过程。但是，人的变革在具备了一定的历史条件的前提下才有可能。正如马克思自己所说："如果还没有具备这些实行全面变革的物质因素，就是说，一方面还没有一定的生产力，另一方面还没有形成不仅反抗旧社会的个别条件，而且反抗旧的'生活生产'本身、反抗旧社会所依据的'总和活动'的革命群众，那么，正如共产主义的历史所证明的，尽管这种变革的观念已经表述过千百次，但这对于实际发展没有任何意义。"①

三、冲突抑或误解

从根本上而言，斯托扬诺维奇关于历史唯物主义存在着内在冲突的判定是建立在对历史唯物主义本质的误解之上的。这种误解具体表现在其对历史唯物主义基本理论的功能定位上。具体来说，斯托扬诺维奇消解了历史唯物主义理论与现实之间的区分。在此前提下，当斯托扬诺维奇面对马克思以"决定论"的方式表述的基本理论和马克思在分析具体的历史现实时对多样化因素的分析和描述，尤其是在后者当中给予被决定的一方以更多

---

① 《马克思恩格斯文集》(第1卷)，人民出版社2009年版，第545页。

的关注时，便无法对二者之间的内在一致性作出合理的解释，以致认为历史唯物主义自身存在着内在的冲突。而就此判定的性质来看，它对历史唯物主义构成严重的挑战。如果说一种理论得以具备最起码的合理性的标准在于其内在的统一性、一贯性，那么，宣称历史唯物主义本身存在着内在的冲突，则从根底上消解了历史唯物主义的真理性品质。为此，认真对待斯托扬诺维奇的判定显得尤其必要。

为了有效驳斥斯托扬诺维奇对历史唯物主义的误解，我们有必要简单叙述一下马克思的历史唯物主义所实现的理论变革，并由此对历史唯物主义的方法论功能进行界说。从根本上而言，历史唯物主义所实现的理论变革首要地体现在其对理论与实践之关系的重新理解上。在马克思之前，传统理论家们在建构理论体系时表现出高度的一致性，即其总是撇开实践而在理论理性中寻得一个绝对化的"基点"，并由此出发通过思维内在性的运动建构起大全的理论体系。正如德国著名的哲学家卡西尔所指出的，"直到如今理性才堪足以仗着它的清楚与明晰的观念去涵摄存在之全体，直到如今理性才足以秉其一己之力量去穿透与制服这一存在之全体"。[①] 在此前提下，如果说在传统理论中实践还有什么地位和作用，那便只能是按照理性认识的要求去践行。而马克思可谓是在理论与实践的关系问题上实现了一次"哥白尼式"的革命，即确立了实践对于理论的基础性作用。正如马克思在《关于费尔巴哈的提纲》这一蕴含着新世界观天才萌芽的文献中所说："人的思维是否具有客观的真理性，这不是一个理论的问题，而是一个实践的问题。人应该在实践中证明自己的思维的真

---

① ［德］恩斯特·卡西尔:《人文科学的逻辑》，上海译文出版社 2004 年版，第11 页。

理性，即自己思维的现实性和力量，自己思维的此岸性。关于思维——离开实践的思维——的现实性或非现实性的争论，是一个纯粹经院哲学的问题。"① 如此一来，理性认识便被牢固地立于实践的基础之上。那么，此种立于实践基础之上的理论能否把握活生生的实践整体，并从而成其为大全的理论体系呢？答案毫无疑问是否定的。而这根源于理论把握世界的方式即"抽象"，抽象的过程实际上也就是舍弃的过程，即要把对象当中的个别性的、差异性的、特殊性的要素抽象掉，并由此形成概念式的规定。正如马克思所言："范畴表现这个一定社会即这个主体的存在形式、存在规定、常常只是个别的侧面。"② 由此便不难理解，由此种有限的概念规定所形成的思想整体便也只能是对实践整体的有限性把握。而既然是有限性的把握，那么，当运用这种理论解释世界时，便不能直接按照理论所内涵的关系指认现实，而必须将现实中碰到的各种具体条件纳入其中，如此，才能对现实本身作出合乎现实的把握。对此，马克思明确指出："哪怕是最抽象的范畴，虽然正是由于它们的抽象而适用于一切时代，但是就这个抽象的规定性来说，同样是历史条件的产物，而且只有对于这些条件并在这些条件之内才具有充分的适用性。"③

　　进一步来看，此种关于理论与实践关系的全新理解被马克思彻底地贯彻到历史唯物主义的创立过程之中，它集中地体现在马克思的下述论断中，即"这种历史观和唯心主义历史观不同，它不是在每个时代中寻找某种范畴，而是始终站在现实历史的基础上，不是从观念出发来解释实践，而是从物质实践出发来解释各

① 《马克思恩格斯文集》(第 1 卷)，人民出版社 2009 年版，第 500 页。
② 《马克思恩格斯文集》(第 8 卷)，人民出版社 2009 年版，第 30 页。
③ 《马克思恩格斯文集》(第 8 卷)，人民出版社 2009 年版，第 29 页。

种观念形态"。^①遵循着这种阐释历史的基本路径,历史唯物主义便成为"描述人们实践活动和实际发展过程的真正的实证科学",而"对现实的描述会使独立的哲学失去生存环境,能够取而代之的充其量不过是从对人类历史发展的考察中抽象出来的最一般结果的概括",而且,这种概括本身作为抽象的产物,它也只能是对现实历史的有限性把握,因而当其被运用于现实历史时,便必定遇到诸多困难,而"这些困难的排除受到种种前提的制约,这些前提在这里根本不可能提供出来的,而只能从对每个时代的个人的现实生活过程和活动的研究中产生"。^②

可以说,上文的简单概述无疑体现了历史唯物主义理论的本质特征,以及基于这种特征所体现的独特方法论功能。从这个认识出发,我们便可以有效地回应斯托扬诺维奇的判定。在此之前,我们需要确认一个事实,那就是,马克思毕生主要研究的对象是现代资本主义社会。这一点斯托扬诺维奇也作出了明确的论述,他说道:"经济基础和上层建筑的图式是从马克思对西方社会发展的研究中推演而来的。"^③也就是说,马克思基于对资本主义社会现实的理论抽象和把握,形成了用决定论式的理论语言^④概括的一般原理,如斯托扬诺维奇片面理解的生产力决定生产关系、经济基础决定上层建筑的原理。但这种理论化的概括绝非可以直接运用于现实历史之中,尤其是被直接运用于具体性的历史事件以及前资本主义社会,否则就会像恩格斯所指出的,理解历史就会"比解一个简单的一次方程式更容易了"^⑤。恩格斯明

① 《马克思恩格斯文集》(第 1 卷),人民出版社 2009 年版,第 544 页。

② 《马克思恩格斯文集》(第 1 卷),人民出版社 2009 年版,第 526 页。

③ 衣俊卿等主编:《当代学者视野中的马克思主义哲学·东欧和苏联学者卷》(下卷),北京师范大学出版社 2008 年版,第 433 页。

④ 如上文所述,这恰恰是理论认识的独特性。

⑤ 《马克思恩格斯文集》(第 10 卷),人民出版社 2009 年版,第 592 页。

确指出，"只要问题一关系到描述某个历史时期，即关系到实际的应用那情况就不同了"，在现实的历史过程中，"经济状况是基础，但是对历史斗争的进程发生影响并且在许多情况下主要是决定着这一斗争的形式的，还有上层建筑的各种因素"，"这里表现出一切因素间的相互作用"①。也正因为如此，马克思在分析具体的历史性事件时，引入了多条线索，从而得以对历史事件作出具体化的说明。而对前资本主要时代，马克思则明确指出："资产阶级经济为古代经济等等提供了钥匙。但是，决不是像那些抹杀一切历史差别、把一切生活形式都看成资产阶级社会形式的经济学家所理解的那样。"②

　　既然如此，斯托扬诺维奇基于马克思在表述历史唯物主义基本理论时所采用的决定论式的语言以及强调在描述现实历史过程尤其是在描述历史事件时所进行的更为复杂化的分析之间的差异，便判定历史唯物主义存在着内在冲突实为对历史唯物主义理论的本质和方法论功能的严重误解，相反，坚持理论一般与特殊实际在实践基础上的具体的历史的统一，恰恰构成了历史唯物主义的优越性所在。

第四节　马尔库什：人的本质与历史唯物主义

　　作为东欧新马克思主义的杰出代表，马尔库什对马克思"人的本质"概念作了独特的理解，并基于这种理解对马克思的历史唯物主义进行了多方面的阐释。在他看来，"人的本质"并非流

---

① 《马克思恩格斯文集》（第10卷），人民出版社2009年版，第591页。
② 《马克思恩格斯文集》（第8卷），人民出版社2009年版，第29—30页。

俗观念所理解的,是所有时代每个人所固有的各种特性(如劳动性、社会性、意识)的加和,而是体现人的本真性存在的自由创造性以及由此所彰显的历史性。以此为前提,马尔库什对历史唯物主义的基本理论作了深入的解读,其内容广泛涉及历史过程的性质问题、异化与历史发展过程的关系问题、历史决定论问题,等等。马尔库什的理论解读不乏真知灼见,但由于其将马克思早期的人的本质观作为理解的根本出发点,从而无论在人的本质抑或历史唯物主义的理解上,都存在着诸多根本性缺陷。全面把握和审视马尔库什对马克思"人的本质"概念与历史唯物主义的解读,对于我们深入理解马克思思想具有重要的启示意义。

一、关于"人的本质"概念的解读

总体上而言,马尔库什对马克思"人的本质"概念的理解主要依托了青年马克思的理论语境,并同时将其拓展至马克思思想之全部。对此,他明确指出:"我们的分析首先以《1844年经济学哲学手稿》的文本为基础,但是,为了说明我们采用的阐释方法的合理性,我们必须在此阐明我们的观点:这一人的本质的概念以及更广义的人与历史的概念是马克思早期形成的哲学概念,但也呈现和延续在马克思晚期的'成熟'作品中。"[①] 就此而言,马尔库什无疑坚持了东欧新马克思主义学者的普遍性观点,即否认青年马克思与成熟马克思之间的理论变革,认为两者之间存在着实质性的一致性。具体到人的本质概念的理解来看,马尔库什同样认为在青年马克思与成熟马克思之间有着根本的一致性,即将人的自我创造性以及由此彰显的人的自由、历史性视为"人的本质"的核心内容。对此,马尔库什强调指出:"人的首要特性,

---

① [匈]乔治·马尔库什:《马克思主义与人类学》,黑龙江大学出版社2011年版,第2页。

即人的'真正的本质'，就呈现在人创造和形成自身的主体性的自我行动中。"①

　　为了充分论证马克思哲学中"人的本质"概念的内容体现为人的真正的自由创造性，马尔库什对"流俗"的"人的本质"的理解进行了批判。这种流俗的理解的核心在于将"人的本质"视为"在人类历史发展中保持不变的、与人本身不可分离的、任何社会形式中人类个体必须具有的特征的结合"②。在马尔库什看来，这种理解无疑背离了马克思的文本精神。具体来说，当马克思在《1844年经济学哲学手稿》中全面描述人的本质的异化，并强调通过共产主义革命实现人的本质复归时，其显然的理论目标并非否认处于异化状态中的人缺乏"属于每一个人作为人的特征的全部特性的总和"③。特别是马克思在《关于费尔巴哈的提纲》中批判费尔巴哈认为人的本质"只能被理解为'类'，理解为一种内在的、无声的、把许多个人自然地联系起来的普遍性"④时，无疑包含着对此种观点的批判。马尔库什认为，造成此种关于人的本质的错误观念的理论根源在于混淆了"人的本性"与"人的本质"之间的差别，对马克思而言，两者"绝不是同一个概念"，具体来说，"人的本性"在大多数情况下表示在某个给定时期典型的个人所拥有的"本质力量"、特性和潜能，而"人的本质"则体现为人的自主创造性以及由此生成的本真历史性。

　　撇开马尔库什关于人的本质的界定暂且不论，他对人的本质

---

　　① ［匈］乔治·马尔库什：《马克思主义与人类学》，黑龙江大学出版社2011年版，第69—70页。

　　② ［匈］乔治·马尔库什：《马克思主义与人类学》，黑龙江大学出版社2011年版，第62页。

　　③ ［匈］乔治·马尔库什：《马克思主义与人类学》，黑龙江大学出版社2011年版，第63页。

　　④ 《马克思恩格斯文集》（第1卷），人民出版社2009年版，第501页。

与人的本性的区分无疑是合乎马克思人学思想的实情的，对此，陈新夏指出，虽然"'人性'和'人的本质'都属于人的规定，但二者的含义却大相径庭：'人性'表征着人作为类的规定性，从而表征着人与他物的区别；'人的本质'则表征着人作为具体历史的社会存在的现实规定性，从而表征着在特定社会关系中人（群体）与他人（群体）的区别"。① 实际上，当马克思强调"自由的有意识的活动恰恰就是人的类特性"时，他正是在最一般的意义上言明了人的本性的最一般特征，也正是这个特征，决定了人与周围世界发生关系的特殊性，即"当物按人的方式同人发生关系时，我才能在实践上按人的方式同物发生关系"。② 但是，问题在于，马尔库什并没有看到"人的本性"与"人的本质"之间的内在联系，即当人的"自由的有意识的活动"在历史发展过程中纵向展开，从而获得其具体的历史性表现时，并且这种表现首要地体现在人的具体的劳动特质、社会性特质和意识三个内在相关的维度上，便形成了人的具体的历史性的本质。正是由于没有看到两者之间的联系，尤其是二者结合的具体方式，马尔库什最终走向了对人的本质的抽象理解。

具体来说，马尔库什明确认为，人的本质必须在劳动、社会性和意识之中寻找。但是，循着这种思路去把捉人的本质，就绝不能陷入对人的上述三个特质的"流俗"理解，即将它们视为"每一个人类个体所共同具有的经验性的不变的特质"③。就人的劳动本质而言，马尔库什认为，它构成了人类的"独特的生活活动"。劳动不仅是人与其他物种由以区别开来的根本所在，而且

---

① 陈新夏：《人性与人的本质及人的发展》，《哲学研究》2010年第10期。
② ［德］马克思：《1844年经济学哲学手稿》，人民出版社2002年版，第86页。
③ ［匈］乔治·马尔库什：《马克思主义与人类学》，黑龙江大学出版社2011年版，第67页。

"造就了人对自然的真正的历史关系，同时决定了人与人的基本关系，因此，劳动构成了整个人类生活的基础"[①]。不仅如此，劳动还是人的本真性生存演历的根基，"正是作为对象化的人的本质的劳动为历史创造了可能性"。[②] 马尔库什进而指出，劳动并不能涵盖人的本质的全部，基于人的劳动本质的前提，还能推出人的社会性、意识的本质特征。马尔库什认为，人的社会性本质体现在两个方面：第一，一个人必须与他人保持接触和交往，否则他就不能成为一个真正的人，不能过人的生活；第二，人之所以为人，正是因为他在一定程度上占有了由前辈或同时代的其他人创造并对象化的能力、需要、行为方式、观念等等，并由此体现为社会交往和历史的产物。此外，人的劳动本质必定会生成意识，即"劳动预设并发展了意识和自我意识的出现"[③]，从其功能而言，它是"所有社会活动中的创造性和规范性力量"[④]，"它们不是对社会现实的被动反映，而是现存社会关系的生产与转型的本质因素和决定性因素之一，人通过它们理解和解释世界并由此获得行为动机"。[⑤] 但是，问题的关键在于，"在异化的条件下，施加于个人的这三个因素只是片面地、抽象地生效，而非在'人类学'—哲学意义上生效"[⑥]，亦即不能完全发挥上面描述的功能。

[①] ［匈］乔治·马尔库什：《马克思主义与人类学》，黑龙江大学出版社2011年版，第11页。

[②] ［匈］乔治·马尔库什：《马克思主义与人类学》，黑龙江大学出版社2011年版，第15页。

[③] ［匈］乔治·马尔库什：《马克思主义与人类学》，黑龙江大学出版社2011年版，第45页。

[④] ［匈］乔治·马尔库什：《马克思主义与人类学》，黑龙江大学出版社2011年版，第49页。

[⑤] ［匈］乔治·马尔库什：《马克思主义与人类学》，黑龙江大学出版社2011年版，第49页。

[⑥] ［匈］乔治·马尔库什：《马克思主义与人类学》，黑龙江大学出版社2011年版，第67页。

例如，在资本条件下，劳动畸变为"抽象劳动"，人与人之间的社会关系丧失了在人的集体生活的基础性地位，而人们的意识则演变为"虚假的意识"。既然如此，马尔库什指出："把'人的本质'解释为每一个人都拥有的、基本的、不变的特性的集合看起来是难以接受的。"①

那么，劳动、社会性、意识到底在何种意义上构成了人的本质的要素呢？对此，马尔库什明确指出，必须从哲学的意义上来理解它们，即将它们作为摆脱了一切异化后的人的真正特性来认识。无疑，此种理解直接源于青年马克思的人的本质复归说。马尔库什认为，正是哲学意义上的劳动、社会性、意识交织在一起的历史性展开构成了人的本质，其核心就是自由创造性，并以本真性的生存演历的方式得到体现。他指出："马克思用'人的本质'这个概念表示人类的真实的历史存在的那些特性，这些特性使得我们可以把历史理解为一个具有发展趋势的连续的统一过程。人的普遍性和人的自由标志着人类历史进程的普遍方向，而把人界定为参与物质的生产性的自我获得的有意识的社会的存在物则显示了以上述趋势得以展开并在其中得以显现的领域为基础的总体发展过程的必然特征和维度。"②

显然，马尔库什对马克思"人的本质"概念并没有达到历史唯物主义的高度。马克思在批判费尔巴哈时指出："人的本质不是单个人所固有的抽象物，在其现实性上，它是一切社会关系的总和。"③ 而由于"以一定的方式进行生产活动的一定的个人，发

---

① ［匈］乔治·马尔库什：《马克思主义与人类学》，黑龙江大学出版社2011年版，第67页。

② ［匈］乔治·马尔库什：《马克思主义与人类学》，黑龙江大学出版社2011年版，第68页。

③ 《马克思恩格斯文集》（第1卷），人民出版社2009年版，第501页。

生一定的社会关系和政治关系"①，因而人的本质必定就是在现实的历史过程中生成和转变的，即"个人怎样表现自己的生命，他们自己就是怎样。因此，他们是什么样的，这同他们的生产是一致的——既和他们生产什么一致，又和他们怎样生产一致"。②由此可见，马克思坚持紧贴人的现实的生产实践、生产关系以及社会关系来理解和把握人的具体的、历史性的本质，或者说，人的本质的历史性展开构成了现实的历史，也正因为如此，恩格斯将历史唯物主义界定为"关于现实的人及其历史发展的科学"③。而马尔库什撇开现实的人的生存事实强调哲学意义上的人的本质要素，并将这些本质要素的纵向展开视为人的真实的历史，既然如此，他关于人的本质的理解就绝非现实的人的本质，而他所谓的人的真实的历史也绝非现实的历史。如此一来，当其以对马克思人的本质概念的解读为切入口理解历史唯物主义时，则势必造成理论上的偏差乃至根本性背离。

二、关于历史唯物主义基本理论的解读

正如本节在引言中所指出的，马尔库什解读马克思人的本质概念的重要目的在于以此为前提理解和把握历史唯物主义。而此种理解路径之合法性的依据则在于，与"把关于人的'本质'的研究与关于人的社会历史的研究对立起来的趋势相反"，"马克思所理解的'人的本质'就存在于人类社会发展整体的'本质'或内在的统一性之中"。④具体来说，马尔库什基于对马克思人的本质概念的解读对历史唯物主义中的以下几个问题作了理解

---

① 《马克思恩格斯文集》（第1卷），人民出版社2009年版，第523—524页。

② 《马克思恩格斯文集》（第1卷），人民出版社2009年版，第520页。

③ 《马克思恩格斯文集》（第4卷），人民出版社2009年版，第295页。

④ ［匈］乔治·马尔库什：《马克思主义与人类学》，黑龙江大学出版社2011年版，第70页。

和阐述。

首先是历史过程的性质问题,即历史作为一个统一性的过程,到底是处于不断进步之中的,还是处于倒退之中。对此,马尔库什基于他对马克思"人的本质"概念的解答作了较为系统的阐释。与将人的本质界定为自我实现的创造性实践,并以此展现为"统一性"的历史过程相一致,马尔库什认为,"'人的本质'的承担者不是单个的人,而是在历史变化和发展的连续体之中的人类社会"①,并由此准确地领悟了历史唯物主义关于人与社会之间的真实关系,认为"不能把社会理解为在这些个人之外或之上而存在的,不能理解为独立于个人并且超越个人的价值(或目标)"。②在此认识的基础上,马尔库什激烈批判以波普尔为典型代表的思想家对马克思关于个人与社会关系基本观点的歪曲,并深刻地指出:"马克思的观点与唯名论—还原论的社会观相对立,又与'本质主义'的实体化的社会观相对立。"③马尔库什对马克思关于个人与社会关系的理解为其阐述人类历史进程的性质奠定了基础。那就是,既然个人本质的承担者是社会,并且"唯有从社会的视角出发,历史才可以被理解为一个统一过程"④,那么,在判定历史进程的性质时,就不能从个人的视角出发,而应该从社会的视角出发。对此,马尔库什明确指出,"从个人的视角看,我们不能把历史界定为具有一个单一的确定方向的过程,

---

① [匈]乔治·马尔库什:《马克思主义与人类学》,黑龙江大学出版社2011年版,第71页。

② [匈]乔治·马尔库什:《马克思主义与人类学》,黑龙江大学出版社2011年版,第71页。

③ [匈]乔治·马尔库什:《马克思主义与人类学》,黑龙江大学出版社2011年版,第72页。

④ [匈]乔治·马尔库什:《马克思主义与人类学》,黑龙江大学出版社2011年版,第72页。

因为存在着相互矛盾的趋势"[1]，而"从社会的视角出发，历史不仅表现为技术的发展，同时表现为'人类学'的进程，表现为社会整体所推动的能力、需求、交往形式和知识范围不断拓展和深化的发展过程"。[2] 实事求是地讲，马尔库什的历史进步论存在着合理性的成分，即其揭示了人类历史发展过程本然具有的"悖论性"特质。但是，严格区分个人视角与社会视角在判定人类历史进程性质中的不同作用，则必定与作为出发点的个人与社会的内在关联相悖。从一般意义上讲，在人类历史发展的进程中，个人发展与社会发展归根结底是一致的，正如马克思所言："人们的社会历史始终只是他们的个体发展的历史，而不管他们是否意识到这一点。"[3] 固然，在资本主义社会——马尔库什说明其社会进步观的主要依据——之中，人与人之间的关系异化为人之外的物与物的关系，并且限制了人性的全面而自由的发展，但是，跟前资本主义相比，"这种物的联系比单个人之间没有联系要好，或者比只是以自然血缘关系和统治从属关系为基础的地方性联系要好"，并且，这种联系"属于个人发展的一定阶段"[4]。

其次是异化与历史发展过程的关系问题。换个角度看，这个问题实质上也是异化理论在历史唯物主义之中的地位和作用的问题。正如本节第一部分所述，马尔库什将人的本质规定为自由的创造性活动，体现的是人的本真性的存在，并且在迄今为止的人类历史之中都未得到完整的实现，亦即处于"异化"的状

---

[1]　［匈］乔治·马尔库什：《马克思主义与人类学》，黑龙江大学出版社2011年版，第73页。

[2]　［匈］乔治·马尔库什：《马克思主义与人类学》，黑龙江大学出版社2011年版，第72页。

[3]　《马克思恩格斯文集》（第10卷），人民出版社2009年版，第43页。

[4]　《马克思恩格斯文集》（第8卷），人民出版社2009年版，第56页。

态。也正因为如此，马尔库什明确指出，"马克思的'人类学'与他的异化理论密切相关"。① 而如果说对人的本质的异化史的描述便是对迄今为止的人类历史的把握的话，那么，异化问题也就势必贯穿于历史唯物主义始终。所不同的是，马尔库什认为，马克思在早期著作——以《1844 年经济学哲学手稿》为典型——中采用了个人的视角来理解异化问题，而在后期的著作——主要以《德意志意识形态》和《1857—1858 年经济学手稿》为典型——中采用了社会的视角来理解异化问题。毫无疑问，仅仅以视角的转化来描述马克思思想的变化，势必忽视这种转换背后所隐藏的更为实质的东西，并且必定会由此牵扯到其对某些问题认识上的不足，但是，由于马尔库什着重阐述了马克思在社会视角下对异化的生成根源及其超越的可能性的基本观点，他便在诸多方面抓住了问题的关键。就异化的生成根源来看，马尔库什准确揭示了分工或私有制是造成异化的真正原因。对此，他引用马克思的话指出："分工立即给我们提供了第一个例证，说明只要人们还处在自然形成的社会中，就是说，只要特殊利益和共同利益之间还有分裂，也就是说，只要分工还不是出于自愿，而是自然形成的，那么人本身的活动对人来说就成为一种异己的、同他对立的力量，这种力量压迫着人，而不是人驾驭着这种力量。"② 就异化的超越来看，马尔库什更是表现出其难能可贵的地方，即将其视为现实历史发展趋向的可能性结果，这种可能性要真正转化为现实，必须具有特定的历史条件。对此，他引用马克思的话强调指出："全面发展的个人——他们的社会关系作为他们自己的共同的关系，也是服从于他们自己的共同的控制的——不是自然的产

① ［匈］乔治·马尔库什：《马克思主义与人类学》，黑龙江大学出版社 2011 年版，第 74 页。

② 《马克思恩格斯文集》（第 1 卷），人民出版社 2009 年版，第 537 页。

物，而是历史的产物。要使这种个性成为可能，能力的发展就要达到一定的程度和全面性，这正是以建立在交换价值基础上的生产为前提的，这种生产才在产生出个人同自己和同别人相异化的普遍异化的同时，也产生出个人关系和能力的普遍性和全面性。"① 正是基于这种视角，马尔库什确立了正确看待异化史的辩证视野，即认为"异化不仅是人的本质展开的否定性的前提（如同'尘世的艰辛'是'拯救的前提'），同时也是人的本质——以一种矛盾的形式——肯定性的形成过程"。② 最后一个方面则体现了马尔库什在认识上的缺陷。马尔库什并未将马克思考察异化的个人视角与社会视角在基于马克思思想实质性变化的基础上重新统一起来，并由此容忍了两种截然不同的思想语境中的异质性的思想质点的同时存在，以致在阐述异化的实现或人的本质的实现时出现了重大的偏颇。具体来说，在看到异化之消除必须具备物质基础的同时，马尔库什纳入了马克思在《1844年经济学哲学手稿》中的观点，即将异化的消除视为"人的本质"的复归，在这种语境中，人的本质归根结底不再是历史的产物，而似乎早在历史展开之前便在某个地方存在过。

最后，在笔者看来也是马尔库什理解中最精彩的地方，即其对历史目的论展开了深刻的批判。一般而言，历史目的论的形成一般与机械的历史决定论密切相关，也正因为如此，马尔库什对历史目的论的批判始于其对历史唯物主义之机械理解的批判。基于对马克思人的本质概念体现为一个统一的历史过程的理解，马尔库什正确地指出，"历史过程内在统一性的思想早已蕴涵在

---

① ［匈］乔治·马尔库什：《马克思主义与人类学》，黑龙江大学出版社2011年版，第87—88页。

② ［匈］乔治·马尔库什：《马克思主义与人类学》，黑龙江大学出版社2011年版，第88页。

马克思关于人和社会的观点的基本原理中",这种统一性具体表现为人的本质在主体能动性和客观制约性的辩证关系的渐次展开,即历史呈现为一个"有联系的序列"。进一步来看,马尔库什认为,历史的统一性建立在历史决定论的基础之上,"因为这种统一性不过是历史过程本身的内在决定性"①。但是,马克思的历史决定论绝非机械的决定论,在其中,历史的未来被视为"某种社会因果性的结果或由某种历史神学而给定的"②。以此为契机,马尔库什深刻地批判了以斯大林为代表的对历史唯物主义决定论的机械理解,即认为"这种历史观可以准确地形象化为一个不可靠的列车时刻表:它预先规定好了列车要到达哪些车站,只不过列车到达的时刻不能预先一股脑儿地给定"。③问题的关键在于,马尔库什认为,当马克思论及历史必然性时,绝非是指无论如何都是不可避免的,而是强调"为了真正解决给定的历史形态的内在危机,为了超越它的基本社会矛盾,只能对现存的社会关系进行一种确定的彻底的变革和替换,这种变革的实践可能性由所取得的物质生产和精神生产的水平保障,符合特定的较大社会群体(即阶级)主客观条件的制约性而与单向度地凸显人的能动性的主观唯心主义划清了界限"。④ 在对马克思的"历史决定论"作出辩证理解的基础上,马尔库什笔锋一转,对历史目的论展开了批判。在他看来,马克思的"历史决定论"强调历史进程及其

---

① [匈]乔治·马尔库什:《马克思主义与人类学》,黑龙江大学出版社2011年版,第90页。

② [匈]乔治·马尔库什:《马克思主义与人类学》,黑龙江大学出版社2011年版,第91页。

③ [匈]乔治·马尔库什:《马克思主义与人类学》,黑龙江大学出版社2011年版,第91页。

④ [匈]乔治·马尔库什:《马克思主义与人类学》,黑龙江大学出版社2011年版,第91页。

发展趋势"只能通过对实际的生活关系、社会经济条件以及从这二者衍生出来的活动形式的分析来把握",从而由此"尖锐地反对每一个认为历史服从不同于并外在于具体的和历史的个人的活动内容的合法性或目的性(在这个问题中合法性和目的性表示同一个东西)的理论流派"①,亦即尖锐地反对历史目的论。实际情况是,在马克思的视野中,"历史本身无所谓'目的',脱离人的有意识活动,历史既非'有意义的',亦非'无意义的',人的有意识的活动不仅赋予历史意义,而且创造了历史的意义"。②就此而言,马尔库什的理解是接近于马克思的本真思想的。对于以往的赋予历史本身以最终目的的旧的历史观,马克思强调指出:"历史什么事情也没有做……其实,正是人,现实的、活生生的人在创造这一切,拥有这一切并且进行战斗。并不是'历史'把人当做手段来达到自己——仿佛历史是一个独具魅力的人——的目的。历史不过是追求着自己目的的人的活动而已。"③但是,遗憾的是,马尔库什对"人的本质"的抽象理解,最终又使其与"历史目的论"难以彻底撇清关系,这充分地体现为他认为我们有可能从一种"普遍有效的价值论视角"出发去观察历史中的特定时期和个别现象。实质上,其所谓的"价值论"视角就是人的脱离了现实历史的本真性存在,它最终获得了作为历史之"内在目的"的地位和作用。

三、对马尔库什历史唯物主义观的简评

虽然属于西方人本主义马克思主义的学术传统,但是,作为

---

① [匈]乔治·马尔库什:《马克思主义与人类学》,黑龙江大学出版社2011年版,第94页。

② [匈]乔治·马尔库什:《马克思主义与人类学》,黑龙江大学出版社2011年版,第96页。

③ 《马克思恩格斯文集》(第1卷),人民出版社2009年版,第295页。

深谙马克思思想文本的理论大师，马尔库什对马克思"人的本质"概念的解读表现出许多过人之处。这尤其体现为其强调人的能动性、创造性在历史展开过程中的作用的同时，又辩证地认识到人的实践能动性的发挥必定会受制于主客观条件的制约。固然，马尔库什对马克思"人的本质"概念的解读受到青年马克思在《1844年经济学哲学手稿》中的人的本质观的影响，但由于他同时汲取或调动了马克思此后的一系列重要文本中的思想资源，并将它们融入对马克思人的本质概念的解读之中，从而势必在一些重要的观点上取得理论上的突破，并因此种突破而在历史唯物主义基本理论的理解上取得实质性进展。但是，我们又需要看到，由于马尔库什认为马克思在前后时期对"人的本质"的理解仅仅发生了视角上的变化，即从个人的视角转向社会的视角，因此，他对马克思"人的本质"概念的解读势必以马克思早期的基本观点为根本取向，并以此为根底统摄乃至改写马克思此后在人的本质观上的全新观点。这集中体现为，当其正确地拒斥将人的本质归结为人类所有个体在一切阶段所拥有的固有特性时，却滑向了对人的本质的超历史的抽象理解。这表现为马尔库什将"人的本质"界定为人的本真性存在，并最终落脚于人的绝对自由的完全实现。对此，他说道："积极意义上的自由是人为自身引申出的权力；它意味着人掌控和支配自然力（外部的自然）和人自身的本性的能力的发展；它意味着——作为个人或集体——可以处置的可能性的范围的扩展；它是人的创造性和本质力量的形成和培育，超越任何固定的局限，终止于自身。"[①] 也正因为如此，当马尔库什以此种归根结底带有强烈的抽象色彩的"人的本

---

① ［匈］乔治·马尔库什：《马克思主义与人类学》，黑龙江大学出版社2011年版，第100页。

质"概念为前提对历史唯物主义进行理解时,势必带有无法克服的理论缺陷,即将历史意义的生成匹配于人的自由的绝对实现,并将其置于遥远的未来。对此,马尔库什也明确指出:"归根结底,只有当行动着的人自身有能力掌控自身的社会行为的历史后果时,只有当人有能力在既定的自身可能性的范围内,通过自身有意识的集体决定来确定自身的发展时,历史才能成为'有意义的'。"[①]且不说,此种意义归属本身对有着连续性特质的人类历史作了人为的区分乃至割裂,更重要的是,仅仅将"希望"锚定于遥远的未来,历史唯物主义内在具有的现实批判维度必定被消解殆尽,而最终沦为纯粹的对未来的乌托邦式的构想。

第五节　沙夫:历史唯物主义的多维阐释

作为波兰新马克思主义的杰出代表,沙夫秉持了东欧新马克思主义共有的人道主义诉求。在此基础上,沙夫的突出贡献在于对马克思历史唯物主义理论的多维度阐释。从理解和阐释历史唯物主义的理论前提来看,沙夫坚持青年马克思与老年马克思的思想连贯性,坚持用青年马克思的异化理论所内在具有的主题与基本框架来理解历史唯物主义,虽然在出发点上存在着非法性,但由于其对异化理论的拓展式理解,仍旧取得了非凡的理论成就,即对历史唯物主义的现实性维度、批判性维度、价值诉求维度作了全方位的理解和阐释。全面分析和把握沙夫对马克思历史唯物主义观的多维度阐释,对于我们立足于当今时代更好地理

---

　　① 〔匈〕乔治·马尔库什:《马克思主义与人类学》,黑龙江大学出版社2011年版,第96页。

解和运用历史唯物主义具有重要的借鉴意义。

一、理解历史唯物主义的理论前提

从沙夫的相关论述可以看出,青年马克思的异化理论是其理解历史唯物主义的理论前提。此种内在相关性源于沙夫对青年马克思与成熟马克思思想连贯性的基本判断。正如他所明确指出的:"马克思是一个完整的人,无论是从心理学上说还是从科学上说,任何将他分为两个不同的和独立的人格的努力都是愚蠢的。青年马克思提出的思想,既是成熟的马克思所坚持的思想核心,也是推动马克思思想发展的动力。作为《资本论》和进行全面研究的作者,成熟马克思所提出的某些思想植根于其早期思想,认真阅读马克思的后期著作就可以在马克思的某些思想和语言中明确地看到这一点。"① 进一步来看,沙夫认为,构成青年马克思和成熟马克思之间内在关联的思想观念主要有:"人道主义以及马克思关于人的思想,异化理论和克服异化的方式,历史主义等。"② 毋庸置疑,沙夫的上述观点包含了合理性的成分,即基于人的解放主题把捉到了青年马克思和成熟马克思之间的内在关联,并由此有力地反驳了作为对人本主义"意识形态"极度反感而兴起的以阿尔都塞、科莱蒂为典型代表的科学主义的马克思主义者。对此,西方马克思学的重要代表人物费彻尔也曾指出:"与大多数伟大的思想家一样,马克思的著作也由一个独一无二的核心认识、一个根本问题一以贯之,而所有认识上的努力与行动上的指导最终都是为之服务的。这个核心问题就是,为什么资产阶级革命没有达到它所宣布的理想目标,为什么在现代基于分

---

① 〔波〕亚当·沙夫:《结构主义与马克思主义》,山东大学出版社2009年版,第108页。

② 〔波〕亚当·沙夫:《结构主义与马克思主义》,山东大学出版社2009年版,第108页。

工的、被市场机制所统治的社会中，个人尽管有法律上的自由，却仍然陷入到对独立于他们、妨碍他们（每个个人）发展自己的人性的种种规律性的依赖之中。"[1]

当然，这种单纯地强调连贯性本身的做法也忽略了马克思思想演进过程中的诸多根本性的东西。的确，追求人的解放或者说消除人的异化是贯穿于马克思思想演进过程始终的问题，但无论异化发生的原因抑或异化的消除，在青年马克思与成熟马克思之间均发生了根本性的变化。概括来说，在《1844 经济学哲学手稿》中，马克思并未给予资产阶级社会历史条件下人的异化提供有效的解释，而是通过设置理想性的人的存在状态即"自由自觉的活动"对其进行激进的批判。同时，马克思此时也未给出消除异化的有效路径，而只是提供了一种带有乌托邦色彩的理想性解决方案，即宣称"共产主义，作为完成了的自然主义，等于人道主义，而作为完成了的人道主义，等于自然主义，它是人和自然界之间、人和人之间的矛盾的真正解决，是存在和本质、对象化和自我确证、自由和必然、个体和类之间的斗争的真正解决。它是历史之谜的解答，而且知道自己就是这种解答"。[2] 但是，在随后所实现的哲学革命中，或者说，在历史唯物主义的语境中，异化的解释和消除都被牢牢地奠基在对现实的把握和理解之中。例如，在《德意志意识形态》中，马克思基于"生产"视角的确立，从分工或者私有制的角度对异化的发生根源作了科学的分析，并基于对共产主义革命现实条件的分析而初步确立了实现人的解放的科学社会主义学说。同样，在《资本论》及其手稿中，马克思以资本和雇佣劳动者之间特定的生产关系的分析为基础，

---

① 费彻尔：《马克思与马克思主义：从经济学批判到世界观》，北京师范大学出版社 2009 年版，第 36 页。

② 《马克思恩格斯文集》（第 1 卷），人民出版社 2009 年版，第 185—186 页。

对资本主义社会所造成的异化和拜物教进行了科学的分析和阐释，并相应地指出了具有强烈的历史感的解决路径。

虽然没有看到青年马克思和成熟马克思在对待人的异化问题上的实质性差异，沙夫却基于历史唯物主义的语境对异化作了不同于青年马克思异化理论的"拓展性"理解。沙夫正确地指出："马克思的概念，由于年轻时的观点的演变以及对社会的看法的成熟，是有变化的。"[①]但由于其对青年马克思和成熟马克思思想连贯性的强调，他的这一论断并未产生实质性的理论意义。其具体表现是，沙夫并未对青年马克思的异化理论的特质作出符合实际的说明，而是在打破任何界限的前提下，对异化作了在历史唯物主义语境基础上的理解。那么，沙夫对"异化"到底作了何种理解呢？

首先，沙夫作了一个界分，即要把异化与自我异化区别开来。在他看来，"马克思在其青年时代到成熟时期所有著作中，总是把'异化'和'自我异化'这两个概念区别开来"，"前者是指人与其产物的关系"，"后者是指人与其他人的关系，以及与自己的关系"[②]。简单来说，前者实际上就是人与其产品的异化，后者是指人与人之间关系的异化。需要指出的是，这一区分并不符合马克思的思想。即便是青年马克思在《1844年经济学哲学手稿》当中也未作此区分，在那里，无论是人与劳动产品的异化抑或人与人的异化，都属于"异化"本身。沙夫的划分无疑缩小了"异化"的内涵。不仅如此，沙夫对"自我异化"亦即人与人之间关系的异化本身也作了不恰当的解释。在马克思那里，人与人的关系的异化主要是指人在生产过程中所结成的生产关系和社会

---

① ［波］亚当·沙夫等：《异化和社会行动》，《哲学译丛》1983年第5期。

② ［波］亚当·沙夫：《马克思异化理论的概念系统》（上），《哲学译丛》1979年第1期。

关系的异化，而沙夫却将其理解为"发生在任何感情、经历和态度之中"的"一种主观的关系"。在作此区分的前提下，沙夫对异化作了明确的界定，即其所指的是"一种特定的关系，即建立在人及其活动产物之间的一种异化"。① 而沙夫对异化的无界限的拓展性理解突出地表现在以下论断中，即"人类的各种不同产物却在一定的社会条件下发挥作用并受到各种支配社会条件的规律的制约，而这些规律的作用往往是不以人的意志为转移的"。② 但是，这一思想恰恰不是青年马克思的，而是创立了历史唯物主义之后的马克思对"异化"的阐释。其典型的论断体现在《德意志意识形态》中，即"受分工制约的不同的个人的共同活动产生了一种社会力量，即成倍增长的生产力。因为共同活动本身不是自愿地而是自然形成的，所以这种社会力量在这些个人看来就不是他们自身的联合力量，而是某种异己的、在他们之外的强制力量。关于这种力量的起源和发展趋向，他们一点也不了解；因为他们不再能驾驭这种力量，相反，这种力量现在却经历着一系列独特的、不仅不依赖于人们的意志和行为反而支配着人们的意志和行为的发展阶段"。③ 不仅如此，如果说"共同活动"所体现的实质上是人与人之间的关系，那么，沙夫对"异化"和"自我异化"的区分则与马克思的原初理解相违背。归根结底，沙夫实际上撇开了青年马克思的"异化理论"，而对异化作了在历史唯物主义语境基础上的理解和阐释。

　　撇开沙夫在思想史问题上的缺陷不谈，其对异化的其他诸多

---

　　① ［波］亚当·沙夫：《马克思异化理论的概念系统》（上），《哲学译丛》1979年第1期。

　　② ［波］亚当·沙夫：《马克思异化理论的概念系统》（上），《哲学译丛》1979年第1期。

　　③ 《马克思恩格斯文集》（第1卷），人民出版社2009年版，第537—538页。

阐释恰恰抓住了成熟马克思的异化观的实质，并由此构成了其理解历史唯物主义的理论前提。首先，沙夫对异化和对象化作了明确的区分。在他看来，"对象化是指人的思想在行动中变为物质的和精神的产物的过程，这些产物不依赖于意志和人的意识而客观独立地存在。这种对象化过程，无论就满足人之不同需要和彼此交往来说，或者就以之达到人类共存的目的来说，乃是人们生活的基础和条件"。[1] 而如果说对象化是任何社会生产活动的共有的"超历史"的一般特征，那么，沙夫对对象化的理解恰恰间接地论述了历史唯物主义的一个核心理论，即物质生产是人类历史发展的最终决定力量。在此基础上，沙夫就对象化和异化的关系作了较为准确的说明，其基本的论断是对象化是异化的基础，其中，"对象化是人类生活过程的必然的征象"，而"异化则不是人类生活过程之必然的征象"，"而仅仅是可能的征象"[2]。不仅如此，沙夫还敏锐地指出了从必然性的对象化到异化的转变是在一定的历史条件的前提下发生的。他明确指出："还必须有另外一些条件，人类活动的产物才成为同人对立并控制人的独立力量。"[3] 更为可贵的是，沙夫还认识到异化的发生是以"现存的"或"一定的"社会关系为条件的。最后，基于上述认识，沙夫认为，"异化具有一种历史特点，取决于一定的社会条件并随着这些条件的消失而消失"。[4] 这就有效地批判了存在主义者乃至某些以马克思主义者自居的理论家将异化视为人类本身所固有的现象的错误认识。

---

① ［波］亚当·沙夫等：《异化和社会行动》，《哲学译丛》1983 年第 5 期。

② ［波］亚当·沙夫等：《异化和社会行动》，《哲学译丛》1983 年第 5 期。

③ ［波］亚当·沙夫：《马克思异化理论的概念系统》(上)，《哲学译丛》1979 年第 1 期。

④ ［波］亚当·沙夫：《马克思异化理论的概念系统》(上)，《哲学译丛》1979 年第 1 期。

正是基于对异化理论的上述阐释，沙夫确立了自己理论的中心，即如何消除人的异化，实现人的解放。异化所造成的结果就是，原来作为人的劳动产物而本属于人的体现人的本质性力量的对象性存在畸变为操控人的纯粹客观性存在，即取得了"自发的"形式。那么，到底是何种原因造成了这种异化，或者说个人所生存于其中的社会现实到底遵循着何种机制才造成了人的异化，由此必然牵涉对人所生存于其中的社会现实的分析，并在此种分析的基础上寻求消除异化的具体路径。正是循着这种思路，沙夫对马克思主义的历史唯物主义进行了多维度的阐释。

二、历史唯物主义的具体阐释

沙夫在理论上敏锐的突出表现之一是他认识到人的异化并非黑格尔式的纯粹概念的外在化，而应是在特定的历史条件和特定的社会关系下所产生的一种"社会现象"，而为了消除异化，就必须消除造成异化的社会条件。对此，沙夫明确指出，"异化是由特定的社会条件所孕育的，正如只有客观化是每一种社会形式里的必然现象，所以在消除这些条件以后消灭异化是能够实现的"，"只要超越导致异化的社会条件，消灭异化就是可能的了"。[①] 而要做到这一点，就必须对异化的社会进行理论上的分析和把握，切实找寻到异化发生的现实根由。在沙夫看来，这恰恰构成了历史唯物主义的真正任务所在。由此便涉及沙夫对历史唯物主义的出发点或研究对象的理解。在他看来，现实的人的生存恰恰构成了历史唯物主义的真正出发点，"把人在真实世界中的活动作为观察人的出发点，就意味着站在唯物主义的经验主义的立场上。……我们在这里就是从对人的存在的研究出

---

① ［波］亚当·沙夫：《马克思异化理论的概念系统》(上)，《哲学译丛》1979年第1期。

发。那么，如此理解的存在，对唯物主义者而言，是研究人的最好的出发点"。① 值得一提的是，沙夫的上述界定是符合马克思恩格斯的本意的，正如他们在《德意志意识形态》所明确指出的，"我们开始要谈的前提不是任意提出的，不是教条，而是一些只有在臆想中才能撇开的现实的前提。这是一些现实的个人，是他们的活动和他们的物质生活条件，包括他们已有的和由他们自己的活动创造出来的物质生活条件"。② 但是，与一般性的理解不同的地方在于，沙夫并没有将人的问题的研究直接归之于历史唯物主义，而是将其界定为"马克思主义的人的哲学"，在此基础上，沙夫对历史唯物主义和"人的哲学"作了明确的划分，认为两者并不直接等同，而是前者构成了后者的基础和前提。他说："历史唯物主义是这种人的哲学的基础，是它的必要前提，但并不就是这种哲学。……这是两种有联系的研究，而不是相同的研究。"③

进一步来看，沙夫在确立了历史唯物主义的出发点及其地位之后，紧接着又对历史唯物主义的对象作了具体的界说。他说道："历史唯物主义自然而然地给这种哲学（指马克思主义的人的哲学——引按）提供着理论基础；它让我们对个人作社会的解释，它教我们把人放在他的社会关系中，既不放弃他的个人的东西，同时又保持其社会性。"④ 从这段话可以看出，沙夫关于历史唯物主义的研究对象既可以说是个人，同时也可以是社会，或

---

① 衣俊卿等主编：《当代学者视野中的马克思主义哲学·东欧和苏联学者卷》（下卷），北京师范大学出版社 2008 年版，第 44 页。

② 《马克思恩格斯文集》（第 1 卷），人民出版社 2009 年版，第 516—519 页。

③ 衣俊卿等主编：《当代学者视野中的马克思主义哲学·东欧和苏联学者卷》（下卷），北京师范大学出版社 2008 年版，第 42 页。

④ 衣俊卿等主编：《当代学者视野中的马克思主义哲学·东欧和苏联学者卷》（下卷），北京师范大学出版社 2008 年版，第 42 页。

者综合起来说就是个人与社会的关系，尤其是研究社会影响和制约人的机制。就问题本身来看，沙夫的观点是正确的，即深刻地洞悉到个人与社会的内在相关性。一方面，基于对马克思关于人的本质在其现实性上是"一切社会关系的总和"的论断的深刻领会，沙夫明确指出，"个人，从生到死，甚至于在他的完全的内心的生活经验中，都是和别人极密切的联系着的，从根本上说，他是'社会人'，是受社会制约的，是每一步都受社会规定的"①；另一方面，沙夫又强调了个人对于社会的生产性或能动性作用，"个人是产品，但同时也是生产者，他是终点，同时又是出发点"。②毋庸置疑，突出个人问题本身彰显了历史唯物主义的原初精神，因为正如马克思所明确指出的，"在社会中进行生产的个人，——因而，这些个人的一定社会性质的生产，当然是出发点"。③当是，在迄今为止的以阶级斗争为直接动力的社会中，个人本身又必定属于一定的阶级，从而其历史性作用的发挥只有置于阶级的层面上才能获得科学的理解。这个环节的缺失构成了沙夫历史唯物主义观的重大缺陷，并同时体现了东欧新马克思主义在这个问题上的一般性意见。

在上述理解的基础上，沙夫赋予历史唯物主义在整个马克思主义中的重要地位。他指出："我还要提到马克思主义的精髓，即作为社会科学方法论的历史唯物主义。"④在他看来，无论是谁，在历史研究中如果不借助于历史唯物主义的方法论工具，就

---

①　衣俊卿等主编：《当代学者视野中的马克思主义哲学·东欧和苏联学者卷》（下卷），北京师范大学出版社 2008 年版，第 23 页。

②　衣俊卿等主编：《当代学者视野中的马克思主义哲学·东欧和苏联学者卷》（下卷），北京师范大学出版社 2008 年版，第 25 页。

③　《马克思恩格斯文集》（第 8 集），人民出版社 2009 年版，第 5 页。

④　俞可平主编：《全球化时代的"马克思主义"》，中央编译出版社1998年版，第63 页。

不会在历史研究中取得任何成就，并呼吁"那些把运用历史唯物主义这个分析工具视为社会科学中不言而喻的事情的人，那些与这个工具密不可分的人，不要忘记或排斥这种理论的马克思主义来源"。① 沙夫的上述见解凸显了历史唯物主义在史学研究中的基础性意义，具有极强的时代穿透力和理论警醒作用。那么，历史唯物主义作为一种方法，其总体上的特征到底何在？如果先行说出结论的话，就是历史唯物主义实现了结构分析方法与历史性分析方法的统一，而其核心则是历史性的分析方法。沙夫对结构主义马克思主义者极力彰显结构分析方法、否定历史性分析方法的根本缺陷作了非常到位的说明，但是，他并不否定结构分析方法的应有的地位和作用，在他看来，"对系统的结构分析（即对系统的结构的、同时性存在规律的分析）作为对系统的动态分析（即对动态规律的分析）的补充，构成了马克思主义的历史主义的成分"。② 在此基础上，沙夫重点突出了历史分析方法对于历史唯物主义的重要性。基于对马克思恩格斯相关论断的分析，沙夫总结指出，"马克思和恩格斯明确地宣称他们赞同历史主义"，"他们借助于历史主义表述了这样的观点，即世界是变化的，世界的变化服从于特定的规律，这些规律反映在科学的动态规律之中"。③ 沙夫的分析无疑抓住了问题的关键。对此，一个富有说服力的例子在于，当考夫曼评论马克思的历史唯物主义的核心在于研究"由一种形式过渡到另一种形式，由一种联系

---

① 俞可平主编：《全球化时代的"马克思主义"》，中央编译出版社1998年版，第63页。

② ［波］亚当·沙夫：《结构主义与马克思主义》，山东大学出版社2009年版，第85页。

③ ［波］亚当·沙夫：《结构主义与马克思主义》，山东大学出版社2009年版，第90页。

秩序过渡到另一种联系秩序的规律"[1]时,得到了马克思本人的认可。

沙夫在理论上的另一大突出贡献就是澄清了历史唯物主义的时代性或当代性。我们知道,无论是马克思还是恩格斯,都曾多次澄清历史唯物主义的时代性特质,即历史唯物主义绝非提供解决一切问题的药方或公式,它也不是任何人借以推出问题解决方案的那个抽象的黑格尔式的"无",不仅其理论发展本身,而且其功能的发挥,都要建立在对变化了的社会现实研究的基础之上。而沙夫深谙这一道理。他明确指出:"当社会生活发生了深刻变化,而这种变化又同生产方式的变化和随之而来的社会阶级结构和社会观念的变化密切相关时,那么这一时期在社会上占统治地位的观念也必然随之发生变化。这一观点看来是天经地义的事。可以这样说,这是马克思主义观察社会生活的方法。"[2]正是基于对历史唯物主义时代性品质的深刻领会,以及对于时代发展的严重关切,沙夫强调必须基于对新的社会现实的研究来探寻未来的新社会主义。他指出:"真正的革命(即使这一革命是通过民主和改良的方法完成的)已出色地表明,历史唯物主义关于社会基础的根本变化必然要引起上层建筑的变革这一基本论点的正确性。"[3]基于这一认识,沙夫立足于自动化机器体系的普遍运用所带来的资本主义生产方式、阶级构成的新变化,对未来社会主义的走向进行了积极的探索。而如果我们熟悉马克思在《资本论》及其手稿中对自动化的运用与资本主义社会形态的终结之

---

[1]　[德]马克思:《资本论》(第1卷),人民出版社2004年版,第20页。

[2]　[波]亚当·沙夫:《做马克思主义者,不做教条主义者》,《当代世界社会主义问题》1999年第2期。

[3]　中央编译局国际发展与合作研究所:《未来的社会主义》,中央编译出版社1994年版,第84页。

内在相关性的细致分析，那么，我们就能够感受到沙夫在把握时代问题上的敏锐性。虽然他在很多问题上——限于篇幅，这里不对这些问题详细分析——存在着在笔者看来背离了马克思的解释，但究其基于时代变化的现实要求而积极探求新的社会主义纲领的要求则是符合马克思主义精神的。正如恩格斯曾经指出的："所谓'社会主义社会'不是一种一成不变的东西，而应当和任何其他社会制度一样，把它看成是经常变化和改革的社会。"①更为可贵的是，虽然沙夫基于历史唯物主义时代感、社会现实的变化对"新社会主义"探求的理论所指无疑是苏联模式的社会主义，并基于此种模式对社会主义条件下的异化问题作了系统的说明，但是，他并没有在这个问题上陷入历史虚无主义的泥坑。在他看来，"这条建设社会主义的道路没有经受住重大历史经验的检验，它走进了死胡同。这次伟大的冒险给我们留下的主要教训是不能重返这种制度，社会主义必须探索新的路径，但与此同时，不要放弃历史上的正面经验"。②

三、人本主义马克思主义之溢出

虽然沙夫基于一些共有的理论前提而从属于东欧新马克思主义对马克思主义的人本主义理解路径——这些前提包括彰显异化理论的首要的突出意义和价值，强调青年马克思与老年马克思思想的连贯性，尤其是将实现人的解放问题作为马克思主义的中心问题等——但是，细致分析沙夫的历史唯物主义观，我们发现，沙夫实际上在很多时候又溢出了以东欧新马克思主义为代表的人本主义马克思主义者的一般理论阐释路径的范围。按照相

---

① 《马克思恩格斯文集》(第 10 卷)，人民出版社 2009 年版，第 588 页。
② ［波］亚当·沙夫：《需要一种新的左派》，《当代世界与社会主义》1997 年第 4 期。

关学者的概括，东欧新马克思主义的内在理论框架表现在内在相关的三个方面，"第一，这一理论的基础部分是它的人本学或本体论维度，其核心是一种世界图景或理想的人之形象；第二，以这一世界图景或人之形象同世界现状或人类历史困境的反差和冲突为基础，建立起一种历史和社会评判理论；第三，摆脱人类历史困境以实现理想的人之形象的社会改造纲领"。^① 虽然，从表面上看，人的中心地位的确立、一种历史和社会评判理论、社会改造纲领也出现在沙夫的马克思主义和历史唯物主义观之中，但仔细甄别可以发现，无论哪一个方面，沙夫都表现出与此种一般性不同的倾向。

就第一个方面而言，沙夫既注重对一种世界图景或理想的人之形象的刻画，同时又认为，马克思主义所追求的人道主义的实现必须建立在现实发展的基础之上。他明确指出："马克思主义的人道主义认为，除去别的因素之外，社会经济基础的发展制约着人类个体的发展。马克思主义的人道主义的结论是从对于事实的经验观察得出的，而不是从抽象的道德规范和与之相关的对于社会生活的要求得出的。"^②

就第二个方面而言，沙夫既注重从理想社会的视角出发对社会现实展开价值性批判，同时又特别强调历史唯物主义的批判性是建立在对现实的深入分析和把握的基础之上的。正如本节在第一部分所指出的，沙夫虽然是从青年马克思的异化论出发的，却将对它的分析建立于历史唯物主义语境的基础上。在他看来，"在马克思的观点中，异化指的不仅仅是那种被剥夺了一切的、不幸的、颓唐的，甚至是病态的个人。这里研究的是社会发展的

①　衣俊卿：《人道主义批判理论》，中国人民大学出版社2005年版，第228页。
②　［波］亚当·沙夫：《结构主义与马克思主义》，山东大学出版社2009年版，第103页。

方式问题"。① 也就是说,异化的分析归根结底源于对社会发展方式问题的分析。循此理解推导,其结论必定是,特定的社会发展方式之中蕴含着超越现实的特定可能性,而这恰恰充分彰显了马克思对待历史的历史唯物主义态度,即"如果说特定社会形态的未来历史走向在其现在中有其根源,那么,马克思的这个态度必将从根本上决定其对于社会主义道路的理解,即其必须匹配于特定的历史环境来考察"。②

就第三个方面而言,沙夫也强调提供使人摆脱历史困境的人道主义纲领的重要性,但与上述两者密切相关,他始终强调人道主义的社会主义不是一种对历史未来的"先验可能性"的设想,而是要以现实的历史条件为坚实的基础。他指出,把马克思的"社会主义人道主义同其他人道主义区别开来,要根据含有人道主义的那种社会运动的性质。根据促进这种社会运动的社会力量、根据为了全人类的解放而为工人阶级的解放创造条件的历史条件"。③沙夫进一步用"具体性"概念来解说人道主义社会主义的对历史条件的依赖性,即"所谓它的具体性,我首先指的是社会主义人道主义并不是同抽象的人有关,而是同生活在现实社会条件和历史条件中的人有关,同这些条件中所引起的发挥需要和可能性有关"。④

---

① [波]亚当·沙夫:《马克思异化理论的概念系统》(上),《哲学译丛》1979年第1期。

② 许恒兵:《马克思的"历史论述原则"与社会主义道路》,《长白学刊》2013年第1期。

③ [波]亚当·沙夫:《人的哲学》,江苏人民出版社1988年版,第124页。

④ [波]亚当·沙夫:《人的哲学》,江苏人民出版社1988年版,第125页。

第六节　科拉科夫斯基：避免空想主义和历史宿命论两难困境的思想努力

科拉科夫斯基认为，马克思终生为之奋斗的思想主题就是如何避免空想主义和历史宿命论、人的自由和历史必然性之间的两难困境，并在解决这个问题的过程中形成了自己的哲学原则，其核心在于，既将社会主义的实现视为历史进程必然趋向的结果，同时又强调这一必然趋势的实现有赖于无产阶级意识中的自由首创精神。科拉科夫斯基以"同情"的态度解读马克思的历史唯物主义，并通过采用"限制功能"的方式，力图将历史唯物主义解释成一个能够容纳人的能动性的理论体系。科拉科夫斯基的解读体现了避免将马克思阐释成一个机械决定论者的思想努力，但他认为马克思通过彰显无产阶级革命意识来突破空想主义和历史宿命论的两难困境，则模糊了马克思与黑格尔哲学之间的原则性界限。而其通过限制历史唯物主义的阐释效力来安置人的能动性，则最终消解了历史唯物主义之作为科学世界观和方法论的功能，使其成为既不能科学阐释具体的历史事件和过去的历史，也不能科学预测历史的未来的政治道德说教。

一、对马克思思想演进历程的解读

科拉科夫斯基认为，马克思在其思想的各个时期中围绕之展开思考的中心问题，是如何避免空想主义和历史宿命论、人的自由能动性和历史必然性的两难困境。而他对马克思思想演进历程的考察就是围绕这个问题展开的。科拉科夫斯基的考察从马克思的博士论文开始，他认为马克思通过重新解读伊壁鸠鲁的原子偏斜学说，试图在理性主义的乌托邦和保守主义的"实证"崇拜之间找到自己的立场，这种努力的方向既与青年黑格尔派相信批判精神至高无上不相一致，又与黑格尔的保守主义不相吻合，而是寻求一种居于两者之间的立场，即"精神既不残留有对现存事物的服从，也不信奉精神不考虑现存事实而随意地从自身发现规范标准的绝对权威，精神应该创造它自身的自由，这种自由是一种用以影响世界的工具"。[①] 虽然总体上来看，马克思此时还几乎完全局限于青年黑格尔派的思想范围，但无疑已经显露出后来马克思所创立的"实践哲学"的萌芽。其与青年黑格尔派批判哲学的根本区别在于，批判哲学始终坚持判断的自律性，即坚持从其自身寻求据以衡量现实的标准，而不是从现实中寻求，而马克思的"实践哲学"则坚持到历史本身中去寻找历史合理化的条件，即"如果要使自我意识和历史进程的同一成为一个真实的期望，自我意识就必须来自历史本身的内在压力而不是来自于外在的理性的历史原则"[②]，在这种理解中，"哲学的前景糅合进了历史，因而被废除了，相信精神必须指望世界的'合理性'来作为其自身解放的证明，也就是说，精神被它所直接指向的现实所吸收"。[③] 科拉科夫斯基由此认为，这体现了一种新的思想的萌动，并且马克思此时已经开始面对精神自由和历史现实之间的关系问题了。但在他看来，马克思此事在总体上还没有论及是什么社会原因导致哲学家们自欺，没有讨论可能消除虚假意识以及恢复经验和自我意识的统一性的社会条件，所以其对精神与世界的关

---

① ［波］莱泽克·科拉科夫斯基：《马克思主义的主要流派》(第一卷)，黑龙江大学出版社 2015 年版，第 103 页。

② ［波］莱泽克·科拉科夫斯基：《马克思主义的主要流派》(第一卷)，黑龙江大学出版社 2015 年版，第 108 页。

③ ［波］莱泽克·科拉科夫斯基：《马克思主义的主要流派》(第一卷)，黑龙江大学出版社 2015 年版，第 109 页。

系的思考仍然是抽象的。

马克思对人的自由能动性与世界关系的思考在《莱茵报》时期得到了进一步发展。此时，马克思基于对政治现实的批判性思考，并按照黑格尔的划分方式，将符合国家和法律概念本质的国家与用暴力所维持的从而处处妨碍人的自由的国家和法律区分开来，但他通过将自由视为国家概念的基本部分，并通过肯定人的自由是带着其自身合理性的人的根本价值而与黑格尔分道扬镳，并在对黑格尔法哲学的批判中与黑格尔进一步分离。这种分离表现为，与黑格尔认为国家可以消除市民社会领域个人之间的冲突根本不同，马克思则认为国家只是某种特殊利益的工具，而非特殊利益的真正调节者。在《论犹太人问题》中，马克思更加清楚地描绘了人的自由解放的论题，宣告了消除私人与政治之间冲突的社会变革的目标，认为"社会被个人自觉地占有和被每个个人自愿地作为社会共同体承担者的自由认可，是人重新发现他自己和回归到他自己的途径"。①但是，科拉科夫斯基认为，此时的马克思关于人的自由问题的思考仍然具有空想的色彩，因为他此时"仅仅是用实际的人的分离状态对立于以非常抽象的形式描述所设想的统一。怎样并且依靠什么力量才能获得这种统一，仍然是悬而未决的问题"。②

在《〈黑格尔法哲学批判〉导言》一文中，马克思朝着摆脱空想主义迈出了重要的一步，因为正是在这篇文章中，他首次阐述了关于无产阶级的特殊历史使命的思想，阐明了革命是实现历史固有的趋势而不是违背历史。马克思坚信，"一个完全消灭了所

①　［波］莱泽克·科拉科夫斯基：《马克思主义的主要流派》（第一卷），黑龙江大学出版社 2015 年版，第 130 页。

②　［波］莱泽克·科拉科夫斯基：《马克思主义的主要流派》（第一卷），黑龙江大学出版社 2015 年版，第 130 页。

有冲突、侵害和罪恶之根源的社会不仅可以想象，而且是历史的必然"。① 而伴随着人的劳动本质的确立，马克思在《1844年经济学哲学手稿》中进一步将人的自由的实现置于历史进程之中，即将"社会主义描述成对自然历史过程的假定，而不是单纯而又简单的理想"。② 但科拉科夫斯基认为，由于马克思对社会主义的展望包含着人的本质和存在完全同一、人的最终命运与他的经验存在完全和谐的思想，因而引发共产主义是否是历史的终止的难题。科拉科夫斯基认为，马克思在《神圣家族》中更加清楚地表达了共产主义是不可避免的历史运动这种思想，其中，马克思力图揭示私有制必然趋于灭亡的历史运动，同时将无产阶级意识觉醒及其颠覆资产阶级统治的革命运动视为这个过程的必然结果，即"无产阶级的贫困化迫使无产阶级解放自己，但它要实现解放自己的目标，就必须同时将整个社会从非人的环境中解放出来"。③ 由此，马克思似乎超越了历史必然性与自觉活动之间的两难困境，"因为无产阶级的阶级意识不仅是革命的条件，而且它本身就是革命趋于成熟的历史过程"。④

科拉科夫斯基认为，马克思在《德意志意识形态》中朝着突破自由能动性与历史宿命论之间的两难困境迈出了决定性的一步。其中，马克思基于社会存在和社会意识之关系的唯物主义阐明，确立了对历史进程的基本看法，即历史是物质生产所决定的

---

① ［波］莱泽克·科拉科夫斯基：《马克思主义的主要流派》（第一卷），黑龙江大学出版社2015年版，第134页。

② ［波］莱泽克·科拉科夫斯基：《马克思主义的主要流派》（第一卷），黑龙江大学出版社2015年版，第144页。

③ ［波］莱泽克·科拉科夫斯基：《马克思主义的主要流派》（第一卷），黑龙江大学出版社2015年版，第152页。

④ ［波］莱泽克·科拉科夫斯基：《马克思主义的主要流派》（第一卷），黑龙江大学出版社2015年版，第152页。

客观过程，但源于人们自己的物质生活的观念和意识也在此过程中发挥着积极作用。他强调，"不能认为马克思所主张的是，历史是一个无个性特征的过程，而有意识的目的和思想仅仅是这一过程的副产品或偶然的派生物"。① 这个基本观点构成了马克思突破自由能动性与历史宿命论之两难困境的思想前提。具体来说，马克思基于分工逻辑对人的普遍的异化处境的分析，为未来理想社会的构想奠定了基础。异化意味着人们无法支配自己的历史进程，即人们的活动"导致了一个神秘的、非个人的过程，这一过程反过来压制那些创造了这一过程的人们"②，而共产主义则意味着异化的消除，即使历史真正"变成由人所支配的东西"③。不止于此，在共产主义社会，人们还改变了因非自愿的分工所造成的片面化发展，并因具有参加各种工作的自由而获得全面的发展。对于这个目标，马克思基于历史发展过程之客观性的观念，坚决批判空想主义将共产主义视为与现实相对立的纯粹理想，视为发明的产物，而是认为"它本身就是当代的历史趋势，这一趋势正在使共产主义的前提成为现实，并正在不自觉地向着这一现实发展"④，也就是说，共产主义被视为"历史过程的自然结果"⑤。但是，马克思与历史宿命论完全消解人的自由能动性根本不同，在他看来，使共产主义成为可能的社会环境也意味着将有一个朝向

---

① ［波］莱泽克·科拉科夫斯基：《马克思主义的主要流派》（第一卷），黑龙江大学出版社 2015 年版，第 163 页。

② ［波］莱泽克·科拉科夫斯基：《马克思主义的主要流派》（第一卷），黑龙江大学出版社 2015 年版，第 163 页。

③ ［波］莱泽克·科拉科夫斯基：《马克思主义的主要流派》（第一卷），黑龙江大学出版社 2015 年版，第 163—164 页。

④ ［波］莱泽克·科拉科夫斯基：《马克思主义的主要流派》（第一卷），黑龙江大学出版社 2015 年版，第 185 页。

⑤ ［波］莱泽克·科拉科夫斯基：《马克思主义的主要流派》（第一卷），黑龙江大学出版社 2015 年版，第 165 页。

共产主义的不可抗拒的运动，这个运动就是无产阶级革命运动，其中，无产阶级基于对自己的历史处境和目标的自觉，不仅认识了世界，而且根据现实本身来改变世界。如此，"自由和必然的对立消失了，因为历史的必然性事实上采取了无产阶级意识中自由首创精神的形式"。①在科拉科夫斯基看来，这构成了马克思消解人的自由能动性和历史宿命论之两难困境的基本原则。

而就马克思此后的思想发展来看，科拉科夫斯基认为，"马克思从来没有离开这些原则，他的直至《资本论》最后一页的全部著作都是这些思想的证明和系统阐述"。②例如，在《共产党宣言》中，马克思与恩格斯提出的社会主义理论是，"工人阶级实际的革命首创精神的自我意识，是对于不过表现为历史必然性的自由活动的自我意识"③。而对于马克思的《资本论》，科拉科夫斯基认为其保持了与早期思想的一以贯之的连续性，这个思想的核心就是认为，"我们生活在一个使人非人性化的时代，就是说，人同他自己的劳动相异化，这种异化发展到顶点就会在一场革命性的大动荡中结束"④，只是，这一思想在《资本论》中得到了更加详尽的阐发。具体到社会主义的论证来看，马克思一方面将其视为是资本主义不知不觉地趋向的结局，另一方面认为，社会主义的最终实现必须依赖于彻底丧失主体性的无产阶级革命意识的生成，以及基于这种革命意识的阶级对抗。

---

① ［波］莱泽克·科拉科夫斯基：《马克思主义的主要流派》(第一卷)，黑龙江大学出版社 2015 年版，第 185 页。
② ［波］莱泽克·科拉科夫斯基：《马克思主义的主要流派》(第一卷)，黑龙江大学出版社 2015 年版，第 186 页。
③ ［波］莱泽克·科拉科夫斯基：《马克思主义的主要流派》(第一卷)，黑龙江大学出版社 2015 年版，第 236 页。
④ ［波］莱泽克·科拉科夫斯基：《马克思主义的主要流派》(第一卷)，黑龙江大学出版社 2015 年版，第 167 页。

二、历史唯物主义的能动性阐释

科拉科夫斯基以如何避免自由能动性和历史宿命论的两难困境为中心线索考察马克思的思想演进过程，并在此过程中极力将马克思阐释成为一个能动论者。同样，科拉科夫斯基在对马克思的历史唯物主义的阐释中也体现了这一努力，而其采用的主要方式就是极力限制历史唯物主义的科学功能，以求于其中安置人的自由能动性。科拉科夫斯基坦言，他尽可能以"同情"的态度理解马克思的历史唯物主义，即力图不按照马克思的某些凝练的或格言式的论述将其阐释为技术或经济决定论，因为，如果整个人类历史发展的进程都是由单一的技术线索所严格决定的，那么，其在逻辑上的必然后果就是消解人的自由能动性，并由此走向历史宿命论。科拉科夫斯基认为，马克思的历史唯物主义在《德意志意识形态》中第一次得以清晰地阐述，并在《〈政治经济学批判〉序言》中得到了经典表述。作为关于社会生活的支配体系的描述，历史唯物主义是对"什么情况最大程度地改变人类文明"这个问题的回答，基于这个认识，科拉科夫斯基将"历史过程的动力"作为其阐述历史唯物主义的主题。在他看来，历史唯物主义坚持"历史变化的根本动力是技术、生产力、社会上全部可以使用的装备加上既得的技术力量，再加上技术上的分工"[1]，生产力的水平决定了生产关系的基本结构，而生产关系进一步决定了上层建筑的全部现象领域，"历史唯物主义的主要原则就是，一定的技术水平要求一定的生产关系，并且引起这些关系在一定时期的历史中产生。接着，它们导致特定的上层建筑"。[2]

---

① ［波］莱泽克·科拉科夫斯基：《马克思主义的主要流派》（第一卷），黑龙江大学出版社 2015 年版，第 343 页。

② ［波］莱泽克·科拉科夫斯基：《马克思主义的主要流派》（第一卷），黑龙江大学出版社 2015 年版，第 244 页。

科拉科夫斯基认为，历史唯物主义的主要原则引发了人们的很多争议，其中最核心的是认为，通过将历史简化为"经济因素"，否定了历史中有意识的人类活动的重要性，并进而将人的自由排除在外。对此，科拉科夫斯基力图通过限制历史唯物主义的阐释效力来予以回应。在他看来，历史唯物主义不是也没有声称自己是阐释所有历史事件的钥匙。"它所做的一切是确定社会生活某些特征之间的关系，而绝不是全部特征的关系。"[①] 例如，在科拉科夫斯基看来，马克思并没有主张技术水平决定社会分工的每一细节，因此也决定政治生活和组织生活的每一细节，马克思对上层建筑依赖于生产关系的说明，适用于社会的重大历史阶段和根本转变，即"一定社会的阶级结构不久或者最后必然以基本的制度来表现自己，而导致这些事件的过程依赖于大量的偶然情形"[②]。因此，如果谈及历史唯物主义的历史决定论，那就只是在主要的制度特征的范围之内，而不是制度的全部细节。

循着限制阐释功能的视角，科拉科夫斯基进而重新阐释了"社会存在决定社会意识""经济基础决定上层建筑"的原理。就"经济基础决定上层建筑"而言，依据历史唯物主义，在世界历史舞台上，人们的观念、习惯和制度都受到占统治地位的生产、交换和分配制度的支配性影响，但这只是"一个极其一般的陈述"，并且只保留有限的阐述功能，即其只是力图对历史中的各种观念或政治现象的主要趋势作出解释，"根据历史唯物主义不一定就推知生产关系明确地决定着全部上层建筑，生产关系只是在排除了某些可能并且以其他方面为代价而推动了某种趋势，生产关系

---

① ［波］莱泽克·科拉科夫斯基:《马克思主义的主要流派》(第一卷)，黑龙江大学出版社 2015 年版，第 345 页。

② ［波］莱泽克·科拉科夫斯基:《马克思主义的主要流派》(第一卷)，黑龙江大学出版社 2015 年版，第 345 页。

在广义上讲只能这样。一定的上层建筑的某些方面可以明显地在不同的经济结构中保持不变，尽管它们在不同的环境中的意义是大不相同的，宗教信仰和哲学学说正是这样。此外，由于人的需要采用了独立的形式并且工具性的价值变成了目的，所以上层建筑的各个方面就成了自主的"。[①] 而就"社会存在决定社会意识"的适用范围看，科拉科夫斯基认为马克思并没有将其作为一个永恒的历史规律看待，"《政治经济学批判》把社会意识对生产关系的依赖描述为一个过去一直存在的事实，但它并未得出将永远如此。正像马克思所认为的那样，社会主义是在生产过程之外大大地开阔了创造活动的范围，它把意识从神秘化中解放出来，使社会生活从物化的力量中解放出来。在这种情况下，意识即自觉的意志和人的首创精神支配社会过程，所以意识决定社会存在，而不是相反"。[②] 就此而言，科拉科夫斯基认为，"社会存在决定社会意识"只是整个人类历史进程中人类意识生活的一个特例，它适应了人类如下的生存状态，即"在过去的历史中，人类活动的产物已经被转变为支配历史过程的独立力量。当这种支配消失并且社会发展服从于人们自觉的决定时，不再会有'社会存在决定社会意识'的情形"。[③]

总之，在科拉科夫斯基看来，"历史唯物主义提供了关于各种主要决定因素的理论说明，并且它被用于预示一般的发展道路而不是预示特殊事件，同任何其他历史哲学一样，它不是定量的理论，不能告诉我们在某一特殊历史过程中起左右的诸因素的相

---

① ［波］莱泽克·科拉科夫斯基：《马克思主义的主要流派》(第一卷)，黑龙江大学出版社 2015 年版，第 350 页。

② ［波］莱泽克·科拉科夫斯基：《马克思主义的主要流派》(第一卷)，黑龙江大学出版社 2015 年版，第 351 页。

③ ［波］莱泽克·科拉科夫斯基：《马克思主义的主要流派》(第一卷)，黑龙江大学出版社 2015 年版，第 352 页。

对力量。但它意味着能使我们通过分析生产关系和直接基于其上的阶级划分来了解任何社会的根本结构"。① 正是立足于这种限制，科拉科夫斯基力图避免将历史唯物主义导向抽象的技术决定论，并以此为人的能动性预留空间。

三、历史唯物主义的"两难困境"与消解

诚如科拉科夫斯基所指出的，上述对历史唯物主义的阐释只是其基于"同情"的态度所得到的。虽然如此，在他看来，对历史唯物主义的阐释仍然面临着如何处理历史决定论和人的能动性的两难困境，并结合各种捍卫历史唯物主义之历史决定论的阐释作了更加细致的说明。固然，科拉科夫斯基认为，历史唯物主义如果意味着上层建筑的每一细节在某种意义上都能被"基础"的要求所解释，那么，显然这不仅是荒唐的，而且也是无法安置人的能动性的。为了解决这个困境，人们可能会赋予上层建筑以积极的反作用，并由此弱化历史唯物主义的决定论色彩，而强调经济基础与上层建筑的相互作用。但是，科拉科夫斯基对此却不以为然。在他看来，如果认为历史唯物主义并不包含绝对的决定论，并以经济基础与上层建筑之间的相互作用来处理两者之间的关系，那不过是一个人人皆知的常识，"谈论生产关系与'上层建筑'之间存在相互作用就好像在表达一个任何人都会接受的、与马克思主义没有什么特殊关系的不言而喻的东西。历史事件——战争、革命、宗教变迁、国家和王朝的兴衰、艺术流变和科学发现——都是根据许多不同的情况，包括技术和阶级冲突，得以合理地解释，这是一个常识问题，不会被宗教信徒、唯物主义者或任何历史哲学家所否认，除非他是某种'唯一因素'的信

---

① ［波］莱泽克·科拉科夫斯基：《马克思主义的主要流派》（第一卷），黑龙江大学出版社 2015 年版，第 357—358 页。

徒狂热的拥护者"。① 进一步来看，为了消除自由能动性和历史决定论的两难困境，人们似乎可以运用"归根结底"的限制条件来解决，但科拉科夫斯基认为这仍然不是有效的办法。"归根结底"是恩格斯提出来的，但恩格斯并未确切地解释过"归根结底"指的是什么，这就为人们提出不同的解释留下了空间。如果"归根结底"只意味着生产关系通过其他因素间接地决定上层建筑，那么，这种理论仍然还是一种绝对的决定论，一个轮子是直接作用于另一个轮子还是通过传递带来达到目的，这并无二致。如果"归根结底"意味着文明的主要特征是由阶级结构所决定，全部生产关系的主要特征是由技术水平决定的，那么，我们将面临的问题在于，我们无法确定到底哪个特征更为重要，在这种情况下，"我们可以选择历史唯物主义所指出过的那些关系，把它们看作是重要的，但这样，我们又陷入重复或者循环论证之中：基础决定了由基础所决定的上层建筑的那些方面"。② 再退一步，科拉科夫斯基进而指出，如果生产关系只是决定上层建筑的某些特征而不是全部特征，那么这个学说也就不能解释任何特定的历史现象，而只能解释历史过程的某些主线，因为任何历史事实都是许多情况的凝聚。在他看来，历史唯物主义的主要目的就是解释某一重要的社会经济制度取代另一制度的事实，而既然如此，"历史唯物主义就不能断定为预言的工具"③。历史唯物主义由此表现出在适用范围上的极度有限性，并因放弃了那些"烦扰的事

---

① ［波］莱泽克·科拉科夫斯基：《马克思主义的主要流派》(第一卷)，黑龙江大学出版社 2015 年版，第 370 页。

② ［波］莱泽克·科拉科夫斯基：《马克思主义的主要流派》(第一卷)，黑龙江大学出版社 2015 年版，第 371 页。

③ ［波］莱泽克·科拉科夫斯基：《马克思主义的主要流派》(第一卷)，黑龙江大学出版社 2015 年版，第 372 页。

实",而表现出含糊不清。

总之,在科拉科夫斯基看来,"基于普遍的决定论的这种推理无助于我们理解任何一种社会现象"。[①]他举例指出,如果不参考意识形态的或者生物性的情况,那么解释或理解意识形态领域里的任何一个事实或者一系列事实都是不太可能的。比如,从历史的某个时期开始,人们为了实现相互之间的平等而奋斗,如果这种奋斗是由饥寒交迫者所为,那么,我们可以说这纯粹是由于生物意义的原因。不过,如果这不仅是一个满足物质需要的问题,那么我们就不能解释人们为了平等而奋斗是"由于经济情况",而不假定人们的平等主义思想意识的存在,否则他们没有理由去渴望平等。科拉科夫斯基还认为,依靠历史决定论同样无法说明资本主义何以必然取代封建社会。如果将生产力特别是技术的进步作为人类历史发展进程的动力,从而将其视为导致资本主义取代封建社会的动力,则会忽视生产力的改进明显的是脑力劳动的结果。而如果将技术的进步和脑力劳动都归结为是由社会需要引起的,这也只能具有有限的适用性,因为,按照马克思的说法,在前资本主义社会,由于整个生产并未完全服从于交换价值的增殖,所以,并无技术进步的动力。科拉科夫斯基由此得出结论,"就用技术进步解释一切历史变化和用阶级斗争解释一切文明这样一种理论而言,马克思主义是苍白无力的"。[②]进一步来看,为了消除这种决定论话语的困境,我们还可以提出技术与财产关系和文明相互依赖的理论,科拉科夫斯基认为,这也无济于事。因为,我们根本无法给予这种相互依赖的力量以精确

---

① [波]莱泽克·科拉科夫斯基:《马克思主义的主要流派》(第一卷),黑龙江大学出版社2015年版,第373页。

② [波]莱泽克·科拉科夫斯基:《马克思主义的主要流派》(第一卷),黑龙江大学出版社2015年版,第375页。

化的测量，最终的结果则是，我们只能被迫倒退到常识的那种模糊直觉。

不过，虽然有上述模糊和困境，科拉科夫斯基还是认为，这绝不意味着马克思关于考察历史的原理是空泛的或是无意义的。恰恰相反，马克思通过将观念的历史作为现实生活历史的表现形式，而使得历史焕然一新。对此，科拉科夫斯基明确指出，历史唯物主义"是一个有价值的、启迪性的原理，它告诫研究各种冲突和运动——政治的、生活的、知识的、宗教的、艺术——的学者，他们的考察与物质利益紧密相关，包括那些起源于阶级斗争的利益。这种规则并不意味着任何东西'最终'都是阶级利益问题，也并不否认传统、观念或是为了政权进行斗争的独立作用，并不否认地理环境的重要性或者人的存在的生物结构的重要性"。① 显然，这段论述同时也表明，在科拉科夫斯基看来，历史唯物主义在阐释历史过去方面的作用是有限的，它只能为人们的研究提供极为有限的启示，但由于其本身"过于含糊、宽泛，而不能称之为一种方法"②，不能有效地指引我们研究历史事件和历史的过去。

不仅如此，科拉科夫斯基进而认为，历史唯物主义在预期未来方面的作用需要受到更加严格的限定。在他看来，马克思的历史观是目的论的，即根据人类所面临的未来理解历史。他指出，"我们只有根据我们的社会正在趋向人的联合体的新世界才能理解过去——这是青年黑格尔学派的观点，马克思从来没有放弃过这个观点。所以，如果没有对共产主义未来的展望，马克思主义

---

① ［波］莱泽克·科拉科夫斯基：《马克思主义的主要流派》（第一卷），黑龙江大学出版社 2015 年版，第 377 页。

② ［波］莱泽克·科拉科夫斯基：《马克思主义的主要流派》（第一卷），黑龙江大学出版社 2015 年版，第 377 页。

就不能被接受，失去了这一点，马克思主义就不再成其为马克思主义了"。① 但是，科拉科夫斯基认为马克思从来没有科学而有效地证明社会主义何以必然会取代资本主义。在马克思的学说中，社会主义取代资本主义与资本主义取代封建主义的必然性之间存在着差异，"资本主义是无数个人的努力和渴望所逐渐发展起来的、非个人的结果，即一个'客观'过程，除了有一种'神秘的'形式外，这一过程并不包含人的意识。但是，社会主义的必然性，正如马克思所认为的那样，则是不同的。社会主义只能由那些知道其所作所为的人所产生。'历史必然性'的实现依赖于无产阶级意识到它在生产过程中的作用和它的历史使命。在这样一个特殊情况下，必然性将采取自觉活动的形式，即历史变革的主体与客体是同一的，社会认识本身就是该社会的革命运动"。② 但是，在科拉科夫斯基看来，对于无产阶级何以能够形成革命意识，马克思并未提供科学而有效的说明，无产阶级革命意识只是其依据纯粹的哲学推导而得出的，因而只是没有根据的预测。从实际历史的进程看，"我们没有从经验上证明马克思的预言，因为从来没有过马克思所描述的那种无产阶级革命，而按照他的理论所要求的，这种革命是在生产力与生产关系之间的'矛盾'、资本主义没有能力发展技术等条件下产生的"。③ 即使假定由于经济原因资本主义不能无限地持续下去，那么仍然不能得出结论说，资本主义一定被马克思的社会主义所代替，历史也有可

---

① ［波］莱泽克·科拉科夫斯基：《马克思主义的主要流派》（第一卷），黑龙江大学出版社 2015 年版，第 378 页。

② ［波］莱泽克·科拉科夫斯基：《马克思主义的主要流派》（第一卷），黑龙江大学出版社 2015 年版，第 378—379 页。

③ ［波］莱泽克·科拉科夫斯基：《马克思主义的主要流派》（第一卷），黑龙江大学出版社 2015 年版，第 380 页。

能倒退到野蛮状态。同样，马克思认为资本主义因丧失技术进步能力而必然崩溃也是站不住脚的。这个假定以社会主义一定能够创造比资本主义更高的劳动生产率为前提，但"这几乎不能为社会主义的历史所证明，也不能从资本主义的现实中推出"[①]。总之，科拉科夫斯基得出结论，马克思基于历史唯物主义对未来的设想可能会对工人运动产生积极的影响，但这一定不是科学家的理论，而是预言家的激励。

四、科拉科夫斯基历史唯物主义观评析

科拉科夫斯基认识到，整个马克思主义哲学发展史都贯通着如何处理历史决定论和人的自由能动性之间的张力的线索，并将其确立为理解马克思本人思想尤其是其中的历史唯物主义的中心问题。实事求是地说，这个问题的抓取体现了科拉科夫斯基的思想敏锐性和深刻性。马克思将自己的哲学使命确立为既要实现对世界的科学解释，同时又要实现对世界的革命改造。其中，科学解释就是要获得对世界的决定论说明，但从逻辑上看，如果世界是决定论的，那么其改变原则上是不需要人的能动性作用发挥的；而与此同时，马克思又强调"问题在于改变世界"，而改变世界显然又是需要人的能动性作用发挥的。作为坚持理论和实践相统一的马克思，不可能不直面这个难题。但是，在对马克思到底是如何消解这个难题的理解上，他却陷入了黑格尔主义的阐释。在他看来，马克思确立的解决问题的原则是，既将共产主义视为历史必然趋向的结果，同时又认为这一历史必然性只有为在其展开过程中遭受"压迫"而产生的无产阶级意识所自觉才能实现。科拉科夫斯基由此赋予了无产阶级革命意识以首要的决定

[①]　［波］莱泽克·科拉科夫斯基：《马克思主义的主要流派》（第一卷），黑龙江大学出版社 2015 年版，第 381 页。

性的作用，认为无产阶级"由于认识到了自己的地位，无产阶级不仅认识了世界，而且根据现实本身来改变世界"，共产主义必然实现的历史趋势"只有通过人的自由的首创精神才能继续发展"。在这种解读中，科拉科夫斯基实际上将认识世界和改造世界高度合一，并将无产阶级对世界的认识同时视为对世界的改变。这种解读显然延续了卢卡奇在《历史与阶级意识》中的解决方案，并由此将马克思导向了黑格尔主义，因为正是"黑格尔陷入幻觉，把实在理解为自我综合、自我深化和自我运动的思维的结果"①。同样明显的是，科拉科夫斯基将这种哲学人类学的解放方案视为马克思始终坚持的方案，无疑抹杀了马克思从人本逻辑转向科学逻辑的事实。

而就科拉科夫斯基对马克思的历史唯物主义的解读来看，他极力避免将历史唯物主义解读成"经济决定论"或"技术决定论"，并将矛头直指第二国际以及苏联理论家对历史唯物主义的科学化的决定论解读。就这一理论取向来看，无疑是正确的。但是，首先，科拉科夫斯基将历史唯物主义本身理解为"技术决定论"或"经济决定论"，实际上混淆了马克思本人的历史唯物主义与第二国际以及苏联理论家的历史唯物主义之间的界限。固然，两者之间的确存在着传承关系，但后者将历史唯物主义科学化，将历史视为由内在于其中的规律决定的纯粹客观进程，将社会主义主要地视为历史自主趋向的结果，则无疑消解了马克思历史唯物主义中的能动性维度。

其次，就科拉科夫斯基对历史唯物主义的两个主要原理所作的限制性理解而言，同样背离了马克思的本意。对于"经济基础决定上层建筑"的原理，科拉科夫斯基认为经济基础只是推动了

---

① 《马克思恩格斯文集》(第 8 卷)，人民出版社 2009 年版，第 25 页。

上层建筑中的某些趋势，而不具有对上层建筑的归根结底的制约性作用，为此，他以观念的上层建筑中的哲学和宗教为例予以说明，认为它们在不同的经济结构中保持不变，尽管意义会发生变化。科拉科夫斯基的这个质疑显然抹杀了观念的上层建筑的受制约性和相对独立性之间的关系。就以宗教信仰为例来说，基督教理论产生于封建社会，并延续至资产阶级社会，两者之间无疑存在着很多关联，并由此体现了其相比于经济基础而言的相对独立性。但是，适应资产阶级生产关系的发展需求，宗教信仰的形式也随之发生了重要变化，即从外在的权威变成世俗个人心中的自我追求。这种意义的变化——这显然也是科拉科夫斯基所承认的——若离开了经济领域的变化，是很难获得有效的解释的。而就历史唯物主义之"社会存在决定社会意识"的原理而言，科拉科夫斯基认为其只是适用于阶级社会，尤其是适用于资产阶级社会，其中，人的活动的产物转变为物的力量并反过来操控人，而到了未来的共产主义社会，随着人的物役性的消失，则是"社会意识决定社会存在"。在此，科拉科夫斯基显然扭曲了"社会存在决定社会意识"原理的本来意义，而将其等同于人与物的关系在资本生产关系中的特定的表现形式，即人受物的奴役。对于马克思而言，这个原理旨在说明人们的意识本身是在社会生活过程中构成的，不仅其内容来自社会现实，而且其形式也是在人们的实践方式的基础上建构起来的。

最后，科拉科夫斯基极力限制历史唯物主义的阐释效力，其目的是限制甚至消解历史唯物主义中的决定论维度，并以此彰显其中的能动性维度，但却由此而走向消解历史唯物主义之科学世界观和方法论的意义的极端。的确，如其所认为的，依靠"普遍的决定论"公式解释不了任何一种社会现象。但问题在于，马克思从来就没有将其关于经济基础决定上层建筑、社会存在决定社会意识的原理变成万能的公式，以致在遇到任何问题时只要援用这个公式就能解决。对于马克思而言，历史唯物主义绝非是所有问题之答案的"宝库"，而是供进一步研究的方法论指南。对此，恩格斯曾经明确指出，"我们的历史观首先是进行研究工作的指南，并不是按照黑格尔学派的方式构造体系的杠杆"[①]，并强调"必须重新研究全部历史，必须详细研究各种社会形态的存在条件，然后设法从这些条件中找出相应的政治、私法、美学、哲学、宗教等的观点"。[②] 科拉科夫斯基同样没有看到，虽然马克思坚决反对依靠绝对化的决定论公式解决一切问题，但追求对社会现实或社会现象的确定性说明，并以此为无产阶级革命提供根本理论指引，则构成了其毕生为之奋斗的事业，而确定性的说明同时就是决定论的说明。科拉科夫斯基因反感"技术决定论"或"经济决定论"而竭力强调经济、技术之外的因素的作用，但因此而否定任何决定论阐释的合法性，并以此宣称历史唯物主义既不能说明历史的过去，也不能科学的预见历史的未来，实为对科学理论的严重误解。

---

① 《马克思恩格斯文集》(第 10 卷)，人民出版社 2009 年版，第 587 页。

② 《马克思恩格斯文集》(第 10 卷)，人民出版社 2009 年版，第 587 页。

第十三章　理论主题的
转换与东欧历史理论的当代走向

　　20世纪70年代以来，资本主义由福特制资本主义逐渐转向后福特制资本主义，西方马克思主义者逐渐抛弃了马克思的资本批判路径，而转向从文化、政治等角度对当代资本主义进行激进批判。东欧新马克思主义者一直与西方的批判思潮保持着密切联系，并因应时代的变化不断拓展研究的领域。他们在继续对苏联马克思主义和社会主义进行反思和批判的同时，开始将注意力更多地转向对现代社会进行文化、政治、生态维度的批判。东欧新马克思主义者在这个期间出版的一系列重要论著表明了他们在关注点上的变化。如沙夫参与主编的《微电子学与社会》以及《全球人道主义》，科拉科夫斯基完成的《经受无穷拷问的现代性》等，赫勒完成的《历史理论》《碎片化的历史哲学》《现代性理论》《后现代政治状况》等，马尔库什完成的《语言与生产：范式批判》《文化、科学、社会——文化现代性的构成》，费赫尔主编的《法国大革命与现代性的诞生》，科西克完成的《现代性的危机——来自1968年的评论与观察》，等等。本章主要对沙夫、赫勒和马尔库什的思想进行具体分析，并基于这种具体分析对东欧历史理论的当代走向作一粗线条的总体刻画。

第一节 沙夫：劳动与微电子时代的人道主义审视

20 世纪 70 年代以来，微电子技术迅猛发展，对经济和社会变革产生了广泛的影响。在此背景下，时任罗马俱乐部主席的奥莱里欧·佩切奇邀请沙夫与弗里德里奇组织不同学科的专家编写了《微电子学与社会》，研究微电子学对未来的影响。正如该著作的前言所明确交代的，"它考虑一种新的现象，即以微电子学为基础的新技术对我们的生活已经在产生深刻的影响，对可以预见的未来还会产生更大的影响"。[①] 该著作认为，微电子学通过微型化、自动化、计算机化和机器人化，将从根本上改变我们的生活，并广泛考察了其对劳动、家庭、政治、科学、战争与和平所带来的冲击和影响。作为该著作的主编之一，沙夫重点就微电子学革命在劳动和就业领域可能带来的影响进行了预测，关注了微电子革命引发劳动方式改变所带来的社会影响，并对未来展开了激进的人道主义构想。

在沙夫看来，"微电子革命无疑会改变劳动在人类生活中的地位，减少对劳动的需要，在某些场合下甚至完全取消了劳动"[②]，而与此相关的更重要的问题在于，"由于全盘自动化，在很大程度上消灭了传统意义上的人类劳动。特别重要的是由于它意味着即使不是取消也是削弱现在指导人类行动的目标。而正是这个目标古往今来规划和控制着人类的行动，也是某种深奥语

---

① ［美］京特·弗里德里奇、［波］亚当·沙夫：《微电子学与社会》，生活·读书·新知三联书店 1982 年版，前言。

② ［美］京特·弗里德里奇、［波］亚当·沙夫：《微电子学与社会》，生活·读书·新知三联书店 1982 年版，第 215 页。

言中常常称之为'人生意义'的基本内容"①。也就是说，伴随着微电子革命所造成的传统意义上的劳动的不断减少，人们该如何填满空闲的时间，从而预防社会生活中的各种病理现象将成为难题。沙夫强调指出："失去'人生意义'这个社会问题，不仅涉及那些根本不愿劳动的人（在这个词的传统意义上），而且也涉及那些每周工作一天或几小时的人。这个问题———一个大问题———仍没有解决。"②

为了准确理解这一后果的本来意思，沙夫力图给予劳动一个明确的定义。在他看来，在普通人的理解中，劳动这个词意味着想要通过消耗肉体的或精神的能量，在生产或服务中得到某些结果的人类活动，从而劳动有着体力劳动和脑力劳动的区分。但无论是体力劳动还是脑力劳动，它们是否是生产性的劳动，只有将其置于特定的生产关系中才能获得确定。比如在以商品生产和雇佣劳动为基础的社会，生产劳动的概念必须包括由于参加生产或服务而在交换中挣钱的意图。从概念的隶属关系来看，劳动无疑属于活动，但并不是全部活动都是劳动，"因为并不是全部活动都具有为满足人类生活的物质需要而生产商品或履行某些服务而挣钱的意图：它也许是创造性的（艺术的、科学的，等等）活动，或者是人们在闲暇时间从事的活动，等等"。③ 基于上述区分，沙夫进而认为，微电子学的广泛运用所造成的"全盘自动化将大量排除生产和服务中的劳动，但是不会终止人类的活动，从

---

① ［美］京特·弗里德里奇、［波］亚当·沙夫:《微电子学与社会》,生活·读书·新知三联书店1982年版,第217页。

② ［美］京特·弗里德里奇、［波］亚当·沙夫:《微电子学与社会》,生活·读书·新知三联书店1982年版,第216页。

③ ［美］京特·弗里德里奇、［波］亚当·沙夫:《微电子学与社会》,生活·读书·新知三联书店1982年版,第219页。

这个意义上来说，也就是不会终止人类的职业。这将导致由创造性的、有趣的职业来取代以前的'劳动'。因此，我们要求以人类活动的其他形式（职业）来取代劳动是完全现实的，这种职业能恢复人的生活目标，即恢复'人生意义'"。[①]显然，在沙夫看来，职业是指不以挣钱为目的的创造性活动。实际上，从沙夫提出的"必须在体力劳动和脑力劳动之间加以区别"可以看出，他所指的职业同时也就是指脑力劳动。

为了更加充分地说明这个问题，沙夫进而对未来社会将会出现的前景进行了更加细致的分析。他认为，微电子学革命以及由此导致的自动化首先涉及的将是商品生产领域和部分服务行业，但"各种社会上有用的'高级'活动和各种机构的功能会继续存在，在某些情况下甚至还会大大扩大"。[②]所以，微电子革命改变的将会是就业结构，传统的工人阶级将会因此而减少或消失，但各个传统领域，尤其是那些与智力功能有关的传统的创造性劳动领域将会继续存在，并可能有大的扩展，不仅如此，微电子革命还会创造出一些新的领域，为大部分人口提供机会。这些传统的和新创造的领域中的职业门类很多，如科学研究、各类艺术活动、各种社会机构的活动、各种类型的社会咨询业务以及与闲暇时间有关的机构，等等。因此，在沙夫看来，微电子化革命并不必然引发大量的失业以及与此有关的各种社会问题，社会将保留一个包括传统劳动领域在内的巨大职业领域。正是基于这种设想，沙夫对未来社会进行了激进构想，认为微电子革命"可能为一种社会开辟道路，在这种社会里，个人会有时间、财力和机会

①　[美]京特·弗里德里奇、[波]亚当·沙夫：《微电子学与社会》，生活·读书·新知三联书店1982年版，第219页。

②　[美]京特·弗里德里奇、[波]亚当·沙夫：《微电子学与社会》，生活·读书·新知三联书店1982年版，第219页。

通过培养他的或她的特定兴趣，如艺术的、科学的、工艺的、教育的、体育的以及其他方面的兴趣，达到充分发挥自己的才能的目的。这可能导致事实上消灭贫困和严酷的劳动。事实上，微处理器可能是走向乌托邦的关键"。[1]

因此，在沙夫看来，全盘自动化并不会使所有人都失去某些有用的和有吸引力的劳动，或者说全盘自动化并不能覆盖一切，以至于所有的人和所有的劳动都为之所终止。这些不能被全盘自动化的领域包括比如全部创造性劳动的领域、维持社会生活的各种机构、新开创的社会咨询网络、生产或服务及其监督部门以及与闲暇时间有关的机构等，在沙夫看来，无论全盘自动化如何发展，社会将保留有关包括传统劳动领域在内的一个巨大职业领域，从而为许多人取得职业并由此确保人生的意义奠定基础。但是，可能出现的问题还在于，微电子学的发展和广泛运用会导致生产和服务部门的自动化，从而逐渐排除这些部门中的人类劳动，并会造成结构性失业，这种作为由自动装置来生产商品和完成服务而产生的持久结果会伴随着自动化的程度而普遍加强。对于这种趋向，沙夫认为这是不可避免的，并且无需人为地抵制，因为自动化在人类生活的不同领域里有多方面的和现在已经显而易见的积极作用。但是，沙夫坚决反对自由放任政策的拥护者和鼓吹者坚持面对全面自动化而完全顺其自然的消极态度，前者鼓吹"我们不应当为这些前景困扰，因为过去当生产技术急剧变革时，人类往往面临同样的危险，而终于成功地战胜了它"[2]，对此，沙夫认为，这种辩护犯了逻辑上不根据前提推理的错误，

---

[1]　[美]京特·弗里德里奇、[波]亚当·沙夫：《微电子学与社会》，生活·读书·新知三联书店1982年版，第15页。

[2]　[美]京特·弗里德里奇、[波]亚当·沙夫：《微电子学与社会》，生活·读书·新知三联书店1982年版，第222页。

因为与以前相比，现在这个过程的性质完全不同，"它不仅影响现在的生产部门和服务部门，而且也影响未来的生产部门和服务部门"①；后者的代表者则"有纲领地宣称，事物应任其自然发展，不应该通过任何控制其发展过程的办法去干扰它"②，而其理由则是，原始社会中的人也有自由时间，但并未因此而发生任何问题，因而现代人在空闲时应任其自然。沙夫认为，空闲时间对于原始社会而言往往只是辛勤劳作之余的少量时间，而对于高度工业化的社会的人来讲，其一旦失业，则会只剩下空闲时间，并有了被"污染"的危险，更为重要的是，现代人相比于原始社会的人有更多的需要，"现代生活中个人所欲享受的生活地位和所欲承担的社会分工，而这一切都是与社会历史所形成的文化模式相联系的。职业是为生活目标所必需的"，"只注视过去比较简单的社会并鼓吹人类历史的倒退是没有意义的。除了大灾难而外，历史不会倒退"。③

与上述两种态度不同，面对自动化可能带来的结构性失业，沙夫明确指出，必须站在整个社会的角度采取有力的措施来化解自动化所带来的结构性失业，而其关键在于从劳动走向一种新的、人类活动的更高级的形式。在他看来，"如果今天的劳动已经构成了人的生活目标和赖以实现自己愿望的一种手段：在社会中独立、享受足够的社会地位和承担足够的社会职责，那么当由于新技术的应用而使劳动消失时，我们就必须为人们达到他们的

---

① ［美］京特·弗里德里奇、［波］亚当·沙夫：《微电子学与社会》，生活·读书·新知三联书店 1982 年版，第 222—223 页。

② ［美］京特·弗里德里奇、［波］亚当·沙夫：《微电子学与社会》，生活·读书·新知三联书店 1982 年版，第 223 页。

③ ［美］京特·弗里德里奇、［波］亚当·沙夫：《微电子学与社会》，生活·读书·新知三联书店 1982 年版，第 224 页。

目标寻找新的途径和新的手段。我们必须在社会的基础上来做
这件事，而不能让个人去那样做。换言之，社会将必须构成可供
个人选择的许多人类生活的新目标，人们因此而获得他们生活的
'意义'"。[1] 对于这个过程的实现，沙夫明确认为，必须有意识
地让社会的机构等来予以控制，并且，在具体实现的过程中，要
给予每一个自主的人对于实现自己人生意义的充分的自由，即
"不是把某一新的生活目标强加在人的头上，而是由于老的传统
的目标消失了，提出几种可选择的解决办法，描述几种可能性，
让每一个成熟的个人去作一种选择"[2]。可见，面对自动化可能带
来的结构性失业，沙夫从人类需要积极地生活从而需要劳动的角
度，强调了社会在满足人的劳动需要方面的责任，不仅如此，在
他看来，社会在满足其成员的根本需要的同时，还必须满足其在
历史上形成的一定水平的物质需求，以确保社会的生存。

在强调社会安排和控制的基础上，沙夫尤其强调了连续教育
的方法。在他看来，面对自动化可能带来的结构性失业，可以采
用减少工作时间来为更多的人提供就业机会，也可以通过国家或
地方当局提供训练设施或工具促进人们在自己的业余爱好的基础
上从事广泛的活动。但是，沙夫认为，更为简单而有效的方法是
由整个社会实施连续教育。他明确指出："最简单的解决办法在
于以多样化的形式和可供选择的模式实行连续教育，为所有人精
心搞出一套轮流从事传统劳动或其他职业的办法来，直到他们退
休。"[3] 在他看来，通过采用连续教育的方法，一方面，所有人都能

---

① ［美］京特·弗里德里奇、［波］亚当·沙夫:《微电子学与社会》，生活·读
书·新知三联书店 1982 年版，第 224 页。

② ［美］京特·弗里德里奇、［波］亚当·沙夫:《微电子学与社会》，生活·读
书·新知三联书店 1982 年版，第 224 页。

③ ［美］京特·弗里德里奇、［波］亚当·沙夫:《微电子学与社会》，生活·读
书·新知三联书店 1982 年版，第 227 页。

找到一个合理的活动领域，并由此找到新的人生意义；另一方面，整个社会会有机会实现古老的人道主义理想，塑造"全面发展的人"，即受过多方面教育的人，因而是能按照需要改变他的职业的人。沙夫进而对连续教育的步骤、程序以及制度进行了设想，在他看来，连续教育与传统教育必须在制度上表现出自己的特色，它应该要求"学习的方式必须多样化，理论研究同实践、同体力劳动的联系，开辟个人选择同学生的天赋相联系的道路等等"①。其中，特别重要的就是在持续的研究和就业之间建立有效的联系，即"应当精心制定和完善把就业和进一步研究结合起来的不同模式"②。沙夫认为，这种连续教育的普遍实行表现出了一系列优点，"第一，从根本上解决结构性失业问题而且对生活有益；第二，贯彻了永远不变的社会动力学原理：提高社会生活的水平，力争每个人成为'全面发展的人'；第三，从根本上改变社会性质，它的成员会超过劳动者的阶段，进入研究者的阶段，而并没有失去人的本性。这将意味着真正的进步"。③沙夫坦言，虽然就短期来看，所有这些构想就好像是乌托邦，但是，只要我们有足够的想象力，展望中的变革往往会将乌托邦变成现实。

不可否认，沙夫对微电子革命在劳动和就业领域所可能带来的影响的预测以及所提出的应对措施，体现了其对人类命运高度关注的人道主义精神，并且其中不乏合理性的层面。但正如本书在前面反思俄罗斯学者梅茹耶夫对历史唯物主义的理解时所论

① ［美］京特・弗里德里奇、［波］亚当・沙夫：《微电子学与社会》，生活・读书・新知三联书店 1982 年版，第 228 页。

② ［美］京特・弗里德里奇、［波］亚当・沙夫：《微电子学与社会》，生活・读书・新知三联书店 1982 年版，第 229 页。

③ ［美］京特・弗里德里奇、［波］亚当・沙夫：《微电子学与社会》，生活・读书・新知三联书店 1982 年版，第 229 页。

证的，在马克思那里，劳动及其社会后果从来不能脱离特定的生产关系来予以理解，否则只会陷入抽象的说教。而在沙夫的未来关注中，马克思的生产关系的视角恰恰是缺位的，这种缺位导致其对微电子革命对劳动的影响的预测始终处于抽象的层面，即不能把技术变革与资本关系运作联系起来进行具体的历史的分析。抽象性的预测所导致的重要后果还在于，沙夫所强调的通过社会控制和安排的方式来消除技术变革对劳动带来的消极影响的方案同样陷入了抽象的人道主义说教，因为，正如马克思所反复强调的，没有资本关系的彻底颠覆，这些所谓的控制和调节是不可能从根本上改变事物的性质的。

第二节　赫勒：历史唯物主义批判及后现代转向

作为东欧新马克思主义者的重要代表，阿格妮丝·赫勒在政治哲学、道德哲学、历史哲学、美学等多个领域都颇有建树。作为其晚期思想的重要组成部分，赫勒在历史哲学领域进行了深入的思考。她以缜密的思维和敏锐的眼光深入检视和批判了传统历史哲学，并击中了历史哲学的要害。但是，逐渐转向后现代视角的赫勒却误读了马克思的历史唯物主义，认为历史唯物主义直接归属于传统历史哲学。而她基于后现代视角所实施的历史哲学重建，更是从根本上消解了历史科学。归根结底，这种建构的方式体现了因面对资本主义社会铸造的牢笼而找不到出路所采取的普遍退缩战略，即用全面的心理退缩和自我抚慰代替了彻底颠覆资本主义社会的革命要求，因而体现为失败的建构。

一、对传统历史哲学的批判

赫勒的历史哲学批判开始于对人的历史性特质的言明。在她看来，人是一种历史性存在，"历史性并不是仅仅发生在我们身上的某种东西。它不是我们'随意选择'的某种癖好，犹如匆忙披上一件衣服那样。我们即是历史性；我们即是时间和空间"。① 而历史性的首要问题是"我们从哪里来，我们是什么，我们向何处去"，对这一问题在实质和结构上的不同答案，构成了历史意识的不同阶段，按照赫勒的划分，人类的历史意识总共经历了六个阶段，其中历史哲学属于第五个阶段，即"世界历史意识"或"经过反思的普遍性之意识"。赫勒认为，它作为特定的哲学门类，有以下几个方面的特点：首先，历史哲学把握的对象是"大写的历史"，"大写的历史"取代复数的历史而成为历史哲学的核心概念，它以过去、当下和未来的普遍化概念将全部人类历史统摄起来，在过去、当下和未来之间存在着不断由此及彼的变化趋势，并力图在理论上对三者构成的人类历史展开整体主义的描述；其次，在构成"大写的历史"的过去、当下和未来的三个维度中，历史哲学坚持把当下理解为过去的产物，并通过将作为未来的"应该"与当下的"是"进行比较，"从是中推出应该"，当下的维度由此被凸显出来，它不仅包含着过去，而且也孕育着未来，从而构成了历史哲学反观过去和把握未来的立足点；最后，历史哲学将历史存在意义的问题转变为"我们使得历史有意义"，而这种设定的典型方式体现于黑格尔的历史哲学之中，即通过先行设定历史的主体和目标，并通过将整个历史视为所设定的主体目标的必然展开而使其具有意义。如此，在历史哲学中，"人类存在的意义"被理解为历史存在的意义，而由于历史哲学只是特定时代的人们的历史意识，因而在这种转换中存在着非法的僭越，即其将对特定的"是"之意义的历史性反思作为普遍的真理

① ［匈］阿格妮丝·赫勒：《历史理论》，黑龙江大学出版社2015年版，第4页。

强加于一切时代。

在刻画历史哲学的"特别性"的基础上，赫勒进而对历史哲学的核心范畴或理念展开了——的检视和批判。首先，对历史哲学的普遍发展观念的批判。在赫勒看来，任何一种历史理论都会按照发展图式来把握特定的对象，但历史哲学则瞄准把握整体的"大写的历史"中的发展图式，这种宏伟目标的设定使其"被迫将一切人类文化安排为一个单一的线索，并且按照它们在人类生活中所占有的地位来评价这些不同文化"①。而在由这些不同种类的人类文化所构成的连续性的整体性历史进程中，不同的历史哲学或者将其视为由此及彼的连续进步过程，或者将其视为由此及彼的连续退步过程，或者将其视为"进步—退步"的永恒重复，并且，无论是进步、退步抑或重复都被本体论化为"事实性的趋势"。赫勒进而重点分析了将进步本体论化的历史哲学，并概括出了三种发展图式，即机械的、有机的、辩证的模式。其中，发展的机械概念以"单独的变量"来命名并确立历史进步，其困境在于，在实际的历史演进中，例如作为历史哲学之最高价值的自由的增长远非与其他种类的"增长"成比例；发展的有机理念则将社会把握为一个有机系统，并以"简单"和"复杂"或"不成熟"和"成熟"来描述其由低级向高级发展的进程。发展的有机概念由此可以规避机械地对应"单独变量"的矛盾，却同时冒有没有任何机械概念而必须面对的一个风险，即复杂性的增长同时却包含了自由的增长不能被证明（或者相反）的原因；发展的辩证概念是机械的和有机的概念的综合，其最大的特点就是将进步视为矛盾的过程，即以一方面的增长和另一方面的减少的描述方式来阐述历史的进步过程。但不管是上述哪一种发展的本体论

① ［匈］阿格妮丝·赫勒：《历史理论》，黑龙江大学出版社2015年版，第233页。

理论，都必须通过选择若干个指标来完成排列历史序列的任务，各种历史哲学之间的区别只是所选择的指标不同而已。而为了选择合适的指标，又依赖于对什么是"真实价值"的回答。正是在这个问题上，赫勒认为历史哲学都无法对这个问题作出满意的回答，并且都无一例外地导向了中世纪哲学中论证上帝存在的本体论证明，并通过使用作为其独立变量的进步指标而得到这个本体论的证明。这一运用使得历史哲学遭遇了很大的困难，即一方面它们把历史视为人类活动的结果，另一方面却让人类历史与人类的行动相疏离，即将其视为由外在于人的力量亦即独立变量所决定的"纯对象物"。这一困境在涉及对未来的描述时会更为显著，因为"如果可以做出关于未来的大写的历史真实的陈述，那么就没有任何东西是依赖于人类意志的，或者不如说，人类意志必须被理解为普遍历史规律的单纯表现"。[①] 就此而言，建构普遍历史规律构成了历史哲学的必然选择。

其次，对普遍历史规律论的批判。赫勒认为造成历史哲学之困境的一个方面在于将历史理解为一个普遍规划的决定论的序列，而其达到这种理解的方式就是将整个历史的进步归属于单一的本体论化的"独立变量"。"在历史哲学中，独立变量总是被看作原因，而一切其他的变化因素被看作结果"，而这种"一切以普遍的独立变量运作的理论构成了一般历史规律"，它的地位和作用在于，它通过回答历史存在的意义问题，并对价值和一种特殊的生活方式作出承诺而声称自己为最终的真理。"虽然历史哲学以各种历史规律来运作，但是发展的准-规律占据最高的位置，而一切其他规律是从属于它的。"[②] 如此一来，历史哲学所建构的

---

① ［匈］阿格妮丝·赫勒：《历史理论》，黑龙江大学出版社2015年版，第245页。

② ［匈］阿格妮丝·赫勒：《历史理论》，黑龙江大学出版社2015年版，第252页。

普遍规律便获得了作为确定我们该做什么或者不该做什么，以及任何特定社会秩序何以如此之最终根据的地位和作用。比如，赫勒强调指出："在历史哲学中，具体结构的规律模式的设计从来不是一个自在的目标。发展的普遍规律的优先性总是已经确定下来的。"① 各种秩序的由此及彼的更迭被归属于基于发展的普遍规律而确定的历史必然性，即一切种类的规律都仅仅转化为对必然性的表达。赫勒认为，这导致了历史哲学的第二大困境，即导致了偶然性和必然性的矛盾。这个困境体现为，在历史哲学中，偶然性不能从任何与它相关的意义上来理解，历史中的动力或激发力量要么理解为机会或偶然性，要么理解为必然性，但无论在哪一种情况下，人的自由都会被归于零。历史哲学还可以通过将必然性视为是通过偶然性来实现消除矛盾，但这样做的结果不仅是彻底消除了偶然性，而且会导致对自由概念的扭曲，因为如果"偶然性（作为非自由）被等同于'规律'的无意识实现，而自由被等同于在实现必然性的时候从一切偶然性中'解放自己'，'自由'的观念就失去了其道德内容"。② 从这个角度来看，赫勒认为，虽然历史哲学家总是力图设置指向未来的价值理性或一个伦理世界，但超越善与恶的阴影仍然严重地笼罩着他们的著作，因为既然一切都是由必然性所操控和决定的，那么，人类归根到底是无法作出自主性选择的，从而人们的选择无所谓善恶。

最后，对历史整体主义的批判。赫勒认为，历史哲学普遍建构了一个无所不包的"实体"范畴，即人类存在，并将其理解为整体性。从形式上看，这个整体性可能是普遍的历史或人类、特殊的文化、国家或单一的个体性、个人，"主流的历史哲学结合了

---

① ［匈］阿格妮丝·赫勒：《历史理论》，黑龙江大学出版社2015年版，第254页。
② ［匈］阿格妮丝·赫勒：《历史理论》，黑龙江大学出版社2015年版，第256页。

全部这三种类型的整体性"①，并都采取特定的方式来协调普遍与特殊、个别之间的关系，但赫勒认为，包括黑格尔、赫尔德、兰克、费尔巴哈、克尔凯戈尔等在内的历史哲学家们所采用的协调形式，都造成了有问题的结果。具体来说，比如黑格尔，他将世界精神的自我展开视为无所不包的整体的世界历史，并赋予其绝对的优先性，而特殊的文化整体如人民的精神或民族精神都只是世界精神的部分表达，并体现了"它的展开"的阶段，它们只是世界历史实现其前进的手段。这种认识的后果在于，"为了被其他的（更高的）文化所取代，一切特殊文化都被扫除了"②；再比如赫尔德和兰克，两人分享了对一切文化的同等价值的强调，两者的区别在于，赫尔德按照进步的连续性排列不同类型的文化，而兰克则认为每一种文化的价值就源于其自身。但是，赫勒进而批判指出，这种协调方式仍然在另一个层面上采用了黑格尔的协调方式，即把个体视为"更高的"整体性的服务手段。还比如费尔巴哈和克尔凯戈尔，两者都突出对个体整体性的强调，却由此而拒斥了制度和客观化的整个文明。

在上述反思和批判的基础上，赫勒还尤其概括了历史哲学的两大缺陷。第一大缺陷是，"历史哲学"从非历史的观点历史地反思历史存在。历史哲学立足于"当下"既把握过去又筹划未来，其中隐含着将特定条件下的历史反思投射到整个历史的僭越，因而属于对待整个历史的非历史性观点，或者如赫勒所说，历史哲学并不将其自身标准应用于自身。历史哲学的非历史性尤其体现于其对未来的筹划上，即"历史哲学涉及的是当下，但是它也声称（错误地声称）解决'历史之谜'——一个不能被解

---

① ［匈］阿格妮丝·赫勒：《历史理论》，黑龙江大学出版社2015年版，第257页。
② ［匈］阿格妮丝·赫勒：《历史理论》，黑龙江大学出版社2015年版，第258页。

决的谜，因为这个谜根本不存在"。[①] 历史哲学的第二大缺陷是
其最高价值（自由）和相同价值本体论化之间的矛盾。历史哲学
无论是将"大写的历史"本身视为是进步的还是倒退的，抑或是
必然性的，都在本质上消解了人的自由，特别是历史哲学将通向
未来的道路设定为由必然性的规律决定的唯一道路，则在同样的
程度上摧毁了人的自由。

二、对历史唯物主义的批判

在系统审视与批判传统历史哲学的基础之上，赫勒进而对历
史唯物主义展开了批判。考察赫勒后现代转向的历程，贯通其中
的一个基本判定就是历史唯物主义直接连接着历史哲学，因而有
着无法克服的困境。不过，在赫勒正式开启后现代转向的历程之
初，即在《历史理论》中，她还能较为辩证地看待马克思的历史
唯物主义，并明确批判蔑视和讽刺马克思理论体系的各种思想倾
向，认为这样做的结果无论是在理论上还是在政治上都将一无所
获。正如赫勒此时一方面认为历史哲学存在着致命的缺陷并给
予其系统的批判，但另一方面又认为历史哲学毕竟对历史的意义
作出了回答，并且在这种回答中既包括了对当下的警告，也包括
了对未来的承诺，虽然历史哲学所作出的警告和承诺是过度的，
但"过度决定和因此生产有力的承诺和警告比放弃承诺和警告的
企图更好"[②]。她同样认为"马克思的著作（oeuvre）是社会主义
所产生的历史哲学最伟大的体系。它提出了历史哲学一般所提
出的一切问题，并将其综合在很少的他人所能相比的大厦中（也
许只有黑格尔、克尔凯戈尔和弗洛伊德的体系能与之相比）。它
通过做出有力的承诺（和警告）结论性地回答了关于我们历史存

---

① ［匈］阿格妮丝·赫勒：《历史理论》，黑龙江大学出版社2015年版，第270页。
② ［匈］阿格妮丝·赫勒：《历史理论》，黑龙江大学出版社2015年版，第231页。

在的意义问题"。① 不止于此，在赫勒看来，在马克思的思想体系中还存在着"历史理论"②，它代表着对历史哲学的超越，当然也是马克思的自我超越。也因此，赫勒提倡要像哈贝马斯对待马克思的态度那样，在历史地反思马克思及其著作中寻找所有有价值的暗示和理论命题。

但是，基于后现代视角对马克思历史唯物主义展开批判却构成了其对待马克思的主色调。在她看来，马克思的社会主义历史哲学虽然承载起了历史哲学内在具有的承诺和警告功能，但它作为"历史哲学"，却不可能真正解决其基本的内在矛盾，这包括：马克思倾向于把进步归属于资产阶级—资本主义社会，但与此同时他也倾向于将进步归之于作为整体的"大写的历史"；马克思倾向于只有在现代社会才把"经济基础"从"上层建筑"中区分出来，但他又将后者对前者的依赖设定为历史的普遍的功能性规律；马克思认为生产范式是无所不包的，但"生产力的发展"并不总是被认为是贯穿历史"总体"的独立变量；马克思一方面将共产主义视为一种运动，但另一方面马克思又将共产主义视为历史之谜的真正解答，等等。在上述枚举的基础上，赫勒重点考察了以下两个方面的矛盾。

首先，关于历史进步和退步的内在矛盾。赫勒认为，马克思的生产范式将物质财富的创造排他性地充当社会形态连续性进步的独立变量，社会形态的其他个别方面则被视为依赖性的变量，即将一切都理解为是由生产力来创造、维持和毁灭的。这种认识尤其在其后现代转向的第三部曲即《现代性理论》中达到极致，其中认为，马克思以技术取代创造性，将整个人类历史视

---

① ［匈］阿格妮丝·赫勒：《历史理论》，黑龙江大学出版社2015年版，第275页。
② "历史理论"是赫勒此时用以表达其历史观的名称，它实际上构成了赫勒后现代转向的第一步。关于赫勒的这一思想，我们将在本节的第三部分予以介绍。

为由技术自足地推动无限的进步过程，即"技术及其发展从定义上说就是理性的，因为正是通过技术的发展，社会和自然之间的新陈代谢逐步导致社会（人）对自然的支配与控制。自然的边界被不断地往后推。马克思根据有关无限进步的过程来思考，但这一过程中有一个逗号，从这个逗号往后，自然将会产生出用以满足人类全部需要的一切事物"。[①] 但与此同时，马克思又认识到，物质财富的增加并不同时意味着同一社会中个人所占有的财富的同等增加，马克思以此强调"不平衡发展"，并将其概括为人的"类本质"的异化。马克思还充分地注意到，在一种较高级的生产方式中，一切事物并不总是比在先前的生产方式中获得了更多的发展，但这样无疑表明，物质财富的增长并不同时意味着历史的进步，"连续的形态可以被理解为不同的形态（理解为不同的经济关系），但不是理解为在发展中的进步的阶段，因为它们不是唯独由生产的增加来确定的"。[②] 在《历史理论》中，赫勒认为这是马克思自身面对的无法克服的困境，而在《现代性理论》中，赫勒则认为马克思最终采取了极度乐观主义的宏大叙事，相信所有可能的历史成就会在绝对自由和理性的条件下不断累积。

其次，关于自由和必然的两难困境。赫勒认为，面对历史进步的内在矛盾，马克思以"足够黑格尔"的方式采用了如下观点，即尽管有不平衡发展，但"在随之的生产模式中，自由增长了"[③]。如此，马克思的自由概念便包含了被压迫者的自由增长的假定，而这个假定与异化的概念是矛盾的。赫勒认为，马克思力

---

① ［匈］阿格尼丝·赫勒：《现代性理论》，商务印书馆2005年版，第47页。

② ［匈］阿格妮丝·赫勒：《历史理论》，黑龙江大学出版社2015年版，第279页。

③ ［匈］阿格妮丝·赫勒：《历史理论》，黑龙江大学出版社2015年版，第279页。

图辩证地解决这个矛盾，却最终陷入了循环论证。即由于同时将自由和异化的增长归属于无产阶级，所以无产阶级所谓的自由的增长便只是一种可能性，而不是现实。但是，如果无产阶级的自由不是现实的，那么，以前"自由"的增长就不能看作是"真实的"，"以这种方式，以前的生产方式只能被描述为'进步的'，因为它们导向了资本主义，通过最深刻的剥削，它们导向了自由的可能性"。① 如此，马克思所谓的历史进步便如传统历史哲学一样，是从未来应然如此的视角得出的，在这个未来即共产主义社会中，人将会实现不受任何界限限制的绝对自由。马克思由此便陷入了过去和未来的相互循环论证，即"未来被过去'证明'，而过去是由附加于这个未来的价值所建构的。这个论证是循环的，这个体系是封闭的"。②

最后，马克思论证如何超越资本主义的理论框架中的矛盾。赫勒认为，从理论上论证如何超越资本主义构成了马克思始终关注的中心问题。对此，马克思将进步的观念和黑格尔的主奴辩证法相结合，认为作为历史主体的无产阶级虽然在历史进步中遭受剥削和压迫，但这只是实现自我提升的代价，并且这种自我提升是历史的必然结果。从这个角度看，对于马克思而言，正是"资本主义自身产生了资本主义所不能满足的需要，并因此促使人类超越它这个论点，使大写的历史和它的一切普遍规律及趋势成为剩余的和理论上多余的"。这种理解表明，"未来是一种规范那些具有激进需要的行动的价值，而未来的想象则依赖于对自由价值的阐释"③。但是，与此同时，马克思却无法完全拒斥历史哲学的论证方式，"因为如果没有这个概念框架，资本主义发展的必然

---

① ［匈］阿格妮丝·赫勒：《历史理论》，黑龙江大学出版社2015年版，第280页。

② ［匈］阿格妮丝·赫勒：《历史理论》，黑龙江大学出版社2015年版，第280页。

③ ［匈］阿格妮丝·赫勒：《历史理论》，黑龙江大学出版社2015年版，第282页。

结果，它的超越，就有可能不被确立。他需要历史哲学的论证；这样的论证，即生产力的发展总是在生产关系的毁灭中终结，以便在前者的废墟上一个更进步的'社会形态'能够确立"①，也就是说，马克思在论证由超越资本主义社会而实现的历史进步方面，坚持了贯通于整个人类历史进程的普遍规律的观念。赫勒认为，上述两种截然不同的论证视角，导致了马克思一方面使共产主义被"视为世界历史阶级的'自由行动'"，但与此同时"也被视为历史规律的单纯的实现，被视为行动者所必须服从的一种必然性"②。

三、历史哲学的后现代转向

赫勒对历史哲学——包括马克思的历史唯物主义——的批判同时伴随着对历史哲学的重建。总体上看，赫勒重建历史哲学的过程就是逐渐地走向后现代历史哲学的过程。就后现代本身而言，虽然人们对其并无统一的认识，但各种后现代的阐释之中却包含着共性的东西，主要表现为反对基础主义、反对中心主义、反对本质主义。而就赫勒对历史哲学之普遍发展观念、普遍历史规律论、整体主义的批判来看，其中无疑包含着后现代的共同倾向。但虽如此，赫勒并未声称要彻底抛弃历史哲学，她遵循赫尔德的告诫明确认为，历史哲学对人类的教育也是需要的。

从赫勒重建历史哲学的过程看，其在总体上经历了从"历史理论"到"碎片化的历史哲学"的递进式转变。在《历史理论》这一著作中，赫勒明确指出，历史理论对历史哲学是一个替代性的理论解决，它虽然也是一种历史哲学，却是"不完整的历史哲学"③。与历史哲学的最大区别在于，它对历史进步持怀疑态度，

① ［匈］阿格妮丝·赫勒：《历史理论》，黑龙江大学出版社2015年版，第281页。
② ［匈］阿格妮丝·赫勒：《历史理论》，黑龙江大学出版社2015年版，第282页。
③ ［匈］阿格妮丝·赫勒：《历史理论》，黑龙江大学出版社2015年版，第286页。

更反对从当下的"是"中推导出未来。在历史理论中，应该仅仅是作为理念而不是作为最高的现实性推出的，它拒绝了传统历史哲学的完美主义和现实主义的同一。那么，历史理论如何关照未来？对此，赫勒秉持了其早期思想中的激进需要理论，认为未来是一种规范那些具有激进需要的行动的价值，而未来的想象则依赖于对自由价值的阐释。这种理解无疑包含着对未来的开放式想象，如此，历史往何处去则完全依赖于我们的心理建构。正是基于这个认识，赫勒改写了"大写的历史"，认为其并不是真实发生的现实过程，"转化为包含过去、当下与未来的人类之历史的'大写的历史'只是我们历史的心理建构，是存在及其历史之现代形式的心理建构"①。

　　基于"大写的历史"的心理建构论，赫勒进而"重写"传统历史哲学中的进步观念、乌托邦概念和历史意义等问题。她认为，进步的观念只是表达了现代社会的存在形式，而将这种由特定社会所产生的存在形式普遍化为整个人类历史的普遍趋势时，则会陷入"虚假意识"。赫勒指出："历史理论使我们相信下列理论命题的有效性：在没有发展出进步和退步观念的社会中，根本没有进步和退步，因此，我们也没有资格'认识'它。"②进一步来看，赫勒认为关于现代社会本身是进步的还是退步的，也并不是一个完全依赖客观趋势所得出的结果，哲学家到底是按照进步还是退步来理解和描述现代，"依赖于他或她在反思当下时作为规范理念来应用的有意义的世界观和价值体系"③，而她所坚持的可以谈论历史进步的价值观则是柯林·伍德所提出的原则，即"存在

① ［匈］阿格妮丝·赫勒：《历史理论》，黑龙江大学出版社2015年版，第289页。
② ［匈］阿格妮丝·赫勒：《历史理论》，黑龙江大学出版社2015年版，第307页。
③ ［匈］阿格妮丝·赫勒：《历史理论》，黑龙江大学出版社2015年版，第308页。

没有任何相应的失去的获得，那么就存在进步"。① 从这个意义
上讲，赫勒坚持认为对于现代社会既不可以谈论进步，也不可以
谈论退步，但与此同时，在坚持进步的观念作为规范性的价值理
念的意义上，赫勒又坚持认为在现代社会中可以谈论进步；对于
乌托邦的观念，赫勒同样秉持了她所提出的心理建构论。在她看
来，历史理论改变了陈述"应该"的方式，即将历史哲学的"应该
成为"等同于将会成为和"应该被做的"等同于将被做，转变为
"应该被做的东西"等同于可以被做，"应该成为的东西"等同于
能够成为。显然，在这种转变中，作为应然的乌托邦就不再是现
实必然趋向的最终目标，而只是对人的当下的行为进行规范的价
值理念，即"乌托邦，作为一个可能未来的理念，作为应该成为
什么的理念，包含了一个承诺并因此规范着行动"②，其中包含着
康德式的绝对律令，即任何人类都不应该被作为单纯的手段来利
用。赫勒关于历史意义的评述同样如此，在她看来，并不存在普
遍适用的客观的历史意义，历史理论致力于历史性地反思自我，
但这种反思是"我在理解"，并且这个理论框架伴随着我们理解
它们的价值体系，"是我的"。也就是说，我们的存在的意识就是
历史存在的自我意识，而历史的意义则是在思考着历史的"我"
所愿望的，即"我们必须愿望某种赋予我们的历史存在以意义和
意思的事物"③。

　　赫勒基于"心理建构论"的历史理论已经埋下后现代的种
子，这尤其体现于她对未来之开放性、多元性以及历史理解的当
下性和自我性的强调。这些种子在随后的《碎片化的历史哲学》

---

　　①　转引自［匈］阿格妮丝·赫勒：《历史理论》，黑龙江大学出版社2015年版，第
308页。

　　②　［匈］阿格妮丝·赫勒：《历史理论》，黑龙江大学出版社2015年版，第320页。

　　③　［匈］阿格妮丝·赫勒：《历史理论》，黑龙江大学出版社2015年版，第343页。

中不断成长壮大,赫勒由此彻底转向了对待历史的后现代视角,对此,她以"这是一个书写碎片的恰当时代"[1]作出了明确宣称,并以此与历史哲学的宏大叙述彻底决裂。其中,赫勒基于后现代视角对历史规律、乌托邦、理性和真理等概念进行了全面的解构和重写。

在宏大的历史叙事中,承认历史发展的普遍规律是其基础,并且美好的未来往往被视为普遍规律导向的必然结果,但赫勒认为,现代社会或现代性并非既往的历史一路高歌猛进的美好结果,伴随着现代性过程的恰恰是人的"不确定性"的形成,"偶然性"成为现代性条件下人的基本境况。基于这一认识,赫勒竭力反对历史的必然性,认为偶然性恰恰构成了男人和女人存在的条件,偶然性构成了现代人的本质性的东西,并进而认为历史就是一种偶然性的存在。同样,在传统的历史哲学之中,乌托邦作为历史的最终目的,往往是依赖于历史的普遍规律而必然生成的结果,因此,作为解构历史规律的结果,赫勒必定也对乌托邦进行解构和重写。在她看来,乌托邦总是代表着对既有的生活方式的超越,但她拒绝为所有人筹划普遍的同时也是终极的生活方式的"宏大的乌托邦",而是倡导每一个人致力于对既有的现状进行改革的"微小的乌托邦",同时也倡导彰显每个人的个性的特殊化的乌托邦。她强调:"在现代,把一个人自己的乌托邦作为灵丹妙药放在其他人的乌托邦之上的做法已经变成暴行。"[2]同样,基于后现代的视角,赫勒对传统历史哲学中的"大写的"理性也进行了解构和重写,在她看来,理性是对自我欺骗的治疗,但正如

---

[1] [匈]阿格妮丝·赫勒:《碎片化的历史哲学》,黑龙江大学出版社2017年版,第4页。

[2] [匈]阿格妮丝·赫勒:《碎片化的历史哲学》,黑龙江大学出版社2017年版,第83页。

不同的病症需要不同的药方一样，对人进行治疗的理性也应该是多样的，从而再度表现出反中心主义的后现代视角。赫勒还基于后现代视角解构了真理的普遍性和客观性，倡导多元论的真理观。她坚持认为既不存在统一的关于真理的定义，也不存在恒久有效的真理，在她看来，这样的真理观是包含强制性的帝国主义的真理观。匹配于后现代境遇中个人地位的提升，真理同样也成为个人选择的结果，真理是个人的，是主观的。而就不同的时代来看，赫勒认为并不存在普遍的真理，每一个时代都有每一个时代的真理。

四、赫勒历史哲学后现代转向评析

作为一个有着强烈时代感和人文关怀精神的左翼学者，赫勒对历史哲学的反思与批判并非出于纯粹的学术兴趣，深邃的思想批判和曼妙的文笔折射了她在斯大林模式崩溃以后对国际共产主义运动的反思与批判，对现代社会中人的当下处境和未来走向的新思考。而就其对传统历史哲学的批判来看，则彰显了敏锐的哲学眼光。与此同时，赫勒对历史唯物主义的批判，某种程度上也暴露了历史唯物主义传统理解中的缺陷，并对我们更加合理地阐释历史唯物主义具有重要的借鉴意义。

但是，赫勒将马克思的历史唯物主义直接判定为传统历史哲学，则扭曲了历史唯物主义的理论本质，抹杀了历史唯物主义正是在超越传统历史哲学的过程中所创立的科学历史观，诚如恩格斯所言，"这种历史观结束了历史领域内的哲学，正如辩证的自然观使一切自然哲学都成为不必要的和不可能的一样"。[①] 赫勒正确地指出，传统的历史哲学力图建构普遍的历史图式，但马克思的历史唯物主义却从根本上拒斥适用于所有民族和国家的普

---

① 《马克思恩格斯文集》(第4卷)，人民出版社2009年版，第312页。

遍历史图式，认为"极为相似的事变发生在不同的历史环境中就引起了完全不同的结果"①，认为建构所谓的普遍历史图式，实际上是企图寻求理解整个历史的"万能钥匙"，但其"最大长处就在于它是超历史的"②；传统历史哲学将历史理解为一个由本体论化的"独立变量"所决定的线性过程，但马克思的历史唯物主义在突出物质生产在历史发展进程中的基础性作用的前提下，强调包括物质生产在内的各个方面存在着有机的联系和交互作用，并强调完整地描述特殊的历史阶段，应该注重描述"这些不同方面之间的相互作用"③；传统历史哲学奉行历史整体主义，认为整体历史绝对优先于特殊的文化，但马克思的历史唯物主义并不存在超越和凌驾于各种特殊文化基础上的实体化的整体历史，整体历史或世界历史是在各个民族和国家交互作用的基础上生成的，并影响和制约着各个民族和国家的历史演进。

正是由于错误地建立起马克思的历史唯物主义和传统历史哲学之间的隶属关系，赫勒对马克思的历史唯物主义的所谓批判也是扭曲的。赫勒认为，马克思的历史唯物主义奉行技术决定论，并由此将历史视为由技术自足性推动的直线进步过程，但与此同时，马克思又认识到在技术和物质生产之外，还存在着财富分配的不公或异化等，从而表现为退步，马克思由此陷入了进步和退步的矛盾之中。但是，一方面，历史唯物主义从来就不是抽象的技术决定论，在马克思看来，是生产力与生产关系的矛盾运动推动着历史的发展，而技术作为生产力的重要构成要素，其作用的发挥只有置于具体的生产关系之中才能获得具体的确定；另一方面，马克思从来没有将历史视为完全由技术主导的直线式进

① 《马克思恩格斯文集》(第3卷)，人民出版社2009年版，第466页。
② 《马克思恩格斯文集》(第3卷)，人民出版社2009年版，第467页。
③ 《马克思恩格斯文集》(第1卷)，人民出版社2009年版，第544页。

步过程，对此，马克思明确声称"进步这个概念决不能在通常的抽象意义上去理解"。在迄今为止的历史发展进程中，历史进步总是伴随着退步，特别是在资本主义社会，其在取得以往社会无可比拟的物质财富的同时，却造成了人无可抗拒的经济奴役和强制，但是，与留恋资本主义社会之前的时代的浪漫主义根本不同，马克思认为资本主义社会为人的自由而全面的发展在客观上做了历史性的奠基，资本主义社会相比于以往的社会形式而言，体现了重大的历史进步。因此，马克思的历史唯物主义并不存在所谓的进步与退步的自相矛盾，而是如实地揭示了历史演进过程中的进步与退步的辩证法。

赫勒进而认为，马克思为了化解进步和退步的矛盾，以黑格尔的方式将历史视为人的自由逐渐增加的过程，却由于无法克服自由和异化的矛盾，而陷入过去与未来的封闭式循环论证。但是，马克思对人的自由的理解从来都没有采取黑格尔的方式，黑格尔将整个历史视为绝对精神的自由逐渐实现的过程，而马克思则始终坚持在具体的历史性的社会关系尤其是生产关系中分析和把握人的自由。对于资本主义社会中的无产阶级而言，马克思立足于资本生产关系的深入分析，得出工人只是在形式上获得了自由，虽然这种形式上的自由伴随着实质上的不自由，但其相比于以往社会中的人身依附关系而言，则体现了历史的进步，但这种历史性的比较只是立足于对资本主义社会和以往社会的具体分析而得出的，其中并无任何目的论的归属关系。更为重要的是，马克思从来没有立足于对未来社会的价值设想去反观和统摄以往的历史整体，恰恰相反，他总是立足于资本主义生产关系所造成的矛盾和困境来构想未来社会以及人的自由问题，因而，既不存在赫勒所谓的自由和异化的矛盾，又不存在过去和未来的封闭式循环论证。

与上述所谓的矛盾和困境密切相关，赫勒还认为，马克思将对资本主义的超越论证为普遍历史规律必然导向的结果，但同时又将其论证为人的阶级行动的结果，因而陷入了无法克服的困境。这仍然是抽离了历史辩证法去考察历史唯物主义的结果。关于如何超越资本主义社会的问题，马克思一方面以科学逻辑的论证方式，将目标锁定于考察资产阶级社会的运动规律，即"生产的经济条件方面所发生的物质的、可以用自然科学的精确性指明的变革"，另一方面则以人本逻辑的论证方式，将目标锁定于无产阶级的革命能动性的生成，即"人们借以意识到这个冲突并力求把它克服的那些法律的、政治的、宗教的、艺术的或哲学的，简言之，意识形态的形式"[①]，而就两者的关系而言，前者对后者起着客观的约束性作用，即决定着人的能动性生成的方式和空间大小。因此，绝非如赫勒所认为的那样，在马克思那里存在着如何超越资本主义社会的两难困境，而是存在着两种不同的论证方式。

而就赫勒立足于后现代视角对历史哲学展开的重建而言，它基于"心理的建构"改写大写的历史，更是从根本上彻底消解了客观性的历史认识，历史由此变成个人的心理体验。虽然赫勒以此反对传统历史哲学中的抽象的历史主体论，但却由此从一个极端走向了另一个极端，即将唯一的历史主体转变成无数的抽象的历史主体，而客观的历史也由此转变为由无数个人基于自己的心理建构所形成的无数个历史。在这种改写中，整体性的历史变革已然变得不再可能，未来也泛化成无数个人所意愿趋向的结果。归根结底，赫勒的重建实际上代表了面对资本主义所建构的牢笼而找不到出路的心理退缩和自我抚慰，因而体现为失败的建构。

---

① 《马克思恩格斯文集》（第2卷），人民出版社2009年版，第592页。

第三节　马尔库什：生产范式批判与激进化尝试

作为当代激进批判主义者的代表之一，马尔库什认为马克思历史唯物主义表现出以"生产"为核心的"范式性"特征，其核心在于确立了"生产"的双重属性即人与自然和人与人的关系的内在统一，并由此实现了理论意向和实践意向的双重变革。但是，历史唯物主义"生产范式"本身又存在诸多缺陷，这不仅表现在其解释力上，更表现在晚年马克思陷入了"技术决定论"和"历史目的论"的悖论之中。为此，马尔库什提出了确立"主体间性"对话在激发主体愿望中的核心地位以及倡导未来开放性的"激进化尝试"。马尔库什对"生产范式"的刻画切中了历史唯物主义的根本，但同时也存在严重误读，尤其是他所提出的激进化尝试流露出强烈的理想主义色彩。

一、历史唯物主义的双重革新

马尔库什对历史唯物主义"范式性"的刻画源于其对历史唯物主义实践属性以及由此引起的重大理论变革的深刻洞见。他明确指出："马克思的唯物主义在本质上具有实践的属性。"[①] 这种实践属性不仅体现在马克思创立历史唯物主义的动力源泉上，即总是力求寻找自己时代的解决方案，同时也体现在其本身的实践取向上，即强调人唯有通过改变自己的生活方式才能改变自己的生活。与此同时，在他看来，"对马克思唯物主义实践属性的强调，当然不意味着否定其深刻的理论意义；正相反，这种强调

---

① ［匈］乔治·马尔库什：《语言与生产——范式批判》，黑龙江大学出版社2011年版，第52页。

准确地定位了马克思所实现的与自己由以出发的理论传统的'决裂'"。①总体上看,历史唯物主义实现了理论意向与实践意向的双重革新。

具体来说,从理论意向上看,这种决裂在一般意义上表现为:"马克思的唯物主义首先意味着,拒斥一切被当做社会主义转变的基本工具的、关于文化道德'再教育'的理论和(或)关于(单纯的)政治革命的理论。这意味着无情地批判把观念或国家实质化为独立的社会力量的做法,否定了它们的自主性和专断地位。"②这一理解同样抓住了马克思思想的核心,它精辟地概括了马克思关于"'解放'是一种历史活动,不是思想活动"③论断的精神要义。这种精神要义的更广泛的理论背景体现为马克思在"意识形态"理论中所实现的与过去传统的决裂。其核心在于,马克思的唯物主义实现了有关观念理解的框架转换,即"观念在初始意义上被设定为确定的历史性的特定人类活动(作为客观性的)产品,所以首先需要回答的问题是这类'产品'与所有社会活动总体的关系问题——这些社会活动在结构方面是不同的,人通过这些社会活动再生产和改变自身的生存条件,并借此再生产和改变自身"。④马尔库什的这一阐释准确地把握了历史唯物主义作为"实践哲学"即强调实践对于理论的基础性地位的核心所在。正如马克思所说的:"人们按照自己的物质生产率建立相应的社会关系,正是这些人又按照自己的社会关系创造了相应的

---

① [匈]乔治·马尔库什:《语言与生产——范式批判》,黑龙江大学出版社2011年版,第53页。

② [匈]乔治·马尔库什:《语言与生产——范式批判》,黑龙江大学出版社2011年版,第53页。

③ 《马克思恩格斯文集》(第1卷),人民出版社2009年版,第527页。

④ [匈]乔治·马尔库什:《语言与生产——范式批判》,黑龙江大学出版社2011年版,第56页。

原理、观念和范畴。"① 基于对观念的上述理解，马尔库什同时认识到理论的真理性只有置于实践基础上才能获得解决，他指出："这种思想在根本上意味着把理论放到一个非认识论的、实践性的社会语境之中去——理论对自身真理性的断言必须放到这个语境之中加以评判和衡量。"②

马尔库什还从更加具体的层面上考察了历史唯物主义"生产范式"对德国古典哲学尤其是黑格尔哲学所实现的超越。超越的关键还是在于，马克思确立了理解世界的实践视野，即把现实世界理解为生产和生产的结果。如此，当马克思批判黑格尔将思维过程转化为独立主体的思维过程，而将现实事物视为思维过程的外部表现时，马克思就不再是"以自然主义的视角批判黑格尔的绝对唯心主义，而是对德国古典唯心主义所取得的核心成就——即古典唯心主义对'主体'观念的再诠释——提出了质疑"。③ 这种质疑或批判集中体现在马克思对德国古典哲学之最大"成就"的"超个体理性"的瓦解上，并用现实的、具体的个人取而代之，而实现这一批判的关键在于生产范式，"对超个人主体这个概念的批判性解构建立在对主体间性这个概念的彻底的重新诠释的基础上，生产范式使得这种重新诠释成为可能"。④ 而作为这一伟大成就的结果就是，"自主性和创造性作为主体概念的构成要素（主体作为以自身的自我实现为基础的实体），不再被视为形而上学方面的属性，而被视为历史性的可能性，总是一方面

---

① 《马克思恩格斯文集》(第1卷)，人民出版社2009年版，第603页。

② ［匈］乔治·马尔库什：《语言与生产——范式批判》，黑龙江大学出版社2011年版，第53页。

③ ［匈］乔治·马尔库什：《语言与生产——范式批判》，黑龙江大学出版社2011年版，第57页。

④ ［匈］乔治·马尔库什：《语言与生产——范式批判》，黑龙江大学出版社2011年版，第59页。

在同现存的'自然限度'的关系之中，另一方面在同相关个人的当下的社会性地创造的需求和利益的关系之中，被具体地重新界定"。①

如果说马克思思想实现了"解释世界"与"改造世界"或理论与实践的内在统一，那么，上述由"生产范式"所实现的理论意向的变革同时蕴涵着传统理论本身所缺乏的改造世界的功能，或者说实现了实践意向的重大革新。从根本上而言，这一点尤为重要，因为正是后者使得全新地"解释世界"成为可能。正如马尔库什所说，"对于马克思来说，物质生产的生活的'第一性'的重要意义首先在于社会主义转变的'实践立场'"。②"只有从社会主义转变的现实可能性的立场出发，只有从这样一种物质生产生活的组织——这种组织考虑到经济活动的客观限制（永远不可能消除自然限制，只能令其'退却'），并把决定如何有意识地集体性地构造生活条件的权力授予生产者——的现实可能性的立场出发，才可以不把历史视为以客观理性为目标的不可阻挡的过程，而把历史视为针对实践的合理性和意义如何在有限的人类生活中渐次展开而进行的社会斗争的领域。"③历史唯物主义正是通过"现实的"变革社会的实践视野实现了理论自身的革命性变革，即"生产范式清楚地描绘了未来的解放图景，这个视角使得充分理解人类历史第一次成为可能"。④

---

① ［匈］乔治·马尔库什：《语言与生产——范式批判》，黑龙江大学出版社2011年版，第60页。

② ［匈］乔治·马尔库什：《语言与生产——范式批判》，黑龙江大学出版社2011年版，第53页。

③ ［匈］乔治·马尔库什：《语言与生产——范式批判》，黑龙江大学出版社2011年版，第61页。

④ ［匈］乔治·马尔库什：《语言与生产——范式批判》，黑龙江大学出版社2011年版，第61页。

二、历史唯物主义的"范式性"

马尔库什首先直截了当地指出，历史唯物主义生产范式的本质在于实现了双重属性的统一，即将"生产的各种历史形式"视为"人与自然之间的确定的技术过程同人与人之间的生产关系的某种历史性的特定系统的再生产的统一"①。简而言之，就是认为"生产范式"的核心在于从人与自然的关系同人与人之间的关系的历史的具体的统一中理解人类历史进程。毫无疑问，马尔库什的上述理解准确把握了历史唯物主义基础性范畴"生产"的本质内容，并基于此种准确理解抓住了历史唯物主义的基本概念框架。对此，马克思指出："生命的生产，无论是通过劳动而生产自己的生命，还是通过生育生产他人的生命，就立即表现为双重关系：一方面是自然关系，另一方面是社会关系；社会关系的含义在这里是指许多个人的共同活动，不管这种共同活动是在什么条件下、用什么方式和为了什么目的而进行的。"②而"不管"一词表明了双重关系在任何一个特定时代的普遍适用性，即整个历史就体现为这一双重关系在一种"共轭"变化中实现的持续性发展。

基于上述认识，马尔库什接着通过对作为生产的一个内在环节即"消费"的考察，对"生产范式"作了更为细致的刻画。马尔库什认为，将消费概念"运用于马克思对生产本身的双重界定，首先意味着在消费对象的功能中——即以产品的社会功用为背景——分析人类劳动的物质产品，把它看做人的'本质力量'、人类需求和能力的客体化，并且与此同时，把它看作社会关系、一定社会经济'形式'的物质化"。③也就是说，基于消费概念，生

---

①　[匈]乔治·马尔库什：《语言与生产——范式批判》，黑龙江大学出版社2011年版，第65页。

②　《马克思恩格斯文集》（第1卷），人民出版社2009年版，第532页。

③　[匈]乔治·马尔库什：《语言与生产——范式批判》，黑龙江大学出版社2011年版，第66页。

产的双重属性具体化为"客体化"与"物质化"的相互关系。

首先来看马尔库什对"客体化"及其在理解历史进程中的功能的阐述。在他看来,"客体化"首先说明了人与作为他的存在的环境的世界的一种新型关系。而所以是新型的关系,体现为其本身对人的适用而言失去了纯粹自然对象的"中立"性,即在社会生活的现实语境下,自然对象有了一个标准的、一个"正确的"用法。一个杯子,虽然可以被人用来做很多事情,例如用来砸人、镇纸,但其之所以作为一个"杯子",唯在于其常规性地、系统地行使了盛水的功能。虽然人造对象的功用要以自然属性为基础,但其相对于人的需要的关系所具备的属性却恰恰构成了它的本质,或者说"它的具体的客观性"。"从这个意义上说,作为客观性的人造对象具有内在的'意义',这种意义由它的适用规则所构成。"① 并且"正是这些规则预先规定了对于满足物质性地体现在产品中的被社会性地认知的需求而言,对于满足预期中的被社会性地接纳的功能而言,某种确定的行为方式(即某种确定能力的运用)是正确的或适当的"。② 客体化的概念强调这个事实,即社会性的规则并非从外部运用于对象,而就寓于对象的属性之中,并使得对象被人们"习以为常"地使用,"个人的社会化过程在很大程度上在于实践性地占有社会客观性,占有由'事物'构成的人造世界。于是传统的物质性实践性的传承在社会生活中实现了。这构成了历史连续性的基础,并使社会进步获得了最基本的必要条件"。③ 通过这种方式,马尔库什准确

---

① [匈]乔治·马尔库什:《语言与生产——范式批判》,黑龙江大学出版社2011年版,第68页。

② [匈]乔治·马尔库什:《语言与生产——范式批判》,黑龙江大学出版社2011年版,第68页。

③ [匈]乔治·马尔库什:《语言与生产——范式批判》,黑龙江大学出版社2011年版,第69—70页。

地演绎了马克思下述论断的精髓，即"历史不外是各个世代的依次更替。每一代都利用以前各代遗留下来的材料、资金和生产力；由于这个缘故，每一代一方面在完全改变了的环境下继续从事所继承的活动，另一方面又通过完全改变了的活动来变更旧的环境"。①

与此同时，"物质化"即人与人的关系同样构成了生产范式不可或缺的层面。问题的关键在于，"社会的存在即对历史连续性的持续创造……这要求在人类活动中被消耗的使用价值，在同样的使用活动中至少得到替换和再生产。然而，当且仅当人造环境的各种要素（以及这些要素所满足的需求）与不同类型的人类活动之间存在着确定的'比例'时，当且仅当二者存在着确定类型的'对应关系'时，这才是可能的"。② 也就是说，必须确立一定的社会制度机制来确保各种劳动职能同各种需要的比例。这种社会制度机制就是社会性规范，它"一般性地决定和限制了在一个既定的社会关系系统中这种'正确'的使用行动可以（或者说应当）遵循的社会条件"③，并使得人造对象进入了一个新的意义维度，即获得了一种社会意义，而应用这种对象的人由此获得了在一个社会中的特定的身份和地位。"这些产品凭借这些应用规范而表现为那些构成了它们的具体'社会形式'的确定的社会关系的承担者或物质化。"④ 马尔库什认为，这种社会应用性规范尤其在前资本主义社会中表现出它的功能和作用，"在这些社会

① 《马克思恩格斯文集》（第1卷），人民出版社2009年版，第540页。

② ［匈］乔治·马尔库什：《语言与生产——范式批判》，黑龙江大学出版社2011年版，第71页。

③ ［匈］乔治·马尔库什：《语言与生产——范式批判》，黑龙江大学出版社2011年版，第72页。

④ ［匈］乔治·马尔库什：《语言与生产——范式批判》，黑龙江大学出版社2011年版，第72页。

中，直接的明确表达的社会规范在总体上规定了，在社会劳动分工和社会结构中占据某些确定位置的人可以应用或处置哪一类对象"。①

从更一般的意义上看，技术性、实用性使用规则构建和界定了人类同自然的关系，它标志着"一个既定社会所达到的主宰自然的水平，并且构成了一种共同财富，限定了有意义的实践获得的确定的可能性范围"。②其基本特质在于，寓于其中的人造对象作为客体化的"价值中立"而存在，其本身的变化"是作为积累发生的，发生于继承先前创造出来的活动形式、并沿着拓展由人类需求和能力所构成的社会财富的方向修订这些活动形式的连续过程"。③而社会性应用规范表现为这样一种机制："各种使用价值以及相应的技能和需求依据这种机制在社会中被分配给不同的由个人组成的群体，赋予这些个人不同的社会属性，把他们转变为特定历史类型的'社会角色'，相互之间维系确定的社会关系。"④从结果上看，"通过诉诸于这些规范，社会不再表现为一个整合的、每一个个人在一定意义上参与其中的总体，而是表现为一个分化的关系体系"。⑤

由此，马尔库什得出结论，"马克思的生产范式不仅表现为对一种有关彻底的历史主义与人类有限性意识统一起来的观点

① ［匈］乔治·马尔库什：《语言与生产——范式批判》，黑龙江大学出版社2011年版，第73页。

② ［匈］乔治·马尔库什：《语言与生产——范式批判》，黑龙江大学出版社2011年版，第77页。

③ ［匈］乔治·马尔库什：《语言与生产——范式批判》，黑龙江大学出版社2011年版，第77页。

④ ［匈］乔治·马尔库什：《语言与生产——范式批判》，黑龙江大学出版社2011年版，第77—78页。

⑤ ［匈］乔治·马尔库什：《语言与生产——范式批判》，黑龙江大学出版社2011年版，第78页。

的概念化阐释"①，而且，其作为一种双重过程——劳动过程以及社会关系的再生产过程——的统一体，同时提供了一个范畴框架，"借助于这个范畴框架，在每一个历史情境中区分出预先给定的社会环境的方面和要素"与"另一类方面和要素"②才成为可能。马克思社会理论的这种基本的二分法范畴——生产力与生产关系的二分，物质内容与社会形式的二分，使用价值与价值的二分，等等，恰恰使得在直接给予和呈现的社会客观性内部进行概念区别成为可能，即把社会客观性表达为先前世代的总的"物质化"。由此马克思才在理论上区分了连续性与非连续性的基本历史轴线，从而把历史理解为通过冲突和分裂而发展的过程。不仅如此，这一框架就激进的实践活动而言，还揭示了激进的社会批判和社会变革领域，并从根本上战胜了"哲学"。也就是说，革命的欲求与实现不再限于纯粹的思辨活动，而是"表现为适应于社会生活的实际的物质环境和这种环境的无尽的再生产的需求，这种物质环境及其再生产是人之所以为人的根据。'是'与'应当'之间的断裂仅仅以意识形态的方式表达了这样一种可用经验方法确证的事态，即在现存的生产关系系统与'生产力'之间，在现存的生产关系系统与人类的需求和能力……之间存在矛盾"。③

　　基于上述梳理，我们不得不承认，马尔库什对历史唯物主义的"范式性"刻画所体现出来的理论洞见力。但是，马尔库什的

---

　　① ［匈］乔治·马尔库什：《语言与生产——范式批判》，黑龙江大学出版社2011年版，第78页。

　　② ［匈］乔治·马尔库什：《语言与生产——范式批判》，黑龙江大学出版社2011年版，第79页。

　　③ ［匈］乔治·马尔库什：《语言与生产——范式批判》，黑龙江大学出版社2011年版，第80页。

目标决不止于此。在他看来，虽然生产范式体现了历史唯物主义在解释社会世界构成以及实现其变革时具有极强的解释力，并以此优越于当代西方广为流行的语言范式，正如他自己所说，"读者可以清楚地看到我对生产范式的理论支持"；[①]但与此同时，他又认为"生产范式"的双重属性本身存在原则上的缺陷，并由此显现出其对马克思批判理论的严重误解。

三、"生产范式"的内在困境及其激进化尝试

马尔库什认为，历史唯物主义"生产范式"存在理论上的困境。问题在于，马克思"对使用规则的界定似乎并不完全适合于前资本主义社会，而对于应用规范的界定似乎完全不适用于资本主义社会"。[②]具体来说，在前资本主义社会中，甚至关于"如何"使用一个对象的技术性问题也通常是明显地与价值相关的，属于特别批准的规范，其核心体现为，这个时候的劳动往往被视为道德生活的一种形式。"生产活动内嵌在依附关系之中，并通过依附关系实现自身；这种依附关系从其他领域——血缘关系、政治纽带和宗教纽带等等——中衍生出来，马克思把这种关系整体上描述为'人的统治和从属的关系'。"[③]在这里，"这种'技术'层面的东西包含在一定形式的社会接触之中，通过人身依附的体系表达出来，并且构成了对于生产力发展的一种'内在限制'"。[④]而资本主义则把劳动从各种直接的"依赖关系"中解放出来，发

---

① ［匈］乔治·马尔库什：《语言与生产——范式批判》，黑龙江大学出版社2011年版，第4页。

② ［匈］乔治·马尔库什：《语言与生产——范式批判》，黑龙江大学出版社2011年版，第86页。

③ ［匈］乔治·马尔库什：《语言与生产——范式批判》，黑龙江大学出版社2011年版，第86—87页。

④ ［匈］乔治·马尔库什：《语言与生产——范式批判》，黑龙江大学出版社2011年版，第87页。

展了劳动的无差异的属性。"资本主义通过制度性地把经济活动从其他社会生活领域中分离出来,通过把'财富'生产的规模日益扩大设定为自己的目标,发展了劳动的纯粹的目标合理性。"①同时,资本主义还"把目标合理性的原则拓展到单纯的技术领域之外,拓展到真正的社会关系领域"。②总而言之,"在全部历史之中,我们发现技术方面与社会方面总是不可分离地结合在一起,虽然在不同的社会类型中表现出不同的属性"。③以此认识为前提,马尔库什认为历史唯物主义基于"使用规则"和"社会规范"的二分在历史解释上存在巨大的困难。

进一步看,马尔库什认为,对马克思而言,真正的困难在于如何造成"生产范式"两个方面在实际上的分离。而这恰恰是历史唯物主义之实践属性的根本旨趣,"这种实践性-批判性的要素弥漫在这种范式的全部内容之中。因为这种基本的概念区分——劳动过程与生产关系再生产过程之间的区分,以及马克思理论中全部与之相关的二元对立的范畴,生产范式是通过这种区分构成的——不是单纯的描述性范畴,而是利用一种差异对现状和历史进行分析的批判性的观念,这种差异无法在历史材料中'发现'和'找到',而必须通过彻底转变现存社会来创造这种差异"。④这种转变的实现充分体现于马克思对社会主义的设想之中,正是在《资本论》中,马克思设想了未来社会通过"自由时间"和"劳

---

① [匈]乔治·马尔库什:《语言与生产——范式批判》,黑龙江大学出版社2011年版,第87页。

② [匈]乔治·马尔库什:《语言与生产——范式批判》,黑龙江大学出版社2011年版,第87页。

③ [匈]乔治·马尔库什:《语言与生产——范式批判》,黑龙江大学出版社2011年版,第90页。

④ [匈]乔治·马尔库什:《语言与生产——范式批判》,黑龙江大学出版社2011年版,第93页。

动时间"的实际分离来实现劳动技术过程与生产关系再生产过程之间的真正分离，即在马克思看来，"'必然王国'（即'由需要和外在必然性所决定的劳动'的领域）与'自由王国'——在自由王国之中'作为目的本身的人类能力的发展'开始了——之间的这种区分，在社会主义经济生活组织中将会制度性地再生产出来"。[①] 但也正因如此，马尔库什认为马克思无可避免地陷入了"直接的'终点论'意义上的目的论"。[②] 并且，此种"目的论"倾向为马克思在《资本论》中愈益表现出的技术决定论的倾向所加强，"资本主义社会的彻底转变的可能性越是采取客观必然的历史趋势的形式，关于社会主义的理论就越是具有终点论的意蕴。把理论的实践目标转换为决定论的理论语言，同时将不可避免地涉及把这种目标的内容界定为目的论的预先决定"。[③]

在马尔库什看来，马克思向目的论的隐蔽回归似乎从原则上解决了"生产范式"在历史解释上存在的理论困境，"这种社会主义的实践展望——一个在这两个方面之间进行了制度性区分的社会——恰好使得在整个人类历史中表现为'抽象真实'，并在长期的内在趋势中获得表达形式的东西变成了直接真实的，并且确立了与自然科学相当的确定性"。[④] 但是，马克思由此在理论上付出的代价是巨大的，它在使得"物质内容"和"社会性质"之间的区分不知不觉地转变为"本质"和"表象"之间的区分时，最

---

① ［匈］乔治·马尔库什：《语言与生产——范式批判》，黑龙江大学出版社2011年版，第92页。

② ［匈］乔治·马尔库什：《语言与生产——范式批判》，黑龙江大学出版社2011年版，第94页。

③ ［匈］乔治·马尔库什：《语言与生产——范式批判》，黑龙江大学出版社2011年版，第97页。

④ ［匈］乔治·马尔库什：《语言与生产——范式批判》，黑龙江大学出版社2011年版，第98页。

终无可避免地复归于黑格尔的哲学，即在一种严格的本质决定论的理论话语中确立起人类历史的目的论的终点。正如马尔库什所说："批判理论不得不把社会主义树立为以目的论方式预定的资本主义的唯一替代品。正是关于'现在'的严格决定论的诠释引发了关于'未来'和历史的终点论的诠释。在马克思的'物化'理论中的这种决定论与终点论的悖论性结合，是伴随着对激进动机的还原论—'否定论'理解以及关于批判理论本身的'科学'诠释，一起被马克思详细阐述的。"①

在此基础之上，他还提出了对"生产范式"予以激进化的尝试，力图以此消弭马克思批判理论的内在困境。总体而言，同时也关联于其对马克思批判理论"内在冲突"的认知，马尔库什的尝试集中于对以下问题的回答："一种激进的历史主义的理论预设，如何能够实现与彻底超越当前历史阶段的实践态度和实践要求相一致？"②对此，马尔库什强调必须确立起"激进的主观'力量'在社会中的存在"③这一"预设"应有的批判性意义，而这种"预设"意味着批判理论的可能性的"先验"前提的存在，即其作为一种激进化的动机，蕴含着对当前社会的"超越"，并由此指向一种新的社会组织和新的社会生活形式。也正是通过此种"预设"，马克思的"批判理论可以使一个替代性的未来向人们敞开，使人们可以想象这个未来，从而让当前的无言的苦难发出声响，并把这些苦难和挫折转化为有意识的激进愿望"。④而由于激进

---

① ［匈］乔治·马尔库什：《语言与生产——范式批判》，黑龙江大学出版社2011年版，第155页。

② ［匈］乔治·马尔库什：《语言与生产——范式批判》，黑龙江大学出版社2011年版，第159页。

③ ［匈］乔治·马尔库什：《语言与生产——范式批判》，黑龙江大学出版社2011年版，第159页。

④ ［匈］乔治·马尔库什：《语言与生产——范式批判》，黑龙江大学出版社2011年版，第162页。

愿望本身的可变性，马尔库什主张激进主体的多样性，并以此为前提倡导价值的多元性，认为"如果价值的多样性被设定为一种价值（即不能把各种价值排列成一个固定的等级序列，在生活形式的各种类型之间存在着选择的可能性），那么人类的统一性就不再被理解为要么处于单一主体（今天体现为激进转变的唯一主体）的范畴的笼罩之下，要么处于所达成的共识的概念（某一理论可以抽象地预先规定这种共识）的笼罩之下。相反，这种统一性应当被理解为以实践中的团结一致和创造性的宽容为基础的、发生在不同的文化和生活形式之间的、不间断对话的连续过程"。[①] 马尔库什认为，正是此种对话，构成了人类解放的前提条件。

四、马尔库什"生产范式"批判论的总体审视

毋庸置疑，马尔库什基于"生产范式"对历史唯物主义所作的刻画抓住了问题的关键。作为马克思长期探索而确立的全新的历史观，历史唯物主义的根本特质正是在于确立了物质生产实践在阐释人类历史中的基础性作用。对此，恩格斯概括道："根据唯物史观，历史过程中的决定性因素归根到底是现实生活的生产和再生产。"[②] 而由于生产本身包括自然关系和社会关系两个方面，因此，以物质生产为根基阐释历史的历史唯物主义，或者说生产的"范式性"便体现为将人类历史视为自然关系和社会关系之具体的历史的统一的渐次展开过程。对于这一过程的未来走向，马尔库什尤其正确地指认了"生产范式"的最终解决方案，即通过生产劳动的发展，将人类从上述双重关系的结合中分离开来，使得"作为目的本身的人类能力的发展"能够真正在自由王

---

① ［匈］乔治·马尔库什：《语言与生产——范式批判》，黑龙江大学出版社2011年版，第164页。

② 《马克思恩格斯文集》（第10卷），人民出版社2009年版，第591页。

国实现。这一点构成了马尔库什检视当代各种批判或重建历史唯物主义生产范式的理论，并由此间接地证明了"生产范式"本身固有的优势的理论前提。例如，对于马克思主义在当代的最大批判者鲍德里亚，马尔库什承认其"对马克思理论提出了大量有效的批判性评论"①，但是，"他并没有提出多少可以替代马克思思想的东西作为自己的羊人剧（一种类似喜剧的轻松戏剧，因剧中装扮成希腊神话里半人半羊的潘神而得名。——引按）"②，"他的基本范式——'符号交换'范式——表现出了在内容和方法两方面都远比生产范式的含混性更根本的含混性"，"在他的著作中，符号交换原则获得了明显的元历史地位"③。而对于力图以理想性"交往"为基础重建历史唯物主义的哈贝马斯，马尔库什则一针见血地指出哈贝马斯对马克思的批判"立足于一种哲学上的误解"，"当哈贝马斯用作为单纯的目的理性的工具性活动的劳动来诠释马克思的生产范式时，他本人完成了一个不应强加给马克思的技术主义还原"。④而哈贝马斯力图通过建立理想性的"交往共同体"来克服所谓的马克思的理论缺陷，则实现了从黑格尔向康德的"后退"，以致"不仅重建和强化了马克思与启蒙运动之间的关联，而且从马克思的彻底历史主义回归到了作为哲学基础主义的启蒙运动的古典立场"。⑤

---

① ［匈］乔治·马尔库什：《语言与生产——范式批判》，黑龙江大学出版社2011年版，第115页。

② ［匈］乔治·马尔库什：《语言与生产——范式批判》，黑龙江大学出版社2011年版，第116页。

③ ［匈］乔治·马尔库什：《语言与生产——范式批判》，黑龙江大学出版社2011年版，第117页。

④ ［匈］乔治·马尔库什：《语言与生产——范式批判》，黑龙江大学出版社2011年版，第123页。

⑤ ［匈］乔治·马尔库什：《语言与生产——范式批判》，黑龙江大学出版社2011年版，第132页。

但是，明确表达了——相对于当代解释社会构成的语言范式而言——在理论上支持生产范式的马尔库什，却同时陷入了对马克思批判理论的严重误读。具体来说，这种误读表现为内在相关的两个方面，即"生产范式"的历史解释效力的限制以及由克服此种限制而最终陷入"技术决定论"与"历史目的论"的内在冲突之中，特别是后者，马尔库什将其视为马克思主义理解史中长期存在的关于"科学"和"哲学"之内在冲突的根源，认为"在马克思主义思想史中，存在着一种持续的分裂——生产范式一方面分裂为关于劳动的'科学'模型，另一方面分裂为关于实践的'哲学'观点。我们试图证明，这些片面的阐释有一个系统化的源头，即这些阐释的源泉——马克思的范式本身——存在着困难和模糊之处"。[①]这就是说，马克思要为其后的所有"马克思主义"的阐释路向负责。

为了澄清思想迷雾，我们必须就马尔库什所认为的马克思"生产范式"的两个缺陷展开有效的驳斥。首先，就"生产范式"的历史解释效力，即通过自然关系和社会关系或技术方面和社会方面的"二分"来审视以往的历史本身存在着巨大的困难而言，马尔库什显然误解了作为方法论的历史唯物主义的本质。这种误解首先源于马尔库什对生产范式二分结构形成的理解上，即其认为"在面对'视野'的实践选择时，这种区分看来根本就不是预先存在的"，"我们不得不承认，我们作出这种区分的方式在原则上取决于人们把何种需求和社会要求视为合理的"。[②]此种理解显然与马克思得以作出这种区分的事实不相符合。实际

[①]　［匈］乔治·马尔库什:《语言与生产——范式批判》，黑龙江大学出版社2011年版，第113页。

[②]　［匈］乔治·马尔库什:《语言与生产——范式批判》，黑龙江大学出版社2011年版，第85页。

情形是，恰恰是历史发展到资本主义时代，"事实上"出现了经济生活与政治生活两个领域的分离，这为马克思形成解释历史的"二分"框架奠定了基础。也就是说，其形成并非基于应然性的需求，而是牢固地立足于活生生的资本主义社会现实。进一步来看，马尔库什基于资本主义社会"技术方面"与"社会方面"的"不可分离地结合"——虽然其承认这种结合相对于以往的社会类型而言表现出不同的属性——的事实，认为生产范式在解释资本时代中存在困难。但是，既然马尔库什承认技术合理性渗透并重塑了"社会方面"，那么，这种分析路向不就恰恰遵循了"生产范式"的二分结构吗？而作为其结果，必定不是马尔库什所认为的马克思对于应用规范的界定似乎完全不适用于资本主义社会，而应是"应用规范"因目标合理性原则的"塑造"而以性质完全不同的方式对社会运行发挥"规范"和"制约"作用。而就认为"生产范式"在运用于前资本主义社会而出现的理论困难而言，马尔库什倒是指出了一个关乎历史唯物主义本质特征的问题，那就是，作为一种研究历史的"指南"，历史唯物主义绝没有提供一切历史阶段的所有问题的现成答案。也就是说，作为马克思基于资本主义特殊社会现实的具体的历史的分析而得出的具体结论，决不能扩展为一种脱离现实的历史哲学，否则，必定会背离历史唯物主义的本真精神。就此而言，马尔库什将马克思关于"人体解剖"对于"猴体解剖"是一把钥匙的方法论原则理解为"生物学目的论隐喻的众多例子之一"，实为对马克思的严重误读。固然，马克思认为"生产范式"为理解前资本主义社会提供了方法论指引，但决不赞同将运用此方法分析资本主义社会所得出的具体结论——例如经济生活的首要作用——可以直接搬到以往的社会类型之中，"资产阶级经济为古代经济等等提供了钥匙"，但是，决不能由此"抹杀一切历史差别"①。

马尔库什认为,马克思似乎为了消弭"生产范式"在历史解释上的困境,最终导向了"技术决定论"和"历史目的论"的内在冲突。这种冲突最终"改写"了"生产范式","其一,导致物质内容趋向于'自然化';其二,导致社会形式趋向于'现象化'"②。作为此种"改写"的理论后果:历史被塑造成一个单纯的通过技术持续增长而趋向"最终目的"的过程,其中,"社会形式"的规范作用接近于无。如果真是这样,马克思便的确如马尔库什所说,与黑格尔无任何实质性差异,只是在马克思那里,"技术"取代了黑格尔的"绝对精神"而为自己开辟道路。但是,从马尔库什给出的论证看,其所作出的结论实为对马克思的极大误解。根据马尔库什的论述,马克思之所以陷入冲突源于两种倾向:第一种倾向是将"劳动"塑造成脱离了社会影响的单纯的个人劳动,一种脱离了社会影响的纯粹自然过程;第二种倾向是"趋向于把既定的生产方式中在操作上有效的机制和相互关联描述为与那些'本质性的'过程和关系相对的'表面现象'"③。但是,无论哪一个方面都体现了马尔库什对马克思的严重误解。对于第一种倾向,马尔库什给出的主要例证是马克思在《资本论》中的两段话,"反常的孤立的人在没有任何社会帮助的情况下也必须完成的简单劳动过程"④,"劳动过程……是人类生活的永恒的自然条件……因此,我们不必来叙述一个劳动者与其他劳动者的关

①《马克思恩格斯文集》(第 8 卷),人民出版社 2009 年版,第 29 页。
②[匈]乔治·马尔库什:《语言与生产——范式批判》,黑龙江大学出版社2011年版,第 99 页。
③[匈]乔治·马尔库什:《语言与生产——范式批判》,黑龙江大学出版社2011年版,第 102 页。
④[德]马克思:《资本论》(第 3 卷),人民出版社 2004 年版,第 1000 页。

系"。① 基于对这两段话的分析，马尔库什得出："'合作'被从'技术'的领域中排除"，"并且不可避免地导致了对'劳动'的不可想象的狭义的理解"②。这一结论充分表明了马尔库什对马克思文本断章取义式的理解。就第一段话而言，马克思批判的是把"社会的生产过程"同"反常的孤立的人没有任何社会帮助的情况下也必须的简单劳动过程相混同"③，因而强调的恰恰是劳动的社会性。而后一段话的语境则是："劳动过程，就我们在上面把它描述为它的简单的、抽象的要素来说，是制造使用价值的有目的的活动，是为了人类的需要而对自然物的占有，是人和自然之间的物质变换的一般条件，是人类生活的永恒的自然条件，因此，它不以人类生活的任何形式为转移，倒不如说，它为人类生活的一切社会形式所共有。因此，我们不必来叙述一个劳动者与其他劳动者的关系。"④ 这段话充分表明，马克思并非要舍弃社会关系对劳动的影响，而是在阐述一切历史阶段的劳动生产的共同点。对于第二种倾向，马尔库什给出的例证很多，但仔细分析可以发现，它们都体现了马尔库什对马克思论述背后的本意的曲解。例如，马尔库什认为，马克思在《资本论》中将"竞争"置于现象的领域，认为"在竞争中一切都以假象出现，也就是以颠倒的形式表现出来"⑤。而如果说"竞争"体现了社会关系的重要方面，马尔库什由此得出马克思将社会关系"现象化"的结论。但仔细把握马克思如此理解"竞争"的本意，其所指认的却是在资

① ［德］马克思：《资本论》（第1卷），人民出版社2004年版，第215页。

② ［匈］乔治·马尔库什：《语言与生产——范式批判》，黑龙江大学出版社2011年版，第100页。

③ ［德］马克思：《资本论》（第3卷），人民出版社2004年版，第1000页。

④ ［德］马克思：《资本论》（第1卷），人民出版社2004年版，第215页。

⑤ ［德］马克思：《资本论》（第3卷），人民出版社2004年版，第256页。

本主义社会下，平均利润的形成、生产价格的涨落、市场价格的波动等现象，"似乎都和价值由劳动时间决定相矛盾，也和剩余价值由无酬的剩余劳动形成的性质相矛盾"。① 既然马尔库什所认为的两种倾向都是从外部附加给马克思的，那么，其由此得出的马克思的批判理论最终走向了技术决定论和历史目的论的冲突也必定是理论误读的结果。

而马尔库什基于克服"生产范式"的缺陷而阐发的"激进化"尝试同样属于西方人本主义马克思主义中普遍存在的抽象的乌托邦主义。马尔库什尝试以确立起"激进动机"在批判和超越当前社会现实中的作用来消除"生产范式"的缺陷，并且——作为对人本主义马克思主义的重要突破——认为，"这些动机是以这种方式得到解释的：它们的出现被证明是生活活动的结果，是在既定的'社会形式'下通过既定的社会关系进行的'物质生活条件'的再生产的结果"。② 如此，马尔库什不仅正确地赋予这些动机以最终实现的"现实可能性"，而且澄清了激进动机本身便是处于不断的辩证转化之中的。但是，这一本来可以产生积极的理论和实践效应的观点却被马尔库什归结为追寻多元化历史变动主体的前提，并最终将未来的开启诉诸多元化价值主体之间的"对话"。如这样，我们从马克思的批判理论中最多只能引出历史的开放性特征，而历史到底向何处去这一关乎根本的问题却无可避免地被"搁置"起来。这必定与马克思要求基于对资本主义社会现实予以内在批判的基础上引出历史的未来走向相去甚远。

---

① ［德］马克思：《资本论》（第 3 卷），人民出版社 2004 年版，第 231 页。

② ［匈］乔治·马尔库什：《语言与生产——范式批判》，黑龙江大学出版社 2011 年版，第 160 页。

第四节　激进批判与东欧学者历史理论的当代走向

总的来看，20世纪70年代以后，尤其是东欧剧变之后，东欧新马克思主义者逐渐放弃了马克思通过历史唯物主义所开显出来的宏观批判视角，他们不再注重于对当代资本主义的内在矛盾运动过程展开科学分析，并从中寻求颠覆的路径，而是纷纷选择从文化、政治、生态等微观视角入手对现实展开激进的人本批判，并且，正如上文通过梳理赫勒历史哲学的后现代转向以及马尔库什对马克思"生产范式"的激进化尝试所呈现的，东欧新马克思主义者不再强调联合起来的阶级主体革命，而是强调多元化的价值主体批判。概括而言，基于多元化视角的激进批判构成了东欧新马克思主义者历史理论当代走向的总体特征，并在东欧学者的一系列论著中得到了充分的体现。

《文化、科学、社会——文化现代性的构成》是马尔库什现代性批判理论研究的巅峰之作，其中，马尔库什将现代性危机或现代人的生存危机归结为文化危机，认为"文化危机是当今世界的这一历史地决定的事物状态的不可避免的产物。在资产阶级社会里，在这个词真实的意义上的文化是不可能的。客观上它是不可能的：在'生产的无政府状态'所制造的必然抽象和无理性的环境里，没有一般化的目标，也看不清它的意义。其与人类相异化的客观规则，在一致的世界观里……除了他们自己和他们主观的经验以外，个人不承认任何目标，他们对这个世界不再具有共同的观点和相通的经验"。① 在这段论述中，马尔库什不仅将现

---

① ［匈］乔治·马尔库什：《文化、科学、社会——文化现代性的构成》，黑龙江大学出版社2015年版，第538页。

代性危机诊断为文化危机,而且揭示了其本质,文化危机的核心就在于个体性的消解及其与类本质的分裂。基于这一诊断,马尔库什立足于现代文化构成的批判性分析,力图从中找寻到引领人类摆脱生存危机的出路,而这一出路的关键就在于,通过文化启蒙,使得人类真正获得对自我予以反思的意识。

在《自由、名誉、欺骗和背叛——日常生活札记》中,科拉科夫斯基以现代人的日常生活为主题,对现代人于日常生活中所遭遇的各种层面的操控和伤害进行了细致入微的分析和批判,批判的主题广泛涉及权力、名誉、平等、欺骗、宽容、旅行等18个方面,并力图通过这种批判引导现代人强化对自己生存状态的反思,实现对当前深陷其中的日常生活"沉沦"的自我超拔。例如,在"权力"这个主题中,科拉科夫斯基由对日常生活中的各种微观权力的批判递进到对政府权力特别是极权主义的批判,并号召日常生活中的"我们""应该以怀疑的态度来对待政治权力的机构,更加紧密地制约它们,如果需要的话(这里需要总是有的)对它们加以控诉"①;在"平等"这个主题中,科拉科夫斯基基于每一个人都应该拥有的神圣不可侵犯的尊严感论证人与人之间的平等,将人在尊严上的平等锁定在人的自我抉择的能力上,即"人们能够明确地作出选择,并且无论他们行善或行恶,他们都对他们的所作所为承担责任;正是拥有这一能力,而不是在其使用的方法上,使得人们在尊严上平等"②,如此等等,这些批判性的诉求,都体现了科拉科夫斯基对现代人的处境的深刻认知和激进的人道主义批判。

---

① [波]莱泽克·科拉科夫斯基:《自由、名誉、欺骗和背叛——日常生活札记》,黑龙江大学出版社2011年版,第6页。

② [波]莱泽克·科拉科夫斯基:《自由、名誉、欺骗和背叛——日常生活札记》,黑龙江大学出版社2011年版,第16页。

在《现代性的危机——来自 1968 时代的评论与观察》中，科西克对现代性的危机进行了深入的批判性审视。在他看来，现代性危机的征候虽然在斯大林统治下的苏联社会主义社会和资本主义社会中表现不同——后者体现为"一切都是普遍地可交换的"，前者体现为"普遍地可操纵的"①，但两者有着共同的特点，即在两种社会系统的背后隐匿着"看不见的力量"，"这些看不见的力量只表现它们自身，不会让任何别的东西站在边上，尤其是在它们自己之上，它们的存在通过吸收那些不同的东西，废除其他的一切而表现自身"，"这种看不见的无名的黑暗势力的发展，只以它本身作为目标。它以越来越大的比例生产自身，并将它接触到的一切转换成类似于自身、与自身相联系的东西。它使一切都符合其自身的行动"。②在科西克看来，正是这种隐匿的力量的自我运行造成了主体的"倒置"，即本来是真正的主体的人变成了受操控的"客体"，或者说变成了"某个客体的主体主义"，而"外在力量的可臻于完善的机械装置因而被设置为主体，当然，尽管是作为一种虚假的和倒置的伪主体"③。在他看来，正是这种倒置造成了现代社会的人性危机，人沦为一个外在于人的操控系统的附属物。基于对现代性危机的哲学反思与批判，科西克进而提出了"人本主义的社会主义"的替代性方案，并将实现真正意义上的多元民主政治作为推动这一方案变成现实的根本路径。

---

①　［捷克］卡莱尔·科西克：《现代性的危机——来自1968时代的评论和观察》，黑龙江大学出版社 2014 年版，第49页。

②　［捷克］卡莱尔·科西克：《现代性的危机——来自1968时代的评论和观察》，黑龙江大学出版社 2014 年版，第50页。

③　［捷克］卡莱尔·科西克：《现代性的危机——来自1968时代的评论和观察》，黑龙江大学出版社 2014 年版，第54页。

总之,东欧新马克思主义者通过对现代性展开激进的批判,普遍选择了激进民主的解放路径,对于这一路径,瓦伊达在其《国家与社会主义——政治论文集》中作了更为明确的表述:"如果我们想在现存的社会主义制度内进行真正的变革,我们必须为政治民主而战。"①可以说,东欧新马克思主义者对现代社会展开的多元化批判,的确在很多层面触及现代社会的细微处,为我们更加全面地审视现代社会提供了宝贵的思想资源。但是,由于他们在总体上疏离了对现代社会发展进程的整体分析,并用纯粹的理性批判取代阶级对抗和革命,因而在面对资本已然确立起自己的总体霸权的事实时显得十分无力。

---

① [匈]米哈伊·瓦伊达:《国家与社会主义——政治论文集》,黑龙江大学出版社2015年版,第179页。

第四部分
苏联、东欧历史唯物主义观的
当代审视

第十四章　苏联历史
唯物主义观的当代审视

实事求是地讲，苏联历史唯物主义作为历史唯物主义理解史进程中的重要环节，生成于特定的历史语境，并在很多方面推进了历史唯物主义的发展。但是，由于疏离了马克思历史唯物主义创制的实践原则，其在内容铺展、功能使命和方法论定位等方面都存在重大的理论缺陷。由于实践原则的缺失，苏联历史唯物主义在对历史进程的理解和把握上导向了科学主义，并形成了对社会主义的单一的科学逻辑论证的方式，这种论证方式对苏联社会主义实践产生了多方面的消极影响。

第一节　实践原则的缺失与苏联历史唯物主义观的再审视

在论述自己的历史观与以往一切旧的历史观的根本不同时，马克思曾明确指出："这种历史观和唯心主义历史观不同，它不是在每个时代中寻找某种范畴，而是始终站在现实历史的基础上，不是从观念出发来解释实践，而是从物质实践出发来解释各种观念形态。"① 其中的"唯心主义历史观"不仅涵盖了以往的一切唯心主义哲学,而且同时涵盖了以往的一切旧唯物主义。就后者而言,乃是由于以往的一切旧唯物主义无一例外地在历史领域陷入了唯心主义。也正因为如此,马克思作了如下全称性的概述:"迄今为止的一切历史观不是完全忽视了历史的这一现实基础,就是把它仅仅看成与历史进程没有任何联系的附带因素。……这种历史观只能在历史上看到重大政治历史事件,看到宗教的和一般理论的斗争,而且在每次描述某一历史时代的时候,它都不得不赞同这一时代的幻想。"② 从这一论述可以看出,正是由于确立了"实践原则"在考量和审视人类历史发展进程中的根基性地位,马克思才成功创立历史唯物主义,并由此从根本上超越了以往一切旧哲学。从这个视角看,苏联历史唯物主义建构历程中恰恰缺失了马克思得以创立历史唯物主义的核心原则,亦即实践原则。

这种缺失普遍体现于苏联历史唯物主义的教科书和著作之中。总体而言,苏联历史唯物主义在内容阐释上主要是循着物质生产生活领域向上层建筑领域逐渐上升的基本路径展开的,正如巴鲁林所概括的,开始于 20 年代初的苏联历史唯物主义系统化的实质是:"(1)物质生产的决定性作用的思想和(2)在其基础上对社会的社会生活、政治生活和精神生活所进行的不断探索。……简言之,具有十分丰富的系统内容的物质生产起决定作用思想的发展,是历史唯物主义规律与范畴初始系统化发展过程的一条主线。"③ 在这个主导性的建构路径中,实践原则或物质生

---

① 《马克思恩格斯文集》(第 1 卷),人民出版社 2009 年版,第 544 页。
② 《马克思恩格斯文集》(第 1 卷),人民出版社 2009 年版,第 545 页。
③ [苏]巴鲁林:《当代历史唯物主义发展趋势》,社会科学文献出版社 1987 年版,第 128 页。

产原则似乎被凸显到了首要的位置，但是仔细分析可以发现，这种建构路径所依赖的根本前提在于苏联理论家对社会存在与社会意识关系问题的普遍性认知，即社会存在决定社会意识，社会意识反作用于社会存在。而这一认知又是基于对物质和精神的唯心主义回答的单纯颠倒的前提下推论出来的，对此，斯大林明确指出："既然自然界、存在、物质世界是第一性的，而意识、思维是第二性的，是派生的……那么由此应该得出结论：社会的物质生活、社会的存在，也是第一性的，而社会的精神生活是第二性的，是派生的；社会的物质生活是不依赖于人们意志而存在的客观存在，而社会的精神生活是这一客观实在的反映，是存在的反映。"① 在此种理解下，马克思基于实践原则对哲学基本问题的全新解答被彻底隐去，而这种解答在马克思所实现的哲学革命中绝非无关宏旨。

恩格斯指出："'不是人们的意识决定人们的存在，相反，是人们的社会存在决定人们的意识。' 这个原理非常简单，它对于没有被唯心主义的欺骗束缚住的人来说是不言自明的。但是，这个事实不仅对于理论，而且对于实践都是最革命的结论。"② 这段话充分地提醒我们，关于社会存在与社会意识关系问题的全新解答恰恰构成了马克思创立历史唯物主义的首要前提，而这种"新"则在于马克思将实践的原则彻底贯彻到对哲学基本问题的解答之中。对此，马克思明确指出："人的思维是否具有客观的真理性，这不是一个理论的问题，而是一个实践的问题。人应该在实践中证明自己思维的真理性，即自己思维的现实性和力量，自己思维的此岸性。"③ 这段话说明，马克思正是强调要从实践原

---

① 《斯大林选集》(下卷)，人民出版社 1979 年版，第 436 页。

② 《马克思恩格斯文集》(第 2 卷)，人民出版社 2009 年版，第 597 页。

③ 《马克思恩格斯文集》(第 1 卷)，人民出版社 2009 年版，第 500 页。

则出发去看待作为哲学基本问题的思维和存在的关系问题。而正是彻底贯彻了实践的原则，我们才将意识视为现实的、从事实践活动的人的意识，而由于实践总是社会的实践，所以"意识一开始就是社会的产物，而且只要人们存在着，它就仍然是这种产物"①。也就是说，不仅意识的产生，而且意识的内容，都源于人们的社会生活，归根结底也就源于实践。而由于实践以及建立在实践基础上的社会本身处于不断的发展变化之中，意识本身也处于不断的发展变化之中，即"发展着自己的物质生产和物质交往的人们，在改变自己的这个现实的同时也改变着自己的思维和思维的产物"②，正是在此种改变之中，意识和存在实现了历史性的具体的统一。由此可见，马克思并不是首先有一个对哲学基本问题的抽象解答，然后再将其"推广"到历史领域之中，并由此形成历史唯物主义。实际情形是，马克思从一开始就将意识和存在的关系问题牢固地建立在实践的基础上，而其直接获得的理论革新则在于对社会存在和社会意识的全新解答，并将此种解答贯彻到对历史唯物主义理论的建构之中。

其次，从功能使命来看，苏联理论家普遍认为历史唯物主义"首先而且主要是"研究和把握人类历史发展的普遍规律。从根本上而言，此种理论定向本身就背离了历史唯物主义自身的内在本质性要求，并且无可挽回地将其拖回到思辨的历史哲学的轨道之中。因为，正是这种哲学力图充当历史领域的"科学的科学"，即企图于具体的历史科学之外凭借其一己之力把握历史之全部，而"马克思的历史观"恰恰"结束了历史领域内的哲学"③，亦即思辨的历史哲学。固然，马克思并未否认普遍性规律

① 《马克思恩格斯文集》(第 1 卷)，人民出版社 2009 年版，第 533 页。
② 《马克思恩格斯文集》(第 1 卷)，人民出版社 2009 年版，第 525 页。
③ 《马克思恩格斯文集》(第 4 卷)，人民出版社 2009 年版，第 312 页。

的存在，并且明确指出，"生产一般是一个抽象，但是只要它真正把共同点提出来，定下来，免得我们重复，它就是一个合理的抽象"①，但问题的关键在于："所谓一切生产的一般条件，不过是这些抽象要素，用这些要素不可能理解任何一个现实的历史的生产阶段。"②这就告诉我们，不仅把握最普遍的规律并非历史唯物主义之首要的使命，而且也无助于我们切实深入历史的内部，相反，为了深入历史，必须把握构成历史之不同阶段的那个"特殊"。马克思以语言的历史发展为例指出："如果说最发达的语言和最不发达的语言共同具有一些规律和规定，那么，构成语言发展的恰恰是有别于这个一般和共同点的差别。"③而对于以"物质生产"为基础说明人类历史的发展进程来说，主要的必定不是把握"生产一般"或普遍规律，更为关键的在于把握生产的"特殊"，即"对生产一般适用的种种规定所以要抽出来，也正是为了不致因为有了统一"，"而忘记本质的差别"④。可以说，实践原则或物质生产原则之于历史唯物主义的首要的根本的观点的实质，正体现于其确立了"特殊性"生产及生产方式在历史唯物主义建构中的根基性作用。也正因为如此，马克思才会明示："以一定的方式进行生产活动的一定的个人，发生一定的社会关系和政治关系。经验的观察（指历史唯物主义的观察——引按）在任何情况下都应当根据经验来揭示社会结构和政治结构同生产（指具体的生产或实践——引按）的联系，而不应当带有任何神秘和思辨的色彩。"⑤

---

① 《马克思恩格斯文集》(第8卷)，人民出版社2009年版，第9页。
② 《马克思恩格斯文集》(第8卷)，人民出版社2009年版，第12页。
③ 《马克思恩格斯文集》(第8卷)，人民出版社2009年版，第9页。
④ 《马克思恩格斯文集》(第8卷)，人民出版社2009年版，第9页。
⑤ 《马克思恩格斯文集》(第1卷)，人民出版社2009年版，第523—524页。

从这个视角看，当苏联理论家将历史唯物主义的首先的和主要的功能使命定位为对人类历史普遍规律的把握时，就已经偏离了马克思基于特殊性实践原则建构历史唯物主义的根本旨向。问题的关键在于，历史发展普遍规律的获得恰恰是以消除由特殊性实践所构筑起来的历史特定发展阶段的历史特质作为前提的，即其必须通过舍弃历史进程中的"本质的差别"才能获得。此种致思取向在康斯坦丁诺夫——正是他对历史唯物主义的理解构成了苏联历史唯物主义主导性理解路径当中的关键一环——的下述论断中得到了鲜明的体现，即"历史唯物主义与历史这一门具体科学不同……它不是研究某一个别民族、某一个别国家，而是研究整个人类社会，从社会发展最一般规律的角度对社会加以考察"。① 既然如此，由特殊性实践活动方式所构筑起来的特定国家、民族的独特的历史必定在原则性的层面上被置于理论建构之外，它们的独特历史仅仅被归结为一般历史规律的具体表现，即"适用于一切历史时代的一般社会学规律，即社会发展最一般的规律，在每一社会形态内部，在每一时代，是按照特殊的独特的方式表现出来的"。② 在此种定位中，实践原则实际上无可避免地遭到彻底的消解。

进一步来看，苏联历史唯物主义的主导性建构路径似乎凸显了生产原则的首要的地位和作用，但联系苏联理论家对历史唯物主义功能使命的普遍的理论定向来看，这一原则仅仅起到了论证历史发展普遍规律的作用。总体来看，苏联教科书普遍强调物质生产是人类社会的基础，并构成人类社会之为纯粹客观的过程或

---

① ［苏］康斯坦丁诺夫：《马克思列宁主义哲学原理》，生活·读书·新知三联书店1976年版，第259页。

② ［苏］康斯坦丁诺夫：《马克思列宁主义哲学原理》，生活·读书·新知三联书店1976年版，第258页。

自然历史过程的基础。而从具体的论证来看，其普遍采用的方式就是首先强调和论证物质生产的客观性，并以物质生产生活在整个人类历史进程中的基础性地位和作用为中介，推导出整个人类历史发展进程的客观性，而这种客观性又构成了把握人类历史发展一般规律的基础。固然，强调物质生产的客观性本身并无过错，但仅限于此，即只是一味地强调物质生产的客观性，则只能凸显物质生产的历史"共性"，而无法凸显物质生产的历史特殊性，而后者恰恰在历史唯物主义的理论建构中起到了原则性的作用。

最后，从方法论定位来看，苏联理论家在历史唯物主义的方法论定位上同样疏离了实践原则的根基性地位和作用，并由此无可避免地造成了对历史唯物主义方法论意蕴的偏离。无论是马克思抑或恩格斯，都多次论及历史唯物主义的方法论特质。当马克思将其在《〈政治经济学批判〉序言》中所概括的关于历史唯物主义的"经典表述"视为指导其研究工作的总的结果时，无疑表明了其方法论的地位和作用。而恩格斯同样明确地指出："我们的历史观首先是进行研究工作的指南。"[①]与此同时，马克思和恩格斯还对历史唯物主义作为科学方法论的本质特征进行了说明，即其不是"按照黑格尔学派的方式构筑体系的杠杆"，即自认为"懂得一点'无'，却能写'一切'"[②]。历史唯物主义"绝不提供可以适用于各个历史时代的药方或公式"[③]，恰恰相反，历史唯物主义的方法论的本质要求唯在于从特定的社会实践以及由其所构筑的特殊的社会现实出发引出具体的、历史的结论，即强调"在历史上出现的一切社会关系和国家关系，一切宗教制度和法

① 《马克思恩格斯文集》(第10卷)，人民出版社2009年版，第587页。
② 《马克思恩格斯文集》(第2卷)，人民出版社2009年版，第600页。
③ 《马克思恩格斯文集》(第1卷)，人民出版社2009年版，第526页。

律制度，一切理论观点，只有理解了每一个与之相应的时代的物质生活条件，并且从这些物质条件中被引申出来的时候，才能理解"。① 换句话说，此种本质性要求正是历史唯物主义内在具有的历史性原则的根本体现，并以其特有的对现实差别的捍卫而得到彻底的贯彻。正如吴晓明所言："历史原则的具体化承诺首先就在于捍卫现实的差别。"② 并且，这种差异的生成根基首要地在于实践原则内在具有的生成变化性。

从这个视角来看，苏联理论家对历史唯物主义方法论的澄清恰恰疏离了历史唯物主义的历史性原则或实践原则，并无可避免地消除了其内在具有的对"具体化"的承诺。具体来说，苏联理论家对历史唯物主义方法论的定位普遍立足于他们对历史唯物主义功能使命的定位，即正是由于历史唯物主义致力于把握人类历史发展的最一般规律，从而才形成了其"独特"——往往相对于具体的历史科学而言——的方法论意义。例如，布哈林认为，历史唯物主义是马克思主义的社会学，而"既然社会学阐明人类发展的一般规律，所以它为历史学提供方法"。③ 米丁明确指出："历史唯物论这一种科学的理论，反映着诸种社会形态之自然历史的发展过程，同时又反映着这种人类历史运动之最一般的发展。——这一实际过程之精确的定则。这样一来，历史唯物论也就变成了方法论的理论，变成了'讨论社会科学中的方法的理论'——给人以'解释历史之唯一科学的方法'的理论。"④ 但是，将历史唯物主义之首要的和主要的使命任务定位于把握人类社

---

① 《马克思恩格斯文集》(第 2 卷)，人民出版社 2009 年版，第 597 页。
② 吴晓明：《马克思历史道路理论及其具体化承诺》，《哲学研究》2013 年第 7 期。
③ [苏]布哈林：《历史唯物主义理论》，东方出版社 1988 年版，第 6 页。
④ 袁贵仁等：《马克思主义哲学教学体系：历史与现状》(上册)，北京师范大学出版社 2011 年版，第 67 页。

会的最普遍的规律，本身已经背离了历史唯物主义基于特殊性实践原则所建构起来的独特的"哲学本质"，更为重要的是，这种背离尤其体现在苏联理论家基于历史唯物主义——普遍性规律之方法论意义的具体论说之中。

总体而言，这种论说主要体现在两个方面：一是竭力证明历史唯物主义对于具体科学的一般性指导意义，二是强调历史唯物主义对于无产阶级社会实践的指导性作用。就前者而言，历史唯物主义的方法论功能主要源于其把握了更为抽象的人类历史规律，因而相对于不太抽象的具体科学而言便具有方法论意义，正如布哈林所言，"一门较为抽象的科学给不太抽象的科学提供观点（即方法），这是极常见的"。①康斯坦丁诺夫也在其主编的《历史唯物主义》一书中指出，"历史唯物主义是解释社会发展，解释一种社会制度过渡到另一种社会制度的完整的、严密的科学理论"，因而，它同时也是"研究一切社会现象，研究个别国家和个别民族的全部历史的唯一正确的科学方法"，"历史唯物主义可以作为一切社会知识部门的科学方法"②。在此种界说中，历史唯物主义便获得了先于具体社会科学而存在的唯一科学的"元理论"的地位，而具体历史科学依据其所考察的具体的实践活动方式来展开研究的"具体化"取向便无可避免地遭到抹杀，而后者恰恰体现了历史唯物主义方法论的本质性要求。

就后者而言，苏联理论家普遍认为历史唯物主义由于把握了人类历史发展的普遍规律，从而能够对人类历史的发展进程作出"精准"的预见，并由此成为无产阶级革命实践的强大理论武器。拉津的如下论述颇具代表性，即历史唯物主义的世界观功能

---

① ［苏］布哈林：《历史唯物主义理论》，东方出版社1988年版，第8页。

② ［苏］康斯坦丁诺夫：《历史唯物主义》，人民出版社1955年版，第10页。

的方法论意义"使人们有可能在认清社会发展一般规律的基础上看到发展的总趋势,在急速涌来的政治和科技信息洪流中辨别方向"。[①]同样,80年代末由苏联科学院哲学教研室集体编著的《历史唯物主义概论》也认为:"揭示了社会发挥功能和发展的实际规律的历史唯物主义,把社会理解为一个自然——历史过程,成为伟大的社会预测和实验的理论基础,是人类历史上最强大和最富有群众性的运动的思想旗帜。"[②]在此种界说中,历史唯物主义同样获得了至高无上的"元理论"的地位,而实践的功能体现也仅在于对历史唯物主义基本理论的贯彻和落实,而其作为历史唯物主义之内在原则和理论根基的地位便被彻底隐去。如果真是这样,那么,当马克思晚年将理论视野主要地转向东方社会时,完全可以基于其早在19世纪40年代中期就已经创立的历史唯物主义理论进行推论式的预见,以把握俄国乃至整个东方社会的未来走向,但事实是,马克思并没有这样做,而是尽可能地在掌握俄国和东方社会发展的相关资料的基础上展开深入的具体化的研究,并由此作出了俄国乃至东方社会有可能不依照西欧社会的发展路径而独特地展开自己的历史的可能性。

归根结底,上述两个方面的方法论意义阐述都摒弃了实践原则及其所包含的具体化要求。需要指出的是,当我们指出苏联历史唯物主义方法论的缺陷时,并非要彻底抹杀一般性规律的根本指导作用。问题的关键在于,这种作用必须建立在对基于特殊实践所构筑起来的特殊现实的具体研究的基础上。正如吴晓明指出的,一般指引和具体研究是历史唯物主义之中"内在关联、不可须臾相失的要件,甚至可以说这两者根本就是一回事,就像没

---

① [苏]拉津:《历史唯物主义是社会哲学理论》,求实出版社1988年版,第26页。
② 苏联科学院哲学教研室:《历史唯物主义概论》,河北人民出版社1987年版,第15页。

有科学抽象作为'指引'的历史研究会沉没到'僵死的事实的汇集'中去一样，脱离具体化承诺的抽象必将沦为用主观思想去强制历史内容的外部反思"。① 而后者深层次地隐藏于苏联理论家关于历史唯物主义方法论的定义之中。

综上所述，实践原则在苏联历史唯物主义建构中是普遍性缺失的，而如果说历史唯物主义的创立及其所实现的革命性变革在于首要地确立了实践的根本观点，并由此生成自己独特的理论本质或特质，那么，苏联历史唯物主义的种种缺陷归根结底也是由这一缺失造成的。也正是因为如此，马克思基于实践原则所开启的理解和把握社会现实的视域必定随之消失，从而造成"以马克思命名的马克思主义的核心问题意识"发生转移，但"问题本身并没有因此而消失，数十年后的历史剧变就是最好的说明"。②

第二节　苏联历史唯物主义观与苏联社会主义关系探析

苏联理论家主要是循着科学的方向阐释历史唯物主义的，这种阐释方向的确立有着现实的实践需要。随着"十月革命"的成功和苏联社会主义的建立，苏联结束了革命战争年代那种疾风暴雨式的阶级斗争状态，进入相对稳定的社会主义建设时期。在此历史前提下，有两大任务首先摆在苏联共产党及其理论家的面前：其一是探索社会主义建设的基本规律，这使得苏联理论家倾向于将历史唯物主义论证为把握了人类历史发展普遍规律的科学学说；其二是从理论上论证苏联社会主义建设的合法性，并以

---

① 吴晓明：《马克思历史道路理论及其具体化承诺》，《哲学研究》2013年第7期。
② 魏小萍：《文本视域中的马克思》，《南京政治学院学报》2013年第4期。

此作为抵制苏联周围各种反对势力的有力武器。苏联社会主义发展的时代特点之一在于它始终处于与西方帝国主义国家的激烈的矛盾和冲突之中，面对社会整体发展实力远远超越于自己的强敌，苏联理论家必须将苏联所选择的道路论证为符合人类历史发展规律之必然性的道路。这样便可调动起最广泛的力量推动苏联社会主义建设更快地发展，这也构成苏联理论家循着科学方向阐释历史唯物主义的重要原因之一。

作为人类认识世界的一种方式，科学的本性在于研究规律，而规律本身体现的是必然性的关系，因而科学理论所把握的世界图景必定是决定论的，无论是近代科学抑或是当代兴起的复杂性科学无不如此。近代科学借助于"数学化"的筹划方式将世界塑造成一个严格决定论的世界，"世界被具体地描绘为物质的而不是精神的、机械论的而不是目的论的。这一步在玻义尔、洛克和莱布尼茨那儿也被提出，他们把世界比作一台由创世者上紧发条的大钟，自此之后它就……保持在有秩序的运动之中"[①]，世界由此成为一个完全为因果关系所统摄的场所。随着热力学第二定律的提出，尤其是量子力学的问世，被近代科学置于现象领域的偶然性、不确定性等特征逐渐显示出本体论的地位和作用，这似乎表明近代科学所确立起来的决定论的世界图景崩溃了，也使得以波普尔为代表的思想家开始宣称"非决定论"话语，以至彻底歪曲了科学的决定论本性。诚如海德格尔所说："现代核物理学和场物理学也还是物理学，即仍然是科学，仍然是这样一种理论：它追踪在其对置性中的现实之物的对象，以便在对置性的统一中确定它们。"[②] 由此可见，科学之为科学，因其本性而必定是

---

① ［美］E.A.伯特：《近代物理科学的形而上学基础》，四川教育出版社1994年版，第99页。

② ［德］海德格尔：《海德格尔选集》（下卷），上海三联书店1996年版，第969页。

决定论的，并且自近代科学推动人类向自然狂热进军而获得巨大成功以来，它普遍铸就了人们的如下信念，那就是科学所面临的世界就是一个决定论的统一性世界，因而可以借助于科学或理性的力量穿透其整体。

而就苏联理论家对历史唯物主义的科学化阐释来看，它无疑贯彻了科学的决定论追求，并同时包含着一种关于历史的科学主义信念。这种决定论的追求首要地决定于苏联理论家阐释历史唯物主义的"推广论"的方式，即通过将历史唯物主义与"一般唯物主义"简单接续的方式，它认为"世界按其本性说来是物质的；世界上形形色色的现象是运动着的物质的不同形态；辩证方法所判明的现象的相互联系和相互制约，是运动着的物质的发展规律；世界是按照物质运动规律发展的，并不需要什么'宇宙精神'"。[①] 基于这个一般性的哲学前提，苏联理论家便可认为，历史如自然世界一般也是一个不依赖于人而存在的纯粹客观过程，即"既然物质世界是不依赖于人们意识而存在的客观实在"，那么，社会的物质生活也是"不依赖于人们意识而存在的客观实在"[②]，并且其自身也如自然领域般体现为一个单一的决定论的过程。具体来说就是体现为单一的生产力决定论的线性的过程，即历史的变化总是从社会生产力的变化和发展开始，然后，"人们的生产关系、人们的经济关系依赖这些变化、与这些变化相适应地发生变化"[③]。虽然，在这种论述之中也会承认生产关系的作用，但也只是限于加速或延缓生产力的发展。

科学化的阐释路向决定了苏联理论家对未来理想社会的普遍论证方式，即将马克思对未来社会的双重逻辑论证"修正"为

① 《斯大林选集》（下卷），人民出版社 1979 年版，第 432 页。

② 《斯大林选集》（下卷），人民出版社 1979 年版，第 436 页。

③ 《斯大林选集》（下卷），人民出版社 1979 年版，第 444 页。

决定论式的单一逻辑的论证，并由此彻底消解了马克思关于人的实践能动性在实现社会主义之历史转变中的重要作用的思想。一般而言，未来理想社会体现的是历史的未来维度，因此，任何一种理论如何论证未来理想社会，首要地取决于其对历史的基本观念。而在苏联的科学化的阐释路向之中，由于历史被塑造为一个科学式的严格决定论的过程，因而唯一可能的论证便只能是将历史的未来归结为历史包含的必然性自主趋向的结果，即如卢卡奇所概括的"一种没有革命的'进化'理论，没有斗争的'长入'社会主义的理论"。① 此种理论取向集中体现于斯大林的如下推论，即如自然世界一样，"社会生活、社会发展也同样可以认识，研究社会发展规律的科学成果是具有客观真理意义的、可靠的成果"，"这就是说"，"社会主义从关于人类美好未来的空想变成了科学"②。这种基于单一的科学式的决定论的证明方式在苏联教科书中往往具体化为生产力决定论，而作为代表生产力发展之最高水平的未来共产主义社会也必定会出现。这种论证方式彻底消解了人的能动性在人类历史社会主义转变中的根本作用。按照马克思的观点，历史恰恰不是"人格化"的能够自行运转的主体，不管这个主体是黑格尔式的唯心主义的抽象精神，还是旧唯物主义的抽象物质，从本来的面目来看，"历史不过是追求着自己目的的人的活动而已"。③ 既然如此，作为人类追求的"终极目的"，未来理想社会的实现断然是离不开人的能动性作用之发挥的。但是，在苏联理论家单一性的科学决定论式的逻辑论证中，人的能动性在逻辑上却被归结为无。

这种论证方式对于苏联社会主义实践造成了两个方面的影

---

① ［匈］卢卡奇：《历史与阶级意识》，商务印书馆 1992 年版，第 52 页。
② 《斯大林选集》（下卷），人民出版社 1979 年版，第 436 页。
③ 《马克思恩格斯文集》（第 1 卷），人民出版社 2009 年版，第 295 页。

响。其一，它容易割裂理论与实践的关系，使得理论指导实践的原则沦为纯粹的话语。其中的内在关联在于，既然按照历史唯物主义的决定论阐释，人类历史的演进过程——当然包括苏联社会主义的发展历程——纯粹是由人之外的历史必然性主导的，并且历史唯物主义已经把握了历史必然性，那么，苏联社会主义实践的展开只要按照历史唯物主义理论所规定好的路线展开即可。这种背后的理论预设无疑成为苏联历史唯物主义创新发展的重要障碍，历史唯物主义在很多时候被理解为教条主义的公式，并被裁剪成美化现实的工具。纵观苏联历史唯物主义的发展进程，强调理论服务于实践并在实践的基础上创新发展贯穿始终，1931年1月俄共（布）中央《关于〈在马克思主义旗帜下〉杂志》决议指出："该杂志当务之急需要解决的主要的任务有：探讨马克思主义哲学发展的列宁阶段，密切联系社会主义建设和世界革命运动实践来探讨唯物主义辩证法和历史唯物主义理论。"[①]1967年8月14日，苏共中央出台了《关于进一步发展社会科学和提高社会科学在共产主义建设中的作用的措施》的决议，明确要求苏联理论界"研究社会主义社会的辩证法和现代资本主义的矛盾，社会发展的客观因素和主观因素的相互关系；发展作为一般社会学理论的历史唯物主义理论，开展各种具体的社会调查；探讨社会的社会结构问题、探讨社会主义社会关系的完善及其成长为共产主义社会关系问题"。[②]但是，总的来看，苏联理论家并没有实现理论创新和实践创新的良性互动。在苏联，"几十年来，历史唯物主义的研究者们一直把对社会现实问题的研究作为自己的研究对象，却不断被指责为脱离哲学、烦琐哲学、书呆子气和教条

_____

① ［苏］叶夫格拉弗夫：《苏联哲学史》，商务印书馆1998年版，第24页。
② 北京大学外国哲学研究所编译：《外国哲学资料》（第四辑），商务印书馆1978年版，第10页。

主义"。① 当然，这种局面的形成与苏联长期实行单一的意识形态管理体制有着密切的关联，"苏联时期的官方哲学家对思想领域出现的任何苗头和倾向，对学术领域提出的任何新问题甚至任何新提法或新术语，都时刻保持着高度的政治警惕性"。② 这种氛围更是助长了教条主义的风气，苏联理论家不再深入现实展开研究，而是转而对权威人物的思想作颂扬和再阐释。当苏联理论家强调"斯大林每天都给我们提供了创造性的马克思主义而非教条主义的典范"时，这种倾向得到了充分的体现。

进一步来看，苏联理论家游离于社会主义实践之外的理论阐释还体现为，他们将历史唯物主义转变为论证苏联社会主义进入共产主义社会的工具。例如，米丁在《从社会主义到共产主义》一文中说道："从社会主义向共产主义过渡，是一种客观的、成熟的、从社会主义在我国已经取得完全的和最终的胜利这一事实必然产生出来的要求。"③ 时为勃列日涅夫"智囊团"重要成员的特拉佩兹尼科夫撰文指出，社会科学必须为共产主义建设服务，其中，"发展历史唯物主义这种一般性社会学理论，就要求更加充分地阐明社会发展的客观规律，从而自觉地利用这些规律的作用以利于共产主义建设"。④ 特别是苏联共产党第二十二次代表大会报告宣称苏联已经进入共产主义社会，即认为"随着社会主义在我国的胜利和世界社会主义体系的形成，即将代替旧的衰颓的资本主义社会形态的、新的共产主义社会形态已经形成，并且正

---

① 李尚德:《20世纪马克思主义哲学在苏联》,社会科学文献出版社2009年版,第194页。

② 贾泽林等:《二十世纪九十年代的俄罗斯哲学》,商务印书馆2008年版,第187页。

③ 衣俊卿等主编:《当代学者视野中的马克思主义哲学·东欧和苏联学者卷》(上卷),北京师范大学出版社2008年版,第129页。

④ 北京大学外国哲学研究所编译:《外国哲学资料》(第四辑),商务印书馆1978年版,第32页。

在顺利地发展着"。①之后，这一判断主导了苏联历史唯物主义研究的方向，苏联理论家开始着力运用历史唯物主义的基本理论论证苏联从社会主义社会进入共产主义社会的途径、共产主义社会建设的基本规律和方式方法。对此，1962年全苏高等学校社会科学教研室主任会议哲学分部会议上的报告中明确指出，"我们的主要任务是研究社会主义社会发生和发展以及社会主义成长为共产主义的规律性。在研究这些问题的基础上，便能创造性地发展历史唯物主义和辩证法"②，"在历史唯物主义方面，关于社会主义和共产主义制度下社会发展客观规律的作用问题，具有头等重要的意义"。③固然，此种宣称能够起到凝聚人心、巩固基础的重要作用，但就苏联社会主义本身的发展来看，一味地强调必然性的作用，并在条件不成熟的情况下过早地展开向共产主义的过渡，不仅与事实不符，而且会阻碍苏联社会主义的发展。

其二，这种论证方式容易导向一种于现实历史之外构筑理想王国的抽象人道主义倾向，这种抽象的人道主义也是导致苏联社会主义最终失败的重要因素。借助于单一的科学决定论式的逻辑论证未来理想社会要能够彻底说服人，就必须对未来理想社会的日期及其形式作出预测，诚如阿隆所言，"预测一个重大事件但却不能预见其日期及形式是没有多大意义的"④。但是，正如马克思所言，他的理论绝不是关于人类历史发展之"一般发展道路

①　《哲学研究》编辑部编：《苏联哲学资料选辑》（第一辑），上海人民出版社1963年版，第79—80页。

②　《哲学研究》编辑部编：《苏联哲学资料选辑》（第一辑），上海人民出版社1963年版，第79—80页。

③　《哲学研究》编辑部编：《苏联哲学资料选辑》（第一辑），上海人民出版社1963年版，第89页。

④　吴晓明主编：《当代学者视野中的马克思主义哲学·西方学者卷》（上卷），北京师范大学出版社2012年版，第154页。

的历史哲学理论",按照这种理论,"一切民族,不管它们所处的历史环境如何,都注定要走这条道路,——以便最后达到在保证社会劳动生产力极高度发展的同时又保证每个生产者个人最全面的发展的这样一种经济形态"[①]。而既然历史唯物主义理论并无此种通达遥远未来的精准预测功能,并且,在现实的展开过程中经常会出现与理论所预示的必然性不相符的情况,在苏联就是,进入 20 世纪 60 年代以后,苏联社会主义的体制机制的弊端日益彰显出来,在这种情况下,就很容易走向与决定论相背离的唯意志论。从这个角度而言,苏联历史唯物主义发展历程中的"人道主义"转向绝非一种偶然。在这种转向中出现了抽象地强调人本价值的倾向,这种倾向在戈尔巴乔夫的"全人类的利益高于无产阶级的利益"的论断中达到极致,并最终成为引发苏联社会主义失败的重要因素。

[①] 《马克思恩格斯文集》(第 3 卷),人民出版社 2009 年版,第 466 页。

第十五章　东欧历史唯物主义观的当代审视

　　总体来看，东欧新马克思主义者对马克思主义哲学的重构具有诸多积极的方面。就其理论重构的目的而言，他们力图通过重新理解马克思主义哲学以为寻求新的社会主义道路提供理论支撑。而如果说马克思恩格斯曾经仿佛强调任何一个民族和国家如何转向社会主义，既不能靠先验的逻辑推理，也不能靠照搬其他国家依据自身特定历史情况已经作出的选择，那么这种理论重构的取向本身便符合马克思主义理论的精神实质。此外，就当代如何对待马克思主义哲学而言，东欧新马克思主义者以自己的实际行动表明，真正对待马克思主义哲学的科学态度不是执着于其中的具体论断，而是应该把马克思主义普遍真理同本国的具体情况结合起来，并在此过程中创新和发展马克思主义理论。而从理论建构本身来看，它凸显了人的主体地位及其在创造历史过程中的作用，并充分地体现了对人的生存及其命运的深切关怀。但是，东欧新马克思主义者未能把握马克思在历史批判理论建构历程中所实现的批判方式转换，而普遍以青年马克思的人本批判逻辑把握马克思思想的整体，以致造成了种种无法克服的理论缺陷。

第一节　东欧历史唯物主义人本批判路径的再审视

东欧新马克思主义者普遍认为，马克思的哲学作为革命的哲学，其根本任务是在批判现实世界的过程中"发现现实世界的根本局限并进一步发现克服这些局限的历史可能性"[①]，因而批判性构成了马克思哲学的根本特质，而"批判显现在马克思思想发展的所有阶段的所有著作中"[②]。既然如此，真正遵循马克思哲学的教导，最基本的表现就必定是在理论上进一步弘扬马克思的批判精神，即在批判旧世界中不断发现新世界，同时又在此过程中实现马克思主义的创新与发展。为此，东欧新马克思主义者以"回到真正的马克思"为口号，普遍将理论的关注点投向青年马克思的思想，尤其是马克思在《1844年经济学哲学手稿》中所阐发的人本主义批判理论，以求从中寻求据以建构适应新的时代要求的批判理论的基本框架。在他们看来，青年马克思的异化理论是马克思思想的理论前提，马克思后期的思想是对早期思想尤其是异化理论的进一步发挥或发展。

但东欧新马克思主义者将青年马克思的人本批判的基本框架视为马克思思想整体的框架，并主要援引其建构创造性的批判理论，而恰恰疏离了马克思在创立和发展历史唯物主义的过程中所建构起来的不同于人本批判的历史批判方式，即建立于把握社会现实之内在矛盾运动过程基础上的科学批判，虽然人本批判的

---

①　[南]米哈伊洛·马尔科维奇等：《实践——南斯拉夫哲学和社会科学方法论文集》，黑龙江大学出版社2010年版，导论第11页。

②　[南]米哈伊洛·马尔科维奇：《当代的马克思——论人道主义的马克思主义》，黑龙江大学出版社2011年版，第14页。

方式并未为马克思所完全放弃，但在马克思的总体批判格局中，它作为立于科学批判方式基础上的辅助性批判方式而获得自己的合法性存在，并发挥其激发革命热情等方面的功能和作用。这一疏离导致了东欧新马克思主义者所建构的批判理论无可避免地脱离了社会现实，并由此引发了一系列无法克服的理论缺陷。

首先，作为东欧新马克思主义理论重构之本体论基础的"实践"更多地体现为一种应然性的"价值"预设，而不是成熟时期马克思视野中的处于特定生产关系中的感性实践活动或生产。例如，南斯拉夫"实践派"普遍认为："'实践'（Praxis）则是一个规范概念，它指的是一种人类特有的理想活动，这种活动就是目的本身并有其基本的价值过程，同时又是其他一切活动形式的批判标准。"[①]而当科西克认为"实践是人类特有的存在方式。因此，它绝不是只决定人类存在的某些方面和某些品格，而是在一切表相中渗透到人类存在的本质"[②]时，同样体现了对人的"本然性"特征的描述。但是，1845年走向"新唯物主义"的马克思已然彻底摒弃了这种作为抽象的人性预设的实践概念，在他看来，生产"总是指在一定社会发展阶段上的生产"[③]，也即总是处于特定生产关系中的生产，相反，那种脱离了特定生产关系的劳动或生产"只是一个幽灵"，"一个抽象"，"只是指人借以实现人和自然之间的物质变换的人类一般的生产活动，它不仅已脱掉一切社会形式和性质规定，而且甚至在它的单纯的自然存在上，不以社会为转移，超越一切社会之上，并且作为生命的表现和证实，是

---

① ［南］米哈伊洛・马尔科维奇等：《实践——南斯拉夫哲学和社会科学方法论文集》，黑龙江大学出版社2010年版，导论第19页。

② ［捷克］卡莱尔・科西克：《具体的辩证法》，社会科学文献出版社1989年版，第171页。

③ 《马克思恩格斯文集》（第8卷），人民出版社2009年版，第6页。

尚属非社会的人和已经有某种社会规定的人所共同具有的"。①

其次，这种理想主义色彩更为明显地体现在对未来社会的设想上。基于对"实践"概念的人本主义理解，东欧新马克思主义者普遍坚持以对人类未来美好的生活状态的设想为前提，极力强调对人类生存现状的实践批判和超越，从而确立了以"未来"规定"现在"，以"应然"引领"实然"的历史理解路径。正如坎格尔加所说："在现实的历史的水平上，生活意义的问题只能根据那种尚不存在，但却可能而且应该存在的观点，即根据未来的观点和倾向而提出，这已经包含了对现存事物之改造的需要和动力。"② 而当赫勒强调"哲学要求世界成为人性的家园"，因此其"必须成为激进运动的哲学"时，同样表明了这一点。也因此，当东欧新马克思主义者将此种激进的哲学批判付诸实践，并由此提出以"人道的民主的社会主义"为核心的替代方案时，则必定因其理想性的色彩而无法付诸有效的行动。对此，有学者指出："东欧新马克思主义者还处于纯粹理性（理论理性）同实践理性的反差之中，换言之，在某种意义上，他们似乎表现为理论上的强者和实践方面的弱者。"③

再次，它无法提供关于其所批判的对象的确定性说明，从而难以成为革命行动的有效指南。人类改变对象的行动的有效展开离不开关于对象的确定性知识的指导，而关于对象的确定性知识所要说明的首要乃是对象"何以如此"的生成规律以及在此基础上"将会如何"的演变规律，即如马克思所说的，要从理论上考察"生产的经济条件方面所发生的物质的、可以用自然科学的

---

① ［德］马克思：《资本论》（第3卷），人民出版社2004年版，第923页。

② ［南］米哈伊洛·马尔科维奇等：《实践——南斯拉夫哲学和社会科学方法论文集》，黑龙江大学出版社2010年版，第57页。

③ 衣俊卿：《20世纪的新马克思主义》，中央编译出版社2001年版，第644页。

精确性指明的变革"①。但是，执着于人本批判的东欧新马克思主义者却很少能够对所批判对象的演进规律展开科学的分析，以致无法充分提供"有关发展的客观引导者"②。从深层次来看，这是由人本批判逻辑固有的功能性局限造成的，"人本逻辑基于应然性的价值标准解释社会实在，所得出的往往是关于社会实在之'合理'或'不合理'的结论，其目标在于作出关于实在是否'应当'的总体评判，而非现实'何以如此'的确切说明"。③以南斯拉夫实践派的领军人物马尔科维奇为例，虽然他强调"马克思创造了一种既是科学的又是批判性的理论"④，并对种种在阐释马克思思想过程中忽视"客观性"的倾向进行了批判，但由于受人本批判框架的限制，马尔科维奇并没有充分认识到马克思基于科学的客观性逻辑而对资产阶级社会展开的科学分析与批判，而是力图用人本批判框架解读《资本论》，认为"马克思在《资本论》对商品拜物教的批判，就只能在他对一种真正的人的生产（其中，人以双重方式肯定了他自己和另一个人）的假定下得到理解"。⑤

最后，它颠倒了"历史的活动"和"思想的活动"的位次，将改变世界的希望首要地寄托于人的观念或态度的改变。马克思强调，"'解放'是一种历史活动，不是思想活动"⑥，因为造成人的奴役的根源不在于思想，而在于现实的社会力量。人在思想上受到操控乃是人在行动中现实地遭受社会力量宰制的思想反映，

---

① 《马克思恩格斯文集》（第2卷），人民出版社2009年版，第592页。
② ［英］梅扎罗斯：《超越资本》（上册），中国人民大学出版社2003年版，第367页。
③ 许恒兵：《马克思主义的双重逻辑解析》，《湖北社会科学》2017年第8期。
④ ［南］米哈伊洛·马尔科维奇：《当代的马克思——论人道主义的马克思主义》，黑龙江大学出版社2011年版，第1页。
⑤ ［南］米哈伊洛·马尔科维奇：《当代的马克思——论人道主义的马克思主义》，黑龙江大学出版社2011年版，第11页。
⑥ 《马克思恩格斯文集》（第1卷），人民出版社2009年版，第527页。

因而真正变革世界的首要不在于改变人们的思想和观念，而是彻底消除使人遭受奴役和压迫的社会力量。但是，东欧新马克思主义者由于执着于人本批判的方式而对这种社会力量的来龙去脉无法展开有效的分析，从而也无能于筹划出有效的变革方案。这种行动上的无能使他们普遍将努力的重心导向思想和观念的变革。致力于实现人道化的日常生活的赫勒明确认为，"社会变革无法仅仅在宏观尺度上得以实现，进而，人的态度的改变无论好坏都是所有改变的内在组成部分"[1]；而马尔库什致力于将马克思的生产范式进行激进化尝试的要义就是强调生成指向未来的"激进动机"或"激进需要"的至关重要的作用[2]；南斯拉夫实践派代表坎格尔加则认为，为了彻底消除异化，首先需要人对自己的未曾异化的本真状态有先行的自觉，并生成消除异化的强烈意识。如此等等，这些认识不仅完全颠倒了马克思关于现实变革和思想变革的位次关系，而且无法有效地回答人的激进动机或变革现实的意识到底从何而来的问题，以致只能将其归属于人对未来的先行筹划和理性自觉。

第二节　东欧历史唯物主义观与东欧社会主义改革关系探析

正如东欧的社会主义改革本身就是对苏联社会主义模式的否定一样，东欧新马克思主义者也普遍性地对作为苏联社会主义模式之理论支撑的苏联历史唯物主义进行了尖锐的批判，并以此为前提力图重新阐释马克思。就本书论及的主题而言，这种重新阐

---

① ［匈］阿格妮丝·赫勒：《日常生活》，重庆出版社1990年版，英文版序言第3页。

② 参见［匈］乔治·马尔库什：《语言与生产——范式批判》，黑龙江大学出版社2011年版，第159—170页。

释彰显了马克思思想中固有的实践的能动性逻辑，却同时忽视了马克思论证未来理想社会的科学的客观性逻辑。在缺少后者的前提下，所谓的彰显也必定会走样，从结果上看，它将马克思对未来理想社会的论证路向"修正"为一种抽象的人道主义，并由此复归于马克思在《关于费尔巴哈的提纲》中所批判的"抽象的能动性"。

为了有效说明这一点，我们从与本书主题密切相关的东欧新马克思主义者共有的理论规划谈起。那就是，一方面受教于青年马克思在《1844年经济学哲学手稿》——东欧新马克思主义者普遍将自己的理论创作归功于它的问世——中的异化理论逻辑，另一方面继承了发端于卢卡奇的西方人本主义马克思主义的学术传统，东欧新马克思主义者普遍设置了"现实世界"（人于其中遭受异化的世界）与"理想世界"对立的理论图景。例如，南斯拉夫"实践派"的领军人物马尔科维奇将"异化的世界"与"人的世界"相对立、匈牙利"布达佩斯学派"的赫勒将"自在的"日常生活与"自为的"的日常生活相对立、捷克新马克思主义者则将"伪具体世界"与"具体世界"相对立，等等。在这种相互对立的图景之中，前者往往代表着人于其中遭受异化和苦难的生存状态，而后者则代表着人完全实现了自由的理想生存状态。如此，东欧新马克思主义者关于未来理想社会的论证便可归结为从理论上阐明从前者转向后者何以可能的问题，正如马尔科维奇在概括南斯拉夫"实践派"的基本哲学观点时指出："个人的实际存在和潜在本质之间的这种差异，即实有和应有之间的差异，就是异化。哲学的基本任务就是对异化现象进行批评的分析，并指明走向自我实现、走向实践的实际步骤。"[①] 对此，东欧新马克思主义

---

① ［南］米哈伊洛·马尔科维奇等：《实践——南斯拉夫哲学和社会科学方法论文集》，黑龙江大学出版社2010年版，第18页。

表现出极力拒斥包含于苏联历史唯物主义之中的单一的科学式严格决定论的论证路向，并走向了单纯地凸显实践能动性逻辑的论证方式。

具体来说，东欧新马克思主义者首先普遍确立了人在其理论建构中的中心地位，并以此区别于苏联理论家以物为中心的致思取向。他们普遍认为，马克思始终关心的中心问题是从理论上探索如何实现人的自由而全面的发展。马尔科维奇强调指出："在马克思看来，根本的问题是，在创造一个更加人道的世界的同时如何实现人的本质。"[①] 科西克则更为明确地指出："任何一种哲学的出发点都是人在世界中的存在，是人与宇宙的关系。"[②] 其次，匹配于人的中心地位的确立，东欧新马克思主义者普遍确立了实践的本体论地位，认为实践构成人的本质性存在，是人与世界之关系建立的基础，从而也是世界及其历史之展开的根基。例如，南斯拉夫"实践派"的代表坎格尔加指出："在谈到人的时候，必须同时谈及他的世界，人的世界只有通过人的历史生成，即通过把自然改造为人的自然才能实现。因此，无论是人自身，还是他的世界，都代表了作为纯粹外在（及自身'内在'）所予和直接性（天然性、原始性和无意识性）的自然之历史——实践的人化过程。"[③] 科西克则说道："就实践的本质和普遍性而言，它是人的秘密的揭露：人是一种构造存在的存在，是构造从而把握和解释社会—人类是在（即人类的和超人类的实在，总体上的实

---

① ［南］米哈伊洛·马尔科维奇等：《实践——南斯拉夫哲学和社会科学方法论文集》，黑龙江大学出版社 2010 年版，第 18 页。

② ［捷克］卡莱尔·科西克：《具体的辩证法》，社会科学文献出版社 1989 年版，第 169 页。

③ ［南］米哈伊洛·马尔科维奇等：《实践——南斯拉夫哲学和社会科学方法论文集》，黑龙江大学出版社 2010 年版，第 53 页。

在）的存在。人的实践不是与理论活动相对立的实际活动，它是
人类存在（即构造是在过程）的决定性因素。"[1] 如此，通过将人
与历史的本质归结为实践，东欧新马克思主义者获得了阐明未来
理想社会的基本方式，即将其归结为人的自我实践或创造，也就
是说，基于实践能动性的逻辑来澄清历史的未来。

　　这种基于实践能动性逻辑的论证方式又具体体现为澄清如
何通过实践变革人于其中遭受奴役和剥削的社会，并由此进入人
道化的社会。总体而言，东欧新马克思主义者将历史的未来托付
给了"人"，且是在精神上领悟了未来的"人"，这种领悟不仅使
得洞悉历史之现在的异化状态成为可能，而且在根本上使得实践
地改变现实世界，并由此通达彻底人道化的社会成为可能。对
此，南斯拉夫"实践派"的代表坎格尔加的论述颇具代表性，他
说道："在现实的历史水平上，生活意义的问题只能根据那种尚
不存在，却可能而且应该存在的观点，即根据未来的观点和倾向
而提出，这已经包含了对现存事物之改造的需要和动力。"[2] 而赫
勒将《日常生活》一书定位为解答如何能够在人道主义的、民主
的和社会主义的方向上改造日常生活，即使其真正成为"为我们
存在"的人道化生活，而要实现这个目标，赫勒认为关键在于日
常生活的承担者个人从"自在存在"转变为"自为存在"，即转变
为"个体"，"就是同类具有自觉关系，并以这一自觉关系为基础
'安排'（自然是在给定的条件和可能性之内）自己的日常生活的
个人"。[3] 显然，赫勒同样将实现日常生活人道化的首要前提归

---

　　① ［捷克］卡莱尔·科西克：《具体的辩证法》，社会科学文献出版社1989年版，第
170—171页。

　　② ［南］米哈伊洛·马尔科维奇等：《实践——南斯拉夫哲学和社会科学方法论文
集》，黑龙江大学出版社2010年版，第57页。

　　③ ［匈］阿格妮丝·赫勒：《日常生活》，黑龙江大学出版社2010年版，第19—
20页。

结为个人态度的转变，而这一转变的关键在于达到对自己本真性存在的高度自觉。

固然，与苏联理论家仅限于单一性的科学决定论式的逻辑论证未来理想社会相比，东欧新马克思主义者基于实践能动性逻辑的论证方式表现出更大的优越性，即凸显了人的实践能动性在推动历史转变中的重要作用。并且，从一定的意义上看，此种论证方式似乎也是符合马克思的理论意向的，马克思曾指出："对实践的唯物主义者即共产主义者来说，全部问题都在于使现存世界革命化，实际地反对并改变现存的事物。"[①] 但是，由于彻底摒弃了科学的客观性逻辑——这一点明显地表现为东欧新马克思主义者的论著很少有对当代资本主义发展的客观趋势的分析，以致在"缺少有关发展的客观引导者的情况下"，他们所"展示给我们的是作为我们未来向导的道德命令"[②]，亦即陷入了关于未来的抽象的人道主义价值诉求。正如他们的共同的精神导师卢卡奇将历史的未来"托付给了一个思想者"[③]，认为无产阶级"有能力从核心出发来观察社会，并把它看做是互相联系着的总体"[④]，东欧新马克思主义者则将未来托付给了"人"，认为"人"有能力通过对自身本真性的实践存在方式的理性自觉以及对未来的理性认知，实现对自己现有存在的超越。但是，诚如马克思所言，任何时代的人们的实践总是受复杂的物质条件和关系系统制约的，因而人的能动性的展开必定以一种受制约的方式进行，即"人类始终只

---

① 《马克思恩格斯文集》(第 1 卷)，人民出版社 2009 年版，第 527 页。

② [英]梅扎罗斯:《超越资本》(上册)，中国人民大学出版社 2003 年版，第 367 页。

③ [法]列斐伏尔:《马克思的社会学》，北京师范大学出版社 2013 年版，第 23 页。

④ [英]梅扎罗斯:《超越资本》(上册)，中国人民大学出版社 2003 年版，第 367 页。

提出自己能够解决的任务，因为只要仔细考察即可以发现，任务本身，只有在解决它的物质条件已经存在或者至少是在生成过程中的时候，才会产生"①，那么，东欧新马克思主义者所塑造的"人"及其超越现实的历程必定归根结底属于思维领域的运思，并深层次地体现了行动上的弱者力图借助于思想理论强行切入历史转变的心态。

进一步来看，东欧历史唯物主义的单一能动性的论证方式既是东欧各个国家展开社会主义改革的重要理论支撑，同时也是造成东欧社会主义改革失败的重要原因。总的来看，其对东欧社会主义改革的消极影响在于使其脱离了东欧各个国家所处的历史阶段和现实条件，而主要将精力放在论证如何直接贯彻和落实马克思关于未来理想社会所设定的基本原则上，而不是推动科学社会主义的基本原则与东欧各国实际的有机结合。的确，马克思强调在未来的共产主义社会，国家将会走向消亡，整个社会将由联合起来的人们共同管理，即实现自治。对于东欧理论家而言，自治的核心就是民主的充分实现，正如弗兰尼茨基所言："具有充分的民主传统和发达的工人阶级的发达国家面临着一项紧迫的任务，那就是要考虑实现这样一种社会主义，这种社会主义将使民主自由（以及政治自由）得到进一步的发展，新的社会主义自治结构得以建立。"②固然，马克思也将社会自治视为人的自由全面发展的状态的实现，但是，其实现最终要建立在物质生产充分发展的基础之上，正如马克思所言："这需要有一定的社会物质基础或一系列物质生存条件，而这些条件本身又是长期的、痛苦

---

① 《马克思恩格斯文集》（第 2 卷），人民出版社 2009 年版，第 592 页。
② 衣俊卿等主编：《当代学者视野中的马克思主义哲学·东欧和苏联学者卷》（下卷），北京师范大学出版社 2008 年版，第 374 页。

的发展史的自然产物。"① 但是，南斯拉夫"实践派"对自治的现实前提视而不见，而在一个物质生产较为落后的地区倡导自治社会主义的发展路径，从而陷入了自治"早产论"的谬误当中。按照马克思的设想，未来共产主义社会将实现人的真正的自由和平等，但是，真正的自由和平等的实现同样是建立在物质生产充分发展的基础之上的。而东欧理论家却抽象地谈论人的自由和平等，并在东欧社会主义改革中着力推动自由和平等的原则。东欧新马克思主义者将平等首要地理解为人与人之间在自我实现上的平等。从这个视角出发，赫勒将实现平等的障碍归属于任何一种意义上的"依附和统领关系"②。在她看来，这种关系既存在于资本主义社会，也存在于社会主义社会。"以依附与统领关系为基础的社会是无法通过一种新的依附与统领结构而得到克服的"③，要实现人与人之间的实质性平等，必须抓住根本，即彻底改变人与人之间的关系，等等。这种脱离物质生产发展水平而一味强调建构理想性的人与人的关系，无疑背离了马克思历史唯物主义的基本理论，并成为东欧改革困难重重的重要原因之一。

---

① 《马克思恩格斯全集》(第 44 卷)，人民出版社 2001 年版，第 97 页。
② ［匈］阿格妮丝·赫勒：《激进哲学》，黑龙江大学出版社 2011 年版，第 119 页。
③ ［匈］阿格妮丝·赫勒：《激进哲学》，黑龙江大学出版社 2011 年版，第 121 页。

第十六章　苏联、东欧历史唯物主义观与
中国马克思主义哲学学术话语体系建构

　　系统考察苏联、东欧历史唯物主义观的理解史进程，深入总结苏联、东欧理论家在历史唯物主义阐释进程中的得与失，对于我们建构中国马克思主义哲学学术话语体系具有重要的借鉴意义。苏联、东欧历史唯物主义作为历史唯物主义理解史进程中的重要阶段，在历史唯物主义理论建构方面作了重要探索，对于推进历史唯物主义理论的发展和普及起到了重要的作用。但是，由于苏联、东欧理论家在整体上偏离了马克思主义哲学的本真精神，割裂了哲学与现实的内在联系，在学术话语资源的借鉴上存在偏颇以及割裂马克思主义哲学内在具有的科学和人本维度，其历史唯物主义观表现出一系列重大的缺陷。反思和总结苏联、东欧历史唯物主义理论建构中的缺陷，推动当代中国马克思主义哲学学术话语体系的建构，必须把握马克思主义哲学的本真精神、必须深入当代中国社会现实、必须融通各种资源、必须坚持科学话语与人本话语的交相融合。

第一节　必须深入当代中国社会现实

习近平总书记深刻指出:"理论的生命力在于创新。创新是哲学社会科学发展的永恒主题,也是社会发展、实践深化、历史前进对哲学社会科学的必然要求。"[1]中国马克思主义哲学学术话语体系能否彰显出强劲的生命力,关键在于既坚持马克思主义哲学的本真精神,又在顺应实践和时代变迁的进程中推动其创新和发展,真正做到坚持和发展的统一。考察苏联、东欧历史唯物主义的建构历程,其理论家很大程度上疏离了对历史唯物主义本质精神的把握,从而对历史唯物主义理论体系的建构并没有始终基于社会现实,在很多时候,他们对历史唯物主义的阐释更多是局限于纯粹的概念演绎,历史唯物主义的所谓"创新"不是变成"原理+例子"的"教科书"式的建构,就是变成抽象的人本话语的空洞说教。前者体现于苏联历史唯物主义的建构过程之中,在很长的时间中,苏联理论家展开历史唯物主义阐释的主导方向要么表现为用新的实例佐证既有的历史唯物主义基本理论,要么注重于纯粹的话语翻新。这种情况造成了理论和实践的严重割裂,历史唯物主义理论体系由此转变为一个脱离社会现实的有着"自足性"的绝对真理体系,呈现出严重的教条主义倾向。后者体现于东欧历史唯物主义的建构历程之中。东欧新马克思主义者将青年马克思的人本批判框架——同时融入西方人本主义马克思主义的话语体系——作为理论工具,将预设的价值作为思想前提,对苏联社会主义和资本主义社会展开激进的批判,这种建构思路

---

[1]　习近平:《习近平谈治国理政》(第二卷),外文出版社2017年版,第342页。

同样造成了理论与实践的严重割裂，东欧新马克思主义者所建构的历史唯物主义由此沦为脱离社会现实的人本话语体系，并呈现出明显的主观主义倾向。无论是苏联还是东欧的理论家，他们对历史唯物主义的阐释和建构都严重偏离了历史唯物主义的本真精神，即其作为科学的世界观和方法论，始终强调要对社会现实展开具体的、历史的分析，始终聚焦于现实发展进程中所涌现出来的问题，并在运用马克思主义世界观和方法论分析和把握现实的基础上实现学术话语体系的创新。

　　苏联、东欧历史唯物主义建构中的缺陷告诫我们，推动当代中国马克思主义哲学话语体系创新，必须遵循马克思主义哲学的本真精神，在马克思主义世界观和方法论的指引下，真正切入当代中国社会现实，即在坚决反对将既成的理论套用到中国社会现实之上的"外在反思和批判"的思维方式的前提下，充分运用历史唯物主义深刻阐释当代中国社会现实的生成机理、内在结构以及由两者所规定的特定历史走向，并以此为新时代中国特色社会主义持续创新和发展提供理论支撑。习近平总书记深刻指出："实践没有止境，理论创新也没有止境。要使党和人民事业不停顿，首先理论上不能停顿。我们要根据时代变化和实践发展，不断深化认识，不断总结经验，不断进行理论创新，坚持理论指导和实践探索辩证统一，实现理论创新和实践创新良性互动，在这种统一和互动中发展 21 世纪中国的马克思主义。"① 当代中国马克思主义哲学话语体系创新的要义是在理论和实践相结合的前提下，运用马克思主义哲学的思想武器总结中国道路形成和发展的伟大历史进程，深入分析和把握新时代中国特色社会主义的现

---

　　① 习近平：《辩证唯物主义是中国共产党人的世界观和方法论》，《求是》2019年第 1 期。

实进程,从中提炼出有学理性的新理论、概括出有规律性的新实践,努力推动构建富有中国特色、中国气派的马克思主义哲学学术话语体系。如此,中国马克思主义哲学学术话语体系才能进一步展现出生机和活力,才能更好发挥引领时代发展的作用。

第二节 必须注重融通各种学术资源

建构中国特色哲学社会科学体系,"既要立足本国实际,又要开门搞研究。对人类创造的有益的理论观点和学术成果,我们应该吸收借鉴,但不能把一种理论观点和学术成果当成'唯一准则',不能企图用一种模式来改造整个世界,否则就容易滑入机械论的泥坑"。[①]"哲学社会科学研究范畴很广,不同学科有自己的知识体系和研究方法。对一切有益的知识体系和研究方法,我们都要研究借鉴,不能采取不加分析、一概排斥的态度。"[②]归根结底,建构中国特色哲学社会科学体系必须融通各种资源。同样,推动建构当代中国马克思主义哲学学术话语体系,也要善于融通各种资源。从这个角度审视苏联、东欧历史唯物主义建构历程,一个重大的缺陷就在于在学术资源的借鉴上存在片面选择的倾向。考察苏联历史唯物主义的理解史进程,这种片面性表现在多个方面。首先,也是最突出的,苏联理论家在很长的时间将历史唯物主义的阐释局限于对斯大林所建构的历史唯物主义的阐释,并由此造成了严重的思想封闭现象;其次,苏联理论家秉持

[①] 习近平:《习近平谈治国理政》(第二卷),外文出版社2017年版,第340—341页。

[②] 习近平:《习近平谈治国理政》(第二卷),外文出版社2017年版,第340—341页。

第二国际理论家的思想传统，普遍割裂了历史唯物主义与西方哲学史特别是德国古典哲学之间的传承关系，严重影响和制约了苏联理论家对历史唯物主义之内在辩证法精神的把握；最后，在社会主义阵营和帝国主义阵营相互对峙的历史背景下，苏联理论家对西方文明采取了彻底拒斥的态度，而不注重吸收其中的有益成分发展历史唯物主义。这种对待各种学术资源的片面选择同样体现在东欧历史唯物主义的建构之中。东欧新马克思主义者是在反思和批判苏联历史唯物主义的过程中展开理论建构的，但是，他们并未按照扬弃的态度对待苏联历史唯物主义，而是在彻底颠覆的基础上"另起炉灶"，从而导致了对历史唯物主义的阐释由一个极端走向另一个极端。进一步来看，在历史唯物主义建构视角的选择上，东欧理论家普遍选择了主要由青年马克思所开启的并在西方人本主义马克思主义中得到拓展和强化的人本批判框架，这种选择上的偏向不仅遮蔽了东欧新马克思主义者的视野，使他们不能充分汲取马克思在其众多视角中所开启的科学批判视角，而且西方科学主义的马克思主义同样处于东欧新马克思主义者的视野之外。正是由于没有融通各种学术资源，苏联和东欧理论家在历史唯物主义理解方面表现出各执一端的片面性，并体现出理论路径上的分裂和对峙，以致无法把握历史唯物主义的完整逻辑。

苏联、东欧理论家在融通学术资源方面的缺陷及其对历史唯物主义建构的消极影响启示我们，推动建构当代中国马克思主义哲学学术话语体系，必须注重融通各种学术资源。这种融通主要应在三个方面展开：首先，中国马克思主义哲学话语体系建构是在当代中国的土壤中展开的，这种建构的时空特点决定了其必须充分汲取中华优秀传统文化中的优秀资源，要在推动这些资源创造性转化和创新性发展的基础上，将它们充分融入中国马克思主义哲学话语体系之中，这对于彰显中国马克思主义哲学话语体系的中国特色、中国风格、中国气派具有基础性作用。其次，中国马克思主义哲学学术话语体系归根结底是在运用马克思主义哲学分析和把握当代中国问题的进程中展开建构的，因此，充分汲取马克思主义哲学发展史中所积累起来的丰富资源，是不可或缺的前提。要在深入清理发展脉络的基础上充分理解马克思主义哲学的核心概念和要义，厘清相互之间的内在逻辑理路，从而为建构中国马克思主义哲学学术话语体系提供最直接也最根本的学术资源支撑。最后，马克思主义哲学作为西方哲学史发展进程中的伟大理论变革，充分汲取了西方哲学文明中的精华，无论是法国唯物主义学说，还是德国古典哲学，都是马克思主义哲学创立的重要学术背景，而马克思和恩格斯在创立马克思主义哲学之后，又在与西方哲学展开交锋和斗争的过程中推动其不断向前发展，因此，深刻理解马克思主义哲学的本真精神，推动建构当代中国马克思主义哲学学术话语体系，同样离不开对西方哲学中优秀资源的借鉴和吸收。只是，正如黑格尔所指出的，一个民族除非用自己的语言来习知那最优秀的东西，否则这东西就不会真正成为它的财富①，这种吸收绝非是纯粹的"拿来"，而是要充分做好概念和术语的本土化工作。当然，考察西方哲学史，无论是哲学和自然科学，还是哲学社会科学中的其他知识门类，都存在着交互作用和密切的联系，因此，中国马克思主义哲学学术话语体系融通各种资源，还应对自然科学和哲学社会科学中的其他知识门类的研究进展予以高度关注和成果吸收。

---

① 苗力田译编：《黑格尔通信百封》，上海人民出版社1985年版，第202页。

第三节 必须坚持科学话语与人本话语的交相融合

系统考察苏联、东欧历史唯物主义理解史进程表明，苏联和东欧理论家在历史唯物主义建构方面存在着论证逻辑和学术话语上的相互对峙，在苏联历史唯物主义正统理论体系中，科学话语几乎成为唯一的话语形式，而在东欧的历史唯物主义观中，人本话语则占据了主导地位。但是，回归马克思历史唯物主义的原初语境，其在本质上包含着科学批判逻辑和人本批判逻辑双重维度，并在话语表达上体现出科学话语与人本话语的交错展开。反思苏联、东欧历史唯物主义理解史进程中的学术话语建构所表现出来的缺陷，同时完整理解和把握马克思历史唯物主义的双重逻辑话语及其相互关系，中国马克思主义哲学学术话语体系建构必须坚持科学话语和人本话语的交相融合。由于前文对苏联和东欧"各执一端"的缺陷已经作出分析，所以，这里主要对历史唯物主义的双重逻辑作一考察，以求为论证中国马克思主义哲学学术话语体系建构应该坚持科学话语和人本话语的融合奠定基础。

从 19 世纪 40 年代初开始，马克思开始以一位战斗的思想家的身份正式登上历史的舞台，他以哲学批判为理论武器完成了《评普鲁士最近的书报检查令》《第六届莱茵省议会的辩论》《关于出版自由和公布等级会议记录的辩论》等一系列富有战斗性的政论性文章。在这些文章中，马克思依据黑格尔关于"哲学的任务在于理解存在的东西，因为存在的东西就是理性"[①]的原则，用黑格尔的理性和自由精神对当时的普鲁士专制政府展开了激进的

---

① ［德］黑格尔:《法哲学原理》, 商务印书馆 1961 年版, 第 12 页。

批判。但是，马克思很快就认识到，这种将抽象的理性精神视为现实之本质的观点不仅属于"逻辑的泛神论的神秘主义"，而且由此所生发出来的批判精神在面对残酷的现实时却显得苍白无力。例如，虽然将国家视为绝对精神在人间的化身，从而将伦理性的"善"视为国家的本质，但面对普鲁士专制政府对群众的严苛刑法，却无法说出其中的缘由，从而也难以作出有效的批判。为了解决这个问题，必须深入研究作为国家、法以及观念之产生的源泉，即对"市民社会"展开政治经济学研究。这一研究重心的转变，使得马克思改造了黑格尔关于要在对象的发展中认真地考察对象本身的研究原则，而改造的关键在于将"对象"从抽象的"绝对精神"转变为活生生的社会现实，而马克思的批判方式则伴随着其所展开的政治经济学批判的愈益深入而不断地调整变化。

《1844年经济学哲学手稿》是马克思初步研究政治经济学所完成的重要文本，其中，马克思建构起了后来产生广泛影响的人本批判框架，即通过先行预设作为人的"类本质"的"自由自觉的活动"以及个体与社会之间的彻底而完全的和谐关系，而对资本主义社会人的异化的生存现实进行深刻的揭露和激烈批判。但是，这一批判方式却因对资本主义社会现实的非确切理解而暴露出一系列理论困境，并主要表现为它无法说明人的异化的生存现实生成的原因，也找不到指引摆脱异化的现实路径。前者体现为马克思陷入了劳动异化和社会联系异化之间的循环论证，并最终倾向于从个体劳动异化出发来说明个体之社会联系的异化，即认为"只要人不承认自己是人，因而不按人的方式来组织世界，这种社会联系就以异化的形式出现……这些个人是怎样的，这种社会联系本身就是怎样的"。① 但是，这个思路后来为马克思所

---

① ［德］马克思：《1844年经济学哲学手稿》，人民出版社2002年版，第171页。

抛弃，因为，个人是什么样的，恰恰要放在社会关系尤其是生产关系的理论平台上才能获得把握，而不是相反。对此，马克思强调指出："既然人的生命的现实的异化仍在发生，而且人们越意识到它是异化，它就越成为更大的异化；所以，对异化的扬弃只有通过付诸实行的共产主义才能完成。要扬弃私有财产的思想，有思想上的共产主义就完全够了。而要扬弃现实的私有财产，则必须有现实的共产主义行动。历史将会带来这种共产主义行动，而我们在思想中已经认识到的那正在进行自我扬弃的运动，在现实中将经历一个极其艰难而漫长的过程。"[1]

在《德意志意识形态》中，以历史唯物主义的方法论原则为指引，马克思朝着基于社会现实的内在矛盾运动的科学批判方式迈进了一大步。这体现为马克思基于一般性的物质生产视角，把握到了贯通人类历史进程的两个基本维度之间的矛盾关系，即作为生产力的"人与自然的关系"与作为许多人的共同活动的"社会关系"之间的矛盾关系，并认识到这个矛盾构成了人类历史演进的基本动力，即"一切历史冲突都根源于生产力和交往形式之间的矛盾"[2]，马克思还以此客观描述了人类历史的进步进程。但是，由于经济学知识的匮乏（恩格斯语），马克思此时尚未将对资本的批判推进到生产关系的高度，因而无法立足于资本运动的特殊矛盾来对其展开有效的批判，这充分地体现为马克思将资本等同于"积累起来的劳动"，并将人所受的统治视为"劳动的统治"。这显然与马克思此后立足于资本生产关系揭示雇佣劳动者受物役性统治的思路是不一样的。资本生产关系视野的缺陷，使得马克思最终采用了斯密的一般性分工视角，并同时援引了舒尔

---

① 《马克思恩格斯文集》(第 1 卷)，人民出版社 2009 年版，第 231—232 页。

② 《马克思恩格斯文集》(第 1 卷)，人民出版社 2009 年版，第 567—568 页。

茨对生产力的主体解读视角,对个人何以会受"劳动的统治"进行分析,即由于非自愿的分工,个人相互之间的交往关系异化为外在于人的并且统治人的社会力量,并导致物质生活与劳动的颠倒,即"物质生活一般都表现为目的,而这种物质生活的生产即劳动则表现为手段",本应作为人的自主活动的唯一形式的劳动,则变成了"自主活动的否定形式"[①]。为此,马克思强调必须消灭"非自愿的分工",重新建立个人相互之间的普遍的交往关系,并以此为前提实现个人对现有生产力的全面占有,只有这样,"自主活动才同物质生活一致起来,而这又是同各个人向完全的个人的发展以及一切自发性的消除相适应的"。[②] 显然,这里的批判仍然在很大程度上受制于人本批判的框架,即通过"自主活动"与"非自主活动"之间的张力展开对现实的批判。

而在此后完成的《哲学的贫困》《雇佣劳动与资本》等著作中,马克思实现了重大的理论突破。这首要地体现为他确立了生产关系的视野,认识到"各个人借以进行生产的社会关系,即社会生产关系,是随着物质生产资料、生产力的变化和发展而变化和改变的。生产关系总合起来就构成所谓生产关系,构成所谓社会,并且是构成一个处于一定历史发展阶段上的社会,具有独特的特征的社会"[③],并在此基础上明确指出"资本也是一种社会生产关系"[④]。这些标志着马克思思想新境界的重要论断为马克思最终确立基于暴露资本的内在矛盾运动过程展开历史批判作了重要的铺垫,并在《1857—1858年经济学手稿》中得到了较为充分的展开。其中,马克思认识到仅仅停留于对资本主义社会交换关

---

① 《马克思恩格斯文集》(第1卷),人民出版社2009年版,第580页。

② 《马克思恩格斯文集》(第1卷),人民出版社2009年版,第582页。

③ 《马克思恩格斯文集》(第1卷),人民出版社2009年版,第724页。

④ 《马克思恩格斯文集》(第1卷),人民出版社2009年版,第724页。

系或货币展开批判，只不过是"手打麻袋"而"驴子却没有感到打击"，彻底的批判必须建立在对资本矛盾运动规律理解和把握的基础之上，即"准确地阐明资本概念是必要的，因为它是现代经济学的基本概念，正如资本本身——它的抽象反映就是它的概念——是资产阶级社会的基础一样。明确地弄清关系的基本前提，就必然会得出资产阶级生产的一切矛盾，以及这种关系超出它本身的那个界限"。① 循着这个思路，马克思在《政治经济学批判大纲》中不仅揭示了资本生产关系产生的各种前提，而且尤以资本和劳动的关系为核心，揭示了资本在不断寻求自我增殖过程中必然会走向自我消亡的历史结局。概而言之，资本之为资本，必须与劳动者的劳动能力交换，并以此换来一种生产力，"这种生产力使资本得以保存和倍增，从而变成了资本的生产力和再生产力，一种属于资本本身的力"②，而对于工人来说，"他的劳动的生产性成了他人的权力"③。在这种权力的转换中，资本得以驱使劳动者不断创造出更多的剩余劳动，以此实现自己的不断增殖。而为了使工人能够创造出更多的剩余劳动，资本家会不断地推动生产力的发展，并体现于其不断推动劳动资料的变化，直至发展为机器体系，即在"加入资本的生产过程以后，劳动资料经历了各种不同的形态变化，它的最后的形态是机器，或者更确切些说，是自动的机器体系"。④ 这个过程体现了资本的文明化作用，表现为造成生产力的极大发展，但也造成资本无法克服的困境。资本主义社会的财富的基础是"盗窃他人的劳动时间"，但资本生产过程的日益科学化却使劳动时间日益压缩到最低限度，这造

---

① 《马克思恩格斯全集》(第30卷)，人民出版社1995年版，第293页。

② 《马克思恩格斯全集》(第30卷)，人民出版社1995年版，第232页。

③ 《马克思恩格斯全集》(第30卷)，人民出版社1995年版，第266页。

④ 《马克思恩格斯全集》(第31卷)，人民出版社1995年版，第90页。

成了资本无法克服的矛盾和困境，"一方面，资本唤起科学和自然界的一切力量，同样也唤起社会结合和社会交往的一切力量，以便使财富的创造不取决于（相对地）耗费在这种创造上的劳动时间。另一方面，资本想用劳动时间去衡量这样造出来的巨大社会力量，并把这些力量限制在为了把已经创造的价值作为价值来保存所需要的限度之内"。① 这个矛盾表明，资本关系作为有限的基础已经无法承载其所运用的手段即生产力的发展了，并因此必定会走向崩溃。显然，这里的批判不再像人本批判那样在现实之外启用任何一种价值性的预设，而就是依循资本的自我发展以及自我悖反而展开的科学批判，用马克思的话来说，就是暴露资本的"自我否定"。

但是，由于尚未制定出系统的劳动价值学说以及成熟的相对剩余价值理论，马克思《1857—1858 年经济学手稿》的科学批判框架中仍然存在一些理论缺陷，这表现为它将直接的劳动时间作为财富的基础，并将资本推动生产过程科学化视为其走向自我否定的动因。而在《资本论》中，马克思克服了上述缺陷，实现了科学批判结构的彻底而完美的建构。在《资本论》第二版"跋"中，马克思指出："研究必须充分地占有材料，分析它的各种发展形式，探寻这些形式的内在联系。只有这项工作完成以后，现实的运动才能适当地叙述出来。这点一旦做到，材料的生命一旦在观念上反映出来，呈现在我们面前的就好像是一个先验的结构了。"② 这个好像是"先验的结构"就是对资本运动逻辑的系统化阐述，同时也是对其展开的系统化批判，即"对现存事物的肯定的理解中同时包含着对现存事物的否定的理解，即对现存事物的

---

① 《马克思恩格斯全集》（第 31 卷），人民出版社 1995 年版，第 101 页。
② 马克思：《资本论》（第 1 卷），人民出版社 2004 年版，第 21—22 页。

必然灭亡的理解"。① 也就是说，这种批判不是任何人本式的价值批判，而就是立足于作为资本主义社会之"实在主体"中的内在矛盾运动过程之上的科学批判。具体来说，与在《1857—1858年经济学手稿》中一样，马克思在《资本论》中阐明了资本主导下的生产过程必然会向科学化的过程转化，但这个转化不再被视为资本陷入自我否定的动因，而是认识到"缩短劳动时间的最有力的手段，竟变为把工人及其家属的全部生活时间转化为受资本支配的增殖资本价值的劳动时间的最可靠的手段"。② 也就是说，机器的资本主义应用实际上构成为资本家攫取更多的相对剩余价值的手段。但这并非是说资本通过这种方式可以无限制地延续自己的存在。对此，马克思通过科学阐明不变资本和可变资本、剩余价值率和利润率之间关系尤其是它们之间的差别，揭示了伴随着资本生产过程的科学化和资本有机构成的提高而必然出现的平均利润率趋向下降的规律。而由于不断地实现资本增殖是资本主义生产的唯一目的，那么，这一规律恰恰表明了资本主义生产关系与生产力之间的矛盾和冲突，表明了"资本主义生产不是绝对的生产方式，而只是一种历史的、和物质生产条件的某个有限的发展时期相适应的生产方式"。③ 而资本生产方式在本质上是一种历史性的存在，也就意味着它必将走向灭亡的历史结局，由此，马克思实现了对资本的彻底而科学的批判。

　　基于上述梳理可知，马克思的历史批判理论所包含的批判方式总体上经历了从人本批判向科学批判的转变。东欧新马克思主义者普遍用马克思早期思想中的人本批判统摄马克思的思想整体，即认为马克思自始至终都主要地采取了人本批判的方式，

---

①　马克思：《资本论》（第 1 卷），人民出版社 2004 年版，第 22 页。
②　马克思：《资本论》（第 1 卷），人民出版社 2004 年版，第 469 页。
③　马克思：《资本论》（第 3 卷），人民出版社 2004 年版，第 289 页。

这不仅与马克思历史批判理论建构历程的真实情况不相符合，而且还由于单纯地推崇人本批判而造成了一系列重要的理论缺陷。

当然，从马克思的思想演进历程看，其在从人本批判逐渐转向科学批判的过程中，并没有彻底舍弃人本批判的方式，而是将其由早期的主导性批判方式逐渐转变为辅助性的批判方式。借此，马克思科学揭示了资本增殖的过程和秘密以及由于其本性而导致的不断增殖所带来的种种矛盾及其历史界限，从而科学说明了资本主义社会走向灭亡的历史必然性。但与此同时，马克思在《资本论》中仍然对资本主义社会展开了激烈的人本批判，并对未来社会展开积极的构想。就前者而言，首先，马克思给予资本原始积累过程中的暴力运用、奴隶贩卖、鸦片贸易以及对妇女、儿童的摧残以激烈的道德谴责，强烈控诉"资本来到世间，从头到脚，每个毛孔都滴着血和肮脏的东西"[①]；其次，在对资本增殖过程的分析中，马克思激烈批判了资本关系使得劳动者沦为资本自我增殖的纯粹的物性工具，谴责"资本由于无限度追逐剩余劳动，像狼一般地贪求剩余劳动，不仅突破了工作日的道德极限，而且突破了工作日的纯粹身体的极限。它侵占人体的成长、发育和维持健康所需要的时间。它掠夺工人呼吸新鲜空气和接触阳光所需要的时间"[②]。正是基于上述人本维度的批判，马克思认为资本主义制度相比于以往的制度而言乃是"最大的奴役制"。就后者而言，马克思基于对资本盗取工人生存时间的批判，对未来理想社会进行了积极的构想，即伴随着人类社会物质生产力的极大发展，在必然性的人类物质生产领域的彼岸，"作为目的本身的人类能力的发挥，真正的自由王国，就开始了。但是，这个自

---

① 马克思：《资本论》（第1卷），人民出版社2004年版，第871页。

② 马克思：《资本论》（第1卷），人民出版社2004年版，第306页。

由王国只有建立在必然王国的基础上，才能繁荣起来。工作日的缩短是根本条件"。① 总之，正如凯·尼尔森所总结的，"任何没有发现马克思道德承诺的《资本论》解读方式都是盲目的"②。

实际上，始终竭力推动和组织资本主义社会条件下无产阶级革命的马克思，是不可能完全丢弃人本批判的方式的，因为，人本逻辑基于应然性的价值标准解释社会实在，可以得出人所生活于其中的社会实在之"合理"或"不合理"的结论，并由此作出关于实在是否"应当"的总体评判，这种评判有助于激发革命行动。诚如恩格斯所言，"马克思从来没有把他的共产主义要求放在这样的基础（即抽象的道义原则——引按）上，而是放在必然的、在我们眼前一天比一天成熟的资本主义生产方式的崩溃上"，"但是，就经济形式说是错误的东西，在世界历史意义上却可以是正确的。如果群众的道德感宣布某一经济事实为不公平，如当年对于奴隶制或农奴制那样，这就证明这个事实本身已经过时，而另一些经济事实已经出现了，由于这种情况，那原来的事实已经变成不能容忍和不能维持的了"。③ 也就是说，人本批判有助于激发无产阶级对不合理的现实的道德义愤，对于激发他们参与变革世界的热情具有科学批判不可替代的意义。

就此而言，马克思的历史批判理论实际上包含着以科学批判为主、人本批判为辅的双重批判方式。正是在这种批判格局之中，人本批判才能避免走向无根的空洞说教。固然，与追问社会实在是否合理和应当的旨向不同，科学批判是通过揭示社会实在之内在矛盾运动规律而展开的批判。这种原则性差异决定了

---

① 马克思：《资本论》（第3卷），人民出版社2004年版，第929页。

② ［加］凯·尼尔森：《马克思主义与道德观念》，人民出版社2014年版，第166页。

③ ［德］恩格斯：《哲学的贫困·德文版序言》，人民出版社1961年版，第5页。

我们不可能在两者之间建立起逻辑上的从属关系，而是应该让两者各自独立地发挥作用。具体来说，当我们展开人本批判时，就需要将科学批判暂时悬置起来，反之，当我们展开科学批判时，就需要将人本批判暂时悬置起来。对此，恩格斯也曾强调指出，"照资产阶级经济学的规律，产品的最大部分不属于生产了这些产品的工人。如果我们说：这是不公平的，不应该这样，但是这句话同经济原来毫无关系"①，亦即同对经济的科学分析毫无关系。凯·尼尔森也认为："马克思虽然具有道德观点并做出了道德判断，但是，它们却不属于马克思主义社会科学体系的一部分。"②但是，这并不意味着人本批判可以完全脱离科学批判发挥作用，在这种情况下，它只会像在东欧新马克思主义者那里所表现出来的那样，造成一系列理论缺陷。

具体来说，科学批判对人本批判作用首先表现为，它为人本批判提供价值构想的现实依据。人本批判由以展开的前提是对"应该如何"进行价值构想，但这一任务在纯粹的人本批判框架中是无法有效完成的，在这种情况下，我们往往只能以思辨的方式构想出各种抽象的原则，并将其作为消除社会之不合理性的武器。诚如恩格斯在评价空想社会主义者时所指出的，由于将消除社会的弊病视为纯粹是"思维者的理性的任务"，"于是，就需要发明一套新的更完善的社会制度，并且通过宣传，可能时通过典型示范，从外面强加于社会。这种新的社会制度是一开始就注定要成为空想的，它越是制定得详尽周密，就越是要陷入纯粹的幻想"。③极力凸显人本批判的东欧新马克思主义者游离于社会现

---

① ［德］恩格斯：《哲学的贫困·德文版序言》，人民出版社1961年版，第5页。
② ［加］凯·尼尔森：《马克思主义与道德观念》，人民出版社2014年版，第167页。
③ 《马克思恩格斯文集》（第3卷），人民出版社2009年版，第528—529页。

实之外先行建构超越性的理想，从根本上而言则犯了与空想社会主义者一样的错误。而马克思则彻底变革了一直以来人们关于未来的设想方式，即从游离于现实之外的思辨构想转向牢固地基于现实的基础而展开科学构想，对此，马克思曾明确将其概括为"从对历史运动的批判的认识中，即对本身就产生了解放的物质条件的运动的批判的认识中得出科学"①。实际上，马克思在《资本论》中关于未来社会的人本构想就是建立在科学批判的基础上的，正是基于对资本剥削机制的科学分析，马克思认识到最大限度地无偿占有工人的劳动时间是资本实现增殖的要害之所在，以此为基础，马克思将对未来社会设想的关键定位在劳动者自由时间的日益增长上。

进一步来看，科学批判对人本批判的外在引领性作用还体现为，它对社会变革的确定性说明，有助于将人本批判限制在适度的范围内。人本批判的重要功能之一就是，通过对现实之不合理性的阐释，激发人们参与革命行动的激情。正如马克思所说，"激情、热情是人强烈追求自己的对象的本质力量"②，强烈的革命激情对于革命行动的展开发挥着不可或缺的助推作用。但是，单凭激情或者激情过度都无助于革命行动的展开，两者都容易导致盲目的革命乐观主义，甚至滑入用观念革命取代实际革命行动的泥坑。正如东欧新马克思主义者所普遍表现出来的，他们一味沿着人本批判的方向无限拓展，不可避免地滑入完全用关于未来的富有激情的理性筹划取代变革现实的革命行动的泥坑。一般而言，人们对于不合理的社会现实总是欲先变革之而后快，而人本批判对社会现实之不合理的诊断恰恰激发了人们的这种变革

---

① 《马克思恩格斯文集》（第3卷），人民出版社2009年版，第20页。
② 《马克思恩格斯文集》（第1卷），人民出版社2009年版，第211页。

热情,但不合理的社会现实在其生命力没有耗尽之前,人们过度的革命热情恰恰是无助于现实的革命行动的,诚如马克思所说,"无论哪一个社会形态,在它所能容纳的全部生产力发挥出来以前,是决不会灭亡的"。①因此,为了使人本批判在合理的尺度范围内发挥作用,就有赖于科学批判对社会现实之内在物质条件的变迁展开精确性阐明,这种阐明有助于确定变革行动的战略、策略、时机等,只有在此基础之上,人本批判的辅助性作用才能得到有效的发挥。

反之,人本逻辑对于科学逻辑的外在式前提作用,主要表现在两个方面:第一,强烈的人本关怀构成了马克思持续的科学探究的重要精神动力。从中学毕业论文确立为整个人类的解放而奋斗的伟大理想到《〈黑格尔法哲学批判〉导言》明确提出"必须推翻使人成为被侮辱、被奴役、被遗弃和被蔑视的东西的一切关系"②,然后是《共产党宣言》明确提出建立"自由人的联合体"的奋斗目标,再到《资本论》基于自由时间的维度对理想社会的构想,马克思一以贯之的人本追求激发着他从早期的纯粹思想批判转向描述现实,并由此开启了科学探究历史尤其是资本主义社会运动之奥秘的伟大征程。诚如海尔布隆纳所言:"我们一定不会忘记,马克思主义本身就源于卡尔·马克思致力于人类解放的思想,他不只是为了研究而研究。这样的道德热情持续推动着马克思主义者的撰史工作。这与传统历史学家的研究活动形成了鲜明的对照,传统历史学家不会触及'价值判断',他们认为这么做可能会损害研究结果的价值。"③第二,也是更为重要的,对

---

① 《马克思恩格斯文集》(第2卷),人民出版社2009年版,第592页。

② 《马克思恩格斯文集》(第1卷),人民出版社2009年版,第11页。

③ [美]罗伯特·L.海尔布隆纳:《马克思主义:支持与反对》,东方出版社2014年版,第56页。

资本主义社会现实的价值予以判定为马克思科学揭示资本的秘密，从而彻底超越以斯密和李嘉图为代表的古典经济学提供了重要的方向指引。不可否认，古典经济学家斯密和李嘉图在实现政治经济学科学化的过程中取得了卓越的成绩，这充分地体现为马克思高度评价在斯密那里"政治经济学已发展为某种整体，它所包括的范围在一定程度上已经形成"①，而李嘉图则从"价值决定于劳动时间这一规定"出发，力图科学阐明"它所阐明和提出的其余范畴——生产关系和交往关系——同这个基础、这个出发点适合或矛盾到什么程度"，在此基础上说明了"阶级之间的经济对立"②。但是，受资产阶级立场的限制以及对资本主义生产方式天然合理性的判定——即便他们看到了贫困的事实，但"在他们看来，贫困只不过是每一次分娩时的阵痛，无论是自然界还是工业都要经历这种情况"③——资产阶级政治经济学普遍缺失了对资本主义社会之是否"正当"的合理追问，以致他们的政治经济学最终都表现出致命的缺陷。诚如马克思针对李嘉图所说的，作为古典政治经济学的最后的伟大代表，他"终于有意识地把阶级利益的对立、工资和利润的对立、利润和地租的对立当做他的研究的出发点，因为他天真地把这种对立看做社会的自然规律。这样，资产阶级的经济科学也就达到了它的不可逾越的界限"④。一个显著的表现在于，由于认为资本主义社会是一个无剥削的社会，李嘉图坚持认为资本积累是社会财富增加的最终原因，这个前提导致其虽然分析了剩余价值，却仅仅只是限于量的分析，而忽略了剩余价值的本质和起源，从而不了解"在资本强迫进行剩

---

① 《马克思恩格斯全集》（第 26 卷第 2 册），人民出版社 1973 年版，第 181 页。
② 《马克思恩格斯全集》（第 26 卷第 2 册），人民出版社 1973 年版，第 183 页。
③ 《马克思恩格斯文集》（第 1 卷），人民出版社 2009 年版，第 615 页。
④ 《马克思恩格斯文集》（第 5 卷），人民出版社 2009 年版，第 16 页。

余劳动时,资本所固有的缩短必要劳动时间的渴望"①。而马克思则基于无产阶级的立场以及以此为基础对资本主义社会现实之为剥削社会的价值判定,最终超越了古典经济学"不可逾越的界限",实现了古典经济学难以企及的对资本主义社会一以贯之的科学化说明。以马克思所提供的理解全部资本主义生产的钥匙即剩余价值学说为例,基于人本逻辑的价值判断首先使得马克思将揭露资本增殖的着力点放在考察雇佣劳动者的劳动上,并以制定"劳动力"概念为突破口解决了古典经济学不能解决的矛盾,科学论证了剩余价值是怎样在价值规律的基础上产生出来的。"马克思的剩余价值学说透过掩盖着资本主义剥削的种种假象,分析了剩余价值的起源和本质,阐明了剩余价值和其具体各转化形式的内在联系,确认了资本主义社会各剥削集团剥削收入的总源泉,揭露了资本主义社会阶级对抗关系的经济基础"②,也就是说,虽然就科学逻辑本身的贯彻来看,马克思必须将人本逻辑悬置起来,或者如恩格斯所言,"他只说剩余价值是由无偿劳动构成的,这是一个简单的事实"③,但先行判断资本主义生产关系体现为一种特殊性的剥削方式,则起着引领科学分析方向的重要作用。

马克思历史唯物主义理论中的双重逻辑话语的交相辉映提示我们,建构中国马克思主义哲学话语体系应该努力实现科学话语和人本话语的融合。一方面,要运用马克思主义世界观方法论分析和把握当代社会现实的本质,深化对人类历史发展规律、社会主义建设规律和党执政规律的认识,不断丰富和拓展马克思主义哲学学术话语体系中的科学话语。另一方面,在此基础上,要

---

① 陈岱孙:《从古典经济学派到马克思》,商务印书馆 2014 年版,第 131 页。

② 陈岱孙:《从古典经济学派到马克思》,商务印书馆 2014 年版,第 159 页。

③ [德]恩格斯:《哲学的贫困·德文版序言》,人民出版社 1961 年版,第 5 页。

适应当代中国社会发展的新进展以及人民群众日益增长的美好生活需要，紧密结合新时代中国发展的战略目标、战略规划和重大举措，努力建构和系统论证彰显以人民为中心的价值目标体系、实现途径、保障条件等，不断丰富和拓展马克思主义哲学学术话语体系中的人本话语，最终推动形成中国马克思主义哲学话语体系中科学话语支撑人本话语、人本话语引领科学话语的良性互动局面。

图书在版编目(CIP)数据

苏联、东欧历史唯物主义观理解史研究 / 许恒兵著.
上海 : 上海人民出版社, 2024. -- ISBN 978 - 7 - 208
- 18781 - 8

Ⅰ. B27

中国国家版本馆 CIP 数据核字第 20246ZA550 号

责任编辑　刘华鱼
封面设计　一本好书

苏联、东欧历史唯物主义观理解史研究

许恒兵　著

出　　版	**上海人民出版社**	
	（201101　上海市闵行区号景路 159 弄 C 座）	
发　　行	上海人民出版社发行中心	
印　　刷	上海商务联西印刷有限公司	
开　　本	890×1240　1/32	
印　　张	19	
插　　页	4	
字　　数	436,000	
版　　次	2024 年 10 月第 1 版	
印　　次	2024 年 10 月第 1 次印刷	

ISBN 978 - 7 - 208 - 18781 - 8/B · 1738

定　　价　98.00 元